復刻版

旬刊美術新報

第2巻

第13号～第24号
（昭和17年1月～5月）

不二出版

〈復刻にあたって〉

一、復刻にあたっては左記所蔵の原本を使用させていただきました。記して感謝申し上げます。

飯野正仁氏、東京文化財研究所

一、原本自体の破損・不良によって、印字が不鮮明あるいは判読不能な箇所があります。

一、資料の中には人権の視点から見て不適切な語句・表現・論もありますが、歴史的資料の復刻という性質上、そのまま収録しました。

（不二出版）

〈第2巻　収録内容〉

第一三号　一九四二（昭和一七）年一月二〇日　発行
第一四号　一九四二（昭和一七）年二月　一日　発行
第一五号　一九四二（昭和一七）年二月一〇日　発行
第一六号　一九四二（昭和一七）年二月二〇日　発行
第一七号　一九四二（昭和一七）年三月　一日　発行
第一八号　一九四二（昭和一七）年三月一〇日　発行
第一九号　一九四二（昭和一七）年三月二〇日　発行
第二〇号　一九四二（昭和一七）年四月　一日　発行
第二一号　一九四二（昭和一七）年四月一〇日　発行
第二二号　一九四二（昭和一七）年四月二〇日　発行
第二三号　一九四二（昭和一七）年五月　一日　発行
第二四号　一九四二（昭和一七）年五月一〇日　発行

〈復刻版と原本の対照表〉

復刻版巻数	原本号数	発行年月
第1巻	第1号〜第12号	昭和16年8月〜17年1月
第2巻	第13号〜第24号	昭和17年1月〜5月
第3巻	第25号〜第36号	昭和17年5月〜9月
第4巻	第37号〜第48号	昭和17年9月〜18年1月
第5巻	第49号〜第62号	昭和18年1月〜6月
第6巻	第63号〜第76号	昭和18年6月〜10月
付録	『戦時記録版　日本画及工芸』第1輯・第2輯	昭和19年2月・9月

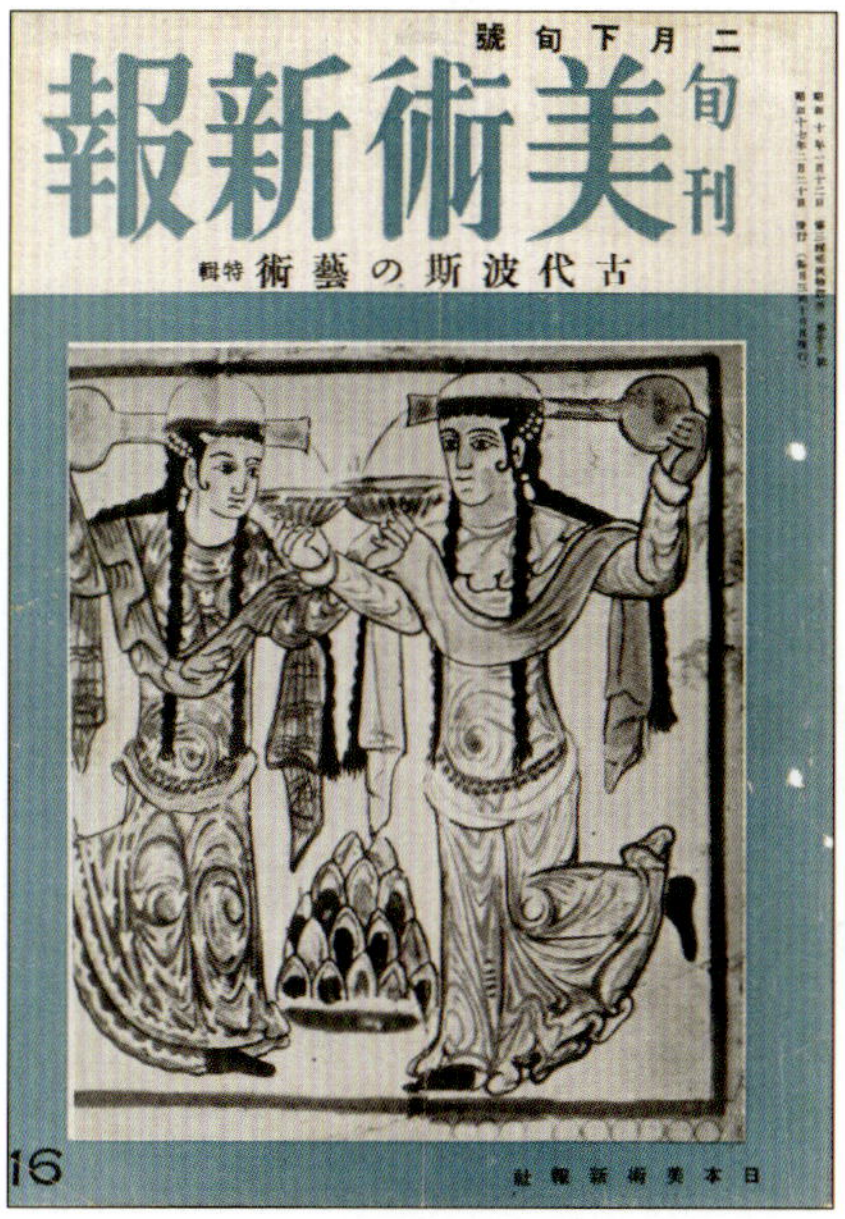

第16号

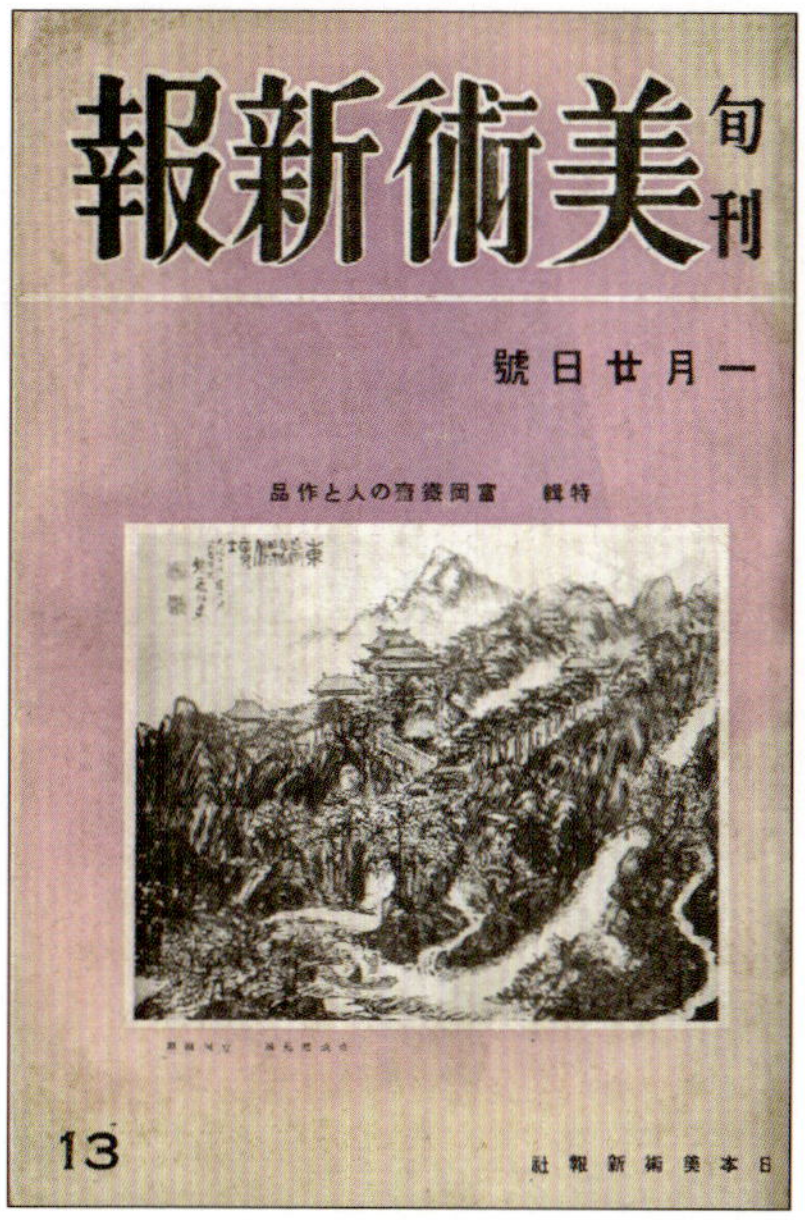

第13号

第17号

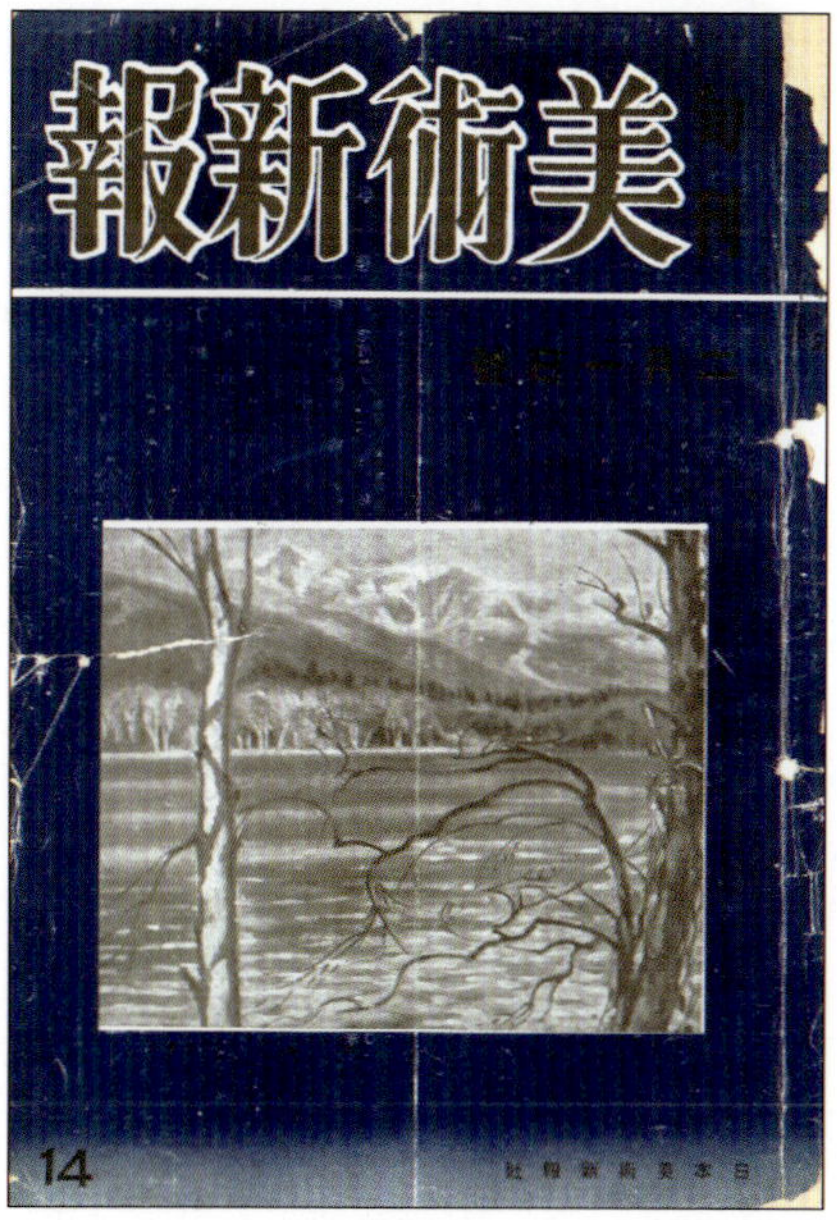

第14号

第18号

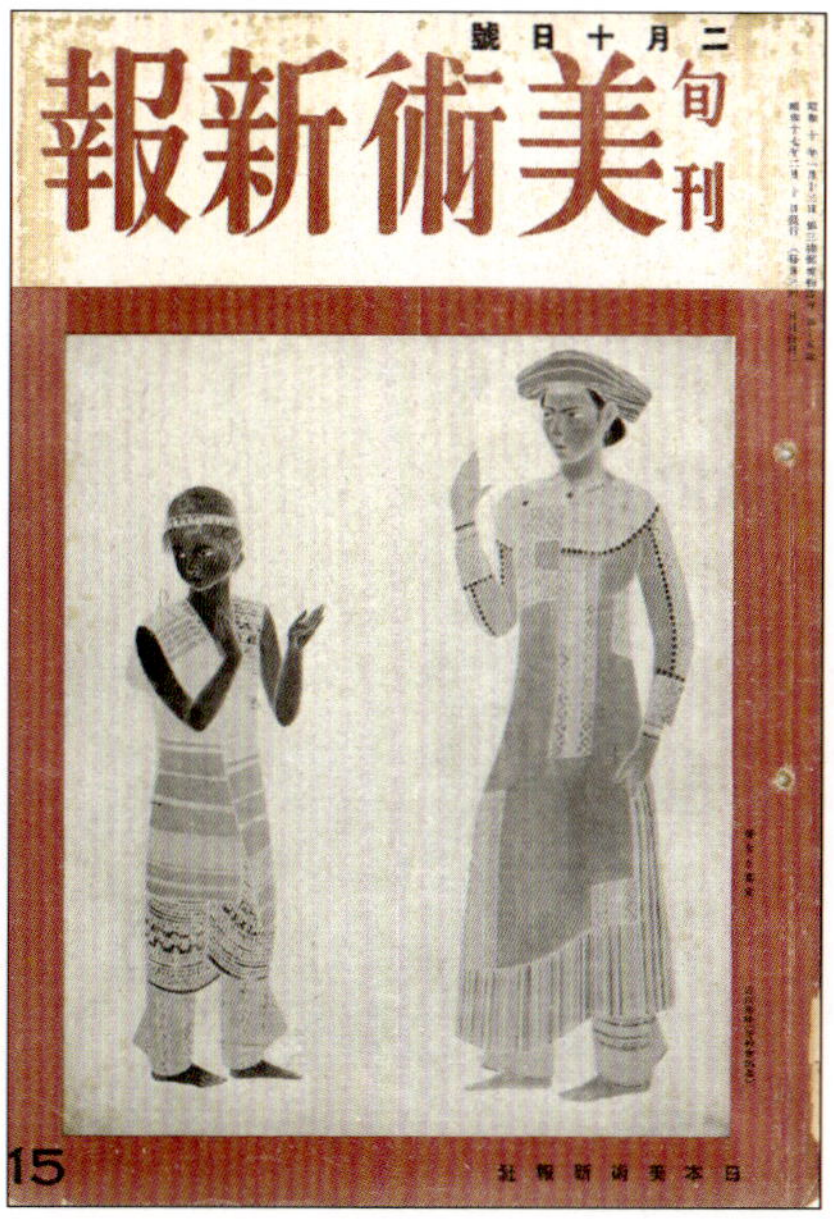

第15号

第22号

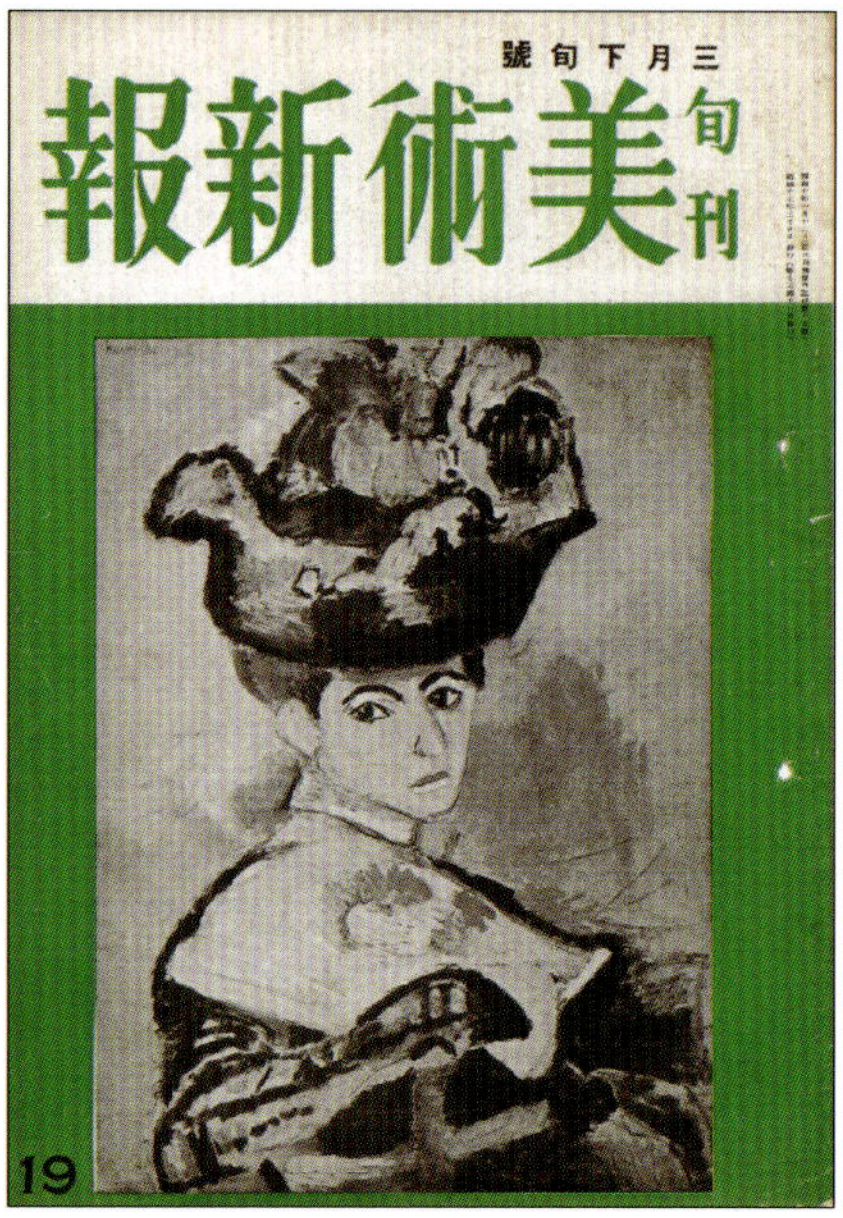

第19号

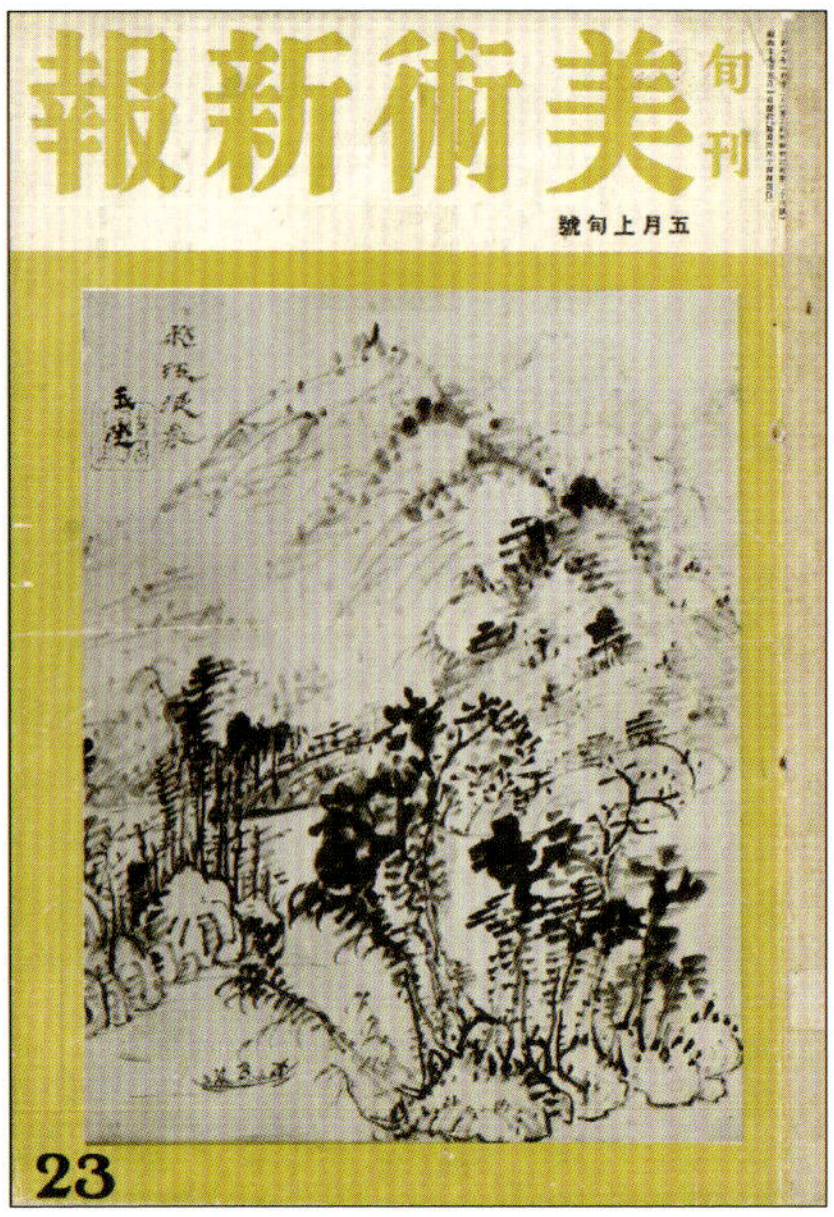

第23号

第20号

第24号

第21号

第13号

旬刊 美術新報

昭和十七年一月二十日發行（毎月三回十日日發行）

一月廿日號

特輯 富岡鐵齋の人と作品

東瀛僊苑圖　富岡鐵齋

13

日本美術新報社

幽溪談古

富岡鐵齋作

富岡鐵齋特輯

富岡鐵齋作品特輯

闔家全慶

國民美術協會及び東京日日新聞社の共同主催によつて寶塚清荒神所藏の富岡鐵齋翁遺作中より約三百點を選び一月二十三日より二月七日まで、東京府美術館に於て開催される。

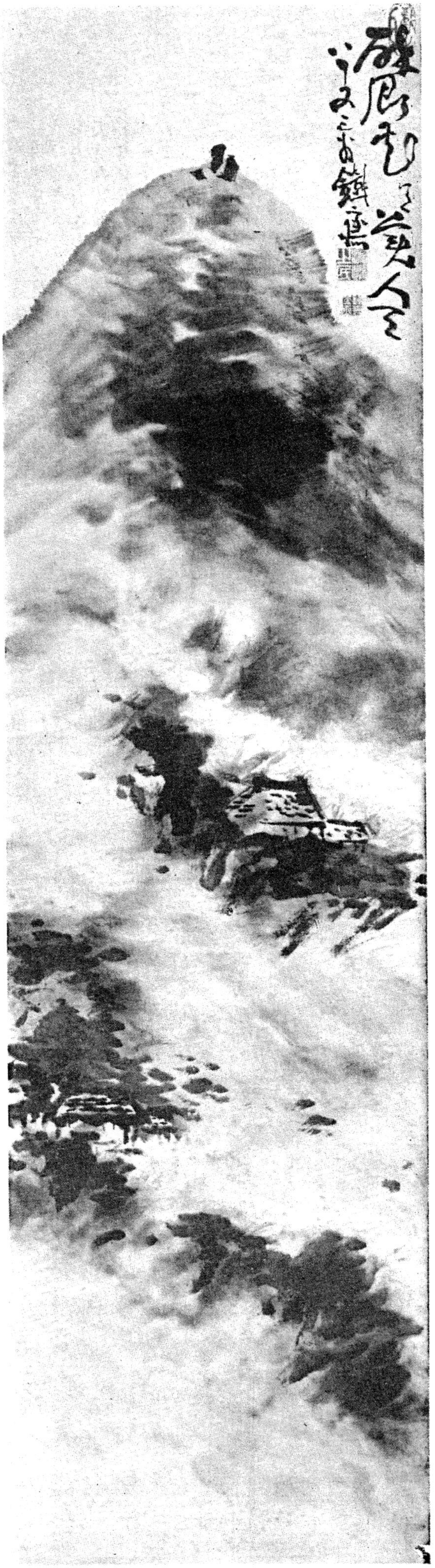

東山花雨

溪山疊翠

大江捕魚

春鳥啄桃

平安如意

漁家快樂

吉祥衆草

寒郊歸牛

寒山拾得

五福祥集

耶馬渓

三井洋畫コレクション 第四回陳列

女の顏　ワイリー
フランス十九世紀末のアカデミック畫家の一人、その愼しやかな寫實描寫と古典的調色に特色がある。

⇧
闘牛士　コンスタンタン・ギース
コンスタンタン・ギース（1805—1892）は生涯殆んど油彩を用いなかつた。水彩—それもペンを以て線描せられた逞しい筆力と、また可憐な情緒の水つぽい諧調とで獨特な畫風を作つたと共にその畫材も、兵士、市井の女、酒場の給仕、香具師といつた民衆層に求めたことに於てドーミエやフオーランらと通じてゐる。彼はかつて軍隊にあり、バイロンの希臘遠征軍に若くして從ひ、後年クリミヤ戰役に從軍しその畫稿も多い。フランス十九世紀末のデカダン思潮の先驅とも思はれるデカタン的生涯を送つた畫人である。

さゝやき　ウイリアム・オーチヤードソン
サー・ウイリアム・オーチヤードソン（1835—1875）は英國のアカデミシアンである。その大部の生活が貴族の社交場裡にあつたと等しくその畫風も英國の貴族主義をよく表はした穏健典雅で、貴人の肖像や歴史畫に巧みであつた。この圖もそれら貴族社會の描寫の一つである。
⇩

公園の婦人　トーマス・モンチセリー
血統に伊太利人の血をもつアドルク・トーマス・モンチセリー（1824—1886）は近世フランス畫壇で獨異な位置を占める作家である。その王朝貴趣はワトーらの興趣に學びその野性的調色は正に近代畫の先驅ともいふべく、シヤセリオーの異色を更に淡いで印象主義の先驅をさへ示してゐる。その色彩の當時にあつてかくも大膽鮮明、情熱的な點はロマン派やオリアンタリストを瞠若たらしめるものであり、情熱の畫人でもあつたのである。
⇩

ルコント夫人

カミーユ・コロー

カミーユ・コロー(1796—1857)は佛蘭西十九世紀中葉の畫壇に燦とした光芒を放つ作家であると共に西歐繪畫史中の大立物であることも周知の事實である、彼はバルビゾン派として知られた風景畫家ではあるが、その詩的な諧調と共に寫實力の古典的嚴正に於てその人物畫は新しく古典的價値を認められつゝある。これもその人物畫の秀逸である。

太平洋の民俗藝術

20

21

27

22

25

1

大東亞戰中はその展開される方面が愈々擴大し單に東亞大陸とその周邊のみならず、全太平洋を包含し、大洋洲の大小島嶼濠大陸までもその戰場とするに至らんとしてゐる。廣袤實に一億七千萬方粁の海洋が夫れである。既に占領したフイリツピンをはじめ皇軍の席卷するマレイ、ハワイ、ボルネオから、ジャワ、スマトラ、ニウギネア、セレベス等の限軍事據點はもとより。やがて戰果は濠洲、ニュージーランド、ニューカレドニアへも擴大されんとするであらうアフリカの内部と共に、これら大洋洲の諸島嶼中には幾多の未開人種がをり、それらは太古さながらの習俗を守つてゐるものも多い。而してそれらはまた民俗藝術や考古學の上からも多分に興味ある對象でなければならぬ。安南、タイ、ジャワ等歷史文化をもつ國の藝術は民俗藝術とは異るが、原始的な宗教習俗をもつ住民の間には今なほ怪奇なトーテムやタブーのための祭器や調度、樂器等に原人藝術の様式を殘してゐる。それらの中から少しばかりを紹介しよう。これらを種族的に分ければ吾が委任統治

23

26

28

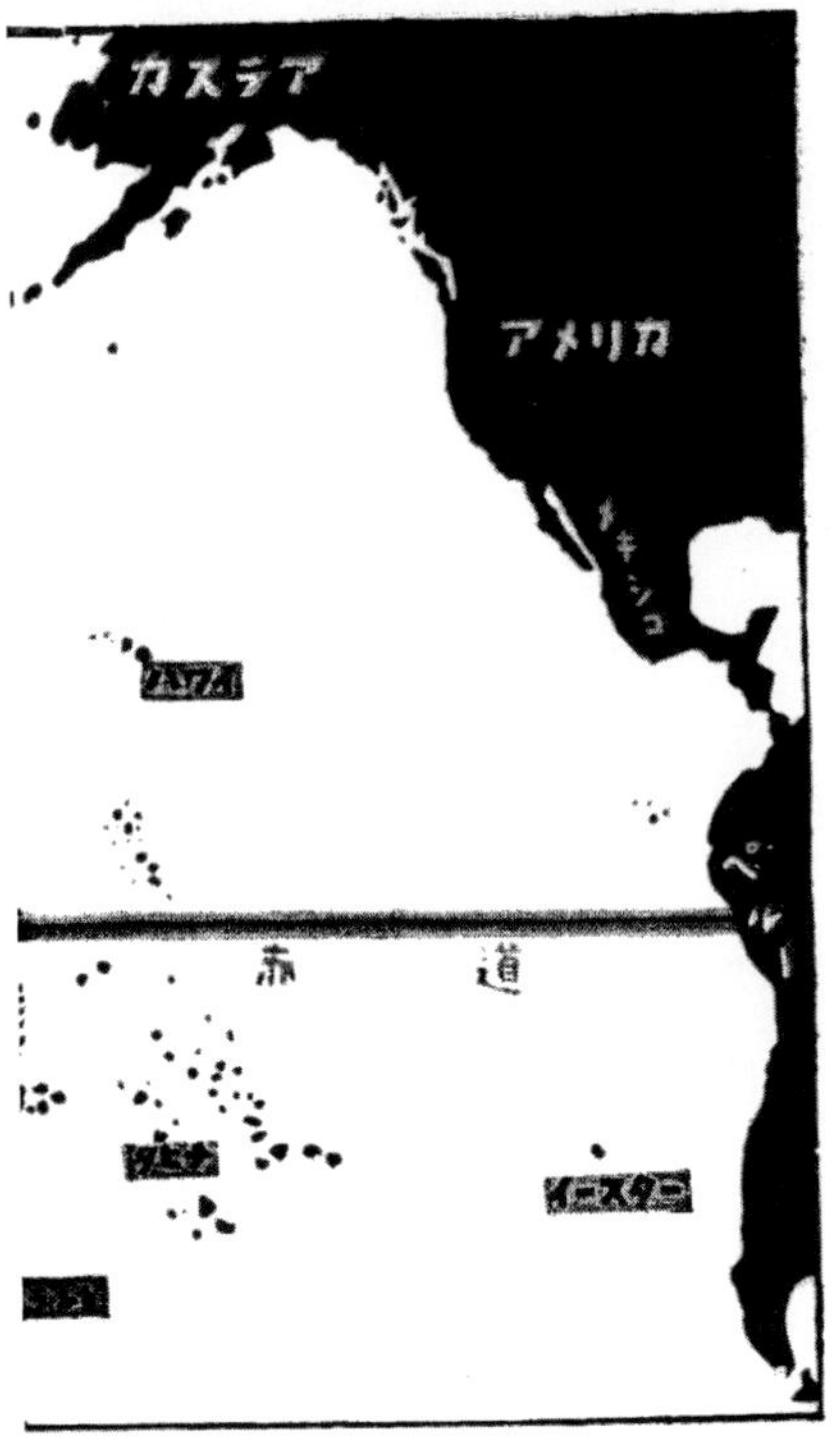

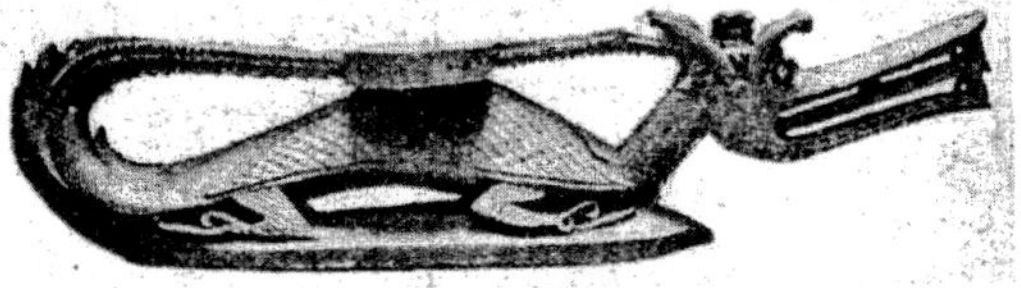

2

5

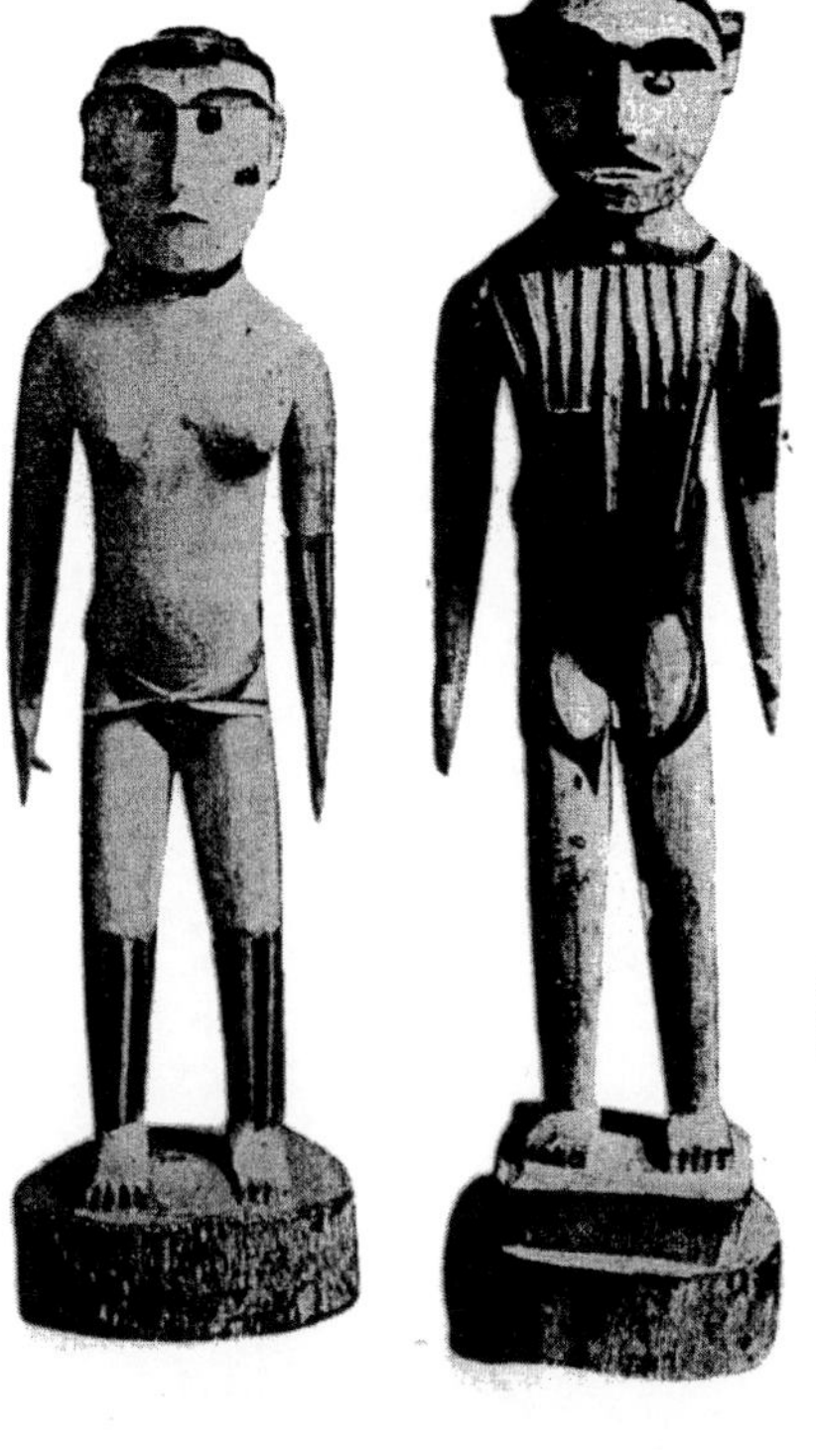

4

3

インドネシア・メラネシア族の民藝 (1)木製獅子座 東カンボチアの木彫である。一般にインネシア族の土民藝術は立派な美術傳統もつてゐる點で大洋洲諸族の怪奇異形な原始美術と異つた纖細性統合性をもつてゐる。(2)ジャワの影繪 ジャワ特有の影繪芝居に使用するものである。(3)スマトラの婦人立像 プロポーシヨンに特異性があるが夫れは寫實的である。(4)フイリツピンの匙 調和ある裝飾をもつてゐる。(5)ボルネオの龍形椅子と祭器 龍形椅子は木製で宗敎上の儀式に用ゐられる。下圖も木製の祭器。(6)ボルネオの家屋裝飾 幾何學的圖樣を加へたリズムに纖細な感じがある(ケニヤ・カヤン族のもの)。(7)ニウギニア木彫 イヴア族の家屋裝飾。その調和的な强味はペルーなどのものと似かよつてゐる。(8)ソロモン島木彫 船首裝飾の木彫、パプア族の作である。(9)ソロモン島の貝細工 ルピアナ族の作にかゝる。纖巧な幾何學的彫刻である。

ミクロネシア、ポリネシア族の民藝 (10)ハワイの戰神の首 これは紅い羽毛をもつて作られた土俗作品で「クカイリクモ」と稱す戰神の首を型どつたものである ポリネシア族の慓悍な一面を窺ひえられる。(11)ハワイの食器 木製であるが兩側に緣の彫刻をもち、食器の内側は貝殼や獸骨で張られてゐる。(12)ルルツ島の海神像 ポリネシア族の崇拜する海神の像で木製の怪奇な形をしてゐる。背面にくり拔きがあつてそへて他の小さい神像を容れるやうになつてゐる。濠洲群島の一つであるルルツ島では之をタンガロア・クバオ・バフと呼ぶ。(13)ニユーカレドニアの木彫 扉面の裝飾であるがその下部のシンメトリカルな幾何學模樣の不均衡な點、首の怪奇な點にミクロネシア族の一特質が見える。(14)ニウカレドニアの面 祭式に使用する面で羽毛の裝飾をもつてゐる、(15)濠洲北西部の男の帶 木皮によつて作られた男の帶である。明快な模樣がある。(16)ニユージーランドの首飾 Tiki と呼ばれてゐる首飾で木彫である。吾國の根付を思はせるものがある。(17)ニユージーランドの船首裝飾 Tau-ihu と呼ぶ木彫の船首、カヌ一に付けられるもの。精巧な彫刻である。

アメリカ西岸、ペルー諸地の民藝 (18)アメリカインデイアンの作品 アメリカの西北岸クワキウトルの土俗面で「メマルの面」と呼ばれる冬季の祭に用ゐられるものである。(19)アメリカインデアンの陶器 これは近代作品で土俗作品の意匠を際風にしたものである。古い民俗藝術ではない。(20)イースター島の石彫 これはポリネシア族に關するもので美與イースター島の土俗品である。模樣意匠がアメリカ南西部、メキシコ、ペルー風に近づいてゐる。(21)メキシコ土偶 祭禮の女人像である。ここには民俗文化がすでに見える。(22)石の首(マヤ) 古代マヤ帝國の遺品はすべて石彫である。あの巨大な方形の巨石彫刻は全く獨特なものであるがそれは考古學的藝術的作品と言へよう。ここでは特異な石の首を擧げて古代の優秀な文化民の民俗作品の一例としよう。(23)ペルーの古代織物 ナヤンケイ織と呼ばるゝ精巧な織物である。古代インカの文化をしのぶ藝術的香氣がある。

アラスカ、エスキモーの民藝 (24)アラスカの男の衣服 奔放な模樣はアラスカ人の特徴である。太い線の流動が凡てに見られる。(25)アラスカの木彫 怪奇なトーテムポールはアラスカ民俗藝術としてすでに汎く知られてゐるが、これは豪放な構造をもつ室内裝飾としての木彫である。太平洋岸のハイダ族の作品である。(26)アラスカの假面圖 まるでシユールレアリストの作品の如くである。超現實派家のヒントはこゝらにもあつたか知れない。これは魚の顏に蛙ひ入つた人間の首だそうである、眼と口と鼻口は象徵化されて示され、手は影の如く表はされてゐる。(27)エスキモーの牙彫 雪原に棲むエスキモーは甚だ纖細な技術をもつて魚骨などに彫刻するのを好む。これは彼らの漁船を描いた犬ものである。(28)ハイダ族の熊祭用 熊祭の習俗はアイヌにもあるがアラスカ人にもある。これはその時の舞踊に用ゐる踊でこれを握つて振りながら踊るのである、木彫む怪異な面をもつてゐる。

13

14

15

19

16

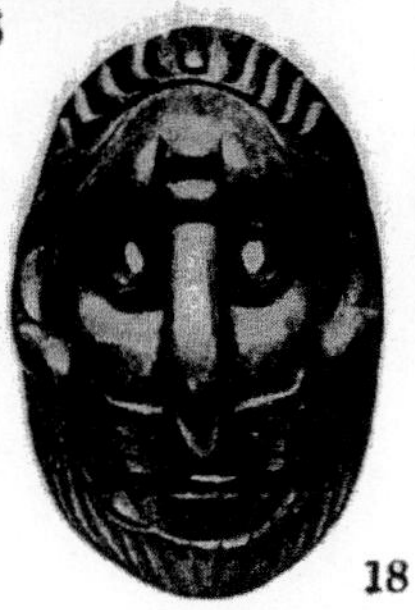

18

儀のカロリン、マーシャル群島から布哇にかけて多い種族はポリネシア族で布哇の先住民もわが南洋人と等しいカナカ族であつた。又西南方マレイからスマトラ、ジヤワ、ボルネオへかけて多いのはインドネシア族とメラネシア族及びミクロネシア族である。而してポリネシアとパプア族及びミクロネシアの一部はニユーカレドニア、ニユージーランド、及び濠洲に分布してゐる。それらの民俗藝術は又海を越えてアメリカの西洋からメキシコ及び中米、ペルー等へも渡り、そこでばかつて栄えたインカ帝國やアメリカの先住民族マヤの古代文化圏にも接觸し、又北に向つてはアラスカからベーリング海峡をこえてエスキモーやアイヌの藝術にも關聯する太平洋の民俗藝術圏はまさに廣いと而してこれらの民俗藝術は各々の人種的特質によりあるは放膽に、あるは纖細に、あるは怪奇に、或は單純な性格をもつが、それらを通じて原始的素撲の統合的力と比例均衡の法則を藏つた異常美とには近代藝術への示唆を多分に含んでゐる。（川路柳虹）

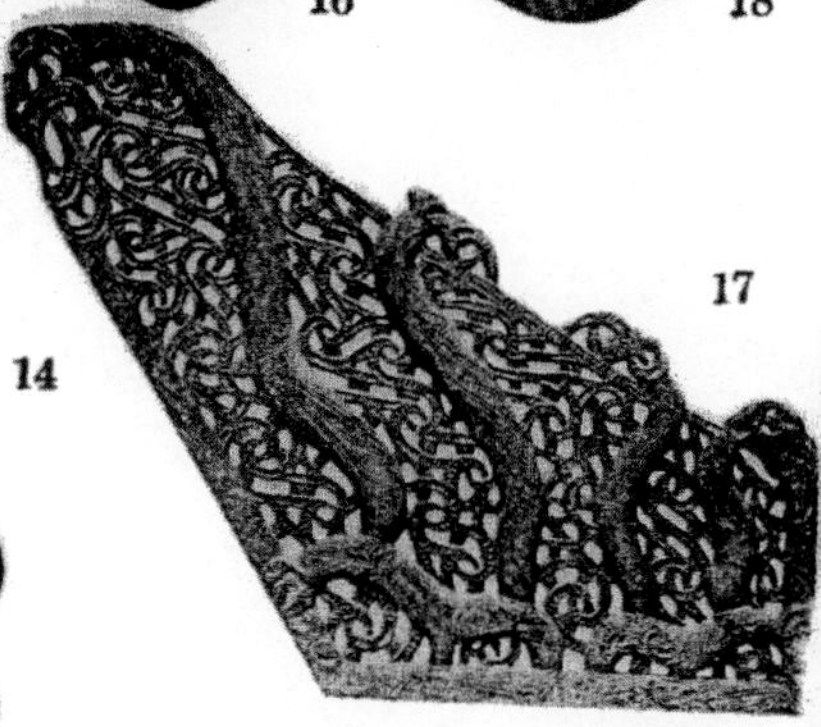

17

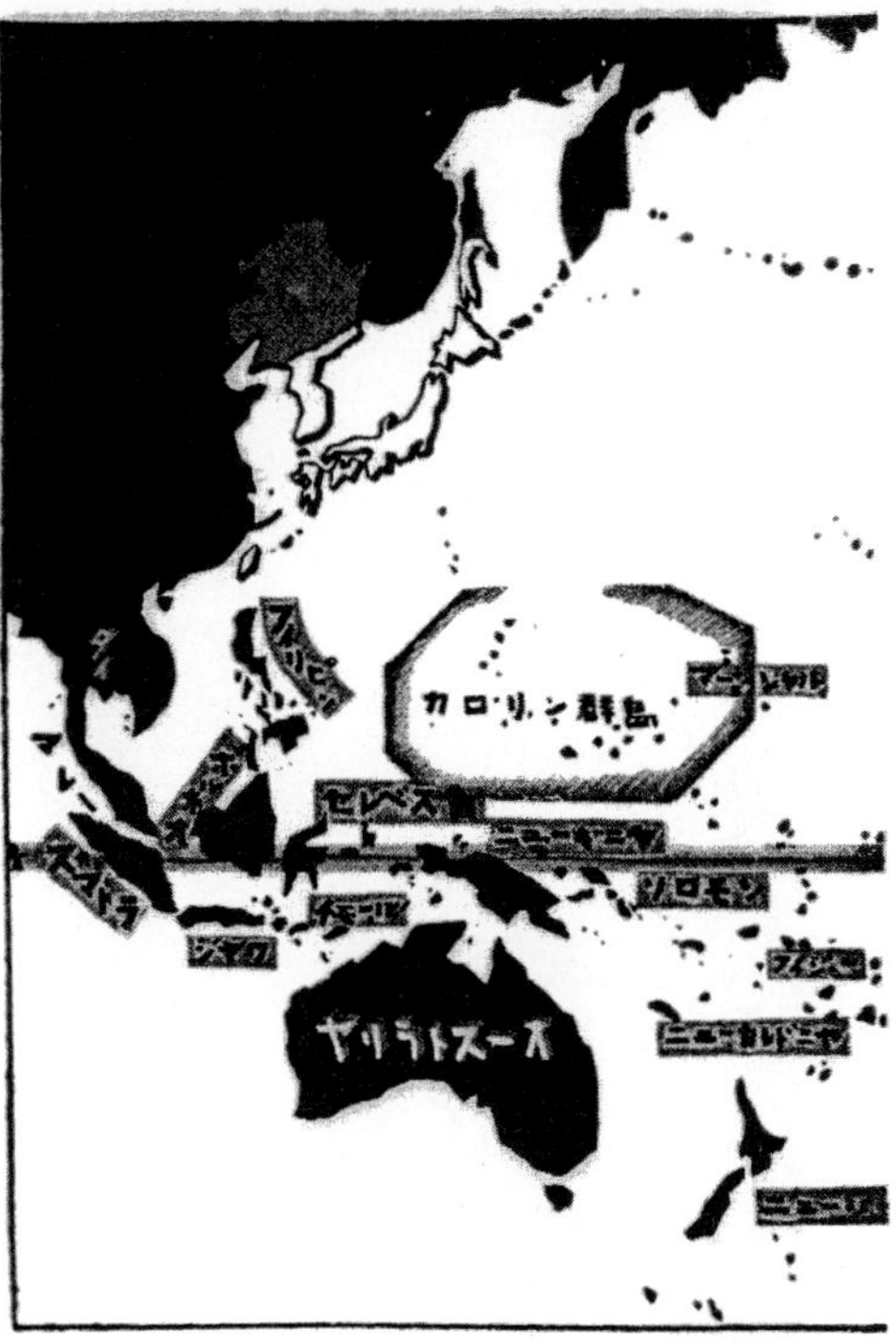

11

10

24

12

8

7

9

6

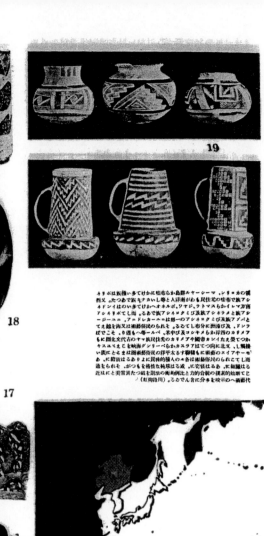

西歐名作鑑賞

使　徒（部分）

アンドレア・デル・カスタニョ

十五世紀の新精神こそ復興期の眞精神である。事物を如實に把握せんとする寫實力はまた人間の眞實を假借なく明快せんとする近代精神の發端でもあつた。かゝる精神の最も大膽なる表現をアンドレア・デル・カスタニョに見る。十五世紀初頭に於て彼ほど逞しい現實精神を發揮した畫家はない。それは一面兇暴とも卑俗とも感じられるほどである。彼の代表作として今なほ燦然たる光芒を放つてゐるものはフィレンツェの聖アポローニア寺院に於ける壁畫「最後の晩餐圖」であらう。基督をはじめ十二使徒の個性性格を躍如たらしめてゐる。實に近代主義の先驅と言へよう。これはその使徒中のトマスの部分であるが、彼の卓技は直ちに巨匠ボチチェリに感化を與へた。この個性描寫の逞しさとその色彩の強烈、運筆の大膽は今なほ吾らに驚嘆をあたへてゐる。

（川路柳虹）

はつ春の展覧會

三井コレクション（第四回）を観る

特殊な展観として三井洋畫コレクションの定時公開は同好者に多大の感銘をあたへてゐるが邦人の作品と共に並べられる西歐作家の作品は種々な意味で觀者を啓發する所多いものである

主な海外作品としてコローの「ルコント夫人」は洗練された筆觸と色調の美しさを見るべくその綠色がコローとしては少し冴えすぎてゐる點に疑問をもつた人もあつたとかであるが、間違ひないコローである。新印象主義のシニャックの「風景」はかつて、「ラールデコラチーヴ」誌上にも照會されてゐる名作として、シニャックの代表作の一つである。これが手に入つたことは欣ばしい。少し距離をおいて觀るとあのポアンが實に諧和して一つのトンを作り陽光の美しさをよく捉へてゐる。

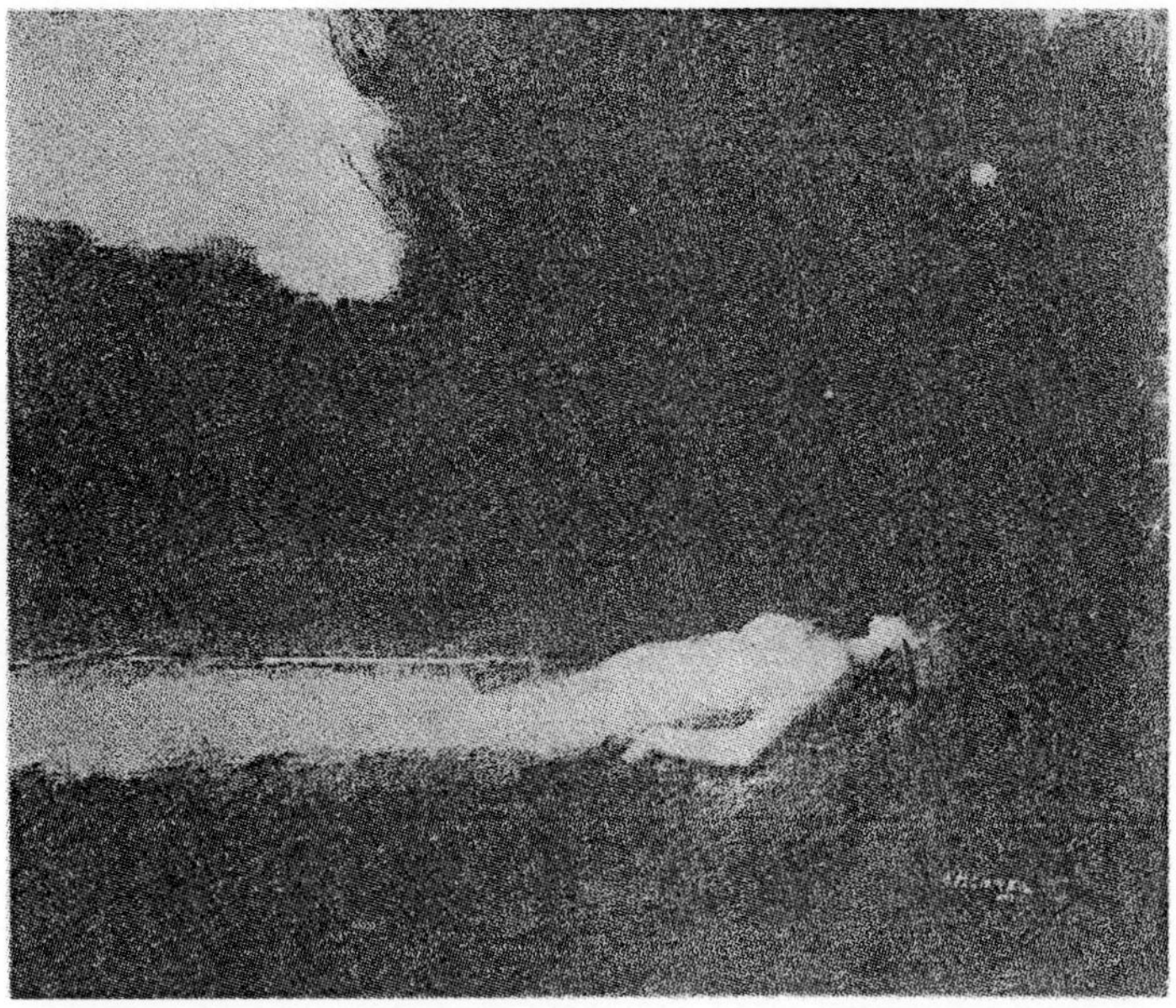

ニンフ（三井コレクション）エンネル

少し古い作ではモンチセリの「公園の婦人」がよいものである。彼の獨特な筆觸とあの當時として極端な對比色を用いた綠と紅の調子の美さは格別である水彩だがコンスタンタン・ギース（目錄にはギユイースとしてあるが、ギースと讀んで貰ひたい）の「闘牛士」は實にしつかりしてゐてよい。かういふ筆の使ひ方が日本人には出來ないものゝ一つであらう。アマンヂャンはよくない。アカデミツクな作としてワイリーも確かな筆觸だが魅力に乏しい。エミール・ベルナールの靜物はポンタベン派時代を思はす彼よりもセザンヌとの協同制作を思はす小品である

フランス作家以外では傳ロセツチの「眠る女」がある。ロセツチか否かに少し怪しい處はあるが、調色の一部には夫れらしい處もある。裸女はむしろチシアンを學んでゐるやうな風が見える。和蘭のステーリングの「牛」は輕快なタッチでマリス兄弟の作風を思はす。英吉利のオーチヤードソンは英國アカデミズムの典型を窺ふに恰好な作と言へば云へよう。スタントンの「林中の小徑」は現代英國の畫風の一端を見るにふさはしいドラフツマンを示してゐる。

邦人作中故人も相當多いが淺井忠の水彩「ヴェニス」を見て感心した。今の水彩畫家に比べてこのクラシツクな美しい落着は實に見上げたものである。藤島武二のパステル「鏡臺前の女」もこゝへ出すと一段きわ立つて美しさを感じる。ほんの小品だが片多德郎の「乳兒」は彼の良さを充分發輝した作品であると共に場中でも光つた作品である安井曾太郎「洛北風景」は大分以前の作風だがやはりしつかりしてゐる。たゞ今の作から見ると少し方式主義に捉はれてゐる

少壯作家では小磯良平の「踊り子」がよく岡田謙三の青い小品「本」が美しい。佐伯祐三の「雪景」は彼としては凡作だが場中の作品中では重厚な感じをあたへる。川島理一郎の「舞妓」もずつと前の作で女の表現は非常にまづい。やはり今の作者が進歩してゐるのを思はす。

玉石同架を感じさす點もあるがかういふ特殊なコレクション公開は現在近代美術館のない日本ではありがたいものである。そして海外作家と並列することはよく技倆の相違を對照さしてくれてありがたいことであると思つた。觀衆もみなインテリで熱心に見てゐるのが嬉しかつた

勝田寛一個展

勝田氏のここ數年間に描かれたこの個展を見てゐると時代は隨分急轉したものだと感ずる。過ぎ去つた出來事を記念した寳石を箱の中から取り出して眺めるやうなつらさがある。昨日まで我々は、抽象繪畫を容易に享け入れる狀態であつたが、既に一時代に派生した繪畫運動としか見られなくなつた。この種の作家は多いが、しかし勝田氏は

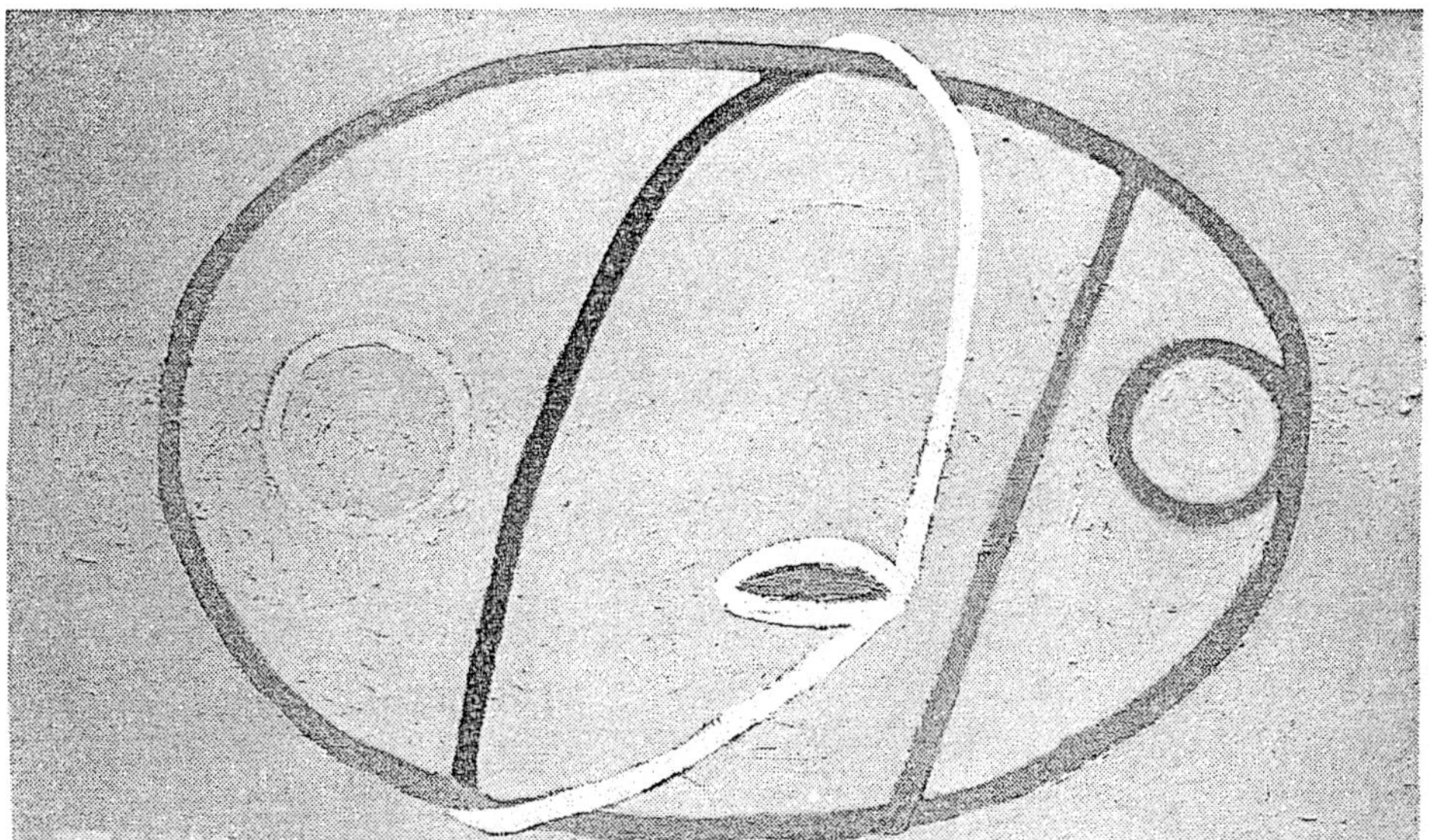

メトロオム（個展） 勝田寛一

テヘラン日本公使館　同上

テヘラン北郊　磯田蓉工

イラン脱出行繪畫展

稀に見る素質にめぐまれた作家であると今にして一層はつきり認めることが出來る。それは今日も尚、鑑賞の持續に耐える氏の抽象畫には、肉體的要素の裏付、この上に成り立つてゐるものがあつたからである。氏の今後の出發點を作る鍵は、「旅藝人」あたりになるやうである。「朝」は氏の主觀的な要素を最も強調したものとして美しい。しかし繪畫の本質は、嚴しい客觀の態度を透しての象徴の世界でなければならない（紀伊國屋）

磯田蓉工「イラン脱出行」繪畫展

最近の國際情勢から大分問題となつた近東地方イラン風物スケッチ展である。單彩畫、油繪七十點は非常な短期間に作られたもののやうで、粗雜な筆致が目立つ。しかしこの粗雜さが砂漠の國イランなのかもしれない畫用紙の上に描かれた油繪は、紙が油繪具の油を吸收して、カサカサに乾燥した効果をおさめてゐるが、ここでは寧ろ快いものとなつてゐる。我が國の威力は大陸から南方へと延びた。その間幾多の從軍畫家達が筆を執つてゐるが、拙劣なる技術の故に大部分はその眞實な情感を摑んでゐない有様である。適確な觀察と表現とは單なる時代的なニユース・ヴアリユウの面にのみ顯著なものでなくして、藝術的に高くなければならない筈である。磯田氏の場合、この多數の記錄をたどつて、今後に制作されるものを期待したい。（松屋）

創型美術展

有岡一郎、小野佐世男、伊藤靜水、笹岡了一諸氏の繪畫と中村直人、長沼孝三氏らの彫刻とをもつて展覽された小團體である。多く室内用の小品で、すべて小ぢんまりとした庭にアンビシアスな文展風の會場効果と異つたものがあるのを却つて多としよう。

何しろ目録もないので、一々の作品の題名を忘却してゐるが有岡一郎氏の雪景はいつもの文展に見るスマートな調子は見られないほんの小品だが、それでもかういふ細かい描寫にも中々秀れた技巧を示してゐるのは流石だ。ともかくトンに於ては一番よい。笹岡了一氏の「岬」はやゝデコラチーヴな平たい調子で大きく岬と海を描いてある。細局の描寫をもつと統合的にするとよいと思ふが色彩の明快な點が特徴である。

伊藤靜水氏も相當こなれた技倆であるが紅い植物を描いた一點が一番印象に殘つてゐる。中村直人氏は彫刻家だが日本畫を出品してゐる。支那の寺院をかいたものかその線描の細かい美しさをもつてゐた。長沼孝三氏の彫刻は相當こなれたものである。この會はまだ何か遊び半分のやうなところがあつて少したよりないが小品と雖ももつと力のあるものを出して貰いたいのが切なる希望である。

（銀座ギャラリー）

池上塾の慰問畫揮毫

一月七日池上秀畝氏以下塾員細谷秀穀、上野秀鶴、栗山北羊海老原南爽、米田莞[illegible]等三十餘氏は前線の傷病兵を慰問すべく彩管報國の熱誠を打ち籠めた色紙三百枚を揮毫し、越えて十日これを陸軍省に獻納したが、畏くも久邇宮殿下にはこの赤誠溢るゝ奉公をいたく賞美あらせられ、御煙草並に御菓子を下賜あらせられ、同畫塾員の勞を犒はせられた。（寫眞は池上秀畝氏と色紙を描く塾員）

高間惣七日本畫展

高間惣七氏が靜岡縣へ畫室をうつしてから始めての個展を瀟洒な日本畫展としたのは大へんおもしろい。氏の油繪に於ける特徴の一つはそのシックな色調

戰捷樹（個展）　高間惣七

子供（個展）　原安佑

と共に、流動した線が魅力の一つであつたが、この線描こそはそのまゝ日本畫に移しえられるもので、氏の日本畫も牧野虎雄氏などの日本畫と共に、所謂洋畫家の餘技的文人畫と違つた構成をもち、氣韻をもつに至つたのは喜ぶべきことだと思ふ。

たゞこの上に氏に求めるものは、日本畫の用筆そのものをもつと根本的に究明されたいことで、たゞの直情的、即興的な方法だけではなか〳〵線の力が出てこないのである。洋畫式デッサンの線と日本畫の骨法は根本的に違ふが、それを同一視點から把握することこそ洋畫家の日本畫に吾々の求める處のものでなければならぬ。また色感は洋風的感覺から齎らされたものであるが、こゝにも日本畫の色の面白さをもつと加へて貰つたらとも思ふ。日本繪具の美しさを墨と共に認めて頂きたいのである。こゝでは多く水彩繪具が使用されてゐるがこれも反省をのぞみたいことである。

十四點の出陳中、花鳥畫がやはりよい。風景の表現こそ實に洋畫家に期待すべきなのだが、日本筆をもつとそれが中々六つかしいものと思ふ。風景では、「伊豆風景」「伊豆の山」などがいゝが「秋の山間」はごて〳〵して終つて遠近もよく行つてゐない。「密柑樹」の線はよく流動して居り、その空間も日本畫家に一寸眞似の出來ない自由さをもつてゐるが、これももう一歩本格的になると素晴らしいと思ふ。一番よいのは「蘭花」「印度の蘭」等で、これはこのまゝで本格作品と言へよう。インコや啄木鳥、錦鷄を描いたものはこれを即興的に描くより、もつと寫實的に院體技も加へて描いた方が却つて面白くはなかつたかと思ふ。妄評多謝。

（菊屋ギャラリー）

吉田翠鳳個展

廿二點の動物畫中、虎が五點其他犬、鹿、猿、兎、鷄など、その描法に相當深い研究の跡が窺はれる。殊に鷄の蹴合ひをあつかつた「戰意」親虎が子虎を愛撫してゐる「和樂」の二點は實感の盛り上げに成功してゐる唯動物畫展として、獅子や馬が一點も取材されてゐない事は遺憾である。（白木屋）

中支風物スケッチ展
鬼原素俊氏

昨秋支那派遣軍報道部の招聘で中支方面に約二ヶ月從軍し、この間の長沙大作戰の基地たる岳州の前線まで進み、親しく皇軍の勇士たちと寢食を共にし、時には敵彈の御見舞をうけて戰陣の勞苦を身にしみて歸つただけに、展列された三十餘點はそれ〴〵踏破された各地の風物であるが、長江流域や蘇州の裏町などよく現地の匂が滲んでゐた「前線の守り」「岳州前線」など勇士を扱つたものや蘇州の女、阿片窟など人物を扱つたものもあるが寧ろ風景に面白味があつた。兎に角日本畫でこれだけの表現は容易のものではあるまいと感じた。（日本橋高島屋）

新興中支風物スケッチ展

蘇州東町　鬼原素俊

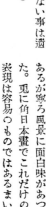

水彩畫最高作品受賞作——

婦人肖像　　不破章

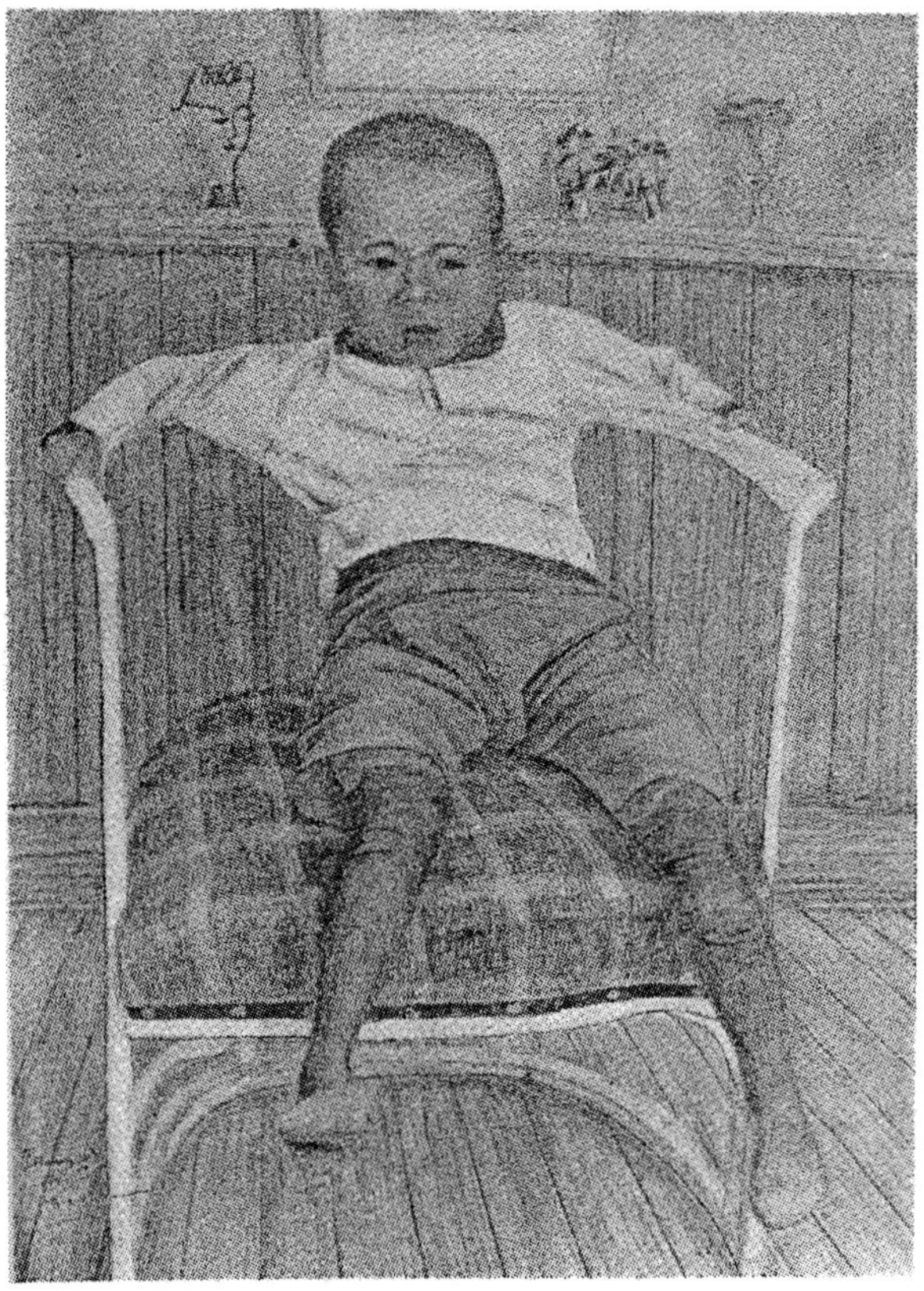

いたづら小僧　　山本不二夫

□ 二千六百一年度水彩畫最高作品

水彩畫最高作品選定委員會で銓衡の結果二千六百一年度水彩畫最高記錄賞を授與された二作品。（上）は不破章氏作「婦人肖像」と山本不二夫氏作「いたづら小僧」

□ 野間賞授與式

故野間淸治氏の遺志により野間サヱ氏の寄附金五百萬圓の財産を資金として設立された財團法人野間奉公會の第一回野間賞贈呈式は昭和十六年十二月十七日大日本雄辯會講談社に於て行はれ、野間美術賞は安田靫彦氏に授與された

寫眞（上）は右より文藝賞・眞山靑果（代理）美術賞・安田靫彦、學術賞湯川秀樹の諸氏

（下）挿畫奬勵賞・齋藤五百枝、文藝奬勵賞・赤川武助、櫻田常久、笹本寅の諸氏

旬刊時評

新しき藝術施設を望む

大東亞戰爭の展開は從來の大東亞共榮圈のみが吾らの關心の中心でなく、それ以上の廣域的交渉をもつも止むなきに至つた。即ち大亞細亞大陸と太平洋の全面がそれであり、その中には太洋州の大陸や島嶼をも包含し支那や印度の大陸文化のみならず、遠くツンドラ圏の文化も南方密林の文化も、さては米洲西海岸の種々なる文化をも大海洋文化圏として吾らの關心をもたざる可からざる地域となりつゝある。即ち日本を中心とする太平洋大亞細亞文化の展望と認識が今や要求されてゐるのである。これは所謂地政治學的經濟的觀念と相俟つてそれらの歷史文化未開文化を打つて一丸とする認識が今や必要とされてゐるからである。考古學的にも、民俗學的にも、自然科學的にも、さては日本の貿易が發展すべき産業科學的にも種々な考窮が必要とせられるのである。

日本は科學研究施設に於てもわづかに今日微少な科學博物館一つをもつのみであるが、藝術や一般文化と最も密接な存在としての考古學館も自然科學館も民俗藝術館も未だ存しないのである。吾らと最も密接な交渉をもつ支那印度安南マレー等の文化を示すべき美術館博物館すらないのである。吾らは今次戰爭の結果について偉大な希望をもつと同時に藝術上に於けるアジア太平洋文化の認識を強めるべき新な施設を今より當局に待望するものである。

美術旬報

銀潮會旗擧展

銀座ギャラリーで盛況

第一回銀潮會日本畫展は舊臘二十三日から二十六日迄銀座ギャラリーで開催、鑑賞繪畫としての扇面、色紙、春掛け軸物など數十點を展列、會期中盛況であつた

山田皓齋油繪展

大阪朝日ビルで盛況

日本精神の昂揚に一路邁進してゐる山田皓齋氏の油繪展は舊臘十五日から十八日迄大阪朝日ビル美術部展覽場で開催、新燈社同人として重きをなす氏の近業〃日本の國〃、〃三島の富士〃〃溪流〃、〃蜜柑〃（日本畫）〃飛彈の山〃（日本畫）など二十點を展示し、觀衆を堪能させた

イラン景物展

新歸朝磯田蓉工氏
銀座松屋で盛況

磯田蓉工氏の「イラン脫出行」繪畫展が四日から九日迄、讀賣新聞社主催、外務省情報局後援で銀座松坂屋五階で開かれた、同氏は春陽會系の穩健な作風で知られてゐる作家、「藝術を通してイラン國との國交に手傳つて欲しい」と、市河イラン國駐在公使に依囑され、昨春三月同公使に随行してテヘラン到着、約半歲の間同國の景物や風光を畫筆に載せてゐた、しかるに昨夏テヘランは英國軍に侵略占領されたので、同年秋九月同國を脫出日枝丸に便乘して無事歸朝したものである、同會場には「子供の遊んでゐる風景」、「テヘラン銀座」など單色スケッチ二十六點「ペルシャの少女」、「メチヤの古都レイ」など水彩畫十點、「王宮附近の街」、「日本公使館のある街」、「ペルシャのばら」など油繪三十二點を展示し、古代隆盛を極めたペルシャから今回のイランまで承傳されてゐる特有の景情を髣髴とさせ、連日觀衆に深い感銘を與へた

小島一谿個展

舊臘資生堂で好評

小島一谿氏の日本畫個展は舊臘二十三日から二十六日迄銀座資生堂畫廊で開催〃石の寶殿〃〃十和田湖〃〃白樺の林〃〃水原長安門〃など十六點を展示し好評を得た

古賀忠雄紙塑展

舊臘菊屋ギャラリー

古賀忠雄氏の紙塑（彫刻）展は舊臘二十一日から二十三日迄銀座菊屋ギャラリーで開催、氏は文展に於て數回の特選と無鑑査とを經た彫塑家で、近年紙を材料にした彫塑に沒頭し、今回その結實を展示したもの、〃芽生〃、〃木蔭のひと時〃、〃老人の顏〃〃農夫〃、〃二葉〃、〃人形〃、〃帶止〃など四十二點を展示し、藝術的價値の高さを觀衆に肯かせた

萩燒展帝都進出

山口縣工藝協會主催

山口縣工藝協會主催の萩燒展は舊臘二十四日から二十八日迄日本橋高島屋で開催、豐太閤以來今日まで永き傳統に培はれ、我國固有の秘技を誇る萩燒各窯抹茶碗、水指、香爐、香盒、組皿、茶器、置物などの新作品を網羅して展示、國民文化の昂揚と産業發展に資する趣旨を觀衆の胸奥に徹底させた

時代民藝品展盛況

「佐渡と越後」を中心に

〃佐渡と越後時代民藝品展〃は舊臘二十四日から二十八日迄日本橋高島屋で開催、これは佐渡と越後とを中心にした東北特有の堅實美と雅味との豐かな時代民藝品約三千點を蒐めて陳列したもの

麻布、船簞笥、古小鈴、ウルシ桶花生、伊萬里、瀨戸、九谷、香盒、ぎやまん德利、古小鈴、夜具地裂、アイヌ食器など、幾年か民家に使はれてゐて、時代色たつぷりの品ばかり會期中盛況を極めた

川端實第一回展

滯歐作品を銀座三越

川端實氏の第一回滯歐作品展が十八日から廿三日まで銀座の三越で開催されてゐる、展示は廿五點中風景畫が多く殊に伊太利に一年間滯在してゐた關係から同國での作品が最も多い「北伊太利の女」、「廢墟の音樂會」文展に出品した「番兵と門」、「憩へるフランカ」など第一回展だけに刮目されてゐる

獨逸と佛蘭西 美術協力

マチス等諸家訪獨

巴里で獨佛兩國の文化交歡に誠意ある努力を示してゐるドイツ當局は、先般現代ナチス藝術を紹介し、兩國美

明神池（個展）山田皓齋

展覽會の暦

日	月	火	水	木	金	土
		20	21	22	23	24
25	26	27	28	29	30	31

▽柏舟社第一回展（神戸）廿日から廿五日迄大丸
▽正宗得三郎油繪展　廿一日から廿五日迄日本橋三越
▽富岡鐵齋遺作展　同上
▽森田竹崖個展　廿一日から廿五日迄日本橋白木屋
▽洋畫諸大家色紙展　廿一日から廿五日迄青樹社
▽成層美術集團展　廿一日から廿四日迄銀座菊屋畫廊
▽春台美術第十七回展　廿二日から二月六日迄東京府美術館
▽山口薫洋畫展　廿三日から廿五日迄銀座資生堂
▽不二會展　廿三日から廿五日迄銀座ギャラリー
▽白日會第十九回展　廿四日から二月六日迄東京府美術館
▽第三回同輯會展　廿四日から廿六日迄銀座紀伊國屋
▽撥草會日本畫展　廿六日から廿八日迄銀座資生堂
▽橋本欣三舞臺裝置展　廿六日から卅日迄銀座菊屋畫廊
▽名取明德第三回洋畫展　廿七日から卅一日迄日本橋高島屋
▽第五回朱玄會洋畫展　廿七日から卅日迄日本橋三越
▽國粹版畫展　廿九日から卅一日迄銀座資生堂

畏し 久邇宮殿下
池上秀畝畫塾員に御下賜品
赤誠の献畫に應へ陸軍晝餐の饗應

昨秋十月十五日から十九日まで銀座松屋の七階で、將士慰安獻納畫展を開催した傳神洞畫塾では、展觀終了後、右の獻畫を陸軍省に送付、同省では之れを受納して各方面に頒布したものである、そして同省では謝意を表明する爲舊臘二十六日正午同塾の獻納者たる池上秀畝塾主、山川秀峰、堀田秀叢諸氏以下四十有餘名を省内に招待し、陸軍次官、主計總監等諸將官列席、その席上晝餐の饗應があつた、その席上次官から

〃前線の傷病兵の心を慰めるやうな繪畫を寄贈して貰へれば〃

と示唆されたので、其後池上氏は塾員と相諮り新春初頭七日をトし、各自彩管報國の熱誠を打ち籠め、色紙三百枚に妙技を揮ひ、之れを前線傷病兵諸氏の慰問に充當すべく、越えて十日これを陸軍次官に獻納した、同日畏くも久邇宮殿下には、この軍部への赤誠溢るゝ奉公をいたく賞美あらせられ、御煙草並に御菓子等を下賜あらせられ同畫塾員の勞を犒はせられたため畫壇稀有の且は破格の光榮に浴し、塾員一同は恐懼感激して一層の奉公を誓ひ合つた

術の協力をはかるため、舊臘フランス一流の美術家マチス、ドラン、デスピオ、ヴラマンク、ヴアンドンゲン、スゴンザック等をドイツに招いた、ドイツ近代文化の發展に、フランス文化の影響を無視することが出來ないことは、ゲーテ、ワグナー以來の事實で、いはゆる近代西歐文化は、獨佛文化の交流を無視しては成立せぬ、美術にあつても、印象派以來の佛蘭西畫壇を世界に紹介したのは寧ろドイツ批評家であつたといへるほどで新歐洲の建設を目指すドイツが獨佛の美術協力に重大關心を示すのは當然のことである

晨潮會展

晨潮會の第四回展は明廿一日から廿五日まで新宿三越で開催される

一豫　報一

名取明德個展
廿七日から高島屋

名取明德氏の第三回洋畫個展が廿七日から卅一日迄日本橋＝高島屋で開催、出陳作品はゲレンデーにて婦人像、スキーの靴他十七點氏は一水會の新人として其の特色ある作品は一二回展共非常な好評であつたゞけに今回展は大いに期待されてゐる

水彩畫最高記錄賞授賞作品展
二月三日から靑樹社・銓衡候補作品も陳列

水彩畫最高作品選定委員會では舊臘二千六百一年度水彩畫最高記錄賞（甲斐惟一氏寄贈）授賞作品銓衡委員會を開催した結果

「いたづら小僧」山本不二夫氏作（第二十八回日本水彩畫會展出品）「婦人肖像」不破章氏（同上）

の兩作品を該當するものと決定したので、來る二月三日から七日迄五日間銀座靑樹社に於て前記作品の外銓衡候補作品を悉く展示する事になつた

橋本欣三舞臺裝置展
廿六日から銀座菊屋

橋本欣三氏の舞臺裝置展が廿六日から卅日まで銀座の菊屋で開催、最近流行の移動演劇と素人芝居の舞臺裝置圖案並に模型等大小四十點位が出陳される、氏は上野の美術學校を出て伊藤熹朔氏に師事し松竹並に國民新劇場の舞臺裝置に關係してゐる

滿洲國皇帝陛下獻上畫展
名家力作を本年七月帝室博物館表慶館
引續き同館で今秋九月には滿洲國寶展

決戰態勢下一入意義深い盟邦滿洲國の十周年に當つて日本滿洲建國十周年慶祝會では我が朝野一體の慶祝を表するため、滿洲國皇帝陛下に獻上の美術展覽會滿洲國々寶展覽會を催す、美術展覽會に於て獻納の全作品は、滿洲國美術館が中心となる豫定で、

執筆者も川合玉堂、横山大觀竹内栖鳳、小室翠雲、上村松園氏ら外十一氏の日本畫家、石井柏亭、中村不折、安井曾太郎、有島生馬氏ら外十氏の洋畫家、何れもわが日本畫洋畫壇の最高峰卅氏に委囑、

街頭でも富岡鐵齋遺作展
期待多大・明廿一日から廿五日迄三越

富岡鐵齋翁の遺作展が二十一日から二十五日迄三越本店で開催されるが約五十點で富岡家を始め辰馬、細川、住友、田島、高橋、丸山といつた諸名家からの出品があり慶應四年執筆の大津繪の半截から九十歳に及ぶ作品、裸體の猿田彦命など異彩であり十餘年間に亘り研究されたいろ〳〵の描寫法を見せた大和繪などがあり、相當傑作を蒐集してゐる、翁の遺作蒐集に當つた正宗得三郎氏は語る

何分又と得難い貴重なものばかりで、丁度各方面から蒐集中米英對戰の大詔が煥發され敵の空襲でもあつてはと所藏家でも大に懸念し自分も責任上大に躊躇したものだが然し幸にも皇軍の大捷なので、これが嘉慶の意味でもと愈々開催する事に決定したもので翁の遺作展としては完璧だと私は信じて居る

各氏は夫々得意の畫題で畢生の大作を本年六月までに完成納入、七月には帝室博物館表慶館に陳列、國內朝野の參觀に供した上、九月滿洲國でも新京、奉天に於て夫々內示展を行つた後皇帝陛下に献上する、又、滿洲國々寶展覽會は献納の美術展に對應し、滿洲國政府の後援で、本年九月中旬帝室博物館表慶館に開催されるもので、出陳品は何れも滿洲國が世界に誇る宋元明清四代に亘る七十九種百數十點の刻絲（綴錦）をはじめ、刺繡、金陶磁器及びわが軍の協力によつて屢々戰火を負ふた奉天文溯閣保管の四庫全書の一部等廣範圍に亘る貴重な蒐集品が網羅されることになつてゐる

第十七回春臺美術展目睫

二月六日迄府美術館・明日入選發表

既報の如く第十七回春臺美術展は來る二十二日から二月六日まで上野公園東京府美術館で開催する、入選作品（陳列畫）中の優秀な作品には、岡田賞（百圓）春臺賞副賞（百圓）を贈與し、その作家には次回に二點まで無鑑査出品の特典を附與、鑑査の結果は明二十一日發表する、同展顧問は、和田三造、辻永、贇助は中村研一、太田三郎、委員は、岩崎勝平、石川滋彦、緒方亮平、和田清、內藤東、江藤純平、有岡一郎、笹岡彪、鬼頭鍋三郎、關口隆嗣諸氏である

朱玄會五回展

廿七日から三越

朱玄會の第五回展が廿七日から卅日迄日本橋三越本店で開催される、今回は栗原、宮本、田村の三氏共近作各十點宛だが、毎回力作が發表される同會展だけに各方面から注目されてゐる

白日會公募展

近く上野府美術館

白日會第十九回展は來る廿四日から二週間上野の府美術館で開催と決定、出品作品の公募を開始種類は油繪、水彩、パステル、素描、版畫、彫刻等で出品は一人五點以內、搬入は十八、十九の兩日午前十時から午後四時迄に終了した

尚同展には左記の如き特別陳列がある

△情報局提供現地作品△戰傷將兵諸氏作品（臨時東京第一同第三、同名古屋第二、同大津の各陸軍病院）△歐洲名家作品（ピカソ、マチス、ルノアール、ドラン、マルケ其他）數十點△新會員滯歐作品

第十回東光會展作品公募

會期三月十九日より・小品の力作歡迎

東光會では今春三月十九日より上野公園東京府美術館で開催する第十回展の作品公募を發表してゐる公募作品の種類は例に依り油繪、水彩、素描、パステル、テンペラ、版畫等で一人五點を限り百號以內、時局下特に小品の力作を歡迎し出品規定は淀橋區戸塚町二丁目熊岡方東光會事務所へ申し込む事

撥草會旗擧展

日本畫近作を資生堂

麻布市兵衛町の精藝社を中心に組織された撥草會の第一回展が廿六日から廿八日迄銀座の資生堂で開催、左記八氏の近作各一點宛出陳される

小林古徑、前田靑邨、奥村土牛、福田平八郎、小倉遊龜、中村岳陵、山口蓬春、安田靫彦

院展同人擧る力作

軍器献納

日本美術院では米英對戰に參加すべく横山大觀氏以下の二十八同人が擧つて二點以上の力作を制作し軍器費として政府に献納する事となり、新春も休みなしに、前線將兵の心でこれが制作に沒頭してゐる、同作品は二月十二日締切で下谷區谷中の日本美術院事務所に搬入、十四日（土）十五日（日）の兩日同所に展觀し特殊關係者を限り招待して割讓、その金額全部を献金の手續きをとるものである、同人中山村耕花氏は築地聖路加病院入院中で氏は揮つて執筆の元氣であるが病態は迚もなすべくもないが其他中村岳陵氏外の病床にある人々は揮つて之れに應ずる筈であるが献金のこととて力作であり相當數量をあげより多額をとの目的で同人中には四五點を目標としてゐるものもあり盛觀を呈するであらう

十回展を前に旺玄社刷新

記念展に牧野氏帝展以來の作品陳列

傳統を尚び健全なる美術の研鑽に努力しつゝある旺玄社では今春三月上野で開催の第十回記念展を前にして更に內部を刷新し近時新しく胚胎しつゝある雰圍氣に在つて牧野虎雄氏を中心に華かではないが堅實な方針の下に面目を更めて斯道に精進し日本洋畫壇に貢獻する事となつた、尚同記念展には牧野氏が帝展初期以來の作品を特別陳列として出品する筈

個人消息

△角田磐谷氏（福陽美術會常任幹事）陸軍省囑託となり舊臘二十八日東京發滿ソ國境へ

富岡鐵齋特輯

鐵齋翁とその時代

水澤澄夫

☆

國民美術協會のきもいりで、最近、百錬會所藏の鐵齋翁の遺作の中約三百點が上野の府美術館に並ぶといふことだ。この噂はすでに一二ヶ月前聞いてゐたのであるが、戰爭でどうなるかと思つてゐた。今時かういふ貴重な所藏品の、しかも大がかりな展覧會が帝都で催されるといふことは、何といつても胸のすくやうなあの緒戰以來の輝かしい大戰果のおかげで、あらためて皇軍の勞苦に感謝のこころをささげざるを得ないとともに、この大戰果に裕々たるところを示して豫定通り展覧會を開いてくれるその關係者に對しても亦敬意を表しないわけにはゆかない。

第一回の百錬會主催の展覧會は昭和十二年秋であつた。だからあしかけ五年目になるわけである。この前の會にも約三百點並んだ。百錬會所藏のものは大體千點といふことだから、こんど出陳のものがこの前の分をはぶいて行はれるとすると、われわれは合せて六百點見得ることになる。これは鐵齋翁の作品をすきな者にとつては至幸のことであると同時に、鐵齋翁にとつても死後の幸福と言はねばならぬ。いままでどの國のどの作家がかういふ幸せを持つたか、また、大衆にかういふ幸せを與へたか。翁の餘徳の然らしむるところに相違ないが、古くから翁を讃仰して千點といふ夥しい作品を一と所にまとめて保存してゐる百錬會の功も多としたい。そして殘りの四百點もなるべく早い機會に展觀させてほしいといふ願ひをこの際述べさせてもらふ。これはあながち圖にのつた望みではないと信ずる。一人の作家を欽仰する者にとつて、出來るだけ多くその作品を見たいと思ふ氣持は極く自然な慾求である。その上私には私だけの理由もある。

このあしかけ五年間に私は鐵齋翁に關する小さい本を一册と、小さい論文を一つ書いた。もつとも論文の方は鐵齋翁をひきあひに出して繪畫の日本的特性といつたものについて書いたもので、翁の作品について終始したものではない。本の方は今になつて見ると大へん不滿足な出來である。しかもこの「あしかけ五年間」と書いたが、氣がついてみると、兩方ともこの前の展覧會から一年ほどしかへだたつてゐない頃のもので、あと三年あまりは鐵齋翁のことは何一つ書いてゐないのであるそれならば現在の私にとつては、鐵齋翁に關してそれはほとんど空に等しい「あしかけ五年間」であつたのか。答は逆だ。格別翁の作品を十點とまとめて見得る機會はその後持たなかつた。翁の藝術について書かれたものはその間ほんの一二の感想録のやうなものしか出なかつたので、したがつてさういふものを熱心に讀むこともなかつた。しかし、こと繪畫に關するかぎり大抵の場合私の反省の心棒あるひはその近くに富岡鐵齋がゐた、しかもその鐵齋翁は多くの場合新しい表情をして現はれてゐたのである。つまりこの五年間私の繪畫的思索は富岡鐵齋でうんざりするほど終始してゐたのだ。だからこそ私にとつて前に書いた私自身の本は大へん氣に入らぬものになり、百錬會の展覧會への要求も圖にのつた氣持からでなく出し得るのである。ついでに言ふがこの前の展觀では作品が制作年代順に並べられた。こんども是非さうしてほしい。これは一人の作家の成長を最も素朴な方法でしかも最も有效に示してくれるやりかただからである。

☆

このごろ豪氣といふことをよく考へる。どう説明していゝか辭書的定義は出來ないのであるが、強さ、逞ましさ、アク、息の長さ、年の功、さういつたものと一脈相通のものといふ風な解釋を私自身はしてゐる。支那の書畫にはよくこれがある。例へば近代の趙之謙の作品などにもこの豪氣が充滿してゐるのであるが、わが國の作品には至つて例にとぼしい。繪には雪舟や宗達の作品のあるものにはそれが感じられ、いく分ちがふやうな氣もするが古いものでは伴大納言繪詞に私はそれを求めることが出來る。書では弘法大師、道風のもの、五山僧の墨蹟の中にも時々ある。この豪氣が鐵齋翁の作品にはふんだんにあるのである。これは殆ど不思議でさへある。私達は時として冗談に「豚を三四百年食ひつゞけないとこれは出て來ないものらしい」と言つたりするのであるが、この豪氣といふものは、藝術作品の高さといふものよりもむしろ大きさといふものに結びついてゐるやうに感じられる。もちろん藝術的價値の高さは同時に大きさをも要求するものであるから、豪氣があるといふことは作家にとつてプラスにはちがひないが、豪氣そのものは藝術と直接何の關聯あるものでもない。要はその作品上での處理如何がその作品の藝術的價値を決定するもので、鐵齋翁の作中でも豪氣が單に心境にすぎず惡い效果しか出し得てゐない場合も往々にしてある。私はかつて私の氣に入らぬ本の末尾に鐵齋翁について次のやうに書いた。「いささか逆説的な言ひ方をするなら、翁はアクのかたまりでさへある。しかし純粹の藝術にそれ以外の道があるであらうか。殊に文人畫に於てはアクでアクを洗ふ外自己を生かす方法がない。この文句だけは、幾分舌たらずの言ひまはしではあるが、いまだに私にとつてやや氣に入つてゐる個所である。多分私はこゝで終る代りにここから出發すべきであつた。

豪氣といふものはともかく作品に大きさを與へるものだ。しかもそれはあくまで内的なものでギッチリ詰つたものだ。近頃ある會合でかういふことを言はれた。「君は日本の美術といふものをひどくうちはな、こごまつたもののやうに書いてゐるが、この雄大な大東亞戰下さういふものであつていゝのであらうか。一つ釋明的演説をしなければいけない。」私は演説には全く自信がなかつたので、止むを得ず咄々とそれが誤解であることを述べたのであるが、このことは年來私が日本美術の特性を清潔感と抑遜とにある、と書いて來たことに起因してゐたらしい。前者についてはくどくどと説明するまでもなく昔からわが國の名畫といはれてゐるものをどれでも思ひ浮べてくれれば——例へ志貴山緣起、源頼朝像、そんな古いものでなくても誰も知つてゐるものでは最近畫壇を壓した靫彦氏の黄瀬川の陣、すべて餘計なものをこそぎ落した清潔なものである。しかしこれらは決してキレイ事のキレイさではない。雪舟や宗達や鐵齋翁の作品でも優作は皆清潔なものなのである。つまり豪氣を十分にふくみながら、しかも清潔なのである。その清潔感は直ちに次の抑遜といふことに結びつく。抑遜といふことについては、「外にあらはれるより内にふくむところ多からむとする」藝術上の技術として屢々私が書いて來たことなのであるが、これも亦格別註釋を必要としないことがらであらう。古來のわが美術史上の名作はすべて自己をむき出しに主張してゐるものではない。むしろ自己を抑へたものばかりである。自己を抑へるといふことはこごまることではない。小我を沒却することによつて却つて大きなものに通じる道なのである。ちつぽけな主我的なきたない根性を棄て去ることである。鐵齋翁の場合でもだから「かういふ天衣無縫とも言ふべき作家にあつてすら、しかも八十何歳といふ浮世離れした年齢になつて描いた作品にすら、自己を抑へたものだけにすぐれた藝術的價値が見出される」とかつて書いたことをやはりまづい言ひ方だつたとは思ふがその根本については今以て正しいと思つてゐるし、そのことは現在の反省に即して言へば翁が蒙氣の處理に成功した場合であると言ふべきであらう。日本の美術はこごまつてなどゐはしない。むしろ大きなものに眞直に通じるためにうちはに構へてゐるのである。そしてそれがいちばん正しい方法なのである。支那の美術はなぜ萎靡してしまつたか。自分の國の美術だけがいいものだと思ひこんで謙虚な氣持を失つたからである。處理すべき蒙氣を持つことは繰り返して言ふが、作家としてあくまでプラスである。支那の近代畫人はそれを多分に持ちながら、宋元や明、清初の畫家のやうに、處理してはゐなかつたやうだ。

この時代にこそ、鐵齋翁をもう一度見直すべきである。

☆

それから最近感じてゐることをもう一つ。古いことだが考槃社の鐵齋翁追悼會（大正十四年）で本田成之博士が講演した中に、竹の繪を習ふ話がある。習ふのは本田博士、敎へるのは鐵齋翁であるが、美竹齋の眞筆からはじめて柯丹邱の竹、雪齋竹譜、李息齋竹譜詳錄、梅道人の竹、同じく梅道人の寫竹簡明法といふ本、それから呂端俊、吳氏、金氏、といつた粉本を次から次へと出して來て稽古させられる。「之は迚もかなはぬ、甚だ勿體ない失禮な話ですが私は大分弱りました。それから今度はそればかりなら宜しいのに、あらゆる日本全國にある竹の種類を集めた日本竹譜といふ竹の種類を六十幾つ集めてあるもの、これを見よと云はれるそれもよいが今度は植物學上から見た竹の横斷面を出される、私は竹を描くといつてもホンの墨竹を一寸やるつもりでそんな精しいことは要らんと思つたのでありましたが、ざつと斯ういふ具合であつて先生却々放過しませぬ。併し其の時に私の顏色か何かでわかつたと見えまして、『苟くも竹一枝でも書かうとすればあらゆる竹を研究しなければ書くことは出來ぬ。何でも物は念には念を入れて精密に調べてやらねばならぬ』といはれてひどく汗顏の至りでありましたが、竹ばかりではありませぬ、此の時成る程之が先生の學問の方法だ、繪ばかりではない、此の位綿密でなければ一代に傑出することは出來ぬ、斯う思つて私はひどく自分の遣り方の今迄粗雜であつたといふことを恥ぢ入つた次第であります。その癖先生竹は得意でない、只頼まれれば書くといふ位でありました。」本田博士は以上のやうに述懷してゐる。

この綿密な研究的態度はもとより感歎に價するが、私のつねづね感心することは、その勞苦が少しも翁の畫面にむき出しに出てゐないことである。このことも亦作家の根本的心構への一つといふべきものであらう。ハワイ海戰マレー沖海戰に史上類例を見ない耀々たる大戰果を上げたわが海軍の十年來の默々たる猛訓練とその結實、またその態度と思ひ合せて深い感銘を改めて覺えたのである。

☆

このやうにほんの一二の點を思ひつくままに私の繪畫上の思索から採り上げて見ても鐵齋翁はつねに私のそばにゐる、しかもその存在は時代と益々密接な聯關を持つて來つつあるやうな氣がする。「自ら持するに謙虛」「事に當るに綿密」「雄大な氣宇」――私自身の思索だけでなく、全畫道そのものが、この時代、鐵齋翁の如き作家の徹底的再檢討から一つの出發を持ち得ると言つても過言ではあるまい。

編輯部より

前號から本誌編輯にはやゝ更新を企てることゝなつた。それはグラフ頁のほかに特輯の寫眞版ページを作り本文を合せて二十頁に增頁したことも一つ報道誌としての立場から展覽會記事をその特輯ページに當てる事等であり、又本文に研究論稿や座談會等を以て刻下美術界に一種の指導的態度を堅持する意圖を示したこと等である。原色版も時々加へてゆくつもりである。尙發行を前號より一日、十日、廿日と變へた。且つ前號は一日十日合併號である。

御陵修復と富岡鐵齋

村松梢風

一

今《いま》の時局下《じきよくか》にあつて、富岡鐵齋《とみをかてつさい》について第《だい》一に思《おも》ひ出《だ》すのは、彼《かれ》の御陵展墓《ごりようてんぼ》の功績《こうせき》である。明治維《めいぢゐ》新《しん》までは歴代天皇《れきだいてんのう》の御陵《ごりよう》も、長《なが》い間《あひだ》の幕府《ふ》政《せい》や戰亂《せんらん》のため、草石《さうせき》の間《あひだ》に埋れて地方《ちはう》の御陵《ごりよう》は大概跡《たいがいあと》方《はう》も解《わか》らないほど荒廢《はい》に歸《き》してゐた。明治政府《めいぢせいふ》も途中《とちう》それに氣《き》がついて、御陵修復《ごりようしうふく》に著手したけれど近畿地方《きんきちはう》の御陵《ごりよう》はもし鐵齋《てつさい》が未前《みぜん》に調査《てうさ》して碑《ひ》を建《た》て、彼自身《かれじしん》の手《て》で消掃《せうさう》し多少《たせう》とも修復《しうふく》を行《おこな》つてゐなかつたら、今日《こんにち》になつても、畏《おそ》れ多《おほ》いことながら一天萬乘《てんじよう》の君《きみ》のお墓が、全《まつた》く岩石草土《がんせきさうど》の間《あひだ》に隱滅《いんめつ》してしまつて、發見《はつけん》することすら困難《こんなん》な狀態《じやうたい》に陷《おちゐ》つてゐたに違《ちが》ひない。そのことを思《おも》ふと、鐵齋《てつさい》のその勤王思想《きんわうしさう》に基《もと》く御《ご》陵修復《しうふく》の功績《こうせき》は、民間《みんかん》一個人《こじん》の行《かう》としてまことに偉大《ゐだい》であつた。

この彼《かれ》の志は彼《かれ》が明治《めいぢ》八年《ねん》に湊川《がは》神社《じんじや》の神官《しんくわん》を振出《ふりだ》しに、大和石《いし》上《かみ》寺《じ》の權宮司、明治《めいぢ》九年《ねん》に和泉《いづみ》の官幣大社《くわんぺいたいしや》大鳥《おほとり》神社《じんじや》の大《たい》宮司となつた數年間《すうねんかん》の神官生活《じんくわんせいくわつ》に胚胎したとも言《い》へるし、更《さら》にその前《まへ》に遡つて鐵齋本來《てつさいほんらい》の勤王《きんわう》敬神《けいしん》思想《しさう》に基《もと》いて神社復舊說《じんじやふくきうせつ》を專《もつぱ》ら民間《みんかん》に提唱《ていしやう》し、呼號《こがう》した、爾前《じぜん》の事情《じじやう》と直接聯絡《ちよくせつれんらく》するものと觀《み》られる。この又《また》鐵齋《てつさい》の神社復古說《じんじやふくこせつ》は彼《かれ》の壯年時代《さうねんじだい》を飾《かざ》る生涯的《しやうがいてき》な逸話《いつわ》であつて、そのため彼《かれ》は後《のち》に叙位《ゐ》の御沙汰《ごさた》まで蒙《かうむ》るのであるが、湊川《がは》神社《じんじや》の神官《しんくわん》に任《にん》命《めい》せられたのも、彼《かれ》の熱烈《ねつれつ》な神社《じんじや》復古說《ふくこせつ》が當時《たうじ》の官邊《くわんぺん》の人《ひと》を動かしたことが動機《どうき》となつて居《ゐ》るのである。更《さら》にその前《まへ》に遡つて明治《めいぢ》五年《ねん》官制改革《くわんせいかいかく》と同時《どうじ》に文部省內《もんぶしやうない》に神社《じんしや》局《きよく》が設置《せつち》せられて、明治維新前後《めいぢゐしんぜんご》の維新《ゐしん》の動亂《どうらん》や、神佛混淆說《しんぶつこんこうせつ》などの宗教思想《しうけうしさう》の荒廢《はい》のため、遺棄同樣《ゐきどうやう》になつてゐた神社《じんしや》を要路《えうろ》の手《て》で再《さい》興《こう》するやうになつたのは、鐵齋《てつさい》の民間提唱《みんかんていしやう》が有力《いうりよく》な契機《けいき》となつてゐるのだ。

段々《だんだん》と鐵齋《てつさい》の過去《くわこ》に遡つて行《い》くやうになるが、さうした鐵齋《てつさい》の復《ふく》古思想《こしさう》は、その本來《ほんらい》の源を尋《たづ》ねると彼《かれ》の少年時代《せうねんじだい》有名《いうめい》な勤王家《きんわうか》蓮月《げつ》に養《やしな》はれ、女性《ぢよせい》ながら當時《たうじ》の志士《しし》をリードするほどに熱烈《ねつれつ》な勤王家《きんわうか》であつた蓮月《げつ》の敎養《けうやう》を受《う》け、出入《でいり》の志士達《ししたち》とも親《した》しく接觸《せつしよく》した鐵齋《てつさい》は既《すで》にその修學《しうがく》の搖籃に於《お》いて全身《ぜんしん》勤王思想《きんわうしさう》に洗《あら》ひ上《あ》げられてゐたのである。彼の後年《こうねん》の勤王思想《きんわうしさう》、勤王運動《きんわううんどう》は專《もつぱ》らこの少年時代《せうねんじだい》の環境《くわんきやう》の賜である。更《さら》に彼が青年時代《せいねんじだい》になつて畫事《ぐわじ》に趣味《しゆみ》を覺《おぼ》え土佐派《とさは》の復興《ふくこう》の宇喜多《うきた》一蕙《けい》や冷泉爲《せんため》恭と交を結《むす》びその畫風《ぐわふう》の影響《えいきやう》を受《う》けたことも、彼の國學思想《こくがくしさう》や純日本主義《じゆんにほんしゆぎ》的趣味敎養《てきしゆみけうやう》の導かれたことも、彼の勤王思想《きんわうしさう》を養《やしな》ふ醱酵母《ぼ》となり、神社復古《じんじやふくこ》御《ご》陵發《はつ》掘の考古學的《かうこがくてき》な趣《しゆ》味《み》に相關的《さうくわんてき》に結《むす》ぶこととなつたといふ風《ふう》に解釋《かいしやく》することも出來《でき》る。殊《こと》に宇喜多《きた》一蕙《けい》は安政《あんせい》戊午の大獄《たいごく》に、賴《らい》三樹《き》三郎《らう》や梅田雲《うめだうん》濱等《ら》とともに投獄《とうごく》された實踐的勤王《じつせんてききんわう》の志士《しし》であつた。その思想《しさう》や言動《げんどう》の感化《かんくわ》は後年《こうねん》の鐵齋《てつさい》に影響《えいきやう》するところ殊《こと》に深《ふか》かつたであらう。

二

『神社《じんしや》が荒廢《はい》するのは民心《みんしん》の荒廢《はい》する所以である。一國の國民道德《こくみんだうとく》は神社《じんしや》崇拜《はい》から生れて來《く》る。崇高《かう》な觀念《くわんねん》の凝結《けつ》だ。これを一日《にち》でも忽せにすれば士風《しふう》は廢り神國《しんこく》としての面目《めん》を保《たも》つて行《い》くことは出來《でき》ない』

これが鐵齋《てつさい》の神社復古說《じんしやふくこせつ》の骨子《こつし》であるが、その思想《しさう》は軈て移《うつ》して彼の御《ご》陵發《はつ》掘への延長《えんちやう》となつた。

大東亞戰爭　本年の私の仕事（諸家）

□ 正宗得三郎

一、戰爭發展と共に、益々勞働が不足

吾々畫家も、出來る勞働に服し、せめて家庭防空に盡したいものです。一月に、自作洋畫展と鐵齋翁の遺作展を開催する事になつてゐる。

二、その他の仕事のことは今考へてゐませんが、畫を描いて生活することは困難になると想つてゐる。

□ 高畠達四郎

一、太平洋各方面に於ける皇軍の働きに對しては、戰捷の喜びよりも、感謝の一念に胸をつかれました。畫筆持つ我等も、かうしてはゐられない氣持がします。

二、本年の仕事に對する計劃も、いろ〳〵ありますが、躍進日本の姿を象徵したく思ひます。

□ 西澤笛畝

一、第一に、前線將士の心を心として畫業に精進、第二に、經濟に、時間に、あらゆる方面の節約をなし、小なりと雖も、長期戰に備へて、國家に御奉公したい決心です。

二、我國獨特の花鳥畫を、より深く研究、日本人形類聚の完成にと二つの計劃をしてをります。

□ 內田巖

一、飽くまでも戰を勝利に導く意志の下に、がつちりと落ち着いて、生活大鳥《おほとり》神社《じんじや》大《だい》宮司就任《しうにん》時代《じだい》なぞは、彼はその月給《げつきふ》二十五圓《ゑん》のうち毎月《まいげつ》十圓《ゑん》を割いて京都《きやうと》の老母《らうぼ》に送《おく》つて孝養《やう》の費《ひ》とし、自身《じしん》職服《しよくふく》にすら新《あた》着をとゝのへることが出來《でき》ないほどであつたが、その中《なか》から荒廢《はい》亂《らん》離《り》見《み》る影《かげ》もなかつた大鳥《おほとり》神社《じんじや》の社《しや》殿境内《でんけいだい》の復舊《ふくきう》を志したのである。しかし彼の苦心《くしん》は慘憺《さんたん》たるものであつて氏子《うじこ》一到《たう》を集《あつ》めて辭《じ》を低《ひく》うして懇請《こんせい》、自《みづか》らの綢密《みつ》な畫幅《ぐわ》制作《せいさく》を約《やく》して、なにがしかの謝禮《しやれい》を貰《もら》ひその費用《ひよう》を得《え》たのである。その結果《けつくわ》大鳥《おほとり》神社《じんじや》は見違《みちが》へるはどの壯嚴な社殿《しやでん》となつたが、兼《か》ねて鐵齋《てつさい》を御《ご》最負の久《く》邇宮朝《みやあさ》彦親王《しんわう》は一日《にち》大鳥《おほとり》神社《じんじや》に御《ご》臺臨《だいりん》になつて厚《あつ》く鐵《てつ》齋《さい》の神社復興《じんじやふくこう》の功《こう》を賞《しやう》せられたといふ。

　斯《か》うした熱《ねつ》烈な實《じつ》踐的《てき》復古《ふくこ》思想《しさう》はそのまゝ御《ご》陵展《てん》墓となつて後年《こうねん》鐵齋《てつさい》を近《きん》畿諸《しよ》地《ち》方《はう》苦《く》行《ぎやう》僧のやうに行脚探《たん》陵させることになつたのだ殊《こと》に大和から河内へかけての御《ご》陵は大概《たいがい》皆《みな》彼の發見《はつけん》するところであつて、一陵を發見《はつけん》する毎《ごと》に鐵齋《てつさい》は自《じ》筆《ひつ》の石標《せきへう》を殘《のこ》して去《さ》つた。それがためには彼は幾年《いくねん》も前《まへ》から、洛中《ちう》の古本屋《ふるほんや》をあちこち探《さが》して、御《ご》陵研究《けんきう》の古《こ》書珍書《しよちんしよ》を手《て》に入《い》れて、血《ち》眼のやうにそれを涉獵《れふ》したのである。

　ある日《ひ》彼はそのやうにして、御《ご》幸町《まち》の二階《かい》の書齋《しよさい》で荐りに御《ご》陵研《けん》究《きう》の本《ほん》を讀《よ》んでゐたが、突然發作《とつぜんはつさ》に驅《か》られたやうにその本《ほん》を懷中《くわいちう》にしたまゝ、玄關《げんくわん》の下駄《げた》を突《つ》掛《か》けて表《おもて》へ出《で》てしまつた。出掛《でか》ける時細《ときさい》君《くん》が『何處《どこ》へ』と尋《たづ》ねると『一寸《と》そこまで……』と至《し》極不得要領《ふとくえうりやう》な答《こた》へだつた。

　夕暮《ゆふぐれ》、鐵齋《てつさい》はまだ歸《かへ》つて來《き》なかつた。深夜《しんや》になつてもとう／＼歸《かへ》つて來《き》ない。細君《さいくん》はまんぢりとも寢《ね》なかつた。翌る朝《あさ》、主人《しゆじん》はまだ歸《かへ》つて來《き》ない。夕暮《ゆふぐれ》、夜《よ》、さうして又《また》翌る日《ひ》の朝《あさ》、依然《いぜん》鐵齋《てつさい》は姿《すがた》を現《あら》はさない。妻君《さいくん》は氣《き》懸りになつてあちこち知《ち》人《じん》のもとを尋《たづ》ねたが、消息不明《せうそくふめい》たること依然《いぜん》たり。その夜半頃《やはんごろ》、細君《さいくん》の安《あん》堵と吃驚の前《まへ》に姿《すがた》を現《あら》はした鐵齋《てつさい》は慨然《ぜん》として言《い》つた。

『河内の御《ご》陵を調《しら》べて來《き》た。』

——大東亞戰爭下《たいとうあせんさうか》、皇室《しつ》御《ご》稜威のいよ／＼輝《かゞや》き給《たま》ふ時《とき》、勤王畫人《きんのうぐわじん》鐵齋《てつさい》のこの功績《こうせき》は特《とく》に大《おほ》いに追慕《つゐぼ》せらるべきであらう。

三

　それから鐵齋《てつさい》の繪であるが、私《わたし》は鐵齋《てつさい》の繪をそれほど多《おほ》く見《み》てゐないし、專門《せんもん》の研究家《けんきうか》でもないから立《た》ち入《い》つたことは言《い》へないが、鐵齋《てつさい》の藝術《げいじゆつ》といふも專門家《せんもんか》は誰《たれ》でも淸末の吳昌石《ごしやうせき》のことを想起するやうである。勿論《もちろん》それはその畫風《ぐわふう》の磊落性《らくせい》や、文人《ぶんじん》墨客的《ぼくかくてき》な學者趣《がくしやしゆ》味《み》からの共通點《きようつうてん》を以《もつ》ていふのであらうが、鐵齋自身《てつさいじしん》やはり生前《せいぜん》吳《ご》昌石《せき》と對比《たいひ》せられて頗《すこぶ》る面白《おもしろ》くなかつたらしく『いや吳《ご》昌石《せき》が俺《おれ》に似《に》てゐるのだ。』と軒昂《けんかう》たるものがあつたさうだ。

　それはもつとも三私《わたし》なぞの觀《み》た眼《め》でも、吳《ご》昌石《せき》は張之謙《こ》の流《なが》れを延いてゐると思《おも》はれるが、張之謙《こ》は繪でも書《しよ》でも吳《ご》昌石《せき》のやうに輕《かる》いものではなく、重味《おもみ》も雄《ゆう》渾さもあつた。鐵齋《てつさい》の場合《ばあひ》でも吳《ご》に比較《ひかく》するとそれが感《かん》じられるし、鐵齋《てつさい》はやはり古今獨歩《ここんどくほ》の畫人《ぐわじん》の一人《り》であつたと言《い》へるが、吳《ご》昌石《せき》は又《また》吳《ご》昌石《せき》で鐵齋《さい》にない眞畫人《しんぐわじん》としての妙味《めうみ》もあつたやうに思《おも》ふ。

の面に正しい處理をあやまらないことが、美術人として又國民として大切だと存じます。

二、地味な仕事、益々自分を、しつかり掘りさげたいと思ひます。戰ふ意志は、又同時に、部署を守ることと信じます。

□　伊原宇三郎

一、日本人であることの幸、遭ひ難き世に遭ふ身の果報、英靈に對する感謝。これら諸々の深い感情が靈感の如くひし／＼と迫つて來、その度に逞しい神經、强靭なる度胸が作られつゝあるやうに感じてゐます。職域奉公などいふ生ぬるい響きのものでない。もつと突きつめた大きな覺悟も同時に固められつゝあります。

二、新しい希望、未完の舊計劃、共に山積。着々と手をつけて勇猛に精進したいと思つてゐます。

□　山川　秀峰

一、いよ／＼日本に黎明が來たやうに感じます。

二、元旦から、青衿會展の製作に着手後は昭和十七年度の大作の豫定が、ずらりと續いてゐます。大いに張切つてをります。

大濱時代の鐵齋翁

☆

正宗得三郎

◇

去年の秋、自分は、名古屋へ行き、その足で、數年前に訪れたことのある碧海郡の大濱に住んでゐる石川八郎右衛門と云ふ人の家を敲いた。

この人は九重味淋の製造を業としてゐる。その祖父を石川三碧と云つた。三碧は、明治二十四年ごろであつたか、伊賀の上野に行つた。そのころ、鐵齋翁も、そこに滯留して、荒木又右衛門の史蹟とか、芭蕉翁の遺趾とかを訊ねたり、調査をしたりしてゐた。

三碧の知人に山中信天翁と云ふ人がある。この人は鐵齋翁の師匠に當り、學殖が備はつてゐた。さういふ關係で、三碧は上野で鐵齋翁と對面した。

鐵齋翁は三碧にむかつて、

〃どうも、この土地では、畫を描く氣になれない。どこか、落ちついて畫を描くところはないか。〃

と云つたものである。

〃では、私の家に來られては、いかがか。〃

と三碧が勸めたので、鐵齋翁は碧海郡の大濱へ行き、三碧の家に滯在して、書畫にいそしんでゐた。

その家の傍に、林泉寺といふのがある。そのころの住職を龍光禪師と云つた。

鐵齋翁は、いつとなく、龍光禪師と懇意になり、碁を打つたりする間柄になつた。

三碧の家の、翁が住つてゐる室は狹かつた。翁は、林泉寺にある茶室に目をつけた。

〃茶室に、私を置いてくれないか。〃

と、翁は禪師に賴みこんだ。

禪師は快く承諾した。

それは、四疊半の茶室である。西の方面には、大濱の海岸が見わたされる。翁は、こゝに移つて繪筆を執つてゐた。

◇

さて、自分が、石川家を訪ねたをり、林泉寺の現在の住職は、鐵齋翁が滯在したころ、小僧であつた人である。

自分は、この住職に會つた。

住職は、微かに翁のことを憶えてゐる。自分は、いろいろ翁のことを聞いた。翁が、寺にゐたのは、明治二十八年ごろで、八十歲ぐらゐだつたか、と想はれる。いろいろ考證した結果、さういふ風に推察される。

翁は、寺の茶室にゐて、心のまゝに繪を描いたり、時には、附近の人々に繪を敎へたりしてゐた。朝は、いつも早く起床する。現住持が、前に書いたやうに小僧であつたをり、壞れた團扇を差し出すと、

夜が明ける　鐘も太鼓も　音せぬは寺の小僧の朝寢なるらん

と、一首の和歌を翁が書きしたためた。

その壞れた團扇は、今も殘つてゐる。住持は、それを自分に見せた。署名はしてないが、鐵齋翁の筆であることに間違ひはない。

尙、こまかく訊いてみると、翁は、毎日繪を描いてゐた、と云ふ。それで、翁の繪が、だいぶたまつた。翁の繪が、一枚で二圓ぐらゐに賣れる、といふことを聞きだし、時の住職は、人を介して、その土地のあたりで賣らせてみた。ところが、一枚も買手がつかない。仕方がないので、その貯つた繪を一束にまとめて、寺の屋根裏にしまつておいた。その後になり、翁の繪は、一枚五圓ぐらゐになる、といふことを聞き、屋根裏にあがつて探しだすと、その一束の繪は鼠に嚙られて、ぼろぼろになつてゐた、と云ふ。

しかし、寺には、翁が古襖に描いたもの、あるひは軸になつてゐる極彩色の繪などが、現存してゐる。これらが、翁に關する研究資料の一つである、ことは、云ふまでもない。

そのころ、翁の作品は、鳩居堂が扱つてゐた。五十錢出せばその半截が買へたと云ふ。そのころの作品も、自分は見た。

◇

石川の家には、翁の描いたもので、面白いものが遺つてゐる。その中に、十便十宜の模寫畫册がある。

一體、大雅蕪村の十便十宜は三册ある。この模寫畫册は、簡略な十便十宜らしい。その卷末に、翁は、かう書いてゐる。

賞嘆之餘臨寫一過、憾僅得其皮相而遺其神、是可嘆
鐵齋散人

翁は、鳴海の下郷氏藏の、大雅蕪村之眞蹟を見、感嘆して模寫したものである。これにつけても、翁が、旅行中にも、名品に接すると、かやうに精勵してゐたことが、はつきりと解る。

西川一草亭の書いたものに、かういふことが、出てゐる。

――、翁と茶會に行つた。見ると茶室の床の間に、利休の肖像の軸が掛つてゐる。

翁は、いきなり床の間に寄りその軸をおろし、寫生帳を懷中から取りだし、さつさと寫生しはじめた。並みゐる一同は、びつくりした。しかし、翁は、耳もきこえないし、そのまゝになつた。――

翁には、さういふところがある。お茶會で型破りなことをやれば、滅茶苦茶になるけれど、翁は、研究したい一心で、さういふことをしたのであらう。翁は、お茶について、理解が深かつたのである。

翁は、全國の有名な茶室を描いた。その畫册が遺つてゐる。お茶の文書はかなり多く讀破してゐた。しかし、自分が茶人になつて、取りすますことはしなかつた。

（以下十七頁へ）

先生の遺徳
―宮岡鐵齋遺作展の開催に就て―

西澤笛畝

勤王と敬神の念に燃えて、その作畫の中にも學問の力となつて他の及び得ぬ不思議のものを示し忠君愛國の材料をくん〳〵と繪としてゐる點、殊更南宗畫人として珍らしい事である。

思ひのまゝに走らせる筆端の快技は實にのび〳〵と何物をも顧慮する處がなくその所信を表現してゐる點も素晴しい。

何にしろ先生はこうと信ずれば、どんな仕事に向つても所信をまげず、實行に移されたことは一度知遇を得た人々を感激させずには置かないし私が今度の展覽會に微力をつくすこともここに大きな原因がある。まだ一介の書生であつた頃、雛百種と云ふ本を作つた事がある。敬神愛國の念に強い先生が雛人形の起因を知つて面白い本だと蒐藏の一つに加えられた。

そうして名もなき書生のため他の一本の爲め題字を下さつた事がある。釣鐘に對する提灯、自分はすつかり感激して何にかの折に報恩がしたいと思つて居た所え昨秋知人を介して所藏者から先生の作品展覽會を、この時局下に於てこそ勤王敬神と云ふ建前からも是非やりたいと云ふ希望であつた。そこにも先生の生前に於ける所藏者への厚意が大きな原因をなしてゐた。

折から世間は大東亞戰爭を前にした時でどんな結果を產み出すかと緊張の中に繪所の騒ぎでなかつた。色々と計劃されたその展覽會も或は中止かと迄危ぶまれたのである。

俄然、あのハワイ、マレーに於ける大捷や香港比島の陥落、そうして勤王敬神の畫家の作、文化に寄與するその計劃は實行す可しと周圍の聲は大きなものとなつた。。かくして組織は一層の拍車をかけて總てに都合よく進む。

珍らしく紀念の大畫帖も展覽會を前にして完成され、關係者の一人として尤も大きな力を影から致された井上氏の厚意と盡力で講演會を歌舞伎座に於て催す迄になつたのである。先生の遺德は次から次に色々な方面から追慕景仰する人々があらはれて益々よく進んで行く、全くこれは生前に於ける先生の致されたる德が今日に顯れたと云ふより外に言葉はない。

劇壇の大御所幸四郎丈も自から筆を樂み勤王に厚い志はその講演會に舞踊を以て報ひたいとの念願で木村富子氏に特に「描く鐵齋」なる一曲を作らせ今その工夫に餘念がないのである。

かくして思はざる各方面の助力は展覽會の計劃を益々意義あらしめ、この時局下に相應しい結果にと進めてゐる。私は思ふ

これは繰り返す樣ではあるが全く先生の遺德がこの不思議な聲援となり盡力となつてより一倍關係者を奮ひたゝせてくれるものである事を喜ぶ次第である。

そうして開會の曉は必ずや作品を通じて現下の時局に外多大の好影響を及ぼすことを信じて疑はぬ所である。

遺作所藏者と語る

田中貞

問　鐵齋先生の作は何時頃からの御蒐集ですか。

答　もうかれこれ三十五六年も前のことになる。何にか繪を鑑賞したくなり知人を通し畫商から當時の畫壇の樣子や作風などを參考に聞いた。そうして選まれたのが景年と鐵齋の兩作品だ。わしは整つた花鳥畫よりは風格も高く超越した鐵齋翁の作に深い與味をもつた。それ以上勤王敬神の人と聞いてすつかり惚れ込んでしまつた。

問　それからの事ですか、今の御所藏品は。

答　そうだ。それから事情のゆるす限り總てを鐵齋翁の作品蒐集に心掛けた。あつちからもこつちからも朝に晩に持ち込ん來たものだ。

問　それを御買ひになつたのですか、

答　初めは無中で買込んだ。何んでも自分で氣に入れば買つたもんだ。ところが、それは大失敗さ、其頃箱書のため先生の所に使ひを出すと、全部僞物さ先生は笑つたが、こつちは驚いた。そうしてつく〴〵いやになつた。

問　御無理もありません、それからどうなさいました。

答　その時、鐵齋翁の言葉が嬉しかつた、私の作を、そんなに愛して下さるなら、かいてもあげよう。又贋作を買入れるなら約束の前一度見せなさい、再鑑査をしてやる。その上で所藏に加へろといはれた。落膽から元氣に今迄のは勉强の資本だと思つて泣寢入りとして一層拍車をかけ出した。

問　矢張り御愛藏の至誠が鐵齋先生に通じたと云ふ譯でしよう、それからも御買入れになりましたか。

答　無論、先生のその言葉がすつかり、わしを操として以前にまさる熱中さ、翁の作品と聞くと千里も遠しとせずか、忙しい中に西に南に東に北に家人から苦い顏をされてもなんだと計り集めたよ。

問　えらい御元氣ですね、故人は知己を得て幸ひです。それでは今は何本位ひ御所藏ですか、さぞかし御保存も大變でしよう。

答　千點を越したよ、先生の生前から色々御話しをし合つて年代順にと云ふので若い頃の作品から歿年迄の物を一通りよせてみた。何にしろ無雜作な人であつた丈に作品は晩年は別として若い頃のはどこにあるのか行先が判然しないので、よせるに中々骨が折れた。それでも自分ながらよくこゝ迄よせたと思ふと愉快だ、繪の爲めの庫も作つて保存も完全にいくようにしてゐる。

問　何によりも地下の先生が御喜びしようし美術界の爲めにも結構です。

答　いや先生の德じや、勤王の精神と敬神の念に厚い上に、あの深い學問、作品を見てゐても打たれるね、そうしていつも〳〵新らしい、それ丈けに日本畫家にも洋畫壇の人からも賞讃されてゐるよ。今度の陳列を見て下さい、樂しめるよハヽヽ、、、。

東亞新文化と美術の問題（對談）

高村光太郎
川路柳虹

□

記者　今夕はお忙がしい處、且つお寒い處を態々お出で願まして、どうも有難う御座います。今夕はこれと言つたテーマはないのですが、刻々に變化する時局と關聯しまして、先づ近頃美術界の指導理念といふやうなことがやかましい問題になつて居りますのでそれから一つ始めて戴きます。

藝術の指導理念

高村　指導理念といふことが言はれてゐますが、そういふものは美術家自身、つまり現にそれをやつてゐる人が自分で樹てるべきで、政府から方針を樹てゝ貰ふといふやうなことは、抑々間違つてゐると思ひます。指導精神を樹てゝ貰ふといふよりは、自分で拵へたものでなければならぬ、それだけの何がなければ困ると思ふのです。

記者　それを作家に求めることは迚も困難でせう。

川路　つまり指導精神といふものを概念的なものゝ樣に考へて、そういふものは自分達は考へたことはないといふやうな考へがあるのです。美術家自身といふものは、そんなものじやない、自分の所謂藝術、そのものをよくすればいゝ。そうすればそこから自ら指導精神といふものが出て來なければならぬ譯です。それがなか／＼美術家自身では、一寸そういふところまで考へが及ばないかも知れんけれども。

記者　作品の上にも無論現はれて來るでせうから、全然ない譯じやない何にもなしにやつてゐる譯じやないでせうけれども。

川路　たゞ時局がかういふうになつたといふことの認識といふか、それが美術家の方はいろいろの方面で環境が違ふために、それ程ピンと來ない。例へば工藝家といふやうな方面は、目のこに時局の影響が響いて來たことを痛感してゐる。ところが美術家の方はまだ材料とか、そういふ直接の影響がまだそれほどでないものですから、時局の認識といふものが、觀念的にはそういふ心持は出來てゐても、實際的にはそれ程にピンと響いて來て居らぬといふところもあるのです。だからそれが寧ろ强壓的と言つては何ですが、今の情報局あたりからでもそういふ高いところから一つ箇條書のやうな指導精神を出して貰つてもいゝ譯でせう。

高村　それでは如何にも子供に何する樣で、おかしなものでせう。

記者　もう既に既成の大家といふやうな階級の人は已むを得ないでせうけれども、まだ大分若い人で、今まで日本畫なんか畫いてゐた人が、今度かういふ社會の變るといふ時にはどう行つたらいゝか、大分その邊に惱みがある。

自分で惱まねばわからぬ

高村　それは自分で惱めばいゝと思ふのです。十分に惱み拔いて、そんな中から出るのでなければ不可ぬ譯で、たゞ政府の方針を賴りにするのは意氣地なしだと思ふのです。それは要するに本當に惱んでゐないからですよ。うまく行けばこの儘行けるし、どうかなるだらうと思つて、つまり樣子を見てゐる譯でせう。本當に本氣ならそんなことはないと思ふのです。

川路　結局はそこに落着くですね

高村　若し間違つた指導精神を出されたら、それこそ大變ですよ。

川路　それは大變です。例へば皆戰爭畫を描けとでも言はれたら、それこそ問題になる。

高村　大體から言へば、日本人が戰爭にどういふ仕事をすればいゝか、それは知れ切つて居るから、それは言はれずとも判かる譯ですから……。

日本の飛躍と文化

川路　たゞ僕は思ふのに、現在日本が非常な大飛躍をしつゝある。この軍事的成功といふことから、兎に角日本といふ國の地位が非常に躍進しきつてゐるのですが、それと同じくこの際それに釣合ふやうな一種の文化の飛躍を一つしなければ追着かないと思ふのです。

高村　凡ゆる方面でそうでせう。

川路　ところが陸海軍が兎に角あれだけの戰果を擧げてゐるのに比べてそれを裏づける國家的文化といふものはまだあんな素晴らしい力をもつてゐない、貧弱なものですね。

高村　それは慘めだ。

川路　慘めなものですね。そこにつまり留意すべき問題があると思ふのです。

高村　そのことはえらい問題です

川路　そいつがいろ／＼な方面で問題になり得ると思ふのです。

高村　だから惱んでゐるといふことはどういふことでせう。それが僕にはよく判からぬ。それは製作の方法でせうか、それとも製作する道筋でせうか。それは何の惱みでせうか。

記者　今の日本畫などの方面から言へばそれらの作家は文展が出來てその展覽會を中心に所謂會場藝術といふことが目的で、今の作家の人達は、そこで戰ふことが最上の目的の如く考へて戰つて居る譯です。その結果、現在のやうな日本畫になつて居るけれどもしかしそれはいろ／＼な意味でこれでは不可ないといふ聲が盛んになつて居る。だからもつと東洋的な日本的な藝術が生れて來なければならぬといふことが盛んに叫ばれて居ります。

高村　無論そうです。そういふものが出來なければ不可ないけれども、それじや明日からかうしろと言つてもそう直ぐに明日からなれるものじや駄目です。そういふいろ／＼なものを綜合して自分で惱み拔いて、そん中から出て來るのがそれが本當の日本の藝術だと思ふのです。

記者　そういふ點から言ふと、今までの人、殊に今の畫家といふ人達は勉强が足らなかつたと言へるでせうね

高村　それは無論足らないです。あんな遊び半分のことじや不可ない。僕は何時でもそう思ふのだが、殊に日

本畫の連中は、まるで遊び半分で、何にも血を吐くやうな思ひをしない。

川路　努力をしても、非常に末梢的な努力です。たゞ工匠的練磨で、本當の藝術的練磨でない。それだからかういふことがあると、非常にあはてなければならぬことになつて來る。

日本畫の問題

高村　先づ心構へを入替へて來ればいゝのだ。僕が普段日本畫の連中を相手にしないのは、それがあるからです。そういふことがあるものですから、どんなに上手いものを描いて見ても、根が弱いですよ。つまり時代の試練といふことがない。

川路　つまり日本畫の大部分の人は、今までたゞ工匠的熟練のみをして來た人で、そして時代の認識といふものも、たゞ時代の風俗の認識位のもので、今まで昔の生活を描いてゐたのが今度現代人を畫く位の認識で、根源的な藝術的認識といふものがどうも缺けて居る。

高村　それはある。藝術の本質はどこまでも持つて貰はなければ不可ぬ。たゞ繪本的なものでは困ると思ふのです。時代といふと、直ぐ主題的になつてしまつて萬里の長城とか、何とか幾らそれを畫いても、そのものが藝術の本質をチヤンと持つてゐなければ、たゞの繪解きです。

川路　そういふ點は確かにありますね。例へば話が日本畫の話になつてゐるけれども、日本畫で言へば、或る程技巧は練達して、所謂グウ（趣味）の問題から言へば、時代に就ての洗練されたグウを持つて居る人もあるけれども、たゞ畫けるといふだけで描かんとする物に對しての態度は、非常に薄ぺらである。だから矢張り同じ範圍でその立場になつて見れば、或る程美しいな、いゝなと言つて感心しますけれども、現在の時代に生きてゐる人間が要求する藝術がそういふものであるかどうか、寧ろ全然反對のやうな氣が始終してゐるのですけれども、かういふギヤツプを突き拔けるところまで來ないと、今から非常な飛躍をする日本の文化としての藝術といふ問題が解決出來ないと思ふのです。

油繪にしても

川路　そういふ問題が一方にあるし、それから西洋の文化を輸入して來た今の油繪にしましても、漸く向ふのテクニツクを摑まへても、それは非常に皮相なもので、西洋のいゝものを本當に味はつたのぢやなく、たゞその時どきの方向とか何とかといふものを反覆して、そして美術學校なんかでも、繪具の使ひ方はかうだ、筆の使ひ方はかうだと言つて敎へてゐるに過ぎないだから初歩だけは判かるかも知らんけれども、それから入つた深いところは一つも敎へても呉れない。又それの參考に見るやうな作品も傍にない。そういふことでつまり油繪なんかでも、所謂たゞ皮相な新しい傾向を眞似たゞけで、結局何にもないところを迷つてゐる人が隨分多いんぢやないか。それが今かういふところを一切清算しなければならぬ場面に直面してゐると思ふのです。

高村　今までのは、一方から言つていゝだけだ。

川路　そうです。一方から言つていゝだけで他の一方から言へばなつてゐない。

高村　だから兎に角今までは、向ふにはかういふ種類の見るべきものがあるといふことを見て來た譯ですからこれから本當に自分に立ち還ることが出來る時です。

記者　今まで西洋畫と日本畫とに分けられてゐたけれども、こゝで材料の差こそありますけれども、全部一應は日本の藝術として綜合化して、そこから新しく出發すべきですね。

川路　それには矢張りそこまで歩み寄るだけの距離といふものが、皆違ふ。同じ距離ぢやない。皆それ〳〵違ふと思ふのです。日本畫がそこまで行くのと、西洋畫がそこまで行くのは違ふし、彫刻なんかでもそうでせう。それは勿論長い年代が經てば、そいつが解釋出來る問題です。要するに時間的に言へば、それはこれだけの才分もあるし、時間も缺けてゐるのだから、或る程度まで行けば解決出來るかも知らんけれども、今日本がこれだけ世界の第一流の位置に來てしまつてみると、今のこんな狀態では斷じて不可ぬといふ氣がしますね。どうしてももう一つ飛躍してかゝらねば困ります。

藝術的世界像

高村　美術家の指導方針といふものは、結局あなたの言はれたその一つに盡きるのです。日本の藝術を樹立するといふこと、新しく創造するといふことです。大きく言へば、東方の藝術でせう。それ以外にはありやしないのだから、實に簡單だ。後のテクニツクや方法の問題はこれは無限に分離していろ〳〵なことが考へられるけれども彫刻なり、油繪なり、日本畫なりのそれ〳〵に對する根本的なものは、皆同じだ。ところが現在の狀態では、その根本的なものが出來て居るかどうか、それに對して僕は、隨分疑問を持つて居ります。その中でも第一に日本畫が問題です。それが何人も氣がつかないけれども、あれぢや駄目だ。僕は何時でも言ふのですけれども、どうしても佛畫に還らなければ不可ぬと思ふのです。例へば平安朝時代のものにしても、非常にいゝものがある。ところが今のは、日本の中だけではあの今の日本畫がよく見えるですけれども、あれを世界の舞臺に持ち出してみたらどうなりますか。つまりこれは、今の日本畫に骨のない證據ですね。謂はゞまるで鼻歌を唱つてゐるやうなものですがそんなものでは迚も駄目です。つまり藝術的世界像といふものを拵へなければならぬ。それをどういふふうに形象化するかといふことが問題だけれども兎に角今の樣につけたてのやうな線を引いて、それに無限の意味があると言つたところで、それはたゞ肚藝です。一つも物理的な、繪畫的な要素がないところが昔のものは、例へば雪舟なんかのものにしても、それがウンとあるし、平安朝の佛畫のやうなものにも、それが非常にあると思ふのです。

川路　聖衆來迎圖にしても子島寺の曼陀羅にしてもそうですね。

高村　あれは今の日本畫家の繪畫に對する態度とまるで違ふ。もつと純粹藝術的なものです。向ふの油繪は見たことがない人達だつたけれども、構造に對する感覺が、本當に達してゐたからあれだけのものが出來たのであれならどこへ持つて行つても大丈夫ですですからこれから先きは、日本の中だけでお互ひに感心し合つて居る藝術だけでは不可ない。例へばフインランドのどつかの町に落つこちてゐてもその繪なり、彫刻なりが、それはどこの誰が書いたか判からぬけれども、少くとも人間である以上は感動する。人間である以上は判かるものでなければ困ると思ふのです。

川路　そのことは非常に大切なことですね。

高村　日本の中だけで評價してゐるのならば、例へばこの人は偉いのだと言へば、その人の書かれたものも何でも偉くなつてしまふけれども、そんなものぢや不可ない。だから僕は、何時でも繪を見る時には誰が書かれたものであるかといふ名前の方は一向構はないで、本當に當つて見ると、世間で言はれる評判と大變違ふことがある。それで僕は、そういふ標準で美術の世界的高度といふもの、しかもそれは眞に日本のものである、そういふものを拵へ出さなければ不可ぬと思ふのですそういふものなら、どんなに押されても倒れないものです。

川路　そこに初めて文化の力といふものも、藝術を通しての文化の力といふものが世界的になつて來るですね。

高村　日本のものは何でもいゝのだと言つてしまへば、それ切りです。

眞の文化とは？

川路　たゞ此方が言つてゐるだけぢや駄目ですね。そういふ意味のことはデユアメルがアメリカに行つて見てそういふことを書いて居りますね、「若しニユーヨークが東京の大地震のやうな地震に遭つて、一夜に廢墟になつたとしたら、あの建物が壞れて、その壞れた殘骸の中から、鐵筋コンクリートの壁の斷片が出て來る。それを見て果してこれがアメリカ文明だと思へるか――」から言つてゐます。そしてギリシヤや、ローマの廢墟を見れば、その中からたとへ一片の石くれを取つて見ても、そこにギリシヤの文明、ローマの文明があるといふことがハツキリ判かるけれども、今のアメリカ文明から一片の鐵筋コンクリートの斷片を拾つて見て、それを通して昔のアクロポリスや、フオラムを偲ぶやうな古代文化から得られるやうな感激が得られるかどうかといふことを書いて痛烈に今の下等なアメリカ文化を批判してゐるのを讀んだことがありますが、そういふ風に本當の藝術なり、文化なりといふものは、小さな壺のカケラにもかういふ机の塗りの繪一つにも現はれてゐるのだから、だから今の日本畫の問題でも、俺の方は偉いのだと言つては、それは本當の證據にならぬし、實證にならぬ譯です。

高村 無論自分が源だといふことは根本のことだから、それは持たなければ出來ないけれども、また一方あべこべの逆になつて考へて見ると、どうしても普遍的世界像といふものを摑へ出さなければならない。それには日本のこれまでの傳統の本質をどういふ風に今後形象化するかといふことが問題で、例へば裸體像にしても、裸體像といふものが日本に本當に根を降すにはどういふ風になるべきか。日本の傳統に裸體といふものはないのですけれども、裸體の美といふものを感じた以上は、それを棄てる譯には行かない。さればと言つて、たゞ何にも考へずにモデルを置いて摑へていゝといふ譯はない。それが本當に日本の藝術の中に織込まれなければ不可ぬし、一つの方針で突き拔かれるやうにしなければ不可ぬ。ところがその道を見つけ出すのはこれは容易なことぢやない。

日本畫の世界的價値

川路 今仰言つた平安朝の佛畫といふものは非常に面白い問題ですね。

高村 つまり日本畫といふものはもつと力のある強いものにならなければ不可ぬ。そしてどこに出しても、決して崩れないやうなものにならなければ不可ぬ。ところが現在の日本畫は、ヒヨロ〳〵とした、本當に洒落れてかいてゐるやうなものが多いのですが、あれぢや駄目だと思ふのです。

川路 あの頃の佛畫を描いた人は實に雄渾です。一線一畫を描くにしても、宗教的な信念があつたために、それであれだけの仕事が出來たのでせう。あれが本當の所謂宗教的なエンソシヤリズムかも知らんけれども、あゝいふものが今の人にはない。

高村 ところが一方から言ふと、そういふ風に信仰さへあれば要するに繪が出來るといふ風に考へる人もあるけれども、決してそうぢやなく、あの人達は、一面繪畫の要素を非常によく知つて居たのです 色の塗り方ばかりぢやない。比例均衡にしても、構圖にしても、どうしてあの頃あれ程發達したかと思ふ程 實によく知つてゐる。そルネツサンス以前の人達ですから、そういふものは見てない筈なんだけれども、實によく描いてある。あれを考へると、今の日本畫なんか、あんなことぢや不可ないと思ふのです。そして今のは、規模が非常に小さいですね。例へば插繪として、小さな插繪に書けばいゝ程度のものが多く、それを大きく書くから、實にヒヨロ〳〵としたもので、僕は丁度繪の幽靈が出て來たやうな感じがするのです。（笑聲）この位の小さな雜誌に載せる插繪ならいゝが、それを引伸ばして大きな人物畫なんかを書くから、實に弱々しいものです。

川路 その點から言ふと、昔のものは立派ですね。例へば所謂床の間藝術と言ひますけれども、つまり茶室に掛けた東山時分の繪にしても、小さい茶室に掛けて光つてゐるだけぢやないあれは今大きな會場に持出しても、今の繪より光りますよ。

本質の把握だ

高村 構造を持つて居るからそうなのです。

川路 いつか獨逸に往つた雪舟の小さい山水にしても、ヒツトラーも感心したといふ雪村の「風濤圖」にしても。

高村 標本室に引張り出して較べて見れば一番簡單ですけれども、まるで懸け離れたものでせう。

川路 あれ位の强さを持つといふのは要するに構造から來るのですね。

高村 問題は藝術の要素を把握することですが、今の日本畫の人達は、それを研究してゐるのかしら。

記者 その點は今先生の言はれた樣に、殆んど皆無でせう。

高村 例へば雪舟の繪卷にしてもそれをよく見るといろ〳〵な要素が皆備はつて居る。量もあるし、面の畫き方でも實にしつかりしてゐるし、遠近でもそうで、實によく法に適つてゐるし、眞面目なものです。ところが今の人達は、そういふ者の繪がいゝといふのは、筆法だけのことを言つてるのです。かういふ風に強い線を書けばいゝ昔の日本畫はそれなんだと思つてゐるやうですが、決してそれだけぢやない昔はそういふ純粹藝術的な要素を皆備へて居つたのです。それが後になつてたゞ筆の當りで畫くやうになつて來たよく人の言ふ國粹的日本畫風といふものは、たゞ筆當りのことを言つて居るやうですが、それはおかしいと思ふのです。これで僕はどうしても日本畫家に考へて貰いたいと思ふことは、藝術の純粹要素といふものをどういふ風にしてもう一遍日本畫の中に取容れるか――それは必ずしも佛畫を畫く譯ぢやないですけれども、それが考へられて來なければならぬと思ふのです。

川路 もう一つはかういふこともあるでせう。あの時分は、たとへば子島寺の兩界曼陀羅にしても、高野の二十五菩薩にしても、本當にあゝいふ信仰生活をしてゐたのですが、あゝいふ純粹な信仰生活といふものは、今の時代ぢやこれは出來ない。或ひはそういふことをしてゐる人もあるかも知らんけれども、それは展覽會に出す畫家ぢやない。ですから現代に生きながら、あのやうな信仰生活を傍らやるといふことは、それは全然矛盾して出來ない譯です。

高村 その代りになるものがあるでせう。

川路 そうです。現在は現在で、今仰言る樣に現在の研究力で推し進めた本當の藝術的精神でやれば、それがよく行くのですが、今はそこまで行つてないですね。

高村 今の人はそんな野暮なことは言つてゐないですよ。（笑聲）もつと皆が野暮になつて呉れゝばいゝのですが、學生みたいに、そんなことを話をしたら、凡そあゝいふ人達に緣のないことになるでせう。何にもそんなことを言つて居れるかと言つて、それより一杯やつた方がいゝといふことになる。

記者 必ずしもそうばかりでもないでせう。矢張り一つは今までの社會といふものがそういふ墮落させる樣に出來て居つたといふこともある。

惱む新藝術と傳統美術

川路 そういふ點から言へば、日本は明治以來新しい社會を作つて來た道といふものは、西洋の文明を眞似ても、兎に角苦勞して、苦鬪して作り上げて來たこれは油繪でも、文學でも我國の詩にしても、兎に角向ふの方法を眞似たけれども、たゞ眞似るだけでなく、自分達のものを摑へて來た。それは一應惱みを通してきた仕事です。そういふものに對して世間といふものは一文の報酬も拂はない。報酬を拂ふどころか、たゞ我々を虐待するに過ぎない。ところが日本畫の方はどうかといふと、一寸とした日本美術院の革新位のことで、皆社會的に惠まれた生活をしてゐる。あまりに他の新しい仕事と違つて報いられてゐる。その人達のやつたことに對しては十倍、二十倍にも報いられてゐる。ところが同じ藝術にしても、油繪の方はそれだけ報いられてゐないし、恐らく彫刻にしても、そうぢやないかと思ひます。そういふ點で日本畫の人達は、どうも今いふ根本的認識といふものがハッキリしない人が多い。自分達はそんなことは當り前だといふ風に思つてゐるんぢやないかだからそういふところの認識といふものをハッキリしなければならぬぢやないかと思ふのです。

高村　日本畫の世界といふものは僕にはよく判らぬけれども、兎に角不滿が多い。

記者　日本畫もそうですけれども洋畫にしても、今までの洋畫の內容はアメリカへ持つて行つて大分成績がよくなかつたといふ話です。それが今度フイリッピンにしても、佛印にしても今まで殆んど英米の敎育なり、生活を受けたところへ、これから日本のあゝいふものが乘越んで行く譯ですから、なか〳〵大變です。

川路　いきなり行つてもなか〳〵困難なことですよ。

油繪の輕率な日本化は不可

高村　それは大事なことです。ところがこゝに一つ注意すべきことは、前と比較すると、油繪の方は餘り早く日本化しては不可ないと思ふのです。趣味や本能から來るものはこれは違ふ私の言ふのはテクニックの話です。例へば油繪で以て一番缺けてゐるのは、所謂トオンです。そのトオンの感じといふものはどうして出るか、それを獲得してゐない。それがないために、どんなにやつて見ても、それががさつです。黑田（淸輝）さんは、向ふでトオンの難かしいことをしみ〴〵感じて調子がどうだとかやかましく言つてゐたけれども、後の人は時代が經るに從つてそんなことは言はなくなつてしまつた。黑田さんは或るトオンを持つてゐて、それをよく知つて居つた。ところが新しく歸つて來た人には、それがない。それで所謂抽象派などにしても形だけは持つて居るけれども、向ふの人の持つて居るそういふ感覺といふものを持たない。だから三角や圓を書いても意味がない。たゞ三角形や圓があるだけだ。そういふ美しいトオンがあつてこそ、三角や圓を書く意味が意味がある。それだから抽象的な純粹美だといふことになる。ところがそれを棄てゝ置いて、たゞ圓や三角を書けばいゝのだと思つてやつてゐては、それが上手く行かない。

川路　それは矢張り物がないから會得出來ないのでせう。向ふに二年なり、三年なりゐる間はやるけれども、こつちに歸つて來るとそれがなくなつてしまふ。

記者　一年位すると、どうしても變りますね。

川路　そういふことは一つは、向ふにゐて書いてゐると不安になつて美術館に行く。そして古大家の書いた有名なものを見て、あゝ成る程と思つてそれからそれを參考にして勉强する。そういふことが出來ますけれどもそれがこつちには全然ないでせう。

高村　向ふのやつを征服するにはどうしても向ふで持つて居る武器を奪はなければ不可ぬ。その點で油繪といふものは、たゞいゝ加減なところで日本流の油繪といふものを發達させては困ると思ふのです。

川路　所謂日本流といふのは、繪の具を滿足させるやうなもので、それは非常に賴りないものです。

高村　油繪でつけたてを書いたやうな畫がある。

しかし中にはそういふものもあつてもいゝけれども、一方に於ては本當のものをどうしてもやらなければいけぬ。

（以下次號）

（十二頁から）

この一月の下旬、三越が主催になつてやる鐵齋翁遺作展に出す作品は、自分が諸方から借りだして蒐めたものである。慶應年間から、九十の落款のある最晚年のものを蒐めた。東京でこれだけ蒐めるのは、なかなか困難なことであつた。

翁は、由來、皐學に志し、神主を勤めたことがある。漸次儒者として立つた。こゝに、翁の大和繪研究といふものが聯關してゐる。

翁は、皇學の精神から、古事記や日本書記などを研究し、神話や日本民族を研究し、歷代の御陵を研究した。翁が大和繪を描く本意は、實に、こゝに含められてゐる。

翁の大和繪研究は、五十歲ぐらゐから十年間つゞけられた。翁は、晚年に至るまで大和繪を描いた。

翁は、純日本的なものは、大和繪で表現された。翁は、無象に依つて、描寫法を變へた。その範圍は廣いものである。

翁の本領は、繪描きとしてではなく、儒者としての經倫にあつた。しかし、天性繪が好きであつたのと、繪で生活しなければならなくなつたので、繪をつぎつぎに描くやうになつた。さういふことは、渡邊崋山に似たところがある。そして、同じ繪を描くなら、世の中の戒しめになる繪を描きたいといふ考へで翁は題材を選んだ。翁は、繪を描くのに、その効果よりも、主題に力を置いてゐたことが看取される。（談）

日本武将の祖

源頼朝

生方敏郎

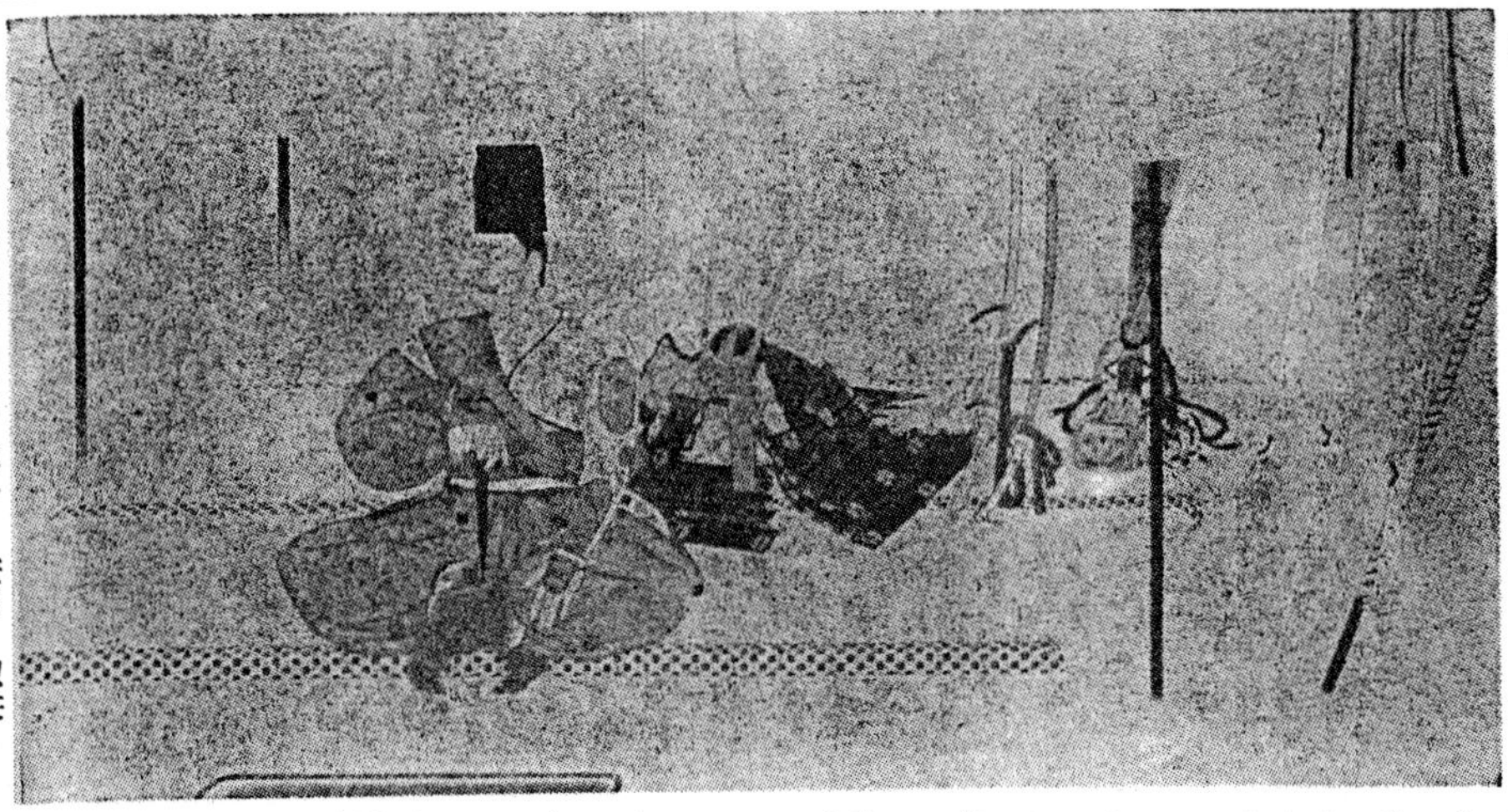

源頼朝（黄瀬川の陣）部分　安田靫彦

豐《ほう》太閤が小《を》田《だ》原《はら》に北條《でう》を攻《せ》めた時《とき》、事《こと》の次手に鎌倉《かまくら》に至《いた》り八幡《まん》宮にある頼朝公《こう》の木像《もくざう》を撫《な》で「君《きみ》も自分《じぶん》も同《おな》じく天下《てんか》を取《と》つたが、君《きみ》は先祖《せんぞ》の威光《ゐくわう》に依《よ》るところが多《おほ》く自分《じぶん》は腕《うで》一本《ぽん》で得《え》た。』と自慢《じまん》したといふ話は餘《あま》りにも有名《いうめい》だ。そして多《おほ》くの人々《ひとびと》が實際《じつさい》秀吉《ひでよし》の能《のう》を多《おほ》く認《みと》め、頼朝の力《ちから》を小《ちひ》さく考《かんが》へるやうである。右《みぎ》の逸話《いつわ》もそんな考《かんが》へから或《あるひ》は創作《さうさく》せられたのではなからうか。

併《しか》し、實際《じつさい》、歴史《れきし》をよく研究《けんきう》した者《もの》の眼《め》から見《み》ると、此見方《このみかた》は正當《せいたう》と思《おも》はれない。成程《なるほど》秀吉《ひでよし》は豪いが頼朝とても決《けつ》して秀《ひで》吉《よし》以下《いか》の人物《じんぶつ》ではないのである。

徳川家康《とくがはいへやす》は江戸《えど》幕府《ばくふ》二百五十年《ねん》の基を開《ひら》くに方り、源頼朝を手本《てほん》としたのである。藤堂高虎《とうだうたかとら》が吾妻鏡《かゞみ》を得《え》て、之《これ》を家康《いへやす》に獻《けん》じた。此《この》吾妻鏡《かゞみ》が家康《いへやす》の唯一の政治《せいぢ》教科書《けうくわしよ》であり、そしてそれは源頼朝及《およ》び其後繼者《そのこうけいしや》の政治《せいぢ》日誌《につし》なのである。これで見《み》ても、頼朝とは何《ど》んな人《ひと》かといふことが凡《およ》そ解《わか》る筈《はず》である。

□

頼朝が先《せん》祖に負《お》ふところは素《もと》より大《おほ》きいが、秀吉《ひでよし》とても決《けつ》して自《じ》分《ぶん》一人《り》の力《ちから》で得《え》た天下《てんか》ではなく、織田信長《おだのぶなが》が八分《ぶ》通《どほ》りまとめた物《もの》を相續《さうぞく》して、之《これ》を整理《せいり》したまでゞある。信長《のぶなが》が餅《もち》を搗《つ》き秀吉《ひでよし》がそれをのし家康《いへやす》がそれを食《た》べてゐる繪は此《この》三人《にん》の者《もの》が天下《てんか》統《とう》一の努力《どりよく》と結《けつ》果《くわ》とを巧《たく》みに描《ゑが》いたものとされてゐるが、頼朝に至《いた》つては先祖《せんぞ》の光《ひかり》を負《お》ふたにせよ、一人《り》で餅《もち》を搗《つ》き一人《り》でのして一人《り》で食《た》べた。

信長秀吉家康《のぶながひでよしいへやす》が五十年《ねん》かゝつてやつた仕事《しごと》を、頼朝は十四年《ねん》で成就してゐる。即《すなは》ち頼朝が伊豆《いづ》に在《あ》つて兵《へい》を擧《あ》げた時《とき》から、平家《へいけ》を滅《ほろ》ぼす迄《まで》が四年《ねん》、武家《ぶけ》政治《せいぢ》の組織《そしき》と日本《につぽん》の統合《とうがふ》整理《せいり》をやりとげて彼《かれ》が薨去する迄《まで》が後《あと》の十年《ねん》だ。

□

秀吉《ひでよし》が人氣者《にんきもの》であるのに反《はん》して家康《いへやす》は憎《にく》まれ者《もの》だ。それと同樣《どうやう》に九郎《らう》義《よし》經は人氣者《にんきもの》であるけれども右大將《たいしやう》頼朝は憎《にく》まれ者《もの》だ。秀吉《ひでよし》も實《じつ》は大政治家《だいせいぢか》だが一般《ぱん》人の見《み》るところは軍人《ぐんじん》としての赫々《かくかく》たる武《ぶ》勳であり、殊《こと》に朝鮮征《てうせんせい》伐といふものさへあるのに、家康《いへやす》の方《はう》は實《じつ》は武《ぶ》勇《ゆう》の軍人《ぐんじん》だが世間《せけん》ではたゞ腹黒《はらぐろ》い政治家《せいぢか》として見《み》てゐる。同樣《どうやう》に九郎《らう》義《よし》經は武《ぶ》勳にかゞやき、頼朝は弟共に働《はたら》かせて兄《あに》の權《けん》威で一人《り》でトクを取《と》つたやうに誤解《ごかい》されてゐる。家康《いへやす》が腹黒《はらぐろ》いとされてゐるやうに頼朝は我儘者《わがまゝもの》と相場《さうば》がきめられてゐる。併《しか》し、それは一般《ぱん》の通俗論《つうぞくろん》といふものだ。又《また》戰爭《せんさう》は花《はな》やかであり、勝《か》てば勝《か》つほど同情《どうじやう》があるが、政治《せいぢ》は巧《うま》ければ巧《うま》いほど腹黒《はらぐろ》く思《おも》はれるものだ。外交《ぐわいかう》に至《いた》つては益《ます》々さう思《おも》はれることが強《つよ》い。

然《しか》るに頼朝は戰爭《せんさう》は下手《た》であり政治《せいぢ》は古今《ここん》獨歩《どくほ》の天才《てんさい》だが、外交《ぐわいかう》に至《いた》つては天衣無縫《てんいむほう》、中外《ちうぐわい》に比倫《ひりん》鮮き外交家《ぐわいかうか》だ。憎《にく》まれつ兒《こ》となるのも無理《むり》はない。

□

古來《こらい》幸運兒《かううんじ》といへば、まづ豐《ほう》太閤だと誰《だれ》もいふ。併《しか》し、頼朝も運《うん》の好《い》い方《はう》では秀吉《ひでよし》に負《ま》けない。

彼《かれ》の父《ちゝ》義《よし》朝が藤原信《ふぢはらのぶ》頼に誘惑《いうわく》されて、平治《へいぢ》の亂《らん》を起《おこ》し、而《しか》して敗《はい》死《し》した時《とき》に、頼朝は十三歳《さい》だつたが父《ちゝ》に從《したが》つて馬上《ばじやう》に戰《たゝか》ひ、父《ちゝ》と共《とも》に敗走《はいそう》して東《とう》國へ赴く途中《とちう》、彼《かれ》一人《り》乘《の》り遲《おく》れて道《みち》に迷《まよ》ひ平頼盛の郎《らう》從《じう》に捕へられた。併《しか》しそのために彼《かれ》は命《いのち》が助《たす》かつた。若《も》し道《みち》に迷《まよ》はず父《ちゝ》と共《とも》にゐたら、尾張《をはり》の知多半《ちたはん》島《たう》で義《よし》朝と一所《しよ》に長田庄司《ながたしやうじ》に殺《ころ》されたに違《ちが》ひない。

頼朝は石橋山《いしばしやま》の戰《たゝか》ひに大敗《たいはい》したが、その時《とき》も杉山《すぎやま》に隱《かく》れてゐたのを大《おほ》庭景親に追跡《ついせき》された。然《しか》るに大《おほ》庭の從兄弟の梶原《はら》景時《とき》が大《おほ》庭を欺《あざむ》き「自分《じぶん》も今《いま》この山《やま》を探《さが》したが頼朝はゐなかつた」といつたので頼朝は助《たす》かつた。

其後《そのご》も刺客に幾度《いくど》も狙《ねら》はれたがいつも危《あやふ》いところで頼朝は命《いのち》拾ひした。

□

又《また》頼朝が幸運《かううん》なことは、先《せん》祖からの無形《むけい》の遺産《ゐさん》が奈何《か》にも大《おほ》きかつたことである。彼《かれ》の祖父《そふ》六條判《でうはん》官《くわん》爲《ため》義が保元《ほげん》の亂《らん》に崇徳院《とくゐん》の御味《おみ》方《かた》に參《まゐ》つた時《とき》の言葉《ことば》に「味方《みかた》の軍《ぐん》兵《べい》がいかにも少《すくな》く、これでは到底《たうてい》戰にはなりませぬ。そこで一つの策《さく》はこちらから進《すゝ》んで夜《よ》討する事《こと》、更《さら》に一つの策《さく》は一旦《たん》東《とう》國に行幸《ぎやうかう》し奉ること、若《も》し東《とう》國兵《へい》來《きた》らば爲《ため》義に叛く者《もの》、一人《り》も候はず」といつてゐる。

蓋し、爲《ため》義のいふ東《とう》國とは坂東八個國《こく》は勿論《もちろん》のこと、更《さら》に伊豆《いづ》甲斐信濃などであらう。これらの國《くに》々の中《なか》には、源《げん》氏の宗家《か》たる爲《ため》義の命令《めいれい》に反《はん》する者《もの》はたゞの一人《り》もないといふのだ。大變《たいへん》な自信《じしん》だ。

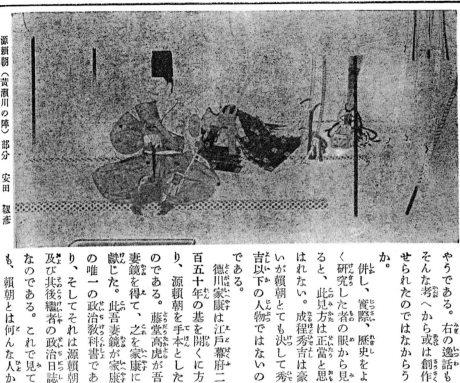

ところが、爲義《ため》の子《こ》義朝となると、その勢力範圍《せいりよくはんゐ》は更《さら》に大《おほ》きい。表面的《へうめんてき》には彼《かれ》は時《とき》に相模守たり又《また》時《とき》に下野守であるなど、今《いま》なら一縣《けん》の知事《ちじ》に過《す》ぎない。裡《り》面的《めんてき》には美濃尾張《をはり》以東《いとう》の國々《くにぐに》、およそ十五箇國《かこく》の都督《ととく》だつた。さういふ官名《くわんめい》も役目《やくめ》もないが、それらの國々《くにぐに》に私《し》領莊園《りやうさうえん》を所有《しよいう》する貴族《きぞく》は悉くその支配權《しはいけん》を源《げん》氏に委《ゆだ》ねてゐるし、又《また》それらの國々《くにぐに》の武士《ぶし》はすべて源《げん》氏に歸服《きふく》し、その家人《かじん》たるの禮《れい》をとり家《いへ》の子《こ》としての忠節《ちうせつ》を持《ち》し、又《また》源《げん》氏の家《いへ》の子《こ》たることを名譽《めいよ》とも幸福《かうふく》とも考《かんが》へてゐた。從《したが》つて源《げん》氏の富《とみ》は日本《ぽん》の凡《およ》そ三分《ぶん》の一を支《し》配《はい》するほど大《おほ》きかつた。又《また》威力《りよく》も同樣《どうやう》だ。

然《しか》るに義朝が平治《へいぢ》の亂《らん》に一敗《はい》地《ち》にまみれたわけは、在京《ざいきやう》の東《とう》國武《ぶ》士《し》が餘《あま》りに小數《せうすう》で——二百人《にん》ほど——あり、東《とう》國から急《きふ》に呼《よ》び寄《よ》せても間《ま》に合《あ》はなかつた爲《た》めだ。それほど準備《じゆんび》がなくて、出來心《できごころ》で始《はじ》めた戰だつたからだ。最初《さいしよ》から準《じゆん》備《び》してかゝれば、義朝時代《じだい》にすでに源《げん》氏は陸上《りくじやう》に於《お》いては、天下《てんか》を掌握するに足《た》るほどの實力《じつりよく》を持《も》つてゐたのだ。

けれども頼朝が相續《さうぞく》したものはその滅《ほろ》びた後《のち》の富强《ふきやう》の殘骸《ざん》に過《す》ぎなかつた。彼《かれ》は伊《い》豆《づ》國、蛭《ひる》が島《しま》の一流人《るにん》でしかなかつたが、その祖《そ》先《せん》の富《ふ》强《きやう》の殘《ざん》骸を甦生《せい》させて、富《ふ》强《きやう》その物《もの》にしたのは、彼《かれ》頼朝の力《ちから》である。即《すなは》ち彼《かれ》は二十年《ねん》間《かん》鳴《な》かず飛《と》ばずに送《おく》つたが、機《き》を得《え》て一度《ど》兵《へい》を擧《あ》ぐるや、眠《ねむ》つてゐた東《とう》國は悉く蹶起《き》して、彼《かれ》に從《したが》つたのである。

□

彼《かれ》は將《しやう》に將《しやう》たるの大器《たいき》だつた。石橋山《いしばしやま》の戰に敗《やぶ》れ、小《こ》船で海上《かいじやう》を安房へと逃《に》げたが、安房の安西《あんさい》は頼朝少年《せうねん》時代《じだい》のお小《こ》姓《しやう》だつたから悅《よろこ》んで彼《かれ》を迎《むか》へた。上總の介の八郎《らう》は大《だい》々名、それに千葉《ば》常胤《つねたね》の一族《ぞく》、上總からは下河邊《しもかはべ》行平《ゆきひら》、葛西《さい》清《きよ》重などが集《あつま》つて來《く》る。やがて武藏の江戸《えど》氏《し》一族《ぞく》も秩父《ぶ》の大族《たいぞく》畠山《やま》重忠も來《きた》り加《くは》はり、朞月ならずして再《ふたゝ》び鎌倉《かまくら》に乘《の》り込《こ》んだ時《とき》には、坂東は朝頼に臣從《しんじう》し、彼《かれ》を盛り立《た》てゝ夙くも一敵國《てきこく》を形作《かたち》つてしまつた。

彼《かれ》は木《き》曾義仲《なか》を滅《ほろ》ぼし、平家《へいけ》を滅《ほろ》ぼすまで一度《ど》も東《とう》國を去《さ》らず、自分《じぶん》は鎌倉《かまくら》にゐて範頼、義經の二弟《てい》に東《とう》國の豪族《がうぞく》を授《さう》け、その人々《ひとびと》の努力《どりよく》で天下《てんか》を平定《へいてい》した。自分《じぶん》で一々戰爭《せんさう》の指揮《しき》はしないが、それに堪へる將校《しやうかう》の人選《じんせん》を誤《あやま》らなかつた。

二人《り》の弟を司令官《れいくわん》にした。そして參謀長《さんぼうちやう》として土肥實平を範頼に付《つ》け、梶原《はら》景時《とき》を義經に付《つ》けた。實平は當時《たうじ》五十歳《さい》ばかり老功鍛錬《らうこうたん》の士《し》であつた。又《また》景時《とき》も同《おな》じ位《くらゐ》の年輩《ねんぱい》で智勇《ちゆう》無双《むさう》の武士《ぶし》だつたから二人《り》は若年《ねん》の司令《れい》官《くわん》を補佐《ほさ》するに尤《もつと》も適任《てきにん》だつた。(梶原《はら》が惡人《あくにん》の如《ごと》く傳說《でんせつ》されるわけは、彼《かれ》は二代《だい》將《しやう》軍《ぐん》頼家《いへ》の乳人で北條《でう》の最《もつと》も怖《おそ》れたところであり、又《また》中《ちう》國の守護《しゆご》として京洛《きやうらく》を屢々《しばしば》過ぎり京方《きやうがた》と衷心《しん》通《つう》じるところがあつた爲《た》めだ)

此樣《このやう》にして戰爭《せんさう》は將校《しやうかう》に委任《ゐにん》したが、武士《ぶし》全體《ぜんたい》の統制《とうせい》は非常《ひじやう》に嚴《げん》重で、全軍《ぜんぐん》一心《しん》鎌倉《かまくら》に糸《いと》で結《むす》んだやうに引付《ひきつ》けてゐた。武士《ぶし》の心《こゝろ》には鎌倉殿《かまくらどの》あるのみで、眼中《がんちう》に司令《れい》官《くわん》はなかつた。範頼も義經も單《たん》に司令官《れいくわん》、頼朝の代官《だいくわん》といふだけで彼等《かれら》武士《ぶし》たちの主人《しゆじん》ではなかつた全軍《ぜんぐん》の主人《しゆじん》は頼朝以外《いぐわい》にはなかつた。朝廷《てうてい》からの叙任《じよにん》さへ、武士《ぶし》には頼朝の推擧《すゐきよ》を待《ま》つて後《あと》にのみ行《おこな》はれたものである。頼朝の推擧《すゐきよ》によらずして任官叙位《にんくわんじよゐ》をした武士《ぶし》は決《けつ》して鎌倉《かまくら》の中《なか》へ入《い》れず家人《かじん》たることを否定《ひてい》した。義經との間《あひだ》の悲《ひ》劇《げき》も、實《じつ》は此統制《このとうせい》を義經が破《やぶ》つてから始《はじ》まつたのだ。

□

頼朝の力《ちから》で、頼朝の時代《じだい》に、中《ちう》央《あう》政府《せいふ》の權《けん》威が初《はじ》めて日本《ぽん》中に行《ゆ》き渡《わた》るやうになつた。それ迄《まで》は九州《しう》の南部《なんぶ》は半獨立國《はんどくりつこく》の狀態《じやうたい》にあつたのを、頼朝が島《しま》津をして中央《あう》に納《をさ》めさせ、また天野《の》遠景を以《もつ》て流球《りうきう》までも威力《りよく》を及《およ》ぼした。北《きた》は出羽《では》も奥州《しう》もそれまでは獨立國《どくりつこく》でアイヌ族《ぞく》のものだつた。アイヌ族《ぞく》の亘《わた》理《り》氏《し》即《すなは》ち藤原《ふぢはら》泰《やす》衡を討滅《めつ》し、葛西《さい》清《きよ》重を以《もつ》て探題《たんだい》として初《はじ》めて東北《とうほく》は中央《ちうあう》政府《せいふ》統治《とうぢ》の下《もと》に置《お》かれるに至《いた》つた。泰《やす》衡征伐《せい》には頼朝自身《じしん》總《そう》司令《れい》として出征《しゆつせい》した。だから頼朝の時《とき》から日本《ほん》は急《きふ》に大《おほ》きくなつたのだ。

□

木《き》曾義仲《なか》は陸戰《りくせん》にかけては無敵《むてき》の猛將《まうしやう》だつたが、彼《かれ》は政治《せいぢ》と外交《ぐわいかう》の手腕《しゆわん》を持《も》たなかつた。頼朝はまた政治《せいぢ》にかけては武家《ぶけ》政治《せいぢ》七百年《ねん》の基礎《き》を置《お》いた獨創家《どくさうか》であり、又《また》外交《ぐわいかう》は目《め》覺しく巧《たく》みだつた。義仲《なか》が破《やぶ》れたのも、實《じつ》は頼朝が京《きやう》の廷《てい》臣《しん》たちに働《はたら》きかけた外交《ぐわいかう》の勝利《しようり》なのだ。平《へい》家《け》が破《やぶ》れたのも同樣《どうやう》の結果《けつくわ》だ。

西《にし》に平家《へいけ》あり中央《ちうおう》に頼朝あり、北《きた》に藤原秀《ふぢはらひで》衡ありといふ時代《じだい》もあつた。だから頼朝は西行《せいかう》して自《みづか》ら平家《へいけ》と戰《たゝか》ふわけに行《ゆ》かず、油斷《ゆだん》なく東北《とうほく》を警戒《けいかい》し甘言《げん》を以《もつ》て秀《ひで》衡に不可侵條約的態度《ふかしんでうやくてきたいど》を守《まも》らせた。そして平家《へいけ》亡び、秀《ひで》衡歿して後《のち》に、奥州《しう》を平定《へいてい》した。そんなところから、彼《かれ》は腹黑《はらぐろ》い男《をとこ》のやうにも思《おも》はれるのだ。

□

だが、武將《ぶしやう》であり乍《なが》ら頼朝の趣《しゆ》味《み》は京都《きやうと》趣味《しゆみ》で、京《きやう》からの流人《るにん》などはずゐぶんと優待《いうたい》してゐる。彼《かれ》自身《じしん》陣中《ぢんちう》に和歌《わか》を詠《えい》じ、また梶原《はら》景時《とき》とは旅行中《りよかうちう》にも連歌《れんか》をして樂《たの》んだ。頼朝の和歌《わか》は勅選集《せんしふ》中《ちう》にも入《はい》つてゐるほどで、彼《かれ》の次子《じし》實朝が萬葉集《えふしふ》以來《いらい》の歌人《かじん》であることも亦た偶然《ぐうぜん》ではないのである。

決戰時下

本年の工藝界へ望むこと

—さまざまの舊弊を清算せよ—

大山廣光

×

あらゆる美術部門の中で時局の重壓を一番受けてゐるのは工藝界である。他の部門と違つて其處には絶對に獲得しなければならない資材の必要があるからだ。然かもその資材は、銅鐵、漆等々戰爭に必要なものが多く含まれてゐる。戰爭下にあつて工藝家が資材に苦しむのは自然の現象である。

ところが、商工省ではこれ等工藝美術家に對する所謂親心で以て去る八月に藝術保存に關する通牒を發した。即ち文帝展二回以上入選の者に對しては或程度の資材を給與し、且つ公定以上の價格を許すといふのである。換言すれば藝術家として國家が待遇するといふのである。

然し工藝家自身が果してこの特典を受けるだけの心構へをしてゐるであらうか。

×

筆者に與へられた課題は「二千六百二年の工藝界に望む」といふのだ。然し昨日なくして明日なきが如く、工藝界昨年の不滿をそのまゝに頬破りにしておいて、今年の工藝界に對する希望はない。昨年の不滿に充たして行くところこそ希望が生ずるのだとさへ思ふ。

先述の藝術保存に關する商工省通牒に對しての工藝人の動きは果して當を得たものであつたらうか。その通牒の中に文帝展二回以上の入選或ひはそれに準ずるものと云ふ項目があつて、それの詮衡は各地方官に委任された。ところが、この準ずるものといふ不明確な項目の間隙に乘じて各地方では猛烈な運動が生じ、或る地方の如きは、文帝展二回入選の有資格の十倍以上の準ずるものを推薦した。それ等の地方では先づ詮衡委員會と云つたものを作つたが、その委員に擧げられた者の大多數が文帝展二回以上の入選者でない事の不合理さを考へれば、その間の事情は思ひ半ばに過ぐるであらう。彼等は藝術家といふより前に商人的立場に於て、この特權を覗つてゐるのである。彼等は國家が何のために資材を制限し何のために公定價格を必要としたかを考へようとしないのである。勿論文帝展二回入選以上の者を藝術家と認むることは嚴密な意味に於て正鵠を得たものとは考へられないが、少くとも商業中心主義の所謂地方の大家を、傳統の空虚な曖昧の標準を置くより上乘なることは論を俟たない。

×

工藝美術の中心東京に於ても過去一ヶ年の間に樣々の動きがあつた。工藝美術作家協會を始めとして、外觀は如何にも事局に適はしい動きのやうで、美術界の新體制は工藝界よりとまで一部の人々には感ぜしめた。然し、その局に當つてゐる幹部連のソフイスト的我田引水の詭辯に拘はらず、工藝界は舊態依然たる情態にて、何等時代に自覺して立つた現象が認められない。横溢するものは、無自覺なる資材獲得運動であり、文展をめぐる醜い勢力の爭奪戰である。

例へば文展の審査員に任命されるや、文展の鑑査直前に數名云ひ合はせて得々として地方に出かけるやうなことは、その動機如何に拘はらず愼しむべきことだと思ふ。又、先日の文展では茶碗や釜の茶道具が例年に比して目立つた入選を見せてゐる。茶道具が工藝部に入選して惡いとは云はないが、その間に種々の芳しからぬ噂が流布されてゐる。その噂が眞實であるかどうかは知らないが、少くとも審査員たるものゝ行動が不用意であつたことは爭はれない。

他の部門とは違つて工藝界には有力なる私設團體がないから勢ひ文展はその中心地帶となつてゐる。だから工藝界の覺醒は文展工藝部の覺醒に依つて始めて達成される。それほどに文展の審査員は工藝界に對して重大なる責任を負つてゐるのである。

×

先づ以上述べた舊弊を更め、刷新しないことには實際のこと今年の希望も何もあつたものではない。先づ工藝界はその心構へをあらためることだ。その臨戰體勢を整へるのはそれからのことである。が、これは速急を要する焦眉の問題である。

幸ひ商工省では特免を許す藝術家を決定しつゝある。これが正鵠を得たものとまでは行かなくとも、正鵠に近いものとなれば、それを中心として全國の工藝家を打つて一丸として、それに新體制に適はしい組織をつけ情報局や大政翼贊會と積極的に結びついて、茲に臨戰制勢下に於ける工藝家の强力なる一致集團を作るのも一つの方法である。文展の如く單に展覽會を開催するだけの所に中心を置くことよりも、もつと根本的に工藝界の事に積極的な活動力を有する集團を中心として、其處で各作家は國の方針に應じた職域に於て、自己の持つ藝術的天分を縱横に發揮すべきである。個人主義的な過去を捨てゝ、現代の體勢下に工藝人として如何に有力に且つ有意義に活動して行くか。これを練り、これを實行することが皇紀二千六百二年に於ける工藝人の使命だと思ふ。

過去をして過去を葬らしめよ、ではなく、過去を反省して、新しき體制に活かしめよである。頬被りをせず、頬被りをとつて、新しき年に突進すべきである。

個々の作家又はその作品に對して今年の希望も多々あるが、今年の工藝界に望みたいのは、先づ過去の清算とそれに續く積極的なる時代的職域奉公である。

「旬刊」美術新報
昭和十七年一月十七日印刷
昭和十七年一月二十日發行
發行日　毎月三回（十の日發行）
購讀料　一册金五十錢（郵税一錢）
一ヶ月三册金壹圓五十錢（送料共）
編輯發行兼印刷人　麹町區九段一ノ一四　猪木卓爾
發賣所　東京市麹町區九段一ノ一四　日本美術新報社
電話九段二七一五　振替東京一六二五〇
配給元　日本出版配給株式會社
日本出版文化協會々員　一二一二三五番
通信は一切發賣所へ
發行所　東京市本郷區東片町八二　日本美術新報社

昭和十年一月十二日第三種郵便物認可　第十三號　（一月十日號）

鐵砂果文花瓶

優美變形の大家

國領素夫先生作

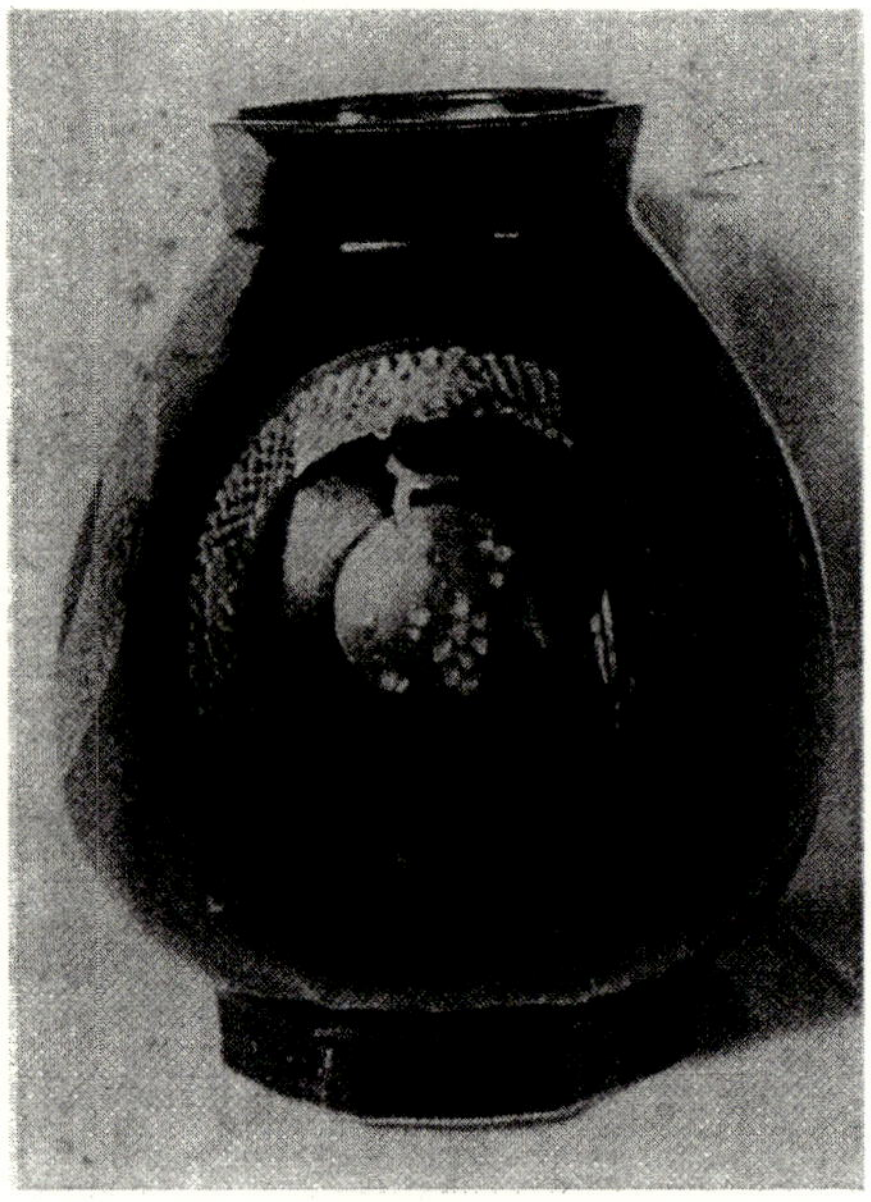

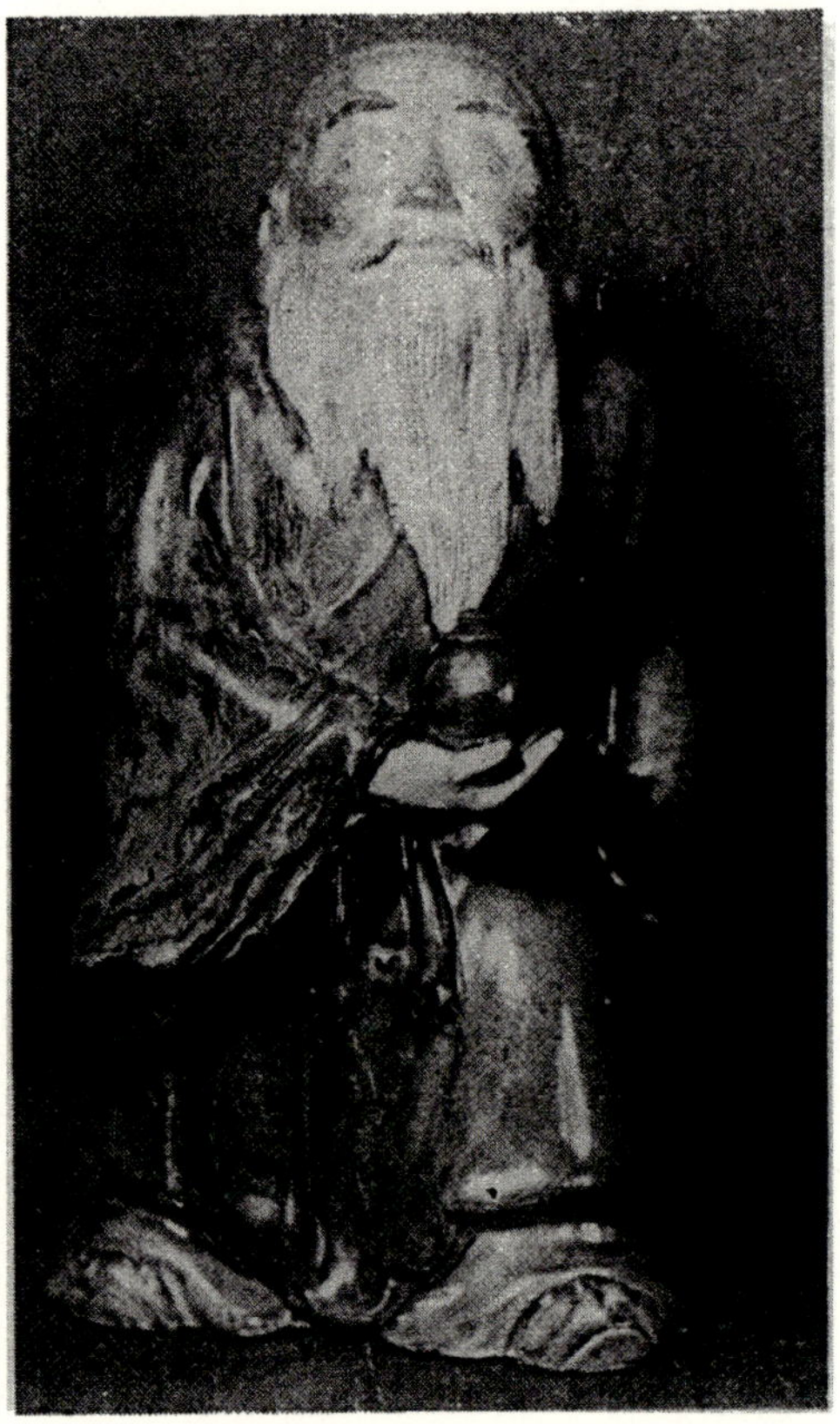

壽老置物

陶藝界の重鎭

文展無鑑査

伊東陶山先生作

御本梅畫花瓶

茶華道に知らるゝ名陶匠

河合磊三先生作

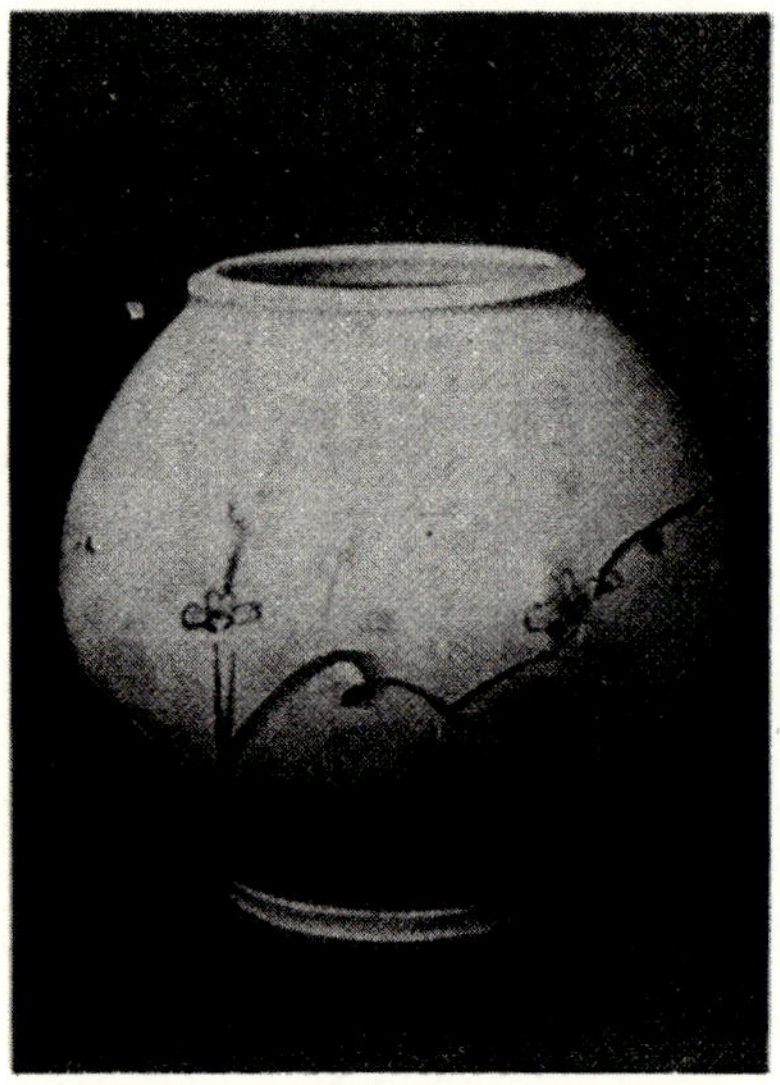

創業享和二年

小林時計店美術部

東京・銀座西八丁目

電話銀座・・一〇一・三〇一・四〇八・四五

營業時間午前九時……午後五時

作家名（順不同）

清水六兵衞先生　河合磊三先生
伊東陶山先生　澤田宗山先生
淺見隆三先生　眞清水藏六先生
國領素夫先生　山崎光洋先生
河合榮之助先生　堀岡道仙先生
森野嘉光先生　井上柏山先生
坂根千鄕先生　外諸先生

美術の國として世界に知らるゝ我が日本が世界に誇る美術工藝品に染織あり、繪畫あり、美術陶器あり、竹器あり、實に枚擧に暇なき次第であります。殊に京都は太古の時代より總ての美術に優れ、日本の美術は卽ち京都が根源であると稱するも決して過言でないと存じます、彼有名な古代の陶工、仁清と木米は共に京都が誇りの名工であつた事は今の世に殘せる遺品の高價た事と兩工を偲び其の寫しを作出する事に依つて何人も首肯することが出來るのであります。

現代有名な陶藝家は多く其流れを引ひて精進してゐるのであります。前記の諸氏は何れも京都屈指の名陶匠にして其作品の會心は亦愛陶家諸賢の御高識にも適ふ事と存じます。

希くば目出度き戰勝の春の御寸暇を御利用下され是非御來觀賜り度く偏に懇願致します。

昭和十七年一月廿日

京都一條戻橋畔

岩月陶樂

電話西陣五七一二番

定價金五拾錢　郵税一錢

美術新報

旬刊

二月一日號

14

日本美術新報社

第三回青衿會展

司會 伊東深水
同 山川秀峰

會期 二月一日―六日（二日休店）
會場 日本橋・三越（五階西館）

會員（いろは順）

石渡風古 門井掬水 山田喜作
岩淵芳華 苅谷鷺行 八幡白帆
今尾津屋子 笠松紫浪 松田修坪
池田輝治 龜永吾郎 前原豊三郎
岩田専太郎 柿内青葉 小早川清
濱倉清光 加藤恒久 榎本千花俊
西田青坡 横尾芳月 遠藤燦可
遠山唯一 田中針水 寺嶋紫明
千嶋華洋 立石春美 佐伯春虹
陳進 高田南三 鈴木由太郎
大矢道夫 武藤嘉門 鈴木研治
渡邊阿以湖 村山三千男

皇紀二千六百一年度

水彩畫推奬記錄展

十六年度水彩畫最高水準ヲ示ス諸作品ヲ發表ス

會期 昭和十七年二月三日―七日
會場 於・銀座青樹社

文展、二科展、一水會展、新制作派展、日本水彩畫會展、白日展等ノ諸展出品作品ヨリ銓衡セラレタル水彩畫推奬記錄賞（甲斐惟一氏寄贈）作品、及ビ其候補作品ヲ陳列ス

銓衡委員
石井柏亭 石川寅治 早川國彦
中西利雄 相田直彦 北川民次
南薫造 諸先生（イロハ順）

主催 藝能文化協會
後援 王様商會藝術部

勤王畫家

富岡鐵齋作品展覽會

東京會場・上野府美術館

會　期・一月廿三日……二月六日

大阪會場・天王寺市美術館

會　期・二月十二日……三月六日

主催

國民美術協會

大阪毎日新聞社

東京日々新聞社

第一回

伊谷賢藏洋畫展

會期　二月九日……十三日

會場　銀座・青樹社畫廊

東西大家新作日本畫

常設陳列

富留宮畫房

日本橋區通二ノ五（東仲通）

電話日本橋（24）八二一番（呼）

合名會社

本山幽篁堂

新古美術

芝區芝公園十五號地十三

電話芝（43）長二〇番

書畫骨董

平山堂

四谷區尾張町（四谷見附）

電話四谷（35）三〇〇〇番

〇一〇〇番

美術骨董

百和堂

澤達三郎

日本橋區人形町一ノ一四

電話茅場町(66)六六三一番

新作日本畫

小林一哉

本郷區湯島天神町一ノ二七

電話下谷（83）五四〇七番

古美術商

小林信次郎

芝區櫻川町四

電話芝43二〇番

弘仁の彫刻

本文、金原省吾氏「弘仁の行動性」參照

法華寺十一面觀音像（上半身）

法華寺十一面觀音像（顔）

この頰の豐かさは古い土器の形體から埴輪の形體を通してゐる曲面である、眼形、口形、鼻形の意識的な形體はその上位の層をなし變化して行くが、この頰の圓さは日本彫刻の基底として常に持續してゐる。

法華寺十一面觀音像(胴)

平安初期には特色のある面があらはれてゐる、量が平坦に一つの方向を持つて展開せず、展開の中間に於いて方向を變換し、方向を變化して、線の變化として現はれてくる、こう様に刄物が材質に強く激しく働いてゆく體感は單に衣文に現はれるばかりでなく顔面の各部にもあらはれてゐる。

新藥師寺本尊如來像（顔）

新藥師寺如來像のこの手の强さたくましさは行爲の無限の可能を示してゐる。

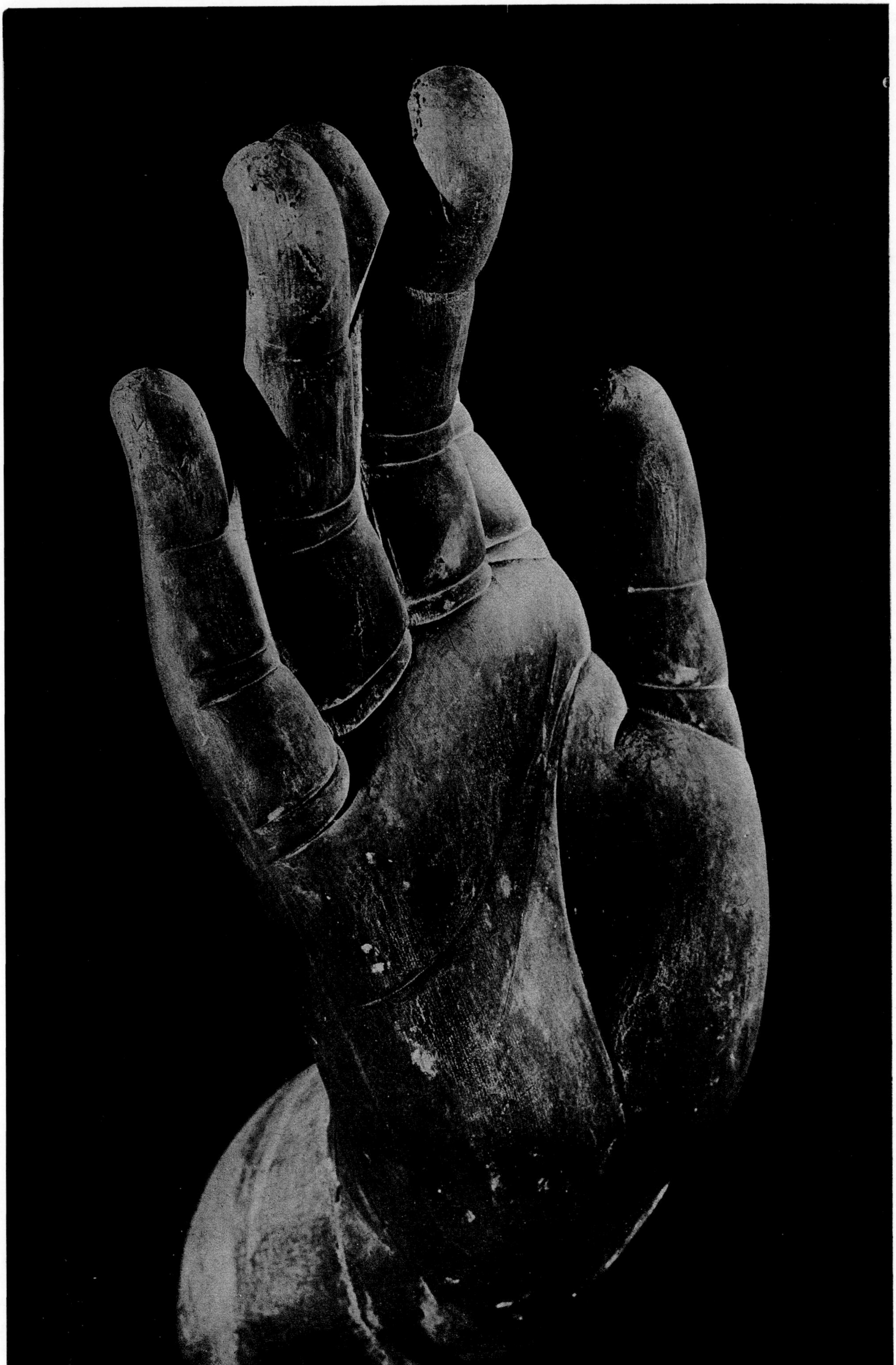

新藥師寺本尊如來像（右手）

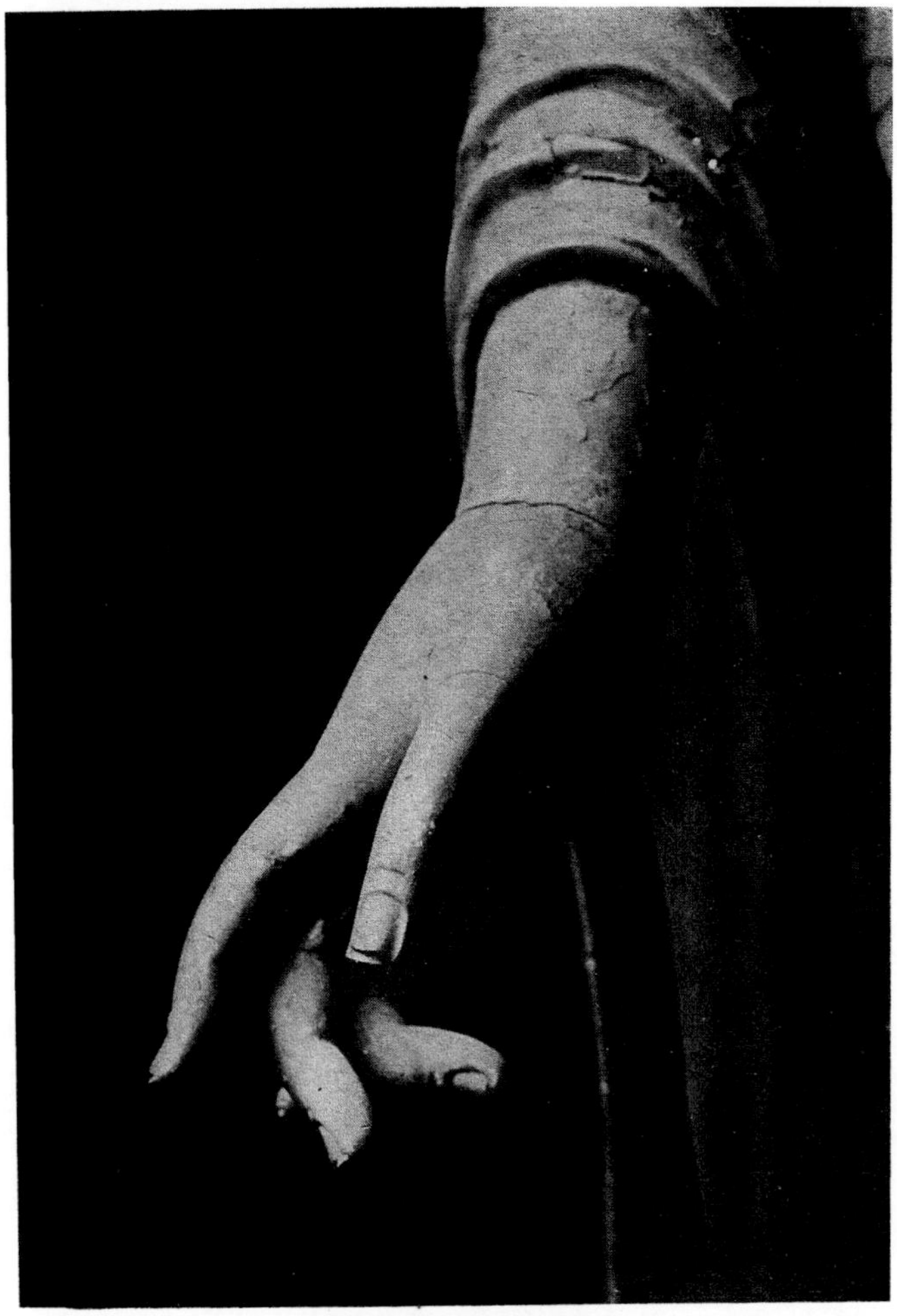

廣隆寺觀音像（右手）

この觀音の手は出來上つた手となつてゐるが行動をともなはない輕やかな一つの量でしかない。

聖林寺十一面觀音像（右手）

推古の手は物を持つことが出來るだけの稚さである、殊に廣隆寺の觀音の手は僅かに手になつたばかりの形で細かい感情の表現はあらはれてゐない。

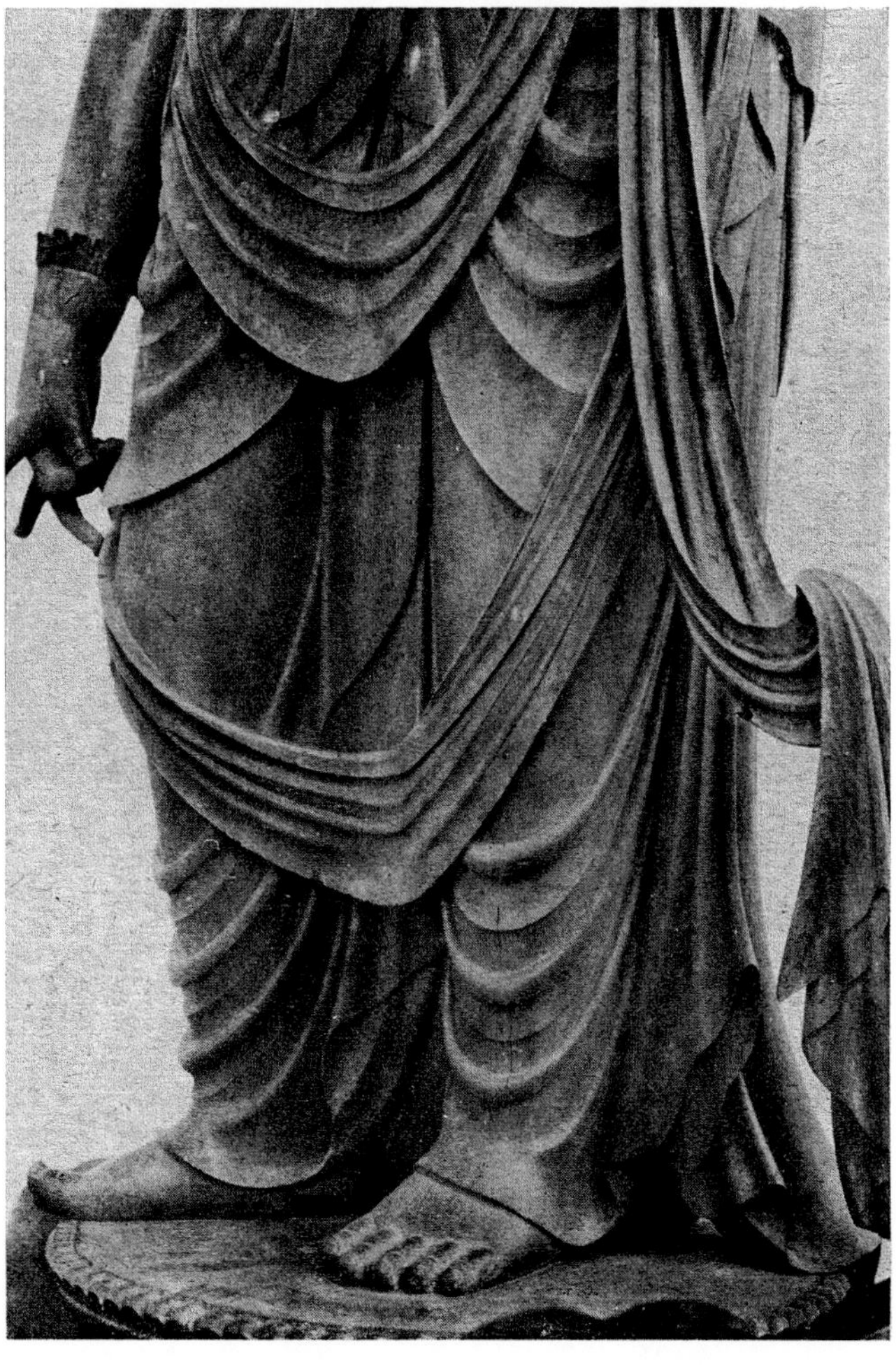

冬暖

奥村土牛

春寒

森白甫

1

白日

特

2

4

3

5

(1)港 ボナール、(2)白壁の家・ユトリロ、(3)薔薇 ラプラード (4)花・デスパニア、(5)山村・ウド (6)、海水浴場風景 マルケ (7)、漁港・コツテ

會第十九回展

別陳列

7

6

第十九回白日會展

海　中澤弘光

梅林　富田溫一郎

ベニス　大河内信秀

こどもへや　高畑正明

北京の秋　間折時雄

校庭　大久保喜一

山雨　相田直彦

懐古（朝鮮・水原）　荻野康兒

第十七回春台美術展

ハノイブチラツク　辻水

畫室　中村研一

訪客山田君を描く　關口隆嗣

日本の娘　笹鹿彪

燈台船　石川滋彦

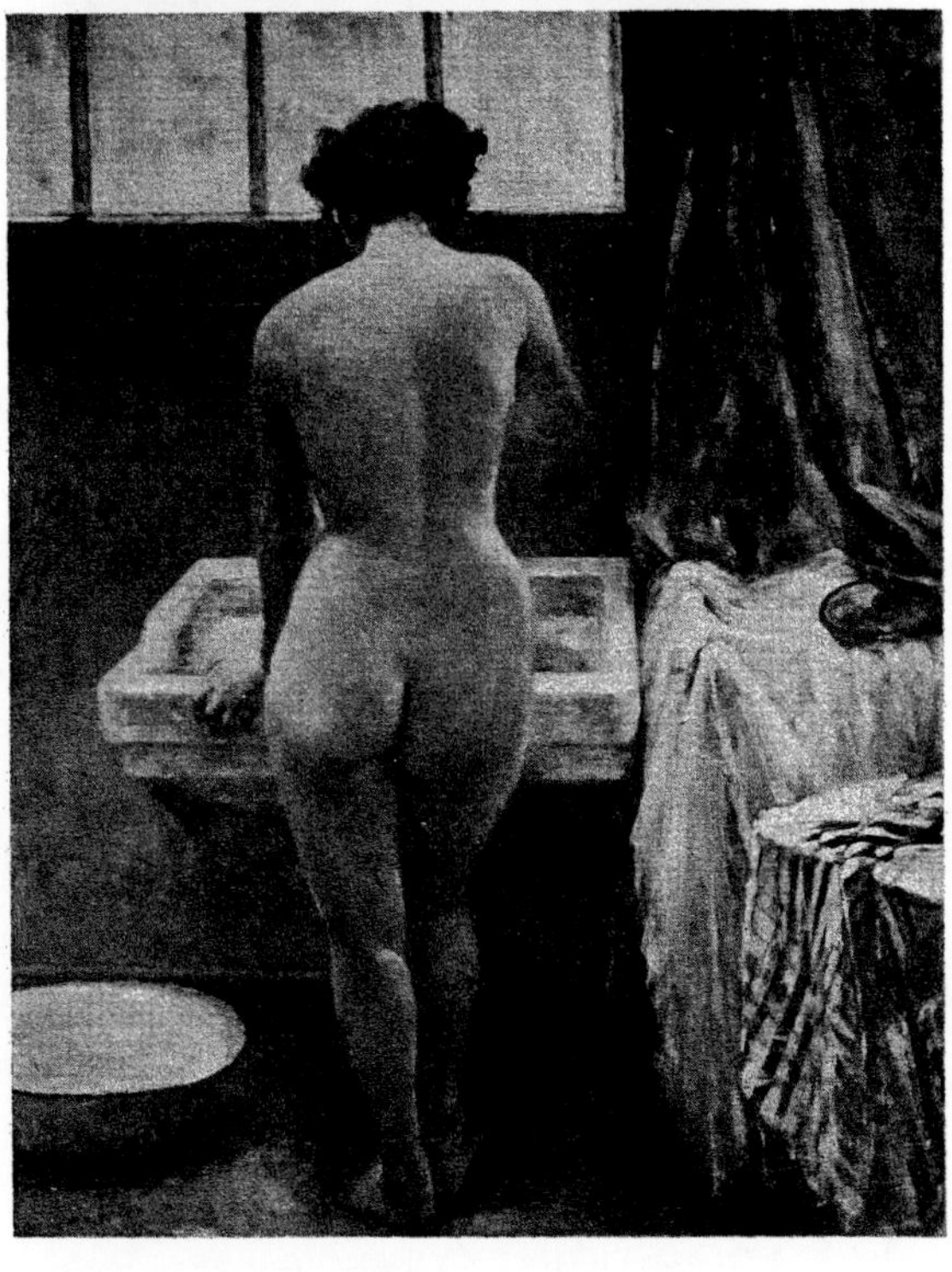

浴後　鬼頭鍋三郎

西歐名作鑑賞

ヴィナスの誕生(部分)
サンドロボ・チチエリ

「ラ・ナスチタ・デイ・ヴエネレ」„La Nascita di Venere"といふ畫題はアフロデイトの傳說として、この女神がキプルの海中から生れたといふ信仰に根ざしてゐる。十五世紀初頭に表はれた古今に絕する天才サンドロ・ボチチエリのこの作は餘りに有名であるがまた世界の繪畫を通じてこれほどの驚異的傑作も稀である。フイレツエのウフイチ畫堂のこの一室こそは正に異敎主義の妖はしい花園であるが、吾ら東洋人にはそれが逞しくも見事な描線をもつことに於て殊に親味を感じる。全體の構想の非凡とその大膽な描出はその細部を點檢するに及んで更に興味深いものがある。この多情な女神の顏貌、頭髮、肢體、手等に見出す「美の寫實」こそは古典の眞精神を限りなく生かしたものであることを思はしめる。(川路柳虹)

山湖（白日展）廣本了

飯店（白日展）佐藤功

展覽會ページ

白日會展とその特陳

白日會も十九回の展覽會となつた。この會のメンバーも當初とは大分變つてきた。學校系白馬系の非流行作家の集團としか認められてゐなかつた當初から見ると新人も增え元氣も見えてきた。この會は應募者の作品を可及的採擇する寬選主義に特徴がある。それは畫壇へ出ようとする新人の修練場ともなり、また素人作家も腕だめしに自作を發表する恰好な機會と場所を與へられることになるので鑑査をするとは言ひ條一種のアンデパンダン的形式をもつて居ることが今の洋畫壇には良い方法をもつてゐると思ふ。日本ではアンデパンダンの如き極度の自由主義個人主義は民衆にとつても許容されないし、作家もまた喜ばない。やはり先輩から鑑査をうけ一人前のものとして入選するのでないと應募者も氣がすまぬといふ風がある。これは一面技術の價値を決定する方法としてよいことである。

だがそれだけ先輩の鑑査員は充分な親切と指導が肝腎で會員の技術が一層練磨されたものにならないといけないが、今のところ會員の主な人の水準もまだ至つて低い。しかしその水準に於て健實な步調だけはある。飛び抜けて立派な作家もない代り惡い趣味や傾向にも毒されてゐないことを採るとしよう。

會員の作では宮田溫一郎氏の作を第一に推す。「牡丹」白牡丹」「櫻」「湖畔」の如き作は兎に角鑑賞に堪へるだけの水準をもつてゐる。その明朗な色調と共に寫實力が堅實で趣味も洗練されてゐる點群小作品を擢んでゝゐる。間部時雄氏も當初からの會員で穩健な作を以て知られてゐるが筆力が少し弱く且つバラールが混亂してゐる。「北京の秋」の詩情を採る。大久保喜一氏の作品は少し大まかな描寫にすぎる點もあるが（「校庭」など）「シクラメン」とか、「靜物」とかには觀察の正確と穩雅な調色が見える。廣本了氏の「山湖」刑部人氏の「婦人像」水彩で相田直彦氏の「山雨」など注意さるべき作である。高畑正明氏の諸作はその童畫的素朴を買ふが繪が平べつたく奧行に乏しいことが餘りの安易性を感じさす。この形式でもつと銳く突つ込んで行つて貰ひたい。

（上）ヘニウン號（白日展）木村珪二
（下）海邊の山（同上）小堀進

今度は某氏所藏の歐洲作家の特陳があるが中でほんの小品乍らボナールの「港」は素晴らしい作である。この色の豐富なガンム、その深さ、その光りの解釋實にいゝ。これこそ實に良きお手本といふべきである。その他ではローランサンがこの十年前位の傾向を示した作としてその代表作と言へよう。マルケの「海水浴場」も多少アマイ點はあつてもこれだけうまく描く技術は一寸手の出ない所、その省筆のなかに無駄のない觀察を含むからだ。海の色が特に美しい。ユトリにはあまり傑作ではないが、これも先づ相當作。デスパニアは大した作家ではないが、白日會の諸作を見た眼でみると色の調子のコツといふものがはつきりする。こんな畫風は白日會作品中にもザラにあるがこれだけトンが纏つてゐる仕事は一つもない。氣品も高い。同じやうにトンに優れた作家ラプラッドの「菩薩」は弱いがあれなりに立派な技術を見せてゐる大家だ。コッテは古い時代の作だが「港」などコッテの特色はよく出てゐる。

感心したのはウドーの作だ。これは現代巴里畫壇の作家であるが、この健實な寫實は日本人が學んでいゝ。どこにも山ケも色氣もないが見るべきものをちやんと見て描いてある。こゝでもトンの美しさが眼立つ。ギヨンネは一言にして言へば俗畫だが、これも白日會作品と比べれば表現の要領はえてゐると言へよう。フエリエールは凡作。アマンヂヤンのオーフオルトは彼のパステルに比すると甚だまずいと思つた。

なほ別室には傷病兵諸士の作品がある。これは純正な技術問題を別にして美術訓練といふものゝ實績を示す作として尊い。

綠のターバン（春台展）山崎坤象

奥利根の村（春台展）有岡一郎

春台展

第十七回春臺展である。本郷研究所の練習舞臺から畫壇的に率次進出してきた同會ではあるが、先輩と後進の間が格段に開きがついてその中間の作家にいゝ人がない爲めか一般的に見た場合至つて寥しい。繪も全體に失禮ながらガサツで、まだ白日會の幼稚さの方に同感がもてる。これはこゝの中堅作家が奮はないのが重大原因だと思ふ。

贊助出品に中村研一氏の「裸婦」と辻永氏の「佛印スケッチ」の特陳がある。中村研一氏のはともかくこの會場でのピカ一であり、堂々打ち込んでかいてある作だけに力があつてじつくり鑑賞出來る。近頃同氏のよく用ゐる赤と黑との諧調である。描寫力が逞しくトンも緊密に合つてゐる。辻永氏のスケッチは現狀での手早い仕事なので、作としては少しアツ氣ないが、眼のあたり佛印の風光に接する氣は興させる。「ハイフォン瑪頭」「湖中のパゴード」等輕妙な作作である。このスケッチにもう少しの深味と繪具の量的表現があつたらと惜まれる。

關口隆嗣氏の作はその調色に灰ばんだ落着をもつてゐるが描寫が劃一的で味が乏しい。「信濃路の春を描く」を採る

石川滋彦氏の「燈臺船」はそのドラフツマンが元氣だし色も明快だが自然觀察が表面的に流れる傾向がある。底から動いてくる筆力であり色調でありたいが、この作の如きをこゝでは第一に推さねばなるまい。

鬼頭鍋三郎氏の「浴後」は岡田三郎助の傳統にある裸體畫だが、そのこなれたソツのない表現は一つの畫格を示すには足りようが、何ら個性的な閃きは見られない。和田清氏の「嵐の海」は雄渾な畫因乍ら描寫力が弱い。江藤純平氏の「河畔」も無難な作だが味ひに乏しい。宮本恒平氏の滯佛作品では「運河小景」をとる。有岡一郎氏の「奥利根の村々」は同氏の人物畫の高さに比してずつと平俗である。徙鹿彪氏の北滿風物では「ロシアの娘」に異國的な風味を感じる。山崎坤象氏の「綠のターバン」も少し平俗ではあるが、健實な寫實をとるとしよう。

大體に言つてこの會の作品にはどうも濁りがある。畫がすつきりせずみなこれ廻してゐる。それは特に作風に苦勞するとか、觀察に忠實だとかいふのでなく見當のつかない一種の彷徨である。先輩からの的確な指導があつて欲しい。

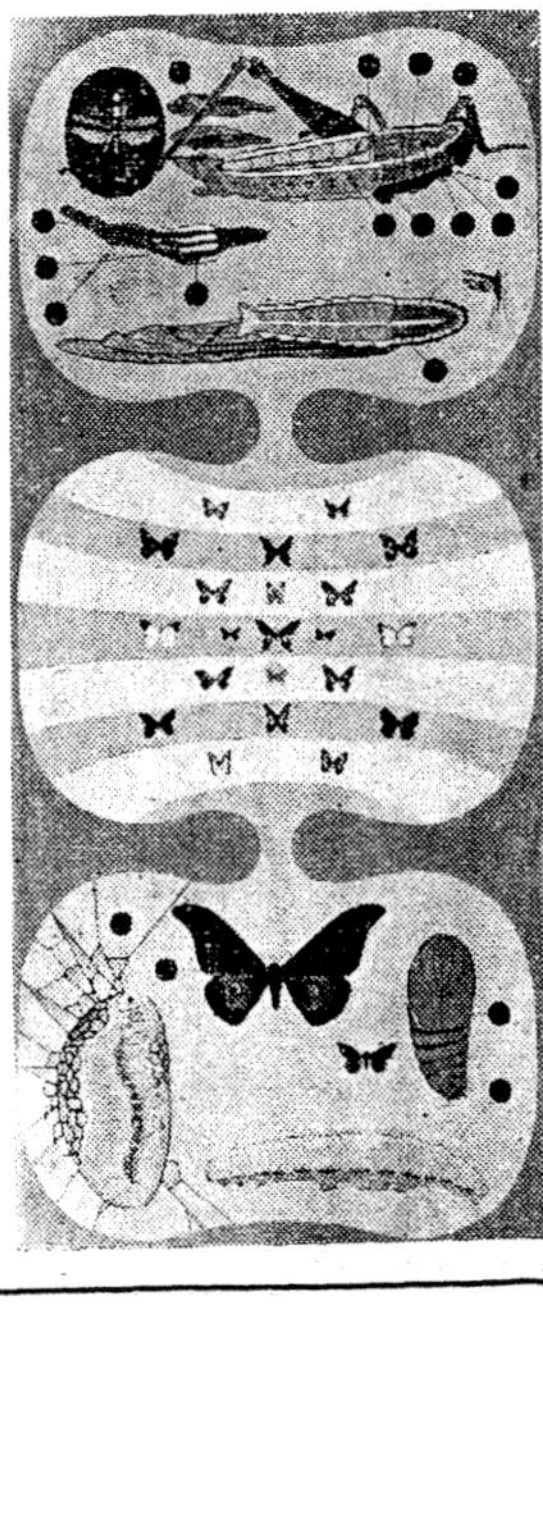

(1)

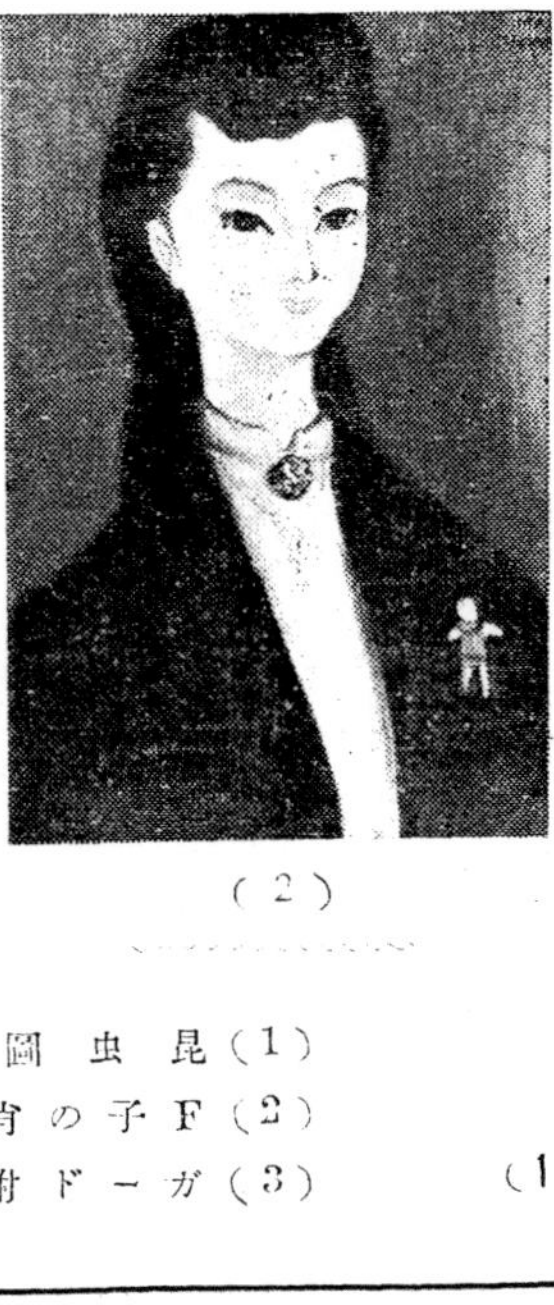

(2)

(3)

(1) 昆虫圖譜　（新壁畫協會）　池澤賢
(2) F子の肖像　（斗人會）　中村正典
(3) ガード附近　（綠巷會）　古田義一

小山敬三個展

正宗得三郎個展（上圖 仙桃 下圖 鳳凰堂）

小山敬三氏の近作展は近頃濫發の手薄な個展の中で最も堂々本格技を發揮したものとしてよい收獲の一つであつた。氏の技術はどこ迄も油繪の本格技を追ふもので惡い和臭や妙な新しさや同時に日本の學校系傳統の油繪と違つた佛蘭西近代畫の洗練さを基底にしてゐるものである。氏が好んで描くのは何か手固いマツスとしての美をもつ畫因を對象とするのだが日本の風景の構成は水蒸氣の過多と物そのものゝ脆弱と纎維が禍して中々よき效果を擧げえなかつたが今回の展覽會ではそれがやゝ仕止められてきたといふ感じである。「木曾駒ケ嶽」に屬する山の制作及び谷川の制作がそれである。海を描いたものは南佛の風景でも見るやうだ。「湖畔」といふ作に一番確かな日本の地方色が摑めてゐた。小品の靜物バラも美しい作品であつた。とも角近頃見應へのある個展として推奬される。（青樹社）

二つの鐵齋展

勤王畫家といふ位置もあり、時局下に適はしい畫人といふ意味でもあらうが、故富岡鐵齋翁の遺作展が二つ時を同じうして上野府美術館と三越とに開かれた。上野のは國民美術協會と東日との主催で三百餘點といふ大募集、一方の三越のは正宗得三郎氏の肝入りで諸家の藏幅をあつめたものである。上野の方は大阪の清荒神といふ鐵齋蒐集家の蒐藏品のみであるが、これは大作もあり數も多いが中には少し瓦全も交つてゐる。三越のは正宗氏の選擇だけに小粒乍ら筋のいゝものが集つてゐた。今その兩者の比較をするわでけもなく、又一々の批評もこゝでは加へないが、たゞ鐵齋翁の作品の前に立つて、かういふ種類の藝術が最も今の日本畫壇に缺如してゐるものだといふ感じをうけた。この大きい力をもつ作家は所謂「新しがり」とは凡そ正反對であるにかゝはらずその一貫する氣魄の力强さは日本畫の本來のもの、東洋畫本來のものを生かしてゐるので單に南畫といふ一派の上からのみ論じべきでないと思ふ。翁には大和繪もあり、且つ年代によつて色と傾向も異るが、やはり晩年のものがいゝ。これは二展を見て共通だと思ふ。それは若い時分のは筆もこなれてゐないが繪の構造が淺い。翁の活力はいゝがまた騷がしいものも相當ある。それらが晩年作ほどこなれて内に藏する力として表はれてきた。翁の作品の氣魄と力は獨得で、吳昌碩などとは又違つた味がある。

富岡鐵齋遺墨展（消夏避暑賣書船圖）

川端實滯歐第一回作品展
廢墟の音樂堂

圖畫の時間　友成一子（九才）

遠足　吉田雄一（二年）

兒童美術展

菊山氏古伊賀展

菊山當年男氏の作陶は實に伊賀のよさと持味をいよいよ新代に耀すものである。此の藝術良心が泌々と受入れられるのとともに古伊窯は永久に其生命を發展し行くであらう。その作品は屢々展觀されたが今度の天釉伊賀燒展は水指や花入に好んで示される重剛に押し潰された口もとから頸に溜らぬよさを見せた文樣の簡朴もこれに和致して作品の情趣を一層尊くしてゐる。水指、花入のいゝ作品の外に茶碗を試みてあの味を延長させたのに面白いものがあつたのにも注目された。（高島屋サロン）

兒童美術展を見て

江川和彦

教育美術振興會主催にかかる兒童美術展は小學兒童の圖畫五十一點を集めたものである。單に小學兒童の作品の展覽會といへば趣味的興味から見られる嫌があるかも知れないが、この兒童畫展には吾々から見て案外重要な問題が幾多含まれてゐるのを見出さざるを得なかつた。此處に示された五十一點の作品は全國的に集められた五萬あまりの作品の中から選ばれたといふことであるがこれを總括的に見ると既往の自由畫的な子供の世界を大人が面白がつたり感心したりしたものではなく、繪畫若しくは畫技にとつくんでゐるものが主として選ばれたかの如くに見えてゐた。この選の方針は先づ注目さるべき點であつたらうと思ふ。

從來兒童畫といへば久しい間それは自由畫の面白さを大人の興味から樂しむものの如くに見られてきた嫌が多分にあつたことは何人も首肯し得る所であらう。而してこの氣分的、雰圍氣的又は奔放なものが喜ばれて來たことは小學兒童の教育課程に於て個性の助長をかなり誤らせたものがあると思ふ。今やかくの如き「自由畫趣味」ともいふべきものに徘徊することは、あらゆる方面に於て蟬脫しなければならない時になつてゐる。この時唯一の兒童畫展としてかかる方向をその選定の方針を示した事は當然なことながら注目さるべき所であり、その方針のもとに窺へる兒童畫展としてのいろいろな問題が看取されてゐる

例へばこの中で土瓶と茶碗とを描いたものとかザクロを描いたものとか又は屋根を描いたものとかは、いづれもリアリテと取組んでその上で色感をも自分の力で盛りあげてゐる。これらは從來の不完全さの中に出て來る面白味を採つてゐたのに比べて、特定な子供の世界を脫した「繪畫」として見てよいものがあると思はれる。

この展覽會は今後毎年開催する豫定だとのことだが、この展覽會によつて小學兒童たちに繪畫を通して健全なもの堅實なものを示す機會が與へられることは今後一層望ましい。

中には多少自由畫的な調子の見ゆるものもあつたが、子供が好んで描きそうな子供の群像や學童生活等の場面を描いたものにしても又肖像にしても、雰圍氣的にならず、堅實に突込んでゐるものが多いのが目にとまつた。恐らくこれらを通して子供たちの眞の個性が自由畫的な不完全なものの面白さの間にあるのではなく、ひたむきに突込んだ所に發揮されるものであることが敎へられてゐると思ふ。その他にもこれらの兒童畫の中に示唆に富むものは少くなかつたが、その詳論に及ぶ遑はないので主なる問題中の一端だけを此處に述べておきたい。

伊賀耳付花入壽老人（個展）菊山當年男

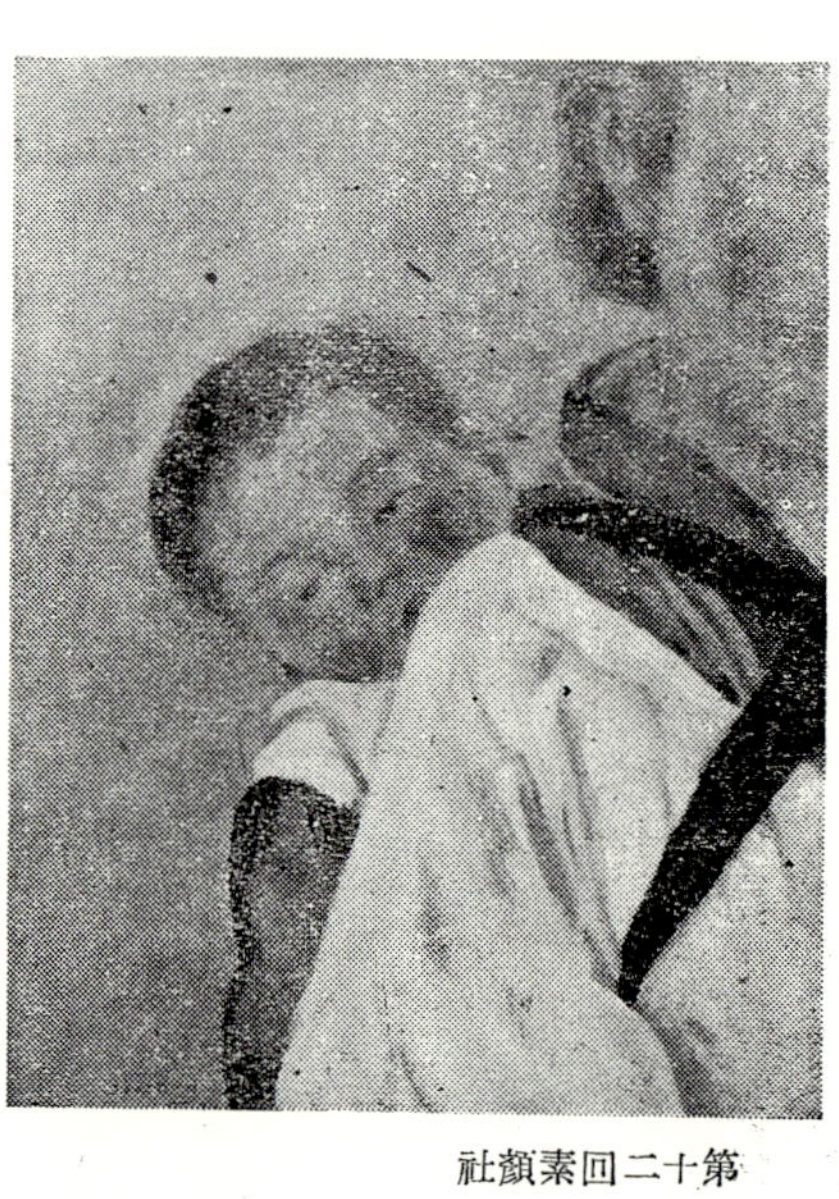

第十二回素顔社

坊や　岩崎英子

素顔社第十二回展

閨秀畫家素顔社同人の第十二回展が十日から十二日迄銀座の資生堂で開催される。同人は皆女子美術の出身で小田幸子さん以外はいづれも家庭を持ち多忙な裡にありながら東光、光風、獨立其他の團體に屬しその生活から生れて來るものを毎年一回發表して畫道に精進してゐるもので今回は一人三點内外の出陳が豫定される。これまで十一回の展觀の成績から推しても、前回展の張りきり方から測つても相當に期待されるものがある。

旬刊時評

金を考へに入れるな

支那の戰爭傳單には「金あるものは金を出せ、力あるものは力を出せ」といふのがあるさうである。敵ながら誠に明快な文句であると思ふ。刻下戰時下に於て國民は各々の力に於て御奉公申し上げて居る。獻金もよし勞力奉仕もよし、苟に國民たる義務に於て國家に盡す精神は同じである。美術家に於ても支那事變この方、獻金に獻畫に或は從軍に種々な力を各人が蘧してゐる事實は蓋ふべくもないが、たゞこゝに一考すべきはそのことを以て他に誇り、或は又自己宣傳の具に供するなどの行爲あつては苟にもならないことである。某作家は一枚數萬圓の作品を賣上げて獻納したといふて世間は騷いだが、かゝる擧もそれが結果に於て宣傳の役に立つたとすればむしろ逆効果といふべきである。むしろ隱德を施してこそ美擧である。獻納とか獻金とかいふことは美擧として新聞にも稱へられるが、それは決して金の高にたるべきではない。數十萬圓の獻金は新聞にかゝれても、市井の一サラリーマンが或は女工がその臍くりの全部を獻納しても一行の記事にもならぬかしらぬが巨萬の富豪の數百萬圓よりこの貧寠な市井者の所謂貧者の一燈こそ正に萬斛の熱意に價ひするのである。一美術家が數萬圓を獻金したとてそれは能力ある人の行動たる以上國民の義務としては當然のことである。況んや貧弱な作品を二三獻納したとて威張れた義理ではない。金や物を考へに入れず御奉公せよと言ひたい。

美術旬報

新版畫會展
阪急畫廊で盛況

新版畫會展が十一日から十七日迄大阪阪急百貨店美術部で開催、

旭泰宏氏は「連峰の雲」ほか四點、前川千帆氏は「鰊場の女」ほか五點、畦地梅太郎氏は「荒船山」ほか四點、前田政雄氏は「連峰の雲」ほか四點奥山儀八郎氏は「昭和名力士像」四點ほか二點、三木辰夫氏は「連峰の雲」ほか四點、大宮昇氏は「雨の夜」ほか三點、森田路一氏は「萬壽山佛香閣風景」ほか三點、鷹山宇一氏は「連峰の雲ほか」二點、其他、伊太利、獨逸の古版畫三點宛、佛蘭西、諾威の版畫や版畫ヱッチングなどを出陳、連日盛況であつた

うたゝ偲ぶ高士の風格！
勤皇畫家富岡鐵齋翁遺作展

勤皇畫家富岡鐵齋翁の遺作展は二十一日から二十五日迄日本橋三越で開催、

大津繪（紙本半截着色）水墨山水（紙本尺八水墨）、山紫水明（同上）、木芙蓉秋蘭（紙本尺八）、豐公慶事（絹本三尺横幅着色）、伊勢內宮 絹本尺七着色）、光風霽月（紙本半截淡彩）、山屋淸適（紙本尺八水墨東坡安蔬 紙本半截着色）、白隱禪師訪白幽子 紙本尺八水墨）、保食神 絹本尺幅着色）など四十五點の他、畫卷・墨戲小品 紙本素描）、扇面（便面、松、竹）、畫册（自樂、高人軼事他三點）、素描 桃華庵教祖渡海他二點）等を展示、翁の高邁な精神と風格を連日觀衆に堪能させた

鐵齋翁は明治維新改革の際皇學勤王の志士であり又儒者として身を立て傍ら書畫を能くし孜々として倦む事なく八十九歲の生涯を終へた、その作品も主題に應じて多種多様であつた、南宗以外大和繪の研究は土佐光武又浮田一蕙等に依るところがあり、特に五十歲前後から十年間顯著なものがある、神代から大和民族の史的研究は多く大和繪描寫に依つてゐる、今回展示したものは慶應年代の作から最晚年のものに亘つてゐた

川端實滯歐作品展
銀座三越で好況

故川端玉章翁の令孫である川端實氏の第一回滯歐作品展は十八日から二十三日迄五日間銀座三越の七階ギャラリーで開催

「スペイン廣場の階段」「北伊太利の女」、「廢墟と寺」、「憩へるフラソカ」、「祭の鳥」、「ブラッチャノの漁師街」「水汲み女たち」、「フオンターナ」、「マッテオの像」など二十五點を展示、氏は渡歐後間もなく第二次歐洲大戰勃發、フランスを遁れてイタリヤからアメリカへ渡り昨年歸朝したゝめその熱意に滿ち鋭氣ある作品は觀衆を嘆賞させた

古田義一個展
第二回を菊屋畫廊

古田義一氏の第二回個展は十五日から十九日迄銀座菊屋畫廊で開催近作の油繪十數點を出陳連日盛況であつた

菊山當年男展
伊賀燒最近作好評

菊山當年男氏の伊賀燒展は二十日から二十四日まで日本橋高島屋で開催、花入、水指、茶碗香合、建水、灰器、菓子器其他數十點を出陳、茶道具として屈指のものとされる古伊賀への復興を完成したところの陶技を遺憾なく發揮したものばかりで連日盛況を續け最終の日曜日の一日を日延べした

芝浦一隅（個展） 古田義一氏

繪畫報國に女流洋畫家群
朝野併せ百餘名

繪畫報國運動の一つとして、ハワイの大戰果以來大海原太平洋せましと必勝敢闘するわが精鋭海軍の將士の感激昂奮をさゝげる洋畫女流作家は自家の作品で將士を慰むることが出來るならばと決議し各團體が指導となり東京、京都、大阪を始めとして全國の女流作家約百名に檄して繪畫一作を二月十一日の紀元節を期し海軍省に提出、海軍病院、軍艦、海軍病院の壁面等それぞれに配附さるゝ事となつたその主なる代表者は

藤川榮子（二科）三岸節子（新制作派協會）長谷川春子（國畫會）島あふひ（一水會）森田元子（文展）橋本はな（同

展覽會の曆

日	月	火	水	木	金	土
1	2	3	4	5	6	7
8	9	10	11	12	13	14
15	16	17	18	19	20	21
22	23	24	25	26	27	28

▽船田丸木岩橋三人展 一月卅日から二月四日迄 銀座松坂屋
▽青衿會第三回日本畫展 二月一日から六日迄 三越
▽羊和會彫金展 一日から六日まで 三越
▽藝宣美術展 一日から四日まで 銀座菊屋
▽白興會日本畫展 二日から五日まで 白木屋
▽若狹物外南畫展 三日から八日まで 上野松坂屋
▽二千六百一年度推奬水彩畫展 三日から七日まで 靑樹社
▽佐藤華岳個人展 五日から八日まで 銀座松坂屋
▽草友會二回展 六日から八日まで 銀座菊屋
▽岩下三四油繪展 七日から九日まで 資生堂
▽伊谷賢藏個展 九日から十三日まで 靑樹社
▽素顏社同人洋畫展 十日から十二日まで 資生堂
▽國洋會展 十一日から十三日まで 銀座菊屋

上」佐川敏子（獨立美術協會）等

油彩畫家全體的献畫
擧げて三千五百名の奉公

油彩畫家の全體的獻納作畫運動は寄々協議中のところ議纒まり一月三十一日午後二時から上銀公園東京府美術館でその大會を催し一丸となつて畫筆報國の具體行動を決定した、參加會員は斯界の十五團體の會員、會友出品者等全國的に約三千五百名で作品は展觀せずまた換金せず作品そのまゝを陸海軍へ獻納、軍器基金或は軍病院慰問其他適當に使用されることを願出るもので猶今後も同大會を解散せず奉公の實施に邁進する筈である

正宗得三郎氏 近作油繪展
三越本店で盛況

正宗得三郎氏の油繪展は二十一日から二十五日迄日本橋三越で開催

「鳳凰堂」、「近江路」、「四萬川」、「佐渡ヶ島」、「小菊」、「由井ヶ濱」、「山中湖の秋」、「富士」、「仙桃」、「寒牡丹」、「漢銅　の菊」、「國上山秋霽「箱根の秋」、「八ヶ岳秋霽」など三十一點の最近の力作を陳列その東洋趣味に充ちた獨歩の畫品を示し觀衆に嘆賞させた

創造美術展好評
松坂屋で近作展示

創造美術協會では二十日から二十五日迄松坂屋六階で洋畫展を開催

「風景」上島龍、「雪の潟」小島大輔、「綿菓子」小島吉治、「エプロン」河野通紀、「風景」小林武夫、「風景」下高原龍己「赤い花」高須操、「花」高橋進「馬車」玉澤潤一、「風景　田村響志那、「靜物」西阪修、「シクラメン」長谷川初女、「寒菊」堀澤好一

右の如く各會員諸氏の近作を展示し好評を得た

一月十六日日比谷公園松本樓で開催された美術雜誌協議會編輯會議、正面中央は内務省警保局企劃課佐伯郁郎氏、其他は各雜誌の代表者

資生堂の三人展

矢橋六郎、山口薫、森芳雄三氏の作品展は二十三日から二十五日迄銀座資生堂で開催

矢橋六郎氏は「娘々祭の日」「街角の飯店」、「水汲」、「農家の秋」など六點、山口薫氏は「水」、「流氷」、「開懇地」など五點、森芳雄氏は「室内」「座する人」、「呼ぶ聲」など四點を展示し好評を得た

三聖代の傑作國史畫と
「朝日新聞賞」を安田靱彦氏名譽授賞す

安田靱彦氏が一昨年の院展、昨年の同院展に連作の六曲一双「黄瀬川の陣」即ち源氏再興に兄頼朝と弟義經の對面情景を二年に亘り完成したもので一月二十日東京朝日新聞社の朝日文化賞の名譽を受けた

晨鳥社新役員
十四日總會で決定

晨鳥社では一月十四日樂友會館に於て年度末總會開催の結果總務より昭和十七年度に新役員を左記の如く任命した

總務（代表）山口華楊、前田荻邨、西村卓三

新役員（經營部委員）（主任）河合健一、（企畫）麻田辨次、（研究會　猪田青以、展覽會）天野大虹、（特別研究　川島浩

同　小谷雅彦、（同）梶喜一、

（會計）井上五朗

參與　伊藤晃珠、奥村厚一、田村豐洲、谷野圭一、田之口青晃、高山三路、中塚一杉、島津徹、森戸國次、

評議員　飯塚周悦、板津謙六猪原大華、太田春畊、藤田隆清水具藏、鈴木大華

神保俊子洋畫展
滿鮮に取材の作品

神保俊子女史の洋畫個展は十三日から十五日迄銀座資生堂ギャラリーで開催、女史が哈爾賓承德、古北口、朝鮮各地を旅行中に取材した作品を出陳好評を得た

新壁畫協會結成
菊屋で第一回展

有田秀夫、池澤賢、河邊實、小宮山誠、高柳博也、森晉一、山崎穰諸氏を以て今回新壁畫協會を結成し「新しい少年の世界」なる主題の下に、作品十點を以て第一回展を二十一日から二十四日迄菊屋ギャラリーで開催、「勤務」全員共同、「新しい道」小宮山誠、「建設」高柳博也、「走る子供」森晉一、「昆蟲圖譜」池澤賢、「敢闘」有田秀夫「發掘」河邊實、「集ひ」山崎穰、「新しい少年の世界」高柳博也、河邊實、池澤賢と各力作を出陳、好評を得た

岩橋、丸木、船田 三人展好評

日本美術院友岩橋永遠、丸木位里、船田玉樹の三人展が一月卅日から二月四日迄銀座の松坂屋で開催されてゐる、船田氏は「利休」「宗祇」の人物畫を始め風景畫等約廿點、丸木氏は寫生風の三段峽、其他風景約廿點岩橋氏は數十尾の鯉を六曲一双に收めた大作その他約十點の出陳で注目を惹いてゐる

三千佛大曼荼羅
廣隆寺で發見

宗教團體法に依り新たに着手した寺寶調查に伴ひ、京都最古の寺院である右京區太秦の廣隆寺では聖德太子奉賛會研究員の助力を依賴し、持佛堂、假金堂（祖師堂）地藏堂、など平素美術史家に顧みられない各堂の夥しい彫刻の調查究明に努めてゐるが、曩頃同寺の住職清瀧英弘師は、記錄にだけ殘つてゐたその修法も全く絕えてゐる三千佛大曼荼羅を、靈寶館正面の有名

な勅封薬師像、彌勒像の安置されてあるのを床下から發見した
これは最初、塵にまみれて長い柱のやうなものが横たはつてゐるのを發見し、塵を拂つてみると長い箱で、この中に三千佛大曼荼羅がおさまつてゐた、畫幅一丈一寸二分、縦一丈一尺五寸二分、中央に内院の廓を設け、阿彌陀、彌勒、維摩の三尊を大きく描き四周一面に、過去、現在、未來の三千佛を以て埋め、使用の絹布は薄く顔料は綠青、朱、黄土、胡粉、エメラルドグリーン、墨の六色を用ひ、全體はやゝ剝落してゐるが、形式的には藤原時代と推定される優美華麗なものである
我が國には、法隆寺玉蟲厨子の四千佛をはじめ東大寺大佛の蓮瓣、大和の當麻寺の西塔の壁畫大原三千院の壁畫、興福寺三重塔の壁畫に異例があり、唐招提寺金堂の後壁にも、もと二千佛が描かれてゐたといふ記録があるが、以上いづれも壁畫及び鍍金佛で掛幅のものとしては例を見ない珍しい畫蹟である
尚山城名勝志に、廣隆寺中興の祖道昌僧都(弘仁時代)の畫作を傳へてゐるが、こんど發見されたものは、それほど古いものでなく永萬元年(紀元一八二六年)當寺を再興した頃造顯のものらしい同寺では、靈寶館の陳列替を行ひ、この大曼荼羅も、講堂の後壁にかけて一般に拝させる事になつた

油繪「香港を望む」
清水練德氏陸軍に献納

中野區江古田二ノ七四一獨立美術協會會員清水練德氏はさきごろ、陸軍省を訪れ「香港を望む」と題する百五十號の油繪を献納した
この繪は同氏が支那事變勃發當初香港に赴いた際、東亞侵略の牙城としてまた援蔣據點として露骨な敵性をみせてゐた香港の華麗な夜景をみて東亞民族のために解放したいといふ國民的な欲求に燃えてスケツチしたもので皇軍の手により香港が陷落したのを機とし感激の献納をしたものである

大同石佛第五窟脇佛(個展)　伊谷賢藏氏

谷本蘇牛氏献畫

先に神武天皇御一代繪巻を橿原神宮に献納した大阪市旭區森小路町谷本蘇牛氏は阪神海軍部の委囑を受け大阪警備府の壁間を飾るべき大作をものしてゐたが遂に完成、さきごろ同府に小林長官を訪問これを献納した、繪は明治元年三月廿六日天保山において畏くも明治大帝がみそなはせられた我國最初の觀艦式を描いた八尺に七尺五寸の大物昨春四月着手考證に半歳を要した鏤骨の大作中央に錦旗まばゆい玉座を配し萬里丸三國丸、電流丸などが遙かに霞む六甲を望む茅渟の浦に平和な姿を横たへてゐるといふ大阪にゆかりの深い我國海軍の濫觴を寫したものである

青衿會後援會成る
今一日から三越開催の同展に先立ち
去月二十五日に發會式

青衿會は愈々今一日から日本橋三越で二千六百二年辟頭の繪畫展として其第三回を開催するがこれに先立つて一月二十五日同講演會を結成、當日午後五時から麹町内幸町レボウグリルで發會式を擧行し後援會長河合峻策(大森區大井、水禅病院長)世話人代表山本魁介(勤皇文化翼賛會理事)山本忠次郎(山本インキ株式會社長)三氏を始め、後援會員百數十名と四十餘名の青衿會員出席、皇國萬歳を祈念の上、成立報告とその祝意を交換した、席上後援會から新しく賞金を贈呈することとなつたので今回展出品に附さるべき賞金について協議があり左の如く決定を見た
▲後援會賞——全出品に對して後援會全員投票採點により決定、約三名位
▲青衿賞——從前の如く鏑木清方氏提出で會員作品につき鏑木氏の審査によつて受賞するもの
▲奬勵賞——伊東深水、山川秀峰、兩頭目が會友出品について受賞するもの
の三種で後援會の結成は同會の堅固な進展に備えて餘りあるもので展覧會後援以前の講演會其他美術文化運動をもなす模様である

銀座青樹社で開かれた兒童美術展

佐藤華岳個展
五日から銀座松坂屋

佐藤華岳氏の第二回個展が二月五日から八日まで銀座の松坂屋で開催される、出陳作品は滿洲の風景として「秘苑の四景」「夕映の紅臺」「熱河離宮正殿」等、第一回には山水ばかりであつたので今回は花馬を主にした作品四五十點の豫定、尚氏は陸海軍省へ花鳥の力作三點宛献納する由

一豫報一

伊谷賢藏個展
九月から青樹社

伊谷賢藏油繪個展は來る九日から十二日迄五日間華北交通株式會社東京支社後援に依り銀座青樹社で開催される、出陳は華北及び蒙疆での作品二十點、内地での作品五點、同氏は京都市出身、去る十四年陸軍從軍畫家として渡支、十五、十六兩年華北交通會社囑託として再度渡支現在は二科會員、全關西洋畫協會々員。京都市美術展委員、關西美術員講師である。最近の二科會に於ける發表作品は「一念親善」、大同石佛」、「天橋小鳥の市」など

―消　息―

▼東山魁夷氏　日本畫院今年推薦無鑑査となつた、氏は同院で最高賞三回に及ぶ成績者である
▼吉田白嶺氏　病氣の處二十一日午前八時永眠した、享年七十二、二十四日瀧野川區日暮里九丁目の自邸で告別式を執行した。氏は東京市兩國の生れで中年から獨學で木彫界に入り日本美術院初期の同人に推された、文展審査員で同じく木彫界の元老吉田芳明氏は氏の令兄である

弘仁の行動性

金原省吾

一

日本の形は平面形である。それ故日本の彫刻は、周圍をまはつて見る譯には行かない。しかしその平面性の彫刻が、だんだんに厚味を持つてきた。「救世觀世音」の扁平な彫刻がこの法華寺の「十一面觀世音」になる迄には百四五十年もかかつてゐる。却々容易なことではない。弘仁の彫刻は推古の彫刻に比べれば厚味を持つてみてゐるがまだ十分の意味で、立體ではない。それは量によりて成立せずして、線によつて成立してゐるからである。もし形體が量によつて成立するとすれば、量の中で自足して居なくてはならぬ。表現を量によつて屬し、量によつて滿たし、他の表現性を必要としない譯である。然るにこの佛はこれだけの量を持ちながら、しかも量を成立させてゐるのは、結局量ではない。量はその終結において、線になつてゐる。量は線を登もし登とした。線の中で滿足し完結してゐる。一一の量、一一の面は、それを必ず線で終結にしてゐる。隨つてこれは線によつて成立してゐる形である。

ただここにこの平安初期の持つ特色の面がある。それは飜波式衣文にも見えるものであるが、量が平坦に一つの方向を持つて展開せず、展開の中間に於いて、方向を變換する。面を飜して最種の展開を登上させるのである。この消息は、音樂にもある音樂のヨウデルンといふのがそれである。豆腐屋の呼び聲が途中で、一度飜つて異る音の層に達しつつ持續する。ああいふ飜轉が、謠にもその他の謠ひ物にいくらもある。これがヨーデルンであるが、この飜轉がこの面の展開の中に見られる。これは日本の表現の一つの基底の層であつて、變化を依然として平面ですることの要求である。その變化はひるがへつて次の面に達したのであるが、しかしその變化は依然として面の變化であり、且その變化は面の變化といふよりも、方向の變化として現はされ、方向の變化であるから、一層線の變化として現される。ここにもその形體の形成が、線であること、少くとも線的であることが示されてゐる。

故にそれは當然面の變化として見らるべき衣の表面の表現でも、その飜轉の線的狀態と、その飜轉終末の線とによつて、二重にそれを線運動として示してゐる。かかる表現性を最も明かに具體的に現してゐるのは、飜波式の衣文である。大波はふつくりとふくれてゐるけれども、その結末を線にしてかつきりと終り、しかもこの終り方がこれでは滿足しきれないで、次に反つて行つて鎬のかたく明確な小波となつてゐる。大波の線的成立の不十分を、小波で完成してゐるのであり、この鎬が出て大波の反轉が緊張して來る。どんなに量なり面なりを動かして行つて見ても、最後には線になるのが、この形體形成である。隨つて衣の下端は、これ迄の展開進行と反對に、上に向つて反て、薄く肉を削られて、これ迄になり強い線として緊張してゐる。

二

かういふ表現法をみてゐると、刄物が木にくひこむ彊さが感じられる。表面を削つて一つの形を作るといふのではなくて、形そのものの成立が、切り込む力の働を示すものである。かくの如く材質の中に、くひ込んでゆく働は推古の彫刻から既にあつたもので、日本の形體形成の體感として、持續して來たものである。法隆寺金堂の天蓋の天人像の運片をみると、その根本に刀を入れて、そこからぐつと折りまげてゐる。おそらく柔かい生木の儘に、そこから折つて、それをそのままかためて形にしたものと思はれる。削つて行つて形にするよりも、その木質を根本的に動かして行くと、力をそのまま形の中に深く刻み込まうとするのであらう。

眼でみた線と、描いた線との相違は、描く働の時に動かした筈のもの丶性質が之に參與してゐるからである。彫刻の線は、刄物がその材質に切り入つた消息を示してゐる。型像や乾漆の線は、その中間の性質を示してゐる。しかしかかる材料の動きは、附着して行く働の變化であるから、刄物が木質にくひ入る如き、激しい苦澁はない。木材となりかふのは、そこにつよく加はつて來てゐる材質の體感である。それは精神のみでもなく、また物質のみでもない。精神の物質に働いてゐる筈であるこの精神が物質にわたる形の成立が表現である。表現とは形と心との結合の狀態である。

刄物が材質に強く激しく働いてゆく體感は、日本の彫刻の基底の層の持續であり、塑像や乾漆ではこれが滿足し得られなかつたであらうし、三月堂の乾漆諸佛の、茫洋として大きく、力にまとまりと定位することの出來かねたのも、この體感の表現に缺くる處があつたからに相違ない。

三

かくの如くして體感による線で、形體形成を成立させるのは、この像の全體の裍現方向であつて、それは單に衣文にあらはれるばかりでなく、顔面の各部にもあらはれて居る。

眉も眉毛が上から下向するものと、下から上向するものとが、眉の中央で相會し、それが高まつてここに稜角を作つてゐる。眉の斷面は頂角のきつい三角形である。そしてこの眉を體感づけるものは、この眉の稜線である。

眼は上下の眼瞼が共に鋭く線に刻まれ、眼は量でなくて、強い細線になつてゐる。この細線表現による眼は顔の中央にあつて、豐かな顔の表情の中心の位置をなしてゐる。かかる表現の中心を、線でする方法は、口にも同一であつた、厚い重い口唇が上下に反轉しその終る處は、眼と同じ強い細線である。眼は眼瞼の下に深い陰があつて、この線に深々と厚さとをつけてゐるが口唇は上下唇の合ふ處に、眼よりももつと量的な厚い陰があるが、口唇の先端はそれ程に厚さがなく、明るくやや薄くなつてゐる。それ故に口唇は顔の平面よりも先方に出てゐる感があり、しかもそれで決して輕薄でない。つまりこの顔の形成の中心は、線である。

頰はふくよかであるが、この頰の豐かさは、古く土器の形體から埴輪の形體を通してあつた曲面であつた。これまた日本の基底の持續である。眼形、口形、鼻形等が、いろいろに變つてくる事にあつた、この頰の丸さは、常に持續されてゐる。隨つて眼形、口形、鼻形等の意識的な形體は、その上位の層位にあることと知り得る。

顎のくぼみと頸の三道は、面のふくらみが、その心の厚さを示し、それは頸の肉の中にくぼまつて行くが、くぼまつた結果、線にならずして、陰になつてゐる。この陰は線と量との中間の狀態であつて、これがこの中心的位置にあらはれてゐることは、この形體を重厚にしてゐる。他のすべては線になり、線になることで完結してゐる時に、これだけは線でなくて、量を持つために、鈍重な重厚な、そしてやや陰欝なものを示して、顏の明快なる表現を心の奧底に沈んでゐる陰の深さに連關させてゐる。これを見てゐると心の奧底をのぞくやうな心持がする。そこで基底のものに、つきあたるのである。

四

推古の手は稚い。物を持つことの出來るだけの稚さである。ことに廣隆寺の觀音の手は稚い。僅かに手になつたばかりの形である。彼の手の持つやうな細かい感情の表現は現れてゐない。手の表現は、足の表現程の表現力である。まだ十分手にならぬといふ程の手である。それが奈良になると、十分な手になつてゐる。その手は完成した手であつて、不安な形ではない指も延び切つたし、爪の形も完備しをり、指と指との形の變化も、指と掌との形の相違も明かになつてゐる。しかしそれでもその手は生活圏内で、雜事にも、淨事にも働く手ではない。聖林寺の觀音の手は出來上つてゐる手であり、對象に向つて差しのばされた手である。しかし對象に働きかける働きかけ方は、的確でない。その手には何をしたか、また何をするか。その意向は明確ではない。ある目的に向いて、それは意識されないやうなある目的に向つて、ぼんやりさし伸した手である。隨つて屈筋も伸筋も同様なる屈伸狀態に置かれてゐる。故にその手は一つの狀態を示してはゐるが、その進むべき未來を持つては居ない、進んでまた過去もないただ現在だけがある。さういふ手である。手の構成も輕やかな一つの量であつて、線はその指先や爪にあらはれて居る。即ち量の斷面が僅かに線である量の進行は線になつてゐない。

然るに弘仁になると、手の性質が變つて來る。その代表的なものの一つはこれを先の法華寺の十一面觀音にも見うるが特に新藥師寺本尊の手がそれである。新藥師寺は、聖武天皇の御病氣御平癒の御祈願によつて、光明皇后が天平十九年三月御建立になつたものと傳へられてゐるが、この本尊は天平でなくて、後期のものである。この彫刻は鑿迹が切り立つてゐて、その盛り上るさかんなる體を引きしめ、それがかつきりした線になつてゐる。理髮は植附けで隆澄してとして厚いが、顏はすべて線で形成されて居る。眉、眼、鼻翼に口唇、何れも、端直なそして走りを持つた、彈性のある線になつてゐるこの線は十一面觀音の線とも共通したものである。當時の繪畫にはまたこんな鋭くて走りのある線は出てゐないのに、彫刻では一歩先にこれを造像の上に示してゐる。繪畫に走りのある線の出たのは、これから三百年後の宇治平等院の鳳凰堂の宅磨爲成らの線まで下らなくてはならぬ。しかしそこにもこれ程の線はないのであつて、彫刻が繪畫に先行する消息はここにも明かである。ただ眉には黑線が殘つてる、この線は毛の性質を持つて走りがあるが、これは彫刻に導かれたものである。ことに眼瞼が、眼球との間に深さを持つて走つてゐる處に、量を背後においた線の味がある。しかしてこの味は體感に通ずる線である。しかもこの線の成立は常に一種の飜轉を伴つた結果であり、線的なる面の、更に線的なる完成である。ここに弘仁の線形體がある。

五

かかる特色は最もよく、その右手によつて示されてゐる。材は檜であるがこの檜の持質に、深く刀が切りこんで行き掌の線も傾きながら強く走り、この線で掌の隆起をおさへてゐる。掌はこの線を得て、一度に活氣を呈してゐるやうに見える。指の線も一一克明に刻みこんで、その數も明白であり、指の屈伸によつておこる條の變化も、歪も亦明白である。この指の條、掌の條をみてゐるだけでも、この手の働を明かに感ずるのである。そしてこの手と顏との感情意志は、全く共通であつて線の走りによつて定位され、その定位は明白な意向の方向を持つてゐる。かの十一面觀音、この藥師寺本尊、何れも光明皇后に御關係の傳へられるもので、しかも時代は一つおくれて、弘仁であり兩者の表現に著しい意向の共通がある點は、注意を要するのである。

天平の手は、手の現在を示すのみであつて、それが何をなしたか、また何をなすべきかを示してゐなかつた。即ち行爲に關聯しなかつたのであるが、この手は、直接行爲に關聯してゐる。この手の强さ、たくましさは、行爲の無限の可能を示してゐる。換言すればこの手はこれ迄も行動をした手であるが、同時にこれからは行動する手であり、現在も行動してゐる手である。佛の聖業にも、また農耕の勞働にも同時に參加し得る、無限の可能を示した手である。推古から天平を通つてこの手に達した歴史は、同時に日本の生活の歴史であり、體感による行爲性の表現である。しかもこの行爲は、量で示さるるのでなくて、線で示さるる處に日本の基底の文化の形態があり、それがまた今日東亞共榮圏の進行と相通じてゐるものである。

佛蘭西現代畫壇を知らぬ佛印

——日本の力で見せてくれ——

藤田嗣治（談）

先頃國際文化振興會や陸軍の方の力添へで佛印へ現代日本畫をもつて行つたが、至る處好評で日本の文化宣傳になつたばかりでなく日佛印國交上大に役立つたことは何より嬉しかつた。

北の方のハノイからハイフオン、ユエ、南のサイゴンと主な都會で展覽會を開いたが、安南人八割佛蘭西人二割ぐらゐの割合で觀覽人は毎日會場へ押しかけた。安南王子にも謁見し席上揮毫などもしたが何しろ日本畫などいふものはみな生れて始めて見るものなので好奇心も大に働いたが、しかし、佛人にしろ安南人にしろ美術趣味は相當の水準に達してゐる人もゐるので吾々の豫期以上の理解があつた。中でも墨繪は好評で日本畫の筆力を振つたものが一番喜ばれた。玉堂、大觀、栖鳳、桂月、十畝などが喜ばれたが人物畫は好評をえなかつた。

佛印の文化は安南固有の文化と新しい植民地の近代文化とが同居してゐるので、ハノイは一番の文化都市であり、サイゴンはむしろ商業都市といふ印象をうけた。そして近代文化はすべて佛蘭西本國を眞似たものだけに中々行き屆いてをり、佛蘭西語で何でも通じるのでまるで巴里へ行つたやうな氣がした。が藝術方面の文化はまだ至つて遲れてゐる。日本の智識人がよく知つてゐる文學者——ヴレリーとか、ジッドとか、ポールモーランとかいふ名前を擧げても彼の地の智識人は一向に知らない。それと等しく畫の方の事にしても本國の現代畫壇をまるで知らないプリー・ド・ロームをとつたといふ巴里の官立美術學校の卒業生なども居るが、それらが永く本國を離れてゐるし、また本國の新しいものなども別に佛蘭西政府が齎らさないためか近代畫の理解がないのであるをかしいことに日本の畫學生でも知つてゐるマチスとか、ピカソとか、ドランとか、ウチリロとかいふ名前を言つてもまるで知らない。見たこともないといふ。それで向ふの美術に熱心な人が、日本にさういふ佛蘭西の近代畫が澤山あるのならぜひそれをもつてきて展覽會を開いてくれないかといふ。まるで嘘見たいな話だが、實狀はさうなのである。

安南の古代文化は素晴らしいものもあつたが立派なものはみんな外國へもち出された。アンコールなどのものでも現地に殘つてゐるものはあまりいゝものがない。國際文化振興會に托して交換的に安南の古代彫刻を日本へいくつかもつてくる事になつてるが、何しろ大東亞戰爭以來船の輸送の方法がなくそのまゝになつてゐる。

露艦入港と宇喜多一蕙

藤森成吉

安政元年《あんせいぐわんねん》九月《ぐわつ》十八日《にち》（今《いま》から八十八年前《ねんぜん》）露艦《ろかん》ディアナ號《がう》が海軍《かいぐん》中將《ちうじやう》プウチャーチンに率《ひき》ゐられて大阪《おほさか》へ入港《にふかう》した事件《じけん》、いろいろな意味《いみ》で、殊《こと》に現在《げんざい》非常《ひじやう》に興味《きようみ》があるが、その光景《くわうけい》を一般《ぱん》のひとはほとんど知《し》らないやうだから、少《すこ》し書《か》いてみたい。

これは、當時《たうじ》の京都《きやうと》や大阪《おほさか》に大《だい》恐慌《きようくわう》を捲きおこした變事《へんじ》である。大阪城代土屋《おほさかじやうだいつちや》釆女正は、急遽諸《きふきよしよ》大《だい》名に非常警戒《ひじやうけいかい》を命《めい》じ、京都《きやうと》では今《いま》にも露兵《ろへい》が上陸《じやうりく》して禁闕《きんけつ》を侵したてまつるやうな噂《うはさ》まで立《た》ち、彦根《ね》藩主《しゆ》井《ゐ》伊《い》掃部頭直《なほ》弼はただちに上《じやう》京《きやう》して增兵《ぞうへい》を指揮《しき》し、かしこくも孝明天《かうめいてん》皇陛下《か》彦根《ね》城《じやう》へ御蒙《こもう》塵の說さへ出《で》た。「妻《つま》は病《びやう》床に臥し兒は餓に泣《な》く」の詩《し》を梅田雲《うめだうん》濱が賦《ふ》したのもこのときのことと傳《つた》へられる

當時《たうじ》の大阪《おほさか》の騷動《さうどう》ぶりを眼《め》に見《み》るやうにした手紙《てがみ》を、折《を》りから大《おほ》阪《さか》の緒方塾《をがたじゆく》（有名《いうめい》な蘭醫《らんい》緒《を》方《がた》洪《こう》庵《あん》の經營《けいえい》）にゐた二宮逸《みやいつ》二が、伊《い》豫《よ》の二宮敬作《みやけいさく》へ送《おく》つてゐる。周《しう》知《ち》のやうに、敬作《けいさく》はシイボルトの高弟《かうてい》の蘭醫《らんい》で、丁度《ちやうど》その年《とし》の夏《なつ》息子《こ》を洪庵《こうあん》に託《たく》したのである。入塾《にふじゆく》後間《ごま》もない事件《じけん》でもあり、率直な青年的感懷《せいねんてきかんくわい》が全文《ぜんぶん》にあふれて稀《まれ》に見《み》る面白《おもしろ》い手紙《てがみ》だが、一昨年《さくねん》七月《ぐわつ》洪庵《こうあん》の後裔《こうえい》緒《を》方《がた》銈次郎《じらう》氏《し》がそれを杏林溫古會《りんをんこくわい》で紹介《せうかい》され、更《さら》に講演《かうえん》原稿《げんかう》を同年《どうねん》八月《ぐわつ》の日《に》本《ほん》醫《い》事《じ》新報《しんぱう》に掲載《けいさい》されてゐる。おそらくこの手《て》紙《がみ》の公表《こうへう》された最初《さいしよ》であらう。しかし惜《を》しいことに、ぼくがかつて伊豫《いよ》の大《おほ》洲町《まち》で寫《うつ》し取《と》つた文書《ぶんしよ》と照《て》り合《あ》はせてみると、誤植《ごしよく》ばかりともおもへないほど誤記《ごき》が多《おほ》く、ところどころ意味《いみ》さへ通《つう》じないから、改《あらた》めて手帳《てちやう》から全文《ぜんぶん》を紹介《せうかい》してみよう。

「當《たう》十八日《にち》魯《ろ》齋亞船入《にふ》港、私《わたし》ナド朝《あさ》ソース（註《ちゆう》、先生《せんせい》の意味《いみ》で洪庵《こうあん》を指す）ヲ內々通《ないくつう》詞（註通譯《ちゆうつう》）ニ傭《やと》ヒ參《まゐ》リ候故《ゆゑ》、內々塾中《ないくじゆくちう》二三人談《だん》合《がふ》、早速天保山《さつそくてんぽうさん》へ見物《けんぶつ》ニ參《まゐ》リ候所《ところ》未《いま》ダ誰《たれ》モ知《し》ラヌ故《ゆゑ》、天《てん》保山《ざん》附近《ふきん》ノモノモ未《いま》ダ知《し》ラザル位《くらゐ》ニ御《ご》座《ざ》候。

ソコデ二三人《にん》ガ天《てん》保山《ざん》へ登《のぼ》リ覗《のぞ》ケバ、夷船《えびすぶね》ツイ二十四五丁《ちやう》ホド天《てん》保山《ざん》ヨリ相《あひ》距リ申《まをし》候。跡《あと》ヨリ追《おひ》々與《よ》力及《りきおよ》ピ城代《じやうだい》ナド出張致《しゆつちやういた》シ候。ソノ內《うち》カノ船ノ乘《のり》組バツテイラ（註《ちゆう》短艇）二雙ニ乘《の》リ漕ヨセ、安治《ち》川《かは》口《くち》へ這入《はいり》候處《ところ》、與《よ》力城代大《りきじやうだいおほ》アハテニテ馬《うま》カラ落《おち》テ創《きず》ヲツケルヤラ、大《だい》混雜《ざつ》ニテバツテイラヲ相《あひ》止《と》メ候夷人拇《じんゆび》ヲ出《だ》シテ都《すべ》テトリヤハズ、又々《またく》遡リ、安治《ち》川《かは》四丁目《ちやうめ》迄《まで》遡ル。

ソコデ城代《じやうだい》ナド、船ヲツナイデ川《かは》ヲセキ小《こ》船ニテ夷船ヲトリマキ漸《やうや》ク厠ノ側《そば》へツケサセ、アハテテ問屋《や》ノ魚《さかな》ヲウルトキノ如《ごと》ク夷人《じん》ニ手《て》品ナド致《いた》シ候得共《とも》一向相別《かうあひわか》ラズ（註分《ちゆうわか》らず）且《か》ツ厠ノ隅《すみ》ニテ回答《くわいたふ》ナド仕候。誠《まこと》ニ心外《しんぐわい》千萬《ばん》。丁人而已故如此カト推察《すゐさつ》仕候。

私《わたし》ナドモ側《そば》ニテ見物《けんぶつ》仕候。ソノ內《うち》、伊藤愼藏《いとうしんざう》、栗原唯《はらたゞ》一（註、共《ども》に緒方塾《をがたじゆく》ちゆう屈指《くつし》の語學達者《ごがくたつしや》）プースノ代《かは》リニ通《つう》詞ニ參《まゐ》リ候。又《また》布野雲《のうん》平（註《ちゆう》、雲州人《しうじん》の快活《くわいくわつ》な塾《じゆく》生《せい》）私同伴《わたしどうはん》ニ見物《けんぶつ》仕候處《ところ》、是亦通《これまたとほ》詞ニ加《くは》リ、早速又《さつそくまた》（註《ちゆう》「夷人《じん》ら」を略《りやく》してある）元《もと》船へ參《まゐ》リ申《まをし》候。

ソレカラ、與力《よりき》ヤ留守位《るすゐ》（註《ちゆう》、留子居《るすゐ》）ナド天《てん》保山《ざん》へ陣《ぢん》取リ仕リイマデハ祭禮《さいれい》ノゴトク武器《ぶき》ヲ飾《かざ》リ天《てん》保山《ざん》ハ町人其外醫者山《ちやうにんそのほかいしややま》伏夥シキ見物《けんぶつ》ニテ、殆《ほとん》ド蹂躪ノ難《なん》ヲ免《まぬか》レザル勢《いきほ》ヒニ御《ご》座候。サゾ夷船ヨリ望《ばう》遠鏡《ゑんきやう》ニテ覗ヒ候ヘバヲカシキ有樣《ありさま》ト奉察《さつ》候。

夫《それ》ヨリ伊藤《いとう》布野兩人《のりやうにん》ハ天《てん》保山《ざん》へ相《あひ》ツメ通《つう》詞仕リ、今《いま》ニ歸《かへ》リ不申候

其翌日《そのよくにち》ハ尼崎カラ大勢詰《たいぜいつ》メカケ及紀州《しう》及姬路カラ仰山《ぎやうさん》ツメカケ候只皆《みな》アハテテ陣《ちん》取リ致《いた》シ候モ、臺《だい》場《ば》ヲツクデモナシ、只忙然《ばうぜん》トシテ不寢番致《ばんいた》シ候。何《なん》ノコトダカサツパリ相《あひ》分不申候。

扨テ夷人《じん》ノヲチツキ候ニハ感心《かんしん》仕候。總《すべ》テ珍シソフニキヨロ〳〵モセズ、平氣《へいき》ナ物《もの》ニ御座《ござ》候。誠《まこと》ニ感心《かんしん》〳〵〳〵。

兩《りやう》三度《と》、私天《わたしてん》保山《ざん》へ見物《けんぶつ》ニ參《まゐ》リ候處《ところ》、町人《ちやうにん》留メニテ至《し》極嚴《げん》重ラシク相守《あひまもり》、先天《まづてん》保山《ざん》之前《のまへ》ハ肥《ひ》後《ご》薩摩《さつま》其《その》橫手《て》ガ宇和島《うわじま》、其外皆《そのほかみな》々天《てん》保山《ざん》ヲトリマキ、並《ならび》ニ川向《かはむかふ》一面《めん》ニ幕ヲヒキ候。薩洲之書生《さつしうのしよせい》四人《にん》（註《ちゆう》、同《おな》じく緒方塾《をがたじゆく》の塾生《じゆくせい》）諸方《しよはう》ニ居候ガ代《かは》リ〳〵不寢番《ばん》ニ陣《ちん》屋《や》へ相詰《あひつ》メ候私《わたし》モ薩洲之陣屋《さつしうのちんや》ニテ茶《ちや》ナド呑《のみ》、伊《い》東《とう》（註《ちゆう》、伊藤《いとう》の書《か》き誤《あやま》り）ノ居候處《ところ》へ尋《たづ》ネ、アチラコチラ終日《しうじつ》アルキ見物《けんぶつ》仕候。

願《ねが》ヒ筋《すぢ》（註《ちゆう》、夷人《じん》らの）ハ、矢《や》張《はり》以前《いぜん》ノ通《とほ》リト拜察《はいさつ》候。先ハ荒《あら》々如此御座《ざ》候。

廿二日《にち》 認《したゝむ》 不喜《ふき》○（註《ちゆう》、一字《じ》不明《ふめい》）逸《いつ》二

嚴君几右

二白《はく》、母上樣《はゝうへさま》へも何《なに》も御氣遣《おきづかひ》被遊ぬ樣《やう》、御傳《おつた》へ可被下候」

その次《つぎ》へ「夷人之圖《じんのづ》」と題《だい》して脚の長《なが》い、背の高《たか》い夷人將校《じんしやうかう》を、お供《とも》を連れた、背の低《ひく》い日本役人《にほんやくにん》が兩手《りやうて》を擧げて遮つてゐる畫を描《か》いてゐる。その將校《しやうかう》の肩《かた》へ一線《せん》を引《ひ》いて、

「肩《かた》の側《がは》ガハ（註《ちゆう》、書《か》き誤《あやま》りか）例《れい》ノ金《きん》ノ組《くみ》紐ヲ付候。如此モノ四人上陸《にんじやうりく》、餘《よ》ハ輕卒《けいそつ》ニテ御座《ござ》候」

と說明《せつめい》し、更《さら》に將校《しやうかう》の上部《じやうぶ》へ、

「パンプークンヤーヤ」

と、夷人《じん》の發音《はつおん》を似《に》せて書《か》き、對ひ合《あ》つた役人《やくにん》の上部《じやうぶ》へ、

「コレカラ上《うへ》へハ行レヌ」

と書《か》きつけてゐる。

なほ、本文前手《ほんぶんまへて》へ行《ぎやう》をさげて追《つゐ》伸の文句《もんく》を書《か》き加《くは》へて曰《いは》く、

「尚々《なほ〳〵》夷船へ舟ヲツケテ上荷《に》舟ノ物《もの》（註《ちゅう》、者《もの》であらう）菓子《くわし》ナド貰《もら》ヒ候處《どころ》、入牢《にふらう》仕候。是亦《これまた》不《ふ》開《かい》ノ一ヲカシキ事《こと》ニ御座《ござ》候。」

（註《ちゅう》、手紙《てがみ》には一切《さい》句讀點《てん》を使《つか》はず、行《ぎゃう》も變《か》へてゐないが、よみやすいやうに適當《てきたう》に段落《だんらく》をつけた）

内容《ないよう》はほとんど明白《めいはく》であらうが露《ろ》艦入《かんにふ》津の急報《きふはう》に接《せつ》した大阪役人《おほさかやくにん》たちはあわてふためいて、長崎《ながさき》などと異《こと》なり平《へい》生通詞《つうじ》の者《もの》も備《そな》へてゐないため、取《と》りあへず緒方《がた》洪庵《こうあん》へ急使《きふし》を立《た》てて通譯《つうやく》を依頼《いらい》したところ、洪庵《こうあん》は代理《だいり》に塾頭《じゅくとう》伊藤《とう》と栗原《はら》の二人《にん》をつかはしたので、早速《さっそく》役人同道《にんどうだう》、ロシアの將校《しゃうかう》に面接《めんせつ》し、談《だん》判の末《すゑ》（乘組員《のりくみゐん》のなかにオランダ語《ご》を、解《かい》する者《もの》がゐたのであらう）、さいはひ事《こと》なく、ロシアの將卒《しゃうそつ》は軍艦《ぐんかん》へ引返《ひきかへ》した、……といふ顚末《まつ》を知《し》らせた手紙《てがみ》である。

ディアナ號《がう》は、かねて國境《きゃう》（千島《しま》と樺太《ふと》の境界《きゃうかい》を定《さだ》めること）及《およ》び通商《つうしゃう》の問題《もんだい》を取《と》りきめるため、使節《しせつ》ブウチャーチンを乘《の》せてたびたび長崎《ながさき》や箱館《はこ》へ來《き》、大阪《おほさか》へ來《く》ることも豫め幕府《ふ》へ通告《つうこく》してゐたのである。

未開港《みかいかう》の大阪《おほさか》を選《えら》んだのは、手《て》間《ま》取れる交《かう》捗に業を煮やした、多《た》少《せう》脅迫的《てき》な氣《き》もちもあつたかも知《し》れないが、ただちに武力《ぶりょく》で解決《かいけつ》しようといふほどの意圖《いと》がなかつたことは明《めい》瞭である。にもかかはらず幕府《ふ》の役人《やくにん》たちの狼狽《らうばい》ぶり、……たとへば馬《うま》から落《お》ちて怪我《けが》をするやら、民家《みんか》の便所《べんじょ》の隅で談判《だん》をするやら、諸《しょ》藩の兵《へい》を集《あつ》めてお祭《まつ》りのやうにゴツタかへしてばかりゐるやら、……二宮逸二《みやいつ》が慨歎《がいたん》してゐるとほり、まつたく不《ふ》甲斐ない醜態《しうたい》である。

今日《こんにち》、大東《だいとう》亞戰《せん》で堂々《だう〳〵》大平洋《たいへいやう》を制壓《せいあつ》してゐる日本陸海軍《にほんりくかいぐん》にくらべて、わづか八十年《ねん》あまり前《まへ》の事件《じけん》とはおもへず、文字《もじ》どほり隔世《かくせい》の感《かん》があるではないか？

ところで、更《さら》に興味《きょうみ》があるのは勤皇畫家《きんわうぐわか》宇喜多《うきた》一蕙（可爲《かね》）がこの事件《じけん》を聞《き》くやただちに息子《こ》と共《とも》に京都《きゃうと》から大阪《おほさか》へ驅《か》けつけ、露艦《ろかん》碇泊《ていはく》の圖《づ》を描いてゐることである

それは、大阪《おほさか》の舊家《きうか》淸海氏《うみし》の所《しょ》藏《ざう》で（同氏《どうし》の祖父《そふ》が一蕙の親交《しんかう》のあひだがらだつたため）大阪市《おほさかし》と大阪毎日新聞社《おほさかまいにちしんぶんじゃ》の共同主催《きょうどうしゅさい》で大阪《おほさか》美術館《びじゅつくわん》にひらかれた紀元《げん》二千六百年歴史展覽會《ねんれきてんらんくわい》に出品《しゅつ》されたといふそれを更《さら》に前記《ぜんき》緒方《がた》銈次郎氏《じらうし》が借《しゃく》覽《らん》され、前記《ぜんき》の文章《ぶんしゃう》のなかに寫眞《しゃしん》入《い》りで紹介《せうかい》されてゐるが、それによると、眞《ま》んなかどころに、一艘の黑《くろ》船を描きそのうへに「旗《はた》白黑《くろ》ニテおろしや之《の》嵯峨船也《なり》」と記し右横《みぎよこ》に短艇を添《そ》へて「バツテーラを漕」左横《ひだりよこ》に「くろんぼはたらくまた「バツテーラニテ海《うみ》の淺深《せんしん》測《そく》量《りやう》」と書《か》き入《い》れてある。畫面《ぐわめん》の左《ひだり》手《て》には天保山《てんざん》を描き「目《め》印山俗《じるしやまぞく》に天保山《てんざん》」と記し、その傍《そば》に「諸家《しょ》ヲカタマリ」と、諸藩《しょ》の兵《へい》がかためてゐる意味《いみ》らしい文字《もじ》がある。

山《やま》の下方、やや斜《な》めに「安治川《ちがは》を寫《うつ》し畫面《ぐわめん》の右下《みぎした》には一本《ぽん》の大樹《たい》と幕張《ば》りを描いて「尼ケ崎《さき》ノ陣《ちん》、閑靜場《かんせいぢやう》、無能無患《むのうむくわん》、と書《か》き込《こ》んだのは痛罵《つうば》の意《い》を寫《うつ》したのでもあらう。更《さら》に右端上部《じゃうぶ》へ「夷蝦よりなにはのみつへみつぎ船おどろく人《ひと》はあらじとぞ思《おも》ふ」と一首《しゅ》の歌《うた》を入《い》れたのは、おどろき騷《さわ》ぐ役人《やくにん》や守備兵《しゅびへい》への皮肉《ひにく》と戒告《かいこく》であらうこの歌《うた》と照應《せうおう》させて左下《ひだり》端に署して曰《いは》く「甲寅秋九月廿日所見、王城望遠赴武州兩度大江遠見豐臣可爲」

スケツチ的略畫《てきりやくぐわ》ながら構圖《こうづ》筆觸《しょく》等《とう》に大和繪の味《あぢ》がうかがはれ、言《こと》葉《ば》書きと共《とも》によい遺品《ゐひん》であらう。一蕙はべつに江戸《えど》の四方梅寒《ばいかん》へも手紙《てがみ》を送《おく》り

「九月十八日《にち》天保山《てんざん》沖《おき》におろしや國船碇泊《こくせんてい》云々《うん〳〵》、京中《きゃうちゅう》にはゴロゴロ大《おほ》筒車《くるま》、引廻《ひきまは》し、陣立《ちんたて》のさま、白《しろ》股引《ひき》に紅柄《べにがら》染の陣羽織《ちんはおり》、槍鐵《てつ》砲もたせ、朝鮮征伐出陣《てうせんせいしゅつ》のさま也《なり》」と嘲笑《せう》の口《こう》吻を洩してゐる。

殘念《ざんねん》ながら、まだ一蕙の原圖《げんづ》を見《み》る機會《きくわい》を得《え》ないためすべて緒方《がた》氏《し》の寫眞《しゃしん》と記載《きさい》に據《よ》つたのだが、これを前記《ぜんき》二宮逸二《みやいつ》の手紙《てがみ》と照《て》り合《あ》はせるとき、當時《たうじ》の模樣《もやう》が髣髴と浮《うか》んで來《く》るではないか。

ついでながら、この露艦《ろかん》ディアナ號《がう》は大阪退去後下田港《おほさかたいきょごしもだかう》へ行《ゆ》き、地震《ちしん》による津波《つなみ》のため破《は》損して戸《と》田《だ》へ廻航する途中沈沒《とちゅうちんぼつ》し、幕府《ふ》のゆるしを得《え》て戸田《とだ》で新船《しんせん》をつくつて歸國《きこく》した。この偶然《ぐうぜん》の機會《きくわい》によつて、日本《にほん》の船大工《ふなだいく》は洋式大船《やうしきたいせん》の建造術《けんざうじゅつ》をまなび得《え》たのである。

東亞新文化と美術の問題（對談）2

高村光太郎
川路柳虹

建築の問題

川路 その一番いゝ例は建築でせう。西洋のものと本當に立派な日本建築といふもの、希臘羅馬時代から叩き上げて來た建築を一緒にするといふことは、これは非常に難かしいことで、これが矢張り出來てないですね。

高村 向うの武器を奪つて、向ふをやつけるべきでせう。

川路 結局アメリカにある今のビルデングのあの形式あれをたゞ日本が見て、それを眞似してやつてゐるに過ぎない。だから東京驛に降りてあそこを見て、これが日本だといふ感じは、誰もしないと思ふのです。

高村 お濠まで行つて、漸くこれが日本だと思ふですね。（笑聲）

川路 それであそこで何時でも思ふことは、お濠とこつちの新しいビルデングとが對立してゐるが、對立してお濠は決して負けてゐない。お濠はたゞ石垣だけれども、それでゐて決してあの傍の白いビルデングに負けてゐない、却つて逆ですよ。

高村 却つて威壓してゐるですね威壓されて「第一生命」なんかヒヨロヒヨロになつてしまふ。それで僕は、翼贊會の六階で見て何時でもそう感ずるのですが、お濠の向ふに警視廳があるでせう。そして向ふに議事堂が立つて居る。それを見て、あの赤い練瓦がガラクタに見え、議事堂はお墓の感じに見える。それが本當でせう。どう考へても、あれは寒い表情ですね。

川路 あれなんか間に合せの建築です。スタイルから言へば、今までの古い西洋の議事堂のやうなものでも不可ない。それで建物は現代式にして、窓なら窓だけを何か昔の古典の建築を眞似るといふことになる。

高村 そして非常に瘦せてゐますね。

川路 建築といふものは、一番よく現代の日本を表はして居る、だから困つてしまふ 建築の方を考へて行くと、實に困つてしまふですよ。それで理想とするところは、その國ならその國の風といふものがある。例へ國内にしても大阪に行けば大阪風の町並があり、京都に行けば京都風の町風がある それと同じく、日本に行けばかういふ日本の風があるといふ風に、そういふ意味でいゝ日本の風格が出來て來ればいゝと思ふのです。それは矢張り建築が素なのですから、建築がよくならないと不可ない。ところが今は壞しましたが、京都の木屋町ですがあそこに紅殼の壁があつた。そして小さい高瀬川といふ川がある、小さなドブ川ですが川があつて、その邊に柳の木が植えてある。その柳と紅殼の壁とは、非常によく調和して居つてあそこだけは京都の町のローカリテを表はした日本風の美しい處だと思つて居つたのです。ところがそれがあそこを電車が通る様になつて、その柳の木をすつかり切つてしまつた。切つてしまつてその儘ならいゝのですが、そこにプラタナスを植えたので、目茶苦茶になつた。

高村 名を忘れたけれども、スイスに行つた時、山の中の小さい町ですが、そこに行つて見て、實に綺麗な町だなと思つたことがあります。その建築が如何にも其國の國民性の美を表はしてゐるのです。そして少しも舊時代式じやない。しかもそれでゐて非常に綺麗です。そういふいろいろなことを考へると、兎に角こゝで大いに改まらなければ不可ないといふことになりますね。

川路 その點、現代はまた時局の變化が餘り急激に來たので、非常な焦慮に藉られます。まだそんなに來ないだらうと思つて居つたら急に來て、この勢ひで行つたら、日本が向ふの地位を奪つてしまふのだから

記者 それだからゆつくりなんかしてゐられない譯です。

高村 しかしかういふ時は、餘りあはてゝも不可ぬですよ。

川路 あはてゝは不可ぬけれどもと言つてそうゆつくりして居れない。それがなかなか難かしいところだ。

高村 先づ覺悟をハツキリしないと不可ない、それをハツキリした見透しをつけてやる必要がありますね。

「日本」の純粋把握

記者 しかしどうも易きに流れ易いのが人間の常ですから、なかなかハツキリ出來ないやうですね。

川路 だからこの際は、日本の一番いゝエッセンスに還へるといふことが一番いゝんじやないですか。それを一番よく學ぶこと。

高村 それをどう形に表現するかそれが問題だ。

川路 それは例へば今仰言いました平安朝の佛畫といふやうなものを一番よく認識することが、日本の一番いゝエッセンスを把握することになるんじやありませんか。

高村 それを藝術的に純粋に把握するのです。日本畫では特にそれに共鳴せられていゝ筈であるに拘らず、誰も考へないのです。たゞ神々しいとか森嚴だとばかり言つて何故そうなつてゐるかをテクニック的に研究しない。また油繪にしても、餘りあゝいふ風にぶつゝけに變な日本的油繪を描き過ぎると思ふのです。もつと向ふの本格的なものを奪つて來なければならぬ。だからいゝ加減なところで、日本風の油繪を畫いては不可ぬ譯です。

川路 私は以前から「西洋の克服」といふことを言つてるのですが、向ふを克服するには向ふの技術をすつかり克服すことにありますね。ところがまだそこまで行つてゐないでせう。

高村 根本のものを押へないといけない。

川路 そいつがスタイルだけを眞似てゐる。それでは不可ない譯ですね

目に見えぬ努力を續けるマチス

高村 これは感覺を鍛へるのですから、なかなか難かしいですよ。音樂家がスケールを勉强する様に、調子な

り、色なりの油繪的美、それを始終練磨しければならぬ。例へばマチスの畫いたものを見て、マチスは成る程偉いと言ふけれども、自分はそういふことはやらない。赤の色の中にもう一つ赤い色を入れると、畫面の關係が違ふ。そういふことが判かつても、それを自分じや試めして見ないやうだ。どうも勉强が足らないやうだ。

川路　マチスはそういふものを苦もなく畫いてゐるやうですけれども、決してそうじやない。畫く時はすつと畫くが、あの一本の線を引くにも、どの位彼は苦勞して引いてゐるか知らんのだ。といふことを川島君なんかゞよく言つてゐる。その一つの例として彼はあの有名な蒐集家のＦ氏の奥さんはよくマチスの家に行かれてゐたらしいのですが、或る時奥さんが歸りがけに「一寸お待ちなさい、あなたにいゝものを上げますから」と言ふので、奥さんは何かデッサンでも呉れるのかと思つて、三十分、一時間と待つたけれどもなか／＼マチスは出て來ない。一時間半、二時間を經つて、漸く出て來てこれが出來たから上げませうと言つて一枚の紙を呉れた。それはたゞ坐る椅子が畫いてある。椅子のデッサンが書いてあるに過ぎない。それをこれが出來ましたから上げませうと言つて呉れたそうですが、彼は椅子の足のかういふ一本の線を出すのにも、何度も何度もやつてゐた譯です。それを日本人はそういふデッサンの線のやうなものも少し安易に考へてゐる。一つの線を出すのは、それは何でもない樣に考へてゐる。そういふ點から言へば苦勞してゐるといふことが向ふの强味ですから矢張りこつちももつと苦勞しないと不可ないと思ふのです。

制作の努力と時間

高村　ですからかういふことがある。或る誰かゞ一つの製作をするでせう。それが餘り長く經かると、あんなものは俺なら一日でやつてしまふ、二日間でやつてしまつふ、そんなに長く經からないと言ふけれども、片方の人が長く經かるといふことは、長くやれるだけの理由があるからそれが出來るのであつて、俺は一日でやつてしまふといふのは、却つて無能な證據です。マチスがそういふ風に苦しむといふのは、それだけ苦しみ得る力があるからだ。だから矢張りもつと苦しまなければ不可ないと思ふのです。

川路　どうもそれが足らないですね。たゞ向ふの受賣に過ぎない。

高村　それは必ずしも無駄じやないと思ふのです。つまりこれまでは、向ふの地圖を調べてゐたのだが、地圖もほゞ判かつたから、今度はこれから歩き出さなければならぬ。だから昔の人の苦勞は、そういふ意味で買はなければならぬ。丁度探檢家が何にもない處へ足を踏み込んだとやうなものだから、その苦勞は買はなければなりませんが、今ではほゞ地圖も判かつたのだから、これから本當のものを拵へ出さなければならぬ譯です。どうしてもこゝで歩き出して、新しいものを創り出して呉れなければ困ると思ふのです。

川路　それは油繪ばかりじやなく何でもそうですね。例へば今度のハワイ、マレー沖の海戰に於ける海軍のあの力といふものは、勿論大和魂でやつたことに違いないけれども、結局西洋の技術といふものを克服して、それを大和魂で消化したればこそ、あれだけのことが出來たのだと思ふのです。

高村　それは大いにあります。

川路　魚雷一つやるにしても、兎に角魚雷なるものゝ機械的性質を十分呑込んだ上でなければ出來る仕事じやない。

高村　そこを考へないと不可ないですね。

川路　その點は日本の油繪にしても、何れにしてもまだ藝術方面はそこまでの勉强が足らないですね。

裸體藝術の再檢討

高村　彫刻の方では、日本の傳統と裸體彫刻との關係、その關係をもつと考へなければ不可ないと思ふのです。これが根本の問題でせう。つまりあれを日本に入れるか入れないか。日本のこれまでの感覺でも言へば、人間の裸で立つて居るといふことは、如何にも不自然のやうに思つてゐるのですね。しかし止める譯に行かない。たゞそれがあゝいふ向ふのものをたゞ繰返へしていゝものかどうか、それと日本の傳統との關係をどういふ風に融合して、どういふ風にそれを形象化するか、そして世界のどこに行つても、つまり同じ秤で量つて、向ふのもの以上の目方に重くなれるかどうか、それを拵へ上げて行かなければならぬ。それをたゞどうか／＼とモデルを使つて、裸のものを拵へてもしやうがない。その方法論はどうするか、それがまた問題です。

川路　あれはつまり何じやないですか。ギリシャの本當の古典へ還つて所謂裸體の健康美ですね。裸體といふものは決して猥褻な美じやない。健康な美ですから、健康美を創ることを學ばなければならぬ。それには矢張り古典のキヤノンとか、あの構造の方法を知らなければその認識が僕は出來ないと思ふのです。それが今の裸ん坊のやうなものからは、そういふ實感が得られない。全然近代の墮落した感覺しかそこに表はれんと思ふのです。例へば文展なら文展にしても、あの彫刻室をみると女湯でものぞいた感じがして裸體の醜猥な寫實しかない。ですから矢張り古典の嚴肅なる規矩といふものへもう一遍還つて見るだけの努力をして行かなければ不可ないと思ふのです。天平の佛像といふものはむろん支那印度から眞似た形勢はあるけれども、あの中の裸體美は實に嚴肅なものであり美しいものである。ですから私は、當時あの佛像を拵へたやうな嚴肅さが今の人にも矢張り欲しいと思ふのです。

高村　當時は藝術的要素を實に尊んだのです。それを見ないで、今の裸體といふものは、それをたゞ寫生してゐる、引寫してゐるだけで、その中の藝術的要素は少しも考へない。そこが根本的な間違ひだと思ふのです。ロダンがよく言つて居る言葉に「自然を模寫するのを恐れるな」と言つてゐる。これはたゞ勝手にモデルを模寫すればいゝといふ風にも取れるけれども、そう言つたロダン自身どんな人間かといふと古典を厭といふ程消化した人間でせう。その人間だからこそ、それが言へるので、それがない人間がそれだけをやつた日には大きな間違ひだ。だからそういふ言葉は平氣で使へないのです。

川路　ロダン程日本の彫刻家は誰一人苦勞して居りませんよ。

高村　兎に角長い間の傳統が守られて來て居つて、それが血の中に流れて居る。そういふ人だつたから安心してさういふ事も言へたでせうが、何にもない人が安心して引寫しをやられては困るですよ。

川路　現在のところでは、彫刻室は裸體美術ばかりで　ね。

高村　それも美しければ結構だが情けない奴があつたりする。（笑聲）

川路　そして實にいろ／＼な格好をしてゐる。丁度裸でラヂオ體操をやつてゐるやうなのが多い。ところが題を見ると、「光明へ」とか「飛躍」とかそんな標題です。

高村　だから今までの文展の彫刻室といふものは、眞面目な顏をして見てゐるのは難かしい。素人の方が正直です。これはどこがいゝのか、俺達にはよく判からぬと言つて、そうしたものを見ないやうな、見るやうな顏をして歩いてゐるだけです。

川路　彫刻に裸體を入れるといふ問題は、非常に研究また檢討價値がありますね。

高村　あれを日本化するには、裸體の價値といふものを十分もつと身にしみてこつちのものにしなければ不可ぬ譯です。あれは向ふの習慣で、そういふことは日本の習慣にないところへ入れるのですからただ向ふのやる通りに繰返へしてやつては、向ふの方がいゝに決つて居る。だからどうしても新しき東方の美といふものを拵へ出さならぬ。それには計畫的にはなか〳〵出來ないですが。藝術の眞理に本當に徹すれば、自らそうなると思ふのです。

川路 そういふことを實感して呉れる藝術家によつて出來る譯ですね。

高村 少し話が大きくなるけれども それを考へなければならぬですよ

川路 僕達もそれを非常に考へるのです。日本が少くとも東亞に君臨するといふことは、假令軍事的に克服しても、文化的に克服することが出來なければ、どうにもしやうがないと思ふのです。

高村 強い軍隊の後から、ヒヨロ〳〵の人間が行列して行くといふのでは困る。矢弱りそれを裏づけるやうな陸海軍の戰果にも優るとも劣らないやうな一つの文化を建てて行かなければならぬ。成る程古いのを持つて來れば相當ありませうが、それは先つきの川路さんの仰言る様に、今の軍艦に八幡船·持つて行くやうなものです。だから新しいものを創造して行くべきで、そう意味から言つて、凡ゆる方面で、それに使ふ繪具とか、紙とか、或ひは彫刻の方から、いろ〳〵な材料とかそういふものゝ研究も非常に要りますね だからなか〳〵忙しい譯で、皆が非常に勉強しなければならぬし、また同じく勉強しても、非常に勉強のし甲斐があるのですからこれから皆が本當に氣を揃へてやればいゝと思ふのです。だから未來には非常に希望を持つて居ります。

川路 そうです。だからなんでもかんでも我々はそこまで行くといふ意氣込みを持つてゐますけれども そこに行くにはなか〳〵大變でせう。

高村 明治、大正時代に、餘りに甘やかされて來たのだからこれから本當に皆が一生懸命になつて行くべきだと思ふのです。

僕は中央協力會議で日本の美術を持つて行つて國威を宣揚せよと言つたが、反對に國威を失墜するやうでは困る。そういふことのない様にしたいものです。

佛印へ行つた日本畫

記者 實際そうです。この間の佛印に持つて行つたのでも、大分ひどいのもあつたらしいですね。あれでは今のお話の様に、却つて國威を失墜する様になります。

高村 あれはどこでやつたのですか。

記者 國際文化振興會です。やるのはいゝんだが、惡いものを持つて行つては堪まらないですね。

川路 しかし佛印の場合はいろ〳〵な事情があつたのです。一つはあの中で半分は賣つたでせう。それでそういふ意味で、簡易といふ點から、あんなものを選んだらしいです。

高村 中には向ふでなか〳〵買へないやうなものも見せてやるべきですよ。(笑聲)

川路 それから濕度を考へて、紙の方がいゝだらう。絹に畫いたのでは熱いからひん曲がつてしまふといふので、紙にした。そういふいろ〳〵な條件があつたらしいです。

高村 紙でもいゝと思ひます。紙に畫いても、いゝものはよく畫ける譯です。

これからはもつと最大能力を發揮しなければならぬ。

美術家の献金問題

記者 この間の私の方の座談會で櫻井忠溫さんが「力ある者は力を出せ金ある者は金を出せ」といふ支那のポスターの話をされたけれども、實際そうですね。

高村 そうです。だから僕が思ふのは、今日美術家としても日本のために大いに働らかなければならぬ部面がいろ〳〵ある。その中で一番陥り易い弊は、美術家が金だけで御奉公することを考へては不可ないと思ふのです。金のある人が金を出すのはいゝけれども、金を出してしまふと それで御奉公が濟んだと思ふのでは不可ない。普段は一寸もそんな頭じやなくて、たゞ幾何かの金を出して、これで陸海軍に御奉公したと思つてそれで濟ましてしまふ。世の中には闇取引の罪亡しにその一部を獻納する者もある——それは違ふけれども、金ばかり標準にして國家のために働くといふのはこれは、不可ない。自分の腕に技術のある者は、自分の技術を働かして御奉公しなければ不可ぬと思ふのです。そういふ意味で、藝術家は自分の勞力で以て國家に盡くすべきである、それが本當の御奉公の途だと思ふのであります。金さへ納めればいゝといふのは、これは不可ない。

川路 つまり金額で評價する 金を一萬圓 二萬圓出した者は 五十圓百圓出した者より御奉公するのだ、そういふ考へは止めなければ不可ぬ。矢張り金は一文もなくとも、忠實に自ら進んでポスター一枚書いても御奉公だといふ風にならなければ不可ないですね。

高村 技術のある者は、技術で御奉公するのが本當ですよ。

川路 ところが今までの獻納畫といふものはそうじやない。技術でやつたことには相違ないけれども、それによつて自分の名前を擧げやうといふのが多い。

記者 だから新聞に出たり何かすると、非常に喜んでゐるでせう。

高村 最近では當局者の方でもそれを看取してゐるでせう。それよりも本當に國のためになる様に働いて呉れる方がいゝですが、それは結局いゝ藝術作品を拵へて呉れることです。

川路 近來はそうですね。

高村 後はその時々に應じて働くべきです。例へばポスターか何かを書くにしてもです。

美術集團問題

記者 そういふ點は工藝の方面なんかも同じで、もつと日本の工藝は、餘程考へなければ不可ぬですね。

高村 それは日本の中だけで考へていゝのか 日本の中だけといふことになると非常に小さなものになるのでもつと大きな構想の下に考へなければならぬ。そういふいろ〳〵な問題があるのが藝術家自身がそれを考へて呉れなければいけない。そういふことは政府なんかで決める筈はないのだから、結局美術家自身が奮起して呉れなければ他でどうすることも出來ない。

川路 奮起が矢張りまだ足らないですね。自分の地位を重んずるとか何とかで尻込みをしてゐる人もあるし、例へば今の美術團體の綜合といふ問題にしても、それが上からの命令であればやるが、そうでなければ自分から進んでそういふことはやらないで、出來

近世畫壇放談

鹽田力藏

□

雅邦翁は邦樂と、芝居を好んだらしかつたので、西洋音樂を聞くやうに勸めて見たが、同感された様子がない。翁は中頃に、光琳風などを取入れようと試みられたから、私が勸告して見たのであつた。

その以前、岡倉美術校長は、井上文部大臣から音樂校長の兼務を勸められその條件として、團十郎を教授にされるならば 引受けようと答へたところ俳優の邦家を亂る云々の語も出て、沙汰止みになつた事がある。若しも早くから邦樂の特色を活かす氣があつたなら、今までの様な手後れもなかつたらうと思ふ。

岡倉氏は元來、音樂の耳があつて、初めは音樂取調所に從事したが、後に歐洲で歌劇を聞いたときなども、その鋭敏さは、ビゲロー氏などを驚かしたものである。

□

美學や美術史の空虛なのに對しても飽くまで表現技法學の尊重を唱へたいしかも實技家は勿論、批評家も學者も耳さへ傾けぬ。眞劍の進歩の芽生へぬには原因があらう。

るだけ逃げて居る。こんなことは今の眞理に徹すれは、自ら起たなければならぬ問題でせうが、それまでに行つてゐない。

高村 次第にそういふ風な状態にならなければ不可ぬ。

川路 客觀的體勢は、もうそこまで來て居るですね。

高村 そのことで僕がこの間痛感したのですけれども工場を合理化するために、美の要素を持込むといふことです。それを僕は厚生省へ向つて要求したかつたので、これは是非納得して貰はなければならぬと思つてゐるのですが 工場建築なら建築に、必ず美の要素を取容れる様にする。そのために例へば五百人以上の工場なら一人、千人以上なら二人とか三人とかといふ風に、美術家を囑託に雇ふ義務があるといふやうな規定を拵へて貰つて、そしてそこの設備を能率的にするばかりでなしに、働き心地のいゝ設備にする。そういふことを考へてゐるのですが、若しそれが容れられるとしたら、さて今度それをどこへ相談すればいゝのか美術界の何處へ行つて相談すればいいのか分らない。僕の考へたのは美術關係の新聞雜誌に話し掛ければ、そういふ處は、美術界の事情に通じてゐるから、そこで以て人を詮衡して貰はうかとも思つたけれども、これは實に不十分な話だ。だから矢張り美術家の集合團體として、一つの大きな綜合體が欲しい。それがあれば、そこにさへ行けばそれ〴〵適當な人が判かつてゐるから、そん中でかういふ人はこの方へ行つて貰ふとか、どの人はどの方へ行つて貰ふとか或ひは當人の希望がどうだといふことが皆判かる。だから今ある會を壞はして作らなくとも、そういふ會を綜合する事務所といふものが欲しいですね。

美術省或は文化局の必要

川路 それは結局ビューローといふことになるでせうが、そういふのは政府の方でやつて呉れなければ困ると思ふのです。それでこそこの前私は、藝術局の設置を提唱するといふことでパンフレットを書いたのだけれども、今非常にその必要に迫られてゐるでせう。私があれか書いた時は、文部省が展覽會のことなんかを司つてゐたので文部省の中に一局を作つて藝術局にするといふ案だつたのですが、今では情報局の方がいゝと思つてゐます。今ドイツのナチスのやつて居る文化局と言つたやうなものです。

高村 そういふものが欲しいですよ。

川路 殊にこれから日本が文化的に發展しなければならぬ時なんだから一國に文化省とか、美術省とか位はなければ立行かないでせう。殊に面白いのは、これは正木（直彦）さんの書いたので讀んだのだけれども、文展の一番始めの起りといふのはミニストル・デ・ボーザール（美術省）といふのがフランスにある。それを日本でも創つたらといふことになつて、その研究を牧野伸顯氏に委囑した。そこで牧野さんは行つたのです。その後に正木さんも行つたのですが、文展の一番最初の起りといふものは、美術省を創るための調査だつたのです。そしてウイーンかで、牧野さんと正木さんと福原さんが落合つた時に、一つフランスのサロンのやうなものを日本でもやつたらどうかといふことになつて、それから文展といふものが出來たのだといふことですが、その根本は美術省を創るためにその調査に行つた。だからそういふ考へが文部省になかつた譯でもないのですが、それが後からうやむやになつて、その代りに文展が出來て、それが大成功を収めたといふことになつたのです。

高村 たゞそれだけになつてしまつたのですね。

川路 そういふ過去のことは兎も角として、かういふ時にはそういふ美術省と迄でなくとも藝術局とか文化局とかいふものを是非是非創らなければならぬ必要に迫られてゐますよ。

藝術家の團體

高村 日本畫と西洋畫の全體を合せた團體といふものはあるのですか。

川路 全體合はしたものはありません。バラ〳〵にはあります。

高村 彫刻の方には出來たですね

記者 彫刻の方には鑄造聯盟がありますね。

川路 工藝といふものは資材を必要とするためにそうなのでせう。

記者 鑄造聯盟は、資材配給だけです。

川路 そういふ文化的じやなくて本當の實際的な必要性からそうなつてゐる。

記者 しかし割合ひに眞劍なものですね。

川路 それは實際生活だからですだから文化が、生活にならなければ本當の文化にならない。

高村 兎に角纏まることはいゝことです。

川路 それを身近に感じないと、なか〳〵そうならぬでせう。例へば、日本畫にしても、絹もない、紙もないといふことになればそれはあはて出すでせうが、まだそこまで行つてゐないでせう。

高村 それでは餘り得手勝手じやないですか。

記者 その機關を通じないと、繪は一枚も賣れないといふことになると皆そこに行くでせうが、今はそうでなくとも繪が賣れるものですから、そこまで行かない。ところが工藝の方は、生活上に苦勞が出來て來たのでそうなつたのですね。

高村 兎に角美術家の働かなければならぬ場所が、これから隨分出來て來ますよ。凡ゆる方面で働かなければならぬ。

美術と厚生

川路 殊に今仰言るやうな工場に美を取容れるといふことは、そういふことは今まで非常に閑却され過ぎてゐたですね。これは單に工場ばかりでなく そういゝ精神で行くと、例へば政治のやうなものでも、實になごやかに行くと思、のです。日本では政治といふものは上から壓迫して居るやうであるし、こつちから行くものは、始終叱られに行くやうな風ですが、そういふものに美の精神、取容れゝばもつとなごやかに行くでせう。

高村 産報の人あたりに、是非共やつて貰ひたいと思ふのですが、そういふ仕事をするには、産報がやりいゝでせう。あここでやれば割合ひに易いですよ。所謂資本家は苦い顔をして、上の方の人はなか〳〵賛成しないでせうが、それを輿論にすれば出來る

貴重な作畫は、原本を秘藏して、版畫を實用すべきである。されば製版術の進歩も亦、期して待つべきものであらう。又、視學上から考へると今の繪畫は文學と同樣、實は陰畫を見てゐるので法帖とか拓本とかの様なのが、却つて積極的の陽畫な筈であらう。これは文學の習慣に捉はれて、輕便に奔つた習慣に外ならぬ。餘白利用の工夫なども、この方面から考へて見る必要があらうか。又、描過の途中を見て樂しむため、動的繪畫を試むべく、席畫の特長を增進して見るのも面白い。

靜的技法の繪畫としては、壽命の點が重要である。自分は耐久畫にも意見がある。それで又、防水畫や耐火畫なども、少しは試みて來たが、殊に水と油とを調和させる方法が、表現の自由のために、必要なもので、和洋畫の融合擴大なども、先づ茲から出發すべきだと思つてゐる。又、繪畫と彫刻との轉變にも面白い事があつて、創作の版畫も新境が開ける筈である。歐洲の印象派以來、空理に迷つた運動など、實技上から見ると、いくら變轉しても効果があるまい。

言ひたい事は山々ながら、そんな閑談の餘地がない。後末部を充分に書けぬのは殘念ながら、閑人と見做されるもイヤだから、先づ大抵にして置から

ことだと思ふのです。殊に國民の厚生等から考へて行くと、どうしてもしなければならぬことなんですから、厚生省の方から言へば、やらなければならぬことです。しかも事柄は簡單ですよ

川路　やることは簡單ですね。

高村　厚生省あたりでその氣になりさへすれば、直ぐ出來ることです。

川路　そして餘り金も經からぬでせう。

高村　僕がそのことを強く感じたのは、先頃女學生が工場の見學旁々手傳ひに行つた。あの時の感想なんか話してゐるのが新聞に出てゐますが、それを見ますと、その働いた處は軍需工場だけれども、働く處は綺麗で、非常に氣持よく働いた。しかし休息場なんかに行くと、何だか非常に暗くて汚なくて、空氣なんかも非常に惡い。さういふ風で、食事なんか出來ない位だつたといふことを言つてゐるが、普通はさういふ處はどうでもいゝと思つて居る。働く處だけ綺麗であればいゝといふので、僕等の考へとは違ふ。

川路　さういふ處が多いですね。

高村　搾れるだけ搾るといふ風です。さうなるのでせう。

記者　それが今までの資本主義の弊でせう。

高村　さういふ風ですから、代々續いて職工してゐる人は日本には滅多にないのか、出來ない。ところがスイス邊りに行くと、何代も續いて職工をしてゐる人が少くないさうですが、それはそれでなければいゝものが出來ない。お祖父さんも職工である、親父も職工であるといふ風に代々職工をしてゐる。ところがこつちの職工は産報の人なんかゝら聞くと、自分の子供だけは職工にさせたくない。俺は百姓になつてやつてゐるけれども。子供には何か他のことをやらせたいといふことを言つてゐるさうですが、さういふことをやつてゐるのでは駄目だ。

川路　非常な階級的な差別が出來ることになりませう。

高村　例へば機械工をやつてゐるといふことが、立派な一つの人間の生活にならなければ不可ない。今のはあれじや生活じやない、人間が機械の奴隷になつてゐる。ところがスイスで時計がいゝのが出來るといふことは何代と續いてゐて、例へば或る人はゼンマイを造ることにかけては、まるで神樣のやうになつて居る。そんなのがずつと來て居るから　それだから他國では眞似が出來ないのです。

記者　フランス邊りでもさうですね、新聞なんかで見ると、矢張り代々の職工があるらしいのです。

名人藝の考へ

川路　日本だつても、昔はさうです。封建時代は、さういふことが非常に發達してゐて、各々その業に勵しんでその業を發達させるといふことが一つの目的だつた。

記者　所謂名人藝ですね。

川路　さうです。それが社會主義思想が段々發達して來てからさういふものを非常に惡く言ふ樣になつて、名人藝といふものは不可ないといふ風に言ふやうになつて來たのだが、さういふことは今後餘程反省しなければ不可ぬと思ふのです。

高村　普通のところはそれでも行くけれども、一番肝腎なところはそれではうまく行かない。

川路　肝腎なところは名人藝でなければ不可ないですね。

高村　矢張り熟練工がさうですね、うま過ぎて惡い譯はないのですから、さういふものを、排斥するのはおかしいことです。

川路　さういふ思想は、唯物主觀から來た思想で、つまり團體的な共同の勞働といふものを先づ第一に考へて、そしてそれだけの能率を發揮すれば社會が幸福になる、かういふ思想から來てゐるのですが、さういふ思想から來て、所謂名人藝と言つたものを排斥するといふ脚本がある。これは築地小劇場で上演されたものです、がその內容は、南部の鐵瓶工で、名工と言はれる人がある、それが鐵瓶だけをやつて居つたのでは、あそこは食へない。つまり今の時局の嵐に、時代の波に押されて、軍需品の下請工場にならなければ生きて行けない。そこで町の主だつた人が非常に運動をして、漸く軍需品の下請を受ける樣になつた。それがために今まで鐵瓶工をしてゐたのが、今度職工になつて工場に通ふといふことになつたが、その中で今まで所謂釜子をやつてゐた奴が應じない。今まで私等は、鐵瓶で先生と言はれて居つた人間が、どうしてそんな職工になれるかと言つて應じない。それをいろ〳〵說得に行つて、最後にそれが折れて工場へ入るといふところで幕になるのですが、工場へ入つて團體生活をやるといふことで、社會主義的な色彩が非常に感ぜられるのです。それが又別な意味で今の時局に多少合つて居るけれども僕等から言ふと、その人は名人藝を守つて貰ひたいのだ。實を言へば工場なんかに行かなくともいゝから自分一人は矢張り釜子として鐵瓶工の仕事を發達させて行けば、それでいゝんじやないかと思ふのです。さういふ思想に對しては非常に不服で、そんな思想を僕は棄てないと不可ないと思ふのです。

記者　今度は變りませう。

川路　これからはさうなりますね

記者　兎に角明治時代からさういふ功利思想が盛んになつたですね。

アメリカ文明の正體

川路　アメリカの文明といふものは能率の文明です。エフイシエンスの文明でその他にアメリカの文明の特長は何にもない。質の問題ではなく、たゞ能率の問題、かさの大きいといふ量の問題です。例へばエンパイアステートビルデングは世界で一番高いとか、或ひは金は世界で一番あるとか、さういふやうな下等な文明面で決めてゐるのですが、日本の文化はさうであつては不可ない。こゝに皆は自覺して貰はないと不可ないと思ふのです。日本の文化は、アメリカのやうな下等なエフイシエンスの文明のやうな下等なものでは、世界の人類の本當の文化といふものは建設出來ない。實際から言へば、さういふ點で僕は今の狀態は寒心に堪へないものがあると思ふのです。

高村　これから建てる文化といふものは、その傾向が非常にハッキリして來る。

川路　それは西洋の文明の根帶にある量的或は數的觀念は立派なものに違ひありませんけれども、數が今度功利主義になつて今のやうな惡い文明が出來た。キャピタルは資本だけれども、何にも金ばかりが資本じやない。我々が能率を持つて居るといふことも、一つの資本です。それをマルクスは猶太人なものですから。キャピタルをたゞ金に換算した。さういふことは非常な文明の根本的誤謬です。文明は、量的關係で形は出來ますけれども、しかしそこに入れる魂は出來ない。ギリシヤ人があれだけの藝術を創り出したは、數的關係ばかりでなく、立派な魂を以てそれを支配したればこそあれだけの立派な藝術が出來たのだと思ふのです。さういふ點で文明の二つの差がハッキリして來たから、矢張り日本の美術家といふものはそこのところを非常によく認識して行かないと不可ない。つまり僕の今言はんとするところは、アメリカ文明は能率の文明であり、猶太人の金權主義に繰られてゐる下等な文明です。日本の文明の方が優れて居る樣にしたいといふことを言ひたいのです。

高村　つまり資本主義に禍ひされたことゝ、それから上かはだけで日本が生活して來たからですね。

川路　安易に生活が出來て來たからですが、これでは不可ぬ。アメリカの弱點もそれだと思ひます。

高村　さういふことから考へると今度の戰爭といふものは、全く天祐ですね。神樣が日本を蘇生させたのですね。今度の事變がなかつたらどうなつたか分からない、實に危ぶなかつたですよ。

本社　どうもいろ〳〵有難う御座いました。（終）

工場と美術家
——美術人を信ず——

淺利篤

高村光太郎氏が美術家を工場に動員せよと言ふて協力會議に美術家の情熱を披瀝せねばならなかつた理由は、拔くべからざる退嬰性の中に終始する人達と反對に、湧然たる情熱のやり場の無い悩みを持つ美術家の意志を反映し、直接生産に携る人々の慰安と建全娯樂の爲に僅かながらも後から職場へ潤ひを與へ、長期戰下の國防力に微力を致たそうとするつゝましい愛國心が根底を成してゐる。

實際に美術家を工場に動員する事には種々なる準備が必要であり、一回限りのものであつては、生産に從事する勞務者に與へる影響は却へつて惡く、長期にわたる場合に於てさへ美術家は勞務者と同時刻に出勤し、無責任なる言動は愼しまねばならぬ。此處では美術家も興趣で動くのでは無くて規律で動かねばならない。そして夫等の規律に從ひ得ざる者は、新時代の美術家たるの資格は無い。今日に於て長髪濶歩する手合ひは只だに一般社會人としての資格を缺くのみならず、況や規律を重んずる工場に於ては一歩も立入る事は許されぬ。過去に於て美術人は社會人で無い事を以て誇りとしたかも知れぬが、今日に於ては美術人とは社會人にプラスした存在で無ければならぬのである。

一部の人達は美術人の直接生産面に關する事を安易に考へて、戰車や飛行機の僞裝に我々はペンキでも塗らして欲しいのだと言ふ。然し、單に色を塗るにしても、其の場合鐵板の厚さとか秘密事項を多數の美術家の眼に觸れしめてまで、美術家の力を借りねばならぬとは思はれない。又、交戰地の氣象關係も考慮して飛行機の僞裝も種々異なるのであるから、現地に於ける塗裝替へ等もあるであらうとすれば、之等の仕事は非常に困難な條件が伴ひ、美術家の從事する餘地は無く、他の勞務に從事しつゝある勞務者から適任者を選擇する現狀が最適なのである。此處で美術家が時局に奉仕する方法は、勞務者の美的關心を高める爲の敎育的事業であらう。既に繰業を開始してゐる工場建築物に壁畫其他を描くと言ふ事は夜業さへ續けてゐる工場の現狀では極めて困難であるから、此の問題は寧ろ建築設計者の問題なのであつて、工場建築着手前乃至繰業以前に實施せられねばならぬ事である。

如何なる設備の下に於ても精神力の旺盛なる者にこそ勝利がある。斯樣な意味に於ての精神力の源泉として娯樂的慰安的なるものの建全性が考へられるのであるが、此の建全娯樂的なる美術水準にまで、勞務者をして引上げる事こそ當面實現性ある計畫と成るであらう。

工場單位に講習會の形式で巡回もる美術家の班組織を作り勞務者に技法敎授や他の職場での作品、戰地でのスケッチ、更に進んで古今の名畫等を見せる事や、巡回展覽會も實施せられて良いだらう。

女流畫家の團體が病院其他に繪を獻納すると言ふのも誠に結構な事で、斯うした實踐に於て美術人の熱意を表す事、益々活潑に行はれねばならない。そして之等の仕事に一貫した組織が出來た時には華々しい美術人の所謂彩管報國も實を結ぶのである。工場美術の問題も亦同樣に之を組織的に行はねば馬鹿騒ぎに終る危險が在る。

協力會議での高村氏の發言は美術人の注意を此の一點に集中せしめ、工場美術の問題から端を發して、より大なる美術界の問題に及ぶものであつた。然し米英に對する宣戰は、協力會議の發言を必要とせず國民は夫々の職場に於て翼賛の誠を至すとの大決意に基き所謂一億の誓を固めたのであつた。此の誓は美術人の心底に透徹し得たものであると私は信ずる。そして女流畫家の獻納畫運動も其の證左であると信ずる。そして私は次の樣な問題も實現するものと信ずるのである。其の第一は各種の美術團體が翼賛精神を發揮して解消し、新たなる組織を持つと言ふ事である。第二は美術關係官廳が提携して武力戰に續く文化工作をも勝拔く爲に美術界を新組織下に於て國策に緊密に關係づけるであらうと言ふ事である。そして夫等は共榮圈に對する文化工作の時期とにらみ合はせて遲くも此處一ケ年間に行はれねばならぬと言ふ事である。

斯樣な準備が無くては大東亞共榮圈内に於ける文化工作は滿足に、少くとも美術の問題としては、勝利を贏ち得ぬのである。（昭一七、一、一七）

私事乍ら（消息）

私事で恐縮乍ら近況御報告までに記す。家庭では舊臘學業を卒えた長男が幸にも同盟通信社に職を奉じて刻々の輝やかしい戰果の報道に當つて張り切てやつて居たが、今度皇軍の一員に加へられてお召しに預るの光榮に浴した社員には今まで數へられないほど次ぎ〱とお召しに應じたが、家庭からは今度が始めてなのでいたく光榮に感じてゐる、年を取つた自分達は口だけは達者だが實際には何とも致方がない息子どもがかはつて御國のために御奉公さして戴ければせめてもの仕合せと思つてゐる。（猪木卓爾）

ドイツのシルエット

シルエットの話

上田憲司

——挿入シルエットは凡て筆者の作——

シルエット肖像切りぬき、歐米では、これを省略して、單に「シルエット」と言はれる。私が昭和六年頃シルエット刻み會を携げて全國の百貨店廻りをやつた頃は、シルケットと間違へられたり、ある店では「お菓子をお賣りになるのですか」などといはれた。カルケットと間違へられたのだ。が今は、大分一般に認識されて來たやうである。一口にSILHOUETTE（影繪）といつても、その總稱の範圍は頗る廣汎である。

シルエットの起源は、佛蘭西十八世紀後半の頃、時の大藏大臣シルエット氏が、行き詰れる祖國財界を、救濟せんがために極端な勤儉主義を鼓吹した。美術方面でも簡素で要を得た此手法が流行し、殊に肖像には、寫眞代用とシルエットが流行し、今も尚歐米では商業美術に、挿繪に、意匠圖案に、建築裝飾に盛んに應用されてゐる。

シルエットの種別

シルエットは、これを大別して、左の三種に分類することができる。A）ある物象が、側面から垂直の光を浴びて、その影を壁やスクリーンへ投げた場合——即ち日本にも昔からあり來りの、指で狐だの兎など、旅人などの形を障子や壁に映して、活動させたり、時としては、實際に俳優を活動させその動作を影にして、スクリーンへ寫して觀る、影芝居の場合

（B 繪を墨で眞黒に塗り潰して（此場合は正しい側面圖を條件とする）その輪廓だけで、ある物象を現はした簡素にして、力強い表現として廣告圖案に、ポスターに、其他あらゆる商業美術に應用され、印刷された場合。新聞雜誌の挿繪に、影繪漫畫に、映畫に、子供向繪本、お伽噺の挿繪に、或は各種統計表の圖解に、殊に艦船種別の表現には不可缺の表現法として重視されてゐる。軍艦などシルエットで表はすのが一番、簡明に正確に判るからである。

（C）黒紙を、鋏或は型で切り拔き、額仕立てとして鑑賞用とするドイツの刻みシルエット。及びシルエット・ポートレイト（横顔に限る）を黒紙を切り拔き、白い臺紙に貼りつけた場合等々であるが、こゝでは鋏で刻んだシルエット・ポートレイトに就て述べる。

シルエットと日本人

これは歐米では頗る一般的、普遍的で、單に「シルエット」と稱へば、シルエット・ポートレイトのことである。博覽會に公園に、百貨店のウインドウに街上に、ホテルに、旅行者の必らず訪問するやうな名所に——容易に發見することが出來る。だから歐米を旅行した人々は大概、横顔を切りぬかれた經驗を持つてゐる。岡本一平畫伯は、ミユンヘンのカフエーで、故宮島新三郎氏（文士）もミユンヘンで、佐多愛彦氏（醫博）はベルリン郊外のレストラントで、足立源一郎畫伯は、パリー、エッフェル塔上で、三井銀行秋山信氏（現常務）はニューヨーク・タイムスクエーヤーで——等々洋行歸りの實業家、軍人、文士、醫師、美術家の多くは、シルエット・ポートレイトを理解してゐる。

その人の横顔を見ながら、黒紙を二枚或は三枚重ねて、鋏で切りぬき白い臺紙へ貼りつける時間は三分間位で二三枚のシルエットが出來上るのである、左に甚だずるいやうだが、故宮島新三郎氏の言葉を引用する——

「——ミユンヘンのレストランで十月半ばといふに、表には霙まじりの雪が降つてゐた。しかし向ひの教會の尖塔には、日があかあかと當つてゐるではないか格別の宿の情趣を味ひつゝレモネードを啜つてゐると、傍へ一人の勞働者じみた男が來て、何か、しきりに喋り立てた。甚だ怪しいドイツ語の知識から、それでもやつと

「お前のシルエットを造つてやる」と言つてるのが判つた。

いふまゝに、させてゐると、黒い紙に鋏を入れつゝ「お前は若いか、年をとつてゐるのか判らないから、若年寄にしてをくといふのだ。何といふ愛嬌!! 彼はやがて白いポスト・カルテを出して今刻んだ紙をペタ〳〵と貼りつけ、その下へ鉛筆でサインを入れ「さあ出來た、眼鏡のところに注意しろ」といふ。眼鏡の具合で年寄臭くした。彼は、どこまでも愛嬌をふりまいて私の機嫌をとつた。そのお蔭で、たうたう私は二マーク奮發させられた——」

シルエット切り拔きは誰れにでも出來るものでない、と言つてのける者もあるが、あながらさうとも限らない。

歐米ではあれほど多くの似顔刻みがゐるのだから、手指の微妙な能力に於て、世界的名聲を持つ、われ〳〵日本人にとつては、さして難事でないと信ずる。

繪が描ける人なら切りぬくのが出來ないなら、墨をもつて、筆で描いても、それも影繪だといへないことはない。シルエットを作るには筆で描くのと鋏で刻むのと二法あるわけだ。鋏の場合は一度に二三枚出來るのと鋏の切り口に筆では出ない金屬的の硬さ鋭さが現はれ、しかも柔味のある表現も可能で、趣があるからである。

私のアメリカ放浪生活

さて、私の海外生活中、一番永く住んでゐた都市の者に就て及びシルエット、アーテストとしての私のアメリカ生活の斷片を語らせて頂きたい。アメリカで有名なのは、ポートランド市のエム、エス、ベラムミー氏で彼は世界的紙切り選手（Worlds Champio.ı Paper Cu'er）權の把持者である。千九百年巴里にをけるシルエット競技會の優勝者である。彼は兩手を後方へ廻して背後で種々模樣や、動物を切り拔き、眼隱しをしてさへもある形體を切り拔き熟練家である。

ニユヨークには E.J.Perry といふシルエットアーテストがゐる。第四十二丁目のハーバード博物館に店を出してゐる、頭髮の柔か味、顏の皺等ごく精細な表現に巧な優秀なペーパー、カッターである。ペーリー氏は切り拔く前に、鉛筆で一寸アウトラインをスケッチする。更に其人の横顔を見ながら正確に鋏で刻んでゆく。

シルエット氏の像

其他は佛蘭西から來米した二枚二弗となつたシルエット、キングも刻む前に一寸ススッチをしてその出來上りの完全を期した。「速さ」、「器用」といふことよりも出來上つたもので似てゐるか、ゐないかといふことに、重きをおいてゐる樣で、依賴者は出來上りが一二分遲くとも似てゐるのを喜ぶものである。其他博覽會に、公園に、コネアイランドに、アトランテック、ン

テイに、曲馬團に、名勝地に、ブロードウェイの街上の一角に我々はアメリカに於ては随所に影繪刻み家を見出すことが出來る。

私の放浪時代

私も約一ヶ年半、アメリカ第一流の見世物團 RUBIN and CHERRY SHOWS, Inc. の餘興專屬影繪肖像刻み家として、多から春へかけて、アメリカの南國、フロリダ洲の各都市を巡業した。そこには燒つくばかりの輝かしい太陽と、爽快な微風と、そして眞赤な花の咲いた世界があつた。汽車は橙畑を拔け椰子樹の森を拔け、ペリカン鳥の群てゐる灯に沿つて疾驅つた朝は小鳥の歌が雨のやうに空からおちて來たお正月といふに空を薔薇色に染て眞赤な日が沈み黄ろい大きい月が、靜かに椰子樹の森の上に昇つた。螢が飛び交ひ叢で種々の虫が鳴いた。

私はそこで肌も、あらはに薄衣をして街を行く南國の女の、豐艶な肉附きを見た。脂肪の塊のやうな太つた黑奴婦人の裸踊りを見た。鰐が眞赤な巨口をあけて、生きた兎をばりばり喰ふのを見た。駝鳥に乘つてトントン驅つてみた。蒼い海に浮沈する野生の正覺坊を見た。富豪連が自動車を驅るやうに空中を我物顔に各自所有の飛行機を飛ばすのを見た。

それ等は皆、私に少年のやうな珍奇の眼を瞠らせるものばかりであつた。

それに毎週、町を新にしてゆく、見世物團生活の放浪の愉樂が、ホーム、シックから來る私の憂欝を慰めてくれるに充分であつた。私は毎日毎晩澤山のアメリカ人に取り圍まれて、影繪を刻み續けた。

見世物團がフロリダ洲のタムパ市の秋祭りにかかつた時、午後六時から十時迄四時間に約六十人のシルエットを刻んだのが最高レコードの樣である。

美人は苦手

氣分のよしあし、頭の工合、眼の工合、手の加減などで、一向似ないのが出來上ることがある。美人で端正な顔をした婦人などは苦手だ。漫畫でもだが特徴の著しくない人の顔はシルエットは似てゐても、似てゐることを、繪心のない素人が發見することが困難なのである。

自分がそんな鈍い眼の持主であることを知らずに、お俠なアメリカ娘は「アイロースト、フイフテーセンス「私五十仙損しちやつたワよう」などゝ無遠慮に叫ぶのがある。「アイ、アイント、ニガー」僕は黑ん坊じやないぞ）などと洒れるのもある。ザッツ、オーケーといつてくれるのも多い。

アメリカ人は――否西洋人はプロフイールといふものを正面同樣に重視する關係上、正面でなくちや（日本では、よく斯う言ふ人がある）などとは言はない。

それからアメリカの藝術家は同業者に親切である。先輩は黑紙の作り方墨汁の選擇など、外國人である同業者の私に種々指導して呉れた。黑紙の裏に布くアラビヤゴムはどんなマークがついてゐる何會社のがよい、といふ樣なことも敎へて呉れた。日本人なら秘法として自分だけ大切に抱き込んでゐる樣なことも、ずんずん敎へられた。

私が、どうにかこうにか精練された影繪刻み手の一人として認められる樣になつたのも、さうしたアメリカ人の度量の寛裕さから來てをることを思ふ。

ワシントン市の寄席で笑話を話しながらその話に關聯した影繪漫畫を刻む器用な男を見たことがあるが、それは葉書位の大きさの紙に刻んで幻燈器械のやうなものに、挿こんで一間四方の位ものを擴大して見せた。日本の寄席で「おもちや」がやつてゐるものとは笑話に結びついてゐるのと大きく映すだけ異つてゐる。つまり笑話の補助としてシルエットが活用されたのである。それから

影繪お伽ばなし

或は影繪芝居は、刻まれたシルエットを用ひて――卽ち人物動物、おばけ家　等それを活躍させながら、或は登場人物を取りかへながら、臺詞をつけ、筋を進めてゆく方法で、幼稚園小學低學年程度の兒童には適切にして趣味深い試みである。それから映畫の方にも紙芝居にもシルエットの進出すべき世界が澤山あると信ずる。

寫眞や油繪よりは早くて、廉く、手練の作品で簡單にゆく點から言つて、このシルエット肖像刻みはスピードを愛し輕便を愛する現代、殊に現今の緊縮時代には好適な民衆美術であらう。

故及川道子像

堂本印象氏と自署

ダグラス・フェアバンクスと彼の自署

（カリカチュア）

紙面擴張に就て

本誌創刊以來意外の好評裡に輝やかしき戰果の新春を迎へましたが、國力の急進につれて文化面の責任も愈々重大さを加へて參りました。茲に既刊十數號の經驗を以て自信も得ましたので本年から增頁致すことに致しました。編輯の革新と更に增員による內容の充實とにより創刊以來の讀者諸彥の御高庇に多少でもお酬い出來れば幸甚と存じます。

展覽會グラフ四頁
原色畫一葉

＝增頁斷行＝

（原色版は必要に應じ時々挿入致します。）

美術経済

試驗石的初入札 平山堂努力

東都書畫骨董賣立入札界の活躍は時局下經濟界の難局にも係らず職域奉公に必死の努力をつゞけて居るが昨年下半期が殆ど無入札狀態に近いものであつたのにも怯まず上半期東京美術倶樂部に於ける最初の入札賣立は二月十三、十四、十五日下見で十六日の開札をすることとなつた主催は平山堂で之れに東都巨商が參加、正に今期の試金石的價格標準を示すものとして頗る重要視される。

書畫交換會 擧つて美術倶樂部へ

東都書畫交換會は從前は下谷池の端の三樂とか上野の櫻川其他を會場としてゐたが今春からは各會とも芝の東京美術倶樂部を會場とすることとなり一月は五日を發會として左記の如く連續開催した。

▲五日（成瀬）▲八日（馬淵）▲十六日（十六日會）▲十七日（大田）▲十八日（東京會樂々會）▲二十六日（小川）

いづれも難局下ながら相當の成績を擧げたが、客筋へは昨秋の更に二割税といふ難問があり活發となるのは三月頃と玄人側では見てゐる、猶二月の豫定は次の如くである。

▲二日（新潮會、成瀬）▲八日（馬淵）▲十七日（十六日は入札で會場滿員のため繰下げて十六日會、太田）▲十八日（東京會、樂々會）▲二十六日（小川）

美術倶樂部の總會と稻荷祭

東京美術倶樂部の初總會は一月二十九日開催、猶吉例初午祭は二月十一日建國祭を兼ね寶來稻荷祭典を行ふ筈。

東西の美術倶樂部改稱

京都市の舊稱株式會社京都美術倶樂部は一月十日總會の結果株式會社京都美術會館と改稱されたにつゞいて芝の東京美術倶樂部も一月二十九日の總會にて株式會社東京美術會館と改稱された、東京では曩に「倶樂部」の名稱については其意味が娛樂場であるかの感じを持たせるといふので時に改稱案もあつたが今回は時局的に其實現を見東西呼應して改稱することになつたものである。

芝の美術倶樂部の一部 糧抹本廠に徴用

株式會社東京美術倶樂部の建物は昭和十一年新建設の際、平山堂伊藤平藏氏が三階全部を常設新美術展覧會場として東都將來のため遠大な企劃を立てたのであつたが、當時三階全部を造るに及ばず鍵の手形にその半分を完成し、爾來新美術展覧會場として重要任務を果しつゝあつたが今回、陸軍に徴用さるることとなり同三階の約百五十坪は糧抹本廠の使用と内定した。

軍へ千圓獻金 元富士美術商同志會

本鄕區元富士警察署管内の書畫美術商は興亞奉公に努めるべく職域團體結成の協議中のところ名稱を　元富士美術商同志會」と決定し新春一月三日下谷池の端の三樂に結成記念交換會を開催し出席者約六十餘名で其利金中約千圓を軍當局に獻納した。

東京日本畫材料商組合 星港陷落に國防獻金實施

元東京繪畫材料組合は舊臘の四日「公認東京日本畫材料商組合」と改稱し社會的に昇格劃期的活躍に入る事になつたがその初理事會を一月二十日、下谷區清水町十七の同事務所に開き理事長石川勇藏、理事成瀬健二、宮內博司、田中石松、松吉秀雄白石昌太郎（飯塚、宮內、七五三缺）の諸氏出席協議を遂げいよ／＼豫れて懸案の國防獻金運動の實施に移り組合員五十二名を動員してシンガポール陷落の戰捷日には右獻納手續を取り皇軍の勇武に捧げやうとする模樣である。同組合は營業統制委員の杉山仙助、高橋清松、大津松太郎の三氏、信用評定委員の池田泰藏、苅谷有一二氏、監事の豐田、松下二氏等その他組合進展諸設置を計劃、營業休日共通日を第三日曜日と定めたるを始め二月十日〆切の企業許可制屆出の指導（印刷物 等着々實行を開始しつゝあり。

宏心會 表裝初研究會 陸海軍へ献金發表

表裝界の研究團體宏心會では一月二十二日午後二時から淺草區藏前の植木屋で初の研究會を催した、今回が第四十七回で出席會員の新表裝研究作を展觀し各々これに忌彈なき批評を試みた上、投票により其成績を定めたところ田中咄哉州筆柿に双鳥の圖（井澤清氏）が三十三點の最高得點で一等となり次いで富取風堂筆芍藥圖（山田政之助氏）が三十點で二等、森田沙夷筆紅梅に鶯の圖（中村梅吉氏）が三等となつた。右終つて吉例により久保田喜代司、深澤正憲兩會員のお手前で吉例の抹茶一巡、當日二十二日で菓子屋が休みだといふのに特選羊かんが進められ一同の喝采を博した、次いで吉田晴彥氏から昨年の宏心會展が好成績であつたことや會計報告などの後、一月八日陸海軍へ會員約五十名の名に於て各々百圓づゝ國防獻金の手續きを了したことが發表された、つゞいて某氏から右獻金事情について昨年末決算中、同會功勞者吉田晴彥、月岡勝三郎、吉水紙店の三氏に表彰慰勞金贈呈案があり申出でたところ三氏共辭退され且つ懸案の國防 金に廻されたいとの事であつたので斯く本會としては多分の獻金御奉公が出來たのであると說明があつて、隱れたる斯る美事に一同を感銘させた、それより食卓につき各氏から表裝會の進展や宏心會の仕事等について夫々意見の交換所感披露があり愈々時局下職域奉公の志を堅め緊張裡に散會した

當日出席者左の如し

伊藤寛、中村梅吉、片岡壽三郎、篠田豐一、江川禎一、井澤清、久保田清、川島治郎、吉宮田梅次郎、山田春雄、川島賢一、石井治平、淸水善次小林善吉、野上菊松、小川久雄、荒木龍、深澤正憲、小杉龜太郎、若狹柳一郎、坂爪常男、鈴木正義、木村國三郎、高築悅次郎、松谷定之助

編輯後記

前號つまり元旦號は一月十日號を合併して新年號として發行したので十日號は從つて休刊した。徹底を缺いでゐるが種々照會が來るので茲にお斷りする。元旦號は倍大號として恥かしからぬ内容だつたと信じてゐる。根津美術館第一回陳列の特輯は座談會と共に非常の好評を得て新年早々編輯室一同面目を施した續いて新春の第二彈鐵齋特輯は高村川路兩氏の對談會と共にこれ又大好評で第三彈が本號の金原氏の弘仁の彫刻であるが時節柄日本の古い文化を世界に誇る絶好のものとしてこれ又讀者諸氏の御好評を得ることを確信するものである。（卓爾）

「旬刊」美術新報
昭和十七年一月二十九日 印刷
昭和十七年二月一日 發行
發行日 每月三回（十の日發行）
購讀料
一冊金五十錢（郵税一錢）
一ケ月三冊金壹圓五十錢（送料共）
麹町區九段一ノ一四 資文堂
編輯發行兼印刷人 猪木卓爾
東京市麹町區九段一ノ一四
發賣所 日本美術新報社
電話九段二七一五
振替東京一六二五〇
配給元 日本出版配給株式會社
日本出版文化協會會員 一二一二三五番
通信は一切發賣所へ
發行所 東京市本鄕區東片町八二 日本美術新報社

昭和十年一月十二日 第三種郵便物認可 第十四號
昭和十七年二月一日發行（毎月三回十日目發行）

（一ケ月三回 金壹圓五十錢）

定價金五拾錢 郵税一錢

二月十日號

旬刊美術新報

昭和十七年二月十日發行（毎月三回十日目發行）

蕃女と蕃童　山川秀峰（青衿會出品）

日本美術新報社

第一回 大東南宗展作品公募

會期 自昭和十七年四月十九日
　　 至同　　　　五月三日（十五日間）

會場 東京市上野公園東京府美術館

搬入 昭和十七年四月十四、十五兩日

出品規定入用の方は三錢切手封入事務所へ

事務所 麹町區三番町七番地 大東南宗院 電話九段六二〇番

第廿九回 光風會展

會期 二月十四日―三月一日

會場 上野公園・府美術館

事務所 東京市杉並區西荻窪三ノ一二九 太田三郎方 電話荻窪二九二三番

會期中會場

第三十八回 太平洋畫會展

油繪、水彩、素描、彫刻

鹿子木孟郎氏遺作陳列

大東亞室（特設）

會期 二月十四日 三月一日

會場 上野公園・府美術館

事務所 東京市下谷區谷中眞島町一ノ四號（電話下谷一七九二番）

會期中會場

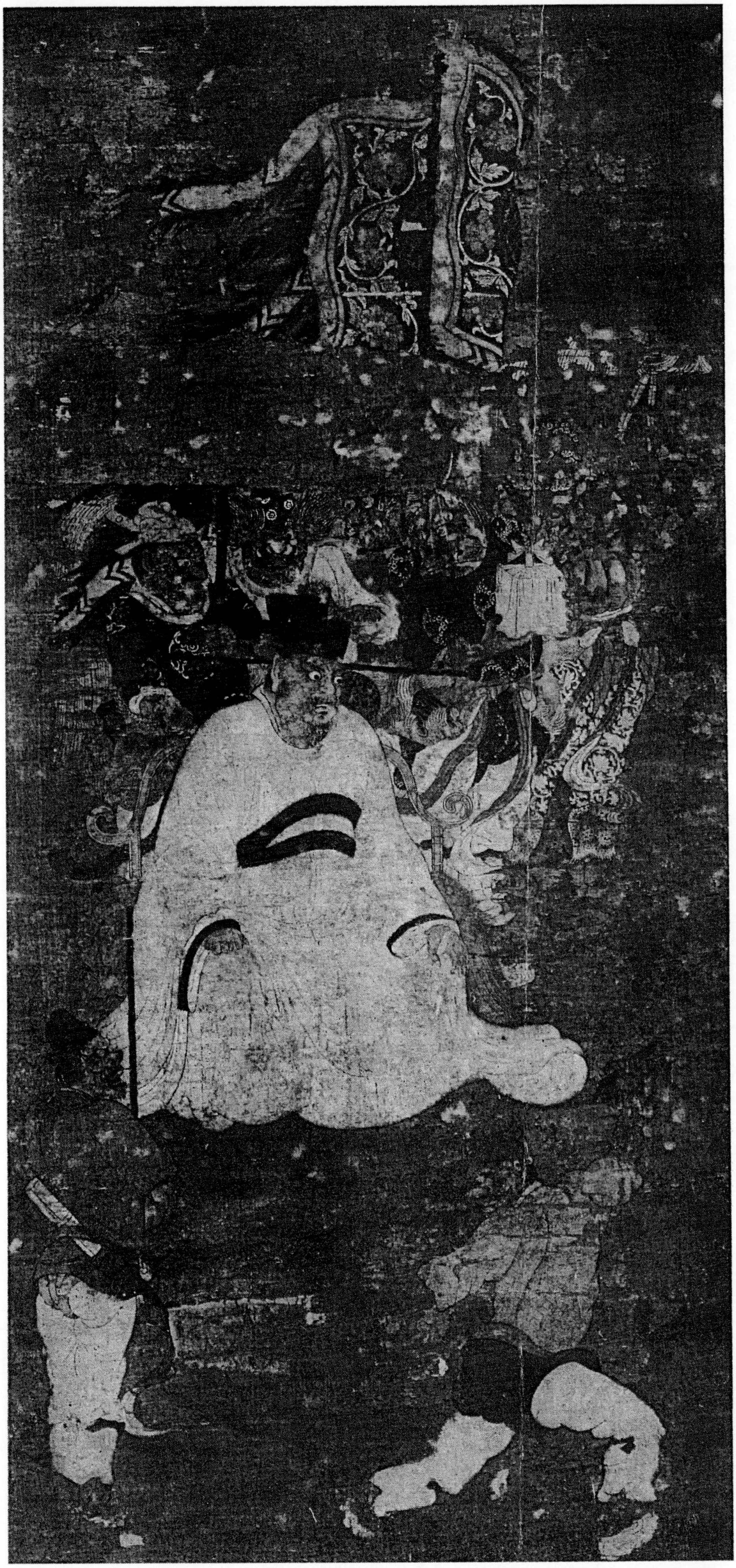

重要美術品抄

昭和十七年一月二十一日認定

絹本着色十王圖（十幅の內三七日宋帝王）　東京市下谷區上野花園町田地野貫州氏所藏

十王は冥土に於いて亡者を裁判する十人の王様のことで、之に對しては支那でも日本でも古くから信仰されてをり、その古作品としては南宋の陸信忠筆のものが一般に世に知られてゐる。田地野家の十幅は等しく南宋頃の作かと思ふがその描寫は陸信忠の作風とは違つて、更に遙かに古雅優秀の點が多く、圖様も普通のものと大分違つた圖があつて注目に價する數多い十王圖中近來の珍品といふべきである。

⇦

森 徂 仙 筆　秋 山 遊 猿 圖　　大阪市東淀川區長柄　池田庄太郎氏所藏

森徂仙は文化文政年間の畫人で、その作風は應擧の感化を受けたところが多い。殊に畫猿の名人として世に聞えてゐる。本圖はもと襖繪であつたのを掛物に改裝したもので、筆致頗る暢達し、猿鹿の描寫もまた精妙で徂仙の代表作である。

⇧

雪谷等顔筆　紙本淡彩四季山水圖（六曲屛風）

東京市淀橋區柏木　佐々木昌興氏所藏

雪谷等顔は雪舟の舊居雲谷庵に住してその三世の孫と稱し、その作風に私淑した人で、桃山畫壇一方の雄として重きをなした。此の屛風は等顔得意の楷體の山水畫で、數ある同種の作品中でも近頃世に知らるゝに至つた一優品である。

冷泉爲恭筆　天保施米圖（輪卷ノ一部）　兵庫縣神戸市山本通　橋本喜造氏所藏

此の卷は天保年間大飢饉の時京都知恩院の塔頭入信院で施米した有様を畫いたもので、筆者は幕末の大和繪畫家として名高い冷泉爲恭である。いつ頃の作か年紀の徴明を缺くが、爲恭は嘉永頃三十歳前後に知恩院の法然上人繪傳を三度も寫してゐるから恐らくその當時の作であらう。大和繪の得意な題材以外斯うした實景的な方面にも此の人のすぐれた手腕を發揮した一傑作である。

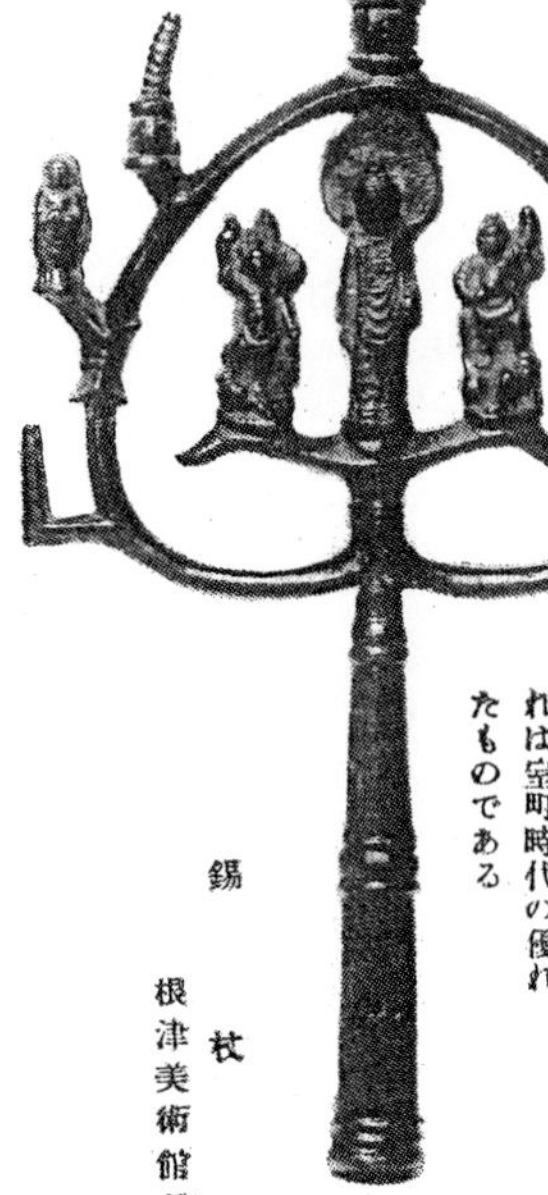

錫杖頭　根津美術館所藏

銅製湯瓶　一箇　池田庄太郎氏所藏

室町時代には同型が行はれだので類品もあり、後世にも其型が傳承されたが、これは室町時代の優れたものである

銅造男神立像　一軀　大阪市東淀川區長柄東通　池田庄太郎氏所藏

神像は木像が多い中に鑄物であることが珍らしい、殊に出來がよく時代は藤原期で、大和國金峰山から發掘されたものである、金峰山は金山彦命を祀つたもので或は命の像であらうと推定される

銅製佛餉鉢　一箇　池田庄太部所藏

鳥取縣西伯郡大山の大山寺の佛器で、鉢の外側に「大山寺御佛器文永十一年甲戌正月二十八日」とあり、佛器としてしつかりしたもので、斯く形がよく年號の明かなものは數がないのである

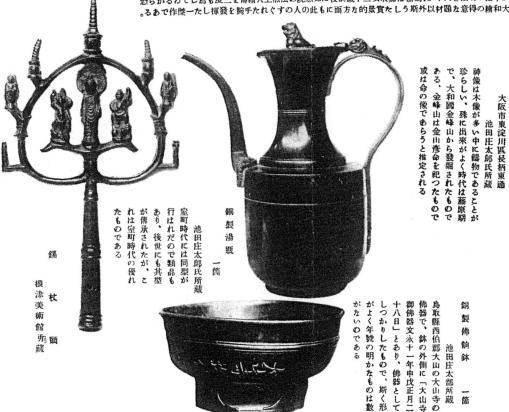

資實朝臣家歌合　鎌田萘甫氏所藏

永延二年七月二十七日の時日が明瞭にされてゐるものである

秋草蒔繪手筥　一合

東京市赤坂區青山六丁目　根津美術館所藏

根津美術館所藏では今回數點が指定されたが、「銀平文寶相華袈裟箱」「堅手茶碗」「芦屋松梅圖釜」等は本誌元旦號に寫眞及び解説を既に掲載してあるので、こゝには省略し、未發表のものを掲出することとした、この「秋草蒔繪手筥」は鎌倉室町の手箱の優れた代表作の一つで、出雲大社所藏の國寶秋野蒔繪手筥の圖樣を繼承するものである

版畵着色不動明王像　一幀

大阪市西區松島町　田萬清臣氏所藏

不動明王像の名手として知られてゐる五山の禪僧龍湫周澤（一に妙澤）は日常の勤めとして不動明王を圖寫すること二十餘年であつた、その版畫になされたもので「上潮周澤拜贊至德乙丑九月之者也魔成道轉法輪檄信者必當降恩布無堪至心行人德充有界專垂本願」云々と自贊があり作年も至德二年と明記されてゐる

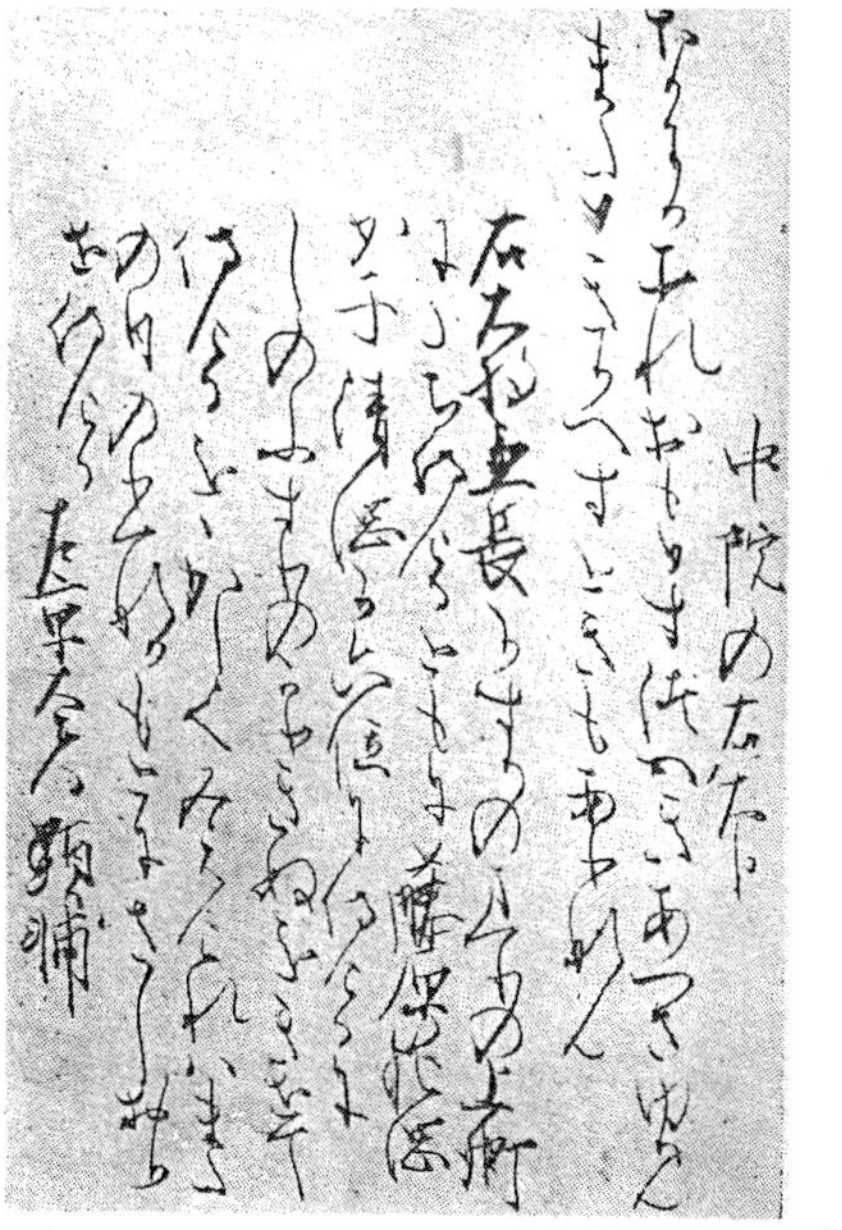

千載集卷第十六斷簡（日野切）

東京市荏原區平塚　鎭目泰甫氏所藏

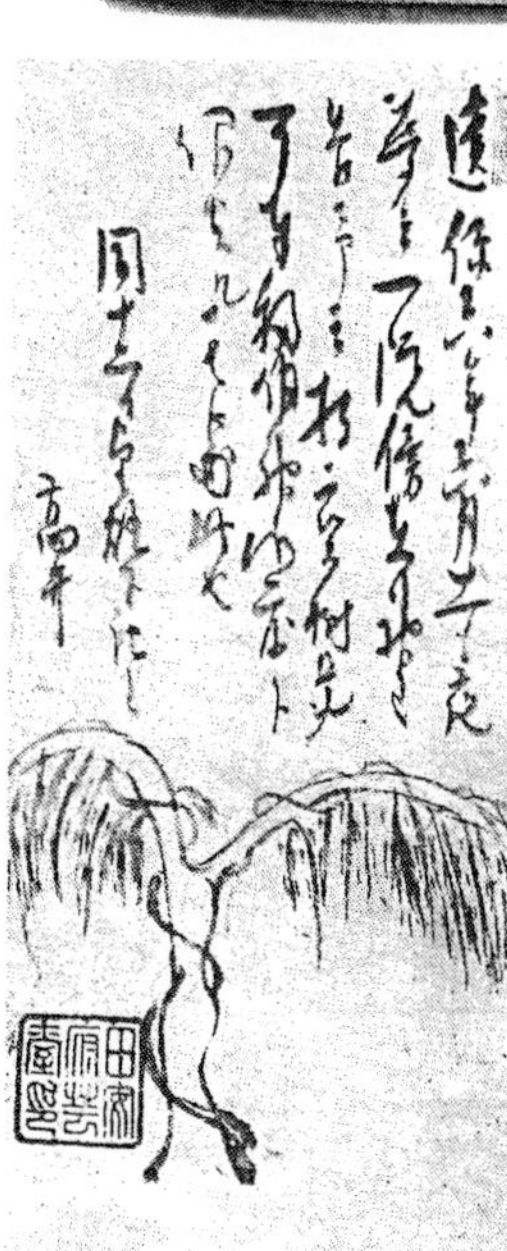

明惠上人夢記

鎭目泰甫氏所藏

建保六年六月一日夜の時日書きがある

銅鐘　一口

岡山縣吉備郡眞金町　吉備津神社所藏

和鐘で左の在銘がある

奉鑄備前國一品吉備津宮鐘
右奉爲天長地久國家安泰也
永正十七年庚辰卯月九日
社務代生原兵庫助藤原家秀
大工但馬守藤原家朝
本願小河彥左衛門尉貲
依示現鑄之

銅製朝鮮鐘　一口

廣島縣佐伯郡嚴島町　大願寺所藏

朝鮮製の鐘は早い時代からわが國へ渡來して、現在三十餘種あるが、これは小さくてよい出來で、高麗末の作である

青衿會 第三回展

綾衣(冷泉爲恭夫人) 小早川清

もんぺい 今尾津屋子

或日 陳進

草上 村上三千男

假眠 濱田健一

取的 志村立美

伊東深水

皇紀二千六百二年婦女圖

町娘

寺島紫明

島の竹垣

門井掬水

姙婦

立石春美

風

岩田専太郎

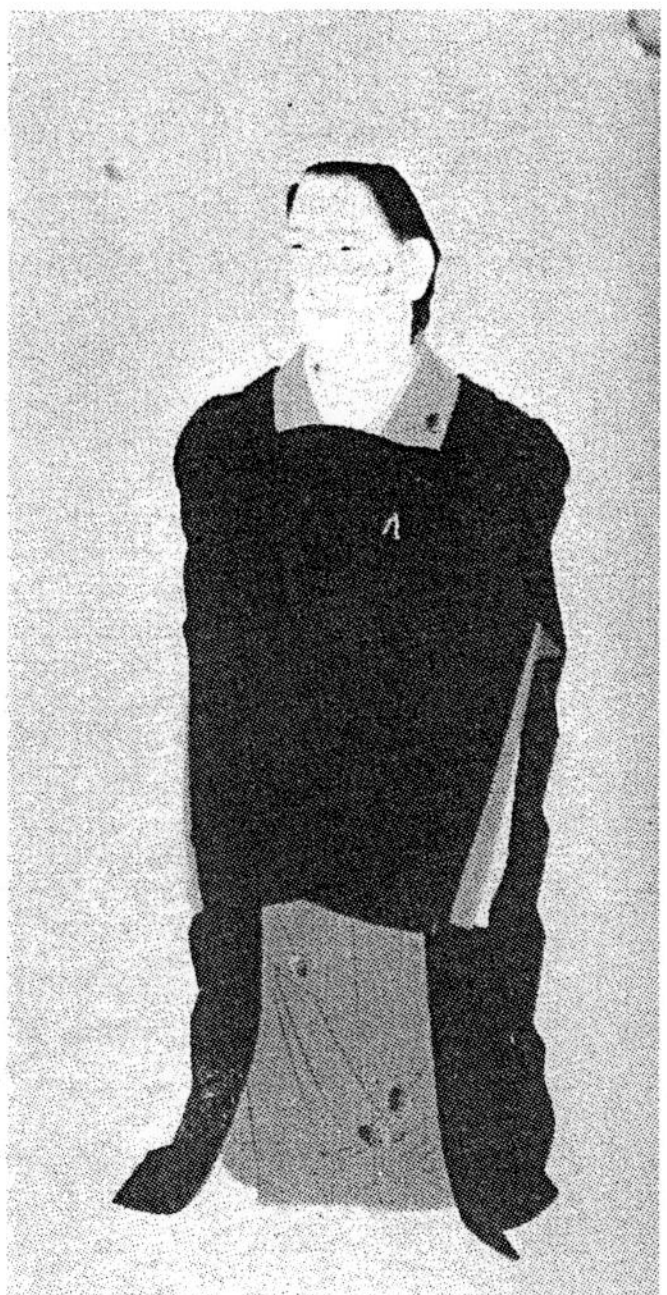

雪空

高田那美

朱玄會第五回展

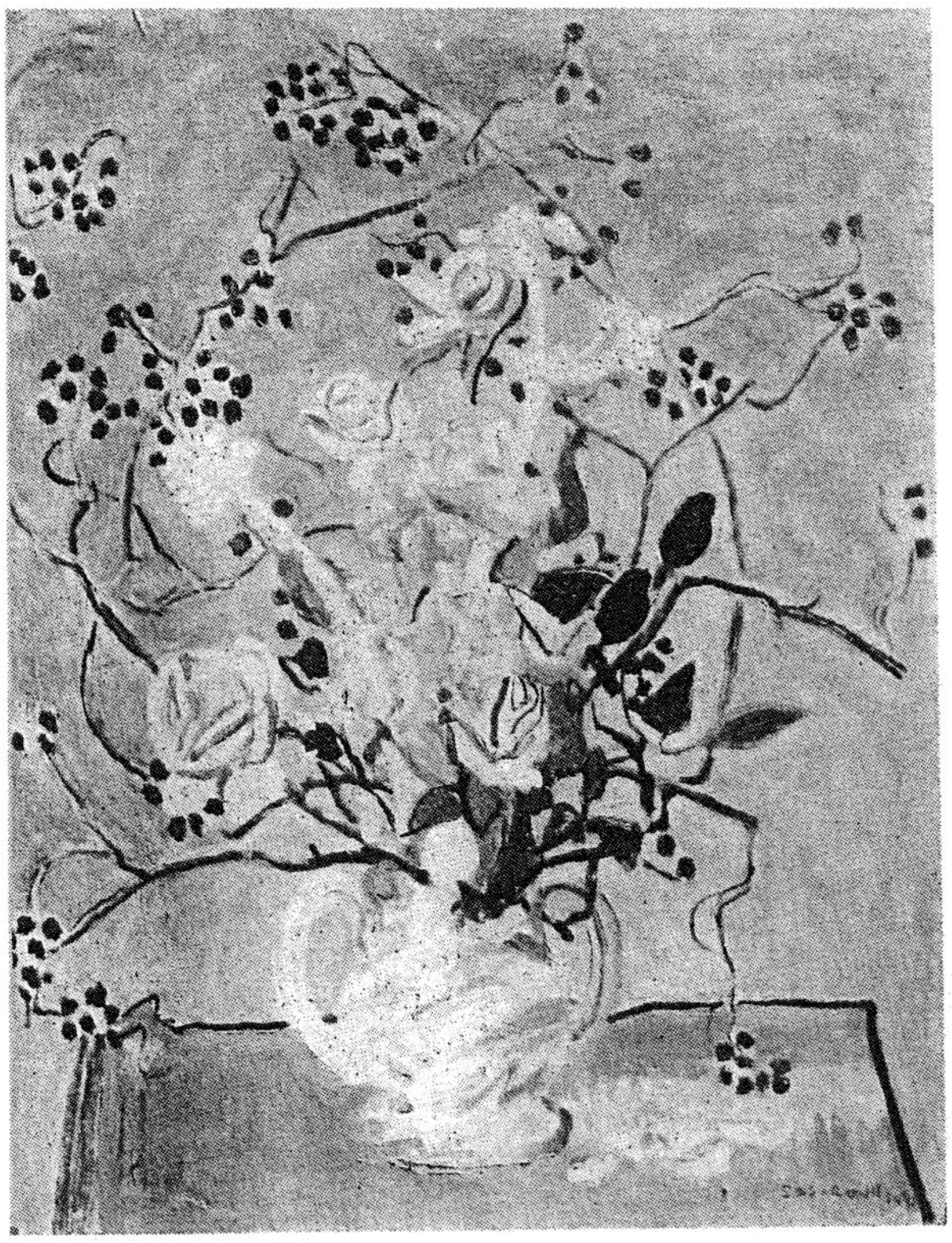

桑の花その他 宮本三郎

ドアに立つ女 宮本三郎

婦人像 田村孝之助

虎溪橋 栗原信

松本俊介個展

⇨ 頭

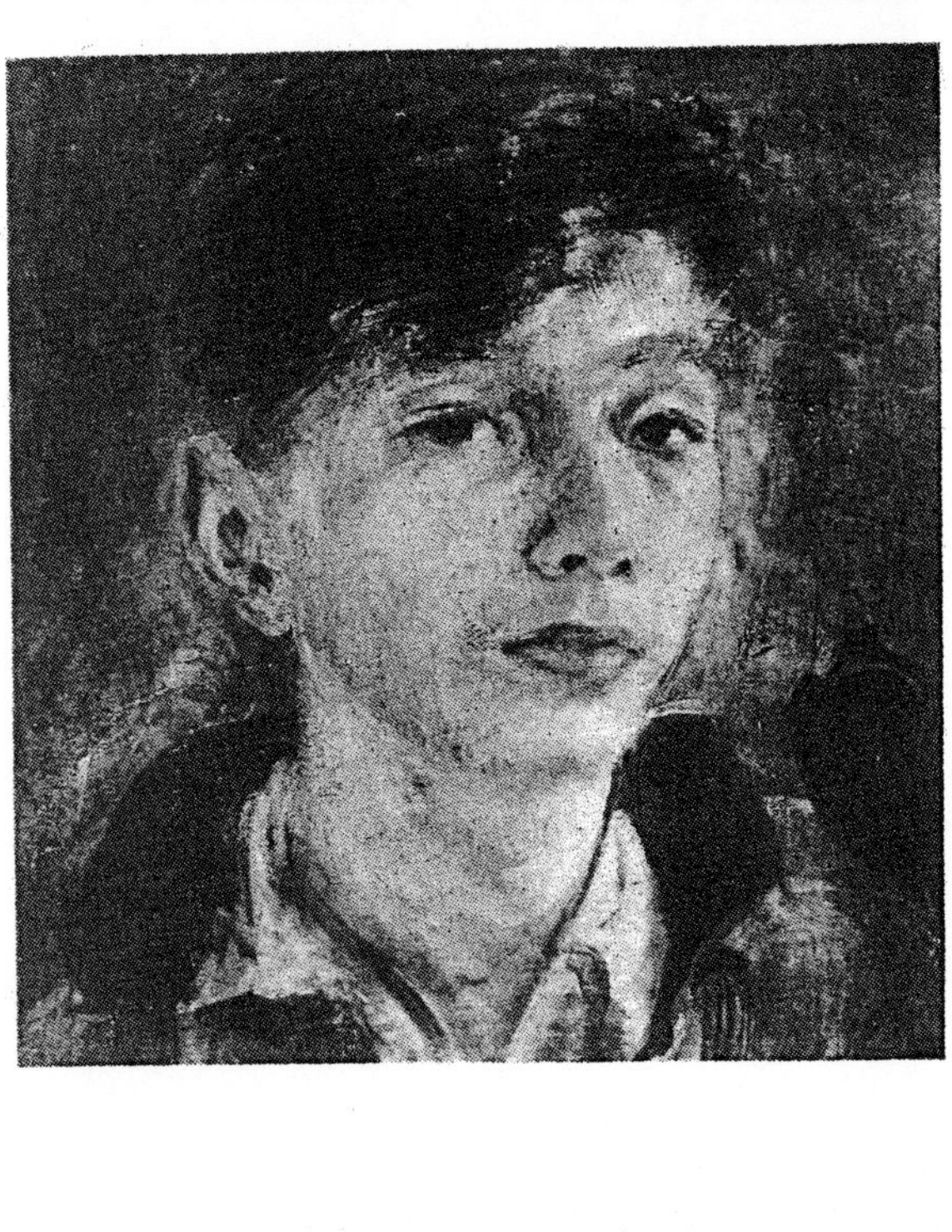

⇦ 陸橋

古名畫に見たマレーの手長猿

牧溪筆 猿圖　大德寺藏

下店靜市氏稿參照

阿難像　大徳寺蔵

明宣宗帝筆　戯猿圖

等伯筆　枯木猿猴圖　龍泉庵蔵

元顔輝筆　畫猿

劉松年筆　羅漢圖　南宋時代作

宋人筆　枇杷猿戯圖

手長猿（白變型）

手長猿（普通型）

撥草會

長春　山口蓬春

うす氷　中村岳陵

青衿會展

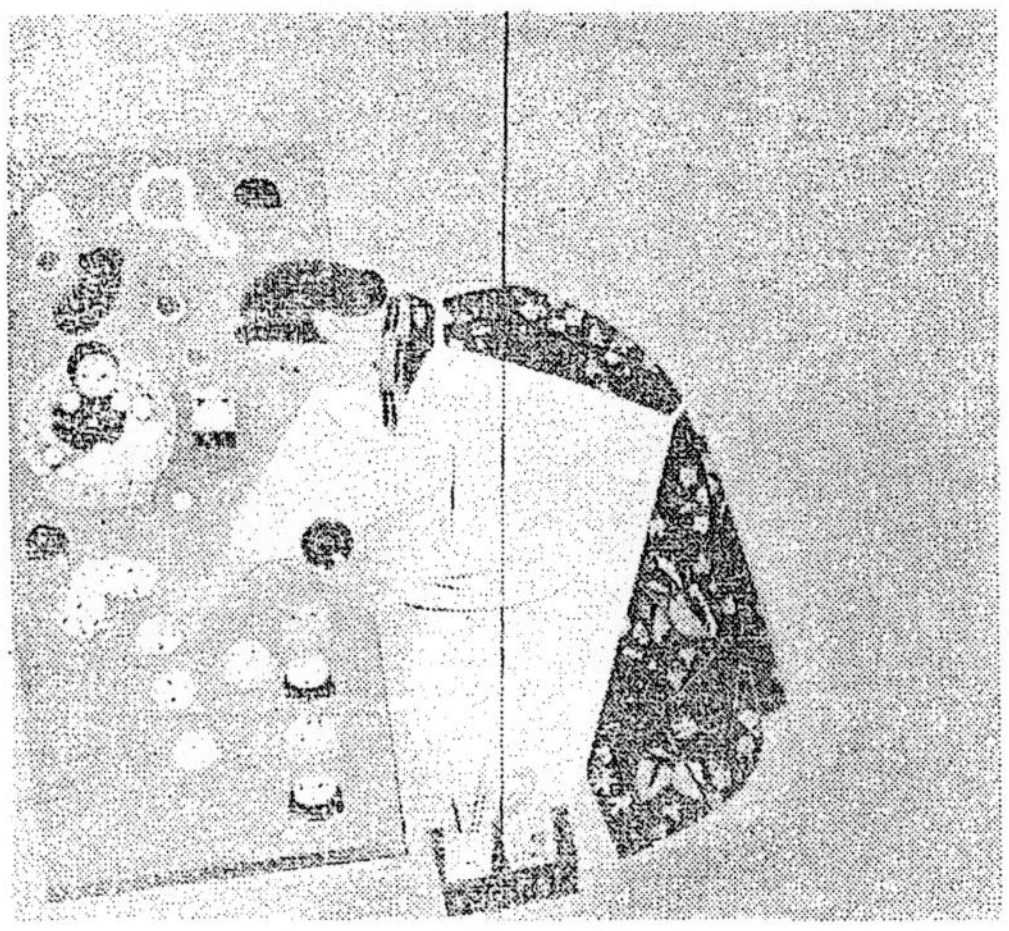

玩具工女　渡邊阿以湖

葛西冬日　八幡白帆

爐邊　鈴木由太郎

寒日の母子　牧野雅彦

街頭を觀る　朝倉攝

土間にて　加藤春峰

青衿會を觀る

金井紫雲

伊東深水、山川秀峰兩氏が司會する青衿會も、既に第三回となつた。今年は作品の上にも時局をよく認識したものを選ぶといふ目標のもとに募集しただけに生氣潑剌として見た目が甚だ愉快である。殊に深水、秀峰兩氏の努力は正に若い人々の範とするに足る。

深水氏の作は二曲一双「皇紀二千六百二年婦女圖」である。これは厚生省生活局で選定した新婦人服を着た女性四人に、在來の和裝姿の女一人を配した圖で新婦人服は和裝と支那服と洋服とを折衷したやうな形、かなり動作が自由である上に襟元の如き、釦でなく襟を合せるといふ邊に一寸日本的趣味を遺してある。十分身に着いたら見られるやうになるであらう。

深水氏が、こんな新しいものに手をつけてこれでも十分繪になるといふ自信を見せた所流石に腕である。新裝の女四人には降る淡雪に洋傘を翳させ在來の日本服の女には柿蛇の目を持たせてゐる。右端の新裝の女の上着に古代漢様の裂地の應用を見せたのも何かの示唆である。女性の何れもが近代的な明るい健康的女性であるのも氏の主張を具現してゐる。かうした作品も或る風俗史將來の資料となるであらう。小手の利いた部分的技巧に就いては、昨年文展の「現代婦女圖」と同じ程度である。

秀峰氏の「蕃女と蕃童」は、臺灣土産である。何種族の服裝かは知らぬが、全體の感じは更紗と蠟纈のそれである。臙脂と黃土とを基調とした色彩が、何ともいへぬ諧調を覺えさせる。感傷的な蕃童の表情にも詩が潛んでゐる。第一回には「おなつとおさだ」第二回には「羅浮」と、一回一回取材を換へて行く精進ぶりも、後進誘導の範を示すものと言へやう。

岩淵芳華氏の「待春」は場中の佳作である。半島の女と少女四人を、かなり氣持のよい線と淡い色調で纒めてゐる。極めて手際がよいがやや單調に陷らしめる弱さはある。畫面の一人位今少し强い表現を加へたら、見た目の變化がつけられたであらう。

立石春美氏の「姙婦」は、かなりむづかしい題材を捉へてゐる。籐椅子に腰をかけさせた姿と顏の表情で姙婦の感じを出さうとした、十分とは言へぬまでも、から内面的描寫を掘り下げて行かうとする努力は買ふべきであらう。毛織の被布はよいが綠色の足袋に比し、白の襟卷と額の邊に何か物足りない感じを起させる。

今尾津屋子氏の「もんぺい」は、極めて忠實な手法で、無難に描きあげてゐる。やゝ文展型であるが、好感のもてる作である。

朝倉攝氏の「街頭に觀る」は若い人に似合はぬ力のある作であり、生氣があり動きがある自轉車に乘つた女性の描寫も力强いが、買物の二女性もうまく描けてゐる。筆致にも骨があり彩色も中々手際がよい。場中での佳作である。

遠山唯一氏の「眞綿引き」も此の作と伯仲にある佳作、姿も面白味があり、構圖も中々に用意周到である。色彩も澁くてよい。

河江定夫氏の「洋裁」も、現代情景の一つである。ミシンを踏む女の形、少しく弛んでゐるが、カタログを見てゐる女もよい。ミシンの描き方など一寸細かい所に注意が届いてゐる。

鈴木由太郎氏の「爐邊」は赤樂の茶碗を手にしてゐる茶人姿かうした好みの人々も、よく下町にはあつたものだ。今は一の風俗資料であらう。印傳の袋に翡翠の根付紫竹の筒の莨入などよく利いてゐる。

これは別にこの以外に意味はないが、實在の人を扱つて、かなり感じを出し得たものに笠松紫浪氏の「鎌田三之助翁」がある。氏の此の篤農家に對する感激性が、此の作をして力のあるものにさせてゐる。潤ひのある線の厚みも、かうした題材には適してゐる。

遠藤燦可氏の「大空先生」は何時か誰かの筆によつて題材にされるだらうと思つてゐたが、此の人によつて藝術化されて、一種稚拙味のある筆、郊外らしい家並を低く見せた背景にも牧歌的匂ひがある。これもよい。

志村立美氏の「取的」は、此人近頃の佳作。挿繪ばなれのしたしつかりした出來、表情もよい。挿繪畫家といへば、岩田專太郎氏の今回の作は少し低級である。

此の外、陣進氏の「或る日」前原豊三郎氏の「靜岡」などよく纏つてゐる。寺島紫明氏の「町娘」は何時もの作より、ぐつと明るくなつてゐる。門井掬水氏の「島の竹垣」は島の娘はお手のものにした處が、南瓜の描寫などは研究が足りない。村山三千男氏の「草上」は努力してゐるが、何時もの型だ。八幡白帆氏「葛西冬日」は、海苔場の寫生、一寸面白いが、老人の顏は描寫が物足りない。小早川清氏の「綾衣」は、いま一度枕草紙繪卷でもゆつくり見て出直すこと武藤嘉門氏の「野多々羅」は大作ながら、人物服裝の考證などいま少し深く究むる必要があつたらうと思ふ。

水彩畫最高展

王樣商會甲斐惟一氏の寄贈にかゝる「水彩畫推奨記錄賞」を得た作品とその候補次點作とを並陳した。藝能文化協會の主催である。柏亭、寅治、薫造、直彦、利雄、民次、國彦諸氏の銓衡にかゝるのであるが概ね妥當と云へやう。授賞作、不破章氏の「婦人肖像」は構成緊密色感も明快で佳作である。山本不二夫氏「いたづら小僧」はパステルのやうに乾いた感じが特異であり小僧の性格描寫の片鱗が出てゐる。

次點作では渡邊百合子「松」は淡いニユアンスがあり、野澤潤次郎「初秋の中川」と共に佳作に屬する。山口敏男「湖畔」は才筆であり、萩原貫「石神井池」柏亭イズムを巧みに消化してゐる。齊藤求「木の花など」新鮮味あり其他渡邊三郎「風景」石川新一「踏切」岡田正二「窓邊」瀧澤清「夏空の下」金澤信夫「信濃路の秋」加藤弘之「初秋の山」いづれも力作で見應へがある。（青樹社）

松本俊介個展

二科會の新鋭松本俊介氏の第二回個展は非常な進境を示したものである。纖細な感覺が特殊な細い線の流動によつてアクサンチユヱされてゐるが、全體の色調がよく整つて快適な音樂をきく思ひである。色は暗青色基調の風景と肖像、赤褐色基調のパートを用ひた風景等種々あるが、さういふ深い色調のなかに朱の火の如き點綴や黑の線の流動やが交つて音樂的効果を擧げてゐるのである。「驛の裏」のやうな美しい風景、「顏」にみる眞摯なレアリズム等この作家の豊かな天分が浸み出てゐる。特にその秀でた素描は氏の技術の並々ならぬことが見える。たゞ風景などで奥行が乏しく、トンが一樣になる憾みも感じられる。そのレアリズムを徹して、今の快い色調と才氣ある線を生かしてゆかれたいと思ふ。憂愁な影のなかに快適な色の流れをみるこれらの作品の特異性は充分賞してよく、その前途を祝福したいと思ふ。（日動畫廊）

朱玄會展

栗原信の作品は山も草も家も一樣に硬化し畫面に流動性がない。だから盤梯の秋を描いても北支や北滿を描いても全く同じ概念的な地方色しか出ないのは一考を要する。ナイフでの厚いパート・點張な所に何か誤算があるのではないか。田村孝之介の作では「鮎」「人物」「晩秋の富士」などが佳作であるが、「漁場」や「古城の櫻」は色調にやゝサツカリンが利き過ぎた感じである。宮本三郎は外光派風の「外光」「卓上勝敗」その他の行き方に練達さを示してはゐるが興味はむしろ、最近のおつゆで描いた筆痕の見える「晴れゆく箱根」「風の日の箱根」などの重厚さにかゝつてゐる。「菜の花そ

子供

ばら

阿部治郎吉油繪展

の他」も佳作である。「午後の海」「梅薫る」の放膽はこの人の才氣を露骨に示すものである。（日本橋、三越）

撥草會展

安田靭彦「水仙」淸楚な詩と凛然たる氣品に光り、小林古徑「生花」は後ろ向きの花に工夫が見え、淸潔である。中村丘陵「薄氷」は氷の半透明な龜裂の紋樣に作者らしい聰明さを窺はせ、山口蓬春「長春花」は墨彩と紅の映發は綺麗であるが、葉と花瓣の墨の重さが同じなのはいささか氣になる。溝上遊龜「栞」は點描風の試みに何かゆとりのあるのがよい。

土牛、平八郎、青邨は最終日迄に揃はず。（資生堂）

玉樹、永遠、位里三人展

船田玉樹の作では「鶉」「椿」「花王」など鑑賞畫的に洗練された傾向のものが無難であり、人物を配した研究的なものは、巧者すぎて輕い。「赤富士」は佳作岩橋永遠「木」「石」双幅は寒山拾得を描けるもの新解釋ありて面白く、丸木位里の作では「鯰之圖」が力作であり三投峽を描ける「大淵」「五立」「龍門」は從來の摸糊たる詩境に一つの骨格を與へんとする努力を注目する。（銀座、松坂屋）

川端實作品展

現代の繪畫の母體をなしてゐたフランスがあらゆる面で一應最後の段階に達し、續いてヨーロッパの動亂に至る間、樣々な現實を體驗して來た氏の作品にはなんとなく興味を惹かれるものがある。この作家の特長は色彩法の點にあり、良質の織物に見るやうな厚みのある色彩と、風土を感覺させる一定の硬さはこの作家の良き肉體的な素質を充分に發揮してゐる。「色彩」の深さ、「廢墟の音樂會」では畫面の一部分を占めてゐる夜空の表現が殊に優れてゐた。しかし少し時間を置いて見てゐると「女の顏」や「門と番兵」などの作品は無機的な色彩の形骸のみが殘つて繪の生命といふやうなものが感じられる點、そして、これらの優れたメチエの法則を如何に我々の現實と聯關づけて行くかが今後の方向にある重大な問題である。（三越）

古田義一個展

古田氏の畫材は「淺草の裏街」だの「場末」だの「ガード附近」など、都會の隅々に陰氣に殘つてゐる表情に占められてゐることれ等の作品がこの作家の特質である暗色によつて油つぽく鈍い技法によつて一層陰鬱さを强調してゐる。「街頭商人」などは人物の形體が非常に不健全で氣になる。「船舶徴用」なども午前の人物、建物、船などのイビツな變形は嫌味である。中でも「ガード附近」は全體にソリッドな要素を多分に備へてゐる點で好感が持てる。どの風景畫も空の部分に於て自由な表現がされてゐるが、この邊に、ある明朗さを强調すべきが重要な點である

新壁畫協會展

壁畫が今日に課せられた重大な問題でありながら、この仕事に積極的な作家はごく少數である。壁畫は一定の壁によつて基底されるから建築とともに成り立つて行くものである、しかし今日大多數の畫家は建築、彫刻のもつ素朴な基本形すらも理解出來ない程素面的に末稍的技巧のみを追つてゐる狀態であるから結局壁畫の構成などは非常な困難な問題であらう。「新壁畫」の作品を眺めながらこの作品がかかげられる建築（國民學校、會館等）を想像してみるが、あまりに作品が孤立して存在する場合や、ともすれば建築物をも汚す役目になりはしまいかと危惧されるものさへあつた。今日

水仙（撥草會展）　安田靭彦

生花（同上）　小林古徑

白牡丹（個展）　吉田石堂

ガソリンスタンドのある家（不二會第一回展）福原俊二

の畫家達が建築家のもつ構想に缺げ、彫刻家が嚴密にプロポーションを探求して行く樣な素朴な態度に乏しいことが致命的な點となつてゐる。共同製作「勤勞」は主題の點に不安があるが表現の樣式化は明快に感じられる。意圖するものが確然としてゐるだけに、池澤賢氏の「昆虫圖譜」は成功してゐる。（菊屋）

名取明德個展

出陳廿點、先づ全作品を通じて感ずる事は昨年の第二回展よりも構想に於て又表現にも非常な進歩の跡が見え「雪山の展望臺」など却々の佳作である廿五號に收めた「婦人像」も色感に好調を示し成功其の他「雪の飯士山」「岩原スキー場」など小品ではあつたが質感がよく出て居り第四回展が更に期待される。（日本橋高島屋）

若狹物外南畫展

京都南畫壇の老大家だと云ふが畫格常套卑俗に墮するものが多い。支那風の人物を描いたものは色調もあくどく、むしろ水墨風景の「月下歸牧」「暮色新雁」など淡雅で佳品と云ふべく花鳥では「柑子合掌」「國色富貴」「高秋芦雁」など練達である。

（上野、松坂屋）

佐藤華岳個展

あくまで細描の風景に滿鮮を取扱つて其練熟の技はよく情景をあらはしてゐた。雪空に薄墨を利用したのが目につく。これは南畫常習の技法なのだが作者の工夫が一層よい効果をあげてゐた。「雪晨」「雪曉」「雪の淸水堂」の三作に見るそれである。七階の全會場をこの個展に占據したためもあらうがこの雪景のやうに同圖が往々數多く出品されたのは興味を薄くするものである。會場の一角に「三溪園の春」横物を中央に「樂浪出土」竪物を左右にした壁面は大變見よく見えた。樂浪出土品もよく畫かれてゐた。「椿」「御苑の菖蒲」横、「蔬菜」横が花鳥菜物に於ける作者のそれ〲いゝ味を示した代表作である。絹本竪物で「冬温」「寒花」「菊」は極密掛幅的のいい作品だ。陸海軍献納畫六點を併せ展觀したが、報國の熱誠を感じさせた。

（銀座松坂屋）

草友會展

油と水彩作展で廣島八重子「八月の花」複雜纖細な夏の花が相當の效果をあげて場內で注視された。佐藤睦郞「自畫像」は力作である。市原義夫「山村」藤田薫「開墾地」大茱政敏「南の島」古川弘「冬の日」はいゝ（菊屋ギャラリー）

古賀忠雄氏の紙塑彫刻

大藏雄夫

いま決戰下、美術部門の彫刻界も統制によるブロンズ、木材その他いろ〲多難な問題が縱横に、作家生活の再編成を促してゐる。資材使用の問題も、その一つで、在來はあまりにも範圍が局限されてゐた。この缺陷は、美術界及び美術思想の革新と共に、當然補償さるべきもので、ブロンズがなければセメント、アスファルト、石、紙、煉瓦等々、任意に資材を求めて、その素材の性質なり、特長なりをしつかり把握すれば、おのづから、それらに新しい一種の表現樣式を創り生むことが出來、新しい喜びを發見するであらう作家は何でも與へられた資材を征服して、新しいフォームの探求に努むべきである。然り、旣に一部の人々はそこらに氣づいてゐるやうだが、古賀忠雄氏の紙型彫刻は、正にそれを實踐力行したもの、その前途は祝福される。

繪畫でも個展を開くためには十分の用意がなければならぬが彫刻の個展は其の資材の上において、時間の上において、繪畫に倍加するエネルギーを要することは誰も知るところ、この作家の燃ゆる情熱と、並々ならぬ敢鬪は大いに買はれていゝ。

先頃の同氏の展覽會に展示された品は大小四十餘點、殆んど浮彫で、また殆んど子供に主題し、子供に對するプラデルニテを表はすと共に、そこばくの藝術的香りを漂はしてゐる。「生れ出る欣び」「光を浴びる子供達」「老人の顏」などは力作で「芽生」、「海の精」、「少女の橫顏」、「池畔」、「朝陽」など持合せの實力で卒のない作、概して構圖整ひ、現實を抽象的形態において把へて居り「兒童は世界の希望なり」と云ふソビエートの標語を想起するほど、ロマンチックであると同時に、たしかにリアルでもあり、明朗のうち、自分自身の建前を見せてゐる。

そこで、一寸注文する。浮彫である以上、繪畫的反映はうなづけるが、その彩色のトーンにおいて、今一段の考慮を煩はしたく、また斯樣に小兒ばかりに愛着し、それを繰返すときは、つひにマンネリズムに陷る惧れなしと云へず、或ひはこれと正反對に、もつと、より切實な小兒表現への苦惱が來なければならないやうにも思はれる。兎に角知性を動員して光芒鮮明、紙質を生かして量感を盛り內容の發展を望みたい。プライドの高い專門家の眼には、どう映つたかしらぬが、或る部面にはたしかに示唆を與へて居り、やがてこの技術を攝取する餘人も現れて、紙塑彫刻を體系づける日が來るであらう。人は時を創り時と共に進む。

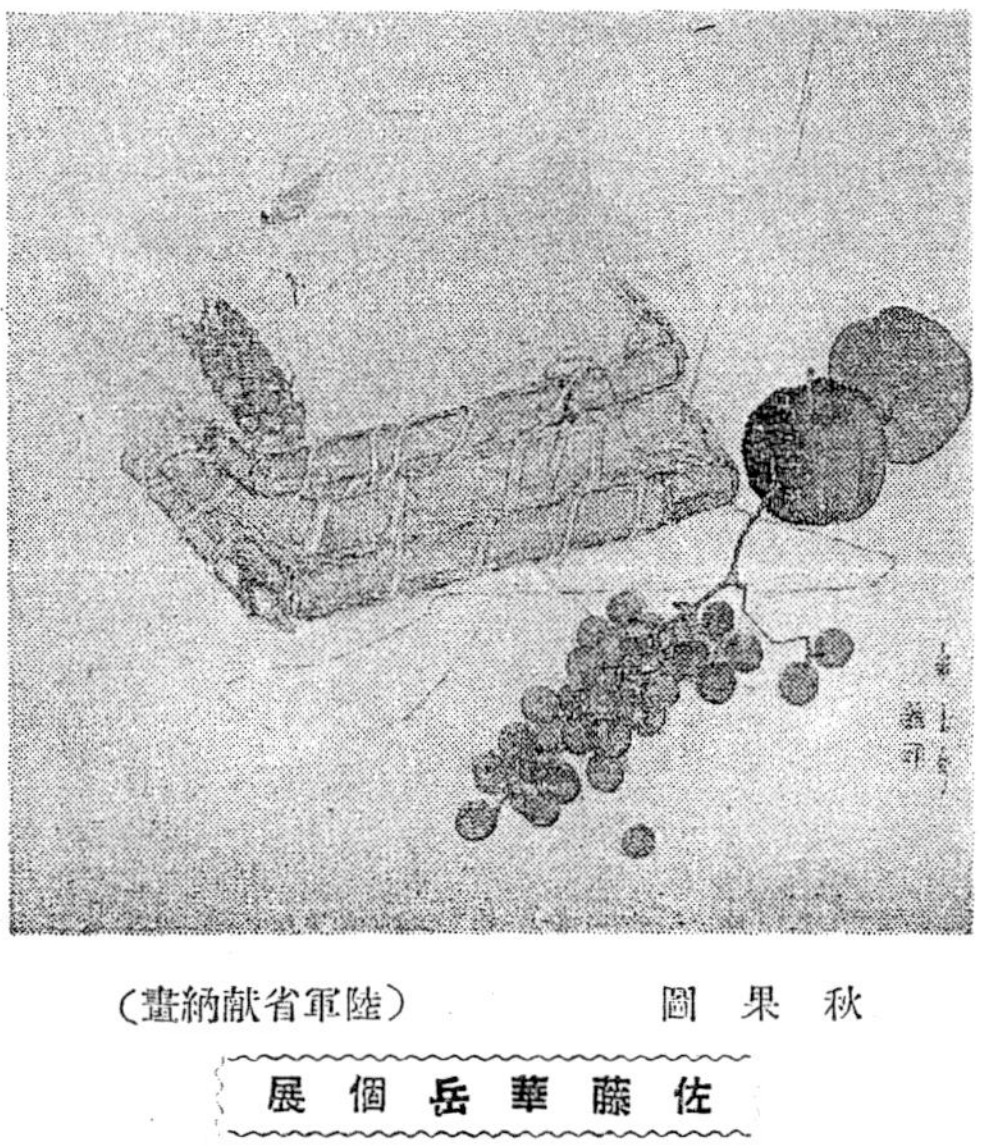

秋果圖（陸軍省献納畫）

佐藤華岳個展

□神々の苑に佇つ□

池田遙邨

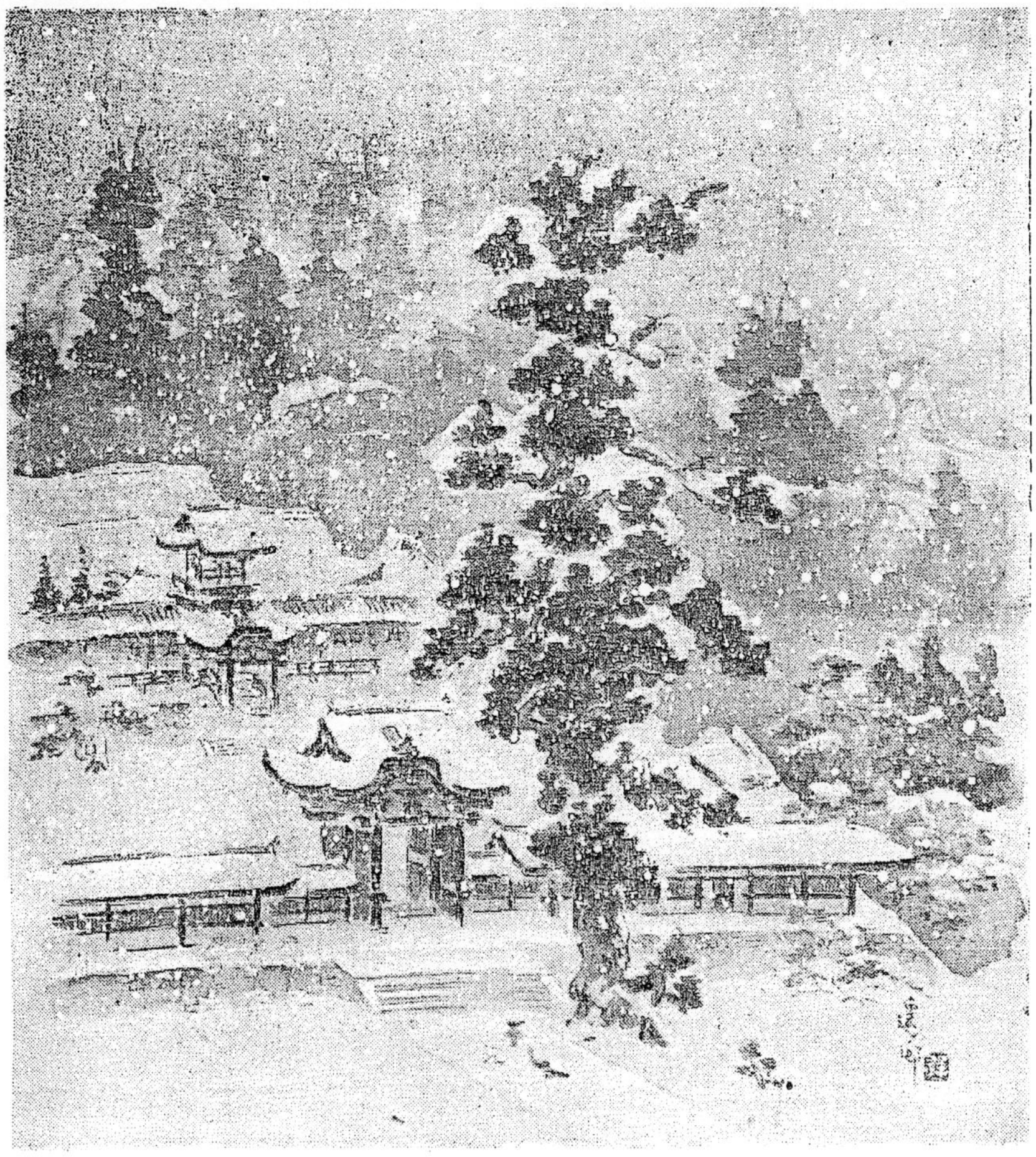

「すべてカミとは、古の御典などに見えたる天地の諸の神たちを始めて、その祭れる社にます御靈をも申し、また、人は更にも言はず、鳥獸草木の類、海山など、そのほか何にまれ、尋常ならず、優れたる德の有りて畏き者をカミとはいふなり、優れたるとは、尊きこと善きこと、巧しきことなどの優れたるのみをいふにはあらず、惡しきもの、奇しきものなども、世に優れて畏きをば神といふなり、さて人の中の神は、まづ、かけまくも畏き　天皇は御代々々神にますことは申すも更なり、その次々にも神なる人は古も今も有ることなり、また天下にうけばりてこそあらね、一國一里一家の内にも程々に神なる人あるぞかし……」

本居宣長（古事記傳）

この神々を祭祀し奉るまつりのにはである神社に一歩入ると、そこには森嚴な中に包まれた靈氣が心に泌みて來るものがある。西行は「何ごとのおはしますかは知らねども忝けなさに淚こぼるゝ」……と伊勢神宮で詠んでゐるが何所の何様の神社に行つても此の歌と同じ氣持ちがする。それは色彩からでも形態からでもない。理窟なしに直ぐに心を打つて現れるものです、此の崇敬心は我が國民の何千年來持つて來た尊い傳統の精神で忠君愛國の心念も皆こゝに歸一して我が國人の持つ至善至美の一致の狀態がそこに現れて來るのである。

私が神社の繪を描き初めたのは何年前の事であつたか明瞭に記憶にはないが、最初はこの何となく尊い氣が私の畫心に移つて無心で社殿や神苑の寫生を屢々したのだがそしてそこには吾々の祖先が殘した他國文化に犯される事の尠ない純な日本文化の美が歷然と窺へる悅びを抱きながら寫生帳を充して行つたのだが、その度が月日とともに重なつて繪として制作するにつれて一棟の社殿、一杉の茂みにも他の風景などにはない秘められた美の深さを感じられてならなくなつて來たのでした。又更に各々の御神と離すことの出來ない氣を持つ社や風物風土が自然と融合つた美を保たれてゐるのを覺つて來ましたが、それをその神々を崇敬する思念で、邪念を拂つて清明心となつて描いて行かうとするには私自身のあまりにも小さく及ばざるを嘆く。夫にしても古來我國は佛教信仰による佛畫の發達による佛畫の名家が多數出てゐるが神社を專門に描く畫家の名手の現れなかつた事は日本精神と過去の多くの畫家との關係を考へさせられるものがあります。

現下の畫家の職域で奉公の萬一に資せられるものに此の神社畫があると思ふ。その繪が高く深く描かれるにつれて奉公の域が廣く大きくなる。私の畫は、拙いものではあらうが、私はこの心構へで將來も神社畫に精進してゆきたい。

近代漫畫の父

「オノレ・ドオミエ」

——その藝術と晩年——

鈴木秀三郎

一

第三共和制が敗戰の混亂裡に建設されるや、ガンベッタは三十三歳の若年をもつて臨時國防政府の內相に就任した。イタリーを放浪してゐたミシユレーはフロレンスの旅窓から「輿論の前に立つフランス」と題するマニフェストを巴里論壇に送つてロシヤ政府の帝政の野望の犧牲となつて困憊したフランス國民のため「帝國は卽ち平和である」の作を發表して戰禍を咒つた老ドオミエは國民の爲め感激を新にしてクレヨンをとつたが、クルベーがその暴動政府に參加し藝術委員の委員長に就任した時彼の推薦によつてドオミエもその委員に選ばれた。

コンミユン動亂中、普佛平和條約がフランクフルトで締結された。動亂鎭定後、八月にはチエールが共和國大統領に當選した。一八七三年一月、亡命のナポレオン三世は遂にイギリスで客死した。續いて五月にはチエールが、ブルボン正統派のレヂチミスト、ルヰ・フイリツプ王統派のオルレアニスト、ナポレオン帝制派のボナパルチスト、——國民議會に於けるこれら三派聯合のモナアキストの對抗に負けて大統領の地位を去り、動亂鎭定の功勞者マクマホン將軍が、丁度二月革命後のカベニアツク將軍が、サーベル獨裁の權力を握つたと同じ機運の下に大統領に就任しかもマクマホン大統領は獨裁的な「七年政治權」を附與された程政情の惡化が深刻となつた。

平和は克服し、內亂は鎭定されたがその次に共和フランスの逢着したものは、いかにして國家的安定を再建するかといふ根本問題で、これを繞つて新しい國民議會では小黨が分立して相爭ひ、暗愚でエゴイスチツクな代議員は祖國の統一よりも政黨の利益に狂奔する有樣、殊に三派聯合のモナキストの勢力をその間隙に乘じて增大し、三色旗否定の聲さへ高くなつたことは老ドオミエを安閑と傍觀せしめておけなかつた。

古代史の一場面
エヂポスとスフィンクス
ドオミエ作

懷れた家の回りで石工が摑み合つて喧嘩してゐる。——こういふ漫畫の解說でドオミエは 勞働者がこんなに喧嘩してゐて、どうして家の改築が出來るか」と啖呵を切つた。

七十三年十月からバゼーヌ將軍處刑の軍法會議が開かれて巴里兒の間にセンセーションを捲き起した。アシル・バゼーヌはクリミヤ戰爭やメキシコ遠征に武勳を立て普佛戰爭ではメッツ防衞の任務を與へられたが、怠慢と偏見とに煩されて敗退し、プロシヤ軍の捕虜となつてから、フランス軍を裏切つて功を買はれて赦免され、おめ〱巴里へ歸還した賣國將軍であつた。この軍法會議の前日、ドオミエは陸軍省の門前に集つた群集——兵士、女、子供勞働者等すべて賣國將軍を怨み呪ふものゝ群集を描寫したが、そしてこれは發表されなかつたが、ドオミエ最後の石版漫畫だつたのである。

ドオミエの眼病は此の年の暮あたりから惡化した。巴里に對して絕ちがたい執着をもつたが、眼から半ば光が消えた事は畫家としては生きてゆく武器を折られたやうなもので、殊に人間と都會とから離れては畫材のなかつた彼としては大きな打擊であつたので、このバゼーヌ事件を最後に彼は石版畫のクレヨンを全く棄てシアリヴアリからも引退してヴアルモンドア在の靜かな寓居に隱棲することになつた。然しそれでも彼はその後デッサンや水彩畫を描いて生活の糧を得なければならなかつた。

友人等は巴里から姿を消したドオミエを慕ひ彼をヴアルモンドアに訪ねる者が少くなかつた。ブーラール、ドオビニー、デユプレー、ジオフロアドシヨーム、ミレー、コロー等は屢々彼の家に集つて落魄の彼を慰めた。昔馴染のテオドオル・ルッソーはすでに帝政末期六十七年に死んでゐる。

賣出した青年漫畫家アンドレ・ギルと親しく交り、彼の共和主義的熱意と才幹とを認めて自分の後繼者であるかのやうに彼を激勵したのも此頃のことである。ドオミエはギルを「若いけれど美術家であると共に一個の人間である」と言つて賞めた。一方詩集「ピピ帽を冠つた詩神」を發表したギルは老先輩の理解ある好意に感謝して一篇の詩を作つて贈つたがその詩の中で彼は

ラブレーの如く、
ヴォルテールの如く、
アリストファネスの如く、
偉大な天才の血をうけたあなたは
冒瀆する群集に向つて
微笑の假面を被り、そして
幾多の惡黨どもを拉し來つて
彼らの爲めに不朽の晒臺を建設した。

と謳つて老ドオミエを讃嘆した。

法廷の人々　ドオミエ

二

彼は貧乏してもいつも平和であつた。少年時代、硝子工詩人であつた父が、貧乏しながらも滿足して詩作に耽つてゐたと同樣に、彼も畫さへ描いてゐればそれが無上の幸福だつたが、風景畫家と違つた人間を好いた、いはゞ「民衆に醉つてゐた」彼としては、人間の臭氣が彼を興奮せしめ、彼の苦勞を忘却せしめたのだから、今、田園に退いて自然に親しむといふことは耐え

られぬ淋しさがあつたに違ひない。月日が過ぎるに從つて眼病は益々惡化する。畫は描けない。生活の壓迫は益々酷くなる。

七十四年家主ギユデー爺さんはドオミエの家賃滯納を放任してをく樣にゆかなくなつて、頻りに催促し、場合によつては明渡しを要求し强制的に解決しようとした。これをドオビニーから聞いたコローはドオミエには豫め何ら知らさないでその家を早速家主から買受け、そしてからドオミエ名儀で、公證役場に登記してからドオミエの誕生日二月二十八日附で次のやうな手紙を送つて彼を驚かした。

「僕の老友よ、ヴアルモンドアのリラダンの附近に僕は一軒の小さい家を持つてゐたがその處分に困つてゐた。だがそれを君に提供するといふ考が念頭に浮んだ。此の考はよいと思つたので僕は公證人のところへ行つて君の名儀で登記してきた。だがこれは君の爲にやつたのでなくて君の家主をへこましてやりたかつたのだ」

翌日コローが平然としてドオミエを訪問した時、ドオミエは涙を一杯ためて彼を抱き締めながら、

「コロー君、僕が侮辱を感じないでかやうな贈物を受取ることの出來るのは君だけだよ」と言つて喜んだ。

ドオミエは此年から殆んど失明した。そこで第三共和國政府は彼の共和主義的功績を考慮して、七十七年、年金二千四百フランを贈つて老漫畫家を救恤することゝなつた。彼は快くそれを受領したが、この年金額は壯年時代の彼が得た最低收入月額四百フランの半額に相當するもので到底彼の晩年の幸福を保證する程度のものではなかつた。これについて當時の美術批評家ビユルチーは、かくの如く名譽ある謙讓な同情心の强い老畫家のために美術局に對して一つの請願が試みられたが効果がなかつた。ビユルチーがドオミエを推賞しその不遇を紹介した記事が雜誌「佛蘭西共和國」に發表されたが、これが友人や識者の注意を惹きやがて彼を救恤すべき運動が組織さるゝ機運を作つた。それが具體化したのが、七十八年の春でペルチ街のデユランリユエール畫廊で開催された彼の油繪水彩畫並にデッサンに關する展覽會が開催された。

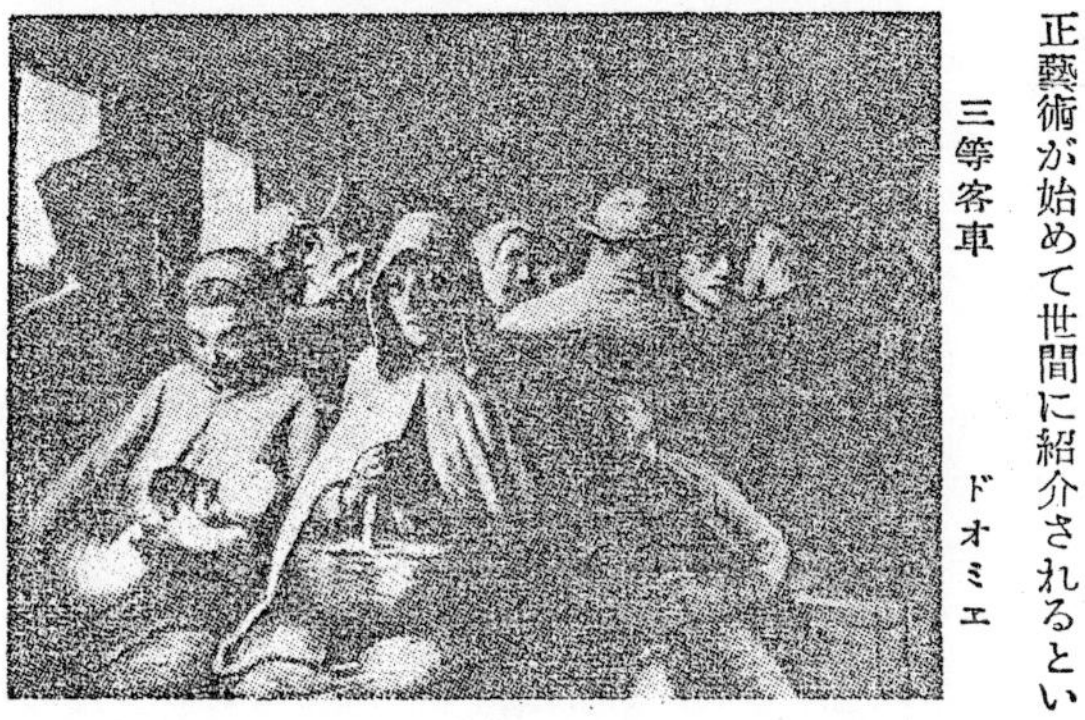

三等客車　ドオミエ

これまで、ドオミエは漫畫家として認められ從つて彼の漫畫は世間周知であつたが、此の展覽會は彼の「純正藝術」の方面を普く知らしめようとした點で彼の傳記史上甚だ意味深いものである。失明老殘になつてから自分の純正藝術が始めて世間に紹介されるといふことは畫家の一生としては一つの悲劇であると云はねばならない。

元來彼の純正藝術の活動は二月革命以後のことである。ルイ・フイリップの七月王政時代は石版漫畫に熱心な興味をもつてゐたが、二月革命以後、攻擊する政敵が無くなつたのでおのづから熱意がさめ、一方ジヤーナリスチックな漫畫に終始することが自分の藝術的欲求を滿足せしめもしないので、パンのために、クレヨンを執りながら、暇なときは年來の志望である油繪の製作に携はつてゐたのである。然し油繪でも水彩畫でも自分のために描いたやうなもので殆んど商品的價値はなかつた。

七十八年、ユーゴーを主催委員長として開かれたドオミエ作品展覽會では彼のアトリエや友人の間から目星しいものを寄せ集めて九十四點が展覽された。かつてドオミエの漫畫の槍玉に擧げられた人々も快く彼の作品を參觀に來たばかりでなく、畫家や批評家の中では非常な好評を博し、彼の藝術の眞價が再吟味され、再評價される絶好のチヤンスであつた。新聞界を攪亂したり、ルイ・ナポレオンの御用を勤めてドオミエから仇敵視された新聞王ジラルダンがその「冷徹な眼にも暗涙を浮べて」樣々のヒユーマニスチックな畫面に見入つてゐたのは涙ぐましい情景であつた。共和黨の領袖として時めくガンベツタもジオフロア・ドシヨオムに案內されて入場、特に「法廷の人々」の畫には吸はれるように近よつて眺めるのであつた。

ドオミエの生活の中心だつた石版畫は原畫が保存されてゐない。また主として發表された「シアリヴァリ」紙の發行部數である二千部乃至五千部程度のコッピーがあつた譯だからその稀少價値は大きくないが、所謂純正藝術に屬する油繪、水彩畫、デッサンの類は千九百二十三年、獨逸のエーリッヒ・クロッソヴイスキが發表して調査によれば四百五十七點、その內約二百五十點が油繪ですべて各國に散在してゐる。クロッソヴスキはそのテーマを十四に分けてゐる。

（一）諷刺的なもの、古典文學に關するもの、詩の註釋に關するもの（二）馬と騎手（三）ドンキホーテ（四）劇場に於ける登場人物、殊にモリエーと劇の場面（五）聖書の物語（六）歷史に關するもの（七）劇場內の觀衆、喜劇役者、近代劇の場面（八）群集的情景に關するもの（九）法廷の人々（一〇）街の流浪者、主として辻藝人（一一）勞動者（一二）汽車、酒場、街頭風景、家庭生活等（一三）肖像畫（一四）雜

に分類してゐる。が「人間」の畫家である彼のテーマの主たる傾向は「庶民的」又は「民衆的」である。僅かに劇場內のロージユやフオトイユ・ドルケストルに納まる紳士淑女を描寫したものを除いて、凡そ上流社會、美人、モード、リユックス等に關したものがない「自然風景」に關するものはクロッソヴスキー目錄中「雜」の部に「溪谷」と題するものが一點あるのみである。

彼の漫畫には政治漫畫は別として、漫畫らしくない眞面目さや、グロテスクな美しさが横溢してゐて、場合によつては題材の取扱方が漫畫といふには餘りに繪畫的で、たゞ何處かユーモラスであるが故に漫畫に類すると言つてもよいものがあると同樣に、また彼の純正繪畫には漫畫的畫題のあるものが少くない。從つて彼の場合、漫畫と純正繪畫との間に限界を決定することは必ずしも常に容易でない。蓋し彼の繪畫は人生に對するリアリスチックな解釋の表現で、單純な模寫でないからである。

例へば「神々の食事」では五人の神々が樹下の食卓を圍んで食事してゐるが隅にゐる第五人目の神は御馳走を盛つた大皿を兩手にかゝへて給仕に出た半裸體のニンフの腰のあたりに抱きついてゐる。裸體の神々は筋骨逞しく、風貌は野卑でさながら浮浪者の酒宴である。それは神々を地上に引き卸し、その勿體振つた假面やポーズを叩き碎きそして肉慾的な人間の吐息を吹つかけたもので人間至上を謳歌した作品である。これを單に漫畫視して一笑に附するものがあつたら彼はフイリスチンの識りを免れまい。

直接「人間性の現實」に卽し、それにぶつかつて行つたのは「法廷の人々」とか、劇場內の觀衆とか、辻藝人を多く描寫した街の流浪者とか、勞働する者とか、親子とか、臨援を描寫した群集的情景とか、その他汽車、酒場或は街頭の店舖業を描寫し、すべて民衆的なもの、又は少くとも民衆的情趣を髣髴せしむる類のもので、神話や古典文學に對し彼の反逆的な誤解されやすい解釋を加へたものとは違つて、彼の純正藝術の眞價――ドミエ的個性を發揮してゐる。

「法廷の人々」は「シアリヴアリ」紙上に漫畫として發表したものも多いが

クロッツヴスキー目錄中でも釣七十枚に上る油繪や水彩畫がある。いづれも裁判官、檢事、辯護士、傍聽者の群集から取材したもので、特に辯護士の雄辯や密議について着眼したものが多い。

「汽車」に關するもので「三等客車」と題されたものが油繪六點、水彩畫が八點あるが、その中で混雜した客車の畫面前部の中央に腰かけて籠をもつた婆さん、向つて左隣に乳呑兒を抱いた母親、そして右隣には一人の男の子が疲れて婆さんに倚りかゝつたまゝ眠つてゐる情景を描寫した油繪は最もよく知られた構圖のもので、これは千九百十三年、四萬ドルの値段でパリからニユーヨークへ買取られたといふ。

「三等客車」は彼がミレーやルツソー等の住んでゐたヴルモンドアへ出かける度每に乘つた三等客車内のスケッチで、往復の乘客は巴里効外に住む大工左官、肉屋、靑物屋、勞働者、或は近村の農夫が主なるものであつた。彼のスケッチによれば車内の雰圍氣は平穩靜肅である。横暴な又はだらしないポーズの者が一人もゐない。

ドオミエの作品は七十八年の展覽會に於て畫家や批評家等のエキスパートの間で大に認められたが、大衆は勿論、アマチユアは彼の純正藝術をもたゞの漫畫視して、或は漫畫家の作品だとして顧みなかつた。彼らには「個性あるものゝ美」といふことが判らなかつたのである。

第一回個展の八年後、八十八年のフランス漫畫展覽會、八十九年の萬國博覽會當時の展覽會、九十四年の石版畫展覽會、この三つの展覽會によつてドオミエの石版畫家、漫畫家、そして肖像畫家としての優越が完全に認められるに至つた。九十五年までにドオミエ夫人は生きのびてゐたので、彼女は逐年高まつてゆく夫の聲價を朧ろげながら知ることは出來たが、ドオミエの眞價が一般的に理解されて、その市場價格が暴騰したのは千九百一年の春、美術關係の新聞雜誌が共同主催で開いた美術學校に於けるドオミエ作品展覽會以後――死んでから約二十年後のことであつた。そしてヴルモンドアの彼の舊居はバルビゾンにあるミレーのそれと同樣に今も保存されて偉大な藝術家の淋しかつた晩年の生活の追憶をさせてゐる。舊友ジヨツフロア・ド・シヨームの手に成る半身の大理石像が、ヴアルモンドアの村役場の前に建設された。臺石の正面には「この紀念標は、國家、マルセイユ、ヴアルモンドア、彼の賞讃者、彼の友人の醵金によつて建設されたものである」と銘記されてゐる。（了）

廣瀨熹六　古畫印象模寫集

著者は篤學の美術研究家であると共にまた自ら彩管を把る能力をも持たるゝところから先頃「古畫の印象スケッチ展」なるものを開催して大に江湖に反響をよんだものである。今その折の作品をあつめ更に新稿を加へ著者の自由な鑑賞を裏づけるノートを公開したものである。その印象スケッチは實に潑剌として原畫の要點を摑み、その特徵とする處を恰も漫畫家が人の性格を示す如く「名畫の性格」を發揮したものがこのスケッチ集である。印刷もよく色刷も豊富、眞に愛好家の伴侶にふさはしい書である。（限定版定價金七圓塔影社發行）

「をかしみ」と「あはれ」
―芭蕉の俳諧一斷面―

久松潛一

俳諧の精神をつきつめてゆく時芭蕉の精神に至ることは殆ど常識となつて居るが事實さういふ結果になると思ふ。もとより俳諧を發生的に見れば「をかしみ」から出て居り、萬葉集の無心所著の歌書から出發して居るとも言へるのであつて、連歌にしても無心連歌がその系統を引くものであらう。しかし日本文學に於ては「をかしみ」はそれ自身窮極たり得ず、それをつきつめてゆくと「あはれ」となり更に「さび」といふ方向に進んでゆくのであるが、俳諧にしても第二義的の詩歌にならうとする時單なる「をかしみ」を捨てゝ「あはれ」となり「さび」となつてゆくのである。同時に「をかしみ」にしてもその根柢に「まこと」を有することによつて單なる滑稽でない嚴肅な性格を有するのである。芭蕉の俳諧はさういふ點で俳諧を第一義的な詩とならしめるために當然到達した境地であつたのである。俳諧をいふ時芭蕉がとりあげられるのは當然の事であるのである。（「さいかち」一月號より）

江戸の喧嘩（北齋漫畫）より

書道の「道」といふこと

岡本一平

われ／＼はあまりに耳慣れてゐるので却つて氣が付かないでゐるが、日本の技藝に關るものには大概この「道」の字をつけて呼び慣はしてゐることである。書道歌道畫道華道――そして道の字をつけて呼び慣はさないものにもその技藝界へ入つてみるとこの「道」が意味するところのものと同じ内容のことが尊重されてゐる。

「道」とは何であらうか。天地間にこれを踐み行つてゆくときに萬あやまちの無い筋といふことであつて、人間に最も必要な宗教的、道德的、科學的、經濟的な原則のものがおの／＼その技藝處用の資材を通じて滯りなく表現される物心冥合の契路のことであらう。

道に到り達し、技、神に入つた境致の說明としてはよく莊子の庖丁の話が持出される。この料理人は永年の體驗と熟達から一本の料理刀で牛を剖くのに骨節筋肉は刄先をむかへぬ前に自ら解けるやうだつた。しかし料理番自身少しも念も力も費してゐないといふ。「みづ鳥の行くも歸るも跡絶えてされども道は忘れざりけり」これは曹洞宗の開祖道元禪師が「道」といふ題で詠まれた歌、花の話と共に天衣無縫のところを指ずもので、ある藝界では藝法の極致としてゐる。さもさうず、さもありなん。しかしながらわれ〳〵修業途上に在るものがこゝへ一足飛びに行かうとするのは早熟に陷り易い。やはり旦に一莖を拔き捨て夕に一草を拂つて歩々着實に足の踏みどころを見出して行くべきものであらう。

それゆゑ、技の世界にはおの〳〵その業に即しながら斯道の妙諦を暗示するのに體驗的な識言が設けられてある。歌道に於ける貫之の人のまこと、俊成の幽玄、俳道に於ける芭蕉のさび栞不易流行、茶道に於ける利休の心得百首、その他一般には知られてゐないがその社會に入ると金科玉條となつてゐるものが必ずやある。相撲道で關取が取的に稽古をつける場合最初に敎へる戒めは「押せや押せ押すに手なし」といふ言葉である。力士はこの實力主義正攻第一を原則として身上に鍛へ持つたのち自在な四十八手裏表の變化に出ることができる。

考へてみるのに日本人は實に修養の國民である。どこの家へ行つてみても精神修養か情操涵養に關る書畫の一つや二つ床の間か長押に掛つてない家はない。現代の戰爭は機械戰であるが時局以來私のつく〴〵感じたことは偉勳の武將たちがその經驗を語られるのにまづ精神的な言葉をもつてせらるゝことである。知るべし器は結局、物であつて人によつて操られるものであることを、しかもその器の精妙すらまた到れる精神の具象反映せしものなることを。

修養は俄仕立では附燒刄である。時間的の薫習と撓まぬ勞の操返しによつて形式が質的化する。今度時局が大東亞戰爭の段階に達するに及んで私たちはいろ〳〵氣付かせられることであるが、この規模の雄大さ堀出すべきものゝ深さ、短歲月の民族的構想になれるものではないやうな氣がする。二千有餘年のわが民族の歷史は、冥々のうちにこのために鍛へられ蓄へられ試みられつゝあつたやうに思ふ。特に修養好きの國民性が頼もしく顧られる。大陸の宗敎史に、末法の世の中に東海に大乘的な國民性の國が在つて大に正法を興隆するといふ豫言があるさうだが、まさ夢のやうに思出されて來る。すべて大乘といふことはいかなる高遠な理想も現實に具體化ずといふ建前の下に方法論としては最も單的に大局の重點把握を目指すものであるが、これは聰慧にして勇に刻苦精勵に堪ゆる素質の民族でなければ採り行へないことゝされてゐる。

日本のもろ〳〵の技藝が「道」といふ字を結び附けて、否、寧ろこれを目標として修證し來つたといふことは、日本人の他の修養と相俟つてどのくらゐわが國民性を正しくも大乘的に練成したか知れない。その意味から技藝も單なる慰み事や閑家具でなく人間陶治の捷術であるといふことはまた、諸藝中達識者が常に口を酸くして唱へ戒めたところのものであつた。

繪畫に於ても同じことである。それゆゑ、これを畫道といふ。私はこどもの時分に狩野派を習はせられたものであるが、毎年暮の月に入ると翌正月の書初めの下稽古をさせられる。圖柄は熨斗の上に寶珠のたま三つ載せたもので筆數も十指を指折る以上には出ず、ごく簡單な墨畫である。だけそれだけこれを懸腕直筆で描き下すとき歷々手腕のほどが露呈する。師匠は一々これを點檢して、今度のは「貧乏くたい寶珠のたまだ」とか、今度のは「附元氣の寶珠のたまだ」とか畫樣心境共に評し去つて完膚なきまでに攻めつけられる。毎年暮一月の間これをやらされるので子供ごゝろに年の暮は嫌なものだと思つた。結局畫も最後は體當りの實力以外にはないことを呑込ませられた。

この道探り到る場合に諸機に應じて豁達なることを得る筋格なものゝ存することを漠然としてながら感じさせられた。これは私ごとき末輩の貧弱な體驗に過ぎず、畫壇の諸先輩には層一層の體驗と所感がある筈である。就て訊ぬべし。

明治以來つい先頃まで繪畫も知性的啓蒙、客觀現象闡明、感覺尊重の方向に流れてその弊として畫が薄つぺらになつた。一口にいつてみれば畫道の二字のうちでは「畫」の方の發達進歩に歩を運んでゐたやうである。意志的である「道」の學び方はしばらく置去られた形である。私は「ぽつ〳〵三年」で鍛へたであらうと思ふ文人畫のある耆宿に話を訊いたことがあるが、この人折角の道的の體驗造詣をまるで恥づるやうにへし隱して、淺薄な寫生主義を新しげに提唱されてゐた。また、他にこの方面を嗜むかに見ゆる畫學者もあつたが頑迷たゞ時世を罵るばかりで、その嗜むといふ畫道的のものも觀念抽象に於て氣焔を擧げるばかりであつた。しかもわれ〳〵民族性中に流れてゐる畫道の實のある「道」に對する愛着は失はれるものでなく、却つて鑑賞者の側に命脈を保ち多少の畫家を保有してゐた。近頃鐵齋の遺展が開かれたので見て來たがこれなぞその畫家の一人であらふ。兎に角「畫」に骨折る主流の畫壇と「道」を學ばんとする畫家とは離れてゐた。時代は爭はれない、双足は一しよに出ない。明治以來、畫本意であるところの繪畫の研究發達はその然るべき時代的要求があつてかくありしもの、その收獲にして次代に利便のものは採つてもつて藥籠中のものとすべきである。しかも諸藝に於ける道なるものは國民情操の中核を形造る由緣のものである以上、畫道の「道」も時代的新意義の註解のもとに堀り活すべきである。鎌倉時代の運、湛の彫刻の寫實、獨逸十九世紀初頭前後の文學に於けるロマンチシズム、等々、いづれも民族性中に在つて前時代一時秘まされしものの新意義的再堀である「道」などゝいふと古臭く聞えるかも知れないが徒に舊套に還れといふには非ず。

本誌よりの注文は漫畫に就ての記事であつたが、七八年前より老眼がとくに度が進んで版下が主である漫畫といふものをずつと描いてゐない。年少より執つた杵柄の日本畫を職域奉公にしてゐる。いささか近頃の所感を記し責を塞ぐ。

漫畫及び漫畫家の性格

川路柳虹

我國で漫畫と呼び做される繪畫は英語のカアツーン cartoon 或はカリケチユア（caricature といはれるものと同義の如くである。「漫畫」の語は「北齋漫畫」が示す如く目捷の凡ゆる事物を端的に表出したもので、必ずしもカアツーンの意は含んでゐないが、結果に於てカアツーン或はカリケチユアの心をもつものである。殊に言へばカリケチユアに近いものである。

が、「北齋漫畫」はもともと巷間の畫肆が畫手本になるやう編纂上梓したもので北齋自身も版下畫として發表した畫册であるから中には芥子園畫傳あたりから點沓や皴法の描き方まで借用して示した所もある。ただその大半が北齋の寫生畫、――今日普通いふスケッチに類する作を漫然と種類に應じて登載したので、そこに彼の寫實精神の躍如たる面目を觀ることが出來るわけで今日いふ「漫畫」の概念とはむしろ遠いものである。今日いふ「漫畫」は上述の如きカリケチユア乃至カアツーンであつて、それは最も多く印刷美術として新聞雜誌の上に發表せらるゝ時事の諷刺、人物の性格相貌の剔抉等、社會上、政治上の諷諭を滑稽なる表現に籍る繪畫の謂である。「漫畫」の語がかゝる意味に轉用され來つたことを「北齋漫畫」の時代に用ゐられた焦點と異る焦點をもつに至つたことが考へられる。

しかし諷刺、諷諭といふ點から言へば古來日本には尠からざる範例がある。それは純粹美術としてかゝる要素を具備する作品があるからである。鳥羽繪と呼ばれてゐる一聯の作品は有名な傳鳥羽僧正筆の「鳥獸戲畫」がある。彼の「おこ繪」（嗚呼繪）と呼ばるゝものもまれであり「かち繪」「おそくつの繪」などゝ古今著聞集などに記されてゐるエロチックな諷畫も恐らくそれであつたらう。又觀方によつては「餓鬼草紙」「病の草紙」なども諷刺の範疇に入れてもよいものである。

英一蝶が「朝妻船」によつて流罪の嚴刑をうけた因由もその政治的社會的諷刺にあつたが、幕末、天保、嘉永、弘化、安政時代に渉つて、江戸市中に販賣された錦繪の中には幕末の秕政を妖怪畫によつて暗諭した諷刺畫もあつた。これは既に繪畫が實生活上の政治的社會的効果に働きかけた一つの社會的現象として注目されよう。卽ちかやうなカアツーンは鳥羽繪や餓鬼草紙の如く單なる觀念上の滑稽乃至道德的諷諭と言つたものと異つて、切實な時事問題に沱觸れてきたといふことに於て繪畫の社會性の發展が見られるからである。

カアツーンもカリケチユアも「漫畫」と言つて終へばそれに違ひないが、諷諭的繪畫を總稱してカアツーンとも考へられるし、又その本質の「諷刺」といふ意に重點を置くなら、カリケチユアはむしろ「戲畫」といふ方に價ひしよう。我國で「ポンチ畫」と俗稱されてゐるものがこのカリケチユアであるがそれは英國十九世紀末の漫畫雜誌「パンチ」Punch が時の政治家やその他カリケチユアを多く掲げたことからパンチの語が一般化したるに由來してゐるが、日本に於てこの「パンチ」が行はれたのは明治初年に英人ワーグマンが「ジヤパンパンチ」なる一漫畫雜誌を横濱で發行し出したことが「ポンチ繪」の語を生み出した直接の原因である。

カリケチユアにもむろん諷刺の要素はある。それは先第一に端的に人を笑はせる要素が要る。卽ちそれは形體からくる不均衡乃至不調が滑稽味を觀者に與へるからである。漫畫は今日一つの獨立した繪畫と做せるが、「藝術としての漫畫」は單に形の上からくる滑稽のみではなく「意味としての骨稽」が主要素をなしてゐる。而して純藝術とし取り扱はれる漫畫はその技巧が純粹美術の技巧としての要素に適合しうるだけの高さになくてはならない。今日新聞雜誌々上に掲載される多くの漫畫はむしろ職業的な漫畫家の作品で、必ずしもその藝術的價値を純粹美術と等しくする要はない。それには漫畫自身の目的に添へばよいのであるが、カリケチユアはこの意味に於て「形體上の矛盾」といふ一ポイントを把握することで充分漫畫の目的は達せられてゐるのである。

「笑」の哲學を語つたベルグソンは笑の本源が人間の肉體卽ち形からくることの多いことを指摘してゐる。而してその滑稽を感じる要素は單なる形體上の不均衡不調和だけでなく、それが行動として表はれる時に感じるものが最も强いことを語つてゐる。しかもこの行動は「急激な變化」が加はつた場合

大山元帥　平福百穗

に滑稽味が増すのである。たとへば路上で山高帽を被つて端然と歩む紳士が大風に逢つてその帽子を奪られる。帽子が路上をコロ〳〵と轉がる。すると紳士は矢庭に驅け出して路上の帽子を追ふ。その姿は誰しも滑稽に感じて笑ふであらう。そのことは紳士の端然たる姿を常態としてゐる觀念に對して帽子が飛ぶといふ「急激な變化」が加はり、紳士がその「端然」を投げ出して遠慮なく驅け出すといふ急激な變化の齎す不均衡不調和にあるといふのである。又單に人が路上で石につまづいて轉ぶ動作を考へてもいゝ。轉んだことは當人が豫期してゐない事件を急激にうけたためその常態が崩れたことであるがもしその轉ぶ動作が緩漫で、靜かに路上に座つたと考へたならそれほど可笑しくはないといふやうな例を擧げてゐるが、漫畫家の捉へる戲畫の要素もかういふ形體の變化にポイントを置いて描けばそれは充分滑稽に價ひしよう。

又かゝる行動のポイントでなく、單に頭デッカチに描くとかある人物の相貌の一特徵を誇大に示すとかいふことだけでも一つの滑稽味は與へられるがこれも突飛に、突然にその形體に變化を與へることから生じるものである。かような意味の「誇張」はカリケチユアのいつも行ふ要件である。

「誇張」は「常態」に對する「非常態」「不均衡」を意味する。極端に迄一つの性質を擴大するのである。この誇張は漫然たる誇張では要をなさない。卽ち大切重大ポイントを誇張することに於て「誇張」そのものゝ効果が上るのでその重大ポイントの把握は卽ち特質の把握で漫畫家の眼の鋭さが摑へる技術であり、觀察を基底にする漫畫家の直觀でもある。

近代の西歐繪畫は意識的にこの誇張（エキザジラッション）を表現要素に加へると同時に形體の質量を表現する

「閭々珍聞」より　小林清規

ための歪形（デフォルマッション）技術が發達したのはフォーブや立體派繪畫並びに彫刻に見られるが、立體派の夫れの如きは純形體的な要求からであつて感情や意味の夫れではない。

漫畫本來の性格は單に一つの對象を繪畫的に表現するといふことにはなく、必ずその對象に對して作家自身の觀察し直觀したるものゝ意味乃至感情を表現するのであるから繪畫としても純粹繪畫の如く技術それ自身が目的ではなくなるのである。が、藝術的な漫畫も勿論ありうる。それは純粹繪畫としても眺められる藝術價値をもつ繪畫で西歐の古今にその類例を求めるなら隨分多い。ホルバインの如き、ブリユーゲルの如き、ルーベンスの如き、佛蘭西に於てはドオミエやフオーラン、スチインランの如き繪畫は藝術としての單獨鑑賞にも堪へうる漫畫である。

しかし漫畫の重大なる要素はそのもつ社會性にある。この意味で漫畫は先づ民衆繪畫の一種であることを認めてよい。漫畫は藝術技術として高踏なものであつてもその傳へる意味は社會性をもたねばならぬことに於て民衆的なものである。從つて漫畫家はその藝術家としての象牙の塔に籠ることを拗つて社會人の一人として先づ出立せねばならぬ。同時に彼はその自らの生活から經驗するものゝ中に社會藝術家としての鋭い直觀を働かせねばならぬ。この能力なきものは漫畫家の素質を缺くのである。だから漫畫家は美術家としても一面新聞記者であり、又時に詩人であり、批評家であり哲學者であることが必要なのである。觀察と直觀に鋭敏性をもたぬ人間には出來ないし、又その觀察なり直觀なりは事物を洞察する力を裏付けねばならないからである。漫畫家と稱さるゝ人には多少にかゝはらずかゝる一面が具有されてゐるから、人の感銘を買ふのである。

それをもつと突きつめていふなら、漫畫家はたえず事物の「矛盾」に鋭い眼を向ける藝術家でなければならないことである。（こゝに詩人的要素をみる）そしてその矛盾を「笑」ひの方面に轉化さす技能をもつ人間でなくてはならぬ。喜劇は日常的である。漫畫は壯嚴美の反對の滑稽美喜劇美に求めるものである。

「笑ひ」の中にも幾多の種類がある。サタイア（諷刺）は鋭い笑ひであり、ユーモア（可笑）は輕い笑ひであり、ウイット（奇智）は洒落た笑ひである。漫畫家はそのいづれもの笑ひの要素を對象から把握する。政治漫畫、社會漫畫、人物漫畫と、その對象は異つても要領はすべて同じである。そしてそれが民衆の心意に觸れて感銘をあたへ同感を與へることは大きい社會性をもつ藝術といはねばならぬ。又この民衆的社會的反應を要する藝術として漫畫の大部分が現在印刷機を媒介とする活動に主力を置くことも自然である。

漫畫がその鋭い觀察の反映は最もよく時代の歷史的特質を表現する。この意味で時代批評としての價値は後世に至つて益々發輝する場合がある。ビゴーが描いた第三回內國博覽會に、始めて黑田清輝の裸體畫が出陳され觀衆がその前に啞然と立つて眺めてゐる圖の如きわが洋畫界の一時期を何より雄辨に語つてくれてゐる一例であるが、漫畫家の使命の決して些少ではないことを知るべきであらう。

明治以後我國の漫畫も色々な方面に發達してきたがその多くが版畫家乃至新聞雜誌に關係ふかい美術家の手になつたことも當然である。北齋以來浮世繪畫家中に漫畫を試みるものが多かつた。小林清規の如きその一人である。平福百穗の議會スケッチは國民新聞の一時期を飾つたが彼の漫畫には純藝術的のものが多い。岡本一平氏の漫畫も一時期を劃すべきものだが、彼の技法には純藝術味を多分にもつてゐる。北澤樂天氏もわが漫畫界の一エポックを作つた。その時事漫畫は中々諷刺に富んでをつた。

藝術漫畫としては前記岡本氏、平福氏の如きを擧げうるが、私は石井鶴三氏の作品がドオミエやフオーランに通ふ藝術的漫畫の好例だと思つてゐる。氏の作品はユーモアにあるがその社會漫畫としての甚だ特徵卓越した觀察と技巧は敬服に價ひすると思ふ。

念佛の人々　石井鶴三

この種の社會的取材の藝術は不思議に日本の畫界に尠いし、且つそのよい發達がないのである。そのことは畫因の問題に關るが、わが國の畫家のモチーヴが概ね靜的な題材に求めるもの多く、たまたま今日のやうな戰爭題材の繪畫が生れても、大きい動的取材は至つて尠い。それは畫家自身の觀照がイージーな題材へのみ走りがちで、從つて六づかしい面倒な情景や場面へぶつかつてゆくだけの氣力に缺けてゐるとも言へるのである。

勿論かやうな努力は技巧として、單なる風景とか、靜物とか、或は裸體などを描くより面倒くさい。それには根底に事物を寫實的に表現すべきアカデミックの技術を一通り呑み込まねば出來ないからである。かういふ點に――社會的題材の尠いこと自身が、わが國畫家の觀照の單一を語ると共にアカデミック技法を會得してをらぬといふ實證を反映曝露してゐるとも言へる。

漫畫家の素質は前に記した如くかやうな社會的民衆的生活的題材に向つて勇敢にぶつかつてゆくところにあるがその態度は必ずしもアクチーヴであることをのみ要せぬ。むしろ當面の葛藤から身を退いて靜かに眺め、靜かに笑ふやうなネガチーヴな態度もまた漫畫として面白いのである。ドオミエにしても凡てが熾烈な諷刺でなくそつと痛いところを突くとか、陰でクスくく笑ふとかいふ態の作品がよく見えるのである。

日本の今日の漫畫家は、あまりに職業的漫畫家になり切つてゐるがそれをもつと藝術の高さにもつてきてよいと思ふのである。

猶論ずべき點は多いが漫畫の性格について所感を述べて擱筆する。

黒田清輝筆裸體畫
「鏡の前」に呆れる觀衆
ビゴー筆

古名畫に見た マレーの手長猿

下店靜市

一

マレー進擊のすばらしさ、シンガポールの陷落も間近に迫つた。そこで此の南方特産の手長猿の古名畫をみていただきます。口繪の寫眞にも見るやうにずゐぶんいろいろの人々によつて描かれてゐます。實際はもつとたくさんに描かれたとみていゝでせう。さうすると支那では相當この猿がすかれたものだと云ふことが分りませう。この猿がそんなに好んで描かれたと云ふについてはそこに何か特別な理由がなくてはなりなりません。

こんな熱帶産の動物を支那の人が描くためには先づ支那と南方との交通について一言ずる必要がありませう。

今から千年ほども前には今の上海の附近に非常にたくさんの南方人が來て住んでゐた。そして揚子江の沿岸や奥地からその水運を利して集つて來る絹をはじめいろいろな産物を交易したわけです。唐末の亂世には生活の安全をおびやかされたので歸國する者が多かつたが、宋代以後國が靜穩になるとまた交易がさかんとなり來住者も增加したのでありました。これらの事情は不思議にも繪畫の上によく現はれて、無言のうちにさうした經濟的、政治的、また軍事上或は宗教上や藝術上の歷史的な事象を雄辨に物語る。

二

それらの事の一として手長猿のことを書いてみます。手長猿は支那畫に相當多く描かれてゐるので、これは支那産だとおもつてゐる人が相當あるやうです。マレーのジャングル地帶を猛進した皇軍の現地報告も新聞に出ましたがワニや象や豹のことなどはあつてもまだ手長猿の事は出て來ません。だから今でもさう信じてゐる人が多いとおもひます。しかしその誤なことは後で云ひますが、兎に角手長猿の名畫として誰でも知つてゐるのは京都の大德寺にある牧溪の作です。これは三幅對で中は觀音、左右はこの猿とそして鶴を描いてゐます。これは東洋畫中でも屈指の名畫としてやかましい作品である。

これを描いた牧溪は四川省西蜀の坊さんで、揚子江を下つて浙江省に來てゐたのです。ところでこの猿が支那のやうな溫帶にはゐなくて熱帶産の動物だとすれば、牧溪はどうしてこれを描く事が出來たのだらうと云ふ事が問題となります。だが諸君は直ちに、先に申しました南方人との交易と云ふ事が念頭に浮びあがつて來るでせう。アラビヤ人かマレー人が支那にこの猿をもつて來たのだと云ふ事はたやすく想像することができませう。次に珍鳥奇獸をあつめて飼育する趣味が支那民族のあひだにあつた事も注意を要します。これは皇帝や、諸侯のあひだに行はれてゐた一種の貴族趣味に外なりません。

三

文人畫には一方に於て山水を取扱ふものと鳥獸花卉を取扱ふものと二つあります。そして鳥獸花卉を描いても野禽野獸などの平俗な對象を描きましたが、これに反して宮廷や諸侯の御抱へ繪師、これを院體の作家と云ひますが、この派の作家は珍禽異獸を好んで描いたと云はれてゐます。

マレー産の手長猿がこの種の趣味に投じて宮廷に飼育されてゐたものである事は當然でありませう。そして現に南宋の畫院に有名な劉松年によつて描かれてゐます。今一つ明の宣宗帝の作品があります。たゞこれには白手長猿を描いてゐる事が注意をひきます。牧溪の猿も子持猿で、黑い母猿が同じ色の仔猿をかき抱いてゐるが、これは仔だけが白です。尤も白手長猿は今一つ大德寺に阿難を描いた畫の中に描かれてゐます。先に申しました劉松年の羅漢畫の上に描かれてゐたところをみると、大體我が國に傳へられた多くの羅漢畫は浙江省で出來たもので、それは劉松年などの系統をひくものではないかと云ふ想像も成り立つわけなのです。そして手長猿は黑の普通のもの以外に恁うした白と云ふ變種もはいつてゐた事が知られるのであつて、白は殊に珍らしいところから更に珍重されたものとおもはれる。

劉松年は南宋の畫院に出仕してゐた大家です。ところが南宋は今の杭州臨安の地に都してゐました。おそらく劉松年はこゝの朝廷に飼育されてゐるものを寫し描いたものと考へられます。

むろん宣宗の作も宮廷内に飼育されたものに相違ありますまい。今一つ揭出した枇杷戲猿圖も宋代の作で、その作風は院體のものでありますからやはり宮廷飼育のものを描いたと云ふ事は容易に想像されるところですと云ふのは繪をみても分るやうに、元來此の猿は特殊な生態があります。その生國マレーでは熱帶のジャングル地帶の高い梢の上をわたつて群生してゐるわけです。ところがこの繪をみると、牧溪や劉松年や大德寺の阿難のそれなどのやうに野生の樣にではなく、宮廷などに飼育されたものだと云ふ事がよく分りませう。

四

支那へはじめて手長猿が來たのはいつごろか、また何と云ふ作家がこれをはじめて描いたものであるかなどと云ふことは分らないが、これらの作品を通じて知りうることは、劉松年のものが最も古いのであらうと云ふことです。

外國貿易は五代に衰微したが、宋代に至つて再び回復して廣東方面は殊にさかんなものだつた。こゝは支那貿易の中心地をなしてゐたが、それにつゞいて南宋朝の都した杭州や寧波が貿易港として非常に發展したのであつた。南宋の時代は政治の中心地が杭州に來たものですから上海に近い澉浦や福建省の泉州や、浙江省の寧波、こゝは當時明州とよばれてゐましたが、これらの諸地方に於て頗る盛況を呈したのでありました。むろん今日の南洋方面に於て活躍してゐる華僑と云ふのはやはりこれらの地方の人とに外ならないのです。してみるとその因緣はずゐぶんと古い傳統をもつてゐる。七百年八百年九百、千年と云ふ悠遠な交換がつゞいたものと云ふ事が出來ませう。恁うした事情を考へると、南宋朝の頃手長猿の渡來を考へる事はさして困難ではありますまい。

當時支那と貿易した國々はと云へば、アラビヤ、ジャワ、パレンパンク、チャンパ、カンボジャ等、今日の日本の軍事上、經濟上、外交上最も重要な地域に外なりません。そして東亞諸國がかくて共榮の實をすでにあげてゐたのであります。そして貿易品は政府の專賣であり、その收入と海關稅とは次第に增加して遂には宋の歲入の八分の一を占むる巨額に達したと云ふことであります。

杭州は當時ますます繁榮を增し、それらの外國爲人や回教徒の來住するもの極めて多く、地域の周圍五哩餘に達したと云はれます。そこで劉松年の生活した環境は恁う云ふものであつて多くの美術史家はそれを關心の外に置いてゐたとおもひます。從つて彼の描いた手長猿が、寫眞にも見るやうに野生の狀態を想像して描き得たと云ふのも決して偶然ではないとおもふ。これは啻に手長猿のみならず、その下方に描かれた羅漢像も、支那人ではなく、それらの南方人に外ならないのであります。むろん羅漢を胡貌梵相に描くと云ふ事についてはもつと古い傳統があるし、また五代の頃に禪月大師のそれによつて更に強調せられたのであつた。と云ふのは禪月もまた上海の近くの澉浦でこれら南方人をみて描きそのために羅漢畫の上に新機軸を出したものに外ならないからであります。劉松年にしてもさう云ふ傳統をひいてゐるわけなのであつて、禪宗の盛行と同時に印度の事を描いてみようといふ要求があり、自分の環境が熱帶化して來ることによつてその欲求を寫實的に實現するに至つたものと云へようとおもひます。羅漢そのものを印度的に描くと共に猿も支那猿でなしにそれとふさわしい表現をする、その棲息の狀況をきゝ知つて描くと云ふ事になる。たしかに劉松年の羅漢は半裸の苦行者に描いてゐます。熱帶の人物にかいてゐます。彼は人里離れた山中に苦行してゐるのだからその心で描いてゐます。これに手長猿を配する事はいかにもふさわしい。印度とマレーとは地域としてへだたりがあると云ふやうなことは現代人のする銓索に外ならないでせう。

五

これに反して牧溪は手長猿を白衣觀音に配したのでした。劉松年は林木の梢に描いてゐますが、牧溪もさう云ふ心で描いてゐます。しかし牧溪のはもつと象徵的に表はされてゐるのは否めません。牧溪の冴えた頭腦がよく分ります。尤もこの林木は南洋のものではない。溫帶産の松の梢になつて支那化されてゐる。これは觀音がすでに白衣をつけて支那化されたものであるからそれはそれでよく全體の調子を保つてゐるわけです。牧溪に此の繪に蜀僧と云ふ事を自から書き入れてゐるところをみると、これは蜀の地で描いたものでない事が分る。ではどこで描いたか。

それを知るには當時彼と關係のあつた人々を見なければなりません。いろいろの史料によつてみると無準、虚堂、北磵、偃溪などといふ禪宗の高僧たちと親しかつた事が分ります。そしてまた我が國の南浦紹明即鎌倉建長寺の大應國師とも知り合ひではなかつたかとおもはれます。そしてこれらの高僧たちは當時浙江省にゐた。然も南宋朝のあつた杭州の近くで、徑山や西　の靈隱寺等にゐたと云ふ事が想像されます。臨濟宗の法燈をつぐものです。從つてこれらの土地に於て描かれたものとおもはれます。もう少し想像を逞しくするならば後に我が雪舟の行つてゐた寧波の近くの四明天童あたりにもゐたかも知れません。兎に角さう云つたところから推して、彼は劉松年の作品をみてゐたものであらうとおもはれます。次にその年代ですが、大德寺には今一つ牧溪の龍虎圖が二幅あり、この畫には年號が記入してあります。それには「咸淳巳己牧溪」とあります。この年號は南宋の末年で度宗の時であり、咸淳五年、即ち我が國で云ひますと鎌倉時代で文永六年に相當するわけです。猿の繪もおそらく同じ頃に描かれたものとおもはれるのです。

六

劉松年や牧溪が此の猿をどんな風にかきこなしたか、つまり實物と繪に現はしたものとのあひだにはどう云ふへだたりなりちがひがあるかと云ふことをみる必要があります。そこで實物の寫眞も二枚揭出して參考に供しました。手長猿は殆ど全身黑色を呈してゐるが手足だけは純白色となつてゐる事は寫眞によつても明らかでありませう。それから足の短い割合に手が非常にながい。普通の猿とはちがつて溫柔の性格をもつてゐる。それから顏のまわりの毛が灰白色であります。これも寫物の寫眞の如くです。それと共に白手長猿もあつて、これは前者の普通型に對して、白の變型をなしてゐるわけです。これらは高い林木の梢の上に數十匹群棲、手に手を握り連らなつて溪水を呑んだりすると云ふ事です。ジャングルの木から木に飛びつける事は普通の猿以上に巧妙敏速、それは手がながすぎて邪魔になるばかりではなく脚が短すぎる。そこで平地を歩くときは兩手を頭の上にあげて歩くらしい。元來が熱帶産であるから日本や支那のやうな溫暖な土地で飼ふには冬の寒い時は暖房をしてやらないといけないと云ふ事をきいてゐる。尙食物は果實昆蟲等と云ふ、幼仔は人に馴れるさうだからこれを飼育する事はそんなに困難でもないのであらうとおもひます。

そこでこの實物に對して他の繪に描かれたものを比較してみようとおもふ。これらの繪のうち、宋人の作、枇杷猿戲圖とあるものは相當忠實な寫生によるものでありませう。これが果して南宋のものか、それとも北宋時代のものかは分りませんが、もし北宋のものであると當然劉松年などよりは古いことになる。珍禽奇獸をあつめて有名なのは北宋の徽宗皇帝であります。そして花石名木をあつめ、山は園池泉石の配置に至るまで備に巧妙を極めざるはなく、山高く林深き所には禽獸群をなしてゐたと傳へられるのですが、恁う云ふ蒐集家の存在は手長猿の渡來飼育を考へるに好條件たるは云ふまでもありません。

七

次に劉松年、牧溪、宣宗帝の作は前者とやゝ異なつてゐます。實物を寫眞でみると顏のぐるりに白テープでもつてふちどつたやうな白い毛の輪廓がある。いかにも不思議異常の顏付であります。目鼻口などの顏の道具立はこの內部に適度におさまつてゐる。これにたいして繪の方はと云ふと、このやうには描いてゐないことが分りませう。

牧溪のはなかんづくスマートです。卑しい畜生の顏ではない。何とも云へない高尙な顏をしてゐます、仔を片手で抱いてこちらをむいてゐるその靜かな姿はいかにも神秘な印象を與へます。山猿のあの下卑たいや味のないのはむろんのこと、一種神格化された高尙さに深い深い感銘があります。

稀世の名畫、どうしてこんな名畫が生れたのでせう。實物の寫眞とこれとをつぶさにくらべてゆけばその秘密をある程度までさぐりあてることが出來ませう。

猿は人間の缺點や卑劣さを一方にあつめたやうな動物です。手長猿はしかし最もスマートなものだが、それを更に牧溪は美しいものに現はしました。最もいや味なところは顏付にある。そこで顏の道具だてを中心のところに極めて小さく集中して描いてゐます。恁うすると白テープのやうな輪廓のところがひろがつて來てゐます。こゝに思ひ切つた象徵的表現を選んだ牧溪その人の卓越した天稟の才能と傑出した技倆があるのは云ふまでもありません。ですから目も鼻も口も啻に小さく現はすばかりではなしに、寫生を超越して實物の形に捉はれず點と線だけで現はしてゐます。眉毛をかゝないだけで殆んど人間のやうな顏にかいてゐる。それでゐて此の猿の特徵もよく捉へてゐます。こゝに表現の微妙、と云ふよりも神妙がある。

八

劉松年のも、宣宗帝のも大體此のやうな顏をかいてあります。おそらくこれは劉松年の樣式に由來するものであらうとおもはれる。劉松年は南宋の中期頃、牧溪は末期頃と大體考へられますが兎に角牧溪はその樣式を更に考へて發展させてゐるものと私は考へます。すぐれた樣式はなかなか一朝一夕にしてなるものではないからであり、このやうな先驅者があつてこそはじめてその上によりよく積み重ねられるものだからです、むしろ劉松年は羅漢を目的でかいてゐる。猿はあしらひにすぎない、それだけに畫面全體からみるならば非常に小さく現はれてゐるからこれは考に入れるとしても、その小さな表出のうちに牧溪の先蹤となるだけの立派な仕事を殘してゐるとおもひます。

次に宣宗の戲猿圖をみます。これと元の顏輝の筆と云はれる畫猿圖とを比較してみます。宣宗は宋の徽宗皇帝につく能畫の天子で山水人物花果翎毛草蟲を描いて有名ですが、この作にも非凡の妙味を出してゐます。さすがに品位高く、顔なども牧溪の様式がみられます。親は水を呑ませるために仔猿を抱いて溪水のほとりに降りて來たところでせう。探檢記などによると猿は鰐の好餌食だと云ふことが出てゐますが、猿ながら親子の情愛がよく現はれてゐます。ヂャングル深く分け入つた皇軍將士の涙ぐましい勞苦のほどもそゞろにおもはれます。これにたいして顏輝の作と云はれるものは多少の様式化もみられますが、大體寫生的な作風を示してゐます。その顏付の特徴などはするどく捉へてゐますが、それだけに畜生は畜生らしく、枇杷猿戲圖よりも更に品位のおちるのを否めません。

これらを一つ一つていねいにくらべ合せてみると、繪といふものゝ如何にむづかしいものだか、と云ふことがつぶさに了解されることでせう。畫家はよく寫生といふものに努めなければならないと同時に、寫生だけでは決して名畫が生れて來ません。畫品に乏しいからです。畫品は高尙な趣味生活からおのづとにじみ出て來る。卓拔な識見を養ふことがどんなに大切だかと云ふことが分りませう。枇杷猿戲圖は同じ寫生的に描いても洗練された趣味性が背景にあることをよく示して、こせつかないでおだやかな、むつくりとした畫品を保有してゐます。

九

尙畫の流派としまして劉松年は院體の作家に屬し張敦禮を師として學び神氣精妙、出藍のほまれあり、寧宗に畊織圖を描きすゝめて帝より金帶を賜はつた人で、その得意とした青綠の華麗な山水畫は後世に影響するところが頗る大きかつたのであり、南宋の畫院に著名だつた李唐、馬遠、夏珪などの巨匠の上に出たものとして甚だ尊敬されたものであります。

これに反して牧溪は禪宗の坊さんであり、その畫の様式は多少北畫の流を汲んでゐますが、しかし大部分南畫の様式を示すもので、宋初から元末までの南畫の資料の乏しいあひだにあつて彼の作品の存在は美術史的に極めて重要な意義をもつものと云はなければなりません。彼は元初ごろまで生きてゐたやうでありますが、元代に相當作品もあつたとみえまして詩の題詠も殘つてゐます。しかし室町時代ごろ我が國には頗る澤山の作品が傳へられたことが記錄によつて知ることが出來ます。寧波には當時我が國の遣明船がさかんにゆきましたから、それには我が禪僧の渡航するものが澤山ゐたので、それらの人々が持ち歸つたものとおもはれます。殊に祖師の題詩のある作品などは尊重されたものと考へられます。

牧溪の作品は我が國に於て非常によろこばれて、多くの作家に大なる影響を與へました。從つて手長猿をこの調子で描いた作品がいろいろ殘つてゐます。長谷川等伯や久隅守景などは殊に有名です。

今から七百年もむかし南洋から傳へられた手長猿は、かくして數々の名畫を生み出させ、東亞共榮圏確立に全力を傾注する今日のわれわれに無限の感慨を與へます。

本誌が讀者の机上にとゞくころはおそらくシンガポールも陷落して私たちの更に新たなる感激をよびおこすことでせう。その時はマレーの手長猿も思はずひと一倍ながい兩手を空に差しあげて兵隊さんのやうに萬歲を三唱するにちがひない。

手には國債☆
☆一億火の玉

漫訪 齋藤素巖氏

池田さぶろ

鼻をもぎとりさうな烈風がほえ狂つてゐる中を、齋藤邸の應接室に飛込む。あかりもない。まだ慄へがとまらぬ。氏の白衣をみると尙さらひえこむ。「昨年秋からうすい肉のレリーフにとりかゝつてゐるのですが、何さま三十六人程の群像でいつできますか、間にあへば今秋の文展に出せます、で、ないと來年」と、氏も長期戰の氣構へ、昨年コンポジヨンがやつとでき、習作がどうやら半分恰好をつけて一息といふところらしい。「晝夜兼行ですね」「晝めしに一寸腰をあげるだけで、何しろ戰爭です。こんどはどこが落ちたかとラヂオのニユースをきくときだけが暇で」だから一粒ダネの今年ヤツと三つになる令孃が追つかけまはす筈である。五十歲を出てからの「名作」だ。

「それにしては又念のいつた晩作で」「何しろ二千六百年一月一日の午前一時產れといふのですからね。大晦日までモデルを使つてゐた位で、やれば五年ごしもかゝる群像をせめて二千六百年には間にあはせようと二年がゝりでやつてゐた矢先です。元旦だけは休もうと思つてゐる所へヒヨツコリ生れた。生れる子供の方も製作の邪魔をしないと思ひましたよ」と、氏が述懷する程、氏には日曜も祭日もない。いや、めしの時間も睡眠時間もない。氣が向けば日がな一日アトリエに閉ぢこもつてゐるのだ。「それが所謂名人の寢食を忘れるといふのと違つて、いい加減にやめて散歩にでたり一休みして、又仕事にかゝこと氣持も變り、作品の惡い所もわかるのですが、それも妙な癖で、仕事にかゝると、なか〳〵やめられないんですよ、惡い癖です で、さて、あとからみると、ヤハリ結果はわるいんですからね、よく私の精力や馬力に驚ろかれて困ることがあるのですよ」が、これだけは、會社員が事務をとるやうにパンクチユアルにはいかない。創作は割切れるものではないやうだ。餘韻のある所に價値がある。

戰捷譜

鳥居帆雨

冬天に紫雲ひらめき勅下る
冬天は裂けたり戰果海に充つ
寒燈のラジオ戰捷を頻にす
感涙をのみ霜夾を民は働く
脚光をあびて世紀の飛機の春

「造形美術ももつと構想が雄大にならなくちやならんでせうし」「さうですとも、殊に彫刻等は今迄のやうな小さい殼を出なくちや、舞臺が廣くなりましたからね。歐米人が東洋民族を威壓するつもりで手をつくした文化施設それに對し彫刻建築一切のモニユメントにまさるものをもつてとつて代らねば共榮圏の人々を說服できないと思ひますね」氏は島國根性的作家のセクシヨナリズムを排せよといひ、大東亞戰爭こそ、その局面打開の機會を與へられたものだといふ。この激動期の苦悶がどんな形で彫刻界にあらはれてくるかこれは或時日をかす外はない。「こんな寒い日に來なくてもいいんぢやないんですか」僕よりも氏の方が心配してゐるのである。が、僕もまた晝夜兼行組でもあるからだ。僕は針のやうないたみを頰や耳に感じ乍ら、烈風の中を一散にかけ出した。

（一月三十日夜）

重要美術品の新認定

重要美術等認定會議は一月二十三日午前十時から文部省内會議室で開催され繪畫（十八點）、彫刻（十二點）、建造物（十點）、工藝（六十六點）、古文書（百五十二點）、刀劍（六十九點）を新に決定した

右は本年最初の會議でこれにより現在迄の重要美術總點數は

▲繪　畫　千二百十八
▲彫　刻　三百三十五
▲建造物　百九十五
▲工　藝　千四百三十九
▲古文書　千九百五
▲刀　劍　八百七十一

合計五千九百六十三を算する事となつた

繪畫（題と所藏者）

絹本著色二河白道圖　前田　青邨
絹本十六羅漢圖（十六幅）　新潟　岡本　廣義
聖德太子繪傳（八幅）　富山　瑞泉寺
周澤墨版畫不動明王圖（至德二年自贊）　大阪　岡本　廣義
前田菊姫像（天正十二年眞智贊）
慈威和尚像（延文二年惠澄贊）　滋賀　西教寺
着色十王圖（十幅）　東京　田地野貫州
玄沙大師接僧圖（愚極贊）　京都　守屋　孝藏
墨畫鳩圖（雜華室印）　東京　長尾　欽彌
四季山水圖（雲谷等顔筆六曲屏風）　東京　佐々木昌興
淡彩龐居士圖（岩佐勝以筆）　埼玉　永島　莊太
板繪町家圖（繪馬寛文二年信武筆）　福井　氣比　神宮
春秋遊樂圖（菱川師平筆六曲筆一双）　東京　武内　金平
秋山遊猿圖（森徂仙筆二幅）　大阪　池田庄太郎
天保施米圖（冷泉爲恭筆一卷）　神戸　橋本　喜造
西洋騎士圖（二枚）　京都　末次　喬
異國風景（司馬江漢筆）　東京　調　園助
山水圖（宋旭筆萬暦二十八年）　東京　陽明　文庫

彫刻（題と所藏者）

十一面觀音　地藏菩薩　不動明王　吉祥天　毘沙門　四天王各立像（木彫九軀）　鳥取　榮　村
阿彌陀如來立像（銅製）　鳥取　善光寺
不動明王像（銅造）　同　鰐淵寺
地藏菩薩立像（木造）　東京　長谷川巳之吉

建造物（題と所藏者）

燈籠（石造貞和三年九月刻銘）　兵庫　清薗寺
寶篋印塔（石造）　愛媛　野間神社
同　同　魚島村
九重塔（石造起立文永四年刻銘あり）　大分　水池部落
五輪塔（石造弘安八年刻銘あり）　同　大野村
寶塔（石造文中四年刻銘あり三基）　同　蓮城寺
寶塔（石造明德四年刻銘あり）　同　三代　順宗
五輪塔（石造康暦三年刻銘あり）　同　河野　要

工藝（題と所藏者）

金銅梵字懸佛　栃木　鑁阿寺
板石鋭婆　群馬　愛宕神社
同　埼玉　淨蓮寺
銀象嵌太刀裝具　同　橋本　鉄郎
銅鐃　千葉　圓福寺
螺鈿筥と櫛　同　香取神宮
堅手茶碗（銘長崎）　蒔繪秋草圖手筥　銀平文寶相華文袈裟筥　錫杖頭
芦屋梅松圖眞形釜　東京　根津美術館
赤繪牡丹鉢　東京　反町　茂作
朱漆松竹梅透彫高杯　東京　正木　千冬
銅戈　青白磁香爐　獸面銅戈（三柄）　東京　片倉兼太郎
黑花文陶缾　牡丹唐草文陶壺　東京　細川　護立
黑花草花陶瓶　東京　長尾　欽彌
黑漆飾机　東京　松永安左衛門
銅板經　東京　小場　恒吉
塡輪男子像　同馬　同鷄　同太刀　東京　松原　正業
片口鉢形土器　東京　山内　清男
板石塔婆　同　三寶寺
土版　同　西垣　隆滿
芦屋松秋草釜　神奈川　村山　捨吉
朝鮮鐘　鎌倉　鶴岡八幡宮
赤繪菱花盤　藤澤　齋藤　晋次
蒔繪歌繪火取母　鎌倉　東慶寺
蒔繪歌繪硯筥　大磯　安田　靱彦
赤繪双獅香爐　石川　酒香　長作
銅鐸　靜岡　大谷喜太郎
銅鰐口　同　奈疑知命神社
同　同　伊古奈比神社
蒔繪刀　鐵額　愛知　三浦　助市
馬頭觀音懸佛　同　東觀音寺
漆塗盆　同栄桶　京都　末次　喬
鬱花八稜鏡　銅製佛餉鉢　銅湯瓶　銅造男神立像　大阪　池田庄太郎
蒔繪桐竹硯筥　麴町　小林　一三
金銅鰐口　錫杖　阿彌陀懸佛　大阪　細見　良
銅香爐　大阪　金剛寺
蒔繪雀手筥　大阪　金剛寺
同孔雀黑棚　兵庫　山田多計治
赤繪磁鉢　同　山本發次郎
銅經筒　同　米田　久造
塔婆文磬　奈良　法輪寺
銅水瓶　同　東大寺
塡輪牛　同　田原本町
觀音立像（鐵造）十一面觀音（鐵造）　鳥取　賀祥區
黑漆御供臺　同　佐太神社
金銅五鈷鈴　岡山　安養寺

話

▼高村光太郎氏が「今年はお蔭で風邪をひかず幸に元氣です」といふ。冬期アトリヱでストーブで仕事をすると、よく風邪にやられるのだがこの頃では石炭不足でアトリヱに入らぬためださうだ。これも戰爭の一利得には相違ない。▼田中萬宗氏が一月二十日に自宅で脳溢血で倒れた四五日は家族は不安狀態がつゞくので不眠不休の看護であつたが其後小康に戻り安靜中だ。氏が「佛教でもこの頃は告別式をやるが、告別式といふのは堺利彦がクリスト教から譯して造つた言葉で佛教には葬儀といふのが正しい。私はクリストの告別式もいやだし、坊主の經も難有くない。今度も死んだら家族は二三日安靜した後に死亡通知を大方に出させやうと考へた▼そして葬儀終了の報告と共に、この通知を御覽の節は故人の生前の賑やかであつた一事を思出して下さい。それが何よりの供養ですと書かせるつもりでした」と、病床所感である。▼金原省吾氏が「西洋畫といふ名は、面白くないと云つて、それを油彩と變へてみても、それだけでは何にもならない。物を見る眼をかへ、畫布をかへ、繪之具をかへることからしてかゝらねば駄目だ。折柄資材不足の時根本をかへることからして見てはどうかね」と、氏の根本的な觀察にはいつも深い教訓がある

銅鐘　同　吉備津神社
朝鮮鐘　廣島　大願寺
袈裟襷銅鐸　香川　善通寺
銅香爐　滋賀　寶嚴寺

古文書（所藏者）

▲秋田小泉重憲▲茨城　高坂元
展▲栃木　鑁阿寺　渡邊文雄▲
東京　井上恒一　服部玄三　住
友寛一　三井守之助　正木千多
梅澤彦太郎　清水義忠　吉川泰
雄　杉田芳郎　鎭目泰甫　舟橋
清賢　内田誠　武田祐吉　大島
雅太郎　五島慶太　遠藤武　淺
野長武▲横濱　村山捨吉▲新潟
岡村政康　大原藤松▲金澤　松
林理助▲名古屋　高橋彦二郎▲
愛知　稲木直泰▲三重　川喜田
久太夫　竹内文平　筒井嘉一郎
▲滋賀　平野神社　金臺院▲京
都　同志社　中村千鳥　野淵英
太郎　守野孝藏　大辻五一郎
杉林幸七　中井敬之助　田中良
一　仁和寺　田中忠三郎▲大阪
阿部清太郎　富田仙助　竹田儀
一　種村治郎兵衛　高尾良一
池田庄太郎　岩田宗次郎　武田
憲治郎　田中太介　▲兵庫　松
下孝之助　阿部市太郎　山田喜
展　草川求馬　宮垣義雄

刀劍（題と所藏者）

太刀（波平家安）
　山形　太田　俊賢
同（成宗）　茨城　石川　清晴
同（來國俊）　短刀（廣光）　同
（廣光）　東京　根津美術館
太刀（光忠）刀（虎徹）
　東京　山田復之助
刀（傳義景）同　高木　陸郎
同（元重）　同　松平　頼庸
刀（重國）　東京　栗原彦三郎
同（越中守正俊）
　同　林田　等
同（傳兼長）同　藤崎三郎助
同（行平）　同　松谷豐次郎
同（助廣）　同　一木喜德郎
太刀（景安）同　鈴木昇治郎
同（助廣）　同　松金　由藏
同（助廣延寶五年在銘）
　東京　金子堅太郎
刀（傳光忠）同　吉川　元光
同（來國光磨上の銘あり）　太
刀（眞利）刀（延壽）
　東京　齋藤茂一郎
刀（傳正宗名物石田切正宗）
　東京　松平　康春
刀（國廣）同（出羽大椽國路）
　東京　根津藤太郎
刀（虎徹）　同　大久保寛一
太刀（光忠）刀（傳弘行）
　東京　篠田三千郎
刀（傳元重）同　増田　次郎
太刀（國行）刀（傳國時）
　同　近藤　周平
太刀（康次）同（康光）
　東京　山内　豐景
刀（傳長義）同　木村篤太郎
刀（傳來國俊）
　同　龜井　茲常
短刀（國光）同（長船景政嘉暦
四年在銘）東京　井手　德一
刀（吉家）　同　三矢　國夫
同（傳倫光）同　三矢　隆夫
同（傳吉貞）同　三矢　周夫
短刀（久國）太刀（國安）短刀
（國吉）刀（傳長光）脇指（傳
義弘）刀（金象嵌大三原二ッ胴
淺野紀伊守拝領）
　東京　海野　長武
太刀（次直）
　神奈川　角替利策
同（雲次）
　鎌倉　森　榮一
小太刀（則房）
　甲府　内田　吉彦
太刀（行平）名古屋　豐場重介
劒（助久）　三重　伊藤　偉作
太刀（國路）京都　御靈神社
太刀（利恒）大阪　大友常太郎
刀（眞綱）　同　加島　勳
同（國資）　同　眞柄　龍吉
太刀（雲生）同　村川　欣一
刀（忠吉）　同　足立　康繼
劒（國俊）　同　花崎源治郎
刀（助廣延寶七年の銘あり）
　大阪　西本　齋治
太刀（國宗）同　三矢彌一郎
刀（重國）　同　太田　喜一
短刀（國信）同　山本　賢三
太刀（國房）同　梶村　茂
同（成宗）同（正廣）
　芦屋　瀬戸保太郎
刀（助廣延寶三年在銘）
　兵庫　伊藤　文一
太刀（行吉）
　廣島　嚴島神社
刀（傳長光）
　福岡　諸富藤雄
小太刀（長光）
　同　立石　馨一
太刀（守家）熊本　中島　勝次

◇

星港を前にして

白井丈二

マレーにすゝむ日章旗
晝なほ暗きジャングルの
濕地を縫ふて十幾日
今開けたり眼界に。

灼く熱日の光りうけ
かゞやく緑の平野こそ
わが待望のジョホールぞ
日も夜もすゝむ日章旗。

敵の打ちくる彈丸も絶え
空に羽ばたく友軍機
歡聲あげて突つ込めば
敵は背を見するのみ。

マレーに進む日章旗
今燦然と南征す
目ざす星港影淡く
朝の夢にうつりけり。

旬刊時評

精神慰安と美術

このたび東西の邦畫界及び洋畫壇の人々が結束して陸海軍に大規模の献納畫を示す運動が起り現に着々その制作が進捗してゐると聞くは喜ばしき限りである。これ迄各自に或は小團體のみにて献納畫は幾度も催されたが、今度の如く一切の畫壇人が一致協力して同一目的のために執筆するといふことは始めてゞある。

が、献納畫もその献納の方法については色々ある。これを賣上げ金に換へて献金すること、或は、作品をその儘献納して勇士や傷病兵慰安の具にずることその他であるが、今度日本畫界では前者の方法をとり、洋畫界では後者の方法によつて新に海軍艦艇に起居する勇士のための慰安に供するとの事である。

献納作品を金に換へること勿論結構である。財力を以て御奉公する道も元より良い。だが繪畫が直接戰爭に從事する人の慰安に役立つことも夫れに劣らぬ御奉公である。生死を賭して戰場を馳驅する勇士にはその僅かな小閑にも精神の慰安を與へらるゝことがどれだけ大きい幸福かは經驗者自らが語る處である。殊に潜航艇の如き茫洋たる海上海中を往く戰士の日常起居に當つて一枚の繪畫がどれだけ精神の慰安になるかは想像に餘りあると語つた人があつた。この擧を擴めて軍需工場に働く戰士の精神慰安にも供してよからう。美術の御奉公の道は中々に廣いのである。

美術旬報

大國主大神の木彫を首相に寄贈

彫塑家佐藤直身氏

過ぎし日の南京攻略三十二勇士決死隊生殘りの勇士である板橋區板橋町の彫刻家伍長佐藤直身氏は、大東亞戰爭の目的完遂に日夜精勵してゐる東條首相の武運長久と首相家の開運を祈らうと、去月二十二日首相官邸で大國主大神の木彫を首相に寄贈した

同氏は去る十二年十一月二十三日南京攻略戰に奮鬪し重傷を負つたのだがお守りに持參した大國主大神彫像で一命が助かつたといふそれからと云ふもの非常に大黒樣を崇拜した歸還してから大黒樣彫刻一千體を民間に頒たうと決意し本庄軍事保護院總裁の激勵受け彫刻家として再起を圖り既に本庄大將、鳩山一郎頭山滿諸氏に夫々右彫刻を寄贈してゐる今度東條首相に贈つた彫像は高さ五尺、郷里の福岡下長尾立花山の靈山から老楠の資材を取り寄せ齋戒沐浴三百餘日に亙つた苦心作である

上野・府美術館で開催の富岡鐵齋遺作展に一月廿六日御成りの朝香宮鳩彦王殿下（御中央）

彫塑界の最大團結なる東邦彫塑院解散す

◇…一元的國策翼賛の見地から

彫塑界の最大團結であつた東邦彫塑院は今回左の「解散の辭」を公布して文部省松田改組以來の存在を解消した

解散の辭

今や我國は世界平和の目的たる大東亞戰爭に天馬空を行くが如き大飛躍を展開しつゝあります此偉大なる藝術を大成せんが爲求るべき文化の大建設に缺ぐべからざる人間の本能を善導し開華し眞善美の圓滿推進を期すべきで有りませう。我等其一翼たる美術を以て天職とするもの、大政翼賛し、調和統一美の原則を認識し物心協力一億一心の實を擧げ以て大國民たる光輝を光輝あらしめねばならぬと念ふのでありますすれば全日本彫塑家聯盟の理想に卽し茲に壹百七十名の大團體たる我東邦彫塑院を解散し以て個人主義排他、獨善對立感情の温床の小黨分立を拂拭しおよそ地域的の支部となし藝術常會たらしめ、各個性が高度の藝術理想に向ひ邁進すべきだと考へます併し藝術の爲の藝術は往々に單なる贅物と化し、或は國家目的に逆行しないとも計り難い是に於て時局に目醒めた日本國民としての藝術でなければならぬ乃ち初て人類の生活を向上淨化しより高遠なる日本を、世界を樂土を創造し得るものと確信するのであります

今回の解散は時局下にあつて各個分立のやうな狀態を排し一元的合同に出づるべき筈のものであり幸に日本彫塑家聯盟もあるのであるからこれに歸一すべしといふ見地から、隗より始めるの東邦彫塑院が、意義で其はんを示したものと見られる、百七十餘名の同院員は他團體に從屬してゐるものも少くないが、この解散に依つて團體的資材を得る權制を棄却するの危惧を思はせるが之れが善後策については、全日本彫塑家聯盟が其盟員として何等か對處するであらう、猶同院展に出品せる作品は大體に文展へ趨歸する模樣である

陸海軍集會所の玄關に大彫刻

堀江赳氏苦心の謹作

霞ヶ關の恩賜財團陸海軍集會所の正面玄關の壁間を飾る大彫刻がこのほど完成し、四日夕取付けを終へた、作者は板橋區練馬南町三ノ五九三二の堀江赳氏（文展無鑑査）、作品は高さ十五尺、横十七尺、神代畏くも鸕鷀葺不合尊が御巡航のため船出される場面を想像し奉り、謹作したもの、汀に立たせられた尊がますらをたちを前に彼方の海を指さしてをられる莊嚴な圖である

朱玄會展盛況

三越で力作三十點

第五回朱玄會洋畫展は一月二十七日より三十日迄日本橋三越で開催、栗原信氏は「桑江葉」「國境部落」ほか八點、田村孝

展覽會の暦

日	月	火	水	木	金	土
		10	11	12	13	14
15	16	17	18	19	20	21
22	23	24	25	26	27	28

△太平洋畫會第卅九回展　十四日から三月一日迄府美術館
△光風會第廿九回展　十四日から三月一日迄府美術館
△安部治郎吉個展　十四日から十八日迄銀座菊屋ギャラリー
△國洋美術第三回展　十四日から十八日迄銀座青樹社
△中川一政洋畫展　十四日から十七日迄銀座資生堂
△青年美術集團展　十四日から十八日迄銀座紀伊國屋ギャラリー
△佐藤武造漆畫展　十七日から廿一日迄日本橋高島屋
△勤王志士遺墨展　十七日から廿二日迄日本橋白木屋
△白宏會第一回展　十八日から廿一日迄銀座資生堂
△新水彩展　十九日から廿三日迄銀座青樹社
△新美術家協會展　廿一日から三月二日迄府美術館
△高田浩洋畫展　廿一日から廿三日迄銀座菊屋ギャラリー
△山下大五郎洋畫展　廿二日から廿四日迄銀座資生堂

之助氏は「漁港」「鮎」ほか七點、宮本三郎氏は「風の日の箱根」「ばら」ほか九點の力作をそれぐ\出陳、連日盛況であつた

日・泰文化交換の繪畫展

今秋泰國・淙々會員力作と池田朋昭氏苦心作

歸國後外相就任を傳へらるゝ前駐日泰國大使セヤビナ氏は去月十九日帝國ホテルに於て東京美術振興會々長市來正彥氏と會見、日泰文化交換の趣旨で今秋市來氏が會長の同會を泰國に招待し同會主催の下に淙々會有力會員の日本畫並に洋畫家池田朋昭氏が凡ゆる角度から描寫した「富士三十景」の展觀を行ふ事に決定、市來會長船津專務池田朋昭の三氏は今秋渡泰する筈、尙同會より泰國政府に寄贈の富取風堂氏力作「椿」も漸く出來しこのほど其手續きに及んだ

諸大家色紙展

銀座青樹社

諸大家色紙展は一月二十一日から二十五日迄銀座青樹社で開催、

田邊　至、宮本三郎、猪熊弦一郎、牧野虎雄、小絲源太郎、白瀧幾之助、青山義雄、里見勝藏、曾宮一念、東鄕靑兒、有島生馬、石井柏亭、木村莊八、中川一政、熊谷守一、中澤弘光、南　薰造、辻　永、藤島武二、藤田嗣治、木下孝則、三宅克巳、山下新太郎、清水良雄、北　蓮藏、太田三郎諸氏の作品を展示した

不二會油繪展好評

不二會油繪展は一月二十三日から二十七日迄銀座ギャラリーで開催、

「花」「風景」竹本勘一、「花」「冬の風景」井原元正、「雪景色」「赤い家」宅野豐、「岩」阿山勇祜、「風景」「人物」三木正毅、「ガソリンスタンドのある家」「風景」福原俊二、「花束」「海岸風景」藤田草右の如く會員諸氏の最近作を展示し好評を得た

春台美術懇親會　二日殘雪の夜、有樂町東寶グリルで開催した。辻永氏其他の話があり今年展授賞等本誌「旬報」掲載の如くである。寫眞左の如し（前列右より）角田知可彦、上野フミ、西村きく子、岩本鈴子、秋元松子、辻永、笹鹿彪、鬼頭鍋三郎大井基（中列）內野英實、大繩久惠、古泉葦朗、大倉克次、佐藤昌弘、大久保四郎、坪井甚喜、笹岡了一、緒方亮平、山崎坤象、柳瀨俊雄、房野德夫、（後列）島田優二郎、片寄貢、高澤忠平、滿留滿、黑田久美、石川滋彥、佐宗美邦、小祝一郎、楢原益太、宮本、高須信次郎、代田恒夫、金子眞次郎、宮川、岡村三夫、熊澤欽三杉山茂助諸氏

三越の翼贊美術展絶讃

注目された白衣勇士諸作品

陸軍省恤兵部、大政翼贊會後援七三會主催の翼贊美術展は一月二十七日から三十日迄日本橋三越で開催、新進文展無鑑査作家に依つて結成する七三會員八十五氏が時局翼贊の理念を以て制作した和洋繪畫、彫刻、工藝品並に第一陸軍病院、市川陸軍病院に療養中の白衣勇士諸氏の作品を陳列、連日大賑ひであつた

京都十匠作品展

大阪三越で盛況

京都十匠陶展は二月三日から八日迄大阪三越七階で開催

伊東翠壺、岡本爲治、勝尾靑龍洞、米澤蘇峰、國領素夫、宮下善壽、清水正太郎、淸水祥次、新開邦太郎、森野嘉光十氏の力作を出陳、觀衆に多大の感銘を與へた

吉田石堂新作展

吉田石堂氏の新作繪畫展は二月三日から七日迄日本橋高島屋で開催、「靜晨」「金門橋」「白牡丹」など二十六點を出陳、好評であつた

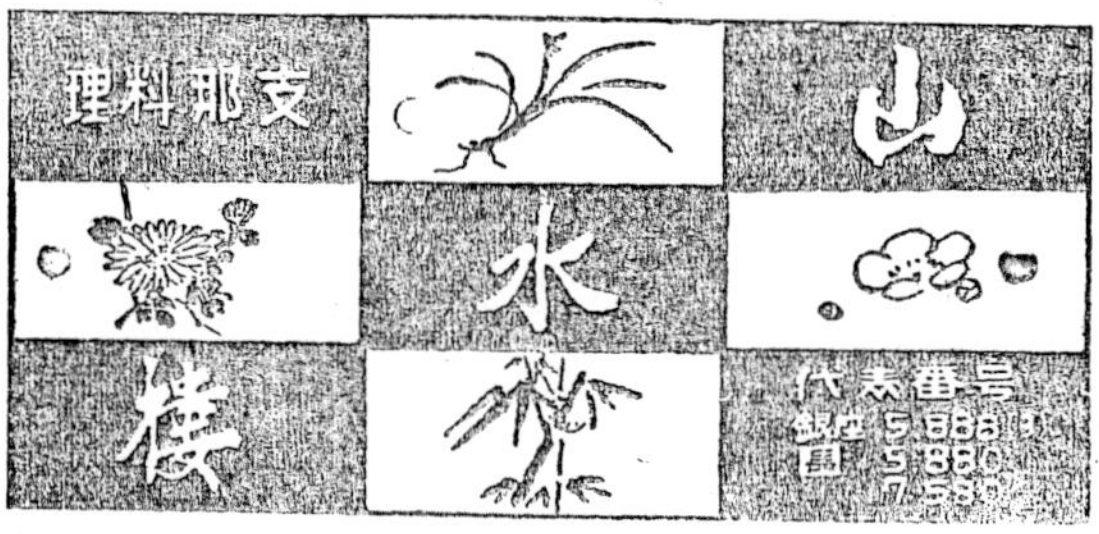

春台美術の賞と評議員

春臺美術第十七回展は二日終展したが同日殘雪の夕、內幸町

春台展の辻永氏作品紛失

山崎坤象氏曰くミモリザの失踪以上

上野公園府美術館に開催中の春臺美術が閉會に近づいた去月三十日、同展第六室に特別陳列出品中の「辻永佛印小品」二十點の內、三號大の作品一點が紛失したので近頃になき展覽會椿事として問題となり其筋でも嚴重取しらべ中である、同展評議員山崎坤象氏は『實に不逞の奴の仕業で一同を憤慨させてゐます犯人も略ぼ目星がついてゐると思ふが、何しろ「ミモリザの失踪」以上の問題です』と語つた

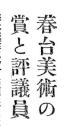

東寶グリルで懇親會を開催、左記受賞者に顧問辻永氏から賞狀を授與、つゞいて新評議員を發表した

▲岡田賞　田村一男▲春臺賞　高宮一榮▲H氏賞　岡村三夫　秋元松子、能澤欽三、大井基▲F氏賞　坪井甚喜、上野ふみ

▲新評議員　笹岡了一、伊藤鎗一、山川博史、中條茂、西村喜久子、岩元鈴子、

席上、辻永氏は「戰爭下にあつて展覧會をすることは幸福であり繪を畫く者の職域奉公を斯く盡すことが出來るのは欣快である、世往々繪を畫いてゐることが時局と反するかのやうに謂ふものがあるが決してさうでない」と職域奉公の所以を强調し作家の自信を興起させた

水彩畫推奬記錄展大盛況

銀座青樹社・果然光る受賞二氏作品

甲斐惟一氏が贈呈した水彩畫推奬記錄賞は過般、石井柏亭、石川寅治、南薫造、相田直彦、中西利雄、北川良次、早川國彥の七銓衡委員審査の結果、既報の如く第一回受賞者二氏を決定したが、藝能文化協會では、受賞作品及び候補作品を集め、王樣商會藝術部が後援し、二月三日から七日迄銀座青樹社で皇紀二千六百一年度水彩畫推奬記錄展を開催、

渡部百合子氏「松」（第十八回白日會展出品）坂江重雄「眺望」（同展出品）不破章氏（推奬記錄賞）「婦人肖像」（第二十八回日本水彩畫會展出品）齋藤求氏「木の花など」（同展出品）渡邊三郎氏「風景」（同會展出）品山本不二夫（推奬記錄賞）「いたづら小僧」（同會展出品）「陽氣な女車掌」（第二十八回二科會展出品）石川新一氏「踏切」（同會展出品）岡田正二氏「窓邊」（第六回新制作派展出品）瀧澤清氏「夏空の下」（第五回一水會展出品）故山口敏男氏「湖畔」（同會展出品）萩原實氏「石神井池」（同會展出品）金澤信夫氏「信濃路の秋」（第四回文展出品）野澤潤次郎氏「初秋の中川」（同出品）加藤弘之氏「初秋の山」（同展出品）

前記作品を出陳、連日大盛況であつた

（寫眞右より）澤百和堂氏田中咄哉州氏、新大關照國氏咄哉州令兄田中其日宗匠、根岸福太郎氏（立てるは右より）百尺主人、坂本氏、立山監査役

白日會受賞

會員推薦四氏

第十九回白日會展受賞者及び會員會友推薦は左の通り

岡田賞　長明

白日賞　梅津泰助、內田豐

佳作賞　山本道乘、加藤弘之、坂上政克、坂本良武

會友推奬賞　高橋隆比古、川口榮、市原義夫、前林章司

會員推薦　大石七鳳、川口榮、坂江重雄、故山口敏夫

會友推薦　穴戸章、三橋ふじ、大嶺正敏、安次嶺金正、三保義

第三回春耀會展大丸で賑ふ

堂本畫塾東丘社の第三回春耀會展は一月二十七日から二月一日迄大阪大丸六階で開催、堂本印象氏の賛助出品のほか會員二十八氏の最近作を展列、觀衆を堪能させた

名取明德個展

第三回を高島屋

異色ある作風を以て知られる名取明德氏の第三回油繪展は一月二十七日から三十一日迄日本橋高島屋で開催「婦人像」「山小屋の窓」「山の沼」など二十點の近作を展示し好評を得た

松本俊介二回展

松本俊介氏の第二回個展は二月一日から三日迄日動畫廊で開催「顔」「白壁の家」「郊外風景」「素描」など三十五點の力作を出陳、連日會場は觀衆で賑つた

若狹物外南畫展

京都南畫の雄　若狹物外氏の南畫展は二月三日から八日迄上野松坂屋で開催、豪邁にして洒脫な會心作を出陳し好評を得た

豫報

光風會公募展

第廿九回を府美術館

光風會の第廿九回公募展は來る十四日から三月一日迄上野の府美術館で開催される、同展は油繪、水彩、版畫、圖案、工藝と多種多様に各作家の力作が展觀される事とて其の盛況が今から豫想される

國洋美術展

第三回を青樹社

國洋美術の第三回展が來る十四日から十八日迄銀座の青樹社で開催される、出品作家は多田榮藏、高山續、川村克雄、西村謹一、沼田一郎の五會員、客員牧野醇氏も出陣する事となり盛況が豫想される

全日本畫家の獻金

＝洋畫聯盟も同時結成す＝

……一月三十一日日比谷と上野で

全美術界を擧げて獻金報國の運動は各方面でそれぐ實行されて來たが、それが大同團結的にされたのは、全日本畫家（文展無鑑査以上）及び洋畫聯盟の二つで共に一月三十一日日本畫は日比谷東洋軒で洋畫は東京府美術館で圖らずも日と時を同じうして協議決定された洋畫は本誌前號既報の如くである

豫ねて舊臘頃から日本畫家の間に献金報國の儀が擡頭し寄々議されてゐたが内議の結果單に軍器献納を目的とする献金報國のみでは一義的のものでないとの見解もありこれを弘く全日本畫家による大東亞文化運動に押しすゝめることとなり先づ其手始めの切札として軍器献納展を開催するに定め取敢ず「全日本畫家報國會」と假稱し事務所を本郷區駒込千駄木町五九（電話駒込二六四七番）望月春江方に置き幹事を望月春江、西澤笛畝、酒井三良、吉岡堅二の四氏とした

今回の企劃は最初から主動人物は全く匿名で個々の名を現はさないこととし着々準備をすゝめ東西に奔走して十二月末、一月十六日其他回を重ねて折衝した結果、頗る順調に東西全日本畫家の大同決意を見るに至つたので愈々一月三十一日日比谷東洋軒に東京側無鑑査級以上の最後的顔合せをする段取りとなつたものである、右の結果はまづ「全日本畫家航空器獻金展覽會」の開催實施を先にし爾後に於て企劃擴大運動に推進する事となつた、同展覽會は三月十一日まで各自二尺五寸横物一點づゝを完成、日本橋三越本店で同中旬を期して開催するもので會場費を始め作品裝飾枠張り其他一切の展觀費用は全部三越に於て寄與する筈であり、しかも作品は三越の斡旋で一點千圓以上の價格豫定で全部を一人の篤志家に依つて引取らるる事に内定して居るので献金は金二十萬圓を爲し得る模樣である、猶全部作品はその篤志家によつて大東亞記念として纏めて〇〇〇〇へ寄贈さるる筈である

美術経済

東京美術會館改稱
第一回賣立展觀
來る十四日から平山堂、本山、水戸幸、米山居四札元で

芝の東京美術倶樂部は株式會社東京美術會館と改稱、その第一回の記念すべき入札賣立を來る十四、十五兩日下見、十六日入開札並びに賣立を行ふこととなつた、しかも同入札賣立は本年度上半期最初のものとして札元の四谷見付平山堂、芝公園本山幽篁堂、日本橋水戸幸の東京三巨頭と、大阪の兒島米山居がいづれも時局下の難局に際して努力を惜まず奮闘しこの一番賣立界好轉のバロメーターを造らんとするもので重視される、愛好家筋も二割特税の惱みは容易に解かるべくもないが仲間側は全體にこの處頗る强氣を保持してゐるので難局下ながら成績も相當の實を擧げるであらうと觀測される、入札點數百十三點、羅四百九十五點と追加二百七點で出品の主なる名品を擧ぐれば

巨勢金岡の「釋迦十弟子」兆殿司の「羅漢の圖」智澄大師筆「不動」の三佛畫をはじめ雪舟「瀧」及び秋元家傳來の花鳥双幅、雪村「芙蓉」は殊にすぐれ、乾山「葵」扇面、光琳「高女」等見るべく墨蹟では極澤山つきの兀庵、遠州好表具の大燈國師横物消息、虚堂、茂古林、即休了禪師、歌切には慈鎭定家兩筆、俊頼民部切、俊成「あはれともいふべきひとは」歌仙切定家に溝口家傳來の文と稻垣家傳來の消息がある松花堂中壽老新年掛三幅對蕪村「梅花書屋と壬生念佛、大雅、皆川、蕪村三幅對、文人物の帳、手鑑「翰墨城册」などがあり

熊川茶碗 銘源氏、御本、大井戸、道安黑、小貫入（溝口家傳來）等の茶碗や不昧公手造瓢茶入、元伯一喝（酒井家傳來）宗哲肅軒好の棗、遠州公共筒茶杓しらひげ、普齋共筒茶杓濱莊古蘆屋や古天命の釜も味ひがあり賣茶翁遺愛底木米山水の屈木盆面白く高泉遺愛竹机は加賀遊歷云々の書記があり九條※傳來で山陽在銘の笠翁作蓮根杖など目につくものである

更生會交換會

高雅趣味の遊樂團體であつた更生會は今年から芝の東京美術會館で開催することとなり二月四日文字の如く更生した初會を開いた、出品は百圓以上といふので青邨の前書き鎧武者一千二百圓を筆頭に、咄哉舟、堅二等々六七百圓から千圓がらみに賑ひ三萬數千圓を算して好況であつた

賣立の三枚札事件再燃し
奇怪！伊藤社長の寫眞
美術會館から姿を消す

東京美術倶樂部の特別室には川部、黑川、伊藤の過去三代に亘る社長の寫眞が掲げられ其功勞が表彰されて居たが、それが東京美術會館と改稱すると前後して右寫眞の中、伊藤平藏氏の分はいつの間にか影を消して川部、黑川兩社長の寫眞が淋しげに遺されてゐる、廣田支配人も「どうしたか知らんね」と例の如く知らん一點張りの無責任ぶりである、伊藤社長は美術品の入札賣立の落札法が一人で三枚の割札を入れ無競爭の場合はその最低價で落札してゐるといふことは畫家商の見識上からもよろしくなく、取引上もインチキであるとの持說をもつて居り嘗つてこれが美術倶樂部で大問題となり紛紜を起した事もあつたが伊藤氏は時局下美術賣立界も統制是正さるべしとの見地から倶樂部が東京美術會館と改稱されるを機とし三枚札改正一枚札說を再燃させ過去久しきに亘る所謂弊風を指摘した目錄其他の證據書類を提示したところ、同重役は依然として同說を葬り去つた上右の證據物件を押收したので伊藤氏は極度に憤慨し蹴つて歸つた事件があつたこの事件は極秘に附されて居るが爾後伊藤氏の寫眞も影を消した事が曝露された

香取明神繪巻
水戸の彰考館で發見

下總に鎭座して古來尙武の神として尊崇篤き伊波比主命、武甕槌神御二神を祭神とする香取鹿島兩官幣大社では四月十四日祭禮を前に、この程はしなくも香取神宮由緣の「軍神祭古繪卷」が、水戸の彰考館から發見された、この繪圖は永正十三年（四百廿餘年前）の奧書あるもので江戸時代中期に寫されたものらしく「下總香取明神祭禮圖」と題され、縱一尺一寸横七寸の折本仕立で卅一丁一册となつてゐる、奧書には、この原本である永正のものは至德三年（五百五十餘年前）書寫のものを模寫したとあり更らに至德のものは鎌倉初期の建仁二年のものに據つたと書いてあり御社頭から利根川岸の津の宮に至る御神幸の有樣を彩色で描寫特に今日とは全くちがつた樓門の仁王、神宮寺三重塔、鐘樓など當時をうかゞはれて興味深いものである

編輯後記

また近頃發行が遲れることを何より心外に思つてゐる。しかしこの原因はやはりこの決戰下情勢の自然的結果であることに歸せねばなるまい。編輯部はいつも正確に豫定のスケヂュールを守つて進行してゐるのだが、用紙と印刷の不圓滑はいつも惱みの種となつてゐる。また本誌は創刊によつて雜誌體となつたゝめアート紙の使用の如き到底割當の配給量では毎號不足なのでその間にも苦心がある。が、それを乘り切つて編輯部一同緊張して仕事に勤めてゐる。本號も「漫畫」について新檢討を企てゝ鈴木氏以下の玉稿をえた。岡本氏のは漫畫論ではないが最近同氏の心境記として讀まれたい

「旬刊」美術新報
昭和十七年二月七日印刷
昭和十七年二月十日發行
發行日 毎月三回（十の日發行）
購讀料 一册金五十錢（郵税一錢）
一ケ月三册金壹円五十錢（送料共）
麹町區九段一ノ一四 資文堂
編輯發行兼印刷人 猪木卓爾
東京市麹町區九段一ノ一四
發賣所 日本美術新報社
電話九段二七一五
振替東京一六二九〇
配給元 日本出版配給株式會社
日本出版文化協會會員 一二二三五番
通信は一切發賣所へ
發行所 東京市本郷區東片町八二 日本美術新報社

昭和十年一月十二日 第三種郵便物認可 第十五號
昭和十七年二月十日發行（每月三回十日目發行）
一ケ月三回（金壹圓五十錢）
定價金五拾錢 郵稅一錢

皇紀二千六百二年

水彩画推奬記錄画集

精巧なる原色版　8枚
單色版　6枚

一枚每に臺紙付・額面用
最適美裝箱入（1尺2寸×8寸）
—內容見本呈・郵券三錢封入乞—

五百部限定

¥5.00

（木の花など）齋藤　求氏作

現代一流展覽會出品作中より銓衡せられたる水彩畫優秀作品十四點を集錄し百年後に記錄すると共に我國印刷技術の粹を盡して完成せしめた事は原畫を髣髴させ、更に別綴の記事內容も現代水彩畫を知らんとする者には必讀の好參考書なり。

銓衡委員（順不同）

石井柏亭　石川寅治　相田直彥　南　薰造
中西利雄　北川民次　早川國彥

內容見本郵券三〇錢同封直ちに發送

發行所　藝能文化協會
【月刊　藝能文化發行】
東京市豊島區堀之內30番地　振替東京164136番

二月下旬號

旬刊 美術新報

古代波斯の藝術 特輯

昭和十七年二月二十日發行（毎月三回十日目發行）

16

日本美術新報社

日本畫院第四回展作品公募

會期　四月三日――十五日

會場　上野公園・府美術館

賞金　五百圓

出品受付　四月一日（午前九時ヨリ午後五時マデ）

△受付場所　府美術館內事務所

□出品規定は三錢切手封入下記事務所へ

事務所　日本畫院

東京市本鄉區千駄木町五八　望月春江方

電話駒込二六四七番

第四回　大輪畫院春季公募展

搬入受付は三月九日

東京上野公園日本美術協會

（地方は目黑の事務所へ同日迄に届く樣）

會場　東京上野公園　日本美術協會

開期　昭和十七年三月二十一日―二十五日

（事務所）　東京市目黑區八ノ五三八

電話澁谷三二四四番

第十四回　新美術家協會展

會期　二月廿一日―三月二日

會場　上野公園・府美術館

七鳳會第六回展

會期　二月廿五日―廿七日

會場　銀座・菊屋ギヤラリー

モスコースケッチ展

赤松俊子

西喜代子

會期　二月廿四日―廿八日

會場　銀座・青樹社畫廊

兩獅子喜戯

中世ミニアチュール（蒙古派）

コプト語基督教福音書寫本繪畫西紀一一八〇年

マカマツトのハリリ（講筵）十三世紀バグダツト派

レニングラード　亞細亞博物館藏

波斯のミュアチュールは印度の夫れと共に東邦藝術中の異色ある存在であるが、それは回教美術の一翼として發達し宮廷や市民の生活描寫の玩賞用繪畫となつた。蒙古浸入以後漢畫の樣式手法も加はり更に獨特な風趣を添へる事となつた。古代の繪畫は湮滅してその樣相を傳ふものはないが、中世以後この小裝畫幅によつて波斯繪畫の樣式は生じたと言へよう。本文靑柳正廣氏の「回教繪畫の源流」を參照されたい

カリラ・ワ・ジムナ（ビドベー寓意譚）「猿と龜」十二世紀寫本繪畫
イスタンブール・イルヂズ圖書館藏

獅子と戰ふ騎士」十五世紀ヘラト派繪畫　アーメナグ・ベイ・サキシア氏

ペリセポリス
クセルクセス宮殿

古代波斯の建築と彫刻

獅子と闘爭する王

軍馬の浮彫

中門

東門廢址

「百柱の間」の浮彫

クセルクセス王第二世ムネモン宮殿
石柱の下部

珊薩朝の石彫
ナクシ・イ・レヂエフ

ダリウス王の時代の波斯は歐亞に跨る一大帝國であつた。亞歷山大王によつて一度は亡されたが更に蹶起珊薩朝には國威を回復した。古代波斯の美術は殷辰を極め、その工藝は遠く吾が正倉院の御物中にもその影響を拝するものがある。アケメネデス朝の古代を更に遡ればメソポタミヤの古代文化の跡もしのばれ、その巨大な建築石彫の類は今なほペルセポリスの遺址に昔の榮華を語つてゐる。本文笠間・川路兩氏の論稿を參照されたい。

標柱裝飾

スウザに於けるダリウス王宮　獅子石彫

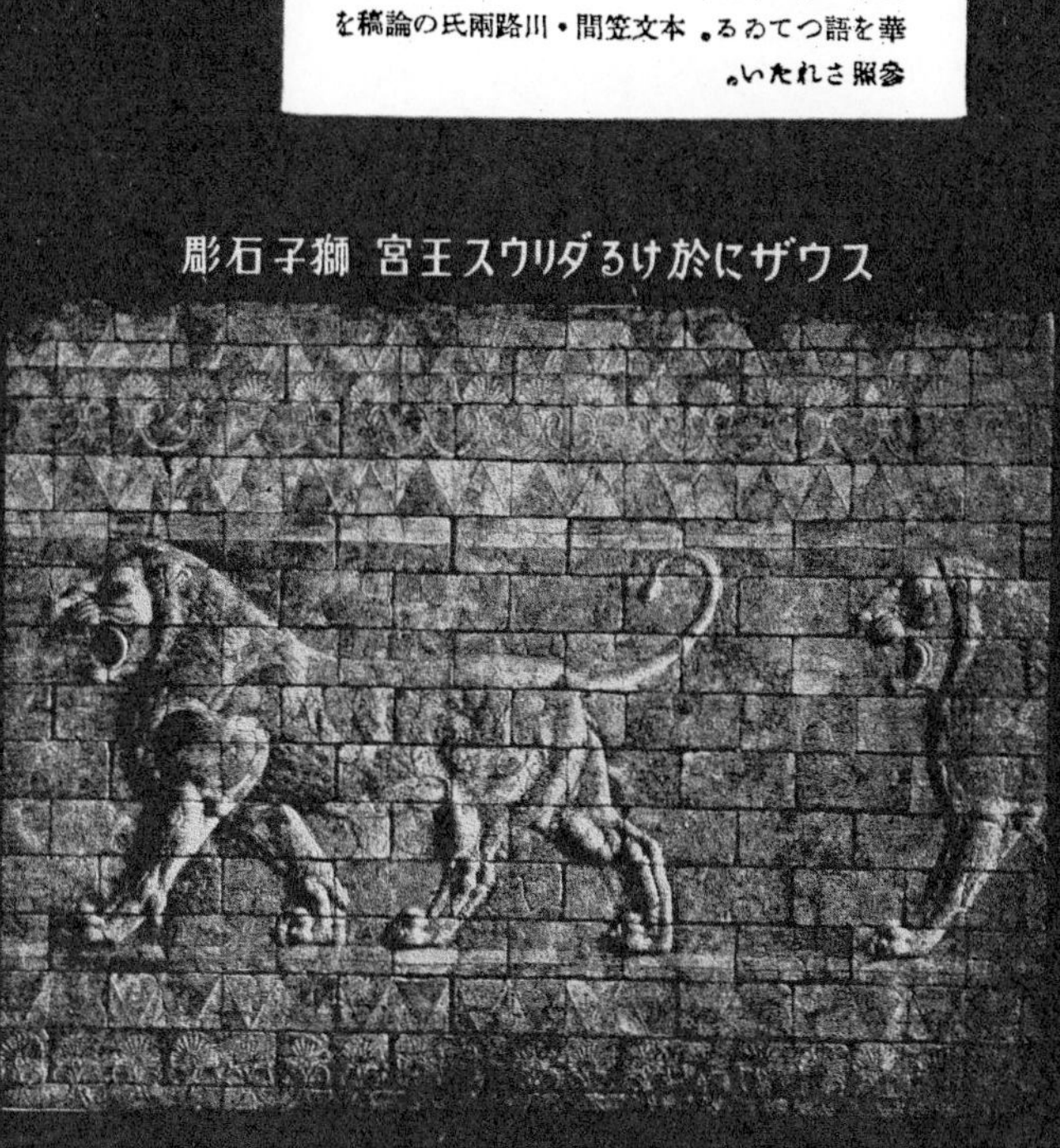

古代銀製　（西紀三世紀—四世紀）

珊薩朝絹織物（七世紀）　狩獵文

波斯の工藝

珊薩朝銀製皿　（希臘の影響をもつ様式）　ロシヤ・エルミタージ美術館

水禽文錦繡布地　（八世紀—十世紀）　珊薩朝工人の作

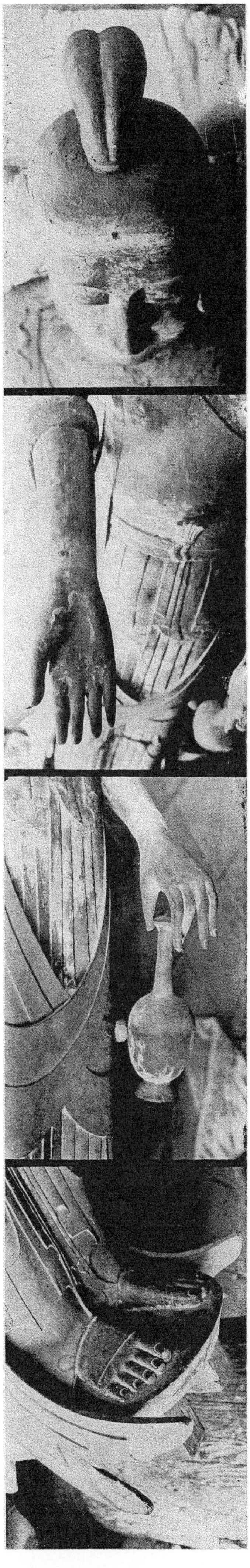

國寶（所謂）百濟觀音像
木心乾漆彩色
長六尺七寸四分
法隆寺

部分圖 ①頭部 ②上より見たる右手（中央に寶珠を載せたらしき小穴あり）③左手と寶壺 ④足部

百濟觀音は日本作

法隆寺佛像の再檢討

田中萬宗氏稿參照

光風會展

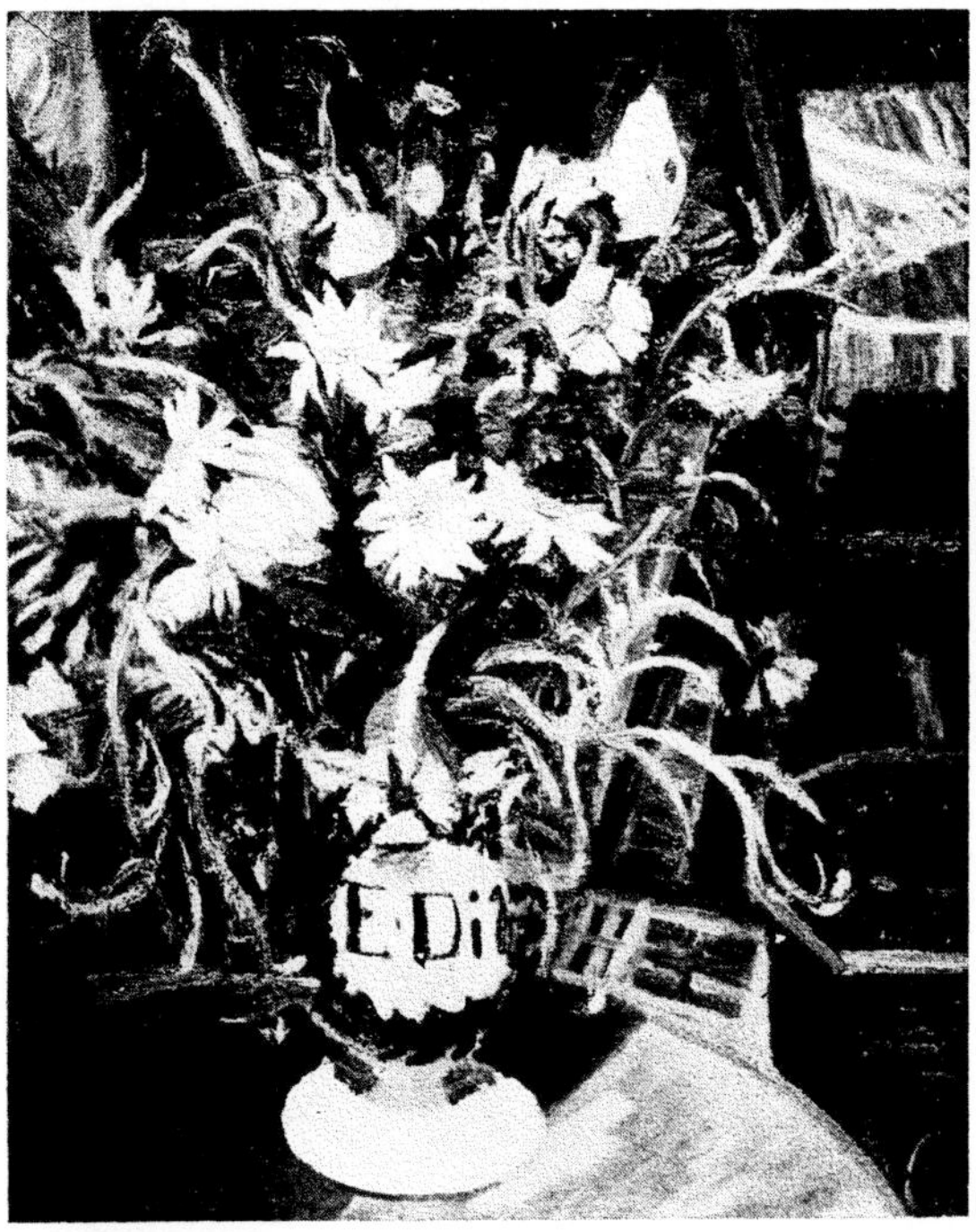

書牌早春　小絲源太郎

秋雨霽るる　太田三郎

京都洛北　中澤弘光

高原の晩秋　辻永

婦人像　清水良雄

婦人座像　耳野卯三郎

第三十八回太平洋畫會展

春光　三上知治

朝風　石川寅治

炭坑で働く人人　鶴田吾郎

岳麓の冬　奥瀬英三

長蘆鹽田　吉原甲藏

姉妹　江崎觀友

日本美術院同人作品展

蓬莱神山　絹二五横物　横山大観

雪　絹二五横物　中村岳陵

陸海軍飛行機献納

重盛　絹二五横物　安田靫彦

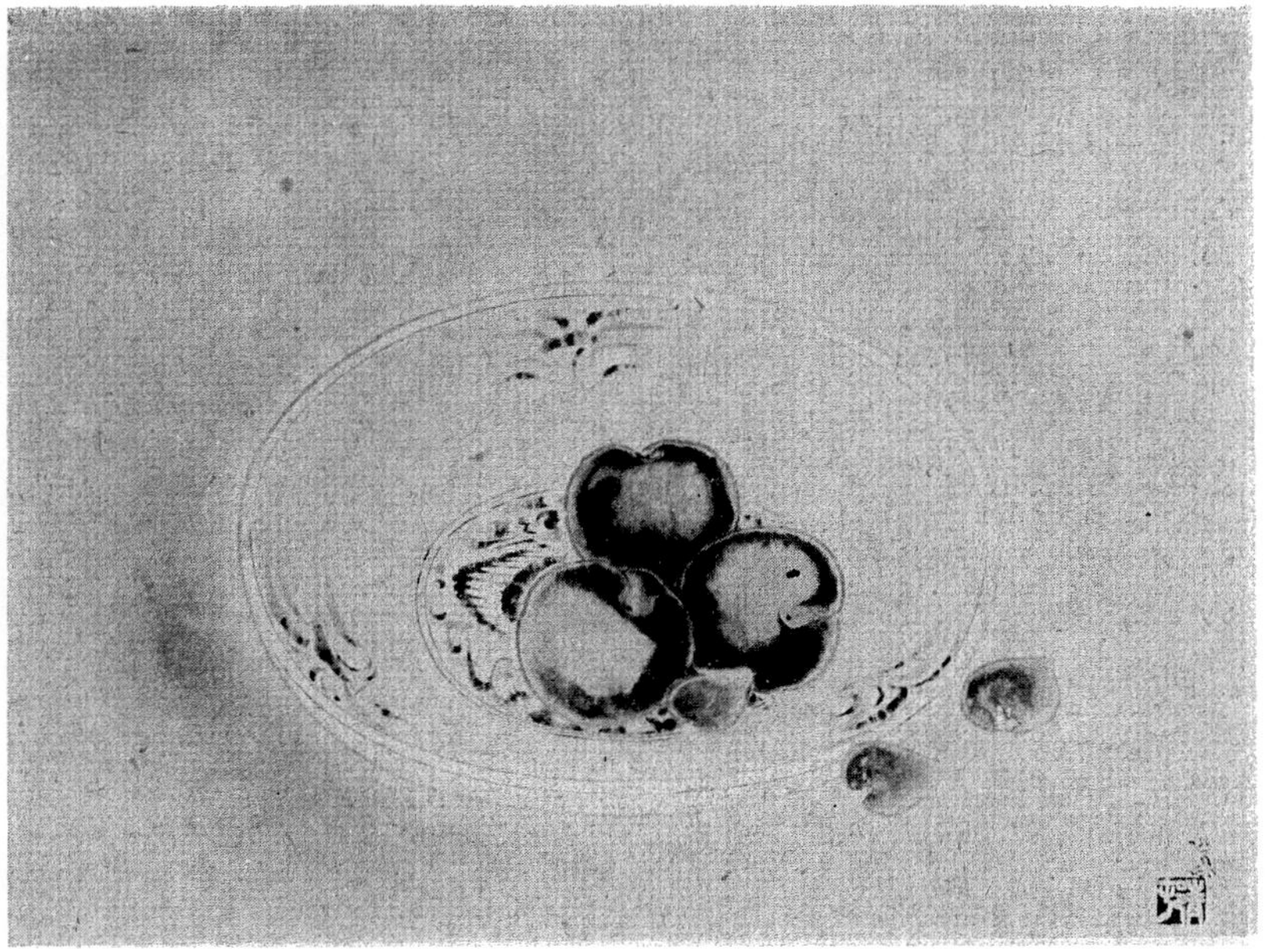

静物　紙二五横物　前田青邨

日の丸鯉　絹二五横物　富取風堂

冬暖　絹二五横物　堅山南風

月　絹二五横物　中村貞以

漁隠　平櫛田中

篤恭　絹二五横物　太田聴雨

鷲　中村直人

暮靄　絹二五横物　大智勝観

猩々　關谷充

漁　紙二二横物　酒井三良

光風會第廿九回展

マツテオとペイロ　川端實

松原湖　河井清一

和服　藤岡俊一郎

妙義巖山　須田剋太

最近の展覽會

光風會と太平洋畫會

永い歴史をもつ二つの洋畫團體として、光風會も太平洋畫會も幾多の後進を畫壇に送り出してはゐるが、老舗としての兩會も時代の波に押されてその畫風の變遷もまことに多樣である。

だが、本來日本のアカデミックといふものは中途半端な所から出立した歴史をもつてゐる。黑田清輝氏によつて日本のアカデミズムは興されたと見られるが、黑田氏の畫風そのものが既に一種の折衷アカデミズムで、コランに學び乍ら――そのコランその人も――時の新派印象派の亞流を一寸ばかし交へたといふ點に、印象派としても不徹底、アカデミズムとしても不徹底な折衷主義から出立したのが日本の官學の起りである學校系白馬會系――卽ちその後身たる今日の光風會である。

併し、かやうな傾向は今日清算されんとする機會に遭遇してゐる。それは洋畫壇の正しい認識であり、過去の出鱈目な修業に對する反省とその出直しにあるのである。眞のアカデミック――根元的には正しいクラシックへの省察にあるのである。これが却つて舊大家の側からは證明されずむしろ中堅新進によつて檢討されんとしてゐることがまことに正しいと思ふのである。

第一室笠井義郎氏の「室内」の如き好箇のアカデミック反省作品である。そこには何らの近代的意識誇張もなく、正常な合理的寫實とアカデミックな色調の法則が守られてゐる。鈴木悌三氏の「老爺」もその達筆的筆觸はあれ合理的調和の法則を守つた正しいアカデミックである。更に中堅大家に至れば鬼頭鍋三郎氏の「編物」寺内萬治郎氏の「縫物」の如きも夫れである。ことに鬼頭氏の「編物」の如きは十七世紀の和蘭風俗畫家フェルメールか或は佛蘭西のシャルダンらに見る如き市井生活描寫の摯實な手法があつて小粒乍ら生活に根を卽した寫實が見える。これは所謂アカデミックの臭氣を拔いたクラシック技術の市井化で、もしかういふ方向へ日本の油繪が根を卸して眞摯な態度で再發足するならアカデミック必ずしも平俗畫に墮せずであらうと思ふ。

辻永、太田三郎、南薫造、中澤弘光諸氏の作品もともかくこの會場ではその永い訓練による成果を示してはゐるが、これら大家が既に牢固たるスチールを築き上げてゐる點で、その畫風の變化も進步もこれ以上には求められないであらうといふ運命的な見方に歸着する。そして今日の中堅後進はこれらの既成畫風を尊重するとするも、それから一歩踏み出して、日本的官學風折衷畫風に袂別し眞個の油繪技法としてのクラシ、ズムへ一應歸つて確固たる日本油彩畫の新しい基礎を作るのが正當であらう。此の意味に於て前記鬼頭氏や寺内氏乃至笠井氏らの作は充分尊重してよいのである。そしてかういふ堅實眞摯な寫實畫風と近代感覺とが融合しそこに今日のわが國民的好尚、精神が表現さるゝやうな方途に向ふとしたら、たゞにその功業は光風會一派の夫れにとゞまらないであらう。

翻つて太平洋畫會を見ると、こゝは同じアカデミズム乍らいかにも多くの出品がガサツ粗笨に見えるのを遺憾とする。本來言へばアカデミズムの正系を學んたことに於てこの會の首腦たる中村不折氏故鹿子木孟郎氏などは黑田氏などの折衷アカデミズムより、より多く古典的正系に學んだ筈であるのにローランスの正嚴なアカデミズムは不幸その成果を完全に結ばずに終つた。今度鹿子木氏の遺作の少數が一室に陳列されたが、それを見るとローランスの畫塾で學んでゐた最初のデッサンにもどかしい乍ら忠實な寫形の追求が感じられる。いかにも稚くぎごちないが、あの踏出しをどこ迄も執拗に追求するのがアカデミズムの本來であつたのだ。それが不幸にして崩れ、見當違ひな方向へ走つた。中村不折氏の裸體畫にしてもまるで裸體の良さはなく、モデルの醜惡をのみ露出しそこへくだらぬ低徊的日本趣味迄交つたので殆んど見るに堪えない。一言にして言へば畫道の正嚴な精神が喪失されてゐるのである。この點光風會諸氏の方が遙かに質の良さを保持してゐる。今細評は避けるがこの點大に反省を促したいと思ふ（K）

馬とラフランス少女（光風會展）　岩船修

渡船（同上）　保和幸

人形と風船　三宅すゞ

第十二回素顔社展

伊谷賢藏個展

北中支に取材した二十餘點では大同の石佛を描いた四五點が優れてゐた。剝落した石佛の色彩感に重點が置かれてメチエの上に苦心の痕が窺はれる。たゞ描かれた石佛の質感が木彫のやうな感じを受ける點もあつたが、兎も角佳作である。第四窟を描ける大作と小品の石佛横顔など、なか〳〵美しい。

山岳風景は粘液質の重みのある筆觸で神經的にコセ〳〵したものがなく、大陸的の空氣が感じられる點で成功であるが色彩的に「石佛」ほどの冴えがない。小

白い笠のランプ（同前）　杉村惇

車山（光風會展）　田村一男

品ではあるが「山村の朝、山西省娘子關」「中南海公園初夏」「小鳥の市」など畫面に流動するものがあつて出色である。

日本の風景が一點「雨後の伯耆大山」は詩的情感に於て優れた美しさを見せた。（青樹社）

太平洋畫會第卅八回展作品

赤い眼の女　早川芳彦

白椿　吉田ふじを

素顔社展

素顔社の第十二回展は七名の同人が二點乃至三點宛の力作展示で場中小田幸子の「籠を持てる女」は光つて居た岩崎英子の「坊や」は構圖も良く三宅すゞの「人形と風船」は却々佳作。

其他山本貞子の「秋の金時山」山田キミの「バラ」平田康子の「ダリヤ」齋藤雪枝の「香遠亭」岩崎英子「花」小田幸子「水仙」平田康子「扇風機のある靜物」山本貞子「くちなし」などいづれも家庭を持ちながらの精進振りは充分認められた。だが技術は一通り出來てゐる程度で、共通して個性的な骨格的な勁さがない。女流だからと云つて安易な畫境はゆるされない。

（銀座、資生堂）

海　小野田元興

放牧　内田家水

伊谷賢藏個展

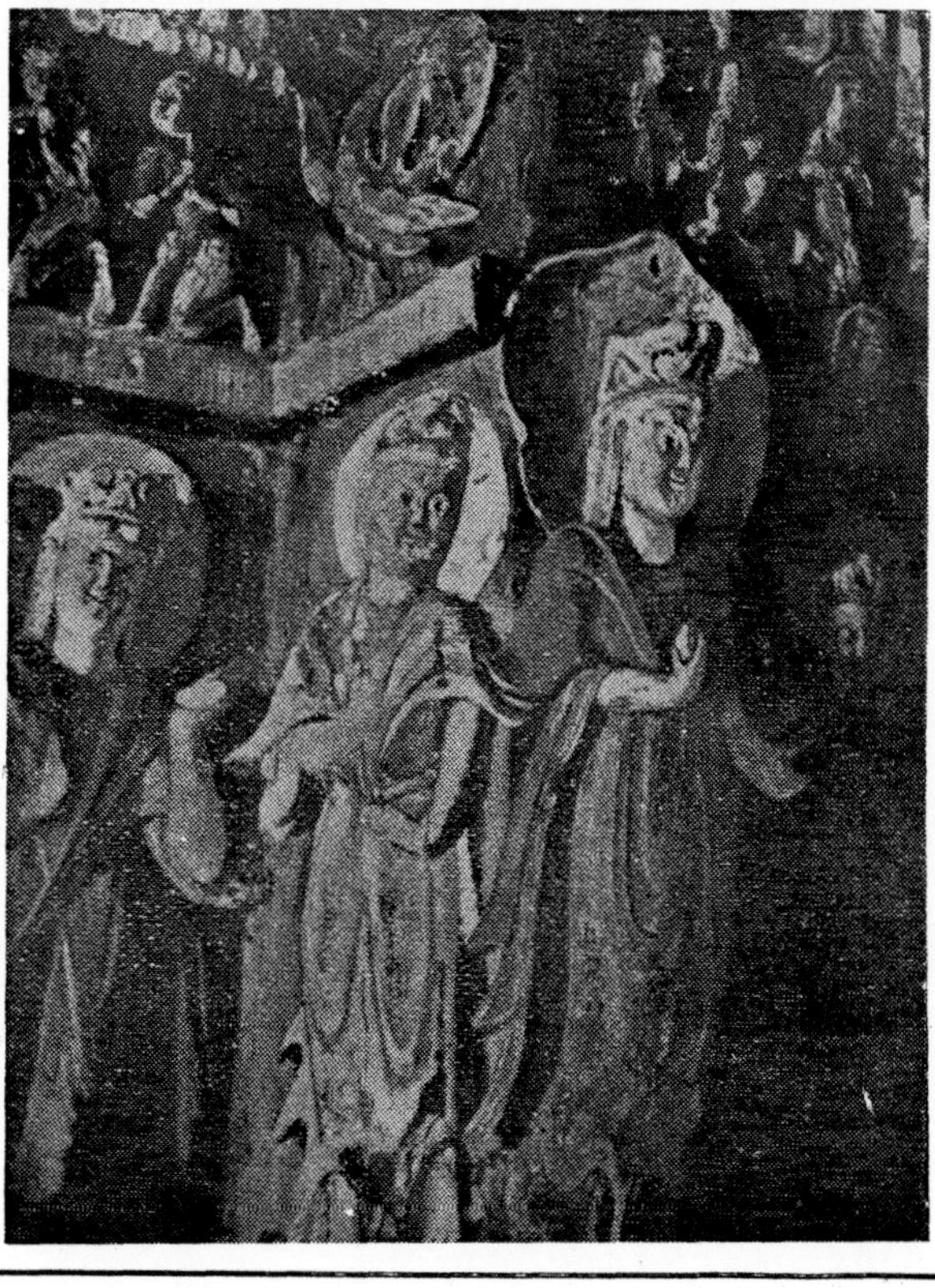

大同石佛

岩下三四個展

湖畔

シンガポール回想

東山魁夷

南支那海。その水は染まる様に青い。眩しい太陽。雲の峰。湧き立ち、燃え上り、崩れかかる。

風。雷鳴。海は今、灰色に波立ち騒ぐ。驟雨が襲ふ。豪快な響は一瞬にして來たり、一瞬にして去る。大空高く弧を描いて海に立つ虹。

海豚が跳ねる。船の舳先に競ひ泳ぐ。紺碧の海に、白い波に、その黒い姿をくつきり浮べる。飛魚が飛ぶ。胸鰭をぴんと張ッて。叢からいなごがとび立つ様に、波間に上り波間に沈む。海の愛嬌者達。

南海の星空。海に連る銀河。船の兩舷の白波の中にきらめく夜光虫の燐光。

船は今、ジョホールの沖を進む。マレーの密林には虎の聲が響き、椰子の葉蔭には住民の唄が聞えるであらう。

◇

シンガポールに入港する。埠頭の偉觀。立ち並ぶ白亞の建築。各國の汽船。帆船。その間をぬふ小艇。見給へ。裸形のマレー青年達が獨木舟を操つて船へ漕ぎ寄せる。甲板から銀貨が投げられる。彼等はざぶんと水中へ飛びこむ。キラリと光つて沈む銀貨。素早く片手にすくひ取つて、ニッコリ笑ふ白い齒並。君達マレーの青年、目を上げてあの高樓の上の英國旗を見給へ。世界を抱きしめる英國の巨大な手。東洋搾取の牙城。

シンガポール市。多彩な人種展覽會場。マレー人。支那人。印度人。アラビヤ人。日本人。英國人。ラフルス卿が無智なマレーの王から買ひ取つた島。獅子の島。彼の慧眼は南海の富を英國に齎した。彼の銅像はヴィクトリヤ紀念館の時計臺下に毅然として立つてゐる。然し彼の遠謀も日本の存在と將來を見透し得なかつた。商業街の繁榮、支那人街のけばけばしい色彩。浴衣がけの簡素な日本婦人。マレー人街の更紗。寶石商。煙草屋。アスファルトの眩しい反射。椰子並木の影。印度人の交通巡査、背中につけた羽根の示すゴーストップ。自動車。手車。人力車。

カニング要塞の丘。風にはためく英國旗。セレタの大重油タンク。ジョホール海峡の軍港。英國の焦慮。恐怖。

何にもまして美しい植物園の靜けさ。繁る熱帶の樹々。樹間をつたふ猿の群。籐のうねり。水に映る影。蘭の香り。

南國の幸。ドリアン。マンゴスチン。バナナ。パインアップル。マンゴウ。パパヤ。昔ヴィクトリヤ女王を嘆かしめた珍果の數々。

これらは凡て過去の日の夢である。

亞細亞に覺醒の鐘が鳴る時、皇軍は今や怒濤の如くシンガポールへ迫る。

繪と文

新居風景

牧野虎雄

一月八日觀兵式の朝である。

ラヂオに精鋭の行進を聽く、實に愉快だ、折柄の晴天にこの盛儀のほども一層惠まれて立派なことである。

庭前を流れる玉川上水　牧野虎雄

觀兵式と謂へば、私の新居の地――四谷區內藤町――は青山の外苑に近い。私の幼年時代は此外苑は青山の練兵場であつた。私はよくそこへ遊びに行つたことを思出す。練兵場は一面の深い草原で、ところ〴〵に立木があつて、見透しのつかぬ原の標準となつてゐたが、四谷から權田原（現在の憲法記念館あたり）を拔けて、この練兵場を斜めに横ぎり、青山へ出やうとする人のために目標となつた。ナンジヤモンジヤの木といふのがあつた。植物學上の系統不明なところから、斯う呼ばれたのださうだが、その樹などは草原の中に高々と繁茂して、子供の頭に「武藏野の道しるべ」などと考へさせたのだつた。今は枯れてはしまつたが野球場の外に其存在を遺してゐる。

私の家は六歳頃から新宿驛前の銀行の横丁を入つて、ずつと行つたところにあつた。私は角筈の花園小學校に通つてゐた、であるから今度の新居のあたりも子供の時の遊び廻る繩張りになつてゐた。

四谷の區役所構內の水道局出張所の前に、電車通りに面して「水道碑記」が建つてゐる。明治十八年の建設で、肝付兼武の撰文、從五位勳五等內閣大書記官金井之恭書、德川家達公の篆額で、江戸の水道玉川上水の記錄彰德の碑である。金井之恭は洋畫家金井文彥君の祖父だと覺えてゐる。

玉川上水の、名殘の水は、今では同區役所の裏手を流れて私の新居の庭の崖下を通つてゐる。崖の向ひ側が新宿御苑なのと、悉く人家の裏になつてゐて人の通らぬ處なので、谷川のやうな草に包まれた流れが、こゝばかりはどうやら昔の面影をのこしてゐて、孵化して間もない雉子、山鳩、鴨、百舌鳥なども眼の前の木に折々とまつたりするのを見る。私が新居を小田急沿線、麻布、深川などに選んだうちで、こゝに決定したのも斯うした一つの引力があつたかも知れない。子供の頃はこのあたりに玉川から流れて來る鮎がゐたり兩岸は螢が澤山ゐて、よく取りに來たものであつたが、勿論そんなことは、今では夢にも思へない程に跡方もなくなり、近年までこの附近に面白い情景を停めてゐた水車も、いつか取除かれてしまつた。

新居は私の獨居生活場なのだから、極めて小さな平家造りである。普請はお茶屋のやうな趣味でなくて、さむらひの隱居所の心構へで大工とも相談した。柱は或は削らぬでもいゝから出來るだけ太く、根太は丈夫にと心がけ、雨戸は節の無いのを註文したが、疊や襖などは何でもいゝ丈夫一方といふ行き方である。何しろ物資不足の折柄で足掛三年だがまだ出來上るに到らない。だから旺玄社の連中などにも當分は來るなと云つてゐる程である。

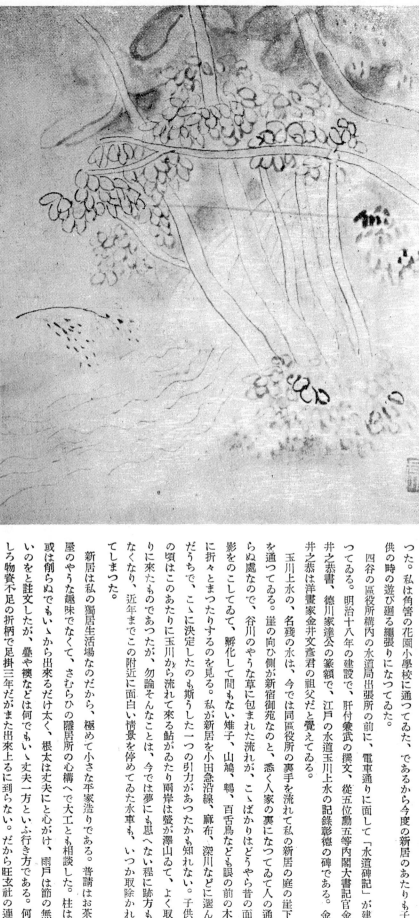

（七八世紀波斯青銅器）

イラン美術特輯

イラン藝術概観

□□

笠間杲雄

イラン人は所謂アリアン人としてインド・ゲルマン民族の母體であり、夙に藝術を愛し、上下を通じて審美性の高いものと考へられてゐる。

今日イランを旅するもの丶誰にでも感ずることは、イラン人の民族性に一つの共通の藝術感度があることである。例へば造型的な意匠については天性に敏感であり、僕婢の末に至るまで自らデッサンの美醜を知つてゐる。

イラン人の藝術性は、どちらかと云へば平面的で立體的では無い。建築などの様式でも、またかの有名な密畫に於ても、すべて美を表現する態様は平面的である。この點で我が日本人の審美性と靈犀相通ずるものもあらう。

イランの工藝美術は近代に於ては、いまだ上代や中世の高さを回復することを得ないが、國民全體の審美性の普遍的なことは、今も昔といさゝかも變つてゐない。例へば家庭で僕婢の小さな會席を用意する働きかたを見ても、卓上に花びらと草や葉とを巧みにならべて、色彩も意匠もいかにも調和のとれた裝飾をする。同じくイランに生れたアルメニア人などが同じことをしても、美しさは遙にイラン人に及ばない。これは恐らく三千年來イラン工藝の誇たる絨氈などにある色彩と模様とに眼がならされてゐる爲であらう。またかゝる審美感がイラン人の血を流れてゐる爲でもあらう。

イラン人の藝術的構想に於てすぐれた特徴は、前述の通り色彩と平衡とが如何なる意匠にも完全に近い點に在る。思ひ切つた純色を用ゐて偉大な效果を示すかと思へば、大膽な反復意匠を使つて眼に休息を與へるのは其の例である。アリアン民族の發詳地については學者の見解が一致しないが、恐らくイラン人は中央アジアを續る様々の原始藝術の型式を集積して、いつの間にか固有のものにしたのであらう。古代藝術に出て來る動物の形、幾何學的意匠は、たしかにかくの如き起原を有つてゐるものと考へられる。

上代藝術の華を咲かせたのは何人もササン王朝を推すのである。併し之に先立つアケメニド王朝に於ける建築などは學者によつては、イラン固有の文化よりもアッシリア・カルデアおよびエヂプトの影響の多いことを指摘するが、仔細に觀ると創造性のないとは斷言出來ない。

アッシリアの建築は基礎に煉瓦を用ゐるが、アケメニド王朝の宮殿など今日遺跡となつてゐるものは石を積んだ强力な基礎工作を行つてゐる。殊にエヂプト式を更に復雜化したものに强く美しい石柱がある。アレキサンダー大帝に撃滅されたアケメニド王朝の榮華を語るペルセポリスの遺跡は全體としては何處までもイラン式である。歴代の墓陵などもエヂプト式な入口の「ファサッド」を用ゐながら、彫刻はアッシリア式でもテーマは悉く純イランのものである。ナクシ・ルスタムにあるダリウス大帝の墓などを見れば此點は疑を容れない。

アケメニド時代の藝術がアッシリアを摸倣しつゝも、幾多の點で出藍の譽を示してゐる。例へばアッシリアの彫刻に於ては、その細末の點にまで如何にも官能的現世的なのに對し、イランは形而上的、精神的で、超自然的な觀念を具現してゐる。前者は百貨店の如く豐富であるが後者は神殿の如くおごそかである。イラン藝術がやゝもすれば乾燥なものに陥る短所もこゝある。これはササン王朝の藝術には特に指摘される點である。

アレキサンダー大帝に亡ぼされたイランは西紀前三三〇年から二五〇年までの間ギリシアの諸王朝に支配され、僅かにその末期にイラン人の一部がホラサン地方に獨立のパルト王國を作つてゐた。その王朝の始祖はアルサキーデス（又アルサーケス、アルシヤク即ち支那上代の安息のこと）で、爾來メソポタミアのギリシア、ローマを敵として戰ひつゝ獨立を維持したが、文化は概ねギリシア式となり、イラン文化は冬眠狀態に陥つた。

越えて西紀第三世紀に入つてファルス（此の地方をギリシア人がパルシーデスと呼びペルシアの語源となつてゐる）を領した一藩王アルダシール一世が獨立してパルトを亡ぼし、ササン王朝の始祖として、殆ど全イランに君臨するやうになつた。

ササン王朝は紀元二二四年から六五二年までに渉つて上代に於けるイラン藝術尤も華やかなりし史蹟を遺してゐる。

ササン王朝は史上最大の帝國の一を作つて西はローマを破り、東はバクトリア・トルコ蒙古の諸民族に勝ち、領域は中央アジアから西南遙かにアラビアに及んだが文化的にはビザンツや印度及び支那の隋唐と交流した。今日のアフガニスタンの都カブールに近いバノミヤンの發掘で、サヽン時代の佛教藝術物の繪畫彫刻が世に現れた。

唐の文化を基礎としたわが上代に於て、たとへば正倉院の御物の如き殆ど一としてイランのササン文化を攝取してゐないものは無い。

ササン藝術は前代と異り、純イラン藝術として統一あり、イランに固有の古代の裝飾的構想を復活改善したと稱せられてゐる。例へば此時代の傑作と稱せられる青銅の工藝品なども、テクニックは多少コプト（エヂプト）に負ふところがあるが、その色素の使用方法などは、遙に强力でイラン獨特の手法をなしてゐる。歐洲現代の工藝品で此種の構想を完成したものは、多くはビサンツを通じて、主としてイランに學ぶところがあつたのである。

ペルセポリス・ダリウス王の宮殿廢趾

ササン朝の藝術のうちで建築では圓天井卽ち穹窿が特に擧げられる。これは正しくササン朝のイラン藝術がアッシリア・アケメニドからアラビア・イスラムの文化に至る中間の橋渡しをした意味に於て世界史的の意義をもつのである。今日ロシア・ギリシアの寺院建築から、回教寺院の圓頂に至るまで、何人もそのアラビア、イラン的影響を疑ふものは無いが、正しくはイランのパルト時代にローマの建築構想に動かされて、既にその萠芽を示したものである。ササン朝の始祖アルダシール王が、初めてファルスのフイルーザバードに建てた王宮は既にこのことを立證してゐる。ドイツのイラン學者として有名な私の友人ヘルツフェルト博士は、この圓項の玄關は後世のイスラム建築に於ける寺院の「リーヴァン」の方式を示唆してゐると說いてゐる。かのバグダード附近のクラーシフォンの遺跡にある謂ふところのホスロフ王の圓項（ターキイ・イ・キスラ）はシャプル一世（西紀二四二――二七二）の建造に係るものであるが、此の時代の建築の高峯を示すものであらう。詳しくは拙著『沙漠の國』を參照せられたい。

ササン朝のイラン藝術には、イラン人の審美性の特徵なる色彩と諧調との本能が現はされてゐる。四世紀の後のマホメット教法、つゞいて蒙古、タメルランの武力侵略にも係らず、此の藝術性は失はれなかつた。而してその精神的の原動力を與へたものは、いつでもササン朝時代の藝術であつた。例へば當時から後世を通じて文學の領域では、蓋世の大詩人フェルドウシーの『列王詩傳《シャーナーメ》』とニザーミの作品を基調としないものは無く、恰もギリシア古典、特にアテネに於けるものと全く同樣に、同じ英雄の禮讃を稱するものが頻出した。繪畫に於ても同樣で、イスラムの初期に至るまで藝術上無數の作品が、第十世紀乃至第十一世紀まで同一のテーマを反復するに過ぎ無かつた。

イスラムの信條は徹底的な偶像排斥に在る。從て原始イスラムは、如何なる肖像をも、動物の形をも生物の姿をも、描くことを嚴禁してゐる。スンニー正統派たる回教諸國の藝術が、此の方面で著しい阻害を受けたのは論を俟たない。シリア、カフカスからアフガンの邊境に至るまで、これらの織る絨緞の意匠は幾何學的の圖案か、機械的の意匠に過ぎない。然るにイラン人の宗派たるシーア教徒では、イスラムの戒律に拘らず、古來の藝術性が、いかにするもイスラムの形式を以て制壓することを得ない結果として色彩は自由に放膽に用ゐられ、絨緞にも繪畫にも寺院にも學校にも思ふがまゝに、その長所を發揮したのであつた。唯人物を描くことはイスラム經典（コーラン）の嚴禁であり、イスラムの淵源セム人種たるアラビア人の原始戒律でさへあつたので當時のイランは或る程度に生物特に人間を描くことを遠慮したのであつた。

イラン人はかくの如く回教徒に征服されて、天性の豐富な審美性を多少は歪められたが、回教の本質から云ふと、政治、教育、道德、法律等あらゆるものを、經典に於て、一元的に規律するにも拘らず、イラン人の藝術性を全くおさへることは出來なかつた。他方アラビア人に征服されて中央アジアから地中海、北阿に至る大アラビア帝國の一部として、アラビア文化のあるものを攝取し、アラビア文學を今日までも自國文學とする等、文化的には得るところもあつた。勿論アラビア藝術に對してイランが與へたものも非常に多く、ある意味では支那に於ける漢民族を支配した異民族の元や淸が、やがて漢文化に感化されたと同じく、アラビア文化が多くの部門に於てイラン化されたことは疑ふべくもない。

イランの絨緞は他のスンニー派回教民族のと異り、いつの間にか生物人間を描き、後世成吉斯汗、帖木兒の侵入により支那の影響を受けて、密畫を作り、サファヴィ王朝では回教の嚴禁に拘らず、王宮の壁畫にある人物描寫は今日でも美術家の禮讃を吝まざるものである。

蒙古人もタタールも固有の文化を持たなかつたので、被征服國たるイラン、アラビアはその藝術の上に何等の壓制を受けなかつたが、彼らの侵略の爲めに西南アジアは再び文化的に支那との關係を緊密にすることが出來た。タメルランの王室では支那畫が尤も尊敬され、イランでは第十一世紀フエルドウシーの時代でも、「支那」といふのは「パリジヤン」と云ふほどの響を持つてゐた。タメルランは尙漂泊民族の本質を捨てゝゐなかつたが、權力と富とを以て最高の藝術と學術とを購ふだけの文化性はあつた。併しイラン民族は侵略の創痍から永く回復するを得なかつた。イランが外國民族の支配から脫却したのはサファヴィ王朝であつた。

唯こゝに不思議なことは、イラン文化の隆盛時代は中世では異民族の統治を受けた時代に當り、イラン民族自ら國を復興した時代には文化はいつの間にかデカダンスがむしばみ始めてゐる。特に藝術の分野でこれを見ることが出來る。恐らくその原因は爭鬪と壓服との間には國民に活きた力があり、外力を反撥して統一國家として自主を回復すると、やがて疲勞と頽廢が始まるものではないかと思ふ。

近代イランでは前述の通りサファヴィ朝があらゆる點ですぐれた藝術を遺してゐる。イランでは今日現存する一切の藝術的遺跡を、サファヴィ朝のアバス大帝の時代といふのが諺のやうになつてゐる位だ。偶然にも西にはカルロ五世、エリザベス女王あり、東には康熙乾隆兩帝が殆ど時を同じうして學藝の黃金時代を現出してゐる。

サファヴィ朝の帝都イスパハンにある當時の建築は殿堂も、寺院も學校も橋梁も悉くイラン藝術の偉大を語らないものは無い。殊に繪畫は東西の方法を攝取してビーザードの如き巨匠が輩出した。こゝには詳述の暇がないから關心ある讀者は前記の拙者を參照せられたい。

現代のイランは固有の藝術として推すべきものを持たない。これらの偉大なりし過去の藝術の餘香は認められるが、統一した新興國家として尙近代化の過程に在り、傳統に便乘してゐる若干の工藝品以外には、未だ學藝の誇るべきものが無い。此の意味では今次の動亂の禍中に英「ソ」の爲めに無理に捲き込まれたパハラヴイー朝の爲めに深い同情を注ぐべきであらう。一陽來福の曉、新しきイランは三千年の高い藝術の水準を取戻す日の來らんことを祈るの外はない。（完）

珊薩朝青銅水指

回教繪畫の源流

青柳正廣

ムハマダンの美術が形を取るに當つて、本來のアラビア人がこれに何程の寄與をしたかを明かにするに足る材料は極めて少い。沙漠の中の流浪の生活は彫刻や繪畫の製作に緣遠いものであつたし、造形藝術に對する彼等の感性はおのづから貧しいものであつたに相違はない。ムハマドの誕生の頃におけるアラビア人は、あまりにもむき出しの石塊を以つて神性を象徵するに滿足する段階のものに過ぎなかつた。

七世紀にアラビア人がその沙漠を出て彼等にとつては新しかつた文化の中心即ちローマやペルシアの帝國に侵入した時、この珍奇な異敎徒の文化は、彼等に驚異の目を瞠らせるに充分であつた。更にシリア、メソポタミア、エヂプト、北アフリカ、スペインを征服するや、夫々古來の藝術的、傳統をもつてゐるこれ等の民族との接觸が行はれた。そして新しい支配者が新しい臣民の才能を認めて、これを利用する道を講ずるやうになつた。自身に藝術的創造の才能を缺いてゐた初期の回敎徒アラビア人は、被征服地の臣民にその力を仰がなければならなかつたのである。その結果として、アラビア美術と稱せられるものの端初は、本來外國起源のものであり、その源流をアラビア文化と關聯のない美術活動の諸中心に遡り得るものとなつた。

ムハマダン期の美術の製作に寄與するところの最も多かつたものは、第一にビザンチンの版圖から招聘された外國の工匠、第二に回敎帝國の臣民中その祖先からアラビア人出現以前に行はれた美術製作の方法と形式とを繼承してゐたものであつた。後者に屬するものには、まづ被征服地域のキリスト敎徒とその後裔とがある。彼等はイスラム改宗後、その祖先から傳承した美術の傳統を新宗敎の中に持ち込んだのである。更にペルシア人やマニ敎徒やトランスオキサニアの住民についても同樣のことが言へる。

アラビア帝國におけるキリスト敎徒の住民が回敎文化の發達に重要な役割を分担してゐたことは周知の事實であつて、回敎のドグマやその法律の創始に當り彼等がもたらした寄與については多くの學者の研究がある。たゞ美術の領域におけるそれについては、これを明かにする材料はさして豐富とはいへない。調査によると、十世紀のバグダッドには四萬から五萬のキリスト敎徒がゐた。加之官吏の地位は大多數キリスト敎徒によつて占められ、却つて回敎徒がキリスト敎徒に治められてゐるといふ觀を呈してゐた。これを不滿とした回敎徒は、キリスト敎徒から一切の官職を奪はうと試みたこともあつたが、キリスト敎徒はその卓越した才能を以つてつねにその地位の回復に成功したのであつた。アバシッド時代の東方回教國に最も時めいたのはヤコバイトとネストリアン（景教）の兩教會で、いづれも確固たる傳道の組織を有し、寺院の建立やその裝飾に莫大の金額を消費してゐた。この兩教會に所屬してゐた畫家達は、畫業によつて征服者に雇用され、その觀心を買ふにつとめたのであつた。最初の回教繪畫といはれるものの作者は、これ等の畫家のうちに多く見出され得るのである。

當時の有名な諸壁畫ばかりでなく、降つて十三世紀のカリラの寫本、或はハリリのマカマトの寫本の作者についても、同樣のことがいへる。カリラに挿繪されてゐる物語類は、それらがムハマダンの文學に入るに先立つ殆んど二世紀以前に既に廣く流布されてゐたもので、キリスト教徒の讀者の間に親しまれてゐたものである。故にムハマダンの統治者がそれ等の繪解きを命ずるはるか以前に、說話の內容はキリスト教徒の熟知するところとなつてゐた。これ等の寫本の作製に同教徒が起用され、彼等の間に行はれてゐた挿繪の方法をこれに用ゐたであらうことは明かに推し得られる。事實これ等の挿繪における人物や植物の細部の描寫に、同時代のキリスト教繪畫のそれと共通したもののあることは指摘に困難ではない。

マニ教は東洋のみでなく、ひろく北アフリカや南ヨーロッパにまで擴散した特殊の宗教で、その教祖マニは二七四年頃ペルシアの王バラムに殺害されたといはれてゐるがマニはみづから畫家であつて、その教書を自身の彩色畫を以つて飾つたといふ程であるから、教化の方便として繪畫を賞用したことは明らかである。マニ教徒の後裔は後にムハマダンの支配の下に立つたとき、その相傳の技術を以つて回教繪畫の發達に寄與するところが少くなかつた。

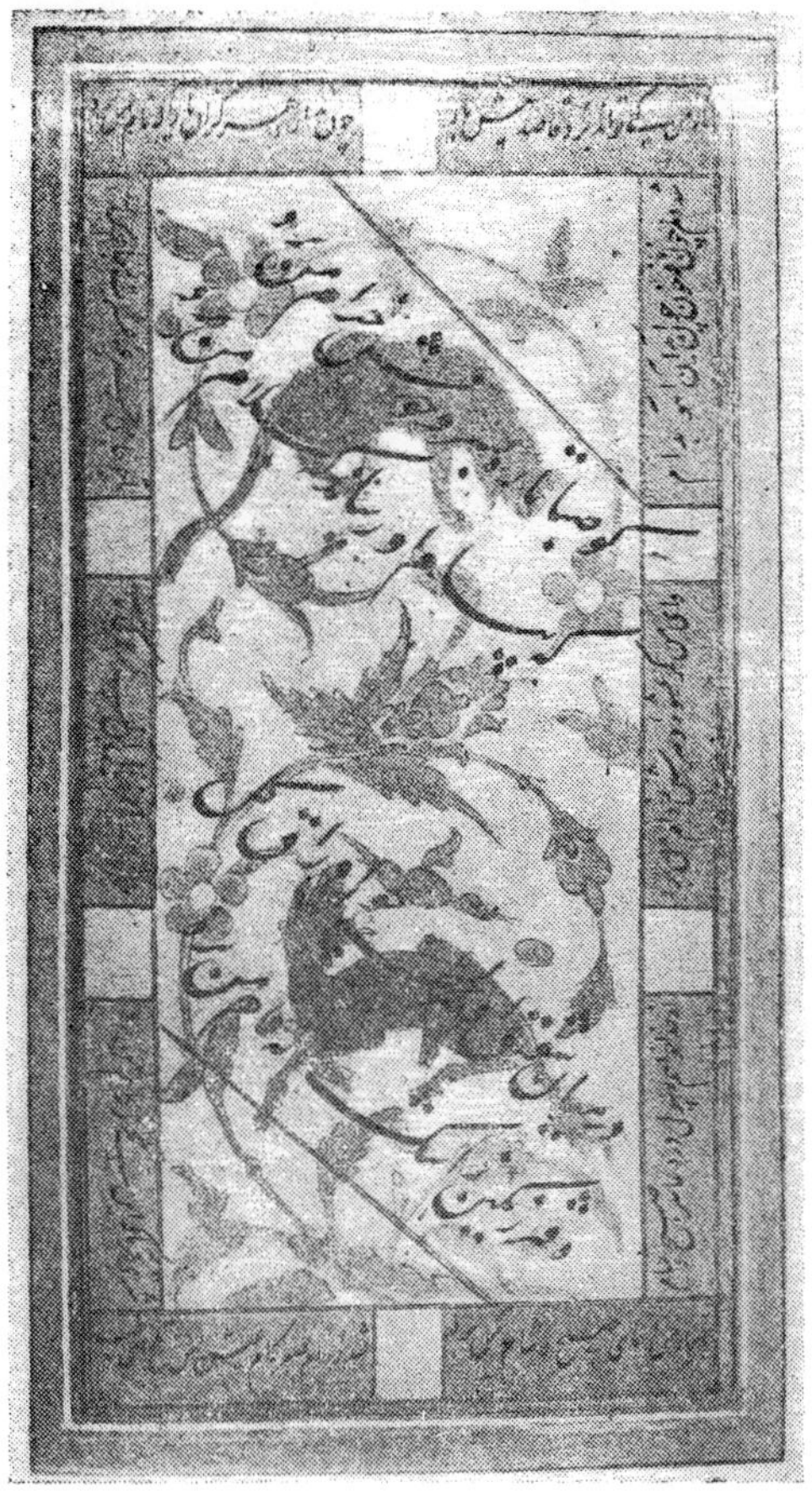

寫本裝飾頁（十六世紀）

（ライゴチン・ワルタア・ショルツ氏藏）

ササン朝時代のペルシヤ繪畫がムハマダン期に殘存した事實についても、動かしがたい證跡を見出すことが出來る。當時の美術遺品の現存するものは多數あるとはいへないが、それ等は獨自の性格をもつたものである。ペルシヤの古都の跡には、岩を穿つた彫刻の類が發見され、ロンドン、パリー、ロシアの美術館には、浮彫された銀製品の如きも所藏されてゐる。ムハマダン期以前のペルシア美術の中に既にキリスト教工匠の影響或はキリスト教繪畫の畫風が加はつてゐたことは史實に徵して明らかであるが、これ等もまた純ササン風の樣式と共に、ムハマダン期の美術のうちに移り入つたと考へられる。

ササン朝の彫刻や工藝の意匠に、あらはれてゐる獨特のモテイフはペルシアが新しき支配者の支配の下に立つやうになつて後にも保存された。有名な九世紀のサマラのフレスコにおける人物配置の仕方や、男女人物の顏のタイプや、また衣褶の扱ひ方等に、古式の傳統を髣髴せしめるものがある。後期ペルシアのミニアチュールの內にも、征服以前に遡り得る古い傳統が、依然認知される。更に繪畫ばかりでなく、絨緞の織りのうちにも、それは窺知され得るのである。

回教繪畫に及ぼした支那畫の影響については、學者の論議區々として一致を見ない。支那とアラビア帝國との間には、夙く通商關係があつた。唐朝初期（六二〇――七二〇）に支那の商船はペルシア灣の東岸の港に入つてその商品をバスラやオマンの物資と交換した。九世紀前半に入ると、逆にアラビアの商船が、より頻繁に支那に向けて渡航するやうになつた。支那の美術品がイスラムの圈內に持ち込まれたのは、概してかうした經路によつたのである。

回教の版圖に將來された支那の美術品が、イミテーションのモデルとして、使用されたことは疑ひを容れないところであつて、たとへばサマラの調査を試みたサレ教授は、そこで支那の陶器とその模造品とを二つながら發見してゐる。その年代は共に八八三年を降らないものといはれる。支那から製紙の技術が入つたことは、より一層重要にして、影響の大きな事實であつた。イスラム史によると、この技術は俘虜として連れて來られた一支那人によつてサマルカンドの人々に傳へられたものであるといふ。

回教徒が支那畫を知つたはじめが、いつのことであつたかは、分明でない。九二〇年頃支那の畫家がサマンドの王侯のために、ルダギの詩に挿繪をしたといふ記錄はあるが、それが後期の回教繪畫の發達に何程の寄與をしたかも明らかでない。後期回教繪畫の最高峯を形作つたペルシアの文獻では、繪畫の術の優秀を讃へるのに、支那畫を引合に出してこれと比較するのを常套としてゐる。その彼等が支那畫ついてれど程に具體的に知つてゐたかは分らないが、次のやうな言葉が語られてゐるのを見る。「支那の畫家は恰も呼吸をしてゐるかのやうに、眞に迫つて、人物を描き出すことが出來る。また多種多様な笑ひ方をそれぞれ描き分けることが出來る。」

詩人ニザミは、ルミと支那の畫家との間に行はれた技くらべの有名な詩篇をのこしてゐる。

十三世紀のモンゴール侵略と共に、支那畫の影響は、一層著しくなつた。支那の畫家は續々西方へ伴はれて行つた。一二二一年から二四年にわたつて、中央アジアをペルシアに向けて旅した。支那の僧は、サマルカンドについて「支那の畫工は至るところにゐる」と記してゐる。

チムール王朝時代に入つても、支那との交渉は外交關係によつて依然盛であつた。チムール（一三六九―一四〇四）は三人の大使を支那皇帝に送り、その子シヤア、ルクは一四一三年と一九年との間に三度支那の使節をその宮廷に迎へてゐる。かやうな現密な兩者の關係が、ペルシアの繪畫史に影響なしに濟まなかつたことはいふまでもない。支那皇帝に送られた、使節の一人であつた畫家ギヤト・アド・ヂンがシヤア・ルクから、旅の中で遭遇した興味ある事實はすべて記錄しておくやうにとの訓令を受けてゐたといふことがいはれてをり、この使節の旅行が、支那の繪畫をペルシアに親しませるに一方ならぬ促進の役割を果したのである。

十五世紀の半頃地理學者イブン・アル・ワルヂは、支那の陶器や繪畫の優秀なる點を列擧した。同樣の讃美の言葉は、他の文献のうちにも見出すことが出來る。支那の美術殊に繪畫に關するかやうな生々とした關心は、ペルシア繪畫及びそれを摸した印度繪畫に永續的な影響を與へたのである。

更に東トルキスタンや支那邊境の國々をもその中に包括することによつて、ペルシア繪畫が東方から被つた影響は、一層廣範圍のものとなる。スタインのタクラマカン沙漠における、ルコツクのトウルフアンにおける、及びこれ等の地域における他の諸々の調査發見は、ムハマダン王國の東境と支那帝國との中間に横たはる地域において、長い世紀にわたつて培はれた繪畫藝術の存在をあらはにした。これ等を受容することによつて、ペルシア繪畫の性格は一層複雜なものとなつたのである。

以上はムハマダンの繪畫がその源流を汲んだ回敎圈外の美術の主なるものである。少くともその初期において、ムハマダンは自ら繪畫の流派を創始する力をもたなかつたから、專ら征服によつて併合した諸地域の文化、或は時代が降つて後はこれと政治上・通商上の關係を結んだ諸外國の文化に依據し、そこから養料を受け取らなければならなかつたのである。

（主として Sir Thomas W. Arnold の "Painting in Islan" に據る。）

犬と水鏡（十四世紀）バッイダット派

サッサン朝銀製皿

古代波斯の彫刻・建築・工藝

川路柳虹

現代獨蘇英の葛藤的中心に位するイラン、吾々大東亞戰爭との關聯に於ても無視することの出來ないイラン――それは西亞細亞に位置する小國ではあるが、その往古の文化を顧みれば實に感慨無量のものがある。

イランと新しく呼びなされた波斯は、それがインド・ゲルマン族たるイラン人の故國なるが故にかく呼ばるゝことがむしろ至當であるが、「波斯」といふ國名は、このイラン人が太古、今の波斯灣に臨むペルシスに移住することによつてかく名づけられたのであつて、その古代文化はアッシリヤ、バビロン――メソポタミヤの影響によつたもので、西紀前七世紀末にはメデイヤ王國の支配をうけて居つた。而してアケメーネス王を始祖とした王朝の時代に特有の文化を形作り、以後國力發展し、近隣諸邦を征服して遂にダリウス王の時代には一大帝國となり、その版圖は歐亞及びアフリカにまで擴大し、遂に希臘と戰端を開くに至つた。卽ちペルシヤ戰役として古代戰史を飾る一大戰役に發展し西紀前四百九十五年より同四百八十年に至る長きに渡つて前後三回の大戰爭を以て終つたがアテネを陷れ、テルモピレーに於てスパルタ軍と戰ひ更にサラミスの海戰に於て希臘の爲めに破られたが、ダリウス王の雄圖は亞細亞人が歐羅巴人と決戰を試みた最初の大戰であつた。

ペルセポリス
クセルクス王宮殿の彫刻

波斯古代文化を大別すると、上述のアケメーネス王朝の時代とサッサン王朝の文化時代及び回教時代の三つに分たれる。普通「アケメネデス波斯」及「サッサニデス波斯」及び「回教波斯」と呼ぶ所以である。アケメニデス王朝は西紀前七世紀末に始まり世紀前四世紀（前三三七年）亞歷山大王によつて滅亡する迄の時代で古代波斯帝國の全盛期である。而して後大王歿後にパルヂヤ國が波斯舊領より獨立して一時代をなしたが、同王朝のアルタバヌス四世が珊薩王の孫アルダシルによつて亡されこゝに珊薩王朝の基礎は築かれ西紀三世紀より七世紀の永きに渡つて波斯の再盛期を現出した。古代波斯の文化を語る遺品の多くは實にこの珊薩王朝時代の夫れであつて、彫刻に、建築に、工藝に、華やかな東邦の藝術は咲き亂れたのであつた。而してその次に來るものが所謂回教の文化時代であつて、これは既に中世となる。卽ち以後十二世紀初頭に至るまでサラセンの支配をうけ、カリフを戴く政治支配の時代である。この時代に王朝は屢々代り、オンマヤ、アバス、サヂード、サフアリード、サアニード等各地によつて擡頭したのであつたが十三世紀には蒙古の浸入をうけ、成吉思汗の孫旭烈元は全波斯を征服するに至りこゝにイル汗國擁立されたが更に十四世紀にはチムールによつて併合され、ムガール帝國の支配となつた。この回教期よりムガール帝國時代はミニアチユアの全盛期で波斯繪畫はこの時代に特有の樣式を備ふるに至つた。ことに蒙古の浸入以來は支那畫の樣式が移入してこゝに獨特な東邦繪畫が發生したのであつた。

かくてその後は近代に入るのであつて土耳古、英吉利、露西亞等の交涉頻繁となり、幾度か國土を擧げて戰禍の巷となつたが、藝術の精華はサフアヴ王朝をのぞいてはたゞ古代にのみ求むるによしない狀態となり波斯藝術を語るものは回教時代以外に、たゞアケメネス時代と珊薩朝の盛時を最も多く回顧するより他なくなつたのである。

アケメーネス時代、及びそれ以前の藝術的遺品は近代に至つて諸邦の發堀家、探險家、考古學者により齎らされて彫刻工藝の美は歐洲各地の美術館にも所藏されてゐるが、その最も古きは西紀前三千年にも遡りうるものありと目されてゐる。それは古代イラン藝術ともまたルリスタン藝術とも呼ばれてゐるが、夫れらの考古學的資料は概ね古代メソポタミヤ文化を繼承したものとして考へられてゐる。卽ちペルセポリスに觀る建築、彫刻の類は概ねバビロン、アッシリヤの樣式を傳へてゐるし、またやゝ後の時代のものは希臘の樣式を傳へてゐるのである。

ペルセポリスにはダリウス王の宮殿廢址が、その昔の豪華な夢の跡を語つてゐる。その最も耀かしきものは所謂「百柱の間」の宮殿で、その廻廊、段階等に刻まれた石彫の浮彫は、そゝり立つ壯嚴な柱の林立と相俟つて古代の雄渾な藝術意圖をよく表象してゐるが、その樣式は前述の如くメソポタミヤ文化の樣式である。卽ち獅子及び有翼の獅子はアッシリヤの石彫に見出すものと同じであり、衛兵や動物（主として牛或は有翼牛）の浮彫にはバビロンの傳統をつたへてゐる。

ダリウス王の宮殿はスザに見るもの最も秀れてゐるが、クセルクセス一世の紀念彫刻もまたペルセポリスに見出す優秀な古代彫刻であり建築であらう。

ダリウス王の宮殿は王の威德を表示する目的の下にその豪華な建築と彫刻が作られたのであらうが、當時の彫刻家や建築家の何人なるかも氏名を知るに由ない。それらは工人にして同時に藝術家であつたのであらう。建築の材料はすべて石であり、宮殿の壁面をなす部分は釉藥を施した瓦を用ゐてゐる。テル・キユイットの彫刻をもつ壁面も相當に多い。これらの材料技法すべてアッシリヤの影響をうけたものと思はれるが柱の使用には獨特のものがあり、ことにその支柱の裝飾には希臘の標柱などゝも異つた裝飾が用ゐられて居る。その支柱の下部が蓮華を伏せた如き形式によつて結ばれてゐるのは印度の形式に似てゐるが時代的考證からすれば全然別箇のものであることは明瞭である。

頭柱及び柱の下部の裝飾も種々あるが頭柱に牛頭を用ゐてあるのも古代の拜火敎信仰の反映であらうし、又下部に渦卷を配した裝飾も獨特なスパイラルである。その巨大な中に可成り纎細な神經をもち、しかも直截に、比例均衡の法則を作り出しながら大膽な表現を試みてゐることに於てこの古代人の美的感覺がいかに卓越してゐたかを充分證明してゐる。

波斯の陶器はその靑銅器と共に夙く太古に於て發達したものであるが、この窯業技術の進步は單に陶器のみでなく、それを彫刻や建築に巧みに應用したことにあつた。ペルセポリスに見る壁面の獅子像や有翼獅子がこれら色釉の陶瓦によつて作られてゐることも良き例證であるがテルキユイットが建築に用ゐられてゐることは實にかく古代から始まつてゐたのだと思ふと、その文化の發達がすさまじいものであるのを思ふのである。

ことにその陶器の紋樣ならびに色彩の卓越は珊薩時代のものに至つて絢爛をきはめてゐる。此の時代の文化は遠く諸邦との交通による異邦文化攝取の痕をよく見得ると共に、またそれを渾化融合して獨自の波斯樣式を作り出したことも明らかである。西方小亞細亞、埃及、希臘の樣式も加はつてはゐるが、その特有の紋樣の多樣な變化は壺や皿の形體色調によく窺はれる。ことにその靑色に至つては波斯藍の美しさがよく感じられるのである。

また織物に於ても支那との交涉が所謂「絹の路」を通じて西北印度から波斯にその種々な技法が移入されたと共に、絨緞その他に於て麻や毛の使用が巧みに用ゐられ、その紋樣には唐草や花やまた鳥獸の形が織り込まれた。回敎時代となつてその宗敎的關係から動物は排されたが珊薩のものには鳥獸人馬が唐草と共に交つてゐる。かの正倉院御物中に拜する狩獵文の布地には波斯傳來のものを見るが、それは珊薩朝末期のもので、それが西北印度から支那へ齎され、わが寧樂朝盛時の文物に混淆したものと思はれる。

金工品、鑄銅品に於ても波斯は最も早い發達をなしてゐる。その靑銅器時代は旣に西紀前千年乃至千五百年にさへ遡りうるといはれるほどである。それは多く波斯の西部、小亞細亞地方の先史時代の地層からの發掘品でルリスタン地方に見出すものが多いといはれる。靑銅器と共に銀器、金器も早くからその精妙な技法が傳へられて居るが、これらも遠く太古メソポタミヤの文化を反映するものであらう。

珊薩朝の靑銅器、銀器、金器等の工藝品はまことに爛熟した文化を示すもので、それはすでにアケメーネスの時代から彫琢された技法が傳承されてゐた爲めでもあるが、――アケメーネス時代の王の腕輪として金製のものが倫敦アルバート美術館にある――珊薩朝のそれは彫刻技法も愈々纎巧となり、また寶石彫刻なども著しく發達したのであつた。

工藝に於ては（また彫刻建築の一部にも）アケメーネス朝の末期に希臘影響をうけた作品の一時期がある。卽ちパルチヤ王國の時代で西紀前五世紀の頃である。この時代の希臘とは卽ちイオニヤであつて、これが波斯技法を支配したのである。卽ち主題的なものはバビロン、アッシリヤの樣式を傳承しながら、その技法に著しくイオニア風を加へたもので、これを「グレコ・ペルシヤ式」と呼びなしてゐる。銀製品に有翼水牛（ブークタン）の裝飾ある壺を多く見るがその主題はメソポタミヤの傳承であつて、その曲線形體や彫技は希臘風なのである。この一時期はダリウス王の歿後に希臘樣式の無意味な流行を來した結果で、いはゞパルチヤ時代は波斯古代樣式のデカダンスとも思はれる。從つて次の珊薩時代はいはゞ古代波斯のルネッサンス時代に相當するとも考へられるので一つの國民藝術がこの時代に隆昌を來したのだとも言へよう。

回敎時代となるとこれは全くサラセン文化に採つて換られた時代とも言へる。モズルマンの樣式はグレコ波斯の樣式も珊薩の樣式も排してたゞ著しい纎巧性を加へた。從つて古代の雄渾な藝術意圖は失はれて宮廷の小房裡、カリフを廻る宗敎的儀禮や、婦女愛樂の趣味好尙が普遍したのである。ミニアチユアの發達を來したのもその爲めで、それは回敎の寫經師の（カリグラフア）がコーランの書寫に當つて裝飾的に繪畫や圖樣を配したに始る。小さな裝畫でも色彩の纎麗に金銀紅紫目も絢やな玩賞畫を作つて樂しんだのである。たゞそれが後に蒙古浸入以來支那畫の筆技が傳はりやゝ工藝的から繪畫的要素をとりもどしたが、波斯繪畫の發達はかような小畫幅の範圍を多く出でぬものとなつた。これは印度の場合を考へてもやゝ同じことが云はれるやうにも思ふ。（了）

現代のイラン

磯田蓉工

イランの美術に就て

私は今「イラン（ペルシヤ）の美術に就いて」と云ふ題を課せられましたが、學者でない私には到底解答できない問題です。然しペルシヤの美術に就いての學術的な探求は學者にお任せして、在伊六ヶ月の短かい期間でしたが畫家としての私がイランの美術に就いて見たり聞いたり感じたりしたことを殊に近代イランの美術に就て申述べまして、責を免れたいと思ひます。

イラン（高貴なるの意）はペルシヤと前云はれた國で、昔はアジアとヨーロッパとの交通の要路、東西の文化の交流する「橋」の役目を成した國であつただけ、坐して東西文化が吸收できた三千年の昔既に文化が榮え、宏壯なる建築の跡もうかゞへる。フエルドーシや、ハフイーズやサデイやオマル・ハイヤムの如き詩人を出してゐる。これらの美しい詩は今も口誦まれ、又日常會話等にもよく挿入され、ペルシヤ語其のものが美しい言葉に洗練されてゐる。此の文學を飾り引立てる爲に、繪畫が發展したと云はうか、ペルシヤの密繪（ミニアチール）は小說や詩集の挿畫又は書かれた文字の圍を美しい色彩、纖細な筆でたんねんに模樣を描き飾り立ててゐる。この畫や模樣は東洋畫に似てゐる。殊に日本の浮世繪に通ずる美しさを多分に持つてゐる。

戰爭　波斯ミニアチール

回教徒は偶像を排斥するので、肖像畫と云つた形式では繪畫の發展はなかつたやうだ。自然寫生すると云ふことは考へも及ばなかつたやうだ。私もペルシヤ人を描きたいと思つて色々骨折つたが、遂にまとまつたものが描けなかつた。近代教育を受けつゝある子供は喜んでモデルになつてくれたが、大人は全然受付けなかつた。その癖、近來寫眞は撮すのだ。

美術學校があると云ふことを聞いてゐたので、油繪の道具は揃ふものと思つたが念の爲日本から少しまとめて持參すべく整へてゐた。然し飛行機で日本から向ふ迄飛んだ爲、遂に油繪具は船に托すことにしたが、イランの戰爭で此の船はボンベイから引返してしまつた。油繪具を買集めるに首都テヘランで隨分苦勞した。六、七軒も文房具やを漁つたが完全には揃はないのだ。

油畫を描く人が數人はゐたやうだつたが、描かれる畫は幼稚なものであつた。遂に美校の參觀はできなかつた。

イランの銀細工は素晴らしい美術品かも知れない。隨分澤山銀細工屋が並んで何人もの職人が、かん／＼銀器を叩いて作つてゐた。隨分細かに打出したり、刻んだりしてゐるのだ。花瓶、盆、卓、カップ、茶器、煙草のケース等々　。却々優美なものを作つてゐた。

遂に工場を見ないでしまつたが、ペルシヤのカーペット（敷物）はペルシヤの美術を代表するものかも知れない。私はテヘランの日本公使館に住むやうになつて、大小幾十の敷詰められたカーペットを見て、日本にゐて考へてゐた程に尊重する氣持になれなかつた。寧ろ吾々の近代感覺には緣遠い意匠であつたり、輕侮したくなる程に目に痛く飽き飽きさせたものであつた。街に出ると何處も目に飛込むやうにカーペットが赤く青く、溢れてゐるのだ。

然し日本に歸つてから、始めてペルシヤ・カーペットの美しさ、尊さが解つた。一枚、二枚のペルシヤ・カーペットを敷いてみると實に美しいのだ。

ペルシヤの家屋は煉瓦を積重ね、床は土を叩き固めて作つたもので、殺風景此の上もない土室のガランとした感じのものだが、これはたつた一枚のカーペットを敷くことによつて立派な人の住む家に化すのだ。床一面に花模様が赤く青く浮き上つてゐることを想像すればカーペットの役目が如何に美しく併も重大であるかと云ふことは解る。

ペルシヤのカーペットは日光に晒し、洗濯をし、踏みつけ、使用する程古くなる程、色艶がよく、美しくなると云ふのだ。

回教徒は偶像排斥をしながら、豪壯華麗な寺院を建立して參拜するのだ。この寺院は、青黄綠等の美しい色彩で全部が象眼されてゐるのだ。

ペルシャ人は優雅な國民だ。殊にチヤードル廢止令後の近代イランは歐米の美しさを取入れておしやれと云ひたい程日常生活を近代化してゐる。

私はペルシャ人の創つた美術品以上にペルシャの自然が私達を呆然佇立さす程美しい珍しい風景を、到る處に展開してゐることを云ひたい。紺碧の空黃や茶や紅や青や眞白な雪に包まれた山々、木や草のない曠野のうねり、美しく燦く星、沙漠に出る月，黃色い沙漠、透み切つた大氣、ペルシャは實に美しい。（筆者は最近イランより歸朝せる洋畫家）

☆ 新 刊 紹 介 ☆

東洋畫題綜覽（金井紫雲著）

ひろく東洋畫古今に渉つて畫題の一切に亘り渉獵し、その解說を試みたもので既往にこの種のもの無きにはあらざるも、この書の如き良心を以て編述しあるものをまだ見ない。發音引イロハ索引で誰でも畫題を引けば分るやうに出來てゐる。既に第五册が出た。面倒な仕事をこれ程迄丹念にやられる著者の學的良心に敬意を拂ふと共に普く畫家諸氏に繙讀を勸めたい。（四六倍版定價三圓　芸艸堂發兌）

琴　聲（都築眞琴著）

著者の小畫集である。「これは私の常住座臥の姿にすぎません」と小序に記してあるが、屈托なくいかなる題材に向つてもその堪能な筆技を弄する作品は匠氣を交へぬものとして好感がもてる。全部コロタイプで、後に「武藏野抄」なる詩文を添へてある。（非賣古今堂發兌）

波斯古詩 "Rubayyat" より

蒲 原 有 明 譯

＊

ナイシヤプルとよバビロンよ、花の都に住みぬとも、
よしや酌むその杯は甘しとて、はた苦しとて、
絕間あらせず、命の酒はうちしたみ、
命の葉もぞ散りゆかむ、一葉、一葉に。

＊

朝ごとに百千の薔薇は咲きもせめ、
げにさもあらめ、昨日《きのふ》の薔薇の影いづこ、
初夏月《はつなつづき》は薔薇をこそ咲かせもすらめ、ヤムシイド、
カイコバアドの尊らのみ命をすら惜まじを。

＊

逝くものは逝かしめよ、カイコバアドの大尊
カイコスル彥何はあれ、
丈夫《ますを》ツアルも、ルスツムも、誇らば誇れ、
ハチム王宴ひらけよ、——そも何ぞ。

＊

畑につける牧草の野をいざ給へ、
その野こえ、行手沙原、そこにしも、
王は、穢多はの、けじめなし、
金の座にあぐらし給へマアムウド。

＊

詩《うた》の一卷《まき》、樹のもとに、
美酒《うまき》のもたひ、糧《かて》の山、
さては汝《いまし》がいつも歌ひてあらばとよ、
その沙原に、そや、沙原も、またの天國。

＊

賢《さか》し敎へに智慧の種子《たね》播きそめしより、
われとわが手もておふしぬ、さていかに、
收獲時《とりいれどき》の足穗《たりほ》はと問はゞかくのみ、——
「水のごと吾は來ぬ、風のごとわれは逝く」

波斯古代四行詩について

フイゼラルドによつて英譯され好評を博した波斯の四行詩 Rubayyat は十一世紀の詩人、天文學者、數學者を兼ねた天才　mar Khayyam の作であることは普く知られてゐるが、この讀み方を普通「ルバイヤツト」としてゐるが正確には「ルバイヨウト」であり、オマー・カイヤム或はオマル・ハヤムと呼ばれてゐる作者名は「ウマル・カイヨオム」と讀むのが正しきことを波斯學者は語つてゐる。蒲原氏の抄譯は三十餘年前のもの乍ら名譯として知られてゐる。

國寶 百濟觀音は日本作

——法隆寺佛像の再檢討——

田中萬宗

奈良の法隆寺金堂の壇上に、玉虫厨子や橘夫人念持佛阿彌陀三尊安置厨子などの國寶と隣り組をなしてゐる國寶所謂「百濟觀音」に就いての再檢討をし卑見を揭げて見たいと思ふのである。これはわが國藝術への回想が必要とされる時、必然考へられなければならぬ一つのものである。

所謂「百濟觀音」は、法隆寺の古文献で天平十九年に製作された同寺流記資財帳には書上げられてないので、或は橘寺荒廢の砌、同寺から夫人念持佛三尊厨子等と共に移されたものであらうとの推定のもとに食客無籍像となつてゐたものである。ところが法隆寺中古の傳說に

虚空藏菩薩御丈七尺餘　此尊像起因闕千古記古老傳謂異朝將來像　不知其所以也（古今一陽集）

といふのがあり、又傳說の

百濟人作

といふのがある處から、朝鮮貢献佛と想像され百濟人作であると定められて「六朝式」「六魏式」「朝鮮經由の古韓式」などと諸說されたが、六朝、北魏の遺品の樣式とぴたりとせぬ一面朝鮮李王家現存の金銅菩薩像にやや手法の共通點が見出されるのに附會させ傳說の「百濟人作」や「異朝將來像」を證據として、百濟觀念が濃厚に盛り上つて、所謂「百濟觀音」になつて了つたのである。

吾人は此說に甚だ從へないのである

第一に「百濟觀音」といふけれども、この像が果して觀音であるか否かは問題である。國寶目錄にも

彫刻　明治三十年十二月指定
觀世音菩薩　立像　一軀　木造　傳百濟人作
乾漆

とあるが、これもまづ觀音だらう說に基いたものであつて判然たる事は云へないのである。其寶冠に化佛がない。菩薩像には化佛はないが、觀音像には必ず化佛がなくてはならない。この點が中古傳說の「虚空藏菩薩」說に附會される點である。後補であるが臺座の地摺裏に墨書で「虚空像菩薩」の五字が記してあり、中古には虚空像菩薩として禮拜されたことがあつたのである。

この像が嘗つて奈良の博物館に陳列された事があつた。當時この像とならんで、同じく奈良の法輪寺の國寶佛虚空藏菩薩像が出陳されたことがある。この兩像は同型のものであるのに、一は觀音であり、一は虚空藏であるので大いに觀者を迷はしめたことがあつた。とも角虚空藏菩薩である處から「異朝將來像」とどうしても極めたくなるところなのである。

虚空藏菩薩は右手に寶劍をもち、左に寶珠を持つてゐる筈である。仔細に見ると此像の開いた掌、右手ではあるが、その掌には小さい穴が穿たれて居り、正に寶珠でも持つてゐたものと想像されるが、寶珠だけの約束があつても下げた左手には寶壺を持つてゐるので、俗に「酒買觀音」などと謂はれる位であつて、虚空藏菩薩の規格でない。さりとて觀音ではあり得ないのである。

二つの名に呼ばれ乍らいづれでもないのは

吾人の考へからいふと當然の事である

一體この佛像の作者は誰なのであらうか。勿論知る由もないのである。そこで其樣式を考へ其系統に賴らうとするのであるが、依る由もなく、或は前記のやうに、朝鮮現存の李王家の金銅佛であるけれども、その製作年代はこの像よりも、後世の作で、この像より古い現存例はないのである。「百濟人作」も無稽である。梁書「諸夷傳」に

其國有二十二檐魯　皆以子弟宗族　分嫁之
其人形長　右服淨潔　其國近倭

となり、百濟の始祖溫祚公は體軀長大で百濟人の軀幹の長いことは諸書に見えて明らかである。そこで所謂「百濟觀音」は佛像中で珍らしく長身である。百濟人作とある以上、この點も一材料であつて肯んずべきであるが、それだけなのである。

吾人をして謂はしむれば、觀音でも菩薩でもなく、朝鮮でも北魏でも六朝でもないのは、實に純日本人作の日本佛像であるからである。海外崇讃は謙讓にして好奇と感激に富む日本特性から免角に、嘗ては西洋文化に盲從し、古くは朝鮮支那に隨從する思想のために、日本人作、日本佛像よりも百濟がよかつたために、明治期までも依然「百濟觀音」の念をよりよきものにしたのに過ぎなかつたのである。

吾人はこの像をはじめ中宮寺本尊又は廣隆寺にある如意輪觀音又は彌勒と稱へらるる半跏像に共通の感じをもつところのものを軟派と見、法隆寺金堂の藥師像や四天王立像などを折衷派同阿彌陀三尊及び夢殿の本尊救世觀音立像の如きを硬派と分類して、全體を通じて純日本彫刻の淵源と見做してゐるのである。

純日本人精神の作である以外の何物でない

この所謂「百濟觀音」は、誰が擔禮して鑑賞しても、支那朝鮮の彫刻であると斷言出來ず不徹底の間に論評してゐるのは、純日本彫刻であるからである。試みにこの像を見た時、吾人日本人には云ひ知れぬ慕しさと親しさの泌々と感じられるものがある事を否めないのである。それが假りに朝鮮支那に類されてゐるものであるとしても佛教が支那又は朝鮮から傳へられたにしても、支那の文章でその教典が書かれたにしても、これが日本に來るには既に傳聞と文傳は咀嚼されて、日本化してゐる。と同じく日本で作られた佛像も佛典と宗教的基準には從はれてゐても、日本的の感情と思想を離れては造られぬのである。

それが百濟の長身佛に共鳴するものがあつたにせよ、この佛像は柔らかい日本の情操を充分に受入れて生れて、東條首相が政治は堅いものではいかぬ、飴玉を與へる如く、又は戰爭時下でもゴム毬を思ふ將士の心のやうに誠に日本人にはあの軟かな情操が今も昔も共通して流れてゐる。この像に比喩し、比較し、前例を求めることの不可能なのは、この點であつて、眞に日本人作たるためなのである。この像に大同、龍門、天龍山其他の諸遺物數千百の佛像に對したやうな感じは少しもない。もつと崇高無比な敬虔の心持に誰もが親しむことであると信ずるのである。

この像は瘦軀過長の軀幹を腰裙の皺襞に竪の並行線で現はしてゐる。斯る場合は橫線を用ひて過長を融和せしめなければならぬのであるが背の高い像に竪線の衣紋を使用した氣持は日本硬派彫刻の神髓が成されてゐるのである。權衡の末梢に囚はれないで恰も夢のやうに幻の如く

に理想郷の菩提薩摩訶薩埵の出現を思ひつゝ、ひたすらに造り上げられた信仰の所產は、當時の支那や朝鮮に於ては斷じて出來ない藝術なのである。

この像を部分的に檢討して斷を加ふ

この像は本來の木彫の上へ乾漆をかけてゐる。始めの木彫の場合、仕上りが餘り細いので柔らか味をつけるために乾漆をかけて感じを補つたものでもあらうかと考へてゐたのであるが、其後補修の時、背の部分の乾漆が脫落しその內部には見事立派な裙襞の木彫を見ることが出來たので、この像の作者は全身一木彫成を志して作つたのであるが、氣に入るまで削つてやや削り過したので乾漆樣の彩色下地をその削り過ぎの部分に厚く着せて補つたことを明確に思はせたのである。學界から半乾漆として珍重されてゐるのも斯うしたことが偶然の結果を生んだのである。吾人は半乾漆と云ふよりは漆彩色といふべきだと思ふ。

この像の衣紋の皺襞が淺く刻まれてゐる點について、この像の異國作を主張する人々は、六朝時代に石に鐫刻した習慣によるものだと見てゐるが、石に鐫刻する時と木に彫る時又は塑土を捏ねるときの手法は全然別もので、石の習慣によるものではないのである。この作者は長い軀幹にしかも縱に平行する數條の皺襞を現はしたのは錯覺の矯正をするために、淺く彫つて柔味を出す必要に迫られたのであると思ふ。假りに之れを深く彫つたとしたならば、軀幹は竹筒のやうに硬固となり益々長軀を長く見せこの夢の如く幻のやうな菩提薩摩訶薩埵はゞ出現しなかつたであらう。

信仰對象表現として造られたこの像は長軀であつたとしても工夫して信仰の滿つるまでに成就されたので、結果は不合理とは思へなかつた。右手が殆ど直角に曲げて掌を平に仰向けた形はその上に戴せられたものが寶珠であつたらうところの類例なき安定したよき形を成してゐる。その左手の寶壺を執る形も、危く壺がするりと落ちさうな筈であるが、これも長軀の姿に調和し一層の柔味を含んで落ちさうな懸念さへ起らぬのである。

これ等の一々はわがやまと島根の國情に多年培養せられた精神の持主が、たとへ最初が傳習から始まつたとしても、完全な日本人作として成された練磨の技でなければならぬ。推古の始めに於て、佛敎の渡來の當初に於て、見事なる一信仰作者があつて、日本にこれを成した事の摩訶不思議にさへも思はれるのであるが、斯の大藝術佛像を遺したことを擔禮して敬虔を捧げるのである。

觀音像でなく、菩薩像でなく、稀有な長軀であり、珍らしき半乾漆であり、一木彫成のしかも類例比較を見ざる純日本が生んだこの大藝術像が今日まで猶幾多の未落着なる理論的な疑義に包まれてゐた事は當然であつたのである。

猶附け加へて云ふべきは、この像の蓮瓣形の光背で、この光背は五角型の臺座に竹竿で取付けられてゐるのである。竹竿で光背を捧げてゐるやうなものは絕對に他にない形で、その竹竿の基部を支へてゐる五角の臺座の納りが恰度、隅角になつて頗る安定を保つところに工夫が見られるのである。これゞ後代のものであるが、この純日本佛像に附するに日本でなければ見られないこの竹竿の支柱は一層の興味をもたれ、愈々日本像に光彩を添へるものである。

（二月八日大詔奉戴日、病床稿）

（附記）奈良博物館にこの像が陳列された時獨逸からその摸作依賴があり原寸摸刻像が獨逸にある筈であり、大英博の時も摸されたものを同國に保存してある。摸作の時全國にその材を探し索めて島津家の鹿兒島舊磯御殿に楠の巨木があつたのを許可されて用ひたといふ話がある。

映畫化された表裝師

『家　族』

經兼といふ表裝師は表展の審査員までした男だがどうも仕事が面白くなく、眞の表裝を解するお客がないことも不滿で、他にウンと金の儲かることを探し求めていろ〳〵とやるが遂に養狸事業に行當つた、そこで子供達とも不和になり、顧客をもしくじる事になつた――松竹映畫の「家族」で、經兼には河村がなる。佐分利、絹代、光子、邦子といふ人氣揃ひだが活躍するのは主人公の河村と隣組の飯田蝶子だけであるとも角、表裝師を主人公として取扱つたところに表裝師の勇躍（?）があり、映畫化されたことだから意義がある。トリオ作者は野田高梧氏であるが、これが野田九浦氏の令弟なのだから、斯うも表裝師の癖面をよく把えて隙がないのだと肯んぜらる。

◇

大近松が「戀八卦柱曆」の傑作大戲曲に表裝師を題材にしたのは餘りにも有名であるが享保の頃、經師屋節といふ淨瑠璃が流行した。一世に鳴らしたものの、後繼者がなく其曲を殘さず終つたが、藝能界に「經師屋節」の名稱をとゞめただけでも表裝師としての意義がある。表裝師の映畫上映にこんなことも思出されるのだ。河村の經兼は遂に狸に失敗して本來の表裝藝術に戻るのですべて圓滿になるといふ喜劇であるが、何と云ふても、とどのつまりは表裝藝術至上主義がいゝ事である。

旬刊時評

畫壇の愛國態勢と文化工作

最近畫壇に於て大規模の獻畫運動が起されてきたことは前號時評中にも說いたが、洋畫壇の海軍への獻畫、日本畫報國會の航空機獻納の義擧等打つて一丸となり御奉公申上ぐべき畫壇の愛國態勢が顯著となり來つたことは慶ばしき限りであり、今まで何か個々に小部分的にしか動かなかつた畫壇が、一致態勢を整へ來つた事は、大東亞戰爭の意義完遂が作家の上にも犇々と奮起を促した結果と考へられる

この態勢は次に起るべき畫壇否美術界全般の大同團結的氣運を促成することにならうとも考へられる。既に文學界、音樂界等に於てはかゝる大同團結の愛國大成が成就し、また成就せんとしてゐる。美術界がこれに遲れを取ることとあつてはならない銳意この壯擧に向つて驀進されんことを願つて止まない。

かゝる機運の釀成と共に又一考すべきはわが大東亞圏の文化工作に於ける美術家の役目が重大となるべきことである。這般國際文化振興會によつて佛印に日本畫展が催され同じく日本印度支那協會の手によつて油繪が送られ佛印に對する文化工作の第一步を畫壇の協力の下に果したがあれは一つのトライアルであつてままだ微溫の感があつた。今後戰局の發展と共に大東亞共榮圏の各國各占領地への文化工作は愈々重きを加へると共に美術家の努力が茲にも大に費されなければならぬと思ふ。この一事今より篤と考ふべきであらう。

美術旬報

京都美術館陳列品の寄贈

昭和十五年七月より常設陳列を開始した大禮記念京都美術館に對して畫壇各方面よりの協力が高まりつゝあるが、最近又左記の通り寄贈申込あり同館では欣然之が受納の手續を進めてゐる

橋本關雪氏作（日本畫）「兩面愛染明王」草稿（同氏より）故西村五雲氏作（日本畫）「園裡卽興」草稿（西村卓三氏より）、三宅鳳白氏作（日本畫）「暮笛」（同氏より）、向井久萬氏作（日本畫）「男児生る」（同氏より）、秋野不矩氏作（日本畫）「紅裳」（同氏より）、樋口富麻呂氏作（日本畫）「往く船」（同氏より）、伊谷賢藏氏作（洋畫）「燈下」（同氏より）

なほ日本に於る洋畫壇の先驅者であつた故淺井忠氏の作品「グレーの柳」（遺族藏）は今般同館陳列品として買上げに決定した

吾が大東亞建設に協力する諸民族に對し美術文化の普及を徹底強化せしむると共に、大量の作品を其の版圖に輸送し以て軍票或は邦幣の回收に適用すべきを提案す（中略）眞に彼等民族の歸一統合を企圖するならば先づ以て其の精神の敎化誘導を圖るべきである。華僑は全然美術を解せずとなす者あるも然しながら彼等の祖先はいづれも卓越せる藝術を創造したる民族であるこの千載一遇を契機とし積極的寧ろ强制的に美術敎化乃至鑑賞或ひは所有の機會を反復彼等に供與するに於ては彼等は翻然と千年の夢を醒し、最も端的に日本精神の眞髓を理解し、進んで我に同化協力し來るは理の當然にして又必ずや彼等の將來にも光明と福利を齎すべきを確信するものである。須く政府或は軍に於て之が適切なる機關を設置し速かに此の趣旨を實現されんことを希望する次第である（後略）

財團法人岡倉天心偉績顯彰會 文部大臣より認可

本年五月末越後赤倉妙高山莊で披露

今から四十年前の明治三十六年に英國に於て發行された「東洋の理想」の卷頭に「亞細亞は一なり」の名言を吐いて、歐洲の只中で東亞共榮の必然性を唱へた一代の先覺故岡倉天心氏偉績を顯彰し、旁らその終焉の地である越後赤倉の妙高山莊の遺蹟を保存するために結成された日本美術院内財團法人岡倉天心偉績顯彰會では、今回文部大臣の認可を得て成立を見るに至つたので、これが披露會を本年五月末雪解の節を待ち赤倉で擧行する事になつた

白日會富田氏提案反響多大

美術家大會の白眉

去月三十一日上野の府美術館で開催した美術家大會の席上白日會の富田溫一郎氏が提議した案は眞に美術家のみが爲し得る合理的且企劃性に富む最善の策と見做され、美術を單に健全な娯樂慰安に止めず、高度に活用させることは、時局下緊要な國策であり、旁々美術家本來の使命を達成させる譯であるから、大なる反響を呼び起した、該提案の趣旨は左の通りである

大美術殿堂建設軌道に

工費二百五十萬圓は市から 五百萬圓は財界側有志醵出

東京市では、皇太子殿下御誕辰記念事業として工費七百五十萬圓で純日本式近代美術**殿堂**を建設する爲に準備を取り急ぎ、一月十四日午前十一時から華族會館で、第一回資金募集懇談會を開催、都下財界諸名士と市側と正式懇談の結果、建設費七百五十萬圓の内五百萬圓の寄附を財界で引受ける事に決定、こゝに世界的な大美術殿堂の建設案が本格的に軌道に乘る事になつた、この懇談會には市側から大久保市長、橋本助役谷川記念事業部長以下係員、財界名士側から藤山愛一郎氏、細川護立侯、團伊能男、五島慶太金光庸夫、岩崎淸七諸氏を始め四十餘氏出席

先づ大久保市長から美術館建設に關する**趣旨**を谷川記念事業部長から事業計劃をそれぞれ説明建設費の内二百五十萬圓を市財政で醵出し、殘りの五百萬圓は記念事業の趣旨に鑑み財界名士の寄附を仰ぎたき旨依賴し、藤山氏から協力方の挨拶があり、續いて細川侯が一同を代表して、五百萬圓の醵出方に贊意を表し、建設費調達問題は正式に決定したわけである、尙財界側では近く實行委員を選任し淨財醵出の實

展覽會の曆

日	月	火	水	木	金	土
					20	21
22	23	24	25	26	27	28

△新美術家協會第十四回展廿一日から三月二日まで東京府美術館

△山崎省三大同石佛訪問記念展廿二日から廿四日まで日動畫廊

△赤松俊子、西喜代子モスコースケッチ展　廿四日から廿八日まで青樹社

△七鳳會第六回展　廿五日から廿七日まで銀座菊屋畫廊

△俳畫作品展　廿五日から三月一日迄日本橋白木屋

△月明會小品展　廿六日から廿八日まで資生堂ギャラリー

△旺玄社第十回展　三月二日から十六日まで上野美術館

△國風盆栽展　三月三日から九日まで上野美術館

△綠巷會展　三月三日から十三日まで上野美術館

△青木茂遺作展　三月四日から八日まで白木屋

×　×　×

踐に移ることを申し合せた

岐阜畫人協會

この程結成、役員決定

大東亞戰完遂の爲一億一心益々職域奉公の誠を盡すの秋總べてに於て統制が必至となり、畫人の使用する材料の一部にも統制の機が到來してゐるので、岐阜市の小鹽美州氏等は各關係代表と相謀り、一切材料の配給制度其他政府の方針に協力する趣旨から今回岐阜畫人協會を組織入會費一圓を徵し去る十日を以て締切り鞏固な團體構成を遂げた、役員の顏觸れは左の通り

會長小鹽美州、副會長小島紫光、幹事淸水古關、福田柏齡、宇野嶺城、杉山祥司、黑田貞次郎、堀江方慶、富永月泉足立樂山

尙同會事務所は岐阜市蕪城町五十番地（電話三七一六番）會長宅は（電話二七六〇番）

七三會から陸海軍へ献金

主催の翼賛美術展成功裡終幕

陸軍恤兵部並に大政翼賛會後援の下に去月二十七日から三十日迄三越本店で開催された七三會（全會員文展新無鑑査）主催の翼賛美術展は會期を通じて盛況を續けたので同會員一同は大滿悅、會期中白衣の勇士諸氏が不自由な肉體を超越して繪畫彫刻に工藝に美事な作品を製作出陳せること、隻腕隻脚の白衣勇士が不自由な身體を運び會員有志と歡談し再起奉公を誓つたこと、などは會員一同をいたく感激させてゐる、會員の出品作品は賣上收益中、陸軍へ七百圓（作品三十八點）海軍へ三百圓（作品十九點）を夫々献納し、更に藝術報國の誠を盡すべく努力を續けてゐる

橋本關雪塾の

新篁會新役員

今年度役員改選の結果、竹林愛作、高安龍雲二氏が幹事に當選した

藝能文化協會主催、王樣商會後援の水彩畫推奬記錄展—銀座青樹社—連日三千人の入場者があるといふ盛況であつた＝寫眞は會場の一部＝

「國民美術」廢刊

昨秋九月新發足せる「國民美術は其後堅實な足取りを以て引き續き五號まで刊行したが、洋紙配給量不足の爲刊行繼續不可能となりその結果一月號限りで廢刊する事になりこのほど同誌代表鈴木里一郎氏の名を以てこの旨を各關係者一同に通達した

光風會入選者

繪畫一五六工藝三四

二月十四日から上野の府美術館で第二十九回展覽會を開催してゐる光風會では鑑査の結果繪畫搬入總數二千二百三十七點中入選百五十六點、工藝搬入總數三百四十六點中入選三十四點を決定した、二點以上の入選者は左記の通り

（繪畫）早川善三郎、互井開一、日理宗文、熊野禮夫、大原省三、野村陸雄山本彪一、增田喜惠藏、古屋浩藏、鈴木三五郎、斧山萬次郎、荒井邦朝、本居典親、三上義人、溝江勘二、永室幸吉、坂倉宜暢、宮本薫、岩瀨富士雄（以上十九氏」

（工藝）藤木能道、渡邊守治、馬淵聖、田中壽雄（以上四氏）

二月十四日午後五時から上野の東京府美術館で開かれた太平洋畫會懇親會、立ちて挨拶するは奧瀨英三氏

安部治郎吉個展

十四日から菊屋畫廊

二科會の中堅安部治郎吉氏の個展が二月十四日から十八日迄銀座の菊屋ギャラリーで開催された、氏の個展は久し振りのもので、「五月の朝」「殘照」「山湖の秋」其他風景、花卉等約廿點の力作が展示され連日觀衆を堪能させた

白鳳會結成

上野松坂屋の旗擧展連日盛況

磯貝勝之、大林蘇乃、川上南浦、吉田順光、平野鋏國の五氏は今回白鳳會を結成、その第一回展を上野松坂屋で十日から十五日迄開催、右五會員のほか會友山崎勤氏の作品も出陳會期中盛況をつゞけた

白宏會結成

旗擧展を資生堂

美術院の院友である横田仙草丸儀太郎、小谷津任牛、鈴木大麻、鈴木麻古等の五氏は今回白宏會を結成其の旗擧展を去る十八日から二十一日迄銀座の資生堂ギャラリーで華々しく開催、例に依つて各自得意の作品を數點宛展示し大方の批判を仰いでゐる

池澤賢個展好評

池澤賢氏の第一回個展は十一日から十三日迄銀座菊屋ギャラリーで開催、蝶（二點）、花（四點）、結晶（三點）土偶（二點）、古意（三點）を出陳、その知性的な畫風は觀衆をしていたく嘆賞させた

青年美術集團展

紀伊國屋で盛況

青年美術集國では十四日から十八日まで銀座紀伊國屋で第二回展を開催

栃木宗三郎氏「石」ほか二點德山輝雄氏「華」二點渡邊武氏「けし」ほか二點、金子英雄氏「風景」二點、賀川孝氏「壁」ほか一點、吉田泰雄氏「斷層」ほか二點、田中富士雄氏二點、高島憲次郎氏二點辻潤之助氏二點、矢島甲子夫氏「シルクハットと猫」ほか一點、山本昌尙氏作品一點寫眞二點、安永賢造氏風景人物各二點、山口英哉氏一點、相澤義二氏「花菖蒲」右の如く華かに出陳好評を得た

伊谷賢藏個展

渡支研究作を青樹社

二科會員伊谷賢藏氏の油繪個展は九日から十三日迄銀座青樹社で開催「大同石佛」、「小鳥の市」（北京天橋）「靑島」、「雨後の伯耆大山」、「婦人像」など二十九點の作品を展列その淸新重厚な作風は觀衆に深い感銘を與へた

東寶舞臺美術家集團展

第四回を二十六日迄

東寶舞臺美術家集團展觀は一日

から東寶二階サロンで開かれてゐる、田中良、遠山靜雄、横川信幸の三特別會員、中村正典、橋本隆吉、東原徹の三委員、石塚連、鈴木四郎、香取巖氏等三十名の會員の作品、其他に陸軍省恤兵部献納色紙を併せて展列連日好評、會期は來る二十六日迄

安南皇帝陛下日本畫展御賞美
藤田嗣治氏に初の文化勳章

舊臘十四日から十六日迄佛印の安南首都ユエで開催した國際文化振興會主催「日本畫展覽會」は非常な好評を博し、日佛印の文化提携に資する處顯著であつた、特に安南皇帝パオダイ陛下にはこの展觀開催をいたく賞美あらせれ、小川總領事及び同會から派遣せられた講師の藤田嗣治氏に、邦人としては初の文化勳章を授與された旨、このほど芳澤特派大使から情報局へ通知された

パオダイ陛下には、先帝の御法事の爲展覽會を御覽遊ばされなかつたが、代理としてファムキン皇室官房長兼文相を差遣せられ、舊臘十五日には小山、藤田兩氏を宮中に召出され、日本文化に關し種々下問あらせられた後、兩國文化親善に貢獻した兩氏の功を多とせられ、小川總領事には、安南ドラゴン二等勳章、藤田氏には同三等勳章を授與せられた、又國際文化振興會から獻上した同展出品作栗山眞樹氏筆の三曲屛風「菖蒲の圖」を御書齋にお据ゑ置きになられたと云ふ

――消　息――

▲山村耕花氏　日本美術院同人の氏は昨秋以來腎臓炎で聖路加病院に入院中、一月二十五日午後七時二十三分死去した享年五十八、同二十八日品川區大井濱川の來福寺で葬儀をすませた、氏は品川區北品川二丁目名刹不動尊の堂嗣で同所に生れ現在も同所に住居してゐる、先年夫人を喪つて以來兎角すぐれなかつた、初め尾形月耕に學んだが「耕花」の號ある所以である、一方浮世繪の研究深く日本版畫には、「豐成」の名でいゝ刊行物を遺してゐる

▲角田磐谷氏　東滿國境を巡旅零下三〇度の寒さを冐して皇軍奮闘に感激、ひたすら興亞時下の心を養ひ畫囊を充實しつゝあり

▲小林彦三郎氏　過般はじめて加賀の片山津方面に旅、歸京また郷里にあり去る十日歸京大輪春季展の準備に入つた

▲三輪孝氏　總軍報道部囑託として中支で活躍中の處このほど歸京

▲高澤圭一氏　同上

豫　報

七鳳會六回展
廿五日から銀座菊屋

七鳳會の第六回展が廿五日から廿七日迄銀座の菊屋畫廊で開催される今回の展觀は時局に鑒み同人等はいづれも日本精神の强調といつた作品を展示する事となり田中稻三氏は「マレー沖の海戰」文挾勝氏は「布哇の海戰」上田健一氏は「平和產業」に關するもの市川加久一氏は「花園」加藤隆久酒井嘉久高野眞美の三氏は風景に於て力作を發表する筈

第十二回展を十日から十二日迄資生堂で催した素顔社同人

大輪畫院春季公募展
三月九日公募搬入受付を開始

大輪畫院ではは去る十三日午後主宰小林彥三郎氏の歸京をまつて第四回春季公募展の内容を發表した、會場は例の上野櫻ヶ岡日本美術協會全館で搬入受付は三月九日會場へ、地方出品は目黑區上目黑八ノ五三八の事務所へ屆けること、詳細規則は同事務所へ問合す事開期は三月二十一日から二十五日までである、猶同院は今年が十周年記念なので秋の展覽會は大々的にやる由

新美術家協會展
明日から第十四回を府美術館

新美術家協會の第十四回展が廿一日から三月二日迄上野公園の東京府美術館で開催される同會では大東亞戰爭下各會員は非常な緊張振りで力作を出陳する由

太平洋畫會第卅八回公募展
十四日から三月一日迄上野の府美術館

太平洋畫會の第卅八回公募展がこの十四日から三月一日迄上野の府美術館で開催される、同會では今回特に大東亞室を設け大東亞に關する作品を多數陳列した他故鹿子木孟郎氏の遺作をも展觀するなど却々の努力振りである

▽▽と競ふ日本畫院展△△
四月三日から上野の東京府美術館

日本畫院展は四月三日から十五日まで東京府美術館で開催される、作品の搬入受附は四月一日、同館正面上左手を會場にしてゐる、今回展の院賞は五百圓尚特志家より臨時賞金を提供ずる、院賞は三名を限つて銓衡して授與されるだらう、又同院では東山魁夷氏を從來の成績優秀であることに鑑み無鑑査に推薦する筈である

春の巻緑會展
三月三日から上野の府美術館

緑巻會展は三月三日から十三日迄上野公園東京府美術館で開催される作品の搬入受附は二月二十八日から三月一日迄同館西入口南側階上を會場にしてゐる

美術 経済

一般衣料の切符制に伴ひ 繪絹、表裝裂も切符制

◇俄かにそれと知り大恐慌で對策中

一般衣料切符に伴ひ八月二十日その販賣を禁止されたのに引つゞき日本畫資料の繪絹は同二十五日、表裝裂れの純子等は三十日に到りいよ〳〵禁止される事が確定されたので斯界は俄然大恐慌を來し爾來連日に亙り各方面共善後對策に奔走中であるが既に商工省でに衣料切符制に準行する業務用切符制を成立させ東京府とも聯絡協定中であるので遠からず繪絹及び表裝資料等の配給も實施されるであらうが何れにしても興亞宣戰時下のこととて從前よりは相當激減である事は免れない、右につきこれが衝に當る商工省當局の談に聽く――

業務用切符で賣買

數量は關係團體から申請

商工省纖維局 **近藤事務官談**

繪絹や表裝裂を衣料切符制の中に入れたのは當初から定められてゐたことで何も特殊な事情があつた爲にあとから追加したものでない、繪絹も表裝裂も純然たる織物であるからだ、配給の順序は畫家や表裝屋を顧客とする商人へ品物が流れてゆき、そこで業務用切符に依り賣買する、即ち、生産者から中央配給株式會社へ品物が渡り、各地方の配給會社へ配分されそこから關係商人の手に移り切符と引換を行ふのである、數量の點は、畫家、表裝屋の團體機關から必要の程度を各關係地方長官宛に申請し、各長官が査定の結果割り當てを行ひ、その結果としての數量が前に述べた順序で關係商人の手に渡るのだ

人形衣裳は別

猶雛時期を控えて美術人形衣裳にも同制度が實施されるやの噂も盛になつて來たが商工省當局は「人形衣裳は右統制範圍でないので今の處さうしたことはない」と言明された、同衣裳は袋物と同架で許容される

編輯後記

本號は「イラン美術」の特輯を企てた。大東亞戰爭の發展はすでに西方ビルマ、印度に迄波及しようとしてをり、獨逸の春季攻勢はカウカシヤからイラン方面へ發展せんとして居る。大東亞から見る西亞も決して吾らにゆるがせにならない。といふわけでもないが、吾々亞細亞人が西亞に關する知識は決して豐富とは言へないし、一般常識も乏しい。從つて美術に就ても一部專門家以外關心が薄いので本誌は茲に多少纒つた概念を與へたき意味に於てこの特輯となつたのである。笠間青柳川路諸氏の論稿は稗益する處多きを信ずる。なほ波斯美術工藝の權威大隅爲三氏の稿も得る筈であつたが不幸御多用で間に合はなかつた。

「旬刊」美術新報
昭和十七年二月十七日印刷
昭和十七年二月二十日發行
發行日 毎月三回（十の日發行）
購讀料
一册金五十錢（郵税一錢）
一ケ月三册金壹円五十錢（送料共）
麹町區九段一ノ一四 資文堂
編輯發行兼印刷人 猪木卓爾
東京市麹町區九段一ノ一四
發賣所 日本美術新報社
電話九段二七一五
振替東京一六二五〇
配給元 日本出版配給株式會社
日本出版文化協會々員 一二一二三五番
通信は一切發行所へ
發行所 東京市本郷區東片町八二 日本美術新報社

會期　三月七日—十一日

小柳正滞歐油繪展

日本橋

髙島屋

美術部

日本橋

三越

美術部

會期　三月三日—六日

現代大家先哲畫像展

會期　三月三日—八日

內島北朗陶磁器展

上野廣小路

松坂屋

美術部

さくろ文陶額
優美變形の大家　國領素夫先生作

角末廣形立目組花籠
竹藝の至寶　田中篁齋先生作

線條紋窯變花瓶
窯變界の巨匠　淺見隆三先生作

玉形透組耳付花籠
竹藝界の重鎮　森田竹阿彌先生作

昭和十年一月十二日　第三種郵便物認可　第十六號
昭和十七年二月二十日發行（毎月三回十日日發行）
一ヶ月三回（金壹圓五十錢）
定價金五拾錢　郵税一錢

三月上旬號

旬刊 美術新報

昭和十四年一月十二日第三種郵便物認可
昭和十七年三月一日發行（每月三回十日發行）

特輯 水彩畫の問題

第十回旺玄社展

會期　三月三日―十六日
會場　上野公園・府美術館

特別陳列
◉ 牧野虎雄懷古作品
◆ 海軍少佐 津村敏行 南海封鎖スケッチ
◆ 陸海軍獻納畫

東京市世田谷區代田二ノ九六三（佐藤文雄）
旺玄社事務所

第十二回獨立展

會期　三月五日―廿三日
會場　上野公園・府美術館

東京市蒲田區東六郷四ノ卅一（鈴木保德方）
獨立美術協會事務所

鬼面社第四回展

會期　三月三日―七日
會場　銀座・三越（七階）

原勝郎滯歐作品展

會期　三月七日―十日
會場　銀座・日動畫廊

日本美術學校第廿三回展

日本畫、油繪、圖案、彫刻
（各科講師賛助出品）

會期　三月十一日―十五日
會場　新宿・三越（八階）

小禽（部分）

八大山人筆（清）

氣韻生動、と云ふ文句を、氣韻が生動すると解しても面白いし、氣韻と生動とを別にして見ても面白い、此の小禽は生動して居る。モウショがあり、表情があり。生動ばかりに行くと俗になる。此の一圖簡略の間に俗氣を留めず、つまり氣韻の爲だ、氣韻の畫後の人格から出る。東洋畫の人をやかましく論ずるのは、此の「人」がすぐ畫後に現はれるからだ。八大山人、名は朱耷江西の人。

海外水彩畫作品集

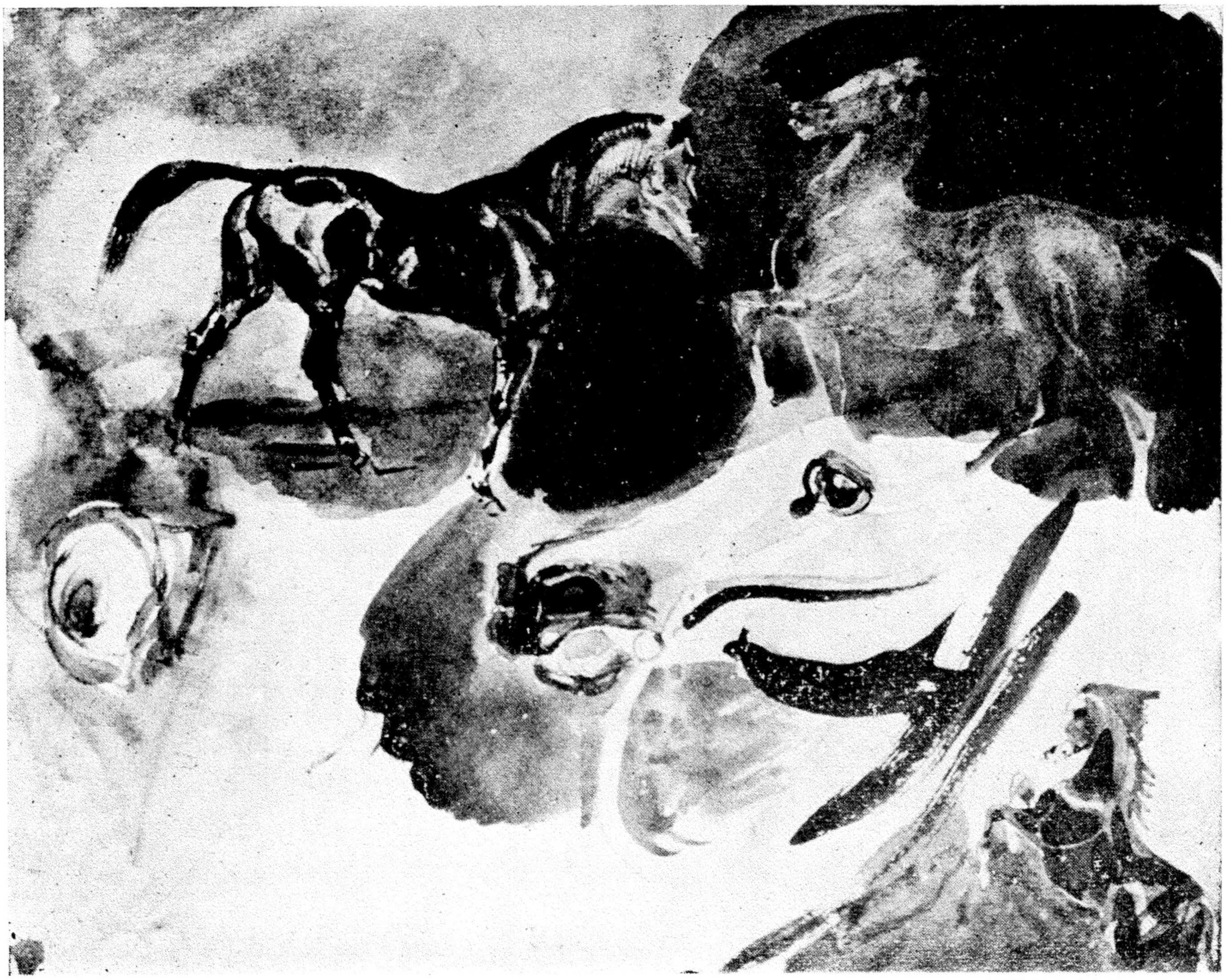

馬（習作）　　ドラクロウ

煉獄の山　ブレイク

地獄の門　ブレイク

雨・蒸汽機關及速力　　　　ターナー

タインの城　　　　ターナー

闘牛　　アーサー・メルヴイル

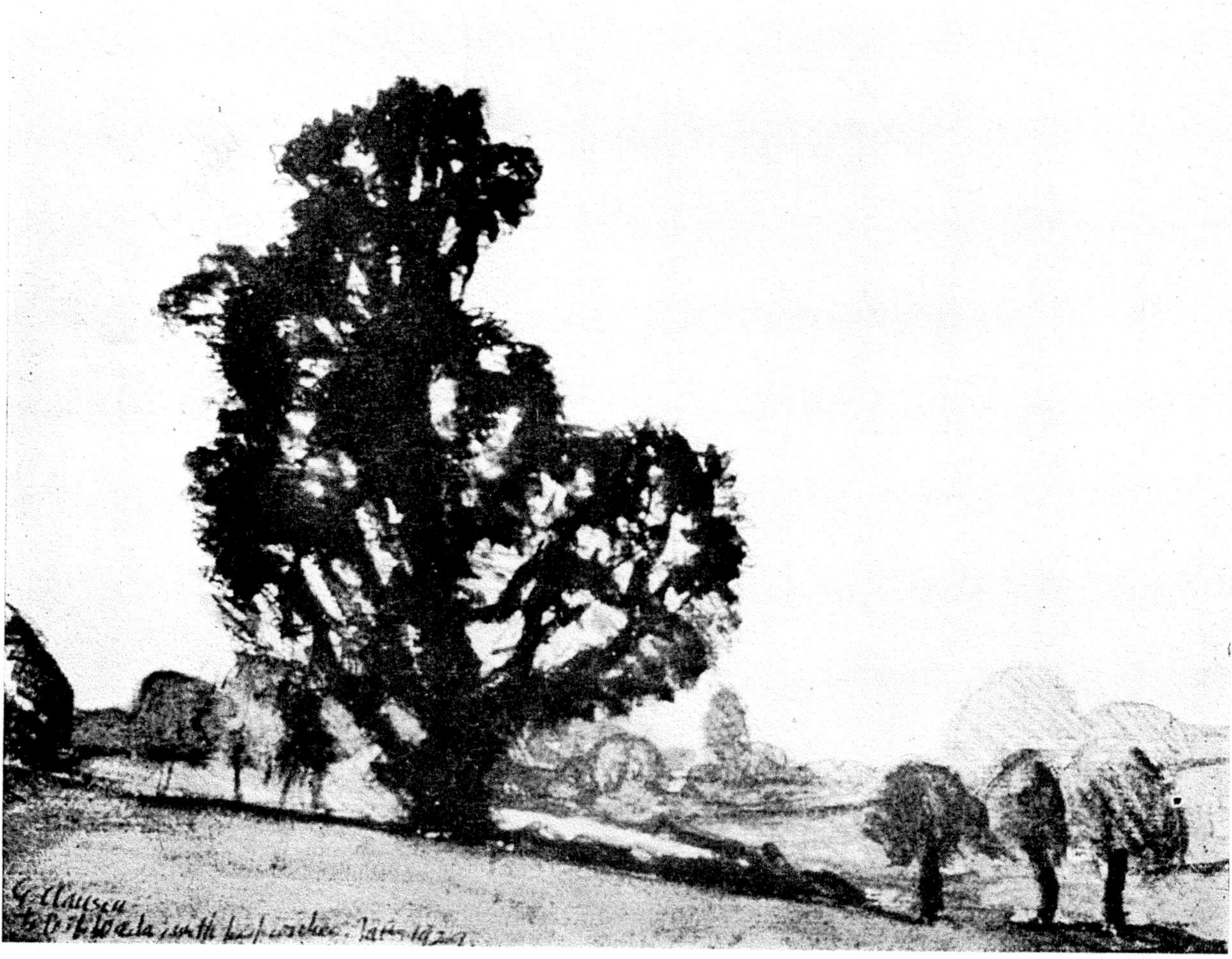

風景　　クローゼン

女人像　　コンスタンタン・ギース

日本風景　　イースト

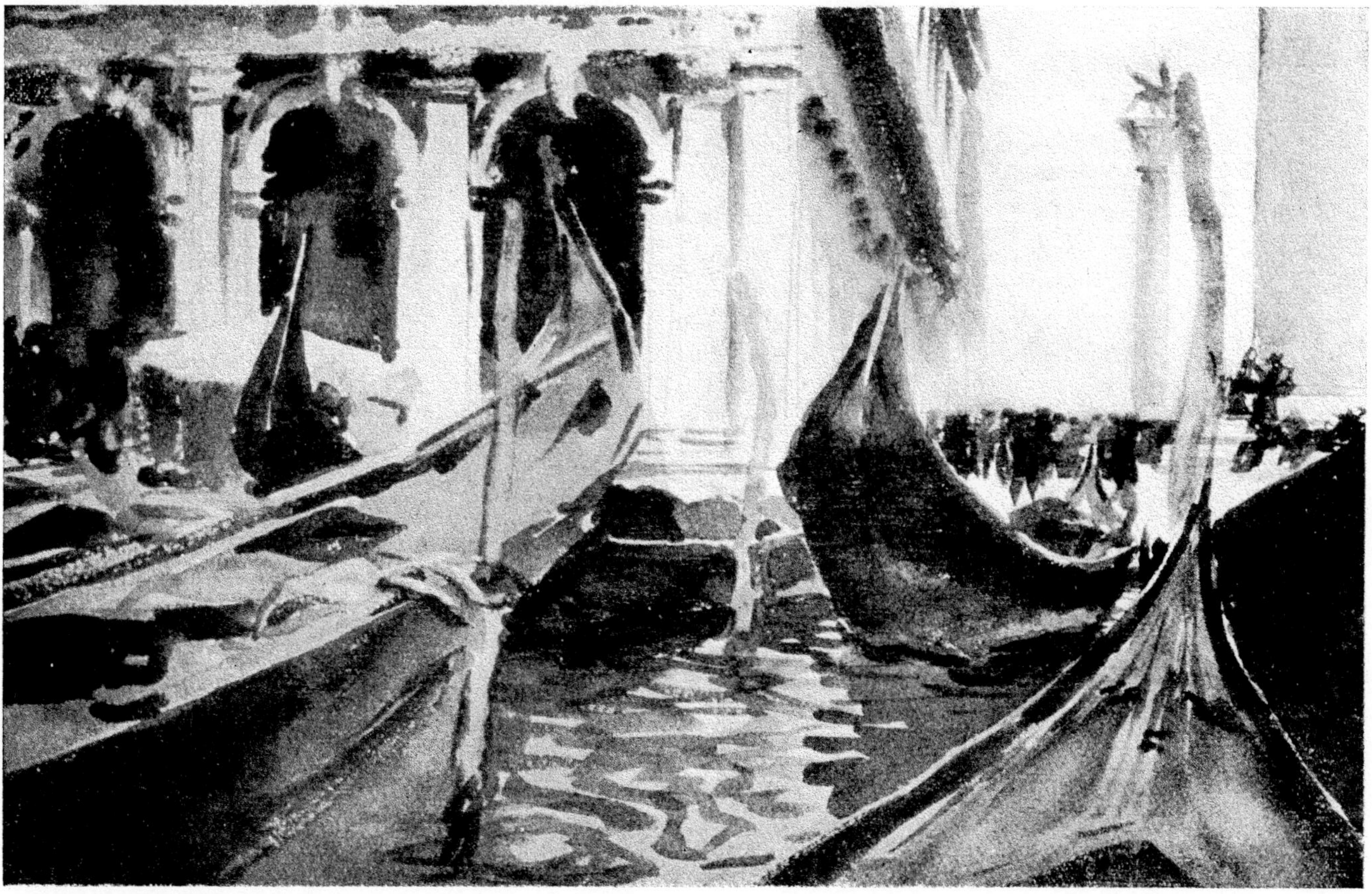

ヴェニス　　サーヂェント

樹　立　　　　浅井　忠

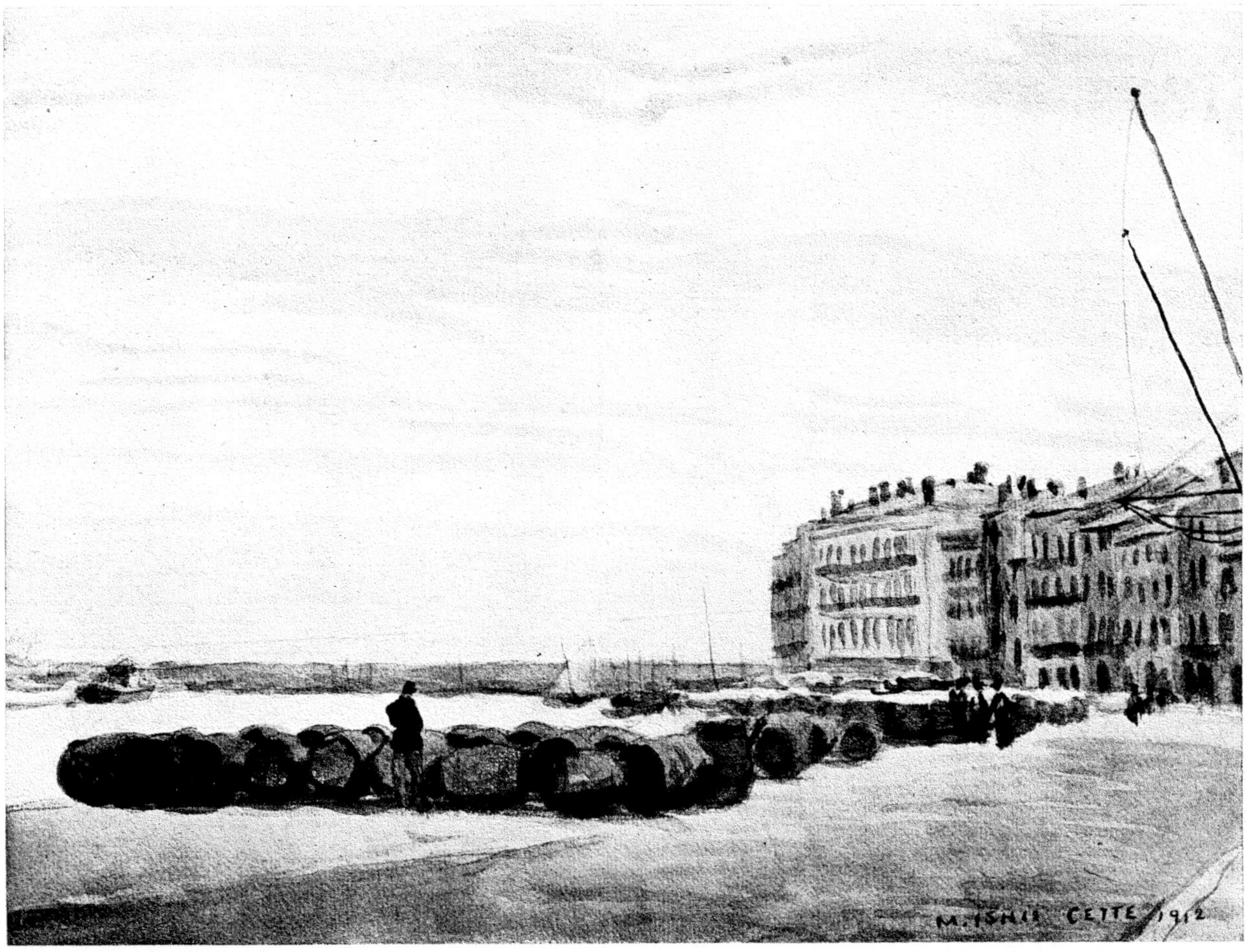

フランス・セツト港　　　　石井柏亭

新美術家協會第十四回展

静物　田崎廣助

婦人像　近藤光起

雪の上越　松本弘二

ソールの少年達　桑原實

二人　加治屋隆二

新美術家協會展特別陳列作品

ロオランサン

ロートレツク

ヴアン・ドンゲン

ドラン

久保貞次郎氏藏

セザンヌ

ザツキン

マネエ（ボウの肖像）

ブラツクス夫人

白宏會

犬　　鈴木麻古等

少女　　鈴木大麻

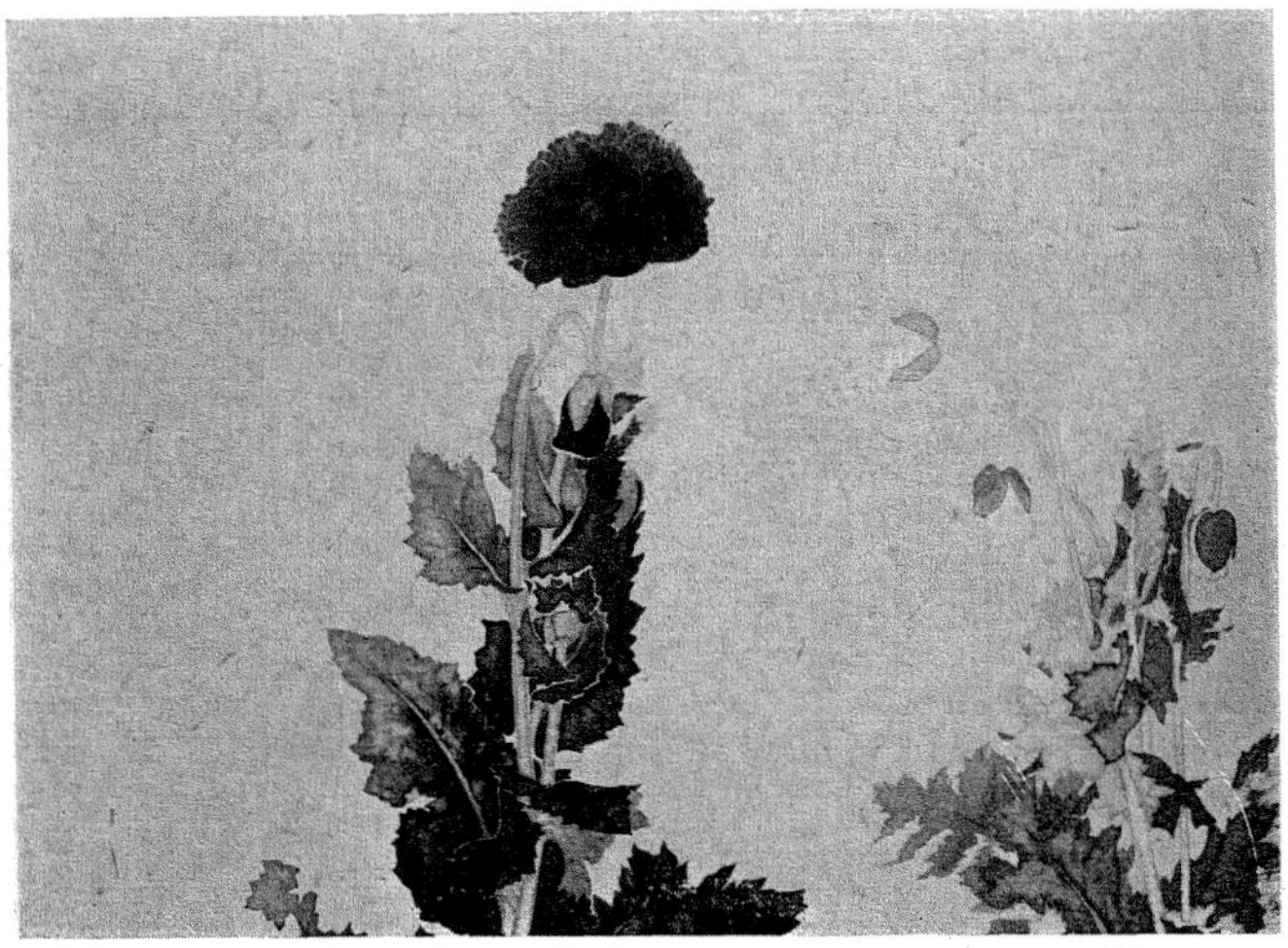

けし　　横田仙草

暁秋　　丸儀太郎

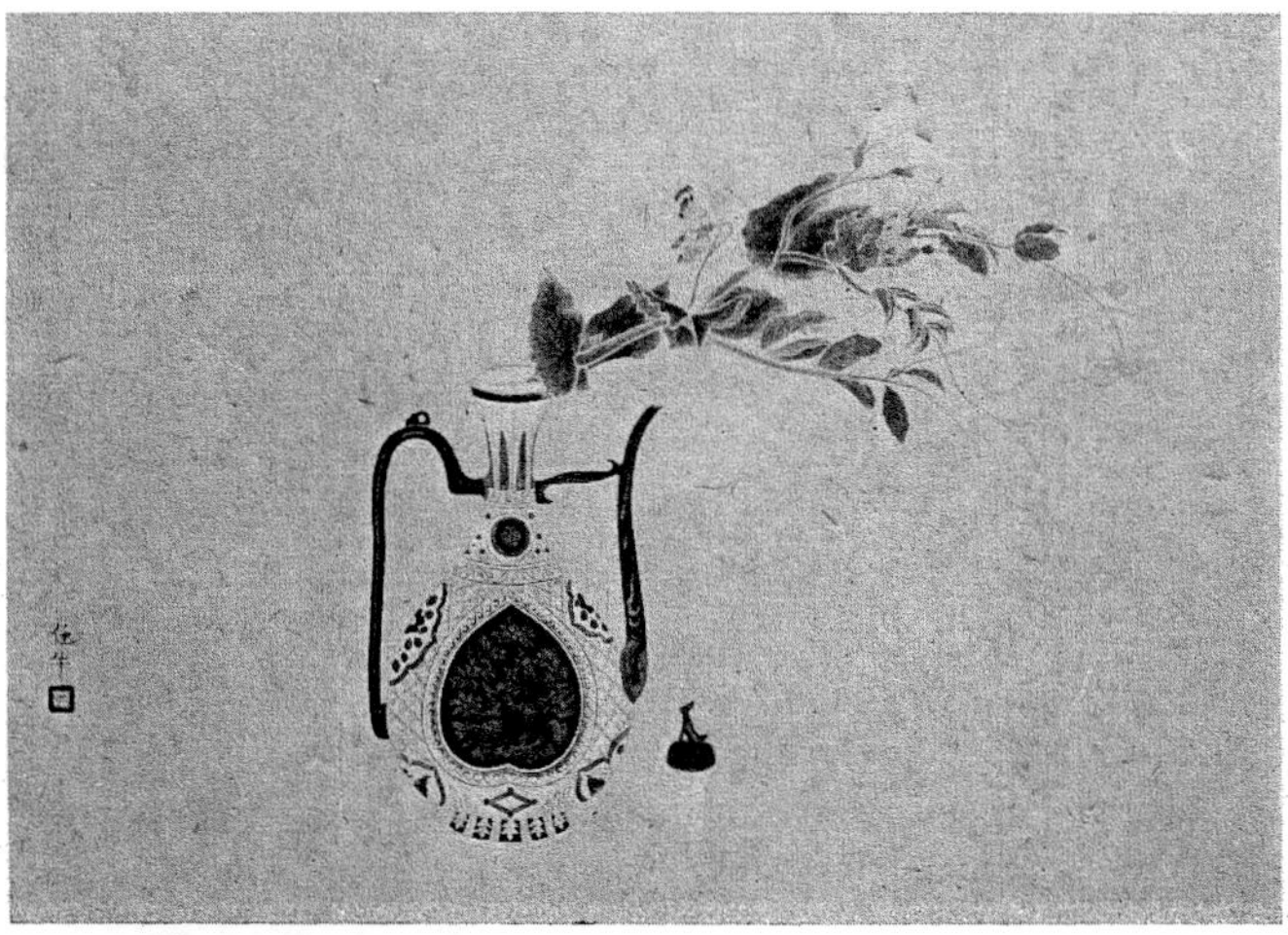

酒盞瓶　　小谷津任牛

新美術家協會展

（上）内の島　酒井亮吉
（下）山湖　服　正一郎

（上）夜更のフォーム　寺田竹雄
（下）立春　清水刀根

新美術家協會展

二科新鋭作家を中心とする同會もすでに十四回となつたと思ふと日月の經過と共に作家の生育を考へさせられる。

近藤光起氏のアカデミズムは正しい歩みであり美しいサンスである。それには充分近代の教養が入つてゐる。『婦人像』『靜物』がよい。松本弘二氏のでは雪景が觀察もよく筆もこなれてゐる、トンの單調をもう少し救へるとありがたい。中村善策氏、風景は堅實だが常識的であり、高田誠氏のそれはセツシュである。

服部正一郎氏、寺田竹雄氏らも堅實であるが色彩に一種の魅力がある。山尾薫明氏の『パリの女』の朱紅色はゴーガン的綜合畫風であるが調子の强さが特徴である。大澤昌助、早川國彦、新海覺三氏らの作も注目された。特陳にはマネーやロートレツク、マチス、ラブラードその他の版畫、ガッシュ、水彩その他多くのデッサンがあるが、みな輕いものである。たゞそれだけみな親しめるものである。

（府美術館）

奥多摩風景（新美術家展）中村三樹男

プールのある風景（新美術家展）加治屋隆二

佐藤武造漆畫創始展

所謂漆畫ではない、京都の象彦の漆工房は東京にもある、佐藤氏の研究は再度目の渡歐の頃から象彦の工房と結ばれ、今回の發表の資材も同工房のものである。しかしその研究は氏が歐洲時代にその信用と名聲を博した船舶内や室内裝飾特に壁面パネルの漆畫、それは氏が歐洲の觀客に東洋の趣味を併用して鼓吹したものであつたが、歸朝以來の氏はいよいよ本腰に日本漆に密着して多大の苦心工作が盡されたことをこんどの漆畫に窺ふことが出來る。海の藍とか黒又は赤の漆で磨き出された色感は殊にすぐれ、その藍の間に光る多彩な魚がゐたり、赤面に美しい花があつたりするものは場中でも日本的で親しまれた。氏が多年の技巧的習慣からでもあらうが、力作となれば彼方の味に離脱し切れぬもののあるのがどうもそぐはぬ感を強くして折角の漆の苦心を疎外されるきらひはないだらうか。『果物』の場中での大作であるのや、飾盆の『人魚』やパネルの『靜物』などが、如何にも佐藤氏らしくて猶且つそのきらひがあるものである。ために佛像にも異樣の感じを免れない。だから同じパネルの『海魚』額の魚族を取扱つた幾つかのものが親しまれ『立葵』其他の植物がよくなる。興亞文化の大役目をもつ氏が創造の漆畫をたゞ『漆畫』と呼びすてるのは可惜である。新名稱を以て觀者に呼びかけてはどうか。劈頭に所謂漆畫ではないと書いた所以もこゝにある。（高島屋サロン）

鴨川海岸（パステル展）　飯島誠二郎

冬の並木道（滯歐展）　原　勝郎

第二回青年美術集團展作品

作品　山本昌尚（上）　人物　安永賢造（下）

パステル作展

大作はないが、なか〳〵にいゝ技巧を自在に發揮したいゝ展覽會である。これだけ澤山あるのにいやな作がなく、それ〳〵の特徴に自適してゐる。福島順之助氏が軍馬の輪血の實寫『全採血』は深刻なものがあり、パステルの力以上に描出されてゐた。『溪聲』『秋光』飯島誠二郎氏の『朝なぎ』などの海景や『東條村の秋』荻野暎彥氏『河港』齋藤種臣氏が『川光る』『入り日』の陽光の變化を巧みにパステルに取入れた得意さ『梅咲く丘』の大景『菊の秋』の菊花などすぐれてゐるが『風の日』は最もいゝ作だ。田中政美氏『町の角』に詩情が溢れ、奥村義雄氏では『植物園』がいゝ。（銀座松坂屋）

中川一政水墨展

見てゐて娯しい繪と云ふものはざらにあるものではない。達者すぎる技巧や表面的な筆痕などが、いきなり眼の前に立ち塞つて、結局それだけで終つてしまふ繪が多い。針金のやうに恐しく緊張した鐵の描や、あるひはこれ以上削れないといふ最後の一線を辛うじて持ちこたへてゐる清潔なあまりに清潔な畫面—さうした日本畫の前に立つと『線』だけが、冷かな石女のやうな威嚴を以て、われ〳〵を脅かす。結局繪のうつくしさもうまみもそこに感じられず、一種の冷かな反撥だけが、われ〳〵の心に殘る。見てゐて決して娯しくないのである。かと云つて古名畫の持つ迫力も崇嚴もそこにはないのである。何か精

菩薩頭（個展）池澤賢作

仝 採血 （パステル展） 福島順之助

神的なもや〱した『擴がり』がそこに缺除してゐることを感じさせられる。富岡鐵齋の藝術には、さうした冷さも小さなまとまりもなかつた。無軌道のやうに見える錯綜した『線』の中に恐しく深みのある重厚な擴がりを持つてゐた。

中川一政氏の水墨も、決して小さな石女のやうな威嚴を持つてゐないが、作者の一つの世界が、どつしりと根付いてゐる。武者小路氏の畫讃ではないが、土から堀り起したばかりの馬鈴薯や甘藷や百合根のやうな素朴な『實在性』があり、滋味もあつて、得難い一つの『個性』を感じることが出來るのである。私たちは現代の職業的南畫に得られなかつた一つの尊い示唆を得る。

『拾得子圖』の拾得の親しみ深いこの人間性はどこから來るか。概念的に醜く歪められた拾得はこゝにはゐない。

『萬葉屏風』一双は、作者の愛誦する萬葉の名歌に示唆された扇面散圖屏風である。蒼い光のかげに沈んだ富士の寂びた美しさを忘れることが出來ない『天の原富士の柴山木の暗の時ゆつりなば逢はずかもあらむ』『霜林』の冬木立と黄色い鳥のゐる暗い空間の『詩』を寫した作者の稟資は得難いものである。『川蟹』の岩と蟹も『春の池』の赤い魚と濃綠の池水も、深い滋味がある。娯しい個展であつた。

（銀座 資生堂）

昭南島植物園寫生 （樂園社） 西澤笛畝

青年美術集團展

超現實主義的潮流の中に漂流して今だに摸索狀態である。結局何を描くべき、の作畫以前の問題が解決出來ないところから來る。しかし依然としてかゝる狀態に低迷してゐることは、かう云ふきびしい現實に直面して賞めたことではない。要するに福澤一郎氏は一人あればいゝのである。浮動する思ひ付や飾りの多い氣取りなどは、雄大な大自然の重壓と神祕の前には全く無力である。虚心で『自然』に向ひ靜思すること、、殘された一つの道であると云へる。『無』に歸する道、そこから新しい何ものかが生れるであらう。個々の作品に就ては、かゝる觀點からして云ふことはない。（銀座紀伊國屋）

（樂園社童寶展） 木下藤吉郎 梅岡玉葩

新美術家協會會員 宮川 仁 （防空）

星港陥つ

世紀の偉業成る

昭南島入城祝歌

佐藤惣之助

今日の日ぞ榮あれ、光あれ、
大東亞海の太陽、金鵄の如く天に躍り、
剪られし紅花綠樹、御稜威に伏しまろびて、
すめらぎの大軍隊昭南島に入城す。
將官星の如く、士卒雲の如く、
だら〳〵たりや、全軍の威風、
しゆく〳〵たりや、大行進の步武
防砦、銃座の殘骸を淸掃して
その一步ぞ輝く世紀を轟かせ、
その一瞬ぞ、新しき歷史を地に印す。
見よ、擡頭、勁敵艦隊主力を屠り、
二旬に香港、三旬にしてマニラを擊ち伏せ、
旭日の雄圖、こゝに儼然たり。
あゝ、待ちに待ちたる日は來る、
アジヤがアジヤたるの日は來る。
神も哭け、天も哭け、
きらめく銃劍、うごめく隊伍の陰に、
戰歿幾百の英靈はひしめき、
惻々として影の如くむらがり來り、
歡喜極みて、啾々欷泣してあらむ。
將兵悉く溢るゝ感淚を嚙んで
萬死を貫きし偉容、默々と進む。

あゝ　この大光畫を見ずや、
この大運行の奧底を見ずや、
高古たる日本武人の精華、
善戰盡きし降敵を憫みて驕らず、
千切れしユニオン・ヂヤツクを敬弔して
浸々たり、戰車、戰馬、
熱風瘴癘を冒し猶も勁く、
更に千嶽萬濤を馳けんとす。
燦々たりや、大陸軍旗、
晃々たりや、大海軍旗、
　日ぞ、吾ら皇土に擧り
はるか南　水天をおろがんで
大皇軍の勇武、大忠に萬謝し、
玲瓏アジア千年の春を壽ぐ。

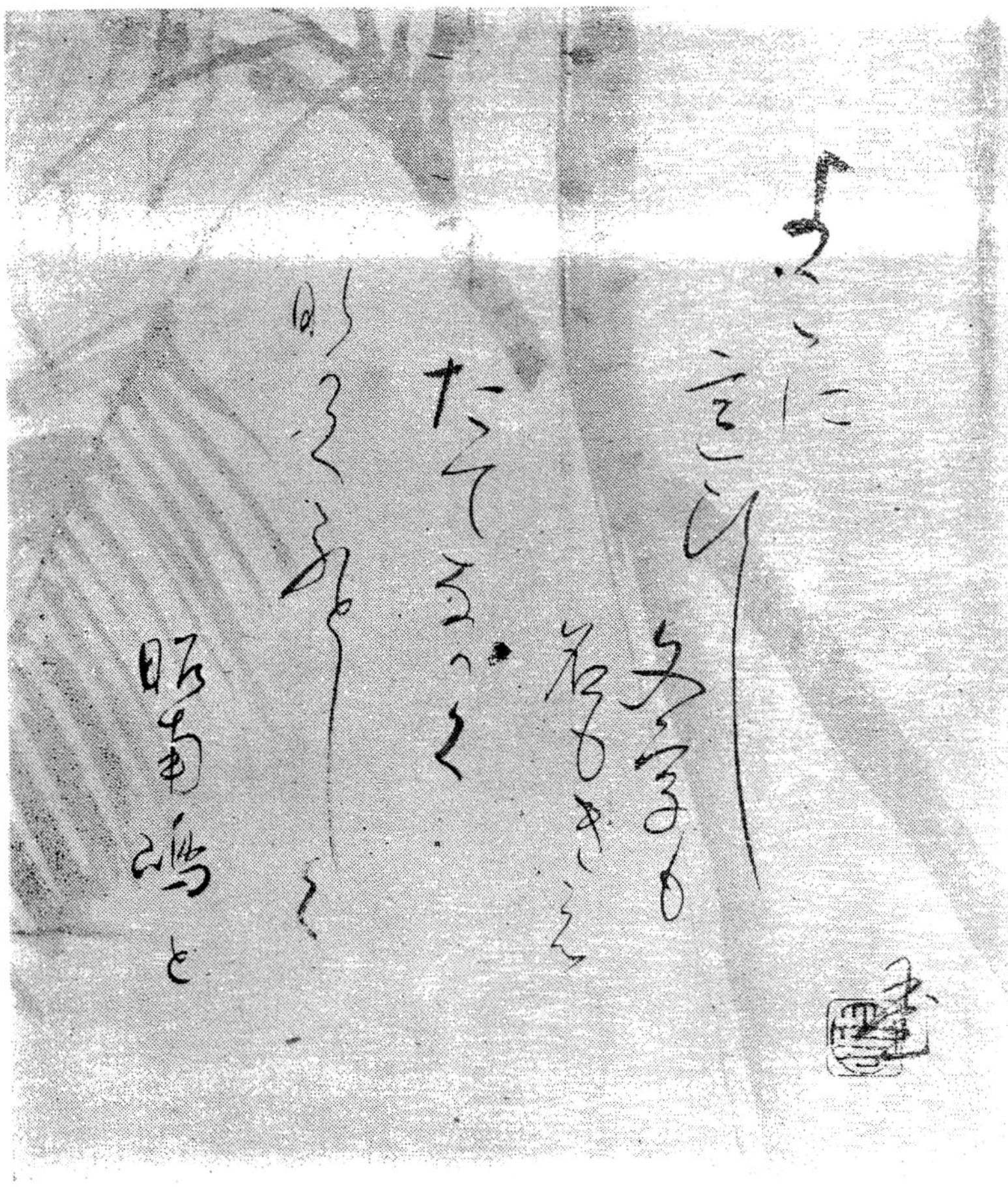

横に這ひし文字も名も消え縦長く永く太しく昭南嶋と

川合玉堂

靖國社頭歡呼の旗の波

特輯

現代と水彩畫の問題

エヂンバラ（水彩）　石井柏亭

明治の水彩畫家

——淺井忠氏その他のこと——

石井柏亭

日本の水畫は、幕末の頃横濱に住んでゐた英人ワグマンと、この人に學んだ日本人との作品が最も古いものである。

ワグマンは大の親日家であつた。もと〳〵「繪入ロンドン・ニュース」の畫報通信員で、日本に特派され、日本人を妻として一子を擧げ、横濱で逝いた。日本の風俗をいろ〳〵と描いたもので、ある種類の日本人は、水畫の手ほどきを、この人から受けた。そのほかに、工部大學で教鞭を執つてゐた伊太利人フォンタネージからも水畫を習つたものであるが、この方は主に油繪であつた。

そのころ、英國公使館となつてゐた高輪の東禪寺に、浪士が亂入したことがある。その時、ワグマンは、寺の縁の下に潜んで、始終のありさまを見た。その光景を憶えてゐて、そのまゝを水畫に表現した。この水畫は、なか〳〵丹念に描いた重厚なものである。

日本人の水畫としては、高橋由一あたりが元祖である。これは、日本畫の出であつた。五姓田芳柳の子義松もワグマンに就て學んだと傳へられ、水畫を早くから描いた。それから、小山正太郎、淺井忠の順になる。工部美術學校の生徒たちは、フォンタネージから水畫を教はる暇がなかつたであらう。しかし、その頃の人たちは、小山にしても、淺井にしても、みな水畫をうまく描いた。その門下の者たちも、油畫を描くまへに、水畫に手をつけることを順序としたらしい。

三宅克巳氏も、相當早くから水畫にうちこんだ。その作品は、明治二十八年の明治美術會展覽會に出された。それは、三宅氏が洋行する前の、色彩の強い叮嚀な風景畫であつた。それから間もなく、三宅氏は北米へ渡つたのである。

明治三十二年の明治美術會展覽會に、三宅氏は洋行してから後の作品を發表した。これは、洋畫界の注目を惹いた。日本の水畫が三宅氏に依つて一變したことを誰でも認めた。それまでの輕淡な水畫風といふものを破壞し油畫にも較べられるやうな重味のある畫風を三宅氏が創始したのである。

石川欽一郎氏の水畫は、同じく印刷局に勤めてゐた關係で私は早くから見てゐる。又私は、淺井の教授を受ける前、その技法に就て、石川氏から教へられるところが多かつた。

明治三十年の明治美術會は、もう白馬會關係の人たちが脱退したのちのものである。その時の會で、大下藤次郎の水畫を初めて見た。淺井の門下では、渡部審也氏や、庄野宗之助氏たちが、その頃から巧みた水畫を發表してゐた。

丸山晩霞氏が、郷里の信州で描いた水畫諸作品の一組を發表したのは、明治三十一年の明治美術會創立十周年記念展であつた。その時の諸作品は、正直に自然を直寫したものである。その細密な描寫、その珍しい取材、私たちは深い感銘を受けた。

淺井忠の水畫は、明治時代のその中で一番傑出してゐた。油畫も描いたのであるが晩年には、京都高等工藝學校の教授になり、後進を指導した。水畫の専門家を養成したのである。

淺井は歐洲に滯留してゐる時、巴里の郊外やグレ界隈などで、多くの水畫を作成した。なかには、本來の輕淡を破り、重厚の趣を增すやうに努めたものがある。

淺井は、もと〳〵白を使はない方であつた。グレの風景を扱つた諸作品には、ナイフの引掻きで光部を表現する方法を執つた。白を使ふと、年月が經つにつれて紙が燒け、白のところだけ燒けないで、畫が調子はづれになるからである。淺井の水畫は明治末年の京都畫壇にかなりの影響を與へた。

水畫の普及には、淺井が中等學校の教科書として出版した「彩畫初步」を、最も功あるものとする。それに次ぐものでは、大下の「水彩畫の栞」といふ小冊子と、その後に發刊された雜誌「みづゑ」を特記しなければならない。一體「水彩畫」と云はないで、これを「油畫」と對蹠的な「水畫」と呼ぶやうにしたのも、大下あたりからであつたらう。

日露戰爭の頃、白馬會に出品されて、評判のよかつた青木繁の「よもつひらさか」の畫稿は、水畫であつた。これは浪漫的水畫として先驅的なものとされるであらう。

初期文展の頃には、吉田博氏や中川八郎氏が、ワットマン全紙ぐらゐの水畫を、しばしば描いた。吉田氏は、それに依つて二等賞を得た。それから可成り後のこと、三宅氏の水畫が優賞に入つてゐる。

大正年代になつて、漸次、原作或は複製によつて、日本人が西洋の水畫に接するチャンスも多くなり、水畫を描くものゝ數がふえた。水畫を描くものゝ派別に拘らない團體の日本水彩畫會が結成されたのは、大正二年のことである。その時には水畫の普及に功勞のあつた大下はこの世を去つてゐた。

序でに添へておく。水畫は技法に制限があるから、そればかりやると、一つの型が出來て弊害が附き纏ふ。依つて油畫と同時に製作を進めた方がいゝと思ふ。

英國の水彩畫

石川欽一郎

水彩畫が何故英國に最も發達したかに就て私が或る英國の畫家から聞いた談に、それは第一に英國の天氣のせいだと云ふ。英國の天候はその島國と潮流の關係で、冬には霧が多く夏には驟雨が多い。尤も英國の夏と云つてもそれは我國の春か秋のやうなもので夏らしい熱さは無いから、夏も冬服で時には外套も欲しいと云ふ譯。まことに樂園だが、その代り、八月の末頃から翌年の四月末頃までは、何うにもならぬ霧の時節、物が茶色の幕に包まれたやうだ。烟突から吐出す烟と一緒になつて自然は不思議な景象を見せる。兎に角天候の變化が烈しいから油繪では早い仕事に不適當で、そのため都合のよい水彩畫に就くと云ふ譯で、暈かしや洗ひ取り、隈取り、皆水彩畫に最も適する領分である。私も五、六月の更、ロンドンの郊外で屢々寫生したが空の色が美しく雲も實に佳い雲が出る。從つて樹木の緑もよく、なだらかな丘の色も映え、羊の群なども平和の姿を見せるが、その內急に雲が濃くなつて夕立が來る、かと思ふ內に既う遠景には日が射す、と云ふ寸法で、成程これでは水彩畫で手早く收めるに限ると思つた。ターナーなどが晩年に殊に烟の如うな水彩畫や油畫を描くのは、專ら彼の經驗に基くものゝやうに思はれる。恁う云ふやうに英國の景色は天氣の急變で寫生には難づかしいが、其處に又活きた自然の面白味がある。一日中、少しも變らない安心の出來る天候の下の寫生よりも遙かに研究にもなり興味も深い。恰度京都に應擧が四條派を創めたが、京都の春や秋は天氣が急變して春雨が訪れ、時雨がかゝるので、恰度英國の天候と同樣忽ち曇り忽ち晴れる、あれを見ては應擧ならずとも自然に專念する畫家ならば勢ひ四條派の如うな寫生風を考へる譯で、これは經驗と研究の結果に外ならない。

英國の水彩畫と云つても、ターナー以前にはあまり見るべきものが無い。然るにターナーの頃から急に敏腕の水彩畫家が出て居ることはこれは一にはターナー以前には風景畫が重要視されず、又獨立的に扱はれもしなかつたのと、繪具や紙の材料も充分でなかつたためかと私は考へる。ロンドンの英國博物館に並ぶ百餘點のターナーの水彩スケッチを見ても、既う繪具は今日とあまり變らず、紙も多くはワットマン紙のやうなものに描いてある。急ぎの寫生のせいか、ホワイトで描き起した處もあるが、そのホワイトが盛り上がつて大體今日のホワイト繪具の味である。

繪にはデッサンの素養が大切だと毎も言はれるが、これは油繪よりも殊に水彩畫に於てそれを痛感する。ターナーは元々天分もあつたのだが、青年の頃は建築師の助手となつてなか〳〵緻密な圖面などを描き細かな彩色をして居た。これが却つて彼のために藥となつたのであらう。此時代は色も鼠つぽく、建築圖案に今日でも多く使はれるニュートラル・チントを多く塗つて居るが、中年期になつては彼の繪は段々茶つぽくなつて來た。卽ちそれだけ暖調を加へて居るが、圖柄は極めて精密で事細かに描いて居る。これは水彩畫だから恁う綿密に描けるので、油繪ではとても斯うはコナせない。其處に彼の得意も好みもある譯である。晩年にボーッとした烟の如うな繪を好きで描いて居るが、そのボーッとした内にも彼の多年のデッサンの力と細密な働きとが加はつて、そのボーッとが少しもゴマかしにならず、充分にその意味が現はれ、烟の如うな中にも物がちやんと整つて居る。此の點は研究者の學ぶべきところであると思ふ。

ターナーの時代にターナーと年配が同じ位のガルチンと云ふ水彩畫家が居た。これは早世したが、ロンドンの美術館で彼の作を見ればターナーよりも技巧が自由でまた一層、自然に親しんで居るところが解る。彼の早世は惜しいものであるが、ターナーも、若しガルチンが長生すれば自分は迚ても名を爲せなかつたらうと白狀して居る位全くその通りと考へられる。

ターナー以後英國に續出した水彩畫家にはコットマン、デュウィント、コックスなど何れも巧かつた。コットマンは殊に鉛筆畫が得意で實に前後にその比を見ない。鉛筆の線の入れ方とその濃淡の配ばり方だけで、見る者には自然の色が彷彿として感覺される位、それでこの鉛筆畫の上に淡彩を加へたものもあれば、又純然たる水彩畫もあるが、純然たる水彩畫の方は却つて彼の鉛筆畫よりも見劣りがするのは寧ろ不思議である。併し彼の鉛筆畫の下地がその水彩畫を引立てゝ居ることは争ふべくもなく、これで見ても今日の水彩畫家には、デッサンの研究、と云つても油繪のためにする木炭畫の荒いデッサンで無く、鉛筆の先を尖らせて事細かに線を入れる恰かもコットマンのやうな鉛筆畫またコンテー畫、或は毛筆による日本畫のやうな線の研究が何よりも大切であらうと考へる。

デュウィントの作は茶がゝつた黑つぽい水彩畫が多く眼につくが、これは英國の色である。しつかりした畫で、兎角水彩畫にありがちなフワ〳〵したところの無いのは我々の參考とすべき處であらう。コックスは畫風がデュウィントに似て居るが、筆致には柔味があり、繪具をボタ〳〵と塗り込む行き方でホワイトも構はず使ふ。彼は自分の好みの特殊の紙卽ちコックス紙を發明したが、私はロンドンでリットルと云ふ年配の水彩畫家が、變つた紙を用ひ、羊の群などを、ホワイトで描き起して居るが、少しも邪魔にならず具合の好ささうな紙なので、彼に尋ねたらコックス紙と敎へたので、早速ニュートンへ買ひに行つて使つて見た。英國の風景には殊に適し、第一、水張の要がないので便利だから、歸朝後文房堂へ賴んで輸入して貰つた。然し使つて見ると日本の景色にはあまり適當でないやうだ。と云ふのは紙の地色が專ら英國の色に折合ふやうに、拵へてあるからである。然し今日ではワットマン紙も段々手に入らぬやうになつたので、コックス紙でも構はず使つて居る。

近代になつて、英國の水彩畫家として擧げて可いものはホイッスラー、サージェント、メルビル、ブラバゾンなど多數ある。サージェントは技巧に優れ、ぶつ付けに色を紙面に塗つて大勢の人物などを描いて居るが、これは前にも云ふやうに、デッサンが慥かで、物の形を白い紙の上にあり〳〵と眼に見ることが出來て、その眼裡の形を紙の上のデッサンとして色を塗るからそれで輪廓なしにも描ける。ロンドンのウォレース・コレクション美術館にあるメルヴィルの中判全紙の闘牛の圖は傑作であるばかりでなく、英國の水彩畫中の粹である。ブラバゾンは氣分本位のやゝ荒い流し込みの水彩畫を描いて居るが、ホワイトの使ひ方が意表に出てそれが我々の參考となる。卽ち白い紙を殘してそのまゝ白雲を見せるのは誰でもするが、ブラバゾンはその白い處へなほホワイトの強いタッチを入れると云つた遣り方で、そのため普通にはホワイトは兎角死んで見えるものだが、ブラバゾンのは生々と輝くのである。

現代又近い過去の英國水彩畫家のうちに私の好きたのはイーストもその一人で、大正十年頃に死んだが、明治時代には我邦へも寫生に來た。透明色のいき〳〵とした描法で、強さを加へるためにはあとから木炭の線を入れることもする。彼は墨の線は繪に少しも邪魔にならぬと云ふ意見で、これは彼が日本畫などを研究して得た知識によるものかも知れない。

その他パーソンスも日本へ來たが、美しい細かな水彩畫で、ホワイトを下塗に使つたり混ぜて使つたりして居るが、それが少しも胡粉ぽく無く、何處までも透明に仕上がつて居るところは大いに参考になる。

關東大震災の時に、神戸まで來て引返したヒュース・スタントンはその後英國の水彩畫會の會頭になつたと聞いたが、彼はイーストに教を受けたやうで健實な水彩畫を描く。尤も彼はイーストの沒後ローヤル・ソサイエチー・オブ・ブリチュ・アーチスツの會頭に擧げられサーを授けられたと云ふことである。

クローゼンも水彩畫を描く。併し私は彼の壯年時代の作風の方を好む。ロンドンのハノーヴァ・スクウェアの大きな畫商の主人が、ミスター・クローゼンがスタイルを變へたことはグレート・ミステークだと眞顔で力を入れて私に談したのには少し可笑しくなつた。

英國も今は水彩畫どころではあるまい。氣の毒でもあり惜しいことでもある。今度は日本の我々が代はつてやる時代が來た譯であるが、日本の水彩畫は、私は我々の持つて居る日本畫の味に立脚して、氣品のある又英國風のとは別箇の眞面目なものを目がけて研究すべきものであらうと思ふ。

眞面目と云ふと少しヘンだが、先づ順序としてターナーのやうな階段によつて發足すれば可からうと考へるのである。

近代のイタリー　ターナー

英國で見た水彩畫

石川寅治

明治の何年であつたか私が英國へ行つたとき、方々の美術館や展覽會で英國水彩畫家達作品に接することが出來た。その中でも最も強い印象を受けたのはリバープール美術館の水彩畫であつた。こゝに陳列されてある大きな畫面の水彩畫は五十號もあるやうな大作でその忠實なる筆致は實に素晴らしく

「成程こんな所までやるべきだな」

と全く敬服させられたものであつた。

ロンドンでも多くの優れた作品を見たが、概して英國の水彩畫は非常な綿密さをもつたもので、どの畫風も極く穩健な描き方が多く、新しい傾向を追ふとか、歐洲大陸のイズムに合はせようと云つたやうな作品は殆どなく、英國は英國流で押し通して行く根強い性格を窺ふことが出來た。この様な傾向のものであるから何の面白味もない努力作ばかりであるが、何か底力と云つたやうなものが感じられた。それはわれ〳〵日本人の作品には最も缺けてゐる畫面に於ける密度の點にあつたのであらう。

コンステブル、ターナー、ロセッチ、サージェント、イースト、パルソン、ブラングウィン等は最も有名な作家で、各々特色を持つてはゐるが、全體を見ると、手堅さの點に於いて共通なものが感じられた。イーストは明治何年か日本へも來た人であり素晴らしい作品を殘してゐる。パルソンと云ふ作家も明治二十五年頃わざ〳〵日本にやつて來て、舊東海道を寫生したものがあるが、それは非常な密畫風のものであつたと記憶してゐる。

英國ではこれ等の人々が盛んに水彩畫を描いたのであるが、水彩畫專門作家といふだけではなく、油繪も普通にやつてゐるのであるから水彩畫專門家とは云へないかもしれない。ヨーロッパにも水彩畫をやつてゐる作家は多いが皆油繪もやつてゐるのである。こゝ數年來盛んになつた日本の水彩畫を見ると全く器用で、藝術的にも優れたもの、輕妙で素的な味が出されてゐるものがあつて、一應觀賞できるものであるが、しかし英國水彩畫家達のものと比べると、日本の作家のものは規模の小さい點、量感が不足してゐるのに氣付くとともに、われ〳〵はもつとゆつたりとした、うんと掘りさげられた堅實なところに水彩畫の出發點を置くべきだと思ふ。

水彩畫の生命は輕快に、そして淡白の味にあると云はれて居るが、英國水彩畫家のやうに努力された密度のある作品もあつた方がいゝのではないだらうか。日本畫は同じくウオターカラーであるから、日本畫との關係についても深く研究して、作畫態度の問題は勿論のこと、技術の點に於いても大いに反省すべき餘地が殘されてゐる。

『みづ繪』の世界

北川民次

一

私達美術家が常に努力して止まない所は、自己の内容を充實豐富にし、同時に技術の練磨研究を怠らない事であるのは申す迄も御座いません。然し玆に今一つ重大な事がありまして、此の方は餘り世間の人から注意が拂はれてゐない樣で御座います。其れは最も適當な進歩した面へ、最も健康な顏料を、最も合理的に固着させるといふ問題でありまして、實際は、これが大きな惱みの種の一つなので御座います。私の考へでは、よき畫家程この問題には苦しみぬいてゐる事と存じます。ちよつと常識で考へても吾々の用材は實に現代ばなれがしてゐるのに驚かされるでありませう。何世紀間吾々は同じ樣な畫布や紙料や畫具や毛筆を使ひ續けて來てゐるでせう。そして又吾々は、麻の布や亞麻尼油が決して理想的な用材でない事は、二三世紀前の油畫を一目見た者には、直ちに悟られる情ない事實です。卽ち吾々の良心は、吾々の作品が永久に新鮮である事を希望すると同時に、時代とチグハグな用材に甘んずる事を悅びません。そこで、これはどうにかせねばならぬと考へるのですが、吾々美術家は、どうも此の方面に餘り適當では御座いません。昔はとにかく現代では、それは科學と、工業が改良して吳れる可き問題なのです。然るに彼等は美術家の樣なチッポケな存在には餘り注意を拂つて吳れませんでした。自由主義時代には、それよりももつと儲かる仕事に大童だつたのでせう。だがこれからは異ひます。美術は、他の文化と同樣、國家民族の威嚴を現し、永久に、記錄となつて殘るものです。彼等は今や全能を擧げて私共の要求に協力して吳れるでせう。處で今度は、私達畫家も、今一層進歩的になつて、どんな物を要求すべきかをはつきり知らなくてはならない時代となつたのです。卽ち前に申しました面と、顏料と固着劑の問題ですが、これに就ては後で私の考へを書かせて頂く事としまして、先づ吾々の旣に知つてゐる二つの方法、油畫と水畫とに就て、少々比較してみませう。

二

今日、吾國では、何と云つても油畫の方が水畫とは比較にならぬ程優勢です。否、吾國だけでなく、世界到る所で油畫は壓倒的です。これには、其れ相當の理由が御座います。その中でも油畫には、水畫の到底及ぶ事の出來ない迫力を表現する事が容易であるといふ事は、何と云つても油畫が現代人の心を摑んだ最大の理由でせう。この大きな理由の前には、他の澤山の差異は殆んど論ずる價値もありません。

迫力、どんなに世の中が墮落した時代でも、常に人類は、迫力のある美術を尊敬して來ました。これは誠に心强い事實です。そして、この迫力の相違が油畫と水畫を決定的に段違ひにしたのです。とは申しましても、よい水畫が惡い油畫よりも迫力に乏しいといふ意味では決してありません。油以上に、迫力のある水彩畫は澤山御座います。吾國でもよき水彩畫は每年澤山製作されてをります。水彩畫筆を握る人の數は、恐らく油の筆を握る人の數に數倍する程でせう。併し諸展覽會を通じて見ましても油畫に比して甚しく見劣りのするといふ事は、單に私の考へだけではないと存じます。

一般に水彩畫は、ちよつと道樂に描いてみたといつた樣な作品が相當多く公募展に集つて來る樣です。全然畫家でない人が、ちよつと畫筆をひねつただけで公募展に送られる事は、善いのか惡いのか私には判然とはわかりませんが、兎に角上野で行はれる諸展覽會は、日本、否、大東亞美術の最高峯を示すものでありまして、之等に執筆する畫家は常に自己の内容を豐富にする爲め寧日なく、技巧の練成に寢食を忘れてゐる人達、――乃至さうであらねばならぬ人達――なのです。大東亞美術文化の誇りを双肩にになつてゐるのです。そこへ餘り氣輕な氣持で出品する事は、遠慮した方がよくはないかとも思はれます。併し、自分で美術家だとは信じなくても、恐る可き技能を持つた人達もあるのですから、一槪には云へません。兎に角、吾れこそ東亞の美術文化の一角をなす者だといふ氣魄に乏しい水彩畫が餘りに多く目にうつります。そこには、水畫には、到底油畫の樣な畫は描けないのだといふ樣な考へが現れます。同時に又水彩畫の領域は、油畫とは全然異つたものだといふ考へも見えます。これ等は大變尤もな說で、水畫には、又油畫の及ばない味があります。然しそれを餘りに强調して逃避の口實とする事は愼しまねばなりません。

三

こゝで吾々は目を轉じて、彼のミケランヂェロの大壁畫の事を考へませう。あれもフレスコといふ一種の水彩畫です。水だけで溶かした顏料を、石灰の壁面へ置いただけの、今日の水彩畫具よりも、もつと簡單な方法で描かれたものです。然しあの樣な藝術になりますと、水畫には油畫程の迫力がないなどと述べた事は、まるでねごとの樣な氣がします。傳へる所によりますと、油畫具を初めて創り出したと云はれるファン・アイク兄弟以前は、大むね水の畫具だつた樣です。それがあの巨大なイタリー・ルネッサンス繪畫の大部分をなしてゐるのです。其等は後代の油畫以上にさん然と新鮮さを保つて今日に傳はつてゐるのです。斯う考へますと、吾々には、水彩畫は小市民の私生活の手すさみごとであるといふ樣な小さな考へはどこかへ吹きとんで終ふではありませんか。只今も申しました通り、古い水畫であるフレスコは、後代の油畫よりも新鮮さを比較にならぬ程よく保つてをります。此の事實から推して、油畫の缺點といふものが吾々には判然としてまゐります。それは第一油の問題です。

元來、吾々が一番健全だとたよりにしてゐる顏料は、金屬の酸化物、特に酸化鐵類が多いのですが、酸化物でない他の化合物が混入されたり、動植物質のものもあるのです。處が亞麻尼油やくるみ油等の乾く性質の油は、空氣にふれると酸化して乾くのです。空氣中から酸素をとるので、實際は乾くと目方はふえますが、かさは大いに小さくなります。そして油が本當に乾ききる迄には相當の年月を要しますが、一應固形するのはかなり急激で、其の酸化作用は酸化物でない顏料に手酷い變化を起させ、變色させます。それのみならずかさが小さくなるにつれて、無理な龜裂も往々生じ易いのです。これに近頃の油畫家の樣に無暗やたらと樹脂類のニスを交ぜられて厚ぬりされたらたまつたものではありません。これに引替へ水畫は多くアラビアゴムと稱する樹脂を固着劑としてゐるので、この樹脂は比較的無害なものでもあり又其の量も尠いので理論上は油畫よりもはるかに其の新鮮さを保つ年限が長いと云はねばなりません。

だが、こゝで考へねばならぬのは用紙の問題です。以前は一樣に英國製のワットマンでなければ水畫は描けないものゝ樣に考へてをりましたが、近年は吾國には優秀な紙が多種現れて來た樣です。併し、どんなに良質の紙でも、之れを空氣中に長く置く時は、何かの變化を來さないわけにはどうしてもゆきません。紙は相當複雜な有機物質で出來てをりますから、餘り長くない期間に相當酷い變質が起るわけです。處が水畫では多くの場合、紙が畫面に露出してゐるので、如何に顏料の方がよく保存されても、紙の變色は、ぢき目につく樣になつて來ませう。これが一大缺陷であるのです。

所で、然らば、どうする事が一番よろしいかといふ段になりますが、これは前にも書きました通り、科學者の御協力を仰ぎ、製造工業に確りした物を作つて頂く外道はないのです。唯、吾々人類が過去に於て作りました一番理想に近いものはと探ねますとそれは例のフレスコで、これが吾等の水畫の世界の物であるといふ事は、大いに意を強うすべきであります。

四

簡單に申しますと、フレスコは、よく水洗ひした交りけのない石灰を以て壁の上塗りをし、手早く純金屬酸化物の顏料で描き、石灰が空中の酸素の作用で結晶する力を利用して固着させたもので、斯うすれば殆んど永久不變の畫が出來るのです。

水彩畫もこの事を應用しますと、吾々は直ぐ紙の代りに、何か石灰を主體とする面があつたらと考へるのですが、これはまだ一般に試みられたといふ話を聞いてをりません。胡粉を何かの塗料と交ぜて下塗りした上に描く樣な法が、これからは現れて來るだらうと考へます。

今一つ水畫の缺點とします所は、これは油畫とは正反對に、固着劑が餘りに弱いと云ふ事であります。ちよつと濡れた手で觸つても、もう畫具がとれて來ます。長い年月の保存を必要とずる繪畫は、いろんな災難に出逢ふ場合が多いでせうから、出來るだけこの缺點を補つて置かなくてはなりません。其の爲めに或る畫家は、もはや一種の乳劑を使ひ初めてをります。アラビヤゴムの溶液の中へ亞麻尼油を少量入れて、よく攪拌したもので顏料をねつてゐます。カゼインと油を混成する人もあります。又、昔の鷄卵テムペラを使ふ畫家もあります。この樣な研究は益々今後行はれなければならない事で、私の考へでは、水彩畫の方面からも又油畫の方からも結局落ちつく所はこの乳劑ではないかと存じます。元來油と水とは交はりにくいには相違ありませんけれど、牛乳だつて卵だつて、さうである樣に、自然界の多くの物が油と水と交つて出來てをります。水と油とを人工的に混合させる事はさほど困難な事ではありません。斯うなれば油畫と水畫とが握手する事にもなりませうが、油畫には又別の打開策も考へられない事はありません。それは近頃研究が盛んになつた合成樹脂であつて、將來は其の方から次々とよい材料を提供して呉れるでせうから、未來の美術は益々合理化され、恒久化されて來るでせう。

五

扨、以上述べました樣に、吾々の油畫や水畫の材料は現在ではまだ理想には甚だ遠い物でありますが、このこつを比較してみますと、水畫の方に軍配が上るので御座います。何と云つても水畫は油畫より合理的で安全であります。其の上水畫は、大層ノーブルです。フレスコを描いた經驗のある者は、誰れでも感じる事ですが、畫具が實によくのびる。素直に筆に從つて動く。決して遇然の効果等は得られないが、心持の儘に描く事が出來る。實にノーブルな材料だといふ感じが致します。之れと同樣な事が又水畫でも云へるのです。それで本當の水をやつてをられる者の中には、油畫こそ繪畫道の邪道であるとさへ云ふ人もあります。然し私に云はせますれば、現今行はれてをります水彩畫といふものも、やはりみづゑの領分の、さゝやかな一支流に過ぎません。次に問題になるのは、吾々の畫具箱の內容であります。

何とそこには實に多種多樣な色彩が、奇妙な西洋名前をつけられて並んでゐる事でせう。之等の多くは昔から呼び慣らされた名前を持つてをります。其の一部分は製造元や商人に依て勝手につけられた名前です。今假りに其の一二の普通の物を邦譯してみませう。深海の青。シアナの土。支那の朱。日蔭の土。火星の黃。等々。

然し之等は決して、深海から採つて來た物でも、支那から盜んで來た物でも、又火星から運んで來た物でも御座いません。實は畫家の購買慾をそゝる樣に畫具屋が考案したものでありまして、考へてみれば隨分人を喰つた名前で御座います。吾々に綠を綠と說明し、紫を紫と敎へて呉れる必要は少しも御座いません。ローマンチックな名前など眞平御免です。それよりも吾々は、顏料の主成分と固着劑の何であるかを明記して貰ひ度いのです。又吾々にはこの樣に多種類の畫具は、却つて煩雜すぎて迷惑です。高々十二三色あれば澤山、決して畫具の種類が多いから、畫が豊かになるとかいゝ色が出るといふものでは御座いません。殊に水彩畫家の畫具箱の中にはいろんな中間色を澤山見受けますが、之等中間色の中には、得體の知れぬ不純物を含有するものもありますから、充分注意せねばなりません。それ許りでなく、進んでパレットの上を整理し、健康な色だけに單純化して終ひ度いものであります。

これで、私の最初に申上げました描かれる面と、顏料と、固着劑の事を概略述べ終つたと存じますが、こゝで感じます事は、之等物質上の問題は、よき作品を作る上に於て、決して他の重要な勉强と切りはなして考へる可きでないといふ事であります。よき面が與へられ、合理的な固着劑が發見され、健康な顏料を持てば、水彩畫はいつでも唯今の片隅から飛出し、本來の活動を初めるでありませう。

今や御稜威の下、大東亞戰爭に於ける皇軍將兵の赫々たる戰果を日夜耳にしまして吾國美術文化の將來を考へますと、誠に希望の光に滿ち滿ちてまゐります。

私共は昔のギリシヤの事をよく考へます。彼等のサラミス、プラテーユの勝利とは今日から考へるとほんのちつぽけなものでしたのに、全ギリシヤ民族は、よく身命を賭して戰ひぬき、勝ちぬきました。其の結果は彼のサン然たるアテネ文化です。そして、その文化の光の蔭には、彼等の戰勝の歴史迄が姿をひそめてゐる程です。そして又、茲に私共が最も注意しなければならないのは、この文化の最高期たるプラトー以前、ソクラテス以前に既にフヰデアスの神品は成し遂げられてゐたといふ事實です。勿論私は歴史がくり返されるものとも思つてゐませんし、そんな囈言を誰れが云ひ初めたのかと問ふ者でありますが、同じ様な原因が同じ様な結果を生む事は信じます。

古代のギリシヤと、吾國とは、いろいろな點で違つてをります。彼等の持ち得なかつた所を、我等は古來誇りとして持ち、彼等の缺陷を私共は全部充實してをります。それにも拘らず、彼等と吾々とは非常に共通た點を澤　持つてゐるのであります。共通な原因から共通な結果が生れるのに何の不思議がありませう。吾國美術文化は東亞文藝復興のさきがけとしてらんまんと榮えるでせう。その時吾國民性に最もよく適した水畫が、一大飛躍をし得ないとは誰れが斷言出來ませう。又其の爲めに吾々が日夜心を碎いて研究に沒頭し、力及ばぬ乍らも改善に改善を試み　現在水彩畫人の閉ぢ籠つてゐる象牙の塔を開放して大きな點のみづゑの世界を確立する事を叫び續け、自ら文化戰線の人柱を以て任じてをります事は又何の不思議が御座いませう。

ダフネ　サージエント

水彩畫は餘技か本技か

木田路郞

世間に「水彩畫家」と呼ばれる人々がある。その作家は水彩畫專門の作家に違ひないが、パステル畫家、水彩畫家といふ風にこのジャンルのみを職業とすることが本旨か否かは多大の疑問とするところである。

歐洲の水彩畫家として名を謳はれてゐる有名な作家はみな油繪畫家である。そして水彩は一種の餘技となつてゐる。餘技と言つて「遊び」といふ意味ではない。たゞ本技を油繪でやり乍ら水彩にも、或はパステルにも、ガッシュにも得意な技術をもつ作家が澤山ある。それらの中名家と稱せられる人々は畫人として立派な作家であることに於てその價値が價値づけられてゐるので「水彩畫家」としてのみ豪いといふのでないのである。

水彩畫で油繪同樣の大作をした代表作家はタアナーであらう。彼のヴェニス風景には百號以上の大作がある。が同時に彼は又立派な油繪もかいてゐるのである。

英國は水彩畫の本場とも言へるが、それは英國人の澁好みの趣味が水彩を好んでゐるらしく思はれることだ、クローゼンなぞは實にその代表である。不思議なことにウイリアム・ブレークの水彩が素晴らしい。彼のダンテ神曲の挿繪は百七、八十年前の作だが、それはまるで印象派の作の如く生々しい黑、綠、黃紅などを使つてゐる。實に一世紀前に今日の仕事をしてゐたのだから驚くが、それは彼の水彩畫に一番よく出てゐる。

佛蘭西の水彩畫ではドラクロワやセザンヌの逞しい作にも驚くが、眞に水彩を愛した作家はギースや新印象派のシニヤックであらう。シニヤックの味はとても素敵である。それから餘り人は知らないが外光派のジョンキントが實に筆の達者な水彩を描いてゐる。或る意味で彼の油繪よりずつといゝと思ふ。

職業的な水彩畫家となるとどうも面白くない。やはり名家が油をぬいて水繪具を用ふる「餘技」に價値があるのではなからうか。

水繪斷想

中西利雄

水繪具によつて白い紙の上に描かれた水繪の效果は、淡々とした面白さと女性的なある纖弱な美しさに依つて、もつともよくその特質を表現されると、普通には考へられ勝である。これは手引書的な或ひは行ずりの人がフト好奇心で水繪具に手を觸れた程度の極めて皮相的な、通俗的な考へ方と云はざるを得ない。

水繪といふものに深い愛情を感じて、正しき繪畫道の上に於て、水繪も繪畫であるといふ嚴しい自覺と結びついて、水繪具を持つて繪畫するものにとつては、水繪といふものがしかく簡單な通俗的な甘い考へ方によつては決して出發して行けない——といふ事は直に理解されることであらう。

◇

繪畫の强い美しさ必ずしもよき繪畫を意味せず、弱い繪畫にして美しきものを存在し得る——といふことが云はれるからといつて、水繪の美しさを纖細淡美の內にのみ求めようとする考へ方には首肯し難いものゝあるのを感じる。水繪にして强き美くしさを持ち得ずと輕々に斷ずることは出來ない。

繪畫の强い美くしさが素材の强調とか大きさとか、徒に强烈な對比とか、無意味な誇張變形とかそう云つた外面的な條件からのみ生じるといふ輕薄な思考から先づ反省されなければならない。純粹さ熱意、深き教養と高き人格、しかも且技術的に最高度に練磨された技術の裏付け、——なくしては格の高い深い美くしさを獲得することは出來ないのである。

歐洲に於て私は數多くの優れた水繪を見た。その內でもドラクロア、マネー、ゴツホなどの作は見事であつた。大きさから云へば小品が多かつたが、皆格調の高い强い美くしさに輝いて居つたことを忘れることが出來ない。

◇

世の中のことはなにも知りません。世の中と沒交渉だつたことが結局よかつたのだと考へます。——と或る女の日本畫家が雜誌の上で語つてゐるのを讀んだ。

かういふ言葉は語り手が餘程立派な人でないといやな感じのするものであるが、此の場合は一の人柄にぴつたりしてゐて敬服した。

現代に生活して居つて、世の中のことはなにも知りません——とは誠に心にくき言葉である。世の中を知り過ぎてゐる畫家の多い中に、こんな言葉を斷言出來るその人の畫人としての生活なり心境は藝術家としての羨望に堪へないものがある。

油繪より水繪はやさしい畫の描き方と普通世の中から考へられて居る。繪具を水で溶して紙の上へ描くだけなら國民學校の生徒の時に誰れでもやらされて知つてをることだし、材料も簡單に揃へられるので、誰れもがさう考へるのに無理はない。その上所謂水彩畫入門書の類ひには素人が畫を始めるには水彩畫がよいといふやうな事が必ず書いてある。水繪の一面にそのやうに考へられ易い點はあるにはあるが紙の上に水繪具でものを描くといふことはそんなにやさしいことではない。油繪や日本畫と少しも變らない大變難しいことだと私は思つて居る。勿論、畫の好きな人で水繪具で畫を描き始めるのに一向差支へないし、恐らく今後も素人によつて多く水彩畫が描かれて行くであらう。

しかし若し水繪を通して繪畫の道に志すとしたら豁然とそこに一線を劃さねばならぬものがあるであらう。畫家としての出發であるならば、水繪畫に觸れる前に繪畫道の階梯を極めて嚴格に正しく踏まなければならないであらう。

水繪の世界に何時の間にか泌み込んで了つた素人藝と藝術道樂を嚴しく淸算し、眞の畫家的自覺のもとに、新たなる出發をその藝術道精進の上に持たなければ日本に於ける水繪今後の進展は期し難いであらう。

座談會

出席者

右端より　森田龜之助　津田　信夫
高村豐周
川路柳虹　猪木卓爾
（上野清凌亭にて）

共榮圏と日本工藝の進出 1

座談會

出席者

東京美術學校教授　森田龜之助
同　上　津田信夫
同　上　高村豐周
本社側　猪木卓爾——川路柳虹

日本の發展と工藝

猪木　御多忙中且つお寒い處態々御出席下さいまして、誠に有難う御座います。

御承知の通り大東亞戰爭も大分進捗致しまして、佛印なり、タイなりは、既に共榮圏の中に入り、尚フイリツピンの如きは、皇軍の下に既に假政府が出來たといふやうな有樣で御座いまして、續いてビルマ、蘭印方面までも間もなく、日本の治下に入ることゝ思ひますので、この際美術界と致しましても、殊に工藝方面は、文化の先驅として出て行くべきものぢやないかと考へられます。それに就きましては、今まで佛印あたりは、既に國際文化振興會が日本畫を持つて行つたといふことも御座いますが、私共の考へますところでは、フイリツピンなどにその都市の方は、相當に文化も進んで居る様でありますが、日本の今の文化と同樣、更につよくアメリカの影響が多い様に思ひますので、一番に共鳴するところが早くはないかと考へられます。或ひはタイ、マレーに致しましても、隨分東洋の美術の影響が深い様に思ひますので、そういふ方面に對して、我が國の美術とりわけても工藝方面は今後如何にして進んで行つたら宜しいかといふことを主題にしてお話を願ひたいと思ひまして、このお寒い中を御足勞願ひましたやうな次第でありますから、どうぞ宜しくお願ひ致します。

川路　津田さんは南方にゐらつしやつたことがありませんか。

津田　外國に行きがけに、一寸シンガポールに上陸した泣のホンの素通りで、スラツと見たゞけですから、確かにどうといふことは言へませんがそれにしても所謂東亞圏と言ひますか、この範圍のものは、滿洲、支那、佛印、タイ、マレー半島、蘭印、フイリツピン、それから太平洋の中にある島々といふものが入つて、大變な數があるので、人種も六、七十種あるといふ話です。それが皆それ／＼の風俗習慣があるのだから、これを統一してうまく宣撫して行くといふことは、大變な譯でせう。しかしそれにしても、人種がそう數があつても、大きなところから眺めて見ると、所謂東洋風といふか、生活樣式にしろ、宗教にしろ、美術にしろ、音樂にしろ西洋とは全然違つた統一されたものがある。それは一口に言へば、所謂東洋風といふことになるでせう。

猪木　そういふ點は有仰の通り共通點がありまして、先進國としての日本に親しみを持つて居ります様に、いろ／＼な文書などを拜見致して居ります

津田　人種的に見ても、日本人の血の中には、南洋のどこのどの民族か知らぬが、そういふ民族の血も多少入つて居るでせうし、また日本人の血が向ふの民族の血の中にも入つてゐる。そういふ點から言つて、人種的な親和力と言ひますか、そういふものは確かにあるでせう。だから工藝なんかも、そこが私は狙ひ所だと思ふのです。

民族や人種で異る生活

森田　然し、文化程度から言ふと、同じ地域でも、都會地と奧地とでは格段な違ひがあるらしい。

例へばフイリッピンもマニラ市あたりは、長い間直接、西班牙や亞米利加の支配下に在つたから、或る點では日本より文明都市らしい要素を持つてゐるかも知れません。ところがあの島の奥地の方に行くとモロとかイゴロットといふ丁度生蕃に近いやうなか／＼慓悍なる人間が居つて、矢張り首狩りなんかをやつて居る。大體基督教信者になつてる住民は歐米の皮相文化を受けてゐるが非基督教的住民は文化水準はまだ低いところに在る。そういふ風ですから、あの方面に進出すべき日本人工藝といふものは、僕は二通りに考へられると思ふのです。即ち歐米文化の洗禮を受けて居る住民には、日本文化は歐米のそれに勝るとも劣るものでないといふことを實物教育で教へて行く而かも日本工藝文化の良さを漸次に味得させて行くこれは盟主日本の信頼を增させるためにも大いに役立つと思ふ。それには先程から津田さんの云はれたやうに、我々と彼等との間に東洋民族として一脈のつながりがある事が大變好都合である。一方奥地の住民に就ては、彼等も追々文化的に向上して行くに違ひない。その指導者たるものは我が日本でなければならぬ。序ながら、彼等の間の所謂民藝的にはなかなか面白いのがあります。それは例の宮武辰夫君などの持つて來たものを見ても判かる。僕の南方民族に關する知識は宮武君の談話などから得たところが多いのですが、そういふ現在は文化程度が低い住民も、段々文化的になつて來るに違ひない。而かも素質は必ずしも悪いとは言へない。であるが當分はまだ高級な美術工藝といふものは彼等に縁が遠く、どうしても實用工藝品の程度で、それに美術的な匂ひをつけてやる程度でせう。これは產業的に考へても、日本國家の利益になるし、却つてそういふ方面が算盤づくには合ふかも知れない。都會地のやうな處には、無論純粋な美術工藝と言つたものも持つて行かなければならぬが、そこは、最初は矢張り賣るといふのでなく、見せるといふ方を主にし、兎も角こつちの美術工藝の眞價といふものを發揮させて、彼等をして段々引きづつて向上させて行く必要があると思ふのです。

工藝の指導性

津田　つまり教育して行く譯ですね

森田　そうです。そういふことは、あの邊のどこへ行つても、共通に言へるだらうと思ふのです。

津田　たゞ問題は、兎に角今まで英國とか、米國とかあたりの文化が入つてゐたのだから、それを皆押しのけてやるのだらうが、そういふ一旦しみ込んだ文化を、日本がどういふ風に改造して行くかゞ問題でせう。

川路　そういふ點になると、矢張り產業工藝の方にしても、一種の指導性を持たなければ不可ぬですね。そういふ點は、今後工藝家の力に大いに俟たなければならぬ譯です。

津田　一般に何でせう。今まであの方面へ、日本の雜貨の安物が行つてゐる譯ですが、そういふものゝ製造狀態を見ますと、歐米の摸造といふよりは例へば玩具にしろ、雜貨のやうなものにしろ端的に向ふのものをそのまゝ形に取つて、それに變な彩色や趣向をして、向ふより安くやつてドン／＼出した譯です。從つて日本の品物は世界的に安からう惡からうと云ふ感念を抱かしめまして、爲替關係もありましたが悲しい哉かかる戰術で潛航式乍ら兎に角世界市場に活躍を續けて來た譯ですその結果は英米あたりでいゝ燒物なんかを造つたりすると、その摸造とかぢやない、そのまゝ直接に型を取つてしまつたのです。

川路　例へば爪哇更紗にしても、あれは第一次世界大戰前にドイツがイミテーションをやつた。ところがそいつを後から日本が直ぐに眞似て、安物を作つて賣つたものですから、それがドン／＼歐米に出て行つた。そしてそれを日本人などが一番安いものだからお土產に買つて來たやうなことがありました。

安物が日本の別名では困る

猪木　今までお話のやうなところへ日本の貿易が相當の成績を擧げて居りました所以のものは安いと云ふ點であつたやうであります。安價の一方には勿論粗惡が伴ひます。日本品は安いが粗惡だと云ふ觀念は今日まで世界を風靡したことと思ひます、併し聲を大きくして云ひますが今日以後日本製品は美術或は工藝、又は產業の如何なる部門にしろ從來の粗惡品であつてはならない。少くも大東亞共榮圏の民族を指導するに足りる立派な作品を持つて向はなければならぬと思ひます。

津田　イヤ申すまでもなく今までの心構へは結局あつちのものを眞似して品物は惡いが向ふで一圓のものはこつちで三十錢か、四十錢でやるといふ式だつたのですから堪りません。

猪木　それを共榮圏の中で、今度矢張りその式で進んだら、それこそ大變な結果が起りますね。

津田　僕のさつき言ふたのも、それなんです。兎に角我が軍の占領地區は今まで歐米の文化が相當の歲月に亘つて滲み込んでゐるそういふ處に向つて行くのだから、今までの日本はたゞ歐米文化の後を次いでそれを向ふよりたゞ／＼安くやるといふ經濟的な方面ばかりを考へて世界市場に活躍して參りましたが、今度は經濟的な方面ばかりぢやなく、それに文化といふ方面も結びつけてたゞ摸倣や摸造ばかりでなく自ら物を創造してやつて行くといふ力がなくては、迚も共榮圏民族をうまく指導して行く譯に行かないだらうと思ひます。

猪木　東亞共榮圏內では今まで自由主義國家群にあつた如く全然競爭者といふものはこゝでなくなつたのだから政治文化の上でも相當思ひ切つた仕事が出來るんぢやないでせうか。勿論今後は日本は絕對的指導的立場ですから決して「だからと云つて」安易であつてはならないと思ひますその今日までの缺陷をよく反省探求して恥かしくない態度を一日も早く造り上げたいものです。

川路　メキシコあたりにも、日本の安物が行つて居るでせう。

高村　寧ろ氾濫して居りますね。

中南米の狀態

猪木　高村先生からは、商工省の貿易局主催座談會でいろ／＼中南米のお話を伺ひましたので、私は非常に大きなヒントを得て、今日この座談會を開かせて頂きます端緒を得た次第でありますが、あの時のお話が非常な參考となつた次第で殊に高村先生は、最近北米中米の方を御視察になつてお歸りになられましたのですから、相當西太平洋の經綸には御意見がお有りのことゝ思ひます。

高村　具體的な意見を此處ですぐまとめるのは稍困難ですが、所謂南方共榮圏の人達は、今津田先生が有仰る樣に、英米の文化に浴して今まで生活して來た。そいつに日本の文化を置替へるといふことになると、少くとも今までの文化より優るとも劣らないやうな文化をまた彼等の生活にとつて更に一層合理的な文化を與へなければならない。彼等にして見れば、支配者は日本でも米英でもどちらでもよいのだ、自分たちがより良く活きて行けるやうにしてくれる支配者に懷くのだから、彼等の生活が米英の支配下にあつた時よりもより良き狀態に置かれるやうにしてやらなければならぬ。さもなければ、彼等は心服しないし、また失望するでせう。文化面から見た行政々策はそこに非常に難かしい點があると思ひます。

森田　失望するよりも馬鹿にしますよ。

高村　そこが僕は非常に危險だらうと思ふのです。

津田　たゞ今まであの方面の民族は英米から文化を受入れた譯でせうが、それは早く言へば、餘り食ひたくないものを無理矢理に食はされた。かういふ感じがあつたでせう。それで今度は彼等の口に會つたものを持つて行くといふことが最も大事だらうと思ふのです。

指導の方法を誤るな

高村　ですから指導すると言つてもこつちの考へだけで指導するといふのでなくて、向ふの氣持を吸んで指導してやることです。指導といふとどうも高飛車になつて、こつちの言ふことを聞かせる樣にするでせう。そういふ一面だけでは不可ないと思ふのです。矢張り向ふの風俗習慣、或ひは宗教といふものをよく研究して、それにうまく順應して、それに歩み寄つて、向ふが一寸も苦痛としないで、こつちのを案に取容られる樣にし向けてやる、それが肝腎だらうと思ふのです。

豬木　それはなか〳〵難かしくないですか。今までの米英あたりの植民地政策といふものは、盛んに享樂にふけらしたり、盛んに向ふの好きそうなものを與へて、そして精神的にはどつちかといふと非常に墮落させて置いて、そして支配力だけを握つてゐる。日本はそういふ點は非常に下手で、しかも生眞面目ですから、迚も日本の政治家は出來ないでせう。殊にそういふことは、今の聖戰の目的とはまた非常に離れて來る譯で御座いますからそこが離かしいですね。

高村　佛印の今日までのフランス行政などは最も排擊すべきものだと思ひます。それともう一つ心配なのは與へんとする日本の方の生產資材といふものは材料が少くて、與へられる方に豐富な事です　だからこつちから持つて行くものが素材的に貧弱です。それをどういふ風に處理して行くかそれが問題でせう。例へば玩具を持つて行くとするでせう。その場合、日本では玩具の素材が非常に窮乏してゐる。日本ではこんなものしか出來ないのかと、向ふの奴が思ふに違ひない。向ふには玩具になる材料が、木にしても、金屬にしても或ひはその他の材料にしても、皆日本より豐富にある。だから日本のなけなしの貧弱な材料を以てそういふ物を拵へて向ふに持つて行くより、作る人間が向ふへ行つて現地で拵へる方がいゝものが出來る。だから僕は考へてゐるのだけれども、勞働力が豐富で勞銀が廉くて、物資が餘つてゐる處へこつちの人間が行つて、向ふで造るといふ政策をとつた方がよいのではないかと思ふ。

現地で製作せよ

津田　それは何でせう。工藝品ばかりでなく、すべてがそういふ方法で行くんじやないでせうか。例へばセメント一つ造るにしても、釘を造るにしても、その材料を日本まで持つて來て造つて、それをまた向ふに持つて行くよりもこつちから人が行つて、向ふで造るといふ方針になるのぢやないでせうか。そうすれば工藝だつて、矢張りそういふ方法でないと不可ぬだらうと思ふのです。

たゞ造るものはどういふものを造るか、その內容ですが、私の考へでは、矢張り先つきお話した通り、各民族の違つて居つても、共通點といふものは確かにある。例へば色にしても、赤い色は大概どこでも好んでゐる。そういふ所謂東洋風の共通點といふものはあるのですからそれを土臺にして、それに異なつた各民族のそれ〴〵の風俗とか、習慣とかいふものを織込んだ實用の工藝品といふか、雜貨といふか、そういふものを造る方法を樹てなければ不可ぬと思ふのです。ですからこれから先きは、各民族の習慣とか、そういふ性格をよく知らんと、向ふで厭なものを無理矢理に押しつけるといふことになつて、それではうまく行かぬだらうと思ふのです。

川路　そういふ點では、太平洋諸島大洋洲あたりのことに就ては、日本人全體が殆んど知識がない。僅かに考古學とか、民俗學をやつた人が部分的に知つてゐる位のものでせう。

各國の工藝調査を進めよ

津田　これから先きは、この共榮圈の中の各民族の歷史だとか、性格だとか、習慣だとかといふものを一つよく研究して掛からぬと不可ぬ。それをたゞ無鐵砲に拵へて無鐵砲に當がうといふのでは迚もうまく行かぬだらうと思ふのです。

高村　どうしても調査が必要です。例へばアメリカへ玩具を持つて行くにしても、向ふの習俗上絕對に使はない色がある。好まぬと言ふよりは向ふのお母さん達が向ふの子供に與へるやうな色といふものは、向ふで決まつてゐるのだから、その色以外のものをやつても全く役に立たない。そういふ向ふの習俗を無視して日本の雜貨屋さんはおしやぶりを拵へたり、ガラ〳〵を拵へたりしてゐる。そういふ民族性に基く感覺などといふ點にかけては大概の雜貨屋さんといふものは、殆んど無關心ですね。

森田　これは實際にあつた話ですが或る貿易商がマホメット教を信じてゐる民族の土地へ、雜貨を持つて行くことになつたのです。その場合に何か向ふの氣に入るやうな裝飾が欲しい、何にしやうかと言つていろ〳〵考へた結果、日本風なものがいゝだらうといふので、日本風な美人繪を畫いてやつた。ところが人物を寫生した繪などといふものは、マホメット教では宗教上の禁制になつてゐる。嚴格な回教信者は決して買はない、絕對に賣れない譯です。

無識が招く失敗

高村　だから矢張りその土地々々に就て、よく研究して掛からぬと不可ないと思ひます。回教圈では、動物の模樣は使はないでせう。

森田　生物の繪は嫌ふのです。

川路　そういふことの失敗は澤山あるでせう。例へば齒ブラシにしても、牛の骨の齒ブラシを持つて行つた。これは何だ、牛の骨だといふことになれば、牛の骨といふものは、これは佛敎徒では絕對に使はない。そういふ民族の習慣とか宗教とかを考へないので、失敗は隨分やつてゐると思ひます。日常の物を拵へるにしても、僕は工藝の專門家でないから分からぬけれども、日本の今の商工省なんかの展覽會を見ても、輸出するものゝ種類が非常に決まつてゐて、日本人の西洋的生活を西洋人の生活だと思つてやつてゐるんじやないかと思ふやうなものばかりです。例へばコーヒーセットにしても又西洋人の毎日食卓で使つてゐるものが何も出てゐない。例へばナプキンリングとかパンをのせる籠とか、さういふものが一つも出てない。こんな分かり切つたことがどうして專門の方に分からぬかと思つて、私は不思議に思つたのですけれども、さういふことが隨分あるんじやないですか。

高村　ありますね。一體、日本は今までのところ、政府もさうだし業者の方面にしても文化面の仕事に就ては基礎調査に金を使はない。無駄な金はうつちやらない。ギリ〳〵一杯々々の金で以てやつて居つて、そしてすぐに儲けることばかりに重點を置いて、棄て金といふものをとても出し惜しむ。

川路　その金は、つまり棄て金のやうだが結局生きる金じやないですか。

馬鹿にならぬ支那

高村　さうです。メキシコ滯在中にも感心したのは、支那がさういふ無駄な金を使つて居つて、無駄に見える人間がブラ〳〵してゐる。しかしていつ等が結局は皆役に立つてゐる。そのわけはどこの國の民情にしても一寸覗いて見歩いたゞけでは、どうしても判かるものではない。ぜひその生活に這入り込んで、酒を呑んだり、女を買つたり、博打をやつたり、といふと惡い事ばかりしてゐるやうだが、つまりその國の人達の生活內部に浸透するのですね。それには無駄な金、戰爭で言へば所謂機密費、棄て金が非常に要る。ところがその棄て金といふものは、日本人は政府でも業者でも使はないのだが僕は矢張りそれを大いに使はないと本當の調査といふものは出來ないと思ふのです。生活用品、工藝品の調査は、まづ生活そのものの調査から始めるべきです。その用意が全く缺けてゐる。

川路　それは參謀本部が一番使つてゐる。それだからあれだけゑらいことをやれるんじやないですか。

高村　機密費も營業費の一つでなければならぬと思ふのです。さういふ意味で、普段の眼に見えない金といふものがなか〳〵必要な譯です。それにしたつて、さう大した金高でもないのですがね。

川路　廣く言へば、日本の文化宣傳方面は一般にそいつが少いでせう。

棄金を使へ

高村　先つき猪木さんのお話の樣にこの南洋の民族の衣食住といふものに直接に關係のある雜貨工藝といふものはこれは、直ぐに要るのだから、軍の後に直ぐにくつゝいて行かなければならぬものですが、それには矢張り相當の用意を以て掛からぬと不可ぬ。皆目茶苦茶に出したのでは仕樣がないと思ふのです。さういふ意味から言つて、先づ從來の安物主義は、これは絕對に排斥しなければ不可ぬですね。

川路　それが第一でせう。

高村　今までにそれがどれ位禍ひしてゐたか分かりませんよ。

津田　さればどういふ物を拵へればいゝか、さういふことをよく硏究してさういふものを拵へる機關が必要ですね。

猪木　そして兎に角今までの日本の美術家中でも工藝作家は、こゝで一應大東亞の作家としての再教育をして出直さなければ不可ぬと思ひますね。

津田　さうです。今までの美術工藝作家といふものは本當に狹い範圍、つまり日本といふ狹い範圍だけ考へればよかつた。それが今度はあなたが言はれる樣に、東亞全體を指導して行かなければならぬ。同時に今までの歐米の模倣主義といふものは、こゝでサラリと棄てゝ貰はなければならぬ。さういふいろ〳〵な大きな問題があるのだから、その基本になる美術工藝作家といふものは、もう少しよく考へないと不可ぬだらうと思ふのです。

猪木　美術でも繪殊に日本畫のやうなものも、勿論直ぐ進出出來る樣になるでせうが、兎に角一番現實に向ふでも直ぐに分かるといふのは工藝品です。それは美術品であり、同時に實用的に使へるといふのだから、さういふものを一番先きに持つて行かなければならぬでせう。

日本が得な點

津田　たゞ私が考へるのに、ヨーロッパ人が今まで東洋にいろ〳〵なものも持つて來たにしても生活の樣式がすつかり違つてゐる。さういふ點は日本の方は、文化の程度は大變違つてゐますけれども、大體が矢張り木造で同じやうな生活で、生活樣式といふものはほゞ似てゐる。そこに私は非常に都合のいゝところがありやしないかと思ふのです。

高村　いろ〳〵の點で共通なところは確かにあるですね。

津田　さういふところは可成りあるだらうと思ひます。

猪木　先頃高村先生からアメリカ、メキシコのお話を伺つた時に、日本の工藝家は、大變纖細な細かい神經で以て、向ふへ送るものにしても、向ふの生活を全然考慮せずに、たゞ日本で美しいとか、日本的な匂ひとかといふことでやつてゐるが、あちらの生活は、非常に粗笨な大きなもので、向ふでは日本の纖細な工藝品は、どうも危ぶなくて使へない。ところが癪に觸るけれども、支那の工藝品は直ぐ向ふの生活へ利用されて居る。しかもそれは實に粗笨な、日本のものに較べれば洵に原始的なものだが、それが直ちにあちらの方に利用されて、日本の方の美しい工藝品が一向利用されないといふお話を伺つて、今でも感慨に堪えないものがあります。共榮圈進出にしてもこの點は大なる關心事ではないかと自分はひそかに考へる次第であります。

津田　德川の末期の文化といふものは、非常に纖細的な、末梢的な方面が發達してしまつた。それが相當今日本人には續いてゐますから、自然さうなる。

日本のものゝ共通缺點

高村　必要な處は非常に弱くて、どうでもいい處に非常に手を加へて居る。例へば煙草入一つ造るにしても、蝶番とか蓋のつまみとか、さういふ構造の一番肝腎な處が非常に弱くて、過剩の模樣の透しなんかに愚にもつかぬ面倒な手をかけてゐる。無駄な模樣を一生懸命に透して見たり、象篏して見たりしてゐる。それが日本人はよく出來たと言つていゝ氣持になつてゐますが、向ふの人は日本人より物の扱ひが亂暴ですから、蝶番なんかも日本人の想像以上にガッチリ造らなければ、直ぐに壞はれてしまふ。

森田 どうも日本人といふものは、器用といふことが毒をしてゐるのかも知りませんけれども、實に器用的技巧といふものが極端にまで進んでしまつたのですね。

川路 それは明治以來殊にそうでせう。昔の德川時代のものは、却つてしつかりしたものですが、それが、今のは纖細になり薄つぺらになつてゐる。今の工藝といふものは、これは一番の屑ですね。

安物をのみ心がける

森田 それは一つは、さつき高村さんの仰言つた物資が少い。それに成るべく安く作るといふことが主になつてゐますから、例へばセルロイドの玩具を作るにしても、出來るだけ薄く揃へる。そうすると出來たところは立派でも、それを今度箱へ入れて向ふに送ればペチャンコになつてしまふ。

高村 全くその通りなのです。

森田 あれは矢張り一つは材料の關係だらうと思ふのです。あれで成功したのは、ヴヱール位のものでせう。あれは極端な細い糸で織物が出來て、それが顏に被るのに非常に都合がいゝといふ譯ですが、あれは所謂怪我の功名です。（笑聲）

高村 例へば臺所道具のやうなものにしても鍋とかフライパンとかといふものは、日本のはアルミや鐵で出來て居る奴がどうも薄手すぎる。向ふのやつは非常に厚くて、日本物の倍位の厚味がある。さういふ處へ日本のものを持つて行つても、ぺら／＼で危くて、使へない。ところがマニラでもシンガポールでもそういふ英米の文化が滲み込んで居つて、そういふ物を使ひ慣れてゐる。そこへ日本のペラ／＼の鍋を持つて行つても果してどんなものか。鍋は一例に過ぎませんが。しかしこつちには材料がない。そこに一つのヂレンマがある譯でせう。

猪木 そういふ點から見ますと、日本の本國は矢張り工業國になつて、共榮圏の各國は、獨立さすかも知らんけれども、あちらの方は原料國になるぢやないですか。さつき高村さんかのお話に工藝もすべて原料國たる出先で造るべしだとのお話でしたが、それにはどうしても本國に相當に發達した根據がなければ、それを向ふへ持つて行つても、產業工藝なんかは、これは宜しいかも知らんですけれども、本當の工藝美術はなか／＼生れないぢやないですか。また眞の工藝美術が發達しなければ、只產業上の工藝が殷賑を極めたとて夫れは墜落へこそ導け決して向上への指標とはならないと思ひます。

工藝は先づ實用させること

高村 たゞ向ふへ美術工藝を持つて行く場合、此の間佛印へ日本畫を持つて行きましたね。あゝいふ方法で以てこちらの文化を紹介するといふのはいゝですけれども、美術工藝を紹介する場合は單に展覽會の形式で先方に鑑賞させるといふだけではいけないと思ふのです。美術工藝といふものは、觀せるばかりでなく、先方に使用させなければいけない。だからこつちから持つて行つて向ふで見せて、そしてまたそれを賣れなかつたからとて持つて歸つて來るといふのではいけない。向ふへ全部置いて來る。そして長く味はしめそれを實際に使はせる。そういふ何か組織が出來ないといけないと思ふのです。

猪木 しかしこれからは持つて歸る必要はなくなるでせう。

川路 それには差當つて向ふに日本の美術館のやうなものを創らなければいけぬですね。

高村 美術館も結構ですが、かういふ方法もあるでせう。向ふにある日本の官衙とか商會とか、或ひは公會堂とか公園とかそういふ公の機關を始めとして、とにかく大衆と絶えず接觸する機關と日本の工藝品との間に連絡を作る。それにはどこで金を出すか、それまではまだ考へてはいけないけれども兎に角そういふ公共的に使はれる處に工藝品をどし／＼活用する。それを僕は一番先きにやるべきものぢやないかと思ひます。たゞ個人的に物を所有させたつて高が知れてるし、第一、文化の誘導にはならない。そういふ公の機關に工藝品が流動すれば、多くの人の生活と關係がつく。しかもその位の事ならば、そう莫大な金がなくても出來ることぢやないかと思ふのです。

質の向上

津田 去年でしたか、ブラジルの領事をしてゐる矢野といふ人が、領事館にそういふなか／＼立派なものを揃へたそうです。ところがその中へ陳べてあるものは、全部支那式のものだ。花瓶でも何でも、全部支那式のものである。そこでこれはいけぬといふので、それを全部徹回して、全部日本のものでやるといふので、去年大分日本の物を持つて行つた。我々も少し出しましたが、あゝいふことはいゝことですね。

川路 外國の人達は、支那のものか日本の物か、よく判らぬでせうからそれで濟むかも知れませんが、それぢやこつちの氣が濟まぬでせう。

猪木 しかし今までの日本とは一變する譯だから、今までと全然こゝで考へてゐられないですね。

川路 そういふことに就ては、頭の改造をするといふことは、これはなか／＼容易なことぢやない。これは矢張り美術操觚者の方にも、さういふことの責任がありますね。

猪木 それには急がなければならぬが、拙速ではいけない。

川路 矢張り根抵からやり直さなければいけぬですね。

猪木 今度は拙速にやつて一度失敗したら、それこそ大變です。取り返しがつきません。

津田 今までは英米のものと日本が競爭して、そして英米の後をつけてゐた。そして競爭するに當つては、たゞ安く揃へるといふことで競爭してゐたが、今度は英米の勢力がなくなつたのだから、そう經濟的にたゞ安くばかり揃へなくとも、私は行くんぢやないかと思ふのです。

川路 いゝものを揃へることです。

津田 今言ふ通り薄くばかり揃へてゐるが、揃へれば厚いものが出來ますよ。

猪木 前にも此事は申しましたが全く競爭相手なしに行くのですからそれかと云つて例の日本流に何でもいゝと云ふのではいけません。

儲け一方は時代遲れ

津田 だから製造家もそういふ氣持になるべきで、儲け一方といふことはこれからの世界には無くなる譯で恐らく日本の文化も、一段と進みませう。

猪木 そういふ儲け一方といふものは、もう既に今の時代になくなつてゐませうが、それにしても矢張り一つの教育機關といふか、指導機關といふかそういふものをどつか揃へなければいけませんね。

川路 それから今の陳列館といふかそれも必要だ。

猪木 そういふ工藝館といふか、そういふものを一つ揃へて、大東亜共榮圏内の作品を皆集めて、それを皆に見せなければいけませぬね。（以下次號）

旬刊時評

戰勝に伴ふ文化進出

新嘉坡は遂に陷ちて直ちに昭南島となる。この世紀の劃期的變革こそ御稜威の下果敢な皇軍の苦鬪による結果であるとは言へ眼のあたりこの世界歷史的大變革がわが大和民族によつて果されつゝある生きた神話を感得して吾ら誠に深甚の感を抱かざるを得ないのである。

吾ら今第一次戰勝祝賀の日を迎へて國民の矜恃と感激に於て著しく同慶の心を寄せこの赫々たる戰果を作りし皇軍將士とその還らざる英魂に對してたゞたゞ感謝の意を表するのみであるが吾ら銃後國民が此際一層の奮起と努力とを期せざる可からざることを反省するものである。

吾らは文化の一戰士を以て自認してをる。吾らの仕事は言はゞ永遠の事業である。美術が國民の恒久的精神を體現するものであることは、今更呶々を要せぬが、これが一層の赫耀たる成果を擧げんためには陸海將士の奮鬪努力に匹敵するの努力苦鬪が更に要求されねばならないのである。即ち戰勝に伴ふわが文化の世界的進出が世界不二の形に於て成就されねばならないのである。

わが大日本帝國は世界の王座に君臨する運命にある。これ昭たり炳たる神の使命である。從つて大日本の美術こそ世界に冠たる生彩を發揮するものでなければならぬ。固牢の獨善は駄目だ。この使命が隨順するだけの奮鬪こそ美術家に課せられたる任務と思へ。

旬報

佛印日本畫展報告
國際文化振興會の巡回結果

國際文化振興會では、日佛印兩國文化提携促進のため昨年十月下旬から十二月中旬まで帝國藝術院後援同會主催で佛印巡廻日本繪畫展を、河內、海防、順化、西貢の四大都市で續催、各地會場共、佛人並に住民大衆に深い感銘を與へたので、同展並に講演會開催のため現地に派遣した藤田嗣治氏及び大澤職員が今般歸朝したのを機會に、二月十二日午後三時から同巡回展に關する報告會を同會で開催、藤田氏及び大澤氏から詳細な報告があり、東條首相の文化運動についての所感挨拶等、和氣靄々裡に同六時閉會した

安田靫彥氏等 建國繪卷企劃

故小堀鞆音門の人々は安田靫彥氏を始め揃うて建國繪卷の計劃に努力中である

る

藤田嗣治氏筆 落下傘部隊奇襲降下の圖

二月十四日決行された陸軍落下傘部隊のスマトラ・パレンパン奇襲降下の快報に感激した藤田嗣治氏は、これを畫材に取上げ戰捷祝賀日の二月十八日早朝十五號油繪の力作を完成、陸軍へ献納した、これは對空射擊の眞つ只中へ飛び降りて戰鬪に移つた落下傘部隊の壯烈な模樣を實感さながらに描きだしたもので、陸軍では今春の靖國神社臨時大祭に參列の遺族へ贈る「靖國の繪卷」に採錄して配布する筈

彩管報國の赤誠燃えて 陸海軍へ献畫殺到

小早川秋聲氏筆 遊就館壁畫四作遂に完成

小早川秋聲畫伯が去る昭和十四年秋、陸軍省から依囑された九段國防館銃後室壁畫五作は一昨年十月完成、愛國婦人會京都府支部の献納で目下同館に揭げられてゐるが、右と姉妹作たる四點は昨春三月より執筆にかゝり本年二月全部完成擱筆の運びとなつた、今回の四品は京都佛教各宗婦人會聯盟より陸軍省へ紀元二千六百年紀念事業の一つとして献納の手續きをとつた、右献納に先立ち今度東本願寺內議事堂に於て內示展が催され當日は　久邇宮大妃殿下御來臨の筈であつたが前晚から御風邪氣の爲御取止めの御沙汰となり同宮家本田事務官來場、殿下の思召しを傳達され其際殿下より今度の戰捷を記念すべき一作を揮毫する樣御下命があつた、當日は日野西子爵夫人、安藤京都府知事夫人野間總務部長夫人其他名流婦人多數入場一々熱心に觀覽、或る將軍は最敬禮を以て作品を通じて何事か祈念するなど、とても普通の展觀には見られぬ感激の光景を呈し、筆者並に献納者側のたゞならぬ感謝と感激とを以て無事閉會只一日の內示展にもかゝはらず入場者は當日千名以上に上つた、右作品は「譽の家」「眞心」「偲べ戰線」「和光」で、各縱五尺五寸橫八尺、本紙は麻紙、三月上旬右四點は原色繪はがき、並に額面用四種の印刷が出來上る筈、これは勇士陸海軍病院、傷病兵、遺家族其他への慰問用に供せられ

西山塾青甲社 塾生等の力作十六點

京都の西山塾青甲社では、同塾創立二十周年を記念して昨年の海軍記念日に艦名に因んだ日本畫數十點を献納したものだがそのその後力作が完成したので西山翠嶂氏の「朝暾」堂本印象氏の「白菊」小川翠村氏の「富獄」三谷十糸子女史の「大原の女」など十六點を五日大阪警備府へ献納した、警備府では近く各軍艦へ送り永久に無敵海軍を飾る事になつた

女流畫家報國會 多彩の八四點

女流畫家報國會では、皇軍の輝く戰果を祝し全國の會員七十四名を動員、第一線將兵慰問油繪を選作中であつたが、このほどそれぞれ完成したので、二月十一日の紀元節をトし、佐伯米子、長谷川春子、三岸節子、藤川榮子氏らが眞心籠めた多彩な作品八十四點を携へ海軍に献納した、海軍では早速第一線へ發送する筈である

京都染織繡協會 逸品二十四點

別項の如く京都染織繡藝協會主催の初の作品は銀座松屋で開催されたが同協會では二月八日展觀の終了と同時に、出品作品三十四點全部を陸海軍へ献納する事になり、同協會會員文展審查員山鹿淸華、同無鑑查皆川月

日	月	火	水	木	金	土
1	2	3	4	5	6	7
8	9	10	11	12	13	14
15	16	17	18	19	20	21
22	23	24	25	26	27	28
29	30	31				

展覽會の暦

△無求會第二回日本畫展　三月一日から四日まで銀座菊屋ギャラリー
△旺玄社第十回記念展　三月三日から十六日まで上野府美術館
△綠巷會第四回展　三月三日から十三日まで上野府美術館
△塚本茂個展　三月三日から七日まで銀座青樹社
△內島北朗陶器展　三月三日から八日まで上野松坂屋
△鬼面社第四回展　三月三日から七日まで銀座三越
△月明會主催　現代大家先哲畫像展　三月三日から六日まで日本橋三越
△青木茂遺作展　三月四日から八日まで日本橋白木屋
△獨立第十二回展　三月五日から廿三日まで上野府美術館
△戰勝慶祝感謝國風盆栽展　三月五日から七日まで上野府美術館
△北光會油繪展　三月六日から八日まで銀座菊屋ギャラリー
△原勝郎滯歐作品展　三月七日

華の兩氏は陸海軍兩省を訪問、獻納の手續きを執つた、獻納作品は、山鹿氏「高千穗の峰」皆川氏「薰花」を始め、いづれも帝展第四部の作家の力作揃ひ陸海軍へ十七點づゝ獻納する、陸軍ではこれを南方第一線の野戰病院へ送り、海軍では太平洋の荒波を縱横に馳驅する前線勇士の心を慰める筈である

太子奉讚會の審査終へた
太秦廣隆寺新寶物

洛西の古刹廣隆寺の寺寶調査は昨年十一月以來聖德太子奉讚會研究員の手で繼續中であつたが此の程完了したので、新たに發見された彫刻繪畫につき調査結果を發表した、京都最古の歷史を持つてゐるだけに、貞觀、藤原、鎌倉、室町の各時代に亘り國寶級の貴重な發見があり、三千佛曼荼羅一鋪（絹本着色、藤原時代、藥師如來立像（木彫檀像、貞觀時代）を始め

不動明王坐像（木彫彩色、藤原時代）阿彌陀三尊像（木彫漆箔厨子入、鎌倉時代）如意輪觀音半跏像（木彫漆箔、藤原時代）聖觀音立像（木彫彩色、藤原時代）不動明王二童子立像（木彫彩色、鎌倉時代）持國天小像（木彫彩色、鎌倉時代）聖德太子御二歲立像（木彫彩色、鎌倉時代）虛空藏菩薩畫像（板繪厨子入、室町時代）虛空藏菩薩畫像（板繪圓盤、室町時代）聖德太子立像（木彫漆塗、室町時代）土佐光信筆、聖德太子繪傳二卷（絹本着色、室町時代）女神面（木彫、藤原時代）

など、右の內如意輪觀音像は桂宮院の阿彌陀如來と共に同所の本尊であつたもの、聖德太子繪傳は全八卷の內の二卷太子像は吉野の櫻千坊にいま一體同じものがあるごく珍しいものでこれはもと御衣、御袴を着けて奉安したものと觀られる

院展同人軍機獻納展

日本美術院同人の軍用飛行機獻納作品展は二月十四、十五兩日谷中の日本美術院で同人作各々二點を併せ特別展觀をした、猶同飛行機は日本美術院號と命名さるゝ筈である

中川一政水墨展
第二回を銀座資生堂

中川一政第二回水墨展は二月十四日から十七日迄銀座資生堂で開催、今回出品は、萬葉屛風拾得子圖、霜林其他多少の花鳥を交へた十點餘、五十の齡を重ねた同氏がいまだ壯心やまざるところを披瀝し好評を博した

京都染織美術展
銀座松屋で盛況

京都染織繡藝術協會主催の京都染織美術展は二月三日から八日まで銀座松屋七階で開催、屛風、衝立、掛額、卓被、壁掛其他約百五十點を展觀、帝展第四部にあつて異彩を放つてゐる山鹿淸華、岸本景春、皆川月華諸氏を始め、染織技法をその生命とし特技とする約四十作家の作品であるし、觀衆に多大の感銘を與へた、尙本展には各作家が職域奉公精神に燃えて力作した獻納額面をも併せて展示し好評を得た

諸大家富士百景展
青樹社で好評

現代諸大家富士百景油繪展は二月十九日から二十三日迄銀座青樹社で開催、石井柏亭、南薰造、山本鼎、橋本八百二、北蓮三 太田三郎、橋本邦助、和田香苗、中澤弘光、三宅克己、白瀧幾之助、石川欽一郎諸氏の作品を展示し連日盛況であつた

遊就館壁畫四作の內 「和光」 小早川秋聲

青衿會授賞

第三回青衿會授賞者は左の如く決定した
（青衿會賞）高田那美「雪空」（奬勵賞）志村立美「取的」（後援會賞）朝倉攝「街に觀る」岩淵芳華「待春」遠藤燦可「大空先生」（佳作）立石春美「姫婦」五十嵐幹「女醫と子供」野口登美郎「私」陳進「或日」阿江定夫「洋裁」

豫報

古川北華展
銀座資生堂

古川北華氏の第四回新作畫個展が三月一日から四日迄銀座資生堂で開催される出品作品は左記十二點東洋文人畫家の傳統を受けた氏の定評ある作品は觀衆に賞美させないでは措かないだらう

白飄颻（鶴）、樊籠遠（雉子）、夢北溟（海魚）懷月苑（兎）、朝雲暮雨（牡丹）、空溟千里（鵜）、湖山積雪（雪景）、翠微山、稜々（鷲）、淸夢醒鵜、沙禽愕（鷺）、道人未返（白鹿）いづれも自詩題

獨立美術展
三月五日から府美術館

獨立美術の第十二回展が三月五日から廿三日迄上野府美術館で華々しく開催される同會では本年は特に產業戰士を始め各大學、專門學校の生徒等を出來るだけ多く招待し且つ希望者には會員をして作品の說明にも當らせるといつた新しい試みを行ふ筈である

鬼面社四回展

大久保作次郎氏等の鬼面社第四回展が、來る三月三日から七日まで銀座の三越で開催される今回は各同人共非常な意氣込みで力作を出品すべく努力中で出陣點數は三十點內外である

無求會第二回展

無求會第二回日本畫展が三月一日から四日まで銀座の菊屋ギヤラリーで開かれる、同人は深水門濱倉淸光、桂華門黑光茂樹院展系長谷川優策、文展系富永幸男の四氏で出陳は五六點、第一回展に好評を得たゞけに期待されてゐる

牧野虎雄氏の代表作を年代順に展列
三月三日から旺玄社四十周年記念展

最近內部の刷新を計り牧野虎雄氏を中心にいよ〳〵堅實な方針の下に面目を更めた旺玄社の第十回展は愈々三月三日から同十六日まで府の美術館で開催される本年は同社結成十周年の記念展とあつて牧野氏が「舊帝展時代からの代表的作品」を始め海軍少佐津村敏行氏の「南海封鎖のスケッチ」並に「陸海軍への獻納畫」等を特別陳列として展觀するなど盛況が豫想される

原勝郎滯歐展

原勝郎氏の滯歐作品展が三月七日から十日まで銀座の日動畫廊で開催される、氏は溜池研究所に學び其後米國に四年、佛蘭西に廿年留學今回歸朝その第一回發表作品は巴里風景廿二三點

から十日まで日動畫廊
△鈴木旭松齊竹籠展　三月七日から十一日まで三越本店
△漆原木蟲版畫展　三月七日から十三日まで銀座青樹社
△多摩帝國美術學校圖案科作品展　三月十日から十三日まで銀座三越
△塊人社展　三月十日から廿三日まで上野府美術館
△日本美術學校廿二回展三月十一日から十五日まで新宿三越

美術経済

中京近藤家の賣立好況

總額二十五萬圓餘

東京美術會館の新體制ぶり目覺しく

○芝の美術倶樂部が經濟新統制に順應の精神を表示して、美術會館改稱の第一回の賣立を

本山幽篁堂　平山堂　水戸幸
兒島米山居

で二月十四、五、六の三日に亘つて入開札及び賣立を行つた、最近は本入札を「入札」羅賣立を「賣立」と稱して兎角に羅賣立をカムフラージする傾向があつたが、今度からは明瞭に「羅賣」と書出したところは、會館新體制として選ばれた人が倶樂部にゐることを思はせて愈々新時代發展に賴もしいことである。

○この賣立は十二月中旬、前期下半期最終に掉尾の盛況を占めようとした平山堂の齋藤、高橋兩氏の活躍ぶりの企劃であつたのが、宣戰大詔奉戴によつて遠慮見合せとなり、めでたき戰捷に加ふるに改稱東京美術會館の門出の盛觀にふり向けたので、正にその効果はよろしく、十二萬圓位と見込まれた總額が、なんと二十割の二十五萬圓突破となつたのである。

○荷主は例の名古屋で有名な茶人のシナトモの近藤友右衛門氏の多年の愛藏で、持主が當地一流の愛茶家、茶道人であつたから、茶掛幅、茶器にいゝものを見せ——と云つても、藏元の名品は時節柄提出はしない上に、第三回も賣立てた事とて、性がよくて手堅くていゝ實用美術といふあたりの覘ひに見えた、勿論實用時代の今日この頃の立前を品しらべ札元の採算が然らしめたことの結果は、よき壺であつた。

○既に本誌に書いた如く本入札は百十二點、羅賣四百九十五點を更に倍加して七百餘點に及ぼした。主なるものを擧ぐれば左の如くである。（單位千圓）

一、金岡釋迦十弟子　一、五一六圓
二、兆殿司羅漢　一、五九〇圓
三、智澄大師不動　一、五〇〇圓
四馬逵漁舟　一、五六〇圓

○この漁舟は竪尺餘、ヨコ二尺ばかりの横本で絹本着色、晴川勝川極めの支那の漁舟二つがある圖で面白く

五　雪舟瀧　三、一二〇圓
六　雪村芙蓉　一、八〇〇圓
七　兀庵墨蹟「李白」二行　三、七〇〇圓
八　雪舟花鳥　秋元家傳來）双幅　一、二八〇圓
九　大燈國師消息文　七、六九八圓
一〇　虛堂墨蹟　三、六〇〇圓
一一　茂古林墨蹟　一、六三八圓
一二、卽休了墨蹟　二、六二八圓
一三、慈鎭定家和歌　七六〇圓
一四　俊賴民部切　七、四〇〇圓
一五　俊成　歌仙切「あはれとも」　一、一八九圓
一六　定家文　一、三二〇圓
一七　同　一、八八〇圓
一八　一休二大字「機泉」　二一四圓
一九　松花堂三大字「潮音堂」　六三六圓
二〇　一休墨蹟「謹白」　一、五〇〇圓
二一　芭蕉句入文　三、八〇〇圓
二二　松花堂布袋　二八六圓
二四　同中壽老三幅對　一、三六六圓
二五　芭蕉句入文　六三六圓
二七　光琳　四三二圓
二八　芦堂猫　九五一圓
三一　蕪村壬生念佛　二二六圓
三三　米山人山水　六八〇圓
三四　文晁櫻紅葉双幅　六六〇圓
三五　同櫻花書屋　一九〇圓
三八　徂徠七言鱗公　三一〇圓
四〇　華山玉兎出月　七九〇圓
四一　大雅山水　八七六圓
四四　米山人山水　二、〇六四圓
五二　遠州木額　三七二圓

などで、茶道具類では

五八　元伯一喝棗一、二〇〇圓
六〇　宗哲棗　四六圓
六二　小貫入茶碗「潮路」溝口家傳來　三〇〇圓
六三　筒亂香合　六二一圓
六四　盛阿彌黒棗　一、〇八〇圓
六六　利休竹花入　三七二圓
六七　刷毛目鹽筒茶碗　九七二圓
六九　菊盛上蛤形香合　四九二圓
七一　黄瀬戸香合　一、五二一圓
七四　普齋茶杓　二一七圓
七五　氏鄕茶杓　一、四二〇圓
七六　空中茶杓　八五二圓

目錄などに「茶抄」と書かれてゐるが「茶杓」が本當である、新文化强調の折柄、これも改善すべきものの一つである、これは古來の共筒たどに略筆して書かれたもゝの惡訛であるから會館新體制と共に正順すべきだ

八〇　光琳桔梗蒔繪棗　三七二圓
八二　砂張菓子器　九三六圓
八三　膚幷竹蓋置　三七二圓
八四　木米染付竹蓋置　四三二圓
八五　唐物籐組底四方炭斗　六一二圓
八八　古蘆屋鶺鴒紋釜　一、〇六六圓
九四　ひしぎ建水　一、二〇〇圓
九八　古伊賀　八、四〇〇圓
九九　[illegible]溜蒔繪香箱　一、一一六圓
一〇一　桃山平目地桐紋蒔繪手箱　九〇〇圓
一〇三　乾山松向付五人　二一九圓
一〇四　木米赤繪竹酒吞　七三二圓
一一〇　笠翁蓮根杖（山陽在銘九條家傳來　一、一二九圓
一一三　高泉遺愛竹机　一、一二〇圓

羅に三千圓續出の稀觀

○羅の部では殊に高い品が澤山にあることに注視された、三千圓などといふのが十近くも飛出したのである、元來羅賣では三千圓以上は許されないことになつてゐる、卽ち三千圓もする高價の品は本入札に取扱ふ筈のものである、例會でも羅賣は二十圓三十圓から百圓臺で、千圓はざらにはなかつたのが、今度は禁札の三千圓が飛出す位であるから二千圓以上の羅品が相當あつた、勿論入札、羅を問はず税はいよ〳〵加重する、賣立品は手取の實收が半額にしかならないし、賣立で仲間同士が買つても、今回から直ちに二割の税は拂はねばならぬといふ有樣であるから、賣買價はグン〳〵騰ることの當然さではあるが、結局は新統制の一時的過程狀態で、全般の社會物價の混亂と同じものを、この社會にも免れやう筈はない。五百圓以上左の如く

五　探幽三幅對　一、〇〇〇圓
六　竹田扇面　六〇〇圓
一七　彭百川觀音　一、一一〇圓
一八　孫君澤雪中人物　六〇〇圓

と云ふ模樣だ（以下次號詳報）

「旬刊」美術新報
昭和十七年二月廿七日印刷
昭和十七年三月一日發行
發行日　毎月三回（十の日發行）
購讀料
一册金五十錢（郵税一錢）
一ケ月三册金壹円五十錢（送料共）
編輯發行兼印刷人　麹町區九段一ノ一四　資文堂　猪木卓爾
發賣所　東京市麹町區九段一ノ一四　日本美術新報社
電話九段二七一五
振替東京一六二五〇
配給元　日本出版配給株式會社
日本出版文化協會會員　一二二二五番
通信は一切發賣所へ
發行所　東京市本郷區東片町八二　日本美術〔社〕

昭和十年一月十二日（第三種郵便物認可第十七號）
昭和十七年三月一日發行（毎月三回十日發行）

（一ケ月三回 金壹圓五十錢）

定價金五拾錢　郵税一錢

三月中旬號

旬刊 美術新報

特輯 南方美術圏

昭和十七年三月十日 發行（每月三回十日目發行）

ボロブドウル寺院

南方美術圏

佛印・泰・ジャワの古代美術

古代の東亞南方の文化は印度教佛教の流布と共にインドネシア民族の逞しい藝術創造の跡を示してゐる。大洋洲を中心とするポリネシア、ミクロネシア等の民族は今日たゞ往古以來の傳習技術を反復する民族藝術より有たぬが安南・泰・爪哇の諸國は立派な歴史文化をもち古代美術を有してゐる。これ全く南方美術圏であつて大東亞戰爭に於て凡て皇軍の足跡を印したる處ならぬはない。これら東邦の古代文化はわが日本によつてこそ永遠に保護せられるであらう。

ボロブドウル寺院西部上層壁面

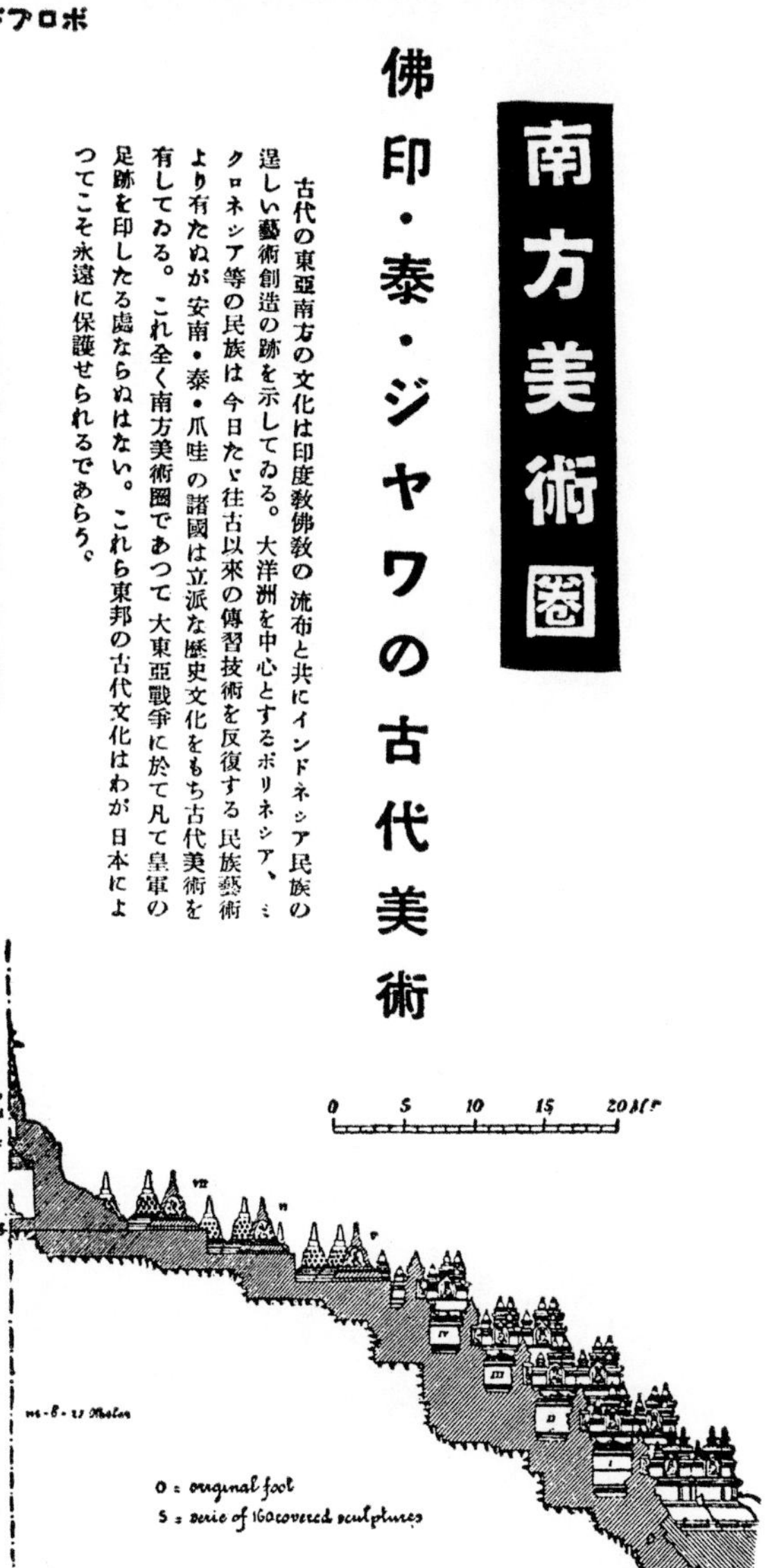

佛陀趺座像　ボロブドウル東壁

ボロブドウル下壁側面浮彫

ジャワ石彫佛頭（和蘭ライデン美術館）

これこそ南方美術の花と言へやう。——ジャバ島ボロブドウル（BoroBudur）の遺跡こそはインドネシア族の輝く古代文化を語るものであり、安南のクメール文化と共に印度佛教の輝かしき美術を今日なほ傳へてゐるものである。アンコールワットと等しくシヴを信仰の本尊とする婆羅門の偶像と共に西紀九世紀より十世紀に渡つて佛教が本國印度に於て漸次回教に壓服されんとした時期に於て、このインドネシア族の植民地たるジャヴ島に於てはその圓熟した佛教美術が榮えたのである。印度古代寺院の樣式はこゝに移され、しかもその莊重なる山稜式集積建築は美しい石材を以て巧みに彫刻されボロブドウルの本山を形造つた。石壁と無數の寺塔の集積の凡ゆる壁面、堂內すべて佛體と浮彫より成る。この周圍にチャンディ・メンドエツト、チャンデイセヲエ、チャンチビマ、チャンデイプラムバナン、その他の寺院ありいづれも優れたる石彫を有してゐる。またバリ島にもインドネシア族の特質ある彫刻がある。

ボロブドウル畫廊壁面浮彫
（佛本生譚とおぼしきもの）

バリ島

バリ島佛像石彫（和蘭ライデン美術館）

印度教の佛像

タイの佛像彫刻

後期アユタヤ期（純泰式）
西紀一四八八年 — 一七六九年

盟邦タイ（泰）は吾國と等しき佛教國であり全國民を擧げて佛教一色の國土をなしてゐる。從つてその美術も古來より佛教と不離の關係にあり、印度に於て回教に席捲された佛教は、南部に於てはセイロン島を以外にしてはタイ及び爪哇にのみ後世榮えたのである。しかもタイの佛教には又タイ特有の様式があり、その建築の美と共に優秀な文化國民の遺業を傳へてゐるのである。本誌川嶋理一郎氏の一文を參照されたい。

バンコック時代 — 十八世紀以後

ロッブブリー期（クメール時代）
西紀九五七年 — 一二五七年

初期アユタヤ期（過渡期）
西紀一二五七年 — 一四八八年

後期アユタヤ期（純泰式）
西紀一四八八年 — 一七六九年

タイの繪畫と工藝

線描による「ラマヤナ」の傳記を木版風に印刷したもので十枚一組の内の一枚である。

スワンカロク燒と共にベンチャロンの名は高い、支那の影響に五彩の美しい仕上である。

泰國の繪畫は美しく流石熱帶丈けに色は强烈である　メナム河に浮ぶ船遊びの樣を描いたものである。

泰國の染織品として早くから我國に暹羅更紗の名は知られてゐた、この二枚は彼國特有の佛模樣を扱つかつてある

佛印

アンコールの彫刻藝術

アンコール・ワツト外面レリーフ

外郭建築正門より本屋を望む

クメール王朝の文化華と咲いたアンコールワツト及びアンコールトムの遺跡は泰に近い佛印國境のジヤングルに蔽はれた奥地にあるためその名宣傳さるゝに係はらず旅行の限りない不便のために訪ふ人も甚だ稀であるが、畫家土橋氏は此度親しく訪れてその非凡な古代文化の跡をカメラに收めて歸朝された、寫眞はすべて同氏の撮影になるもので本文と共に参照されたい。

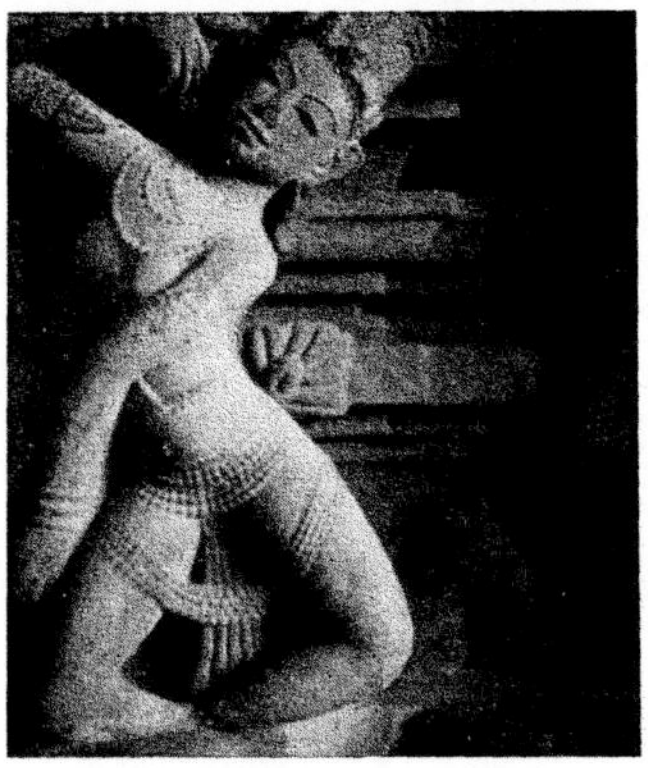

チヤム シバ神像基石

アンコール・トム バイヨン四面頭

アンコールワット南廻廊のレリーフ

アンコールワットの佛足石

アンコールトム南面　クメールとチヤムの戰爭レリーフ

濠外よりアンコール・ワツトの外郭建築を望む

獨立美術協會第十二回展

冬　菊地精二

夏　須田國太郎

岩村造船所　高畠達四郎

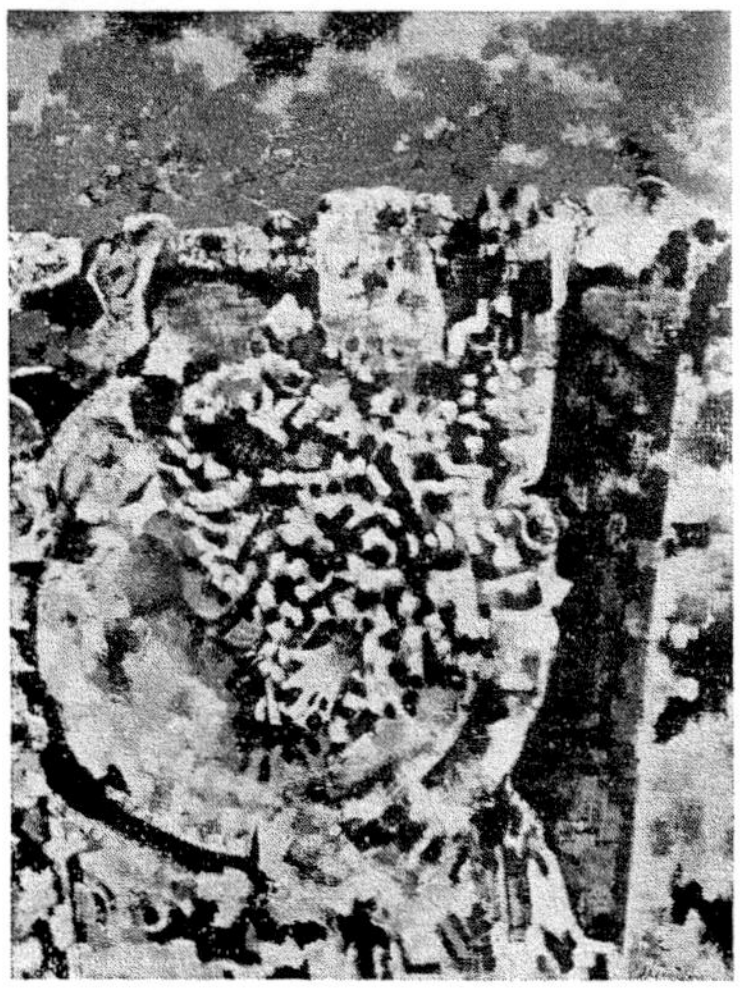

南國海邊　清水登之

上海　野口彌太郎

二人のアンコ　鈴木亞夫

働く人々　居串佳一

南方の子等　中山巍

練馬　海老原喜之助

秋　小林和作

花と果物　川口軌外

新開地の少年達　齋藤長三

對話　藤岡一

吹雪の絶間　鈴木保德

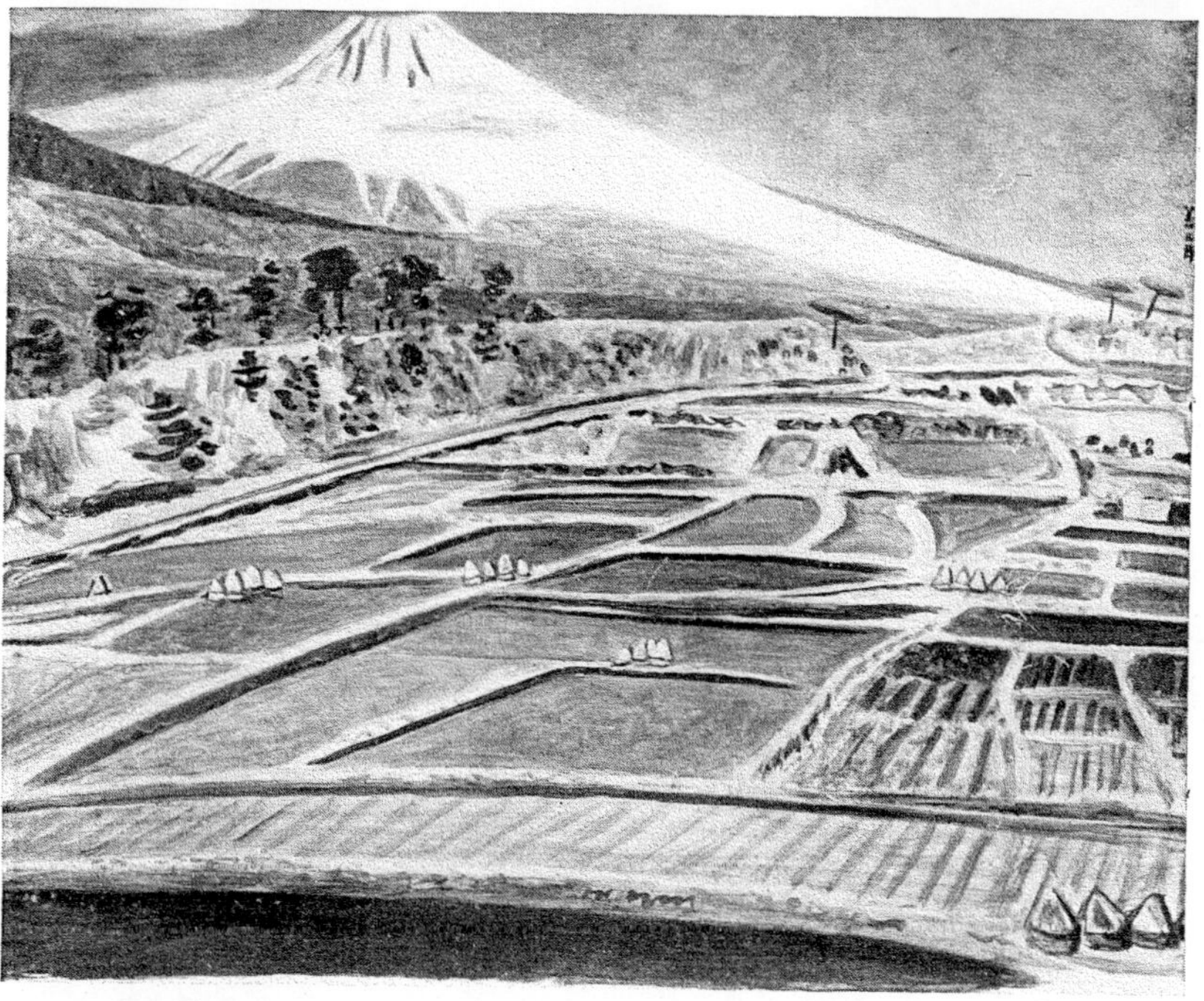
早春　兒島善三郎

婦人像　中間冊夫

旺玄社第十回展•牧野虎雄特別陳列

波（大正十年作）

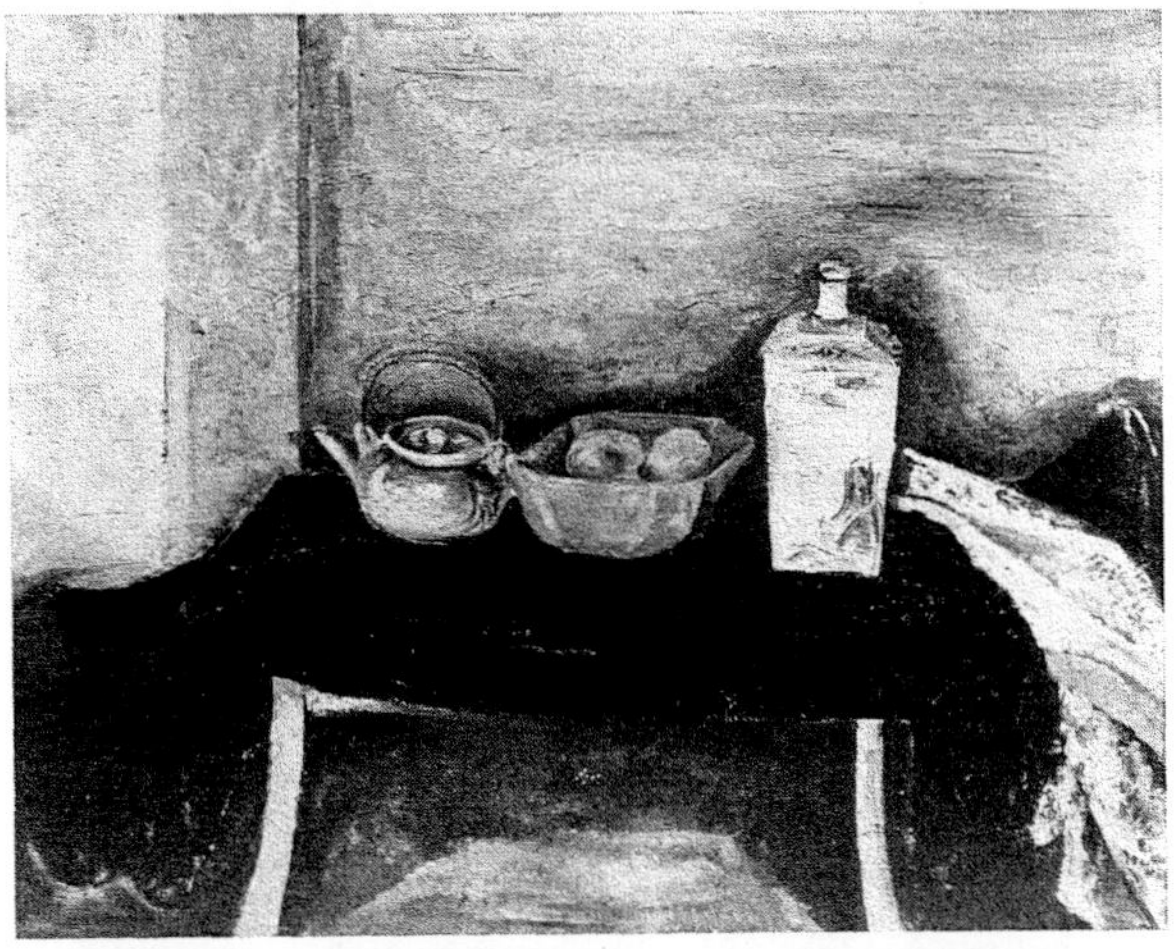

静物（大正十二年作）

亂れ咲く（大正十四年作）

初冬（昭和十五年作）

房州の風景（昭和四年作）

朝顔（昭和七年作）

夏の庭（昭和八年作）

雪晴　小林喜代治

歸漁　新居廣治

海軍飛行基地　千吉良富士

公園の秋　石川久三郎

秋　東久世小六

上總路　小林檜治郎

溪谷　橘作次郎

作品（未成）　三好俊一

京都畫家聯盟獻納畫展

豐田　豐

京都日本畫家聯盟では二月二十二日午前中に京都市美術館で豫ねて喧傳の陸海軍への献納畫献納式を擧行、午後から一般の觀覽に供したが、總數八百八點偶然昔の江戸の繁華を謳つた八百八町と同數であつたことは、以つて、京都畫壇今日の繁榮を諷するものと言ふべく、同時に又畫家人口過剰の惱みも察しられる譯だ。だがそれがどういふ機會に活用せられ、空前の集大成的京都畫壇鳥瞰圖を繰擴げたことは、それだけでも文化史的に有意義であり、更に又これ等が一品々々傷病兵慰問其他の皇軍勇士情操涵養、勞苦慰問の日本畫特有の美の使命を果すものとしたならば、正月以來最嚴寒の季節に敢てこの彩管奉仕の勞を、惜まなかつた京都畫壇人の特志を多としなければならない。從つてこゝでは濫りなる批評がましい言辭は避くべきであるが、唯今度の擧の性質として、彩管人としての一世一代の赤誠を披瀝すべき時に、手輕に色紙形や扇面形で手を拔いたり歷史畫家や美人畫家が平素慣れぬ花鳥や動物を畫いて變に風流めかしてゐるのは、如何にも寄贈畫的觀察に支配されたやうで僕等に好感を與へない。

しかしさういふ人達は畫壇本流外の非現役的作家に類する人にのみ限られ、聯盟委員當事者その他畫壇主流の巨匠、華形はさすがに皆謹直であり、菊池契月氏のやうに花鳥ではあるが、本格的に高雅馥郁たる名調を、藝術院會員中上村松園女史とともに唯二、二點揃つて精勵してゐたことは、寧ろ勇士慰問の高度な風流に相應しかつた。他の本藝外のその種の人達の畫業もさういふ觀點からしたならば、或ひは又恕さるべきであらう乎。松園女史に至つては二點ともに規定の紙本畫きを以つて、日本女性の大和心、繪心を風流精緻に描出して、場内僕をして最もその眞摯さに讚嘆させた。その餘の西山翠嶂、川村曼舟、橋本關雪の三會員は一點宛しか見受けなかつたが、曼舟氏の昨年十一月以來の病臥中を押しての伊勢大廟の崇雅な墨韻は、一點以つてよく數點に優る赤誠の披瀝であつた。翠嶂氏の白梅に小禽を描いた細韻古蒼のさびは松園女史と同じ意味の熱摯さに襟を正さしめ、關雪氏は靈峰富士に大東亞戰皇國戰勝の勳を象徴し、追つてこの人達が更に一點これに上越す名畫を追加されるとしたならば我々はこの機會の鑑賞を逸したことを偏へに愛惜するのほかはない。殊に全京都作家の總帥である竹內栖鳳翁が平素ならば率先して名畫力作を寄せらるべきであるに、人事意の如くならず病痾これを阻んで、この擧の畫龍點睛を缺いたことはまことに惜んでも餘りがあつた。榊原紫峰氏の完全不出品の如きも、又同樣に愛惜すべきであらうか。

だが現役中堅花形級の熱摯なる健鬪はこれ等を補つて餘りあるといふべく、殊に德岡神泉氏の『藥花』と『牡丹』石崎光瑤氏の『無憂華と八色鳥』小野竹喬氏の『芳野』と『潮來所見』はその順位に二點揃つて中堅中の壓卷名調であり金嶋桂華氏の『虎視』山口華楊氏の『椿』は一は健强明徹に、一は淸雅澄徹に獨自の名調を以つて別個の見識を稱へ、堂本印象氏の『竹』に至つては、幹は靑く枝葉は黑く、

光悦（先人畫像展）　島田墨仙

宗達（先人畫像展）　小林古徑

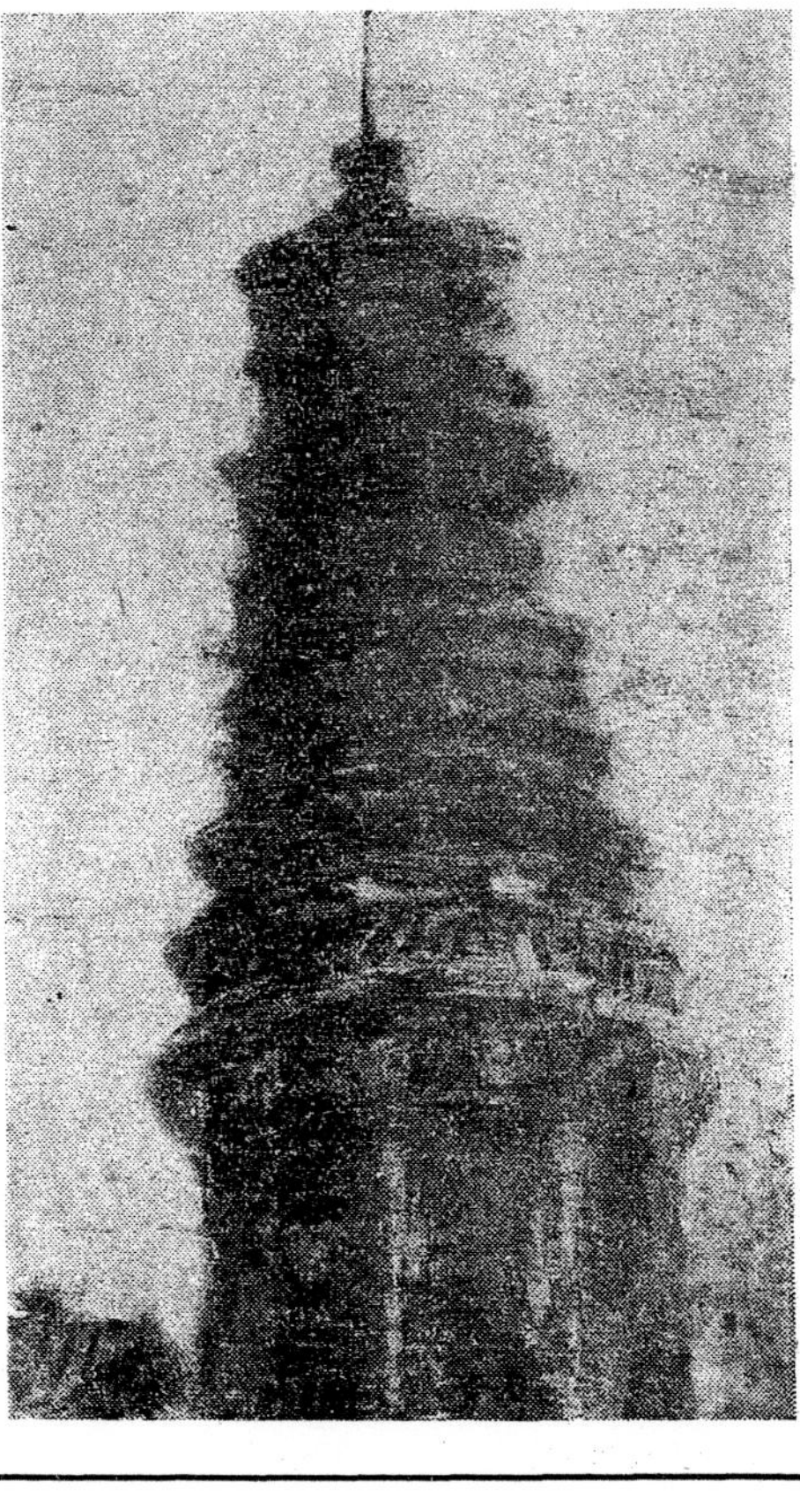

奉天東塔（國洋展）　沼田一郎

網（無求展）　濱倉清光

清韻匂ひ滴るが如く、純粋日本美の至境かと思はれる。これに對し宇田荻邨、福田平八郎の二家は紅白梅二樣の對照を以つて一は神秘豪宕に、一は凝視燃燒の限りを盡して幻覺の妙を嘆じさせる。

その他福田翠光氏の水墨滑筆の『太加』二點、谷角比婆春氏の時局新風俗二點、森守明氏の『黑兎』及花鳥一點、登内微笑氏の『紫陽花』上村松篁氏の『りんどう』はこの機會での精進新態を觀せ場中の逸作であつた。文展無鑑査外では森田辨次氏の『翡翠』『寒牡丹』辻串佐雄氏の『翡翠』今野啓司氏の『大文字の夜』無鑑査古老派では佐野五風、上田萬秋、八田高容、庄田鶴友、廣田百豐氏等の諸作が新舊相剋的に場中魅惑を喚んだ。

翠微（個展）　古川 北華

古川北華個展

書界の時流をよそに獨往不羈の書境に沈潜する古川北華散士の藝術は文士方面に多大の反響を呼んでゐるがまだ書壇一般の權認を得るに遠かつたのはその技巧に於て素人然として居つたゝめであらう。稚拙も技巧として尊むべきだが本格技を摸し乍らたど〳〵しいのは玄人畫人からは白眼視され易い理由であつたらう。だが今回の個展に至つてこの點が俄然進出し、充分本格技として迫るものをもつやうになつたことが第一に慶祝すべき點である。ことに雉を描いた「双籠遠」鶉を描いた「空溟千里」及び山を描いた「翠微」の如きは全く堂々の作と言つてよくその落ち着いた筆致は工匠的畫人の全く能く成し能はぬ氣品を持つてゐる。而してその題賛の詩また畫と共に一格をなし、その古格の書もよく畫面と緊密な調和を保つてゐる。題のつけ方などの巧みさに無學な今の畫家には全くよい手本となるだらう。南畫の本質に味到するこの作家の本質だけは詩書畫三絶の本道をしつかり握つてゐるものであり、この點多くの工匠的南畫家のよくなしえぬ處であるがその技巧を今回の進境をしほになほ一段生彩ある域に達せられんことを望む。

双籠遠（個展）　古川 北華

圜丘會展

故速水御舟門下の人々の集ひである同展第二回展で見應への あるのは御舟氏の寫生十數枚であつた、と云ふと何だか皮肉に聞えるが素描と云ふものは元來、寛ろぎがあつて見てゐて肩が凝らない丈でも樂しいものである。「鯉の圖」をはじめ「牡丹」や蘭やスウイトピーなど、鉛筆に淡彩の寫生であるが、リアルに徹した含蓄のある描線の美しさには心惹かれるものがあつた。

門下の人々も仲々力作で頑張つてゐるが、高橋周桑「菖蒲」は工夫の痕が見えるが、莖や葉の

ニキツキー街（モスコー展）　赤松俊子

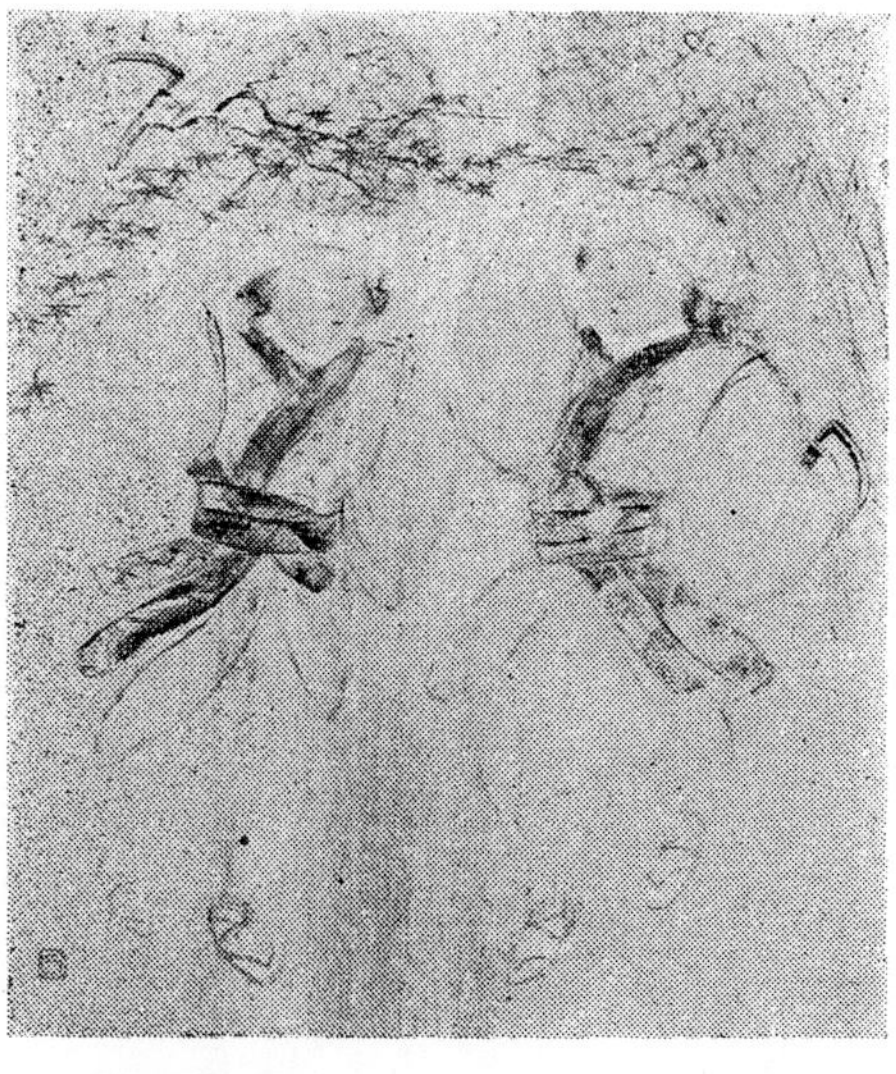
洛北を往く　長谷川優策
（無求會展）

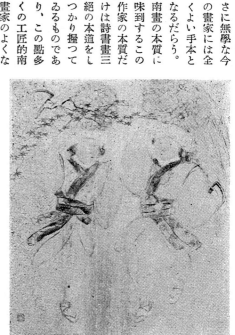

紅茶（獨立展）藤岡一

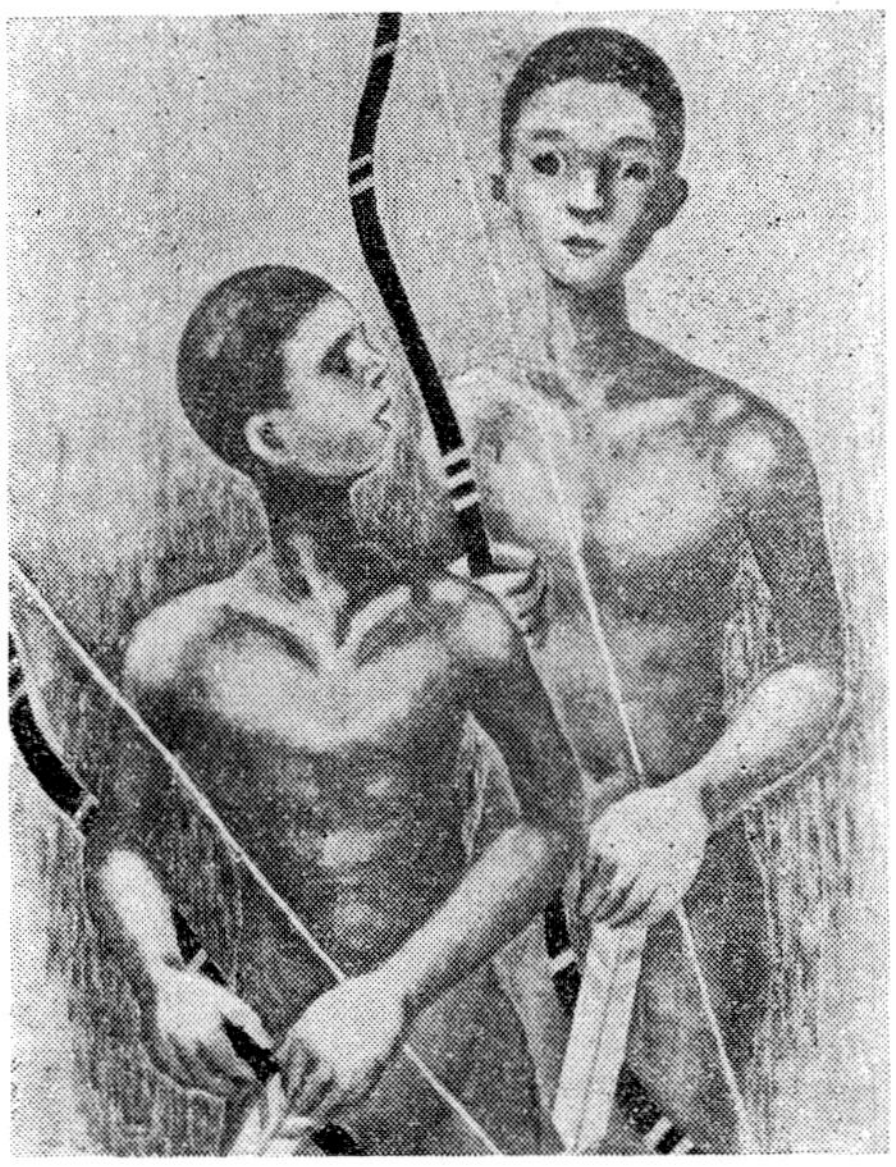

弓（獨立展）熊谷登久平

歪形に必然性がなく、葱のやうから刷いた濁つた色で仕上げがである。神泉の菖蒲のすつきり汚れてゐる。吉田善彥「雪林」した素朴な妙味を思ひ出す丈で「牡丹」は無難である。坊坂倭ある。「馬」は習作で未完成の文明「麥」は汚れてゐるが「崖」のであるが、同感出來る。河村は佳作である。吉田耕三「鯖」良孝「日光龍頭山」は樣式的なちやぶ台の黑い部分に力がこものであるが嫌味はなく「一文り過ぎた。若山菊次郎「竹」も字菊」「椿」も比較的素直である色別けにした平八郎風のよくある。角田朱呂の「鯉」胡粉で上る竹である。（日本橋、三越）

學びの庭（七寶展）上田健一

境村 居串佳一

□獨立美術第十二回展出品

七鳳會展

總體的に云つて安易すぎる。加藤隆久の三點、日本的なものを窺つたのであらうが、「農家」など宗達扇面繪などの感化も皮相的なものである。中で「畔」がいゝが畫面が汚れてゐる。

田中稻三「南京紫金山」は色も穩雅であり無難な出來と云へる。

文狹勝の戰線スケッチは輕いものであるが、同感出來る。市川加久一のものでは蝶を描いた出品がよい。高野眞美、上田健一は平凡である。（菊屋ギャラリー）

モスコー・スケッチ展

赤松俊子、西喜代子兩女史のモスコー風景とモスコーの舞台スケッチ展である。舞台スケッチの童畫風な小品は、色彩的に異國情趣豐かな興味のあるものである。

風景では赤松氏の方が達筆である。線のよく走る人らしい。（靑樹社）

漆原木虫版畫展

今回の個展は創作は「カタコンブの曉」「南佛スエズ灣」その他數點であり、殘餘の數十點はブラングイン、コットマン、クローゼン、ブラット其他海外作家の原畫を刻したものである流石に技術的洗練は鮮かなもので、西歐人の墨畫的な東洋的描線への憧憬や工夫を興趣深く看取することが出來た。（靑樹社）

綠巷會第四回展

綠巷會展は第四回に及ぶ神津港人氏が熱河方面のスケッチ六點は鉛筆淡彩で氏の描寫の手際の確實さを見せる。油繪では「小諸より見たる淺間山」が構圖のとり入れ方と描彩とに氏がよき特色を示すものである。これを滿洲風景にしては「熱河ラマ寺」で共に上々である。「庭」のやうな纖細な情趣も、氏がいゝものであり約二十點の出品は努力で就中「田子の浦」は大作である。小林三郎氏の「母子群」村上誠氏「雪景」殊にその小品ながら「夕燒」はよく、廣田剛郎氏「樹下母子像」上田久之氏「赤いマフラー」「アイロン」「淺間山」小島謙氏「究明」中森放子「仔山羊」など夫々に注視作である。後藤禎三氏が出征中の自己任務を畫いた「聽音器」は小品だがその感覺にたゞならぬものゝあるのは職場戰線の强さ賜ものである事を見落せぬものがある。佐藤利平氏は多年のランプや農家內部から今回は千曲川に進出して、川原の石を突つめて畫いてゐるその中で大作「川原」の三は優れ「日本アルプス遠峰」「壺のある靜物」はよく「自畫像」を今度は發表した。中川康之氏の南方の十一作に及ぶカナカ族生活を描いたものは注視され「粧へるカナカ族」「母子像」は完作に近いが「カナカ族の藝術」は最もすぐれてゐた。（府美術館）

アンコールワット建築外廓の一部

特輯

南方美術圏の検討

佛印・泰・瓜哇の古代彫刻

アンコールの彫刻

土橋醇一

印度支那半島の地型的基幹即ち安南山脈の縦走が南北にのびて其の突端が南支那海に沒する大尾根は東西に民族の分立發達を助長し、其の山脈の縦列が自然の防壁となつて相互の發展に相干渉するの機會を與へなかつた。

其の東部海岸地帶にはチャム族がインドネシヤより北上し、南北の海岸線を傳つて發展席捲し遂に七世紀頃より十二世紀に亘り絢爛たる文化の花を咲かしたのであつた。然し其の發展が南下するに從つて、山脈の西部に發展し時を同じうして南下しつゝあつたクメール族との衝突となり、數世紀に亘る交渉衝突の終にクメール族の其の優秀なる指導者の素質と才能はチャム族の文化様式を吸收咀嚼し、彼等獨得の文化を創成した。然しチャム文化は一應は完成された文化であるのに對してクメール文化は發展完成の段階にある未完成の文化であり、成る程彼等はチャム族の文化に見られる様式、例へば建築にしても、彫刻にしても、リレーフにしても、個々の典雅優麗さはあらうが綜合完成された壯大さに缺ける藝術を、其の偉大なる王朝の權力と無智な民族の忍耐と、無限の勞働力とを驅使して遂に一大綜合藝術にまで發展せしめたものである。然し其の藝術は飽迄發展段階にある未完成の藝術であつて、遂にアンコールワットに見られる未完成の大藝術的遺跡をのこして十三世には滅亡の一途を辿つて終つた。彼等は餘りにも多く宗敎的に其情熱を消費し、數世紀に亘るチャム族との闘爭とモンゴール族の侵入とに疲れ最後に新興シャム族との衝突は致命的に彼等民族を滅亡にまで導いたのであつた。チャム族も亦南方クメール族との奔命に疲れて居る間隙に南下した北方の新興アンナン族によつてクメールの滅亡よりも一足早く組織を瓦解され山脈のジャングルに彷徨の姿を曝すのであつた。

筆者は此の度二ケ月にわたり印度支那を旅行し具さにチャム族とクメール族の興亡の遺跡をたづね、古昔に此の偉大な藝術を完成發展せしめたる民族が現在其の姿をも見ることが出來ず亦他民族の侵略と融合によつて全々異なれる他人種を形成せるカンボヂヤの地を訪れた時は感慨無量なるものがあつた。

考へて見るに彼等兩民族とも我々大和民族と血を同じくするインドネシヤより北上せる海洋民族にて、たゞチャム族が純粹種なるに反し、クメール族は西方より侵入せるインド族との混血なる爲め、又は上層指導階級にインド族を推戴せるために、自ら其の藝術的技能と思索も異れるものとなつたと思ふ。即ちチャム族文化は純粹宗教的なる情熱より迸り出でたる宗教其の物が文化様式を形成せるのに反し、クメール族文化は宗教と王權象徴と闘爭防衛を綜合せる一大綜合文化を形造つて居り、クメール王朝の政治組織は專制僭呂制にて彼等の上層指導者階級がインドよりの東漸民族であることはアンコールワット、アンコールトム等の厖大なる壁面装飾リレーフにも見られるのである。それは戰爭壁畫中に屢々見られる螺髪の巨大漢は常に戰闘の指揮者であり行軍の圖では楯を持ち装服を纏ひ指導者の威嚴を示して居る。亦後方兵站線を示す荷物運搬の情景に描かれたる牛車等の牛は明かに背に瘤を有する印度牛である。これによつて見るにクメール族の其の指導階級に戴ける東漸民族は驚くべき科學的智識と西歐的な現實的感覺の持主であつた様である。彼等は其の無限の勞働力を驅使し科學的智識を基幹として廣大豪荘なる建造物を完成したのであつた。然し親しく其の遺跡に接し、アンコールワットの單純化された企畫整然たる表柱の列を見、アンコールトムの夢現的なリレーフを見る時彼等は常に市井日常の現實を描きながら、それが高い宗教的精神と、ロマンチツクな夢幻の世界として表現して居り、又アンコールトムの怪奇豪荘な印度教的のブラーマー神の人面塔が西歐ドーリヤ式を憶はせる様な柱列の上に巍然と其の魁偉な風貌を現はして居るのを見る時全く彼等民族の創造性の偉大さに驚嘆させられる。そして彼等が外敵の侵入による滅亡がなかつたならば其の豐富な現實的感覺と才能を宗教的思索の域から脱し、純粹な藝術的領野に於て最も其の本領を發揮し絢爛たる花を咲かしめたことゝ思ふ。

然し十三世紀の其の創造發展の過程に於て未完成のアンコールワットの築造を最後として滅亡せる彼等の藝術は豪壮雄大な綜合性は有らうが完成せる典雅幽邃の境地に於ては遂に遠くチャム族の藝術には及ばなかつたのである。

本文の參考として掲出した寫眞は筆者が親しく現地を踏査して撮影せるものであるが限られた紙數にて其の全部を掲載することは困難である。だが前述せるチャム族の藝術とクメール族の藝術の一連の相關性を發見しその一端を知り得ると思ふ。然しチャム族の藝術的遺跡は其の範圍も廣く、且つ文献も數少く其の詳細を知り得ることは難事と云はざるを得ない。

掲出せるチャムの塔は印度支那半島の南部海岸地帯の小丘陵上に多く見出され三四基又は五六基と小群をなし小は四五米より大は數十米の高さを有し、ジャングルに包まるゝものあり、丘陵上に半壊の姿をさらすものあり昔時の豪華を物語る如く旅行者の眼を樂しましめる。

筆者の訪れたツーラン市のチャム美術館は佛印中にて最も多くチャム族の藝術的作品を所藏して居り、未分類の彫刻は倉庫に充滿して居る。チャムの藝術はすべてシバ教より精神的根源を發して居り、例外なく其の建造物の内部にはリンガを祭り大怒神シバの巨大像を安置して居り、何か我が國の原始宗教に一脈相通ずるものを感じさせる。亦附隨する装飾彫刻等は實に素晴らしい藝術的感覺と氣品に滿ちて居りこれが十二三世紀の昔に創作されたかと思はれる様なものさへ發見される。そしてこれ等のチャム藝術品はクメールの藝術創成に對して如何に多くの影響を與へたか知れないと思ふ。

彼等クメールの優秀なる指導者達は己の持つ卓越せる現實的感覺と才能とチャム藝術より得たるヒントを基として彼等獨得の藝術を發展させ、創成したものであると思ふ。そしてこれ等の巨大な藝術的築造物の總べてが非印度的であり、むしろ西歐的エジプト的とも云はれる型態の類似性に關しては、エジプトにも西歐ギリシヤにも明確な交渉の史實はなく、むしろ彼等民族獨得の才能と素質の創造物と見なされる。

紀元三世紀より四世紀に創成されたクメール王國は九世紀に至り其の最盛期を現出し彷徨せる王都は遂にアンコールの地を發見して固定の王城と定め以後各王朝が厖大なる宗教的建造物寺院等を築營し美化したのであつた。

アンコールワットはクメール王朝の最隆盛期より衰微期にのぞんだ十二世の築造にかゝり遂に未完成の中にシャム族の侵すところとなつたのである。

アンコールワットは附近數十キロの地域に散在せる遺跡群、アンコールトム、（バイヨン王宮テラス）パブホーン、プラーカーン、タケオ、タプローム、バンダキデイ等々數十の遺跡の中の一つであり掲出の寫眞に示された如く周圍八キロ餘に及ぶ方形の地域に幅千米位の濠を繞らして居り。此の濠は王權の表徴と外敵の侵入に備へ又住民の灌漑に供したるもので、それに亦彼等は此外に東バレイ西バレイと稱する貯水地をアンコールの東西に穿鑿して住民の灌漑と王の威嚴とを示して居る。ワットは其の地域の周圍に外郭建築を有し外濠とは巨大な石橋を以て通じ廓内中央の本建築と外廓建築とは五百米の石廊を以て通じて居り外濠の石橋と共にクメールの王朝を表はす巨大な八頭のコブラの欄干を有しそれを通じて見た本建築の壯觀は地域を包むジヤングルの綠と扇椰子の森に映じ我々を夢幻の境地に遊ぶ思を起させる。

ジヤバの團扇

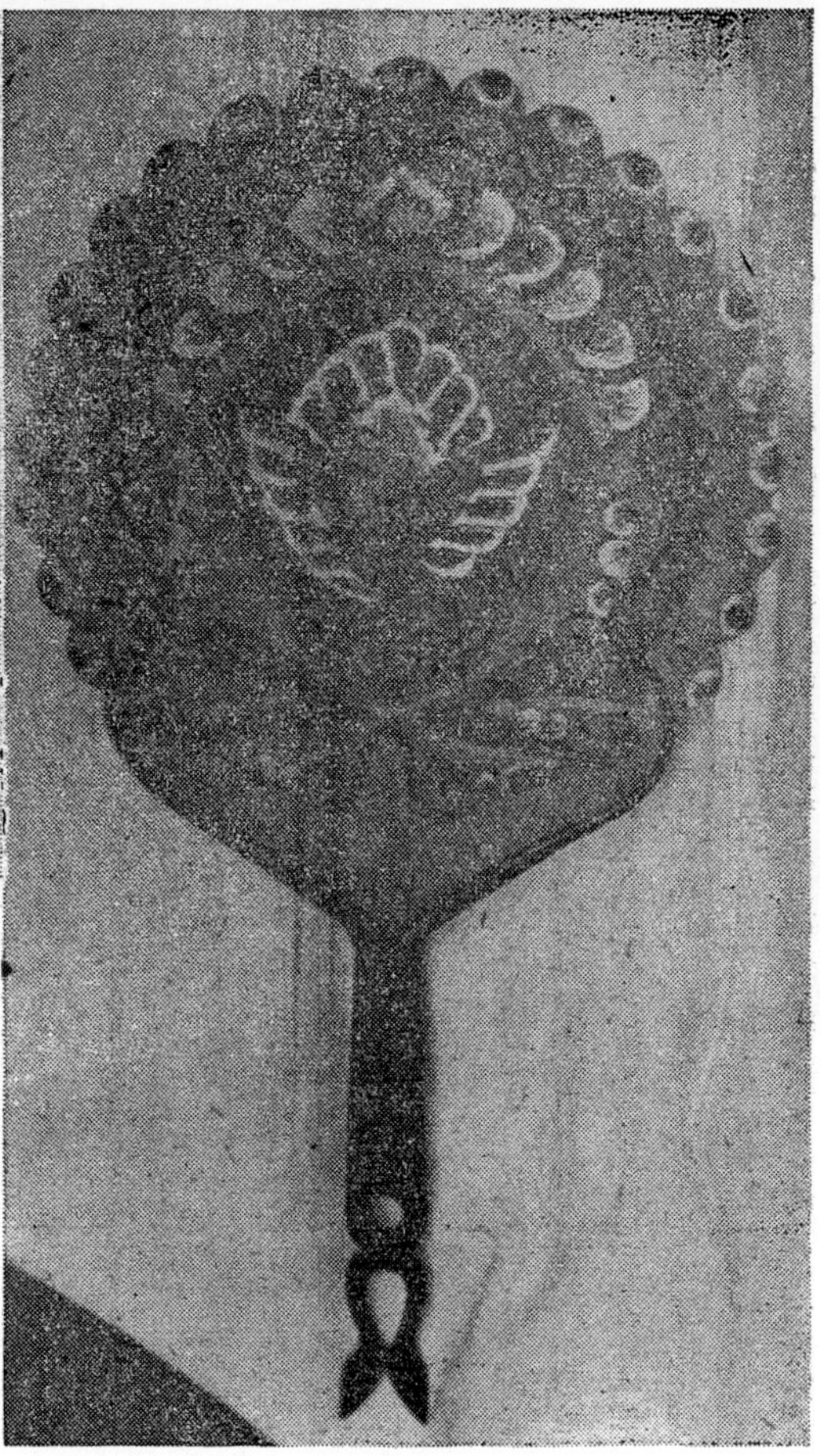

I　（孔雀を描いた團扇）

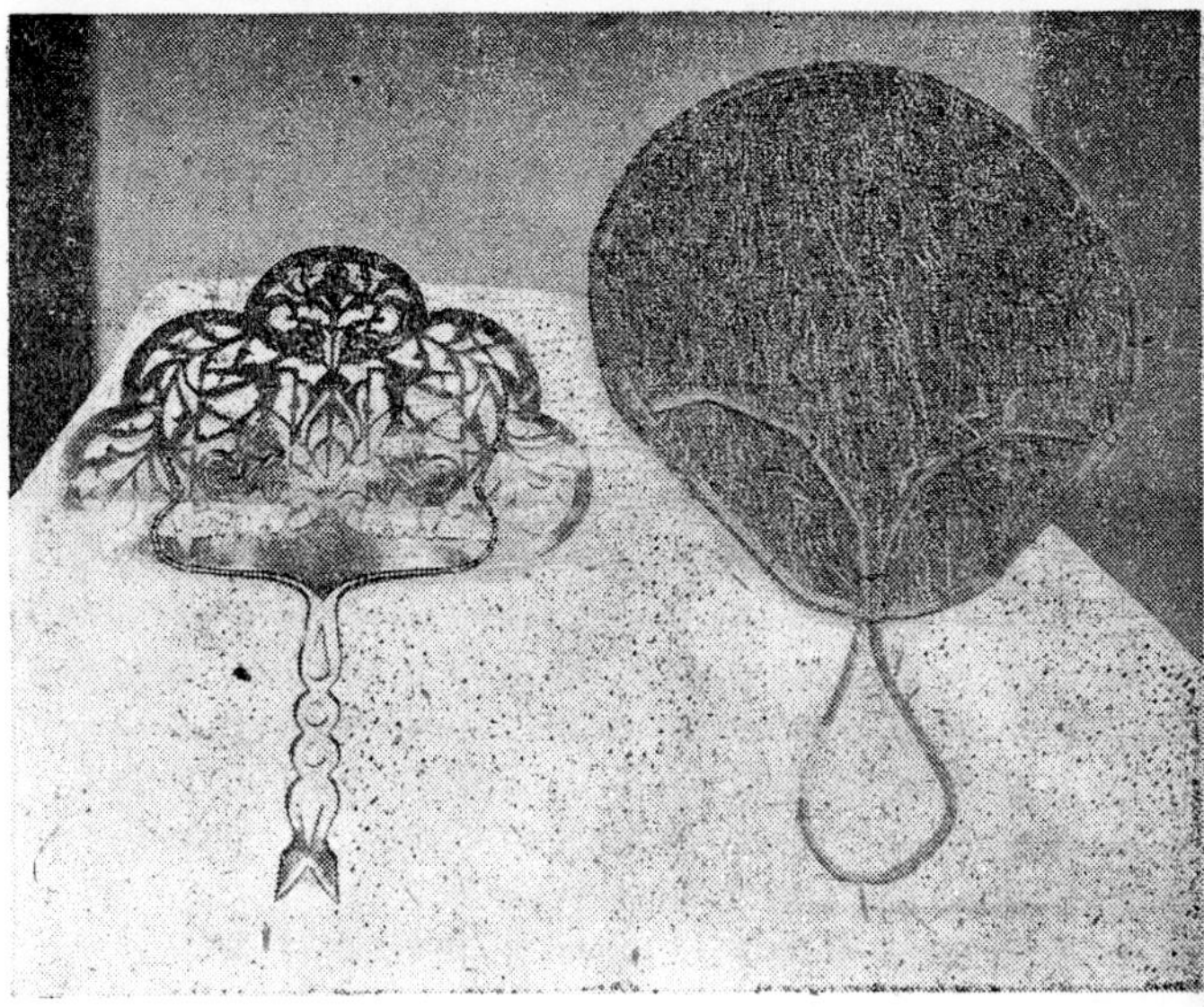

II

1 牛皮を切り拔きそれに南方特有の孔雀を描いた極めて美しいもので柄は鼈甲を以て作られてゐる。

2 ジヤバ美術の一つとして團扇細工は注意すべきものがある。右は植物の皮を左は水牛の皮を利用して作つたものである。

（西澤笛畝解說）

本屋の結構構想は實に彼等民族指導者の科學的才能を餘すところなく表現したものであつて、中央に百米餘の高塔を戴き其の周圍に八つの高塔を配し廻廊のみにても延長は六キロに及ぶと云ふ内部廻廊は常に二列の角柱を配し基石より屋根に至るまで無慮數十萬の模樣人體等の裝飾彫刻をほどこし、窓は幽雅豪壯な石棧を以てし中央高塔に至る迄の數多くの石段は急湍絕壁の如く筆者は常に匍匐して上下せざるを得なかつた。

考へるに古昔蒙昧の時代に彼等が此の偉大なる建造物を完成するにあたり無智な民族の忍對と其の無限の勞働力を使用し北はラオスの北邊より南はマレイ半島に迄及ぶ三十二個の屬國を從へたクメール王朝を讃仰するにふさわしき豪壯偉大なる一大モニユーメンタルを築き上げるために如何に多くの努力と犧牲とが拂はれたことか。そしてこのアンコールワツトを最後として滅亡彷徨をたどつたクメール族と共に王城アンコールの地もジヤングルの侵すところとなつて數世紀間幽暗の中に眠り續けたのであつた。筆者の佇んだ石廊も亦昔時貢物を滿載して參朝したであらう諸王の牛車の轍が深々と刻まれて居り我れも亦其の縱列の中にとけ込んでしまふ樣な靜寂と夢幻の境地に包まれて居る。（二六〇二年三月記）

ジヤバ島の土人美術は實に素晴しい。殊に木彫の面類は、各種各樣奇想天外のものもある。圖は我國東大寺に珍藏されてゐる技樂面と全く趣を一つにしたもので、赤黑い地色に墨で紋線を描いた優れたものである。

ボロ・ブドウルとジャバ彫刻

川路柳虹

ジャバといふ言葉はインドネシア人の古代語で『黍の島』を意味するさうである。マレーから一葦帯水のスマトラ島を越え、水清きジャバ海とスンダ海峡を横ぎれば五穀豊かな常夏の島ジャバの、首都バタビヤは眼の先にある。この地勢上から考へてもインドネシア族がアジア本土からこの熱帯圏の諸島嶼に移住した經路は甚だ自然に思はれる。そしてそれは印度文化の東南太平洋と東印度洋へ流入する路すぢに當つてゐよう。かくて西紀三世紀乃至五世紀の頃からインドネシアの古代文化は創成されつゝあつたのである。

安南、カンボヂヤ、タイ等に佛教の流入したのは西紀三世紀の頃であり、ビルマ、西藏、支那と北方に流入したのはそれより以前であるが、佛教と婆羅門信仰とは相剋するといふより相携へてそれが種々の形を取つて諸地へ流入したとも考へられる。（婆羅門の信仰より言へば釋尊はヴィシュヌの第九の化身だとされてゐる）特にインドネシアによつて繼承された美術の形式は婆羅門の夫れでありシバを中心とする信仰である。そしてそれが佛教時代となつても所謂小乘佛教として發達したのである。

ジャバの古代文化の最も輝かしき相貌はボロ・ブドウルの豪華な石造寺院に表象されてゐると言つても過言であるまい。そしてそれはチャム（古域國）やクメールの文化の榮えた時代から引きつゞいてその傳統が更に醇化され圓熟された形に於て示されたものであらう。支那の史に見えたジャバの文献は法顯の「佛國記」が始めてゞあらう。

ボロ・ブドウルの石造建築の様式はアンコール・ワツト及びトムに見られるものと等しく集積的な山稜式寺院建築であつて、それは印度の佛教盛時の建築様式の一つであることは言ふ迄もない。ボロ・ブドウルの建てられた年代は明確には知られないが八世紀から九世紀の中葉へかけてのものであると言はれてゐるが、それは印度本國に於ては佛教の勢力がやゝ衰退に向はんとする期間である。佛教の盛時は印度に於ては六・七世紀であつて十三世紀には全く佛教は本土から影を絶ち、これに代る回教時代が起つたのである。しかし本土に於ての隆盛時が峠を越える頃にこそその影響は四邊にも渉るのであつて、ジャバの佛教美術について言つても印度本土に跡を絶つた最も圓熟したる印度美術の形式が、この離れた南島に殘されたとも言へよう。而してそこで回教美術の影響は殆んど見られないのである。

私はジャバの地を知らない。從つてたゞ書籍による知識以上でないが、しかし歐洲各地に存するジャバの佛像彫刻を見る度びに最も親しい味を感じてゐた。ことに巴里ギメー美術館に藏されてゐる二三の優秀なジャバ佛像はその靜謐な内包的な美と、その圓熟した技巧に於て、恰度わが三月堂の梵天像に見るやうな奥深い流れるやうな精神美に魅せられたのがあつたのであつた。かやうな特質は印度盛時の佛像、たとへばサルナートやマツラのものなどに比し、またもつと古い犍陀羅の希臘直輸入のものに比し、實に「東洋的」といふ感じに包まれた内面的な美しさをもつものであつた。ボロブドウルの偉大な石壁の浮彫の摸刻は現寸大にして伯林のフエルケル・クンデ美術館にもあるが、その輝かしい表現は個々の人體や、佛頭に見る「人間的」な力と一味の「靜かさ」にあることを感じる。同じ浮彫でもアンコールのものに比し内面的寫實に富んでゐるやうに感じた。アンコールのものも摸刻より知らないからこれも獨斷ではあるが、それは恰度埃及の浮彫に見るやうな様式的な素樸はあつても一律に形式が單調であり工匠的に感じられるのである。これに反しジャバの佛像は全く人間的な血と肉を以て示されてゐるといふ感じである。同様それはタイのものとも様式を異にするこの意味に於て天平彫刻の圓熟と相通じるものこそ、ひとりジャバ彫刻であると思ふのである。

ボロ・ブドウルは島の中部クドウの平野の小丘に建てられ幾多の重疊的石壁によつて圍まれ、方形の石壇を重ねてそれが中心に近づくに從つて圓塔が個々に集積し山稜の形によつて周圍から取りまかれた寺塔を形成してゐる。それは密教に於ける曼陀羅の形式を型つたものと言はれる。一々の壁面に浮彫と佛像とを持ち、そこには佛本生譚に取材する釋尊一代の物語が刻まれ、諸菩薩の輝かしき躰軀が示されるが、趺迦像にも座像にも臺座に蓮華の如きを刻んだものが見られない點も一つの特質に考へられる。ボロ・ブドウル附近にはチャンヂ・パオン、チャンヂ・メンドツト、プランバナム等同系の石造寺院にも優秀な佛像彫刻が存するが印度様式が純東洋化したものとして、吾々日本人には一番親しく感ぜられるジャバ彫刻の表現はまたその内に同じ血脈をもつ所以かとも思ふ。

ジャバの古代美術は佛教によつて形成され、その文化は平和な圓滿な精神美を內藏してゐる如く見えるが、それも中世以後西歐人の渡航によつて破壞されて終つた。ジャバを最初に訪れたのは葡萄牙の航海者であつたらう。「太平洋」の命名者マゼランの名は今もジャバの地名に殘つてゐるが、和蘭人が渡航したのは一五九五年であつて葡萄牙よりも半世紀以上後れてゐるが、これが今日の如き搾取政治を企てた發頭であつた。ことに近世に入るに從つて益々兇暴を逞しうし、東印度會社の設立された一六〇二年から十九世紀の初頭迄和蘭の搾取と征服はジャバ人を全然無氣力にし、その固有文化を根こそぎにしたのである。今吾が皇軍の進撃によつてこの歴史が再び覆され輝かしい東亜新文化がその古代の夢を新しく再生せんとしてゐることは寔に喜ばしいと思ふ。ボロ・ブドウルを思ひジャバ佛像の「人間性」を思ふことにこの感は一層深い。

菩薩像石彫　ボロ・ブドウル

爪哇ボロ・ブドウル平面圖
外廓より中央に集積的に高まりつゝ四壁均等の設計をもつてゐる。

泰の古代佛像彫刻

川島理一郎

一、泰の風土

私が泰に行つたのは去年の三四月で、ちようどあちらの乾期に當り、酷熱の太陽はじり〳〵と照りつけ、ちようど焼ごてでも當てられたやうに顔面の皮膚などヒリ〳〵焦けて痛い位だ。咽喉や唇の乾きの烈しさはもとより當然だが、眼の中が乾くのは驚いた。眼漿が乾いてごろ〳〵する。日中の氣溫百二十度、店舗も役所も午後四時頃までは、ことごとく閉鎖し、民衆は木蔭にごろ〳〵したり、濁つた河水の中に羅漢の群像のやうに首だけだして水浴してゐる。羅衣のまゝ水に浸り、又水から上つて濡れた衣のまゝでほすと冷くて氣持がよいのださうだ。

大地は白く乾上り、龜裂が出來て、ゴルフなどでは、球が龜裂に轉げ込むので閉口すると云ふ。草は日に焦けて黒くちゞれ、所謂「夏枯れ」の凄じい光景を呈する。乾期と雨季だけで春や秋がないから、木々の綠は一年中鬱蒼として、四時花が咲き亂れてゐる。

泰の智識階級とも云ふべき層は官吏、僧侶軍人位のもので全人口の二割にも達しないであらう。他の大部分は殆んど、無智蒙昧な農民であるが、概して怠惰であり、稻なども田植ゑもせず種子をばら蒔いてさへ置けば地味肥沃で、雜草と一緒に刈入れまで放棄しておいて立派に結實するのである。泰の民衆の悠然とした石像のやうな無關心な顔面を見てゐると、一體彼等は何を考へてゐるのだらうと思ふ。植ゑ付けたまゝの田畑を支那人に抵當に入れて金を借りる位のことは平氣である。支那人は收獲期にやつて來て、さつさと刈り入れをし、貸金の二三倍の儲けを得る位珍しくないと云ふ。結局計數の觀念のない彼等は、利益の大部分は支那人に沒收されてしまふのである。

二、古代の佛像

泰に行つて私は主として佛像を見て歩いた。バンコックの古い宮城の一部であつた跡に國立美術館があるが、こゝには古代からの優秀な佛像を蒐集してゐる。泰は佛教國だし、泰の歴史や文化の變遷の跡を見るのには佛像を調査するのが捷徑だと思つたし、同じ佛教國である日本との關係もおぼろげにわかるやうな氣がしたからである。

概觀して泰の佛像は古代のものに素晴らしく立派なものが多い。これは世界各國に共通した傾向であるが、古代の藝術家は雜事に煩はされず强烈な宗教心と純一な藝術三昧境に入り得たからに他ならないと思ふ。

泰の古代は、いはゞ印度の殖民地であり、印度を通して婆羅門教や佛教が弘通し、西紀六七世紀頃、わが國の奈良朝時代に至つて佛教は旺盛を極めた。印度から泰、マレー、ジャバに亘つて佛教の浸透力は凄じいものであつた。その間戰亂に次ぐ戰亂で當時の佛像の遺品など甚だ尠い。かくてカンボヂャ時代が到來し、アンコール・ワツトなどその壯麗な遺跡であるが、その藝術様式の原流は飽まで印度的であり、そこに多少の地方的變化が附加したにすぎないと云へるであらう。相次ぐ戰亂でこの時代の優れた遺品も甚だ稀れなのであつて、廢墟などから、たま〳〵部分的に優れた遺品の出土を見ることはあるが、數へるにも足りない位であらう。

かくてシャム時代となつたもので、ロツプブリ、ピマイ、スワンカロツクなどにカンボヂャ時代の遺跡が殘つてゐるが、アンコールと同傾向のものを多く見る事が出來る。

カンボヂャから獨立したシャムは、アユチャに首府を設けたのであるが、當時の佛像も根本はカンボヂャ文化の踏襲であつて、そこに格別新しい傾向は見出されぬ。結局、隣國ビルマの摸倣に終始し、ビルマ化したものが其頃多く現はれた。あの佛像、宮殿建築などすべて然りである。後代に至つて稍々獨自のものが見られるが、それは甚だ僅少である。當時はビルマの侵略が頻繁で、山田長政など手兵を率ゐて屢々ビルマ軍を撃退、勇名を謳はれたことは世人の知る通りであるが結局ビルマのため敗北を喫した。アユチャの廢墟は當時の遺趾であつて、當時の古い佛像なども發掘され國立美術館に陳列されてある。

かくて今から百六十餘年前チヤツクリ一世が蹶起してバンコツクを首府と定め、現在の泰の基礎は定められたのである。

現在泰に殘る佛像で古代のものは甚だ尠く結局アユチャ以後のものが大部分である。

泰は簡單に上述した如く古代から戰亂に次ぐ戰亂で隣境よりの侵入相次ぎ、各時代の統治者たる人種別によつて、各時代の佛像の顔面表情に多少の變化を見るのは當然であるが、概觀して南方的の傾向顯著である。元來タイ人種は南方支那人との混血が多く、從つて支那的な影響が佛像にも強くあらはれてゐる。そして古代から印度文化の影響感化の下に發達した藝術であるから、印度、馬來等の痕跡も亦基本的に著しいものがある。各時代の佛像の特徴をみると、カンボヂャ時代のものは概して顎など四角張り、眼は細く唇は大きく横に長い。

山田長政の活躍したアユチャ時代(後期)のものは面長で、優型であり、新しい理想の現れたことが認められるのであつて、日本人に親しみのある風貌を示してゐる。

チエンマイに首都のあつた頃の古代の佛像は、鼻梁透り、横顔など印度人によく似てゐて、當時國境を越えて印度人の侵入甚しく、その影響の強いことが認められた。しかし純然たる印度佛とも異り、タイ的な地方的な影響は歴然と認められる。然し概してカンボヂャ時代の作品は、多少粗野で豪放で日本人には親しみにくいものがある。

日本の佛像と比較すると、日本佛像は概して泰のものよりは丸顔で、カンボヂヤの様な角顏は全く無く、下向きで半眼のものが多いと思ふ。(談)

バリ島の美術遺跡と風物

山尾薫明

皇軍が二月十九日バリ島の南海岸に上陸し直ちにバドン州の首都デンパッサルをつき同地及びその飛行場を占領した。

此のバリ島は世界の人から夢幻の島とか、世界でたゞ一つ殘されたエデンだとか言はれて來た。私は昭和九年から同十五年まで製作の目的で行つたり歸つたりで五ケ年の年が流れた。かつてチヤプリンも此の島に二度來てバリ島こそ世界の樂園であると言はしめた。

バリ島がエデンの園であると言ふ證據は住んでゐる人々が皆美を造る人であると言ふことである。

此等住民の祖先は印度から日本までの亞細亞大陸の南東部の文化を集中し、それをジャヴァ固有の手法に由つて特殊の趣味を作り出したマジャパイト王國の美術家であつた。十五世紀から回教の勢力のため、ヒンヅ教信者たるマジャパイトの美術家は皆バリ島に遁れ自由なバリ島にて一度榮えたマジョパイトの藝術、泉水工事、金細工、彫刻、蛇形劍の鍛成、神像などを以て裝飾せる畫柄をバリ島のいたる所に再現したのである。

バリ島には藝術はあつても現在では藝術家がない。島人總べてが彫刻か繪畫か音樂の驚異的天性を持つてゐる。

バリ人の藝術は實に天然資源の惠まれた所から始つてゐる、とも言ふことが出來る。土地は平均に神から授けられてゐる。食物を得るためには男は稼ぐ必要はない。一日ブラ〳〵と鷄を闘したり、家にあつて鑿を取るか繪筆を持つか、舞踊に專念する。女は一日働いて男を生かしてくれる。

ゴーガンを夢見て島の女と生活してゐる歐米人畫家が數人、島に根を下してバリ人と同じ生活してゐるのも充分領くことが出來る。しかし此の事は現在では夢となつて消えてゐることであらう。

バリ島の自然の風物は非常に美しいので、どこを描いても畫になつてゐる。眞赤な木の葉紫の土、バラモンの寺、莊嚴なる宗教の祭典、レゴンやジャンゲルの舞踊、パッサル(市場)通ひの乳房の行列、マンデー(水浴)、島のすべてが一幅の繪卷物である。

畫人にとつて興味の中心は乳房の露出である。バリ島の中部から南部地方の女といふ女は老若を問はず腰部はサロンを纏うてゐるが胸部は開放してゐる。乳房は熱帶の果實の如く豐滿な肉體に吊つてゐる。

かつてアメリカ練習艦隊がバリ島に入港した時一水兵が乳房に觸れ問題になつた時オランダ政府は乳房を出してゐるのが悪いと言ふ判決をした。それ以後は日本人絹の上服とあひまつて此の習慣は亡びつゝある現狀である。

花の都パリに絢爛な舞踏を買はれてフランスに行つた踊子なども美しい乳房の持主であるがおしげもなく賦出して自然に歩いてゐる。パリで踊つた島の娘も皆モデルに來てくれる。しかし決して一人では來てくれない。三人か五人を同時に使用せねばならぬ。彼女達は神々につかへてゐる舞女であるがためである。

次に興味を持つものは水浴がある。泉の如く湧く水流が路傍にあり、石壁をめぐらした水浴場の狀景は全く名畫物である。ルノアールを一度此の島に遊ばしてやりたかつたやうな氣がする。

蘭印政府の美術局は此等の島の古美術を國寶として保護されてゐた。今は皇軍の手により保護されてゐることを思へば印度教信者たりしマジョパイト王國の美術家も瞑すべきである

共榮圏と日本工藝の進出 2

座談會

出席者

東京美術學校教授 森田龜之助

同上 津田信夫

同上 高村豐周

本社側 猪木卓爾——川路柳虹

先づ占領地へ

津田 我々にしたところで、そうなか〳〵多方面のことは知らぬのですから、出來れば日本の內地にあるものでも、どつかへ纒めてそれを見せるとか、或ひは移動展覽會をやるとか、何とかしてこれは行はなければいけないと思ふのです。

川路 是非必要ですね。

猪木 これは軍部あたりの諒解を得なければならぬ事ですが、又作家側の御諒解を得て、繪畫にしても、工藝にしても、占領地殊にフイリツピン又は香港蘭印の如き多少でも文化の進んだ所に我々は率先して展覽會の如きものをやつて見たいと思つて居ります。

高村 そういふ指導するとか、紹介するとかのためには、どうしてもそのために新しく參謀本部を創らなければ駄目です。

川路 それが一番肝腎な問題ですね。

津田 經濟だつて、今までのやうな自由主義で勝手な行動をやることは當分は無論許されないでせうから、そういふことを矢張り工藝とか、そういふ方面にまで及ぼして貰つて、どつかで一つの推進力を持つ樣にしないといけない。これはこれから先きの共榮圏を創るべき構想の問題からすれば、なか〳〵大きな問題です。

猪木 この間技術院が出來たのだから、今度は藝術院といふものが欲しいですね。

川路 工藝の參謀本部といふものを拵へなければいけぬといふ話が出てゐますが、商工省はそういふことに就いてどの位熱がありますか。

貿易の統制には乘り出した

高村 今度日本貿易統制會が出來て、貿易方面では勝手な競爭は無論やれない樣にしてある。そういふ組織は出來てゐますけれども、それは生產工業の貿易機構を纒めるだけの話で、文化面から見た工藝方面との連絡といふやうな事まではまだ働き掛けて居りません。しかし當然そうしなければいけぬだらうと思ひます。

猪木 矢張り日本の全體の藝術部面を指導する一つの最高機關があつてその最高指導機關の下に、それから幾つかの振出した機關を創るといふことが必要ぢやないですか。

森田 本當の理論から言へば、そういふことが必要ですね。

川路 つまり文化局とか藝術局とか、そういふ一つの參謀本部があつてそれから枝葉が岐れて行かなければいけない譯でせう。

商工展と文展四部

森田 商工省で扱ふ工藝だつて文部省で扱ふ工藝だつて、その間に本當の境界線といふものは作り得ない。理窟の上ではいろ〳〵言へても、實際には出來ないですね。

川路 文展の四部と商工省の工藝品とはどれだけ違ふか、實質的差異といふものは作り得ないことになる。

森田 實質的には作り得ないですよ。たゞ鑑賞の問題です。

猪木 しかもこれからは今までの日本藝術界と違つて、繪畫にしても、工藝にしても、その限界が餘程擴大されるんぢやないですか。

森田 全く限界が擴大されると同時に、何と言つても日本の藝術文化は低下する、これは已むを得ない。

猪木 大量生產でないと間に合はぬでせう。

森田 大雜把な機能本位のものを大量的に作らなければならぬ、さうすると自然藝術的性質は低下する。一時の現象として、これは已むを得ないですね。

內容の尊重が足らぬ

津田 それも矢張り指導にもよるでせう。現在日本內地でも、例へば飯食茶碗とか、湯呑茶碗とかといふものは、皆規格で以て決めてゐる。高さが何寸、幅が何寸、差渡しが何寸といふ風に規格を決めて、そして價格も甲乙丙になつてゐる。詳しくは知らぬが兎に角決めてある。ところが內容そのものに付ては少しも決めてない。それだからこの頃實にひどいのがあります。たゞ規格に合つて、高さとか、寸法さへ合へばいゝ、その中味は何にも構ひやしない。かういふことは結局文化の低下です。そのくせ檢査のやうなものがあつて、これは一級品だとか、これは二級品だとか言つて檢査してゐますが、その檢査にしても、その中味の感覺的なことは一つも入つてない。たゞ物質的だけです。それだけで行つてゐるものだから、寸法も合つて居つて、そして燒きがよければそれは一級品、これは燒きが惡いから二級品だといふことになつてゐるが、そうでなく寸法とか、形とか、或ひは厚味とか、そういふことも考へねばならぬが、それと同時に、同じ材料で同じ寸法であつても、お湯を呑む場合、氣持よく呑めるかどうか、そういふことまで考へないと私は噓だと思ふのです。

消費面の調査がない

高村 商工省の方は、業者の生活を保護するといふことゝ、それから資材の適正使用といふことに眼目を置いてやり、或ひは價格の點も、低物價政策に合ふ樣にやつてゐるので、結局そういふことになる。つまり商工省としては、工藝の場合に、感覺的なものとか、そういふことは自分の分野でないとして全然考へてない。商工省は物質だけを考へてゐる。物的態度に於てのみ工藝を取扱ふ。それに從來は、指導に就ても業者との提携にのみ走り過ぎて、消費面に關する調査硏究が出來てゐない。そのために非常に跛行的現象が現はれて居る。だからさうして出來上つたものが使つて不愉快のが多いのは寧ろ當然だと思ふ。どうも生活を愉快にするといふ點に就ては考へられてゐない。といふのは、そういふ風な感覺的な方面は、商工省の受持ぢやないといふ風に初めから決めて掛かつて居る。だから結局生活用品といふものは商工省にのみ任かしては置けないといふことになり、矢張り厚生省とか、文部省とかいふものが關與して來なければ、本當の第一級の工藝品といふものは出來ないといふことになる。今の組織に即して言へば、そういふ事になるでせう。

ドイツ工藝の細心な點

津田　僕がドイツで以て感服したのは、このお酒を呑む銀のコップがある。（盃を手にして）それをあのやうな機械の發達した國だから、極端に盃を薄い銀にして、そしてガラス張りで出來て居るのですが、實に精巧な、そして薄いものが出來て居る。ところがそのコップの下の臺だけは厚い。上は非常に薄いが、下だけは厚く重く出來て居る。そうすると持つた感じが非常にいゝのです。ところが日本では、上も下も皆硝子でやつて、上も下も大して違はない薄さで出來てゐるので、そのカップにお酒を入れて持つた感じが非常に惡い。獨逸あたりでは實にそんな處まで洋意が行屆いてゐるが、あゝいふ處が大事な處でせう。日本では全くそういふことは無關心なものだから、成る程見た形はいゝけれども、そのコップにお酒を入れて、持つた時の氣持、觸つた時の氣持、そういふものはゼロだ。矢張りそういふことまで考へてやらぬといけぬだらうと思ふ。

切れない日本のナイフ

高村　そういふ指導をし、監督をするといふ機關といふものは全然ないのだから、先づその機關を拵へなければいけぬですね。矢張りそれと似た話ですけれど、例の輸出のナイフですねフォークで押へてナイフで切るといふ場合、ナイフが切れるといふことは、刃が立つてゐるとか、その鋼鐵がいゝからといふ理由だけで切れるものぢやない。切れるといふのはこの刃先さと柄との重さの比例に呼吸があるのです刃先が重くて、柄が輕ければ切るのに骨が折れる。またその逆では手がくたびれる。切れるといふことは、この刃先さと柄との重さの割合に秘訣がある。そういふ研究が日本の業者には出來てないからあちらのものに敵はない。そして日本のナイフは切れないと言つて評判が惡い。

川路　そういふことは澤山あるでせう。にしても日本のナイフ位役に立たんものはない。そういふ風にたゞ格好ばかりで、そういふ細かいところまで神經が行屆いてない。

猪木　今までは兎に角そういふ方面の指導者がゐないのだから、止むを得なかつたのでせう。

高村　たゞ向ふのカタログを取つてその形を眞似て作るだけですから。

津田　そういふ點からいふと、そういふものをどこかで締めくゝるところがないといけない。たゞ寸法とか、形とかばかりでは不可でせう。

高村　それだけぢや、どうしても本當のものになり得ない。

工藝製作の綜合指導

川路　美術學校では、何かそういふ綜合的な工藝製作法といふものを教へてはゐないのですか。

猪木　新設の工藝の指導講習所ですが、あれはどんな風なもので御座いませうか。

津田　矢張りそういふ氣持を狙つて居るので、是非そういふ氣持で行かなければならぬと思つて居ります。

猪　十二月八日まではそれでなくてもよかつたかも知らんけれども、今度は看板を塗り替へなければいけませんね。

川路　兎に角今までは、そういふことに對して、我々素人が見ても、いろ〳〵な手落があるといふことが判りますね。

津田　そういふ點で一つ參考になることは、第一次世界大戰の時に、ドイツは經濟回復をやらなければならぬといふので、政府も力を入れたし、民間の業者も力を入れてやつた。そして例へばコーヒー茶碗一つ作るにしても今まで一圓で出來て居つた。そうするとこれを如何にして經濟的に作つて、それを世界の市場へ出して經濟獲得をやるかといふことに就て考へた結果、そのコーヒー茶碗を作る道程に於て、生地を作るのと、繪つけをするのと二つに分けて考へてやつたのです。今これが全部で一圓掛つた、それを八十錢でやらうとなると、たゞ品質が落ちるだけだ。そこで今度どういふ風にしたかといふと、生地の方に今まで五十錢掛けて居つたとすると、今度は生地の方に金を掛けて、七十錢、八十錢にして、そして繪つけの方はグンと落してしまふ。そうすると生地は無論いゝものが出來るし、繪の方も今までのクチヤ〳〵したのと違つて、サッパリとしたいゝものが出來て來る樣になつて、あれが世界に進出した。ところが日本ではそうでなく、一圓のものであれば、どうかして手を拔いて八十錢で仕上げて出す。たゞそれだけだからいけない。

片手落の日本工藝

高村　つまり仕事に重點を置かない譯ですね。

津田　早く言へば、繪つけの方は非常に減らしてしまつてもいゝ。その代り生地の方は、今まで五十錢のものならば七十錢、八十錢にする。そうすればそのものは生きたものになつて來る。ところが日本ではそうでなくて兩方をそのまゝにして置いて、たゞ値段だけ落すものですから、兩方共いけなくなつてしまふ。そういふ點が大事なところぢやないかと思ふのです。

川路　今度の津田さんのところのものも、何かそういふことで出來た譯ですか。

津田　そういふところを狙つて行かうといふのです。場所もなく、なか〳〵問題が多いのですが、それでも出來そうなのです。

猪木　今度そういふ教育關係にも金を掛けるべき時ぢやないですか。

津田　商工省の工藝指導所といふやうなものがありますが、なか〳〵手が廻らぬ。材質の方には一生懸命になつてゐる。或は機械的にやればもつと安く行くといふやうなことに就ては非常に力を入れて居りますけれども感覺的とか、そういふ方面にはどうも手が廻らないらしいのです。

川路　これは美術工藝家の方でやらなければならぬでせう。

津田　それは僕等もやりたいと思つてゐるし、またやらうと思つてゐますけれども、我々の力といふものは至つて小さい。だからそれと同時に、政府の方でも大いに力を入れて貰はなければならぬと思ふのです。

高村　一番大切な事なんですがね

津田　それと同時に、感覺的といふことも大事だけれども、一方實用といふ面も研究して行かなければならぬ。美術學校は、中學を出ただけの者を入れてやるのだから、かういふ材料をかういふ風にやればかういふ風に出來るのだといふことを教へるに止まつて、それ以上のことにはなかなか行かない。そこでそういふことを研究してもつと實用的にする、そういふ再教育をしようといふ氣持です。

川路　それはいゝことですね。

津田　これは工藝ばかりぢやない

他のものだつて同じでせうが、特に工藝教育といふものは難かしい。

川路 つまり工藝といふものは、一番いろ〱なものが綜合されたものだけあつて、そういふ點はなか〱難かしいらしいですね。

津田 そしてそれが實用生活に應用されるのだから、影響が非常に大きい譯です。

猪木 それは農業でも、商業でも皆そうらしいですね。學校で敎はつても直ぐそれで出來るといふものぢやない。

現地での指導所

森田 結局南洋方面にも——フイリッピンなんかは、無論獨立國家になるでせうけれども、矢張り日本の方で以つてそういふ工藝指導所のやうなものをあちらに拵へて、日本の工藝家も若い人達が行つて、あそこでずつと腰を据ゑるつもりでやるべきでせう。

猪 腰を据ゑてやる、そういふ心構へが非常に必要ですね。

高村 それで今僕の考へてゐるのは、日本の工藝指導所といふやうなもの、これを中支か、南支の方へ造る必要があると思ふのです。それは南洋方面には華僑が澤山居るし、第一、何と言つても歴史的に支那文化が民族の底を流れてゐる。支那を考へるといふ事は南方の爲には絶對に必要です。地域的にも政治的にも中支南支は日本と南方との連鎖點です。そこであそこへ工藝の指導機關を設置すると、日本へも南方へも、どちらへ働きかけるにしても非常に足がかりがよいから、あそこに强力なものを創る必要があるといふことを僕は痛感してゐるのです。それで僕はこれを一つ實現したいと思つて計劃を立ててゐる事もありますが、まだ發表する所までは行つてゐません。とにかく、支那へは高等の工藝教育機關、つまり工藝學校です。それと商業工藝の指導所です。これを創つて、そして日本と支那と南方、この三つの中樞機關にするといふことをやらなければいけぬと思ふのです。

他國を知らぬ西歐文化國

猪木 この間藤田さんが佛印に行つて來られての話では、あちらの美術學校や卒業した者たちは日本の繪畫ばかりでなく彼等は長く本國を離れてゐるし、政府でも別に持つて來て見せてくれないので、本國の現代畫を見たことがない。若し日本にそういふのがあれば一つ持つて來て見せて呉れといふ話だつたさうです。

川路 あつちの美術家の中には向ふの國立の美術學校を卒業して、プリード・ロームを取つた者も居るが、長く本國を離れて植民地に來て居るので現代のフランス畫壇なるものは何にも知らない。そしてマチスとか、ドランとか、ピカソとか言つても、全然見たことがない。それが日本に來て居るなら、そういふものを持つて來て見せて呉れといふことだつたといふ話です。昔日本の文學者間で愛蘭文學がはやつたが、フランスへ行つて、エーツといふ名前を言つても、誰も知らない。そしてフランス一流の文學雜誌に、シエークスピヤのハムレットの飜譯が出て來たりして居る。そんなものは日本では恥しくて、現代の文學雜誌なんかには出せないが、それが堂々と出て居るからいふことは一面から考へれば、矢張り自國の文化と他國の文化といふものを區別するといふところからも來て居る譯でせう。

森田 英國などでも矢張りそんな已惚れが在る。自分が一番エラいから他國のことなど知らなくてもよいといつた考へです。英人はイングランド、ラアジエナツフだ。而かも世界中英語で用が足りる。外國語の勉强など必要でないといつて居た。現在日本でも中等學校の英語教授を廢してしまへといふやうなことが一部で言はれてゐますけれども、之は大間違ひだと思ふのです。英國はその流儀で、何でも自分のところのものがいゝと思つて、外國のものなど研究の必要は無い位に思つてゐた。それが結局今度英國が沒落し始めてゐる原因をなしてゐるんぢやないか。それに反して日本人は、矢張り謙讓な態度で、外國のものを受入れるといふ精神があつたからこそ、今日これだけのことが出來たんぢやないかと思ふのです。

日本人の特質

高村 日本程外來の文化に對する消化力が旺盛で、しかも消化に要する期間の短い國はない。どこの國の歴史を見ても、日本みた様に、短い期間にこれだけ澤山消化してゐる國はない。皆頑迷です。日本人程早く自分のものになし切る民族はないでせう。

津田 今日でこそ、飛行機だとか何だとか言つて、交通が非常に便利になつたから、そういふことはないけれども、德川時代までといふものは、日本の國は世界文化の吹溜り場です。丁度袋の中へ世界文化が入つてしまつてどこも拔け口がない。丁度そこに貯藏されたやうなものだつた譯です。

川路 マレーのやうな普通の英國の植民地は、英國の文化しか入つてない。フランスやアメリカのものは殆んど入つてない。そういふことは、フランスやアメリカの植民地にしても、そういふことが言へる。ところが日本は幸ひにして全部世界の文化が入つて居る。

高村 それは何にも明治以後ぢやない。日本開闢以來の國民性で、實に日本ほど進取的、開放的な國民はないと思ふ。

川路 そういふ性格を持つて居るそこが日本の特長ぢやないですか。

高村 それが大きな特長です。

川路 それを消化する力がある譯です。

津田 八紘一宇といふものも、結局そこから出發してゐるぢやないですか。そうすると所謂東亞といふものはどうしても日本の勢力下になるべき運命にある譯でせう。

日本文化圏の擴大

川路 僕は世界地圖を見て何時でもそう思ふのだけれども、アジア大陸に沿つて、點々として列島が連なつてゐる。千島から日本本土、臺灣、海南島迄を含めていふと、ずつと連なつて居つて、東亞大陸を日本が押へる位置をなしてゐる。

津田 こつちばかりぢやなく、アメリカの西海岸、あんな方面まで入るんぢやないですか。所謂太平洋沿岸といふものは、皆入るでせう。

川路 さうです。反對の大陸はアメリカになります。アメリカ西海岸から南米に懸けて日本が進出する形です。兎に角アメリカを征服したと假定して、そしてアメリカへ今度東洋文化が入つて行く、日本文化が入つて行くといふことになつたら、これは大變な仕事になりますね。

津田 アメリカといふものは、大西洋の方から段々進んで來て、遂に太平洋沿岸まで來たけれども、文化的には必ずしも彼等の齎したものばかりぢやない。

川路 カリフオルニヤを拓いたのは、日本人でせう。スペイン時代は別として、アメリカ合衆國になつてからの歴史といふものは、先づ日本人が拓いたと言つていゝ。マレーでも、蘭印でも、日本人が行つて拓いてゐる。今そういふ人達は殆んど引揚げて來て居りますけれども、もとは日本人が行つて拓いた處です。これはカリフオルニヤでもそうだと思ひます。殊にロスアンゼルスのやうな處はアメリカより寧ろ日本に近い。

高村　向ふへ行つてそう思ふのはロスアンゼルスはまるでアメリカの感じがしない。

川路　東京の感じでせう。

高村　こつちから太平洋を渡つて行くと、ロスアンゼルスも成る程アメリカだなと思ふけれども、ニユーヨークへ行つてロスアンゼルスに歸つて來ると、東洋の感じがする。おかしいですね。おかしいといふよりそれが當り前かも知れません。

川路　ロスアンゼルス銀座があつて、すし屋があつたり、シルコ屋があつたりする。

高村　ロスアンゼルスもそうですが、メキシコがそうだし、ペルーもそうでせう。非常に東洋風です。

津田　ペルーなんかは全く東洋風らしいですね。例へば井戸の中へ處女を生贄にする。そういふ點などは、東洋の道徳觀念、宗教觀念と同じですし模様だつても全く東洋的なものです。

南米古代文化はアジアだ

高村　メキシコのマヤ文化は非常に東洋風です。ペルーの地名には支那音の所が大分多いと聞いてゐます。

川路　あれは古代支那とインドネシアが向ふへ行つたのです。マヤの石彫の形式には周の銅器と共通な様式がある。一番南のはうのイースター島にはアジア文化があるが、そこへポリネシヤ人が移つた。そして見ると太平洋のアジア人種といふものが向ふへ行つたもので、マヤ、インカの文明といふものはアジアの文化だといふことになる。

高村　だから工藝品なんかにしても、すべて支那のものと酷似してゐます。メキシコにはピラミツドが澤山ありますが、その裝飾といふものは、支那の周漢の古銅器文様と相通ずるものが非常に多い。

川路　周のものでせう。インカと周のものとは同じものです。

森田　太い線で直角的になつてゐるやつですね。

川路　それが石になつたゞけの話で、あれは殷周の銅器時代のものが向ふへ行つた。

津田　そういふ點は、太平洋沿岸及びその中にある島々といふものは、そういふ大きなところから見ると、一つの共通點が確かにありますね。

川路　そういふ處は、今度こちらから行かなければならぬ處でせう。

津田　そういふ共通點を狙はなければならぬ譯です。無論各生活の方法といふものは、それは別々になつて居るのだから、それを織込んでやればいゝ。

高村　面白いのは、メキシコにアステツク時代の遺品で狛犬があります。日本や支那のと同じで、一對で、阿吽の様式を取つてある。開口と合唇ですね。これなどは全く東洋そのものです。見てゐて不思議な感じがしましたね。

川路　そこへ行くと、支那の文化は偉いといふ結論になるんぢやないですか。（笑聲）

森田　それは已むを得ない。少く共發祥は支那なんですからね。

川路　それともう一つは、そういふ點から考へても今度の大東亞戰爭を解決することよりも、日支事變の解決の方が難かしい。マレーとか、フイリツピンとか、あゝいふ處はやつつけて仕舞つて統御するにしても、割合に易いが、支那を統御するとなるとこれは一番難事です。何と言つても、古來大きな文化を持つて、國民の頭には今も中華といふ觀念がありますから、假令戰さで勝つても、なかなかオイソレと日本に心服しないでせう。

南方發展の日本工藝

森田　一面文化の低いだけに樂しみが多いと思ふのである。そして津田さんの仰言る樣に、大體共通點がありますから、彼等の住宅を見ても、お粗末であるけれどもあれを段々と文化的に改善して行つたら、矢張り日本の家のやうなものが出來やしないかと思ふのです。どうせ彼等の文化といふものは、あのまゝぢやゐない低下することはない、必ずあがつて來るに違ひない。だからそれにつれて、日本の方からそういふいろいろな技術や何かを教へて、そしてその土地の風を生かして――藝術的にはいゝところを持つてゐるのだから――それをよく伸ばして、そして文化を段々向上さす樣にしたら樂しみだと思ふのです。そうすれば工藝品のやうなものゝ、需要も段々殖えて來る。つまり今までは、早く言へば贅澤を知らない。それが今度文化が向上するに從つて、今まで必要としなかつたものゝ需要が殖えて來る。だから產業工藝の前途といふものは、非常に有望です。

高村　僕はいつも言ふ事だけれども、生活工藝（產業工藝）にしろ、また美術工藝にしろ、向ふと連絡を保ち向ふの文化を向上させるといふためには、津田先生や僕等が昔から口がすつぱくなる程言つてゐるが、今だに實現されない。それは要するに現地へ駐在員を置くことです。しかしその駐在員も、事務官だけでは駄目で、技術官を置かなければいかんと思ふのです。どうも今までそういふ處に迯つてゐるのは、事務官や、外交官のやうな人だけしか行つてない。そして技術官といふものは行くに行つても期間が極めて短い。これはどうしても技術官を派遣して、そして長期滯在させなければ駄目だ。六ヶ月とか一年間の短期間の間にたゞグルグル廻つて來るといふことでは駄目だと思ふのです。

猪木　どういふ結果になつたか知らんけれども、京都の丸紅ですが、それがこちらは織物が統制されて駄目になつた。そこで蘭印の方に進出して、あちらで盛んにやる。そのためにあちらの風俗習慣を調べようといふことで工藝家を三人か五人あちらへ連れて行かれた。實際に向ふの人の好むものを作らなければならぬといふので新しい計畫として、それを調査させるためにやつたことがあります。それがどんな結果になつたか、三年程前のことですから、無論それなんか引揚げて來たでせうからよく調べて見たら判りませうが、そんなことがあります。

永久的調査施設の必要

高村　僕が言ふのは、そういふ民間の特志な人が行かれることも無論必要ですが、それだけでなくて、行政權能を行使され得る性格を持つた駐在員が行かなければいけぬ。そしてその人の報告なり、調査なりが、行政的に役に立つ地位に在る人が向ふへ行つてくれなければ駄目です。（以下次號）

宣傳美術としての紙芝居

松永健哉

【一】

紙芝居の宣傳的價値については、この數年多くの人々に正しく認識されるまでになつてゐる。これは、しかし、利用する側についても、生產する側についても、まだ、古い街頭紙芝居の概念や、玩具的な認識から完全に脱却してゐないので、それらの點が改められれば、紙芝居は、單にフイルム難に惱む映畫の代用品や、時局に踊る際物的存在としてでなしに、獨自の藝術的領域を開拓しうると思ふのである。今日すでに、さうした可能性を主張させるだけの作品もいくらかは出てゐる。

紙芝居を構成する要素は、單一なものではない。文學としての說明詞、繪畫としての場面、工藝としての舞臺、その他、實演における音樂的要素もあり、極めて綜合的な要素から成り立つてゐる。このことが、紙芝居の藝術的獨立化に困難を感じさせるのである。何故なら、獨立した藝術としての紙芝居においては、文學も繪畫も工藝も、そのままであつてはならないからである。つまり、それらの單なるモンタージユとしては意味をなさない。今日我々が到達してゐる紙芝居の程度から言つても、紙芝居の脚本は、これまでのいかなる文學にもない形式を採ることが求められてゐる。普通の作家や、映畫のシナリオライタアが、安易な考へで紙芝居の脚本を書いても必ず失敗する。否、さうした人々の最初の作品は全くの素人のよりも的外れの場合が多い。勿論その人々は、しばらくすると大體において成功した脚本を書くことになれて來る。この事實は、紙芝居の脚本が、文學的センスを必要とはするが、在來の文學形式とは獨立したものを持つてゐるといふことを意味してゐる。このことは、繪畫その他についても同樣である。實演なども、活辯調、浪曲調、童話調などと、いろ〳〵あるが、まだ紙芝居調といふものは生れてゐない。いくらかその見當はつきかけてゐるが、まだ區々だし各自の我流である。これらは、紙芝居の歷史の淺さにも原因してゐるが、今後多くの若い天分ある人々の努力に俟たねばならないことであらう。それを可能にする條件として、その人々の生活を支へるだけの紙芝居の經營的基礎は無視出來ないが、それは今日においても、かなりの力を持つてゐるのである。

それで、ここでは、紙芝居の繪畫の方面について、いくつかの條件を述べてみよう。ただ、私は繪については全くの門外漢なので、ずゐぶん亂暴なこともあると思ふが、長い間紙芝居に接し、實演してゐる間に、繪についていだく率直な注文をそのまま申し述べようと思ふのである。

【二】

第一に、紙芝居の繪は、感じる繪であるよりも、解る繪でなければならない。場面によつては、ほんの數秒きり觀衆にふれないのもあるから、その間に、場面の意味を捉へさせなければならないのである。このことから、紙芝居の繪についての、いくつかの條件が生れて來る。それを列擧すると

（一） 主役中心主義

これは構圖における重點主義である。說明の對象となる人物なり風物なりを、遠くからでもハッキリ認識するやうに描かれねばならない。そのためには、色彩が非常に重要になる。特に背景との關係においてさうである。綠の背景に綠色の服の人物ではまぎれ易い。地面に落した財布に注意させるのに、土の色と財布の色と同じでは困るのである。この色彩のコントラスト、それに、主役になる構圖の輪廓が明瞭でなければならない。このため、輪廓を黑くふち取るとか、背景はうすくい加減にするとか、原色を主にするとか、安易なことが行はれて來たのであるが、しかしそのために、繪の藝術的價値を無視する結果にもなつてゐたので、この點をいかに調和するかが問題である。

（二） 畫面を最大に利用すること

これは前のことから當然生れることで、中心になる人物なら人物を、畫面一ぱいに描く。しかしそれはいつもクロズアップにすることとは異る。遠景で小さく示すこともある。しかしその場合においても、一定の畫用紙面を最大に利用し、これ以上は伸ばせないといふまでに利用してもらひたいものである。

（三） 繪の正確さと誇張

わかる繪であることから、一面紙芝居の繪は、正確さを要求する。しかしそれは、寫眞のやうな正確さではなくむしろ、誇張によつて生かされる場合が多い。非常にリアルな場面に漫畫的な誇張で成功してゐるものも多い。

（四） 複製を考慮すること

街頭紙芝居は別として、一般に頒布するものは、複製せねばならない。それで、原畫のもつよさが複製によつてすつかり壞されるやうな繪であつては困るのである。この點繪畫などは難點があるし、又色の種類も問題になる。今日の印刷技術をもつてして、相當成功しえても、最高の費用をかけえない紙芝居の經營的現狀においては、その窮屈さが却つて新しい繪を生む條件となるとも考へられるのであるが、我儘であらうか。

その他、照明效果や場面と場面との連續性の問題などもあるが、紙面の都合で割愛せねばならないので、關心をもつていたゞける人は、西銀座四ノ一の日本教育紙芝居協會に行つて、實物について御覽いたゞければ幸甚である。

今後を擔ふ人々〔一〕

獨立展の巻

江川和彦

吾々は今次大東亞戰爭の赫々たる戰果を日々聞くにつけ見るにつけ御稜威のもと吾が忠勇なる將兵の尊き犧牲と並々ならぬ勞苦に對し深甚なる感謝の意を衷心より表さねばならぬ。

吾々はかかる感謝の念に燃ゆると共に吾が將兵の擧げた戰果に次いで文化面より大東亞共榮圈建設に邁進すべき大きな使命があることを思はねばならない。

この大きな使命と責任とを擔ふべさものは誰か。これは偏に若き藝術家、若き美術家の双肩にかかつてゐる。

本誌が此處に中堅どころ若しくはそれ以前の若手の人物評論を求めたことも、おのづからかかる意味をその間に有するのであらう。

ところでその「今後を擔ふ人々」には如何なる人たちがあるだらうか。而してそれらの人たちが現に如何なる方向に於て、又如何なる態度によりてその仕事に打ち込んでゐるであらうか。これを詳細に論評することはこの際興味のあることであり、また重要な問題の存する所でもある。而して若い者ならば若い者なりに論評すべきものも多々存するであらう。然も此處にはさほどに細い點にまで突込んで十分に述べる餘地はないのでその中のほんの一面に就て述べるか又は大ざつぱな觀察に留らざるを得ないものがあらう。これはかかる機會を與へられたにも不拘、十分なところにまで觸られないのを甚だ遺憾とするが、幾分でも十分にこれを近づける機會を他日に待つとして此處では簡單に述べさせてもらふこととしよう。

そこで、此處に先づ述べようとするのは獨立展に所屬する若手たちである。

元來この獨立展には有爲な人物が多い。獨立の今年の第十二回展が、事變以來この時代に示す作家の態度として當然の落着きとその間に倚張り切つた氣持も窺へ、眞摯に「吾々の藝術」に立向つてゐる展覽會だといふ印象を與へてゐるのも、この會の構成メンバーの素質の問題にかかつてゐる所少くないと思ふ。此處にこの會の强味ともいふべきものがあるかに見られる。この强味を保持するものこそ、若手の會員又は會友その他の若干の主だつた所の人たちであらう。舊來の「獨立的」なものから新しい　獨立的　なものへの進展の跡が今年の壁面には相當はつきり見られたといふことが云へると思ふのである。

かゝる傾向が示されたことを若手の作家について見るならば、例へば菊地精二とか中間册とかゞ在來の大まかなものだつたことから落着いたぢつくりと身を入れたものになつてゐることにもその一面は窺へると思ふ。これは畫面の大きさの制限などから來てゐるところもあるかも知れないが、とにかく氣魄で描いて見せてゐたものが落着いて眞摯に何物かを求めようとしてゐる態度は解ると思へるのである。これは單に畫面が制限されたゝめに大まかな意氣だけの仕事が出來なくなつたゝめばかりでなく「ぢつくり」落着いてかゝれば相當手堅い仕事も出來る素質と技倆とがあることを物語つてゐると思ふ。

これにひきかへて齋藤長三はもと堅實一方の作家なのである。意氣で仕事をする人ではないのである。コツ／＼と丹念にまとめて行くといふ氣風の眞面目な青年である。その間にこの人の有つてゐるものが効果をあげたのが昨年、一昨年の作である。この人にして出來さうな靜かな郷土的雰圍氣もその手堅い中から漂つて來てゐた。これに比べると今年のものはその求めようとしたものとそれを眞摯な氣持で築きあげようとした努力はその雪景にも少年を扱つたものにも窺はれたが、その間から滲み出て來るものが出なかつたといふ憾がある。さうかといつてこれでこの作家の評價を昨年や一昨年の成功に比して落すことはないと思ふ。何處までも一本筋で眞面目に手堅い所に立てこもつてゐる――むしろさうせざるを得ない。この人の性格を尊重してよいものがあると思へる。從つてこの人にこの方向を生かすものとして、構想とかイデーとかに大きいもの、深いものが求めてほしいことを思はせる。この作家の純情さがまだその藝術をサンチマンに留めてゐるのは慊らないでもないのである。

同じ堅實なものをその作風にもまた人間にももつてゐながら、この齋藤長三とはかなり違つたものを見せてゐるのは富樫寅平である。この人の手堅さは技法的と同時にまた理知的にも見られるものがある。例へば一昨年あたりの作だつたかと思ふが逆光線の人物を置いた作でも今年の「馬の宿」に見られるヅボンだけを黒く描いた所でも、その部分の形なり線なりが如何にも心得た所に置かれてゐる。かうした頭腦的方面に於ての手堅さは、はつきりした所から學んで體得したものでなくばならないだらう。

理知的といへば此處に菅野圭介が聯想される。この人の作を單に理知的だといつては穩當を缺くがこの人自身がかなり理知的なひらめきをその底に有つてゐるところから、單なる寫實ではなく「色」とか「マス」とか「マチエール」とか又はコンポジションからこの人獨自の感情や思念を描いて相當の藝術性を發揮することに成功してゐる。これも頭腦的若しくは教養の確かさ――藝術の理解力からの堅實さがあることを思はせるのである。その確かさがかつて北歐の雰圍氣を把握させ、歸朝後は日本の諧調や單純な而も柔か味のある構成を把握することに向はせて着々成功を見せつゝある。

この菅野圭介の有つてゐるもの求めてゐるものを日本的な方面から、日本の青年洋畫家の方面から求めてゐるのが中尾彰であるといふ見方も出來さうである。從つて中尾のものには淡い所甘い所さへいつも伴つてゐる。構成が從で色調が主といふ感がないでもない。然しその淡さ、やさしさ、その求め方には、純情な眞摯さが基礎づけられてゐるのはこの人の作を見て來た人なら解る筈だ。淡い、やさしいものの中に包まれてゐる柔みのある手堅さは認められると思ふのである。菅野とは異つた方面からその堅實性を一層固めて築きあげてよいものが潛められてゐる。

いづれにもせよ、以上の作家は堅實さと眞摯さとをその底に持つてゐる人たちである。獨立展のうちでも特に期待をかけられる人たちとして數へあげてよいであらう。

これらの人たちがその眞摯な手堅い所に基いて如何に今後の獨立展の堅實性を保持して行くか。獨立展の今後を脊負つて立つべき若手も他にも少くなく、いろいろな意味での獨立展の人材とされる特徴を有する者も多く、當然まだこの地に擧ぐべき人々があるが、此處ではそのほんの一端を示すに留めておかねばならなくなつたことを遺憾とする。然し上述の如き人々の特徴がこの獨立展の若手どころの全般に、幾分づつでも何等かの形で見られる所のあることは、吾々は今後の獨立展に一層の期待をかけたい所なのである。その意味に於て多くの若手の人々が、その方向は異るとしても、堅實さと眞摯さとに一層邁進して、今後の大東亞共榮圏の文化建設に資する所あらんことを望んでやまない。

□前々號「古代波斯藝術特輯」の中で相當多い誤植があつて恐縮してゐる。「珊薩」と記してある處は凡て「薩珊」である。（編輯部）

光風會と太平洋畫會の新人

矢野文夫

光風會の新人

先頃の展覽會で第一室の授賞作や新人の作品を見た丈でこの會の性格は明瞭である。一言にして云へば、ごく少數有爲の新鋭を除いて、無氣力低調無風帶的空氣の中に安閑としてゐる。一種の多眠狀態とも云へる。第一室の中央に立つて四壁を見廻してみる。その大半は若い女がアトリエの椅子にぼんやり腰かけた無表情の顏である。私は今技術の練達に就て云つてゐるのではない。荀くも美術館の壁面に曝される以上、ある水準の技術的修練はあるべき筈であるし、又その水準以上の作などは皆無に等しいと云つてよい。それに、この會が所謂文展の豫備校的性質のものである以上、感覺的な新鮮さなど始めから期待しないのであるが、この未曾有の逞しき新世紀に際して、せめて取材的にでも、何等かの潑剌とした動きを豫期してゐた。期待は全く裏切られたと云つてよい。若い會友級や會員の新人連の不振が眼立つのである烈しい世紀を吹きまくる颱風を感じないのであらうか。畫家は十年一日の如き取材と技法で、アトリエの椅子に茫然とうつろな眼をしてゐる女を描いてゐればいゝのか。現代の一月は百年の變轉と躍進の中にあるのだ。

笠井忠郎「室內」藤本東一良「畫室の女」齋藤齊「K孃坐像」藤岡俊一郎「和服」藤江理三郎「桃を持つ坐像」等々餘りに安易すぎる。ある程度のテクニックのうまさなど取りあげる程のものではない。この室では伊藤悌三「老人」渡邊武夫「吾母の像」土佐林豐夫「老母像」など技術的にも落ち着きを持つてゐて好感の持てるものであり、川端實「アテオとペエロ」も流動的な感情があり、三輪孝「空の人達」は眞摯な態度に同感する。米本一郎「三人の子供」は嫌味な作である。岩船修三「馬とフランスの女」色彩的に甘すぎるし題材も甘すぎる。

小林久の「愛國行進曲」女學生の鼓笛隊をナチユラルな態度で、描いた丈で藝術になつてゐない。かう云ふ時局的な題材を淺膚な態度で描くと無味乾燥なかうした表現に陷るのである。溝江勘二の「甲北戰蹟」「蓮」は佳作。

大家室であるから敬遠し、第四室では長原坦「白菊」「梅」の二點平凡他奇なき自然の觀照であるが、素朴なよさがある。須田剋太「妙義多山」「妙義巖山」の二點は、新人中の最上位に置かるべき佳品。尠くともこの二點はナチユラリズム的低調を脫し、リアルの本核を掴かんとする熱意を見せてゐる。多山の方がよい。高宮一榮「高原の五月」技法も練達で重厚な迫力がある。多山「祖母と孫」も癖のある描寫に一寸面白いところがある。山崎坤象「秋の箱根」平穩無事と云ふところ。

山下忠平「多曖」など無難、島野重之「私と里人」は落ちつきのある澁い技法で優れてゐる。中谷ミユキ「テラス」徒らに粗漫で、骨格的なものがない。三上義人「花輪風景」嫌味のないところがよい。白石隆一「八ヶ岳」は須田剋太と並んで新人中の佳作である。嚴しいリアルへの追求があり、無駄のない清冽な美しさを示してゐる。

西村愿定「老爺」は手堅い作。版畫ではブルノー・タウトの推奬する秋田の勝平得之の「竹打」が美しく、水彩では山本彪一の「釀造風景」が堅實な佳作である。三宅克巳「伊賀名張川の秋」や武內鶴之助「白馬山麓の秋」など、明治調の細密描寫は一寸懷しいものである。服部亮英「牡丹」「梅林」は澁さがある。

金龍祚「雨後ノ南鮮」は風土色もよく表現され一種の鄕愁に似た感情的なものがあつて佳作である。かゝる作品をこそ授賞すべきである。

「太平洋」の新人

太平洋展で興味あつたのは「大東亞室」と名づけられた會員や招待作家出品の大東亞共榮圈の風土色を扱つた幾多の作品である。これと鹿子木孟郞氏の遺作も小品ではあつたが深い滋味のある優れたものであつた。鹿子木氏の古い作品などを見ると、流派の新古など藝術にとつて第二義的のものであることがよくわかる。何と云つても技術的に足が地について堅實であり。時代的の錆びから來るのか、深さも滋味もあつて、充分鑑賞に堪へるのである。

一般出品の過半數は硏究所の壁面にふさはしい試作的のもので鑑賞に價する作は甚だ稀れである。第一室から順に記憶に殘る作品を拾つてみると木原二郎「繪日傘」「常夏の國」其他、色彩的によき素質の人と思ふし、牛田圭二「スケツチする子供達」などもパステル畫のやうな半暈かしのやうな一種のトーンがあり、太平洋畫會賞を獲得した鈴木貫司の「魚 の父」は藍と黑で寒冷な色は同感出來ぬが、嫌味はない吉原甲藏の「長蘆鹽田」は練達であり久保進「秋の湯ヶ嶋風景」の様式化はまだ板についてない。布施信太郎「新春山麓」三部作は兎も角一つの纏まりを持つてゐるし點景人物など一寸面白い

岡田賞の「花下沈鱗」は粘りある力作で色調も落ちついてゐるし、鯉などの描寫も頷ける。

玉井力三の「休憩時間」も描寫力、手堅さもあり構圖もよい。布施悌次郎「南國三題」等々力巳吉「紫禁城の秋」など無難である。

鶴田吾郎氏「殘雪の山路」素描であるが詩趣が感じられる。同氏の「炭坑に働く人々」も取材的にのみ云ふのではないが重厚な佳作である。山下繁雄「軍鷄」は堅實と云ふ丈のもので、新境を拓く意圖も見えない。吉田遠志氏「岩」は强烈な賦彩も美しく佳作、內田象水「夏嶺」など描線に嫌味があり、平澤定治「日向青島」其の他は油彩で、かゝる上古の歷史畫を、取扱ふことの困難を感じるばかりである。多々羅義雄「太海風景」など技法も作意も低調でマンネリズムである。

陸軍、十五畫家を南方増遣

軍當局では今次の雄渾無比な南方大進攻作戰を一流畫家の藝術力に依り優秀な近代戰爭畫に活現せしめ、皇軍將兵が困苦缺亡に堪へ大東亞共榮圈の大理想の下に勇戰する姿を陸軍省內に保存して後世に傳へる目的で、曩にマレー、比律賓など各方面に二科會員栗原信氏等六氏を派遣したが、今回更に左記十五畫家を南方各戰線へ増派することになつた。

◇日本畫 川端龍子(青龍社)、福田豐四郎(文展審査員)、山口蓬春 同、吉岡堅二(同)

◇洋畫 藤田嗣治(文展審査員)伊原宇三郎 同、中村硏一(同)宮本三郎(二科會員)、寺內萬治郎(文展審査員)、猪熊弦一郎(新制作派會員)、小磯良平(同)中山巍 獨立美術、田村孝之介(二科)、淸水登之(獨立美術)、鶴田吾郎(文展審査員)

各畫家は約二ヶ月に亘り畫材の蒐集に努力し本年十二月八日の大東亞戰爭滿一周年記念に公開すべく同月一日迄に完成する筈、畫面の大きさは、洋畫は二百號、日本畫は約二百號大とし、御府獻納畫は各卅號大である。國內主要都市の展觀、共榮圈內主要地の巡回展樞軸國家間の戰爭美術交換展等が豫定されてゐる。

展覽會の暦

▽第十回旺玄社展　三月三日から十六日迄府美術館
▽第四回絲巻會展　三月三日から十三日迄府美術館
▽鬼面社第四回展　三月三日から七日迄銀座三越
▽國風盆栽展　三月五日から七日迄府美術館
▽獨立第十二回展　三月五日から廿三日迄府美術館
▽小柳正滯歐油繪展　三月七日から十一日迄高島屋
▽原勝郎滯歐作品展　三月七日から十日迄日動畫廊
▽多摩帝國美術圖案科作品展　三月十日から十三日迄銀座三越
▽日本美術學校廿二回展　三月十一日から十五日迄新宿三越
▽三峨會展　三月十一日から十三日迄銀座菊屋ギャラリー
▽塊人社第十一回展　三月十三日から廿三日迄府美術館
▽靑芽會展　三月十四日から十六日迄銀座紀伊國屋畫廊
▽富本憲吉個展　三月十四日から十八日迄高島屋
▽今村紫紅遺作繪畫展　三月十四日から十八日迄高島屋
▽帝國美術學校日本畫展　三月十五日から十八日迄銀座菊屋ギャラリー
▽南蠻堂美術展　三月十八日から廿日迄資生堂
▽第十回東光會展　三月十九日から三十日迄府美術館
▽山形駒太郎北支風景展　三月十九日から廿四日迄高島屋
▽日本古陶磁陳列展　三月十九日から廿四日迄高島屋
▽第二回明治初期洋畫回顧展　三月廿一日から廿四日迄資生堂

旬報

新國寶指定會議
新たに八十八件を決定

文部省の國寶保存會は二月二十七日新指定の總會議を開催

▲建造物　五件
▲繪畫　二十四件
▲文書典籍書蹟　三十三件
▲刀劍　二十六件
▲工藝　五件
▲維持修理する國寶建造物

（七萬二千七百三十三圓）

を決定した、これを以てわが國の國寶指定數は總計七千百四十一件に及ぶわけである

木村武山氏
水戸通信學校へ塾生等と力作廿數點寄贈

茨城縣在箱田で畫道精進をつゞけてゐる木村武山氏は、水戸の通信學校に繪畫を寄贈すべく努力中の處、このほど武山氏父子及びその塾生たちの力作二十數點が完成したので全幅表裝を終へ、大東亞戰第一次祝賀日の二月八日同氏自ら同校を訪問、右を藤澤校長に手交した

帝美入試迫る

帝國美術學校の本年度入學試驗は來る十五、十六の兩日執行されるが其の矢先に同校が多摩帝國美術學校と合併するといつた噂が傳へられ同校では非常に迷惑し左樣な事は絕對にないと言明してゐた

珍し生野鑛山繪卷

兵庫縣生野町の素封家佐藤英太郎氏の藏の中から珍しい生野鑛山繪卷が現れた、江戸時代に描かれた作品に間違ひないと折紙が附けられてある、繪卷物には二十數場面が描かれ、その內「採鑛と素吹」の圖からは、技術の完成しない時代ながら、先人の懸命な研究と努力ぶりとが窺はれる、採鑛の畫は鑛山の縱斷面で、坑道の狀況や、鑛夫の作業や坑道內の設備を描いてゐる、坑道は非常に狹く、やつと全身をかゞめて通行し得る程度鑛夫は螺蠑の貝殼に種油を入れた明りで、坑道內の作業に必要な木材を腰に縛りつけて入坑、又、梯子、雁木、ポンプ等の諸設備がよく描かれてゐる

津田青楓茶掛展
近作廿點を高島屋

津田青楓氏の茶掛展は二月二十四日から二十八日まで日本橋高島屋八階で開催、「ふきのとう」「良寛坊」、「冠嶽」、「からすうり」、「布袋」、「梅」、「大根」、「蓮根」、「ざくろ」、「清里より見たる富士」など二十點、どれも洒脫味ゆたかな高趣溢るゝ茶掛ばかりであつた

圜丘會二回展
三越本店で好況

圜丘會第二回展は二月廿四日から二十八日迄五日間三越本店五階で開催

金子丈平氏「風景」、河村良孝氏「椿」「日光龍頭山」「一文字菊」、高橋周桑「菖蒲」「馬」角田朱呂氏「鯉」、坊坂倭文明氏「麥」「崖」、吉田耕三氏「鯖」吉田善彦氏「牡丹」「雪林」、若山菊次郎氏「竹」「軍鷄」、故西島廣造氏「風景」、故御舟氏「寫生五十餘點」を展示、好評を博した

三月四日夜上野府美術館に於ける旺玄社懇親會

堂本畫塾東丘社

堂本畫塾東丘社の第一回青春會展は二月二十四日から三月一日まで大阪三越で開催、會員五十九氏の力作並に堂本印象氏の賛助出品は賞美に餘りあるものであつた

蒙疆風物寫眞展

蒙疆風物寫眞展は二月二十一日から二十七日まで銀座ギャラリーで開催、これは蒙疆新聞社東京支局からも提示した牧歌調に滿ちた蒙疆風物寫眞の卽賣展で、なか〳〵得がたいものが出陳され、好評を博した

內島北朗作陶展

內富北朗氏陶磁展は三月三日から八日迄上野松坂屋六階で開催壺、花瓶、茶碗、水指、香合等情趣豐かな逸品を展示、好評を博した

「國風盆栽展」盛況
入場料を全部獻納

盆栽藝術の粹を競ふ「國風盆栽展」が三月五日から七日まで上野の美術館で開催された本年は戰勝慶祝感謝の意味で入場料は全部忠靈塔資金に献納する尙日本特有の盆栽藝術趣味に通曉せる支那及東亞の名士達を松平賴壽會長の名を以て招待し盆栽文化の高揚に努めた

豫報

花と競ふ双台社二回展
四月七日から十五日迄府美術館

石井柏亭氏に師事する畫人達の團體双台社は其の第一回展を昨年五月開催したが第二回展が來る四月七日から同十五日迄上野公園府美術館に於て開かれる、今年は會長柏亭氏が還暦の壽を迎へた爲め其の記念として同畫伯の過去十年間の作品中から主なるもの百點を選び「柏亭百選」として特別陳列も行はれる、尙同氏に從來から緣故のあ

涙ぐまし沸る熱誠の數々

全國日本畫家飛行機獻納運動活潑

來る十七日には全總會を開く 繪絹配給運動も良好に進展す

全國文展無鑑査の日本畫家を中心とする飛行機獻納大合同運動は曩に東都側主動人物の西下につぎ東京總會を開き着々準備中のところ二月末には關西主動人物の上京等一層の活躍となり愈々横二尺五寸作品は今十日締切にて纒められ十七日には全總會を開催し全般を決定する筈であるが過般來問題の繪絹配給の申請もこの機會に良好に進展する模樣である

大阪日本畫家報國會美擧

大阪日本畫家報國會の獻納畫展は二月八日好評裡に閉會、席上揮毫の收益金は七千三百五十二圓に上り諸經費を差引き殘金六千七百圓を、矢野橋村、矢野鐵山、高山辰三、福與悅夫氏等が代表となり、同十三日大阪中部軍司令部に出頭、獻納の手續きを執つた、尙、大阪海軍警備府に三百四十三點（內、水交社に四十五點）の獻納畫を爲し色紙小品多數を全國の陸海軍病院並に前線へそれぐ寄託した

京都工藝家

赤誠溢るゝ力作

京都在住の工藝美術家を以て結成されてゐる京都府藝術作家組合主催の陸海軍獻納作品展は三月八日から十日迄三日間京都丸物で開催され、陶、漆、染色金工、諸工藝界の諸家百五十餘名から出品の力作三百餘點が、一堂に出陳され、光彩を放つてゐる

京都日本畫作家聯盟の奉公

＝戰線勇士に供資の逸品八百八點

皇軍の驚異すべき戰果に深甚な感謝を籠めて京都日本畫家聯盟加盟の京都在住畫人が製作してゐた獻納畫がやつと完成したので、二月二十三日午前十時から京都美術館で獻納式を擧行、午後は一般に展覽公開された、總點數は實に八百八點、作品は各自が一點或は二點宛製作したもので、藝術院會員六氏の內微恙引籠中の竹內栖鳳氏を除き橋本關雪氏は「東海秀麗」、西山翠嶂氏は「春到」、川村曼舟氏は「大原曉靄」の各一點上村松園は「雨を聞く」「郭公を開く」菊地契月氏「牡丹」榮花 の各二點、そのほか「無憂華と八色鳥」「白頭翁」石崎光瑤、「小禽」「竹」堂本印象、「水鄕潮來」「芳野」小野竹喬、「雀」「虎覗」金島桂華「小町」中村大三郎、「白梅」「紅梅」宇田荻邨、「多陽」「りんどう」上村松園、「椿」「春寒」山口華揚、「獅子王」「花衣」松本一洋、「梅に鶯」「梅に小禽」福田平八郎氏等京都の日本畫壇が擧つて參加、作品は勇士の慰問と占領下の文化工作に役立つやう優美で且堅牢な装裝が施されてゐる

竹內栖鳳氏― 陸海軍へ二萬圓

京都畫壇の總帥竹內栖鳳氏は舊臘來相州湯河原溫泉で風邪靜養中だが、皇軍の赫々たる戰果に感激し、二月三日陸海軍へ一萬宛二萬圓を獻金した

る諸家からも慶祝品の申し出があり、會員一同の張切り振りと相俟つて非常に賑かな展觀になる事を豫想されて居る

鍛金工藝展

廿二日から三越本店

鍛金會主催の鍛金工藝美術展が來る廿二日から廿六日迄日本橋の三越本店で開催される同會では資材不足の折柄飽迄國策に順應した作品を出陳すると共に工藝美術の高揚に努力し大方の批判を仰ぐ事となつた

帝美日本畫展

講師及び生徒の作品を 十五日から銀座菊屋

帝國美術學校の講師と生徒の日本畫展が來る十五日から十八日迄銀座の菊屋畫廊で開催される同校では毎年生徒の作品を記念展の名の下に校內のみで開催してゐたが非常に成績が良く展覽會に出しても入賞確實と思はれる作品が少くないので一層生徒が發奮するため今年から一般に公表し講師賛助の下に第一回展を開催する事になつたもので生徒側は廿點內外、講師側は鏑木清方、服部有恒、奧村土牛、小林巢居、根上富治、鹽谷英雄諸氏が各一點宛出品する

塊人社第十一回彫塑展

十日から廿三日まで上野・府美術館

塊人社の第十一回彫塑展はこの十日から廿三日迄府の美術館で開催される「同人は皆第一線に立つてゐる兵隊さんと同じ心構へで忠靈顯彰碑一つ製作するにも自然科學者の立場から美の根源を忘れないで國家的の要求に副ひ且つ單に戰時下とのみ言はず各時代を通じての日本文化の健全な發達の爲め努力してゐる」と同人の一人安藤照氏は語つた

日本美校 第廿三回展

日本美術學校の第廿三回展が三月十一日から十五日まで新宿三越で開催される出陳作品は日本畫、洋畫、圖案、彫刻各科卒業生の優秀作約八十點

美術經濟

矢繼ぎ早に故左團次遺愛品 總額二十一萬餘圓

新興亞浮世繪の新決定價格 珍らしくも新畫が現はれる

名古屋の近藤友右衛門家の賣立の好況に引つゞき二月二十二、三兩日下見で二十四日入開札で故市川左團次氏遺愛品の賣立が行はれた。明らかに「杏華舍所藏品」と銘打つて、浮世繪及び江戸趣味の上々品を展列し、故優の舞臺藝術の大統領である以前に純江戸趣味の長者であることを偲ばせて餘りあつた。しかも其列品は上品高貴で趣味の上層に坐してゐることはいよ〳〵故優を尊ませてまた新たなる可惜感を強くさせるのであつた。そして悉くに左團次自署の箱書をしてあることも人氣を增し、すべてに倍額に近い好成績を示しいい品物ならば高いといふことを立證させた、（札元は平山堂、小川文吉と京都の北岡の三軒である。戰時に最も打擊を蒙むるのは美人畫、浮世繪であると決定的に謂はれてゐるがどうして仲々に高い、昭和興亞の新浮世繪の價格を定めた觀がある。これに大名物の道具などを併せて落札値次の如し。（單位千圓）

一　春草雪中美人　二、二八〇
二　湖龍齋遊び（横）　一、一二六
三　師宣美人（横）　〇、五〇二
四　長春雪中もやひ傘（竪物三尺二寸幅尺五分、武清の寫添え）　二、七六〇
五　榮之歌女（竪）　四、四〇二
六　長春遊君（同）　一、六五六
七　懷心月堂双幅（同）　五、五六八
八　雪舟杜子美　一、八八六
九　一之瀧見觀音（秋元家傳來）　一、〇二〇
一一　阿加々稚兒觀音（下條桂谷箱舊藏）　一、一一六
一三　一茶俳句畫贊十一句（横）　〇、五二六
一四　應擧瀧　七、〇八〇
一六　抱一柿　二、二八五
一七　半江夏山煙雨　〇、六五六
一八　川又常行舞臺繪　、八二三
一九　有栖川宮熾仁親王二行　一、四四〇
二一　一惠常盤雪行　二、六八九
二二　華山玉川蜀山贊　、六八二
二三　文擧高砂　〇、八七三
二五　和亭松鶴　〇、六四六
二六　南州七絶　〇、七〇六
二七　伊藤公詩（黄河）、九〇〇
二八　是眞月宮殿　〇、七三二
二九　無名丹繪七三郎　、一六三
三〇　無名漆畫美人　〇、一八二
三一　春重金魚美人（中判）　〇、五〇〇
三二　歌麿文讀美人（大判）　〇、七一〇
三三　春好山姥金時（大判）　〇、八七九
三四　豐信紅摺兩國凉み三幅對　〇、三六九
三五　清藏紅摺半四郎　、四六二
三六　豐國舞臺姿　〇、四五〇
三七　同　（大判）　〇、一八〇
三八　國芳鯱鯰　〇、八六九
三九　同三又　〇、二〇四
四〇　江漢銅版三圍　〇、四二〇
四一　東都勝景一覽二册四五〇
四二　今古狂歌袋　〇、三九〇
四四　椿山鶉額　〇、四五六
四五　東郷三字額　〇、七六六
四六　澤庵江月二枚折　一、〇二〇
四七　顔見世六枚屛風　三、二一八
五一　春秋耕作屛風　一、四一六
五二　浮世繪張交二枚折　一、〇六八
五三　浮世繪酒宴二枚折八五二
五四　其一石橋二枚折　二、一九六
五五　紹鷗黒棗　〇、五四〇
五六　井戸茶碗　〇、五七八
五八　伊萬里香合　〇、八四〇
五九　帖佐長茶入　〇、五一六
六〇　蒔繪硯箱　一、八八四
六一　梨子地平卓　四、八〇〇
六二　粉溜山水文臺硯箱　七、二〇〇
六三　青磁反鉢　一、四四〇
六四　尹部砂金袋水指　六、三〇〇
六五　古伊萬里錦手鉢　一、八〇〇
六六　尹部耳付花入　一、五〇〇
六七　尹部筒花入（八寸）　四、〇八〇
六八　蘇山鐵齋下繪蟹花瓶　〇、七三二
六九　洗朱六玉川蒔繪煮物椀二十八　一、三五六
七〇　倶利足付火鉢一對六九六
七一　黒地山水蒔繪机　二、五九八
七二　黒地源氏香盆　〇、四九二
七三　木地芦手蒔繪車棚七五六

（以下次號）

名古屋近藤家 高値追加

糶に三千圓續出して人目を惹いた前回の近藤家賣立の內、糶の高値中主なるものを追加報道すると次の如くである。

二五　大雅二行　五〇〇圓
三〇　木庵一行　四五〇圓
三三　竹田水墨山水　四五〇圓
三六　山樂牧童　八〇〇圓
三七　遠州畫贊富士　三、〇〇〇圓
四一　祖師像　五〇〇圓
四四　牧溪芦雁　五〇〇圓
これには下條桂谷の寫幅添
四六　可翁叭鳥　一、五〇〇圓
五三　定家歌切　三、〇〇〇圓
五五　一休大黒天　一、一〇〇圓
六六　松花堂富士　遠州箱）　三、〇〇〇圓
七四　竹田釜畫贊　二、二〇〇圓
八六　不昧公文　五〇〇圓
九四　紺紙銀泥經（至治年號）　五〇〇圓
九六　林谷竹一巻　一、〇〇〇圓
一〇五　玉堂、月僊等扇子七本　五〇〇圓
一二二　墨湖蘭　三、〇〇〇圓
一五五　祥瑞酒次　二、五〇〇圓
一五八　御本立鶴茶碗　二、五〇〇圓
一六六　保全御本寫鉢　五〇〇圓
一七〇　瀬戸椿酒呑　五〇〇圓
一七一　古染付山水酒呑三個　一、五〇〇圓
一七七　祥瑞丸紋酒呑六〇〇圓
一八〇　染付平皿五人　三、〇〇〇圓
二〇五　金唐華胴亂　六五〇圓
二九三　赤萬曆甑　一、四〇〇圓
三〇六　大雅詠草　五〇〇圓
三一二　探幽鵜萱葺不合命　八五〇圓
三二四　豪湖地藏　五〇〇圓
三三二　同傀儡　八〇〇圓
三四七　基佐短册　一、〇〇〇圓
三五二　古土佐紅葉流水　一、二〇〇圓
四五一　惟久涅槃　五〇〇圓
二五二　夢窓國師一行　三、〇〇〇圓
四五五　林谷櫻　八〇〇圓

といふ景氣で、追加糶では
五二四　江月小色紙　一、五〇〇圓
を始め全體に如上のやうに高値であつた。

「旬刊」美術新報
昭和十七年三月七日印刷
昭和十七年三月十日發行
發行日 毎月三回（一日十日廿日）
購讀料 一冊金五十錢（郵稅一錢）
一ケ月三冊金壹圓五十錢（送料共）
編輯發行兼印刷人 麹町區九段一ノ一四 資文堂 猪木卓爾
發賣所 日本美術新報社
東京市麹町區九段一ノ一四
電話九段二七一五
振替東京一六二五〇
配給元 日本出版配給株式會社
日本出版文化協會會員 一二二三五番
通信は一切發賣所へ
發行所 東京市本郷區東片町八二 日本美術新報社

昭和十年一月十二日（第三種郵便物認可第十七號）
昭和十七年三月十日 發行（毎月三回十日發行）

（一ケ月三回 金壹圓五十）
定價金五拾錢
郵税一錢

三月下旬號

旬刊 美術新報

昭和十年一月十二日（第三種郵便物認可第十九號）
昭和十七年三月廿日發行（每月三回十日發行）

19

課題制作の考察

琴棋書畫圖

近藤市太郎氏稿參照

狩野 元信筆 (國寶) 琴棋書畫圖ノ內棋圖 京都 妙心寺靈雲院藏

英　一蝶筆（部分）　　子爵　大河内正敏氏藏

狩野　元信筆　山水花鳥琴棋書畫圖　京都　靈雲院

狩野　元信筆　琴棋書畫一圖屛風（部分）　杉浦三郎兵衛氏藏

傳海北友松筆　琴棋書畫圖屏風　一双ノ内　京都西村總左ヱ門氏藏

狩野　永徳筆　國寶　琴棋書畫圖襖繪　京都　大徳寺聚光院藏

海北　友松筆　國寶　琴棋書畫圖屏風　三大寺喜兵衛氏藏

海北　友松筆　國寶　琴棋書畫圖屏風　京都　建仁寺靈洞院藏

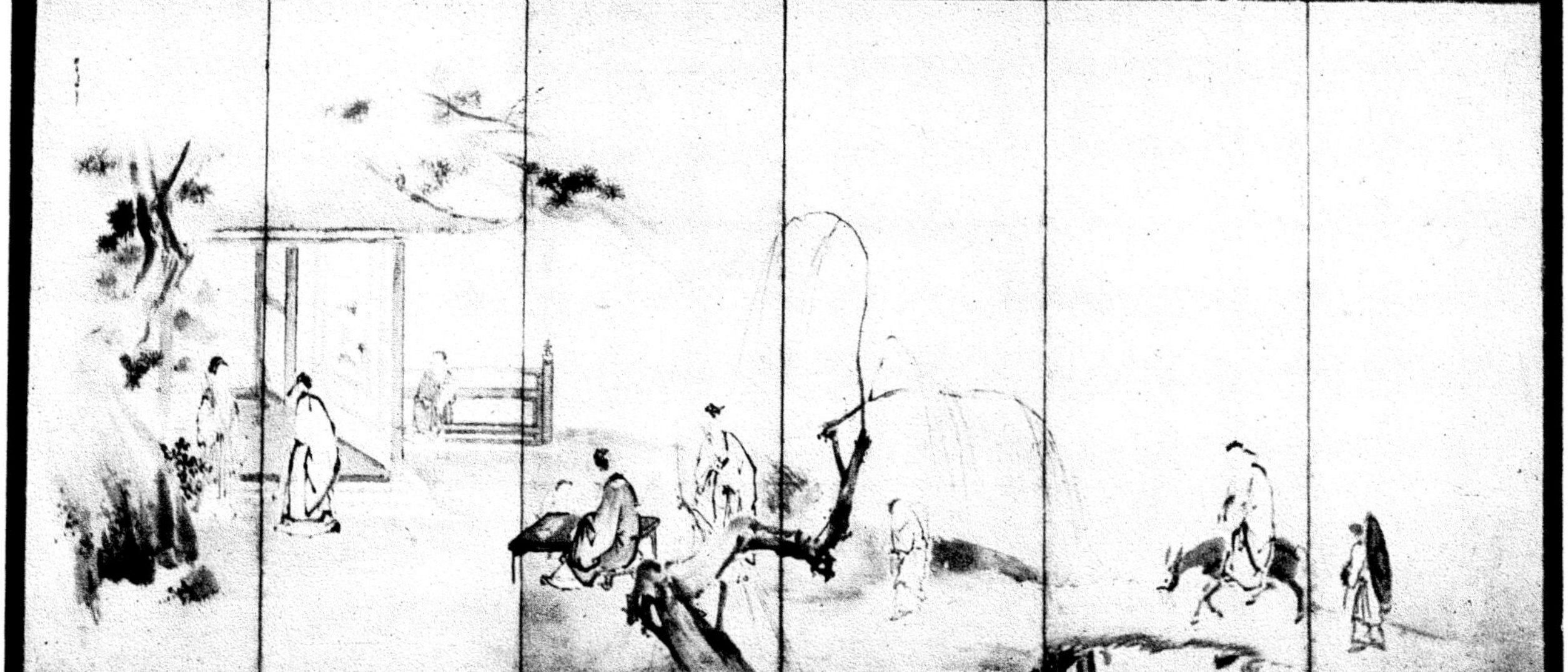

狩野　探幽筆　琴棋書畫圖屏風　帝室博物館藏

彦根屏風

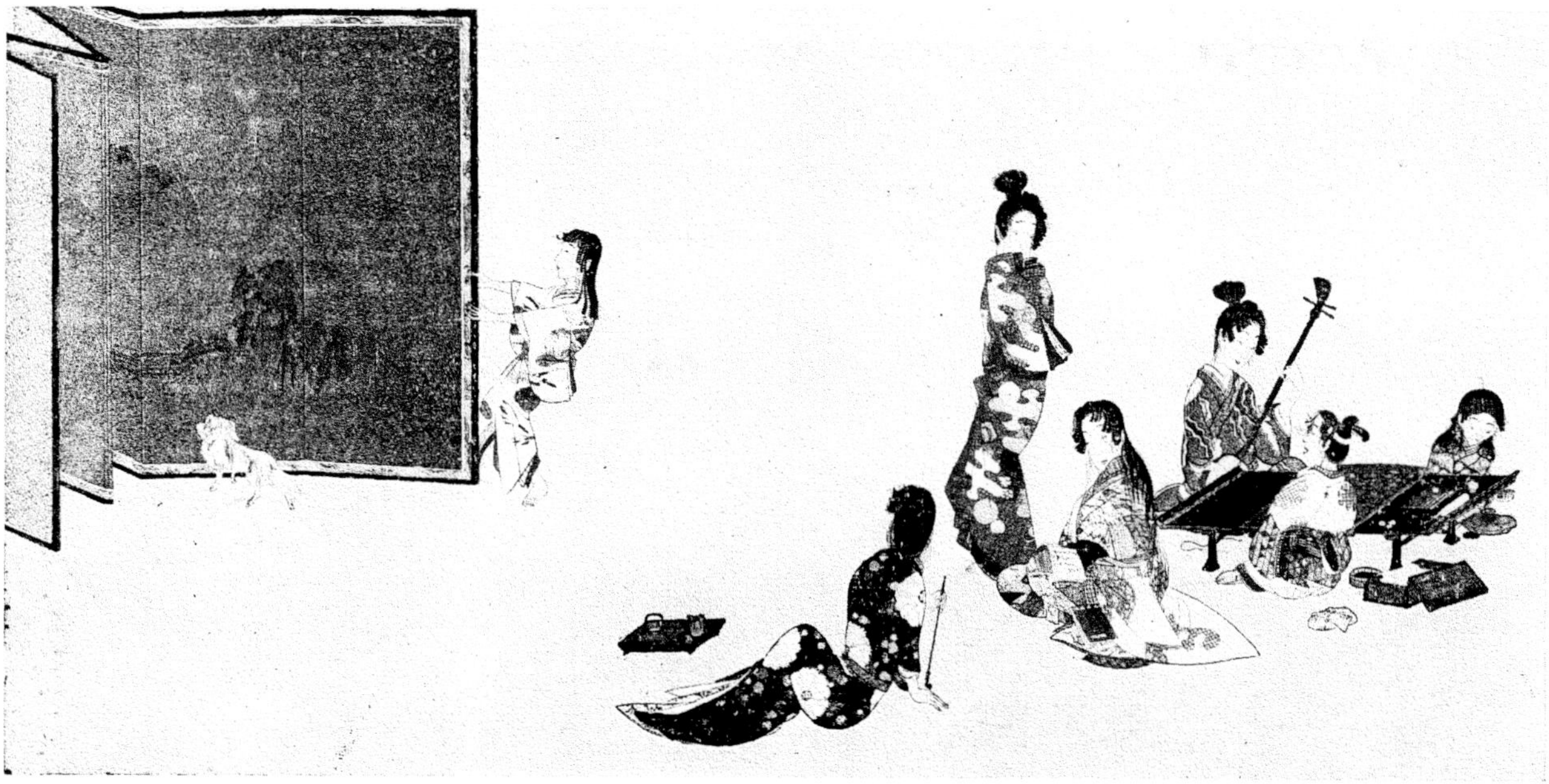

是眞筆美人遊戯圖

今回指定された國寶の一部

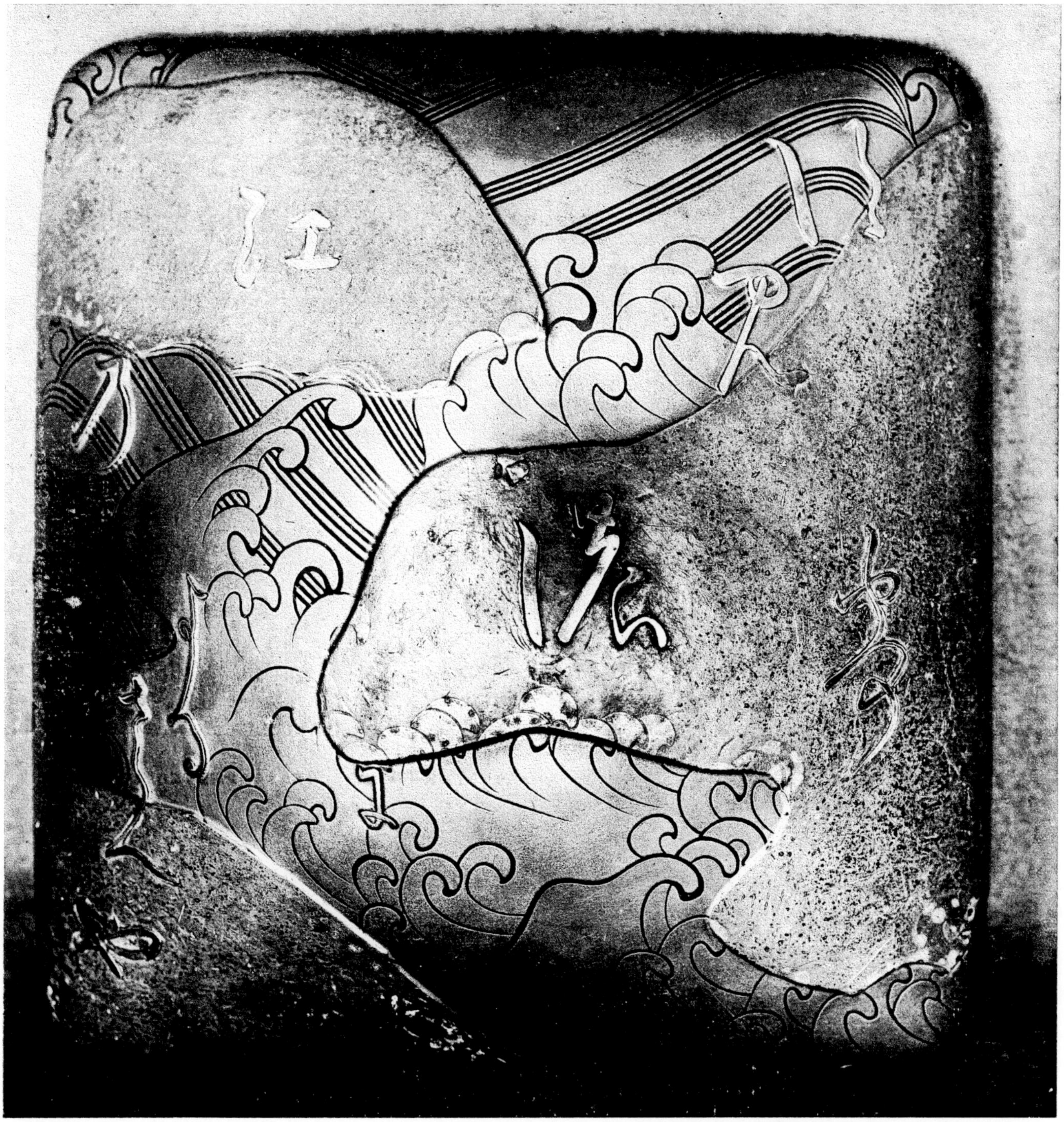

住之江蒔繪硯筥　岩崎男爵家藏

蓋と身の全體にわたつて、尾形光琳が波に土坡の模様を下繪とし、外面から內側へかけて「住の江の岸に寄る波よるさへやゆめの通路人目よく覽」と古今集卷十二の藤原朝臣敏行の歌を散し書きで葺手繪意匠にあらはした、波は粉溜地に黑拔き、土坡は鉛で、文字は切透しの銀板を用ゐてある、如何にも大膽な意匠で鉛や銀板の用法技巧は光琳作帝室博物館の船橋硯筥を思はせるものがある。桐製の外筥に「鷹峯大虛庵住物、光悅造以寫之、法橋光琳(花押)」とある。

紙本山水圖　傳夏珪筆一幅　淺野侯爵家所藏
宋の山水畫家夏珪の筆と傳ふるもので、その構圖筆致等またこの派の特色と見るべき作品である。
竪一尺五寸七分　橫三尺八寸

絹本着色五百羅漢圖　傳明兆筆（二幅の内）　根津美術館所藏
明兆は永德三年五百羅漢圖の揮毫に着手し、至德三年五十幅を完成した。これは今、東福寺にあるが根津美術館の分は、この五十幅中の二幅で、文化二年同寺から門外に出せたものである。竪五尺七寸二分　橫二尺九寸四分

上洛殿琴棋書畫圖――本掲載分――は寛永十年狩野探幽守信の筆である

紙本墨畫山水圖　雪舟筆（一卷の卷頭の一部）　淺野侯爵家所藏
本卷は木下延俊と細川三齋の二人が長谷川等伯所持の雪舟筆山水圖卷を前後に兩分した前半で「雪舟」の墨印が捺してある。後半は細川家にあつて明曆の大火に燒けたが、その分を等伯が模寫したものがこの卷に添へて、前後を完成してある。その跋文によれば本卷は雪舟文明六年の作で、元朝の畫人高彥敬の畫風に則り特に門人等悅のために書き與へたものである。竪七寸五分　長五尺一寸八分

勤勞戰士（獨立賞）　木村忠太

高原（新會友）　赤堀佐兵

雪降る　橋本春光

樂土　青木壽一

貝殼　平瀨正子

綠の石狩牧場　久保一雄

外房風景　淸水鍊德

枯木のある風景　氏橋靜一

靜物　佐々木眞佐子

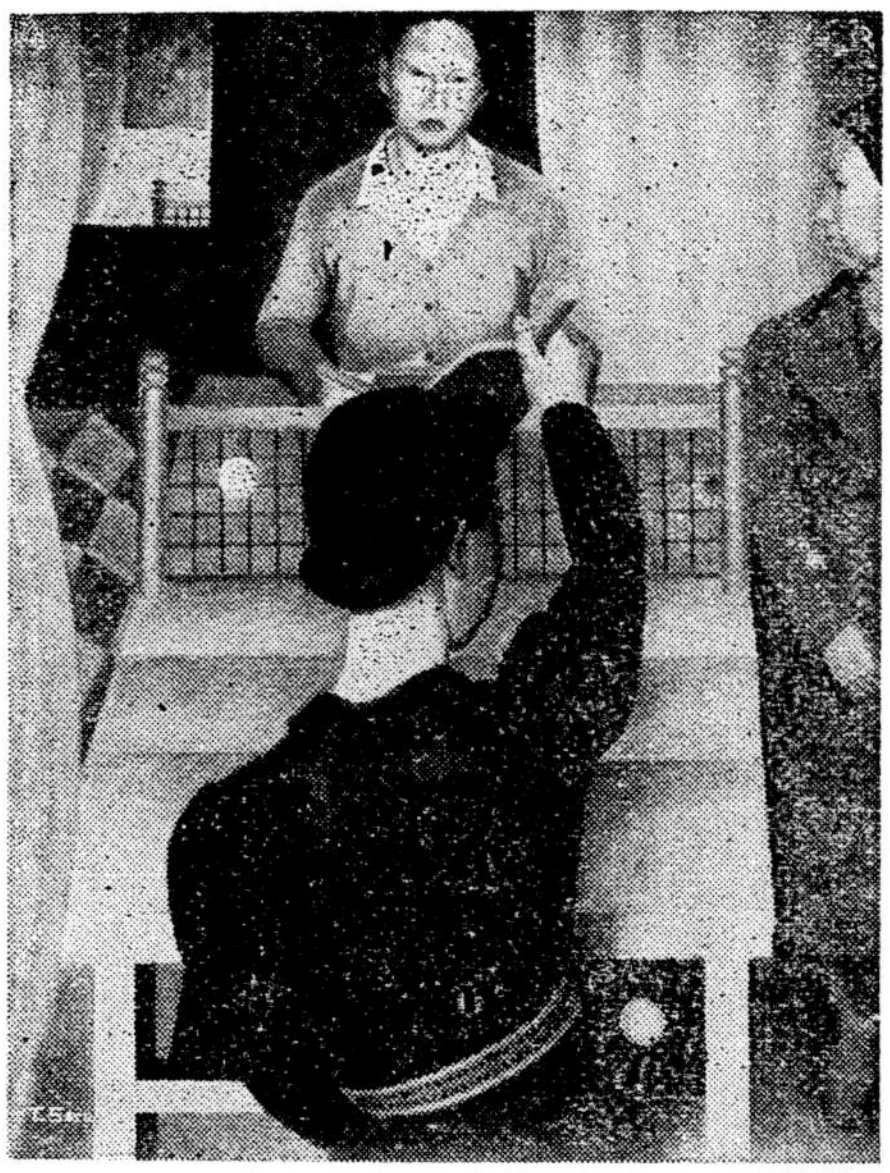
卓球　佐藤武男

住民　西山舜之助

無求會展

濱倉清光の三點中では「網」が成功してゐる。お手のもの〻魚類を扱つた丈あつて筆に生彩あり色も清新である「雪」樹間の雪の描寫であるが、樹木の肌などにうるさい神經を使ひすぎて全體の感銘が稀薄である。長谷川優策は四點出品、勉強してゐるがまだ書境定まらぬ感じである。「洛北を往く」の大原女は溪仙張りの氣取りが鼻につき、「ふる里」は稚拙感だけあつて未成、結局「こだま」がよい。こだまに耳をすます二匹の黑牛を描き、一つの情緒的なもの〻表出に成功してゐる。黑光茂樹の二點は更に努力を要する。

（銀座、菊屋ギャラリー）

大山魯牛個展

一つの新しい南畫を創造しようとの努力のあとを酌むことが出來るが、「菩薩圖」「四人物圖」等の人物を主題とせるものは、まだ主觀の燃燒が足りない。「赤革箱」「九谷鉢」「花瓶」など濃彩で比較的精緻な作風のものに纒りのある佳品がある。しかしこれらは必ずしも南畫的な技法の制約に依る必要を見ないものであり、むしろそこから出發して、本格的な新日本畫への技術的修練を加へるところに、この作者の進むべき道がありさうである。（資生堂）

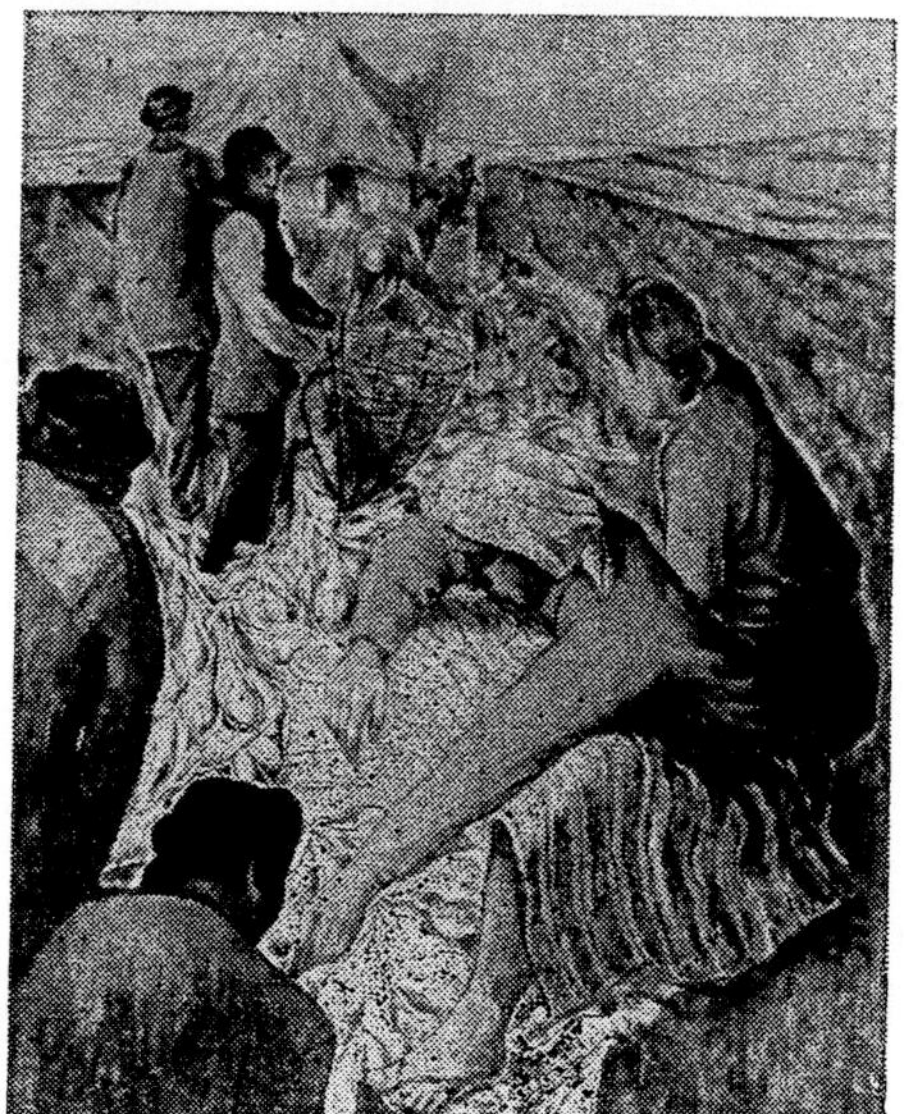
掘芋　在野新人會

原勝郎個展

滯歐二十數年の原氏が歸朝後第一回の個展である。流石に垢拔けがした表現で、逞しい量感と落ちついた色とトンとの緊密な點は堅實であつて重厚な畫風と云へよう。ユト

村落　淺田欣三

——以上獨立美術展——

青年　濱野全平

海邊　永井宏

リロの如き巴里裏街のモチーヴがあるがそれはユトリロの「白の時代」（エポック・ブラン）のやうな逞しさがあり、更にドラロクワのやうな古畫に見る力强い運筆に似かよふものさへある「モンパルナス裏町」。「ベルギーの寺」「ファルギエールの裏町」「モンマルトル」それからセーヌ河畔を描いたものなどみな優れてゐる。この堅實な美しい畫風こそ日本畫界への良き土産と言へよう。（日動畫廊）

青木繁遺作展

無背窟藏の同展は概ね小品の素描で「新美術」にかつて紹介されたものが大部分である。油は「輪轉」「早春」の二小品だけであるが、前者は、宗教的な神秘的な情緒に充ち、後者は、明治期の浪漫主義の俤を示す女人輪舞の抒情的作風が珍しい。其他扇面の「海潮音」「虞美人草」パステルの「おもひで」水彩の「日神蘇利耶」「半裸の男」など奇才青木繁の片鱗を示す貴重な資料である。素描は「鍼を貫く漆子」「髑髏」「白舍利」「刈り入れ」「男」「子守」「手脚」「自照」その他十數點の出品、いづれも珍稀な遺品であつた。（白木屋）

三輪孝戰線スケッチ展

第一線の生々しい動きをスナップ風に捉へた戰線スケッチの集成であるが、練達した確實な技巧は推奬出來るし、記錄的に云つても貴重なものである。「急降下」など爆撃機上から急降下の瞬間を捉へたもので恐らく美術的記錄の最初のものかも知れない。「敵前上陸」「航空基地」「報道班傳單散布」等々生々しい第一線の緊張とスリルを傳へて遺憾がない。「水牛」「南京の小孩」「徐州」など佳作である。他に油彩では大作「空の人達」をはじめ「洞庭湖遠望」その他二三の佳品を見せてゐた。

（上野、松坂屋）

内山雨海個展

下村爲山氏に師事してゐる人らしいが、書の出品が十七點、俳句もよくするらしい作者は所謂遊戯三昧の境に遊ぶ人であらう。

南畫風の小品も十六點ばかり陳列されてあるが、練達なもので、「畠大根」は比較的大作でもあり氣魄のある佳作である。「いか」「枇杷」「禿鶴」なども野性的な墨彩が一寸面白い。下村爲山氏の賛助出品「平安長春」他二點があつた。

（銀座、菊屋ギャラリー）

◇

原勝郎滯歐作品展

（日動畫廊にて）

第四回線巷會展

熱河　神津港人

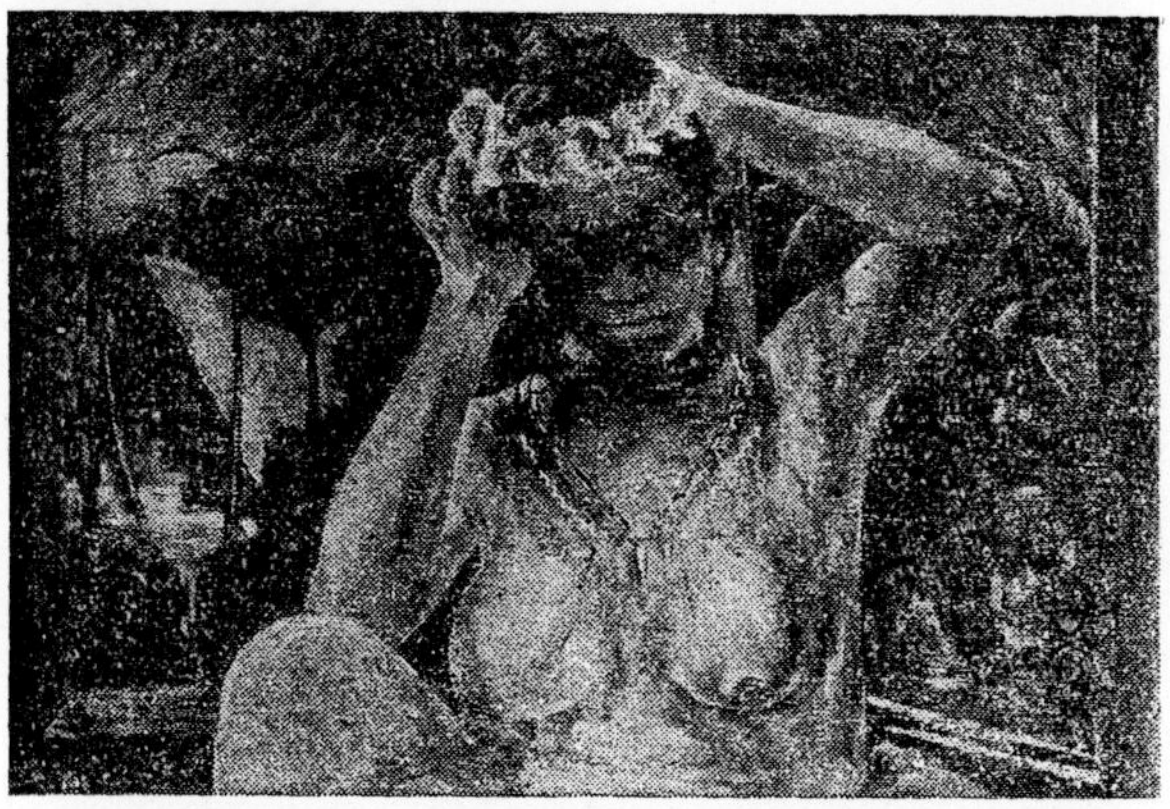
粧へるカナカ族の娘（線巷會賞）　中川康之

赤いマフラー（線巷會）　上田久之

モンパルナスの裏町

離隔操縱（線巷會）　後藤禎三

先哲畫像展

月明會主催、趣旨に「玆に先人を索め、現前してその春風を讃仰せんと念じ云々」とある。現代邦畫壇の大家に委囑した小品ではあるが、それぐ\精緻な力作を示し、興趣深き企劃であつた。作者及題名を左に示す。

西行（小杉放庵）源實朝（奥村土牛）利休（前田靑邨）柿本人麿（菊池契月）小野道風（中村岳陵）淸少納言（上村松園）光悅（島田墨仙）宗達（小林古徑）芭蕉（川合玉堂）近松門左衞門（鏑木淸方）蕪村（野田九浦）本居宣長（宇田荻邨）一茶（酒井三良）良寛（安田靫彥）

（三越）

精藝社工藝展

文展無鑑査、國畫會同人等九氏出陳、花瓶、鉢、皿、香合其他陶磁約四十點注目されたのは德力孫三郎氏の「菜の花圖大鉢」簡素で然も深みのある規格高き作品遉に光つてゐた。近藤悠三氏の「窯變大皿」は淸新な感覺を漂はせ異色ある佳作安原喜明氏の牡丹紋扁壺も一顧の價値充分同展の主催者は曩頃迄銀座鐘紡の美術部主任和田六郎氏。

（銀座鐘紡）

鬼面社第四回展

銀座三越の七階全部を第一會場に更に六階を第二會場に使用した豪勢、大久保作次郎氏「水蓮」「秋」畫品に富み詩情豐かな佳作で他の作品から抽ん出た。

櫻田精一氏の「梅と池」鱸利彥氏の「岬」大久保百合子氏の「繪本」田澤八甲氏の「雪曇り」白井次郎氏の「放牧」なども注目されたが足立眞一氏の「子供」鹿島大治氏の「老媼」とは共に其の迫力ある表現が強く感じられ力作であつた。

鬼面社第四回展

春　大久保作次郎

（鬼面社）ウークライナ寺院の辻　東海林廣

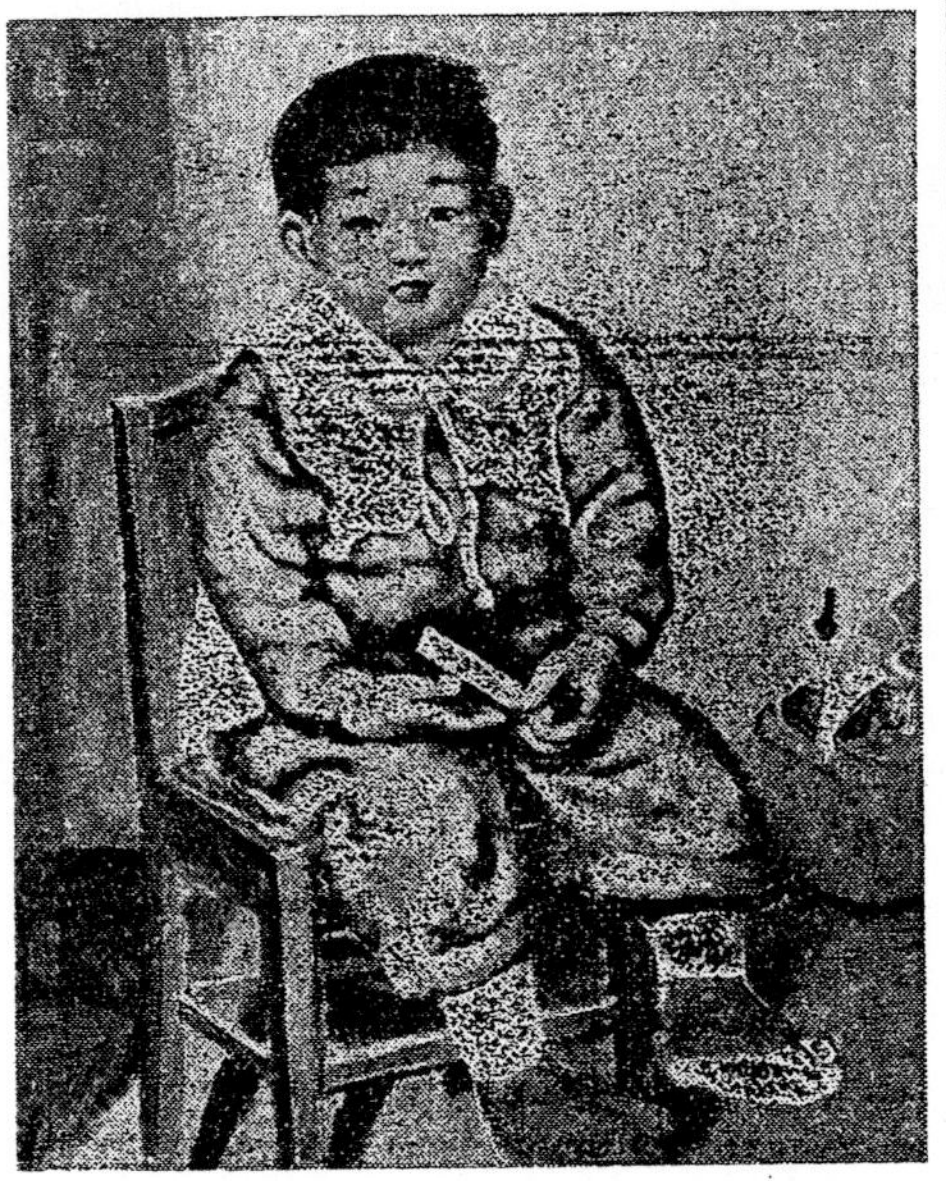

（鬼面社）子供　足立眞一郎

吉田石堂個展

色調の整ひと風格の柔かさとが氏のよき持味であることに、誰しも異論は無いであらう。こゝに展示された二十六點の作品を、素通り式に顧瞥しても、そのことは否めない實績としてうなづき得る。と同時に、その境域を限つての徜徉がたゞそれだけのものとして將來の氏を拘束してゐるものとすれば、長らく外國を遊歷して洋畫の長所を咀嚼することに努めた氏の蘊蓄を小さな型に篏めこんでしまふところの危險さがある。その持味を好意が持てる程度にうまうまと浸ませたと觀てよいのは、「蛤とサイプレス茸」、「セロリ根と蛤」、「葡萄と梨」、「トラウト」、「栗と松茸」、「白牡丹」などであらう。ほかに、構圖の正しさで「ポーチと菜」、實性把握のうまさで「鯖」、これらを注視することに不滿はないのだが、前者は賦彩が平均しないし、後者は添へられた景物に難がある。（高島屋）

富士山展

石井柏亭氏の「遠望富嶽」は、雪に凍つた多田の果の靑い富士寒々した空氣が感じられ、がつちりとした佳作である。その他は、次號で紹介する。（靑樹社）

ロアール河の古橋（ブラングィン原作）　漆原木虫作

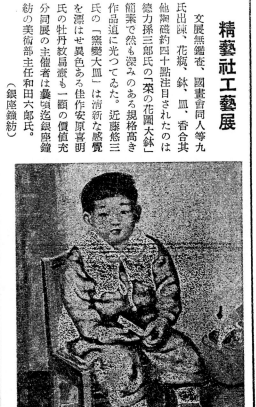

旬刊 美術新報 第十九號 （三月下旬號）

爪哇バリ島女人盛裝の行進

圖南の志

秦 一郎

南方へ行きたしと思へども
南方はなほ戰ひのさ中にあり
せめては新しき地圖くり擴げて
新領土の開發を夢みん

シンガポール竟に陷りて昭南島と改まり
戶每に日章旗ひるがへりて
巷には歡呼の聲充ち溢れ
行人おほむね醉步蹣跚として
世紀の誕生を言祝《ことほ》ぎすとも
わが思ひひとり
などかくは平らかならざる！

ジャバ、スマトラ、ボルネオ、セレベス
さてはポール・ゴーガンが久戀の島タヒチ！
未知の島々をめぐりて
わが圖南の志は果《はて》しなからんとす

ああ、强き日の光さんさんと降りそそぐ常夏の國！
マングローヴの紅樹たたなはる南海のほとり
ひねもすゴム園の栽培に疲れては
景氣よき俄雨《シャワー》に一日の精氣をとり戾し
パパイヤのいと甘き果汁に午後の酣醉を恣《ほしいま》まにす
知らず、傍らに愛を囁くはタヒチの娘か、否か！

南方へ行きたしと思へども
南方はなほ戰ひのさ中にあり
せめては新しき地圖くり擴げて
新領土の開發を夢みん

——昭和十七年二月十八日戰勝第一次祝賀の夜——

眼の教養といふこと

植村鷹千代

眼は精神の玄關であると言はれてゐるが、全く恐ろしい事實である。ひとの精神に關係する優劣は、すべて眼によつて代辯される。眼は人間の感情或ひは一般に精神の狀態を端的に表明する代りに、またひとの精神狀態を看取する最銳の武器でもある。優しい眼付、虛ろな眼、陰險な眼、馬鹿のやうな眼といふ具合に色々な形容詞がつくと、これはその人の精神狀態を表はす。更らに具體的になると刑事の眼、すりの眼といふ具合に職業まで表示される。一方、眼光紙背に徹すといふ言葉では眼の能力の强度を言ひ表はしてゐる。また偉人の前に出ると體がすくんで終ふといふ話をよく聞くが、これなども眼力の强さを意味してゐる。劍道の奧儀も結局は眼力であらう。さうしてみると、結局眼は人間の精神の漠然たる形狀ばかりではなく、精神の性格や精神力の强弱の度合までも物語ることになるのである。さうして眼を他の五感の機能と比較すると、人間生活の中で最もその司る範圍の廣く且つ重要な地位を占めてゐることがわかる。といふことは、視覺の文化に對して占める位置が、他の感覺機能に比べて特に大きいといふことである。それだから獨りの人或ひは一個の民族にとつても、その眼の强さ弱さ、優劣の程が、彼或ひは彼等の文化の優劣を物語ることになると言へるのである。つまり眼は生理機能であると同時に文化機能であるのであるが、ひとは往々にして、眼の文化機能たることを忘却して、眼を生理的自然機能に委せて自ら恥ぢない場合が多いのである。それだから、われわれがいまこゝで問題にしなければならない點も、また、常に考へてゐなければならない點も、眼の文化機能であり、文化機能としての眼でなければならない。生理上の自然機能としての眼は文化上の問題としては除外して置いてよいわけである。

ところで、眼の文化機能としての働き方は、當然に、生理上の自然機能としての法則の制約を受けてゐて、耳が音の形で外界を感得するやうに、眼は造形上のフォームとして外界を認識するのである。つまり、このフォームといふ問題が介在することから眼の機能に物理的機能の他に文化機能が生じて來るのである。卽ち、フォームといふものが物の物理的狀態であると同時に物の藝術的狀態を示すものだからである。物には美しいフォームがあり、醜いフォームがある。物理機能としての眼の作用は、美醜に關係なくその物の物理的狀態を網膜に映すだけの機能であるけれども、われわれの日常の習慣に從ふと、われわれは物の形狀をみて、そのフォームの好惡、美醜を識別する。これが眼の文化機能であり、さうなると、この機能は、眼が物理に關係する場所ではなくて、眼が藝術と關係を結んでゐることになるのである。

一度び眼が藝術と關係するや、その眼の機能は自然機能の限界を離れて、性格をもつものと變り、教養の所產に轉化するのである。教養の問題が介在することになる以上、われわれは、この問題を放置することは出來なくなり、意識上の問題にまでこれを發展させなければならない。

さうして、フォームに就いての眼の教養といふことは、畢竟、美意識の問題であるから、純粹に美學上の問題として取り上げられねばならぬものである。ところで、美學といふことになると、現在ほど混亂を極めてゐる時代は一寸世界の文化史上でも稀である。今では世界的に美意識の基準が喪失してゐる。大きく見ると、西歐の美學と東洋の美學を如何にして統一するか、といふことが現世紀に於ける最も本質的な美學上の課題として持ち上つてゐる。つまり、美意識の問題は、西歐的教養の埒內だけででも、または東洋的教養の埒內だけでも解決出來なくなつてゐて、來るべき解決は世界的な統一をもつて行なふより方法がなくなつてゐるのである。ところで、西歐美學、東洋美學と大きくは二個に分けられるものゝ、それも決して明確なものではなく、兩者共に複雜多岐に亘つてゐるのであるから、新らしい美學を世界的に統一するといつても、この複雜の中に單一を發見する業は全く困難な仕事である。

東洋の各系統の美學を攝取して東洋文化の領域で、今では指導力をもつて居り、更らに西歐を乘り超えて進まうとする氣力を示してゐる日本人としては、この問題に對してもイニシアチブをとる必要があるわけであるが、その場合、われわれに先づ、何が果して東洋の眼の眞髓であるかを調べることが肝要である。東洋の眼自體が決して單一ではないが、しかし、東洋的フォームといふものを識別することが出來る以上、東洋的フォーム或ひは東洋的色彩感覺には當然それ獨自の原形がある筈であつて、いまは、先づ以つてこの原形の追究に精進しなければならない。

現代の日本人の眼はまつたく混亂、低俗といつてよい程度に低下してゐる。このことは街頭でも家屋の中でも、ともかく形と色彩のある場所なら、恐らくあらゆる場所といつてよい位どこででも實證されてゐる。街頭の形や色彩に全く調和がない。不調和を見、不調和の中に話し、食べて一向平氣でゐる。この不調和はもともと眼の教養で作り上げられたものであり、これを見て平氣な方も眼の教養である。

フォームに對する不感症は一つに教養のいたすところであつて、眼の生理現象ではない筈である。この無教養は、さらに、公衆生活の上に秩序と香りを與へるところのエチケットにまで及んでゐる。エチケットと言へば、なにも、小笠原流の古風な禮儀作法のことではない。生きたエチケットは、各時代に卽應した生活道德であつて、極めて彈力性と新鮮味に富んだものでなければならないし、またそのエチケットがどれだけ普遍化し、洗錬されてゐるかといふことが、その社會の人の眼が、公衆生活の秩序といふかフォームといふか、調和といふか或ひはリズムといふか、つまり集團生活の文化性をどれだけ理解してゐるかといふ點の表示板である。

眼の教養とは、これを一口に言つてしまふと、結局、形や色彩に調和を求める感覺である。作られたものに對しては調和、不調和を識別し、調和感を中心にしてものを組み立てようとする教養である。從つてこの感覺は、その人にとつてはその人の批判と創造の双方を司る根本的な基準であるから、作られたフォームの調和を見る能力のない場合は、自分でものを組立てたところで、調和のとれたものは作れない。このやうな理由があるから、不調和な街を作つて平氣でゐる國民は、眼の教養が低いといへるわけであり、街頭風景の一端からでもその國民の文化性の問題を論證することが出來るのである。つまり、眼の教養といふものは、全く內的な教養の問題であつて、つけ刄ではどうにもならぬものである。その人の精神の中に調和の批判機械が備はつてゐなければどうにもなるものでない。ところでこの機械を整備する方法としては、視覺に對する教養を積み重ねるより他に途はない。

調和といふことは、とりも直さず、ものとものとの關係に際して生じる問題であるから、あらゆる場合に起る。フォームに於ける調和といふ問題について、あらゆる法則を特に研究して來たのが美術作品の歷史である。いはゞ今日迄集積されて來た美術作品の實は、眼の教養の蓄積史である。無限に變化する調和のフォームについて、人間の眼が、いままでに捕へ得た獲物が、今日までの美術作品の歷史である。美術家は自分が觀察して捕へた調和の法則を基礎として作品を創作した。つまり、調和の世界を創造したのである。さう言へば、各人各樣の發見であつて、その中に系統のないものゝやうであるけれども、眼の教養の發展といつても、個人の天賦の能力だけではなし得るものではない。あらゆるものゝ發展には足掛りが必要であつて、眼の教養が發展する場合にも、先人の發見の跡が貴重な足掛りであつた。この足掛りのない奔放の飛躍といふことは、人間の精神の本質からいつて考へられない。そこで、この足掛りといふのは、結局過去の傳統といふことになる。

さういふところから、千差萬別の發見の跡にも、この足掛りの連續といふ事實を介して、自ら系統といふものが生じて來たのである。この系統を、大きくわけると、西歐流の眼の教養と東洋的な眼の教養とに一應二大別出來るのである。もう少し詳しく例をひいて言ふならば、西歐の美意識の系統では、形について言ふと概してものを面と面との關係として見る方向に發展したのに反して、東洋の美意識の發展の仕方は、ものを線の動きで見る方向をとつた。この相違の理由には自然環境にも根據をもつ樣々な理由を擧げることが出來るだらうが、兎も角、さういふ系統の相違が出來た以上、西歐の美學では、面の變化についての發見は非常に周到豐富に蓄積されてゐるが、その代り東洋では、線に關しては、特に研究が進んでゐるわけである。

はじめに言つたやうに、いまこの二大系統の美學を統一したいといふ切實な希望が世界にあるとしても、隨分困難な仕事であることは、言はずと知れたことである。とは言ふものゝ、それの可能性だけは、漠然ながら考へられることである。この推理から辿つてゆくと、結局のところ、西歐の美學と、東洋の美學を双つながら理解し切つたエリットの頭腦がこの問題に解決を與へるだらうといふことは肯ける。今では、西歐萬能でも東洋萬能でもことが濟まないといふことは、優秀な人々の間では旣に理解されてゐるが、兩者の統一といふことが、兩者の折衷ではないといふところに困難があるのである。しかしながら、このやうな事業に對する對策としては、結局、眼の教養を高めて行くといふより他には途がないのであり、その第一歩としては、先づ東洋の眼からしてその眞髓を探してかゝらねばなるまい。(了)

日本人創案の命題

琴棋書畫圖

近藤市太郎

一

切り立つた様な奇巖の前に美髯の支那人物がしきりと琴を掻き鳴してゐる。白衣の人はその前に瞑目して琴の妙音に聞き入つてゐるかの如くである。童子一人これは膝を抱いて瞑想し、周圍は靜寂な幽境である。これが「琴」の圖である。睡蓮の浮ぶ池畔の堂上で士君子が棋を打つてゐる。池畔の風景をそれとなく眺むる士君子、茶を運ぶ童子、天地は一點に凝結して全く靜寂である。これが「棋」の圖である。溪流のほとり四五の士君子、手に卷物を持して談笑し、後に從ふ童子三人。これが「書」の圖である。白雪の遠山を背に山間に建てられた堂屋内に山水を描きつゝある人、畫幅を鑑賞する士君人。これが「畫」の圖である。

京都大德寺塔中聚光院の襖繪、狩野永德の筆と傳へる琴棋書畫圖の圖様はこの様な光景を傳へてゐる。琴を聞く者、棋を打つ者、書を見る者、畫を描く者など自然を友として生活を樂しむ支那士君子の有様が、勁銳な筆致を以て描かれた幽邃なる山水の内に點々と描寫されてゐる。繪畫に描かれた琴棋書畫圖は概ね右の様な光景を傳へてゐるのであつて、日本の美術史を繙く人々はこの種の題材を取り扱つた作品に極めて多く廻り合ふ事であらう。特に狩野派や海北派等所謂漢畫派の畫蹟に非常に多いのであるが、浮世繪にさへ描かれてゐるのを發見するであらう。琴棋書畫は日本美術の畫題として實に重要な地位を占めてゐるのである。

諸君はこの聚光院の襖繪琴棋書畫圖を見て、先づこれが日本の山水ではなく、その描かれてゐる人物も全部支那の人物や生活である事に氣附かれたであらう。そしてこの八枚の襖繪には琴棋書畫が各々獨立したものとしてではなく、四つのものが切り離す事の出來得ない様な密接な連絡をもつて一つの畫面の内に描かれてゐる事をも氣附かれたであらうか。

吾々の現代生活から考察しても、琴棋書畫は人間生活にとつて必要なあらゆる遊藝學問を何か抽象し代表してゐる様にも老へられる。元來この四つの藝は支那に於いて士君子の餘藝と稱されて尊ばれたと言はれてゐる。琴は伯牙、書は王羲之と言ふ様にその道の名人名手は古來から喧傳されてゐるが、この事は一面琴棋書畫のそれぞれが支那士君子の學ぶべき必要な藝術として賞揚されてゐた證據でもあらう。支那古代の繪畫にもそれ等が題材として取り扱はれた例證は極めて多いのである。伯牙彈琴圖、文王彈琴圖、和靖彈琴圖、巴橋圍碁圖、明皇太白圍棋圖、東坡讀書圖、右軍書扇圖、羲之觀鵝圖、王勃揮毫圖等は著名な餘藝の名人名手を描いた特定の例證であつて、若しこれを單に琴を彈じ棋を打つ圖と言ふ様に、この琴棋書畫の内の一つを漠然と題材とした作品を列擧すれば枚擧に遑がない程である。

我國在來の藝術様式を保守する大和繪派と對立して、支那宋元の墨畫様式を攝取した所謂漢畫派狩野派の畫蹟にはこの種の作例が頗る多いのである。五山詩僧の畫贊の題詩にも、伯牙彈琴圖はもとより琴書自樂圖、花下彈琴圖、抱琴尋寺圖、圍碁畫軸、畫柯仙人圍碁圖、四皓圍碁圖等非常に多く存するから、これ等を描いた日本畫も當時流行した事が知られるのである。

けれどもこれまで列記した作品は概ね琴棋書畫の内の一つか乃至二つを同一畫面に描いたものであつて、聚光院襖繪の圖様の示す如く、琴棋書畫四つを同時に描いたものではなかつたのである。四つのものを各々獨立に描くと言ふ事と、四つのものを同一畫題の内に抱含して同時に描くと言ふ事とは自ら異なる意味を持たねばならないであらう。前に注意を願つた如く、聚光院の襖繪にはこの四つの藝が切り離す事の出來得ない様な密接な連絡をもつて一つの畫面の内に描かれてゐる。この事は既に四つのものをもつて一つの意味を形成するに至つた事を意味するのである。勿論この永德の襖繪は彼に先驅する日本の畫家達、例へば、彼の祖父狩野元信の琴棋書畫圖あたりの影響を受けたものと考へられるけれども、琴棋書畫四つを同時に描く形式は支那から傳來したものであらうか。この畫題も狩野派の畫家が最も得意とした支那的畫題、商山四皓圖とか虎溪三笑圖とか竹林七賢圖等の如く支那古來から傳承されてゐる畫題であると解されてゐる。諸書によれば琴棋書畫は古來四藝と稱されたとあり、この畫題も支那の故事に則るものである如く說かれてゐた。

二

私はこの稿を草するにあたつて此語の出典等を調査したのであるが、意外にもこの畫題は支那には全く存在しないと言ふ驚くべき事實を發見したのである。支那ではこれを古來四藝と言ふ如く從來解されてゐたにも係らず、四藝と言ふ文字さへも發見し得なかつたのである。後述する如く琴棋書畫を畫題とした支那畫の作品は極めて少數ながら實在するから、この種畫蹟の内容を否定し去るわけではないが、それにしても「琴棋書畫」と言ふ題名文字は終に發見出來なかつたのであつた。管見の筆者の事とて若しやの疑を以て支那美術の權威原田眉山民にも御尋ねした結果も亦同様の歸結を得たに過ぎなかつた。歴代箸錄畫目等美術史書にはこの畫題は全然見當らないのである。元來支那人は四とか八とか言ふ數を物の名に冠し統合する事を好む民族であり四君子、四皓、八仙と言ふも皆この類である。若し琴棋書畫を題名とするならば、恐らく四藝とか四術とか四象とかの名稱を用ふるであらうし、その描かれた內容をその儘畫題として琴棋書畫と言つた事に多分の日本的臭味を感ずるのである。元和九年の著作である狩野一溪の後素集に「琴棋書畫、琴をひき碁をうつ物をかき畫かきなどするを云」とあるが、題名と共にその說明語さへ如何にも日本出來の印象を受けるのであつて、こゝに至つて琴棋書畫と言ふ題名は日本人の創案であると言ふ結論に到達せざるを得ないのである。

前述の如く琴棋書畫を一つの組物の如く取扱つた作品が全然支那に存在しなかつたのではない。けれどもその數量に到つては到底日本畫に對して比較にならぬ程寥々たるものであり、帝室博物館及東京美術學校に襲藏されてゐる任月山筆の二點に過ぎないのである。他の畫家の作品には殆んど全く見當らないのであつて、この圖の發案者は元時代の畫家任月山に歸せしめなければならぬ樣である。博物館本には「子明」の款記があり、各幅それぞれ、琴、棋、書、畫を描き四幅を以て一聯の作品をなすものである。この箱書には「任仁發閑適四象圖」とあつて琴棋書畫圖と書かれてゐない事を十分注意する必要があらう。圖は大人物で殆んど畫面一樣に人物が描かれ、決して日本の狩野派のそれの樣ではない。筆者任仁發は字を子明と言ひ、月山と號した。松江の人で畫馬を尤も得意とした元朝の畫人である。支那の畫人傳によつても彼は畫馬の名手とされてゐるが、琴棋書畫を描いたと言ふ事實は記載されてゐないのである。しかも日本に現存する彼の畫蹟が二つながら琴棋書畫圖である事は頗る注目すべきであらう。この任月山畫が彼の眞筆であるか否か、これを元朝畫と見做すか否かの點に付いては多少の異見も存するであらうが、これが支那畫人の筆になる事は一點の疑をさしはさむ餘地もなく又よし時代を引き下げても明朝初頭をあまり下らざるものである事はその作品の樣式から推定し得るのである。この外京都高臺寺に傳劉坦然筆琴棋書畫双幅があり、佐竹侯舊藏に傳趙子昂筆の三幅對が存するが、この傳承はもとより全く信ずるに足りぬものである。而してこの日本に現存する任月山筆の琴棋書畫の樣式は日本畫壇にいさゝかの影響をも與へなかつた樣である。

この樣に考へて來ると琴棋書畫を一聯の題材として取扱つた作品は支那に於いては極めて稀有の事に屬し、しかも元朝末期を遡り得ない事が明かにされたのであつて、琴棋書畫の內のいづれか一つを獨立した畫題として多く描き續けた支那宋元畫もこの四つのものを一聯のものとして描寫すると言ふ形式は殆んど顧られなかつたのであつた。この事が日本に於いて勝手に題名を創案せしめた理由であらうと思はれるのである。牧溪と言へば日本に於いては水墨畫の畫聖とまで喧傳され、尊敬された支那宋朝の畫人であるが彼地に於いては殆んど問題にされなかつたと同樣に、事柄は異つてゐても支那に於いてあまり顧られなかつた畫題がかへつて日本美術の重要なる題材となり、しかも日本的題名さへ與へられたこの事實は更めて注意すべき事であらう。

三

日本に於いて此種の畫題が描かれるに至つたのは勿論宋元畫の本邦移植以後になる事は申す迄もない。細川侯爵家所藏の傳雪舟畫が恐らくは最も早い作品であらうが、初期の作例で第一に擧げなければならないのは狩野元信の筆になる靈雲院の襖繪琴棋書畫圖であらう。

京都妙心寺靈雲院の襖繪は現在四十九幅の掛幅に改裝されて保存せられてゐるが、琴棋書畫圖はその內の八幅である。寺傳によれば彼が同院の開山大休和尙の下に參禪した頃、和尙の爲に筆を取つた力作であると言ひ傳へられてゐる。圖は奔湍に渡した橋上に琴を携へて友を訪ねんとする人物圖、溪畔で靜かに棋を圍む士君子の圖、山堂に畫を展べて鑑賞する圖、山間に諸種の樂器を奏する圖等であり、元信獨得の剛直なる筆致を以て描寫してゐる。それはさながら雄大なる山野を背景に悠々自適の生活を樂しむが如く、自然と人間の生活が渾然一體をなしてゐる。寧ろ此處に於いては背景たる山水描寫が畫家元信の主眼であつて、人物は單なる點景に過ぎない。人間の生活を描く琴棋書畫と言ふ畫題は從であつて一つの雄健なる山水畫が主となつてゐるのである。元信は靈雲院畫と殆んど逕庭なき琴棋書畫圖屛風一双（舊侯爵徳川茂承氏藏）を描いてゐる。構圖、筆致共に殆んど相異なく、此處に於いても作家の主眼は山水畫を描く事にあつて、琴棋書畫を遊ぶ支那人物は單に點景として描かれてゐるに過ぎないのである。彼はこの種の畫題を描くに際してはたして琴棋書畫を遊ぶ人間の生活を描出しようと明確に意識してゐたであらうか。元信畫に於ては山水畫の意識が強く畫面に表出せられてゐて、人間生活は山水畫の意識の裏に壓し去られてゐるのである。つまり元信畫に於ける琴棋書畫圖の意味は山水畫の一部として取扱はれてゐると解すべきであらう。

室町時代に於ける琴棋書畫が一つの重要な獨立した畫題にまで發達してゐたかどうか頗る疑はしい點がある。商山四皓圖とか、伯牙彈琴圖とか、月下彈琴圖とか、四皓奕棋圖とか、支那畫に常に描かれてゐるこれ等琴棋書畫圖に關係ある圖樣を山水畫の點景に應用した程度のものではなかつたのかと思はれる。加ふるに靈雲院襖繪は製作當時これに琴棋書畫圖なる呼稱を與へてゐたかも明かにされ得ないのである。けれども任月山畫の樣式の影響を全然受けざる琴棋書畫圖が山水畫の中に取り入れられてゐる點は日本に於けるこの畫題の展開を考察する上に於いて頗る注目すべきであらう。

狩野元信の孫永德は前に述べた如く大德寺聚光院の襖繪にその傑れた作品を殘してゐる。この襖繪は明かに前述の元信畫の影響を受けてゐるが、その筆致は一層勁鋭さを增してゐる。やはり琴棋書畫と言ふ畫題を描きながら人物は單に山水の點景にすぎない事は、この永德畫も畢竟元信畫の範疇に入るものと考へられるのである。切り立つた樣な奇巖の前で琴を彈ずる人物の圖樣は恐らくは元信筆伯牙子期圖（伊達伯爵家藏）の摸倣であらう。

狩野永德と殆んど時を同じうし當時旭日冲天の勢であつた狩野家一派の畫人と覇を爭ふた者に海北友松がある。彼は獨自の作風を以て山水人物に傑れた作品を殘してゐるが、最も多く琴棋書畫圖を描いたのも亦彼である。建仁寺靈洞院所藏の屛風、三大寺喜兵衞氏所藏の屛風、西村總左衞門氏所藏の屛風等が擧げられる。三大寺本は人物はすべて唐美人で、支那明朝の畫家仇英の美人畫の影響を受けたものと思はれるが頗る異色ある作品である。桃山時代より江戸時代にかけて屛風に唐美人を描いたものが非常に多いから時代的流行と思はれるが、この友松の唐美人畫はその內でも特に傑れた出來を示してゐる。

美人は梅樹に倚つて心地よげに對談し、更に他の二美人は水邊を漫步しつゝこれに近づかうとしてゐる。今茲に布で蔽はれた琴が運ばれ、机上には書籍が置かれてゐるのみで殊更美人が琴を彈じ書を讀む有樣は描かれてゐない。布で蔽はれた琴と机上の書籍とによつて巧みに琴書を表現してゐる。左隻に至れば三美人が畫を展げて鑑賞し一美人も亦これを見んとして步を運ぶ。傍に棋の盤が靜かに置かれて居り、極めて自然に棋と畫とが言ひ表はされてゐる。建仁寺、西村氏の兩屛風に於いても琴棋書畫は甚だ巧みにしかも極めて自然に描寫されてゐる。しかもこれ等の屛風には數本の樹木と池水と土坡巖石と遠山とが添へられては居るが、元信畫、永德畫の如く雄健なる背景によつて人物を壓し去る樣な圖樣ではなく、人物は畫面一杯に大きく取り扱はれ、樹木其他は全く完全なる背景の役割をはたしてゐるのを理解されるであらう。殊更琴と棋と書と畫とを取り上げて觀者に强制する事なく、畫中の人物の動作の內に極めて自然にそれ等を配置してゐるのである。琴棋書畫と言ふ言語の持つ一種の古典的な儒敎的な觀念は此處では一切葬り去られて專ら現實的現世的に取り扱はれてゐるのである。最早琴棋書畫は山水畫の一部でもなく、又支那思想の借物でもなく、それ獨自の主題として、しかも生活的に取り扱はれてゐるのである。友松の琴棋書畫圖に至つてこの畫題は新しい展開を示したものと言へるであらう。

狩野探幽は江戸時代初期の日本畫壇を双肩にになつた偉大なる畫家であつたが、彼も色々な筆致によつて數種の琴棋書畫圖を描いてゐる。今度新に、國寶に指定せられた名古屋城の壁畫琴棋書畫は、所謂眞體の筆致を以て描いた極めて謹嚴なる作風を示すものであつて、探幽畫の眞面目を見るべき作品であらう。この琴棋書畫圖には海北友松畫の示した新しい樣式はあまり發見出來ず、寧ろ狩野家本來の畫格を保守した痕が明瞭にうかがはれるのである。

帝室博物館所藏の屛風に至つては、筆法は頗る飄逸にして輕妙、別種の趣を現してゐるが、しかしなほ友松が示した巧緻さには遠く及ばない。

四

以上列敍した數點の作品はそれが如何に描かれてゐようとも所詮人物は支那の人物であり唐美人であつたのである。その題材が支那士君子の餘藝を描いた爲にこの結果が生じたのであるが、それと共に筆者が支那宋元畫を基礎とした所謂漢畫派の畫家達であつた爲である。元信も永德も友松も探幽も支那的な題材であると言ふ一事に拘泥してこれを越える事が出來なかつたのである。然るにこの支那的畫題を全く日本化して描寫した作品がある。卽ち彥根屛風の名によつて古くから有名な浮世繪の屛風畫である。

山水を描いた屛風の前に、盲人や美女は三味線を彈き、極めて頽廢的な顏をした男女が碁を打つてゐる。脇息にもたれた女は手紙を持ち、少女は筆を取つてゐる。左方に男女四人は婉婉たる姿で步を進めてゐる。この屛風は、舊彥根城主井伊伯爵家の所藏に係る故に彥根屛風と稱するのであるが、一見男女宴遊の圖とも見える此の繪の內容をつぶさに觀察するならば、諸君はこれが琴棋書畫圖の變形である事に氣附かれるであらう。盲人の後の山水圖屛風は「畫」であり、三味線は「琴」であり、碁は棋であり、手紙と筆を持つ少女は書である。琴棋書畫圖の變形と言ふよりは寧ろ一種の寓意でもあり見立繪でもある。吾々はこの浮世繪を見る事によつて最早支那風の士君子の餘藝なる琴棋書畫などは全く想像だになし得ない事であるし、支那思想などは微塵も現はれてゐない。吾々はそこに三味線をひき、碁を打ち、手紙を讀む浮世の男女の生活斷面だけを感ずるのである。

浮世繪は當時の艷麗な美女の姿體を寫し、濃厚な戀愛の雰圍氣を描寫する藝術であつた。この彥根屛風にはその樣な頽廢的な男女の生溫い息吹さへ感ぜられるが、琴棋書畫などと儒敎的な空氣は少しも感ぜられないのである。世話に砕けた琴棋書畫圖とでも言はうか、全く浮世繪の奇智と洒落氣とによつて描かれた琴棋書畫である。此處ではその內容が全く支那畫を離れて日本化したと同樣に、その描法も完全に日本的である。

英一蝶の描いた琴棋書畫圖屛風は、彥根屛風とは全然別個の方法を以てこれを日本化したものである。その內容も支那思想を遠く離れて更に自由なる解釋をほどこし、人物の風俗は我國古來の宮廷風俗でその描法は極めて大和繪的である。明るい日本の山水の內に日本上代の男女が靜かに音曲を奏し、書畫をたしなむ一蝶畫に於いても、琴棋書畫と言ふ畫題はその文字の持つ根本の意味に還元され、何等儒敎的な色彩は加へられてゐない。要するに琴棋書畫はそれが一聯のものとしては支那に於いてさへ描かれる事が稀であつたが、その題材が日本に到來するや頗る多數の畫家によつて色々の作品が描かれるに至つた。

琴棋書畫圖と言ふ題名さへ日本に於いて創案され、終にはこの畫題のもつ本來の意味を離れて日本的解釋が下されるに至つたのである。元信畫より友松畫を經て彥根屛風及一蝶畫に至る諸作がこれを物語つてゐる。

古畫が敎ふるもの

廣瀬熹六

【一】

曾て横山大觀の文展改革私案なるものゝ內に確かでは無いが恁麼ことを言つてゐたのを記憶する。つまり畫題を決めて、同一の課題に總ての人が夫々工夫をして作畫したものを、競技させる行り方だつたと記憶するが、一寸今日の頭では作畫の觀念に餘程解釋の相違があつて、可笑しいやうに當時思つたが、それは私一人ではあるまいと思ふ。

然し、それは明治以降の自由主義的な考へ方からする修學方法から起つた、今日の展覽會制度の理念と根本的に相反するものがあつての感じ方であつて、却て、今日これからの勉學法から見ると、舊いと思はれる大觀の考へ方が新らしいのかも知らぬ。

大觀の考へ方とは僕のは全く關係が無いから或は大觀の考へと相反するかも知らぬが、其麼ことは怎うでも良い。

これからの日本美術の使命から言つて、今迄の儘を續けて行く丈けでは、良くないことは解つてゐるが、然らば、どうすれば良いかとなると、まだ意見が纒まつてゐない。

美術の新體制抔と言つて、無暗に騷いでゐるが、そんなことでは無いのであつて、作畫精神の建て直しこそ大切な問題である。

例へば東亞共榮圈の確立された場合に、南洋も日本の勢力圈だと言つて、盛んに出掛けて繪を描いて來たものを、內地で展觀するのでは何の意味がない。

それこそ後代の歷史に日本の文化が之等の地方に潤したのだと言ふ遺蹟を貽して置かねばならぬと思ふ。

今日、中央亞細亞にも、印度にも、支那や泰國にも佛教美術が貽り、日本にも同じ佛樣があるので、成程之等の諸國は親類だなと解るのである。

一見してこれが日本美術なりと言ふものが、今日の繪から言へるかと云ふと、題材は勿論、思想的にも全く異人種のものかと思はれるものが雜然雜居し、個性とか何んとかつまらぬ小さな私見を固持して、日本人の繪、日本人の美術と言ふ大きな考へに、努力する作畫態度の缺けてゐるのが現狀である。

その意味から言つて、今度の戰爭で東亞の各國民に强い印象を植ゑ付けたものは、何んと言つても「日の丸」國旗が一番大きいと思ふ。この「日の丸」は永久に頭から頭へと傳つて後世に植ゑ付けられるであらう。

假りに、日の丸國旗を表徵するやうな好畫題が出來て、一見してこれが日本の勢力を現はすものであり、最高無比の藝術を後世に誇るものであるならば、一人の作品と言ふに非らず、總ての日本畫家が、同じ構圖で、同じ色彩で描き上げて、東亞は勿論、全世界に流布するならば必ず後世にのこり、その傑作は日本畫家誰々の作として、世界各國の博物館に傳はるであらう。

かくすることに依つて、畫家個人の名聲を傷くると考へるのは狹い考へである。

【二】

古畫を見て行く內に、今日と著しく違つて見えるのは、同じ畫題、同じ構圖の作品を、時代を異にし、作者を異にして平氣で繰返してゐることである。

佛畫は勿論であるが、源氏物語に出て來るやうな男女のラブシーンの如き、男の姿態に對し女のポーズは全く同じものを屢々左右位置を更えた位で繰返してゐる。また、後世の職人盡繪の如き喜多院に出て來る大工の姿と言ふものは他の職人畫に比べ全く同じ形で出て來る。つまり一番代表的な形が何れの場合にも使はれるのであつて、それでゐて、作者の腕の優劣は明瞭に高下がつくのであるから、決して今日の作者が考へる程、個性を滅却したものではないのである。

特に面白いのは時代と共に同じ姿態でも作者に依つて、作畫の態度傾向が違ふから、全く別の感覺を與へることになる。例へば、花下遊宴圖に出て來る若衆姿の戀に惱むやうな姿は、畫風と共に武張つて見えるが、夫れが彥根屛風まで來ると頰杖をつく男の顏も優艶になる許りか多少ポーズもそれらしく優しく變化を示してゐる。

琴棋書畫圖となると、狩野の畫題のやうに見えるが、水墨か、金屛風に描かれては全く古典的であるのに、この彥根屛風も實は琴棋書畫圖を狙つて、取扱ふ人物を和風にして下格な風俗畫で表面は琴棋書畫圖の命題を出してゐるに過ぎぬ。

初期肉筆浮世繪に出て來る、例へば女歌舞伎樂屋圖のだらしなき女風俗圖も、琴棋畫書圖を畫題にしてからの變化であつて、而もそれ夫れの女の姿態は、この種の風俗圖には同じ形で屢々繰返されてゐて、その間に歷然と腕の高下は看者に解るのである。

今日でも或る作者の畫風が當時の人氣を博すと、吾れも吾れもとその畫風を摸倣するやうな傾向が無いでは無いが、古畫のやうに露骨に同じ構圖を繰返すやうなことは無くて、一寸個性をのぞかせるのは、矢張個人主義から生れた藝術だと言へると思ふ。

桃山金壁に至つては作風が全く同じであるので作者の區別も着きかねる位であるが、矢張腕は各々別であつて、個性の力は滅びてゐない。

永德も山樂も同じ畫題の水墨畫が今日殘してゐるが、兩者の個性を云々する氣にはなれぬのである。「許由洗耳」の如きその一例である。

前に言つたが、古人は同じ畫題を繰返しながら、取扱ふ人物を勝手氣儘に更へて、遂には下卑た秘密畫に迄これを盜用すると言つた、今日とは全く變つた行り方をしてゐるが、要するに決して個性の無視には斯くすることに依つて起らぬと思ふ。

【三】

今日文展の作風、院展の作風と大別して區別されぬ譯では無いが、さて、これが外國から見た時にはどうであるか。

區別は非常に細かくて、同じやうに見えるだらうし、或はどれが日本の現代畫であるかさへも、指示してゐない作品で滿ちてゐると思ふ。

それでは、後世桃山程にも畫風の上で、確かり現代を現はさぬことになり、世界に向つて現代日本美術を誇るに至らぬと言はねばならぬ。

美術界機構の改革も必要であるが、何よりも先づ作風を造らなければならぬ。今迄の外國依存を捨てゝ、現代日本人の意氣を示すに充分なる畫風を創めねばならぬ。

それには總ての作者が打つて一丸となり、大きなる作家には總てが私情を捨てて歸一し、合作して、より大なる作家の出現を期さねばならぬ。

假りに線で言ふならば靫彥の線が好いとならば、誰れもが靫彥の線を摸倣して差支ないと思

フォーヴを回顧す

――西歐畫壇よ、いづくにゆく――

木田路郎

一九〇六年はセザンヌの死んだ年である。この時を契機に西歐畫壇の大動亂は始つた。第一次世界大戰は一九一四年に始まつたが、それに先立つ八年前に西歐畫壇の大動亂は起つたのである。さうして、レ・フォーブ（野獸の群）は起ち上つたのであつた。爾後三十六年の今日世は擧げて戰亂の巷と化し、大東亞戰爭は歐洲樞軸國家の攻勢と共伴して正に地球の大變革を齎さんとしてゐる。日本の地位が磐石のものになると同時に日本の美術も又世界美術を左右する位置に來ねばならない。ナチス獨逸はすでに一種の美術革命を數年前より起し、印象派以後の奇矯な美術を一切排除清算して新な國民美術を起さんと氣構へてゐる。未來派以來近代主義の洗禮をうけたファッショ伊太利もまた健全なる古典美術を再認識しようとしてゐる。此時にあつて現西歐畫壇の趨勢を究めるためには、先づフォーヴに迄遡つて一考を費すのも徒爾ではあるまい。

フォーヴはなぜ起つたか？　一言にして言へばアカデミズムへの反抗であつた。更に造型意識の變革を要求したのであつた。古典の敎條はすでに印象派に於て破碎されそれが後期印象派としてのセザンヌ、ゴオホ、ゴーガンらの革命畫家によつて繪畫の目的とするものが、アカデミズムの意圖する方向と全然異るものであることを敎へたが、この傾向を極端にまで進めたものがフォーヴであつた。マチス、ヴラマンク、ドラン、ブラツク、フリエーツ、ヴン・ドンゲン、デュフイらの蹶起は青年少壯の客氣に驅られた運動とのみ解するわけにはゆかない。彼らの破壞の底には藝術更改の信念があつた。彼らは繪畫が視覺の幻像的再現にのみたよる愚を知つたのである。視覺を通じてなす行動は繪畫の方法を一定さす權利はない。むしろ意識を以て視覺の齎すものを自由に更改することの正しさを知つたがためである。

すでにセザンヌは印象派を通じて實體そのものゝ實現（レアリザツション）に至らんと努力し、ゴーガンは色彩の自由な意識による綜合の法則を知らうとして蠻人の素朴な表現に學んだ。このやうな先人の仕事はフォーヴの畫家の信念に充分な確信を與へたのである。「畫面」といふ觀念がそこで變つた。畫壇の革命は實にこゝに胚胎し

ふ、それより又た穀彦以上の線を出すやうに努力し、其處に統一された現代日本を表はす線が生れねばならぬ筈である。

勿論、かくすればとて、矢張流派別は起るのが當然であつて、只、今よりは大きく區別されるまでゞ、それは差支ないと思ふ。

畫題の制限も當然あるべき筈で、建國精神に反するやうな畫題は當然禁止されねばならぬ。

今回の大東亞戰爭で、成程、日本は飛行機も戰車も使用してゐる。その總ては外國に教えられたものであるかも知らぬが、日本の飛行術と外國のとは攻擊精神が全く違つてゐるので、今日では立派に外國の依存を離れて、日本の飛行術が存在する。

これが美術の上でも、左うありたい。民間の自由野放しでは、矢張外國から見たのでは、どれが日本の美術だが、解つたものぢや無い。

それでは、折角勢力圈が大きくなつても、少くも美術の上では現代日本は後世に殘ることが出來ないことになる。

私が畫題を統一して、公募展で競抜し、優秀作が出たならば、その同じ畫題、同じ構圖で、何れもの作者が競抜し、それ以上の優品を後世に殘すやうにすべしとの理由は、これに依つて同じ畫題の同一の構圖が現代日本畫として、世界に流布されるからである。

今日の展覽會制度其儘を流用して、今日以上に畫界の進展を見ず、次の時代の作家は現代より著しく氣力に缺けることを認める以上、何とかして、現代日本の發展に連れての藝術向上は少くも根本的理念の改廢より他に仕樣が無いと思はれる。

偶々、古畫研究の一指示が、私をしてこの暴言に等しい提案をなさしめたのであるが、これを冷笑視して看過しないで、一應白紙に返へして、再考せられむことを、諸賢に望む次第である。（了）

名古屋城本丸御殿障壁畫の內「虎之圖」「琴棋書畫圖」　名古屋市所藏

名古屋城は德川家康か其子義直のために經營したもので、城內本丸御殿は慶長十七年より着手して同十九年には大體の竣工を見たものと思はれるが、その後寛永十年より翌十一年にかけては將軍家光上洛の際逗留のために特に上洛殿その他の諸殿を增築したのである。是等本丸御殿の內、障壁畫の現存するものは玄關、表書院、對面所、上洛殿、御湯殿書院、黑木書院、上御膳所、梅之間、鷺廊下、雁廊下等であるが、この內、玄關、表書院、對面所の三ケ所の障壁畫は慶長年中の製作で、狩野貞信が一門の人々と共に製作したものである。玄關虎之間障壁畫本揚載分――はいづれも金箔地の濃繪で、虎圖は當代の障壁畫に遺作尠くないが、これはそれ等に互してまた名作である。

紙本著色　水仙鶉圖　傳徽宗皇帝筆　一幅　淺野侯爵家所藏

一羽の鶉に水仙を配した圖で、古くより宋の徽宗皇帝の筆として喧傳さるる名幅で、圖中には「御書」の瓢印と徽宗年號「政和」の長方印とが捺してある。竪八寸九分　橫一尺二寸九分

ドラン

ドラン

初期フォーヴィズムの作品

マチス

フリエツ

ブラマンク

ユトリロ

たのである。

フォーヴの運動は、それ故必然になほ分化の道程を辿つた。フォーヴの意識するものが自由であればあるほど無限に擴大する表現技法が許容されてくる。ピカソの出現はこの時代に奇怪な黑人彫刻の立體表出に驚嘆してキュビズムを創造せしめた。それも意識の自由に出立したフォーヴの運動を先驅としたからである。そしてピカソ以後無數のイズムが捲き起り、ジャンゴルドンのいふが如く「繪畫の無政府狀態」が生じたが、かうした傾向がダダイズムからシュールレアリズム迄來て西歐畫壇は救ひがたい混亂の極に達した時第二次世界大戰が起つたのである。時代の空氣と畫人の想像の世界がまたいみじくも符諜を合はす如き結果を果して何と見るか？

第一次世界大戰後の佛蘭西畫壇はフランス繪畫の傳統とフォーヴ以後の諸傾向の折衷的な綜合を目ざしたかに見えたが、外國人畫家の氾濫とユダヤ人畫商の跳梁とはフランスの傳統をむしろ滅却さした。そしてかつて印象派以後フォーヴ出現の期間に見た如き華やかな巨匠時代に代るに群小作家のたゞ妙な亂舞に任した觀がある。カミーユ・モークレールはこの傾向を憤慨してユダヤ人畫商の商策に弄せられた佛蘭西繪畫を救ふものは祖國の傳統に還ることだと先頃喝破した。が今や美術の中心地巴里は獨軍占領下にあり、昔日の自由をとりもどすべくもない狀態に於て、光榮あるフランス畫壇も最早歷史の終末でなきやと思はしめる時となつた。この悲境を救ふ道はなんであらう？　もう一度今世紀初頭のフォーヴを回顧してその正邪を批判することこそ正しい道ではあるまいか。

フォーヴの出立は正しかつた。しかしその意識の無限的擴大は誤りであつたと言へまいか。繪畫は歸するところ一つの技術である。技術を通じる意識の表出である。後世亂痴氣噪ぎにすぎない百鬼夜行的繪畫を橫行せしめ繪畫の無政府狀態を惹起せしめたといふ罪はフォーヴの無制限的自由主義にある。この自由主義は今日淸算されなければならない。傳統に歸るといふことは何も「傳統の形式」に歸つてアカデミズムへ牢居することでは勿論ない。さすがに今日のマチスにしろドランにして充分傳統繪畫のエッセンスを留意してゐることは窺へる。マチスの極度に單純化した童畫的畫面にも調和均衡の新しい法則が創られてゐる。その色の排列に知的な構成がある。而してやはり「美しい」のである。これらの新しい美こそフォーヴの建設した賜であると共に、それから更に進んだ構成へ向ふべきが今日の畫人に課せられた任務である。因襲を破つたものがフォーヴであつたと共に「今日の因襲」の無意味を自覺するものこそ明日の作家でなければならない。

繪畫以外の新國寶

工藝——はすべてで五點で指定を打切つた。「住之江蒔繪硯筥」と「銅鐸」は殊に注目されるが。これは寫眞及びその小解の如くである。外に左の三點がある。

色繪山寺文樣壺　根津美術館藏
砧手靑磁花瓶　同上
高麗靑磁水瓶　同上

「山寺」は吉野山の意であつて、仁淸が作つた茶壺の丸龜藩主京極家に傳來し、故根津嘉一郎氏の有に歸したものである、底裏に仁淸の大印があつて高さ七寸二分。「砧手靑磁花瓶」は竹の子と通稱される形のもので、斯種の中この花入の如く美しく大きいものは遺品中稀れに見る處で、堀田備中守正俊傳來である。

文書典籍書蹟——は三十三件である。近衞家の陽明文庫所藏の「紙本墨書平記」を第一としたが、平信範が遠祖親信より行親、定家、知信、時信に到るその人々の日記で所謂「平記」と呼ばるるものの原本であつて、親信記の第一卷に長承二年平信範寫の奧書がされてゐる、信範は時信の弟である。國有の「紙本墨書萬葉集卷十六」尼崎本と同じ、國有の「紙本墨書古今集注」藤原の敎長撰の二帳があるが、共に京都大學に保管されてゐるもので、この原本は治承元年九月高野山で藤原敎長が書いたものを書寫したのがこれであるが、敎長所撰の古蹟集注は全く他に傳本がないので貴重な文獻である。河內の金剛寺から「紙本墨書楠木文書」一卷が擧げられた、元弘二年十二月九日から翌年二月二十三日に到る正成自筆の狀三通、興國四年の正行聽宣及び正時遵行狀、正平九年の正儀施行狀以下正近請文、綸旨等十四通を蒐集一卷としたもので、いづれも吉野時代に於ける楠氏と金剛寺の記錄である。就中正成の書狀は筆蹟殊に優れその人格を窺ふに餘りある。其他

（一六頁よりつゞく）

寛和二年內裏歌合　小林一三氏藏
和漢朗詠抄卷下殘卷　岩崎男爵家藏
寂蓮筆熊野懷紙　三井守之助氏藏
子元祖元墨蹟、一山一寧墨蹟、明極楚俊墨蹟、宗峰妙超墨蹟　根津美術館藏
中庸（朱熹章句）孝經述議　船橋子爵家藏
古林淸茂墨蹟　丹羽子爵家藏
癡絶道中墨蹟　長尾欽彌氏藏
古林淸茂墨蹟、大休正念墨蹟　松永安左衞門氏藏
華嚴經卷第六十五、第一　岡村政康氏藏
竺仙梵僊墨蹟　齋光院藏
同　大通院藏
栯石梵琦墨蹟　守屋季藏氏藏
明惠上人筆消息　建仁寺藏
無準師範墨蹟　東福寺藏
虎關師錬墨蹟進學解　同寺藏
後醍醐天皇宸翰御消息　坂內義雄氏藏
慈圓僧正筆消息　曼珠院藏
後宇多天皇　後醍醐天皇宸翰御消息　仁和寺藏
伏見天皇宸翰後和歌集　譽田神社藏
類聚歌合殘卷　八馬兼介氏藏
法華經（紙背伏見天皇宸翰御消息）金銀箔
散料紙墨書法華經法師功德品　大雲院藏

刀劍——二十六口である。

太刀之部　久國（松田子爵家）　國安（德川公爵家）　國淸（長尾欽彌氏）　吉家（村山長擧氏）　包永（保科子爵家）　同（中島喜代一氏）　正恒（村山長擧氏）　恒光（加藤正治氏）　信房（酒井伯爵家）　行光（岩崎男爵家）　秀近（陽明文庫）　同（井上正三郎家）　眞利（二宮孝順氏）　助包（淺野侯爵家）　一（細川侯爵家）　景依（伊奈波神社）　長光（森榮一氏）　長光（長尾欽彌氏）　景光（阿部修四部氏）　近景（細川侯爵家）

短刀之部　長重（本阿彌猛夫氏）　久國（松平子爵家）　眞宗（淺野侯爵家）

劍之部　國吉（宇佐美寛爾氏）

刀之部　志津（德川侯爵家）　長光（龍藤茂一郎氏）　薙刀直し刀國次（淺野侯爵家）

（以上）

共榮圏と日本工藝の進出

座談會（完）

東京美術學校教授　森田龜之助
同　上　津田信夫
同　上　高村豐周
本社　猪木卓爾
　　　川路柳虹

永久的調査施設の必要

高村　民間の持志な研究家も、これも無論歡迎すべきだけれども、しかしそれは幾等調査研究してもそれは政治的には力がないのだから外務省なり商工省なりのやうな處から、そういふ技術官の長期駐在員といふものを設置して、それからの報告なり、調査なりがそれが、直ぐに國策に反映する。そういふ風な性格を持つた者を設置しなければ不可ぬと思ふのです。

川路　そして政府がそういふものを綜合的に纏めなければ不可ないですね。

猪木　しかし今度は繪畫なり、工藝なりにしても、そういふのが相當に生れて來ると思ふのです。

川路　それにしてもなか／＼直ぐには行かぬでせう。

猪木　軍部がなか／＼そういふ方面に就て頭を使つて居るから、今までとは違つてゐる。

津田　一部では着々にやりつゝあります。

高村　僕はそれを政府でやらなければ不可ぬと言ふのです。

川路　現在一番の問題はそれだね。

高村　海外調査員とか言つて、六ヶ月や一年位旅行させても、それは駄目だ。

津田　駈出し旅行では何にも出來ない。

高村　殊にそれも、今度は誰の番だ、あれはまだ行つてないから、あれをやつたらいゝといふやうなことでやる。それじや到底本當の仕事は出來ませんよ。もうそんな俗吏的な考へ方からは脫皮しなければならぬ時代ぢやないのですか。

川路　初めて西洋を見るやうな連中が行くのだから。

猪木　今まではそうだつたでせうが、今度は變るでせう。

川路　實際はすべてが建直しの時です。

高村　またそうしなければ本當の共榮圏にならぬですね。

川路　共榮圏でなく、合宿圏になつては困る。

津田　そういふ風に考へて來ると矢張りこゝでしつかりとした百年の計畫を樹てなければ駄目です。

開發方策は？

津田　目下の處で行けば、企劃院あたりに一つそういふ考へを持つて貰ふことです。それが第一步でせう。

高村　それと情報局です。

川路　政府機關の中で、どうも情報局が一番活動して居るやうですね。

高村　工藝といふと文部省と、商工省になつてしまふけれども、文部省はこれは純粹の藝術です。文部省の役目としては、それだけでいゝので、これの厚生利用の方面、これは文部省の問題じやない。それから商工省の方から言へば、これは物資とか、或ひは物價政策とかといふ方から、工藝を考へてゐる。だから兩方共皆立派な抱負を持ち、立派な政策を持つて居るのだけれども、それだけでは工藝の本格的な發展といふことには、まだ足りないものがある。これは企畫院あたりで以てそういふ案を樹てるとか、情報局が受持つとかしなければ望めないと思ふのです。

川路　そういふ點で、何か工藝家の方から政府に對して意見を具陳するといふやうな機運は、まだ具體的には動きませんか。

高村　てんでんには考へてゐるだらうと思ふが、表面的にはまだ表はれて來ません。

津田　これから先きの工藝は如何にするかといふ問題は、差當つての問題は、大陸に於て、或ひは南方に於て將士が骨折つて戰つて吳れてゐる。それに對して工藝家も、何か感謝の意を表するやうなことをしなければならぬ。更にもう一步進んで、新しく東亞共榮圏といふものを創る、それに當つては、本當に生活と結びついた工藝を作り出さなければ不可ぬ。かういふことは、各々考へてはゐるのだけれども實際となるとなか／＼思ふ樣に行かない。

川路　ですから具體的に如何にしたらそこまで行くかといふ問題です。我々がたゞ考へてゐるといふことだけではどうも不可ぬと思ふのです。

津田　どこからか力強い聲が出て來ないと不可ない。

高村　それを結びつけるといふことは、これは一面あなた方にも責任がある。

川路　ラウド・スピーカアで聲を大きくして放送することは出來るけれども、その根本のものが一つ本當に決まらぬとそれを放送しやうとしても出來ない。

津田　それには先きに言ふ通り、我々の範圍になる、つまり共榮圏の範圍になる各國の各民族の風俗とか、習慣とか、そういふものを研究して掛からなければ不可ない。

列品館の必要

川路　ですから目下一番必要とすることは、東亞共榮圏内の繪畫なり、美術工藝品なり或ひは人種や風俗習慣とか、そういふものを一目にして國民に示せるやうな一つの施設を創る必要がある。兎に角人種も違ふし、風俗習慣も違ふし、その民族の持つて居る工藝品のやうなものにしても、違ふのだから、そういふものを一堂に集めて、かういふものがあるといふことを皆に見せること、それが必要だと思ふのです。これだけのものがあるといふことを見せなければ、そこに認識が起きない。如何に理窟を言つても、その實物を示さなければ判からない。ですからそういふ施設を一つやつて貰はなければならぬでせう。

森田　それを一つ東京に拵へなければ不可ぬですね。

津田　そういふことは、今まで隨分說いてゐるのだけれども、日本の經濟が許さぬのか、なか／＼實現出來なかつた。しかしこの際は、一つ何としてもやらなければならぬですね。

森田　そこまで行くにはなか／＼容易ならぬことですから、そういふ方向に向つて、差當り手取り早く明日からでもやれることを考へなければならぬと思ふのです。

先づ拙速的方法でゆけ

森田　陳列館などはバラックでも構はない。內容はこの間もデパートで何かやつた樣ですが、あゝいふのをそのまゝ持つて來てもいゝし、バラックでもいゝから、初めはそういふ處でやつて、追ひ／＼に建物を整備するといふことでいゝ。何にも初めから金を掛けなければならぬといふ譯のものじやない。

猪木　作家としても、何かこゝで一つ國策に沿ふやう一つの行動を起ずといふことが大切でせう。こちらでのみお膳立ては出來ないけれども、何かそういふ行動を起さなければ、國家の方でもなか〳〵注意して呉れぬでせう

津田 兎に角かういふ話は、立派な美術館を拵へなければならぬ。陳列館を拵へなければならぬ。そう勢よく言つたところで、それは明日から實現出來ないから、先づ以てデパートあたりでやつてもいゝ。どこでもいゝから一方で先づやらなければ嘘だと思ふ。そしてドン〳〵いゝことをやつて居れば、國家だつて立派なものを拵へるに違ひない。どうもその努力が足らないかと思ふのです。

川路 現にドイツなんかでもフェルケルクンデムゼウムを建てたのは、ドイツが世界大戰で負けて、一番貧乏した時に、あれだけの豫算を組んであれだけ立派なものをやつて居る。あれから考へれば、日本ではもつと立派なものが出來ていゝ筈ですね。

高村 それを言へば政治家を再教育して掛からなければ不可ぬですよ。我々はそういふことを言つて痛感してゐますけれども、何としても實行力を持つてゐない。

猪木 どうも今までの日本の國力では、それは無理でした。しかしこの戰爭に勝つために、凡ゆるものが犧牲にされてゐますけれど、もこれから我々も餘裕が出來て來れば出來ますね。

川路 伯林のフェルケクンデを見てもいろ〳〵の太平洋文化アジヤ文化やその民俗、すべてあそこにあるけれども、あゝいふものが日本に澤山出來なければ不可ぬですね。ところが日本は、今まで何にもそういふことはしなかつた。

高村 それは餘裕が出來なくとも出來るのです。そういふ餘裕が出來てからやるといふのではそれでは、不可ぬと思ふのです。

川路 今の日本の軍部のやうなやり方でゆけば何でもない。

津田 だからこれから先きの工藝家は、そう政府にばかり頼らんで、小さくとも俺達はこゝまでやりたいのだといふ氣持を出さなければならぬ。

川路 今の時代にはそれを出さなければ駄目ですね。それを身近かに巧利的に考へて、これだけしたらこれだけの效果がある。そういふことばかり考へて居つては文化といふものは發達しない。文化といふものは、もつと非巧利的なものです。

津田 だから作家協會あたりでもいゝから、東亞圈内の工藝品を集めて皆に見せるといふことにやつたらどうですか。我々が知つてゐる範圍で集めても、それだけでもいゝんじやないですかね。

川路 それだけでもいゝですね。

津田 そうすれば一般の人も、成る程今度出來る東亞圈内の工藝といふものはこんなものかといふことが、先づ以て判かるでせう。

高村 それは非常にいゝから、早速やらうじやありませんか。

川路 實行に移したいですね。

作家集團の力で

津田 それはどこでやつてもいゝかも知らんけれも、折角作家協會が出來たのだから、そういふ處で發起して情報局なり、軍部なりから後援して貰つて、三越でもどでも構はないデパートでもいゝから、一つやらうじやないですか。

猪木 それは日本畫でも、油繪でも、凡ゆる方面でやつてゐるのですがどうも工藝の方はやつてゐない。

津田 飛行機を作らうとか、或ひは傷病兵に生活を作つて上げやうといふ話もありますけれども、それは差當りの問題です。今我々は、我々のために骨折つて呉れた人に對して感謝の意を持つてそういふことをやればいゝといふことは、これは必要なことに相違ないけれども、もつと先きの問題を考へなければ不可ぬ。

高村 今のお話だけれども、他の日本畫だとか、油繪だとかといふ方面では、繪の展覽會をやつて、その純益を献納するといふことをやつてゐますが、あれは工藝には適用出來ませんよ。

猪木 資材が要るでせうから。

川路 それに時間も經かるでせう

工藝家には自らの役割がある

高村 資材や時間の要るといふ點もありますが、一つは傷病兵を慰めるために、花活を持つて行つて上げるとし或ひは置物を持つて行つて上げるとしても、繪とは違つて、鑑賞の方法に拘束されるものがあるから、却つて向ふで困難を感ずるから、これはなか〳〵出來ないことです。生活的な工藝品なら別ですが。ところが工藝は、もつと產業的に實際にお役に立つてゐる。我々自身は現實に働かなくとも、今飛行機の工場でも。それから民間の他の會社でも、それ〴〵工藝家が這入り込んで居る。例へば中島飛行機にしても、美術學校の卒業生が澤山入つて居ります。また地方でもさういふ方面に一時轉換してゐる工藝作家は多數に居ります。そういふやうに我々の教育した者や、仲間は、そういふ軍需的な產業的な方面に皆這入り込んで居る。そして例へばプロペラ、或ひはエンヂンといふやうなものゝ製作には、美術學校の工藝科出の者が一つとして捗はらぬものがないと言つてもいゝ位です。眼に見えない處に網の目の樣に入つて居りますが、これは工藝家の立派な奉仕だと思つて居ります。しかしそういふことは底に潜んで居る仕事であつて、表に現はれてない華やかに出てない。だから工藝家は何してゐるのだ、かう言ふけれども、決してそうじやない、皆一生懸命にやつて居ります。

猪木 大變お寒いところ長時間に亘つて有益なお話をお聽かせ頂きまして有難う存じました。(終)

新指定の國寶繪畫

今回、新たに指定された國寶の内で、繪畫は二十四件で、これを內わけすると繪卷五卷、繪畫二十幅と名古屋城の襖繪二百八十面である。所藏者は淺野侯爵家の八點を最とし、根津美術館の七點これにつぎ、岩崎男爵家の五點、井上侯爵家の二點、近江の西教寺の一點と名古屋城である。

一、紙本著色男衾三郎繪詞　一卷
二、枕草紙繪詞　一卷
三、雪舟筆紙本墨畫山水圖　一卷
四、傳徽宗皇帝筆水仙鶉圖　一幅
五、傳趙昌筆竹蟲圖　一幅
六、傳夏珪筆山水圖　一幅
七、蘿窓筆竹鷄圖　一幅
八、因陀羅筆寒山拾得圖　一幅
以上淺野侯爵家藏

この內「男衾三郎繪詞」は詞と繪が各六段で武藏國に吉見二郎と男衾三郎の二人の兄弟があつて、京都に赴く道中で、二郎は山賊のため殺され、その後になつて三郎の妻がその遺子である娘を虐待するが、その娘は觀音の申し子だといふのに物語は起るのであるが、そこ迄でこの物語は中斷され後段は傳つてゐない。吉見男衾などはいづれも現在武藏に地名として存してゐる。この物語は、他に類のない珍しいもので、「伊勢新名所繪歌合」などと筆者が似てゐて、共に永仁年間の土佐隆相の筆だと傳へられるが確かでない。「枕草紙」は、枕草紙の八段で淑景舎が一條院中宮を訪ふ段、淸少納言が竹の枝を差出されて此の君と呼ぶ段、頭の中將が宴席で菅原道實の詩を吟ずる段から八幡還幸までである。鎌倉末とも考へられる白描で、詞は後光嚴院御宸筆、繪は「女筆」とのみ傳へられて筆者を明かにしない。永享十年壘畫枕草紙を揮毫したといふ文獻によつて、この卷が其時代を推定される。雪舟筆「山水圖」「水仙鶉圖」及び傳夏珪筆の「山水圖」は寫眞小解の如くである。「竹蟲圖」は、宋代院體畫の傳統をもつ畫風で宋の花鳥畫家趙昌と傳へられてゐる作である。「竹鷄圖」の筆者蘿窓は宋朝末葉の禪僧で西湖の六通寺に住し牧谿と並び稱された人で、その遺作は珍しい。圖中の自賛に「意在五更初、幽々潜五德、瞻顧候明時、東方有精色」とあつて蘿窓の署名と印がある。今回は故根津嘉一郎氏遺愛品の因陀羅筆「布袋」が國寶となつたが淺野家の同じ因陀羅の「寒山拾得」も同時に擧げられた。淺野家の方には「宣授汴梁上方祐國大光教禪寺住持佛慧淨辨圓通法大師壬梵正」とあつて、因陀羅が佛慧淨辨圓通法大師といふ大師號を授けられ、汴梁（今の開封）の大光教寺の住持であつたことが分る。琦石の賛は兩幅にあるので書いて見る

寒山拾得兩頭陀或賦新詩或唱歌識問豐干何處去無言無語笑呵々（淺野家分）

花街閑步恣經過、喚作慈尊又是魔背上忽然楷出眼幾乎驚殺蔣摩訂（根津家分）

である。

九、傳顏輝筆雲門禪師圖　一幅
一〇、傳吳道子筆鐘馗圖
以上井上侯爵家藏

「雲門禪師圖」は衣を縫ふてゐる圖で、如何にも顏輝といふべきだが落款はない。鐘馗圖は吳道子で傳承され、鐘馗畫の古いものとして頗る有名である。

一一、絹本着色妙音天像　一幅
一二、聽松軒圖　一幅
一三、岳翁筆洞山良价禪師圖　一幅
一四、傳馬遠風雨山水圖　一幅
一五、孫君澤筆樓閣山水圖　二幅
以上岩崎男爵家藏

巖上に琵琶を彈ずる妙音天の畫像で周邊には浪に龍を配し金碧極彩色で、保存もよく同圖中の一古作である。「聽松軒圖」は五山の詩僧として名高い惟肖得巖勝剛長柔、龍岡眞圭、九淵龍睬と竺雲等連の五人の賛がある。得巖賛には永享五年と書かれ等連には長祿二年とある。筆者不明なるも畫風は室町初期の詩畫中では類例のない特殊なものである。「洞山良价禪師圖」は、唐僧良价禪師が密師伯と龍山に入つて隱者を訪ふ光景である。岳翁は國寶岡崎家山水圖があつて、名を藏立と云ひ明應永正頃の畫人である。馬遠筆といふ「風雨山水圖」と「樓閣山水」は寫眞小評の如くである。

一六、紙本著色天狗草紙　一卷
一七、十二因緣繪卷　一卷
一八、愛染明王像　一幅
一九、明兆五百羅漢圖　二幅
二〇、祥啓筆山水圖　一幅
二一、傳牧谿筆漁村夕照圖　一幅
二二、因陀羅筆布袋圖　一幅
以上根津美術館藏

南都北嶺の諸寺諸山の僧侶が憍慢我執の外道に陥つてゐる有樣を天狗に喩へて諷刺したのが「天狗草紙」であつて、七卷である。上野の帝室博物館に興福寺、東大寺所藏の分の摸本があり、延曆寺、東寺（帝室博物館）園城寺（前田侯爵家）、三井寺（久松伯爵家）等の原本が現存してゐる。この根津美術館の分はこの天狗が憍慢我執から醒めて佛門修行に專念しようことを申合せ、堂舍塔廟を建立し成佛得道するといふ、天狗草紙の結論で、摸本原本を併せ、これを最後に加へると七卷に纏まるわけである。その製作年代は第一卷である興福寺の分に永仁四年とある。「五百羅漢圖」啓書記の「山水圖」牧谿の「漁村夕照圖」因陀羅の「布袋圖」等は、寫眞小評に書いてある如くで、殊に因陀羅は前文の淺野家の條を參照されたい。「十二因緣繪卷」は十二の羅刹を折叱王が征伐するといふ詞十一段、繪十四段の繪卷である。經義を繪卷にしたものには東大寺の「華嚴五十五所繪」や慶忍筆「因果經繪」が有名であるが、これも同じく繪佛師の筆で時代は少し下る鎌倉末期と見るべきであらう。「愛染明王像」、同明王畫像中でも優秀なもので、前繪卷と時代を前後するものであらう。

二三、絹本着色豐臣秀吉像　一幅
（西教寺藏）

滋賀縣坂本の西教寺の　秀吉像」が、今回寺社として唯一點を擧げられたが、これは慶長五年山中山城守長俊が畫かせ、南禪寺の玄圃靈三と東福寺の惟杏永哲兩僧が賛をしてゐる。この兩僧は朝鮮役に、相國寺の西笑承兌などと共に秀吉に從つて肥前名護屋に赴いたものであり、山城守は秀吉の寵臣である。

山城守の菩提寺西教寺に傳來してゐることも尊まれる。

二四、名古屋城本丸殿障壁畫
（內譯）玄關虎圖障壁畫（三十九面）、表書院花鳥圖障壁畫（八十五面）、對面所風俗圖（四十七面）、狩野探幽筆上洛殿帝鑑圖、琴棋書畫圖、四季花鳥圖（七十七面）、黑木書院瀟湘八景圖、四季耕作圖（三十二面）

名古屋城は德川家康が其の子義直の爲めに經營したもので、慶長十五年起工し、翌年中にはほゞ城廓の工事を終へたが、本丸御殿は十七年より着手して同十九年には大體を竣工した。後寬永十年と十一年にかけて、將軍家光が上洛するに際して逗留の必要から特に上洛殿其他の增築したものである。その本丸御殿の中障壁畫の現存するものは玄關、表書院、對面所、上洛殿、御湯殿書院、黑木書院、上御膳所、梅之間、鷺廊下、雁廊下等で、障壁畫の筆者に關しては、「狩野五家譜」其他の文獻に依つて當初は狩野光信の子、貞信が一門の人々を率ゐて諸殿揮毫し、寬永增築の場合の上洛殿は探幽守信其他の筆である。上洛殿はすべて七室で、上段之間と一之間には帝鑑圖說に依つた數圖其他、二之間には琴棋書畫圖三之間には四季の花鳥を畫いてゐるが、右は正に探幽筆であるまた黑木書院だけは「清洲越し」と傳へられ、淸洲城移建の建物で一之間には瀟湘八景圖、二之間には四季耕作圖が畫いてありこの繪も同城から移された模樣で筆致は更に古く、時代もそれ以前である。

如上が今回指定された國寶繪畫の概說である。（以下十三頁）

獨立展と旺玄社

矢野文夫

獨立展

第十二回獨立展は、決戰體制下にふさはしく重厚な落ち着きを示し、漸くリアルへの確實な歩調を揃へて來たやうに思はれる。一頃の超現實主義的作品は完全に拂拭され、取材的にも、所謂サロン藝術型の裸婦や婦人像の有閑的な遊惰な消費的一面が激減してゐるのは事實でありこの點、文展系の諸展覽會よりも一歩躍進してゐるとも見られる。しかし、まだ〳〵動きが足りないと思ふ。烈しい現實の齒車に嚙み合つて一歩もひけを取らぬ程のきびしい政治的反省が缺除してゐると云へる。技術の練磨がそのまゝ職域奉公だとの遁辭は今日絶對に許されぬ。畫家だけがさうした偸安に耽ることが許されぬとすれば、雄大豪壯な大東亞戰の迫力ある構想にもつと深い現實的關心と反省がなされねばならぬと思ふ。

今年は概して古參會員が力のある佳作を示し、新銳な會員會友級が振はなかつた。戰爭畫は田中佐一郎の「風雨の出陣」一點であるが、筆觸に深い沈潛を示し疾風沐雨の戰陣を藝術的感銘に於て捉へることが出來た。中山巍の「南方の女」「南方の子等」に就ても浮薄な時局畫でなく立派なタブロオとしての新鮮な成果を示してゐる。

野口彌太郎の諸作も輕快な流動的な筆觸のうちに「上海」「佛蘭西租界の眺」「黃浦江」等の現實的なめまぐるしい動きを捉へ潑剌としてゐる。また居串佳一は「村境」「働く人々」等の大畫面に綠青色の眩しいやうな映發の中に、働く人々の逞しい群像を示さうと努力した。

松島一郎は、精嚴なリアリズムの、手法を驅使し「耕す牛」「畠」などに强靱な骨格を見せてゐる。以上の諸氏は、現實的政治的關心に於て尠くとも能動的な動きを持ち畫面また精彩ありと云へる。

其他の會員中では兒島善三郎の畫境の內面的の深まりが注目され「夏草」は淡い詩趣をたゝへて渾然として來た。「箱根秋晴」「早春」の一つの獨自な樣式化も純化され「菊」に見るゆとりのある形式も美しい。鈴木保德の北海線高原地帶に取材した四點も、作者の烈しい意慾を感じ「吹雪の絶間」にみる息づまるやうな大自然の重壓「高原の秋」「雪の前」「高原初秋」にみる雰圍氣の描寫など佳作である。同じく山岳に取材した清水登之の諸作は太い點描を驅使した「樹氷」「南國海邊」などの工夫も面白いが「運峰雪」の逞しい意慾「シャボテンの女」の色彩的幻想の豐饒さを注目した。川口軌外も漸く動かんとする氣配がみえるが「柿等」の靜物が美しい。

須田國太郎「冬」は墨畫的なものへの憧憬と東洋的な寂靜の中に、精神的な擴がりを企圖した佳作であり「夏」の光と影の彫塑的な技術は一つの完成を示してゐる。

海老原喜之助「練馬」は新鮮な感覺の冴えをみせ、アクの拔けた造型的熟練がある。

齋藤長三は詩人としての抒情的な特長を生かし「山ふところ」「農家前庭」など蠱惑的な靜寂な畫境である。小林和作「牡丹」「秋」など感覺的な美しさあり小島善太郎「松島」淡々と練達の技を示し、藤岡一「對話」の大作はリアルへの轉換に於て確實な成功を收めた。熊谷登久平三作中では『弓』にみる二少年の裸像に神話的な鄕愁に似た情緒的な美しさがある。高畠達四郎「角力」にユーモラスな達意の描寫あり、中間冊夫「草取り」菊池精二「冬」など力作であり林武は執拗なねばりのある筆觸で重厚な迫力を示し、「背像」が佳作である。

鈴木亞夫は「二人のアンコ」に練達の技術をみせてゐた。

會友では菅野圭介の造型的新鮮さ「湖水」は詩趣ある佳作、大野五郎の努力も注目すべく、「風景」「浮間ヶ風景」の二作ねばりのある畫面の動きが特異である。今西中通の「山と水」その他の暗綠のキュビズム的畫境に工夫あり、佐川敏子「切通し」島村三七雄「小婢」、靑柳暢夫「牧場の人」豐藤勇「河口」などそれ〴〵力作である。

一般出品では綠川廣太郎「蕃社三題」の粘着力ゴッホ的な山田榮二の「魚」童畫的な堀之內一誠の「田園謳歌」梅原茂「晩秋」松島正人「夏のスンガリー」中尾彰「はんや風景」大內弘「波頭」富樫寅平「馬と宿」岡部文之助「二月風景」など記憶に殘る。佳作である日本畫的なものゝ攝取と消化が、數氏により試みられてゐるが、志村計介「すゝき」鳰川誠一「殘雪」「かもめ」の二人が成功し、山道榮助「四天王」宮島弥一郎「耐寒梅花芳香」等更に一段の工夫を要する。

旺玄社展

牧野虎雄氏主宰するこの會は概ね質實な地味な作風で、ケレンもなく嫌味もないつゝましさである。牧野氏の人間的感化が私塾的にこの會の全員に泌みこんでゐるのかも知れない。

第五室に牧野虎雄作品回顧特別陳列があり興味深かつたが、最近の最も圓熟した一聯の佳作を缺いてゐたのは遺憾である。大正年間の作品は乳灰色の中間色を基調とし、筆觸に一種の捩ぢれたやうな神經的なものがあり、セザンヌ的なリアリズムを想はせる眞摯な大自然への凝視がある。「冬の遠山」「廢屋の春」「花苑亂れ」「咲く路傍新綠」「波」など大正年間の作品の代表的系列であり、唯一點の靜物「柿」は古典的な深く美しいものである。昭和期の作品は、日本的なものへの憧憬と探求が强まり、畫境も獨自な透明な詩感があふれて、現在のすぐれた個性を確保したのであつて、「夏の庭」「初冬」「朝顏」などいづれも佳作である。

出品作中では、岩井彌一郎の靜物聯作が素朴な風趣のある太い線で興味を惹く。南瓜を三十ばかり轉がした大作の「靜物」は一寸ユーモラスな微笑さへ誘ふのは、現代ではかうした素朴な生眞面目な觀點が稀れである楯作治郎の「溪流」は執拗な自然探求と靑綠の眩ぶしいやうな色調が人眼を惹く。

遠山陽子の「裸婦」三點は、風格の逞しさと物質感の精緻な把握に於て優れ場中で注目すべきものである。甲斐仁代は小味な「枇杷」「山茶花」で輕く逃げてゐる。

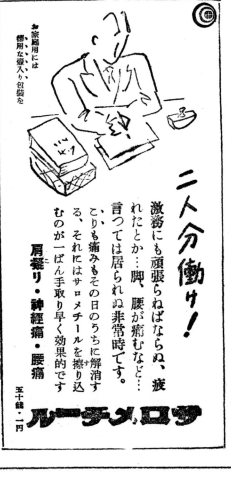

展覽會の暦

▽東光會第十回展　十九日から三十日迄上野府美術館
▽大輪畫院四回展　廿一日から廿五日迄上野美術協會
▽汎美術協會小品展　廿二日から廿六日迄銀座紀伊國屋
▽第二回明治初期洋畫展　廿四日迄銀座資生堂
▽木村百木個展　廿四日から廿七日迄銀座鳩居堂
▽第十回春の青龍社展　廿五日から廿九日迄三越
▽尺蠖堂文景同人新作繪畫展　廿五日から廿九日迄高島屋
▽平井榴所綜藝書畫鑑賞展　廿五日から廿九日迄上野松坂屋
▽東海林廣日本畫展　廿五日から廿八日迄資生堂
▽岡田魚降森日本畫展　廿五日から廿九日迄白木屋
▽河合卯之助陶器展　廿五日から廿九日迄三越
▽鍛金工藝美術展　廿六日迄三越
▽巴會第六回展　廿六日から卅日迄銀座菊屋
▽如月會展　廿七日から廿九日迄銀座紀伊國屋
▽安孫子眞人遺作展　廿九日から卅一日迄資生堂
▽小國民海事作品展　卅一日から四月一日迄新宿三越
▽璞友會第二回展　四月一日から五日迄銀座松坂屋

旬報

大東亞戰の戰果に呼應 第七回京都市展

更に大陸及び南方進出を企劃中

大東亞戰爭の赫々たる戰果に呼應し、日本文化の卓越せる精華を中外に宣布すべく、京都市美術展覽會は今春第七回展を左記の通り開催する事に決定したこの重大なる戰爭遂行の局面の下に美術界も總力を擧げて獻納畫其の他に赤誠を披瀝しつゝあるが、藝術家の本領とする斯道精進の眞髓を發揮すべき一大公募公設展覽會が例年通り堂々と開催せられる事になつたのは、洵に本邦國力の偉大なるを物語るものであり、皇國文化の眞價を顯示するものとして欣快に耐へない、幸ひ京都全美術家の熱烈にして積極的な協力を得從來殆んど平行的に開催せられ來つた畫塾、團體展等も一部の試作的な小品展を除き全面的に市展に歸一綜合せられ益々多大の成果を期待せられるに至つた、尚主催者並に關係美術家に於ては此の際市展の大陸乃至南方進出を企つべく種々考究中である

會場は岡崎の美術館
五月一日から廿日迄

第七回京都美術展は本年五月一日から同月二十日迄同市岡崎公園大禮記念京都美術館で開催される、同會の出品は之れを第一部（日本畫）、第二部（洋畫）、第三部（彫塑）、第四部（美術工藝）と分ち、出品は無制限、各部とも一人二點以内とし大いさは隨意、戰時下風敎に害ありと認めるものは出品することを禁じ、出品搬入期間は、受鑑査出品は四月二十四日と同二十五日、委員出品は同二十四日から同二十七日迄、搬入場所は前記會場、鑑査及び審査に就ては、審査委員は同會委員中から會長が之れを委囑し、出品は同會委員の出品を除き總べて鑑査及び審査を受けることになつてをり、同會が審査に於て優秀と認めた陳列品に對して授賞し同會陳列品は大禮記念京都美術館に於て買上げる場合も規定されてある、尚同展委員は左の通り

（第一部）日本畫部、伊藤小坡、入江波光、板倉星光、池田遙邨、石崎光瑤、八田高容、橋本關雪、西山翠嶂、堀井香坡、登内微笑、堂本印象、德田隣齋、德岡神泉、小川翠村、小野竹喬、川上拙以、川村曼舟、勝田哲、金島桂華、加藤美代三、田畑秋濤、○田之口青晃、谷角日娑春、竹内栖鳳、武田鼓葉、中村大三郎、中野草雲、宇田荻邨、上村松篁、植中直齋、楳崎朱雀、野添平米、大河内夜江、大村廣陽、山田耕雲、山ノ内信一、山口華揚、山口玲熙、山本倉丘、山本紅雲、保間素堂、案本一洋、松元道夫、不動立山、○不二木阿古、古谷一晃、福田平八郎、福田惠一、福田翠光、小早川秋聲、小林柯白、阿部春峰、○秋野不矩、佐藤光華、佐野五風、榊原苔山、榊原紫峰、木村斯光、○北澤映月、菊池契月、○菊池隆志、三輪晁勢、三谷十糸子、三宅鳳白、三木翠山、水田竹圃、水田硯山、庄田鶴友、白倉二峰、眞道黎明、東原方僊、平井楳仙、森守明、會津勝己、前田荻邨、上田萬秋、山下竹齋（以上七八名）

（第二部）洋畫部、伊庭傳治郎、伊藤快彥、井垣嘉平、今井憲一、伊谷賢藏、飯田清毅、池田治三郎、○岩崎又二郎、伴庄兵衞、錦義一郎、都鳥英喜、川端彌之助、田中善之助、○津田周平、坪井一男、大橋孝吉、太田喜二郎、國盛義篤、黑田重太郎、松村綾子、澤部清五郎、○水清公子、霜鳥之彥、森脇忠、須田國太郎、寺松國太郎（以上二六名）

（第三部）彫塑部、岡本庄三、大西三四郎、田中源三、國安稻香、矢野判三、松田尙之、（以上六名）

（第四部）美術工藝部伊東陶山、伊東翠壺、番浦省吾、戸島光阿彌、堂本漆軒、小合友之助、○河井寛治郎、河合卯之助、○河村喜太郎、樂吉左衞門、大西淨長、楠部彌弌、山鹿淸華、○近藤悠三、澤田宗山、清水六兵衞、淸水正太郎、岸本景春、三木表悅、皆川月華、平館酉、平野吉民衞、淸風與平、諏訪蘇山、鈴木表朔 - 以上二五名）（○印ハ新委員）

獨立展入選者
新入選は二四名

三月三日から二十二日迄上野の府美術館で開催してゐる第十二回獨立美術の搬入總數は三五八三點人員九一二名、入選數は四二二點三七六名、內新入選は二四名、會員作品總數は六十八點、會友作品總數は四一點である

新會友と授賞者

獨立第十二回展に於て左記の通り決定された

會友＝赤堀佐兵、今井憲一、宇根元警、緑川廣太郎
獨立賞＝木村忠太、楠本俊治、末永胤生、中村善種、長島常吉、鳰川誠一、狹間二郎
岡田賞＝菅野圭介

街頭繪畫展 好評
大阪心齋橋筋で

大東亞戰の赫々たる大戰果に感激を籠めた洋畫家藤田金之助、難波架空像、井上覺造氏らが、この大戰果の想像畫を力作、大阪心齋橋筋の商店街の飾窓に飾り大詔奉戴日の三月八日から一週間街頭繪畫展を開いた「米英擊滅圖」「マレー半島奇襲敵前上陸」「プリンス・オブ・ウエールス擊沈」などいづれも六十號、百號の大作十點を掲げ、好評を博した

綠巷會の推薦と授賞

綠巷會第四回展の搬入總數九百六點で、その內一般入選六十九點であつたが此機會に左記を發表した

▲新會員推薦
中森放子、廣田剛郎
▲新推選　近藤博之
▲綠巷會賞
小島謙、後藤禎三、中川康之

旺玄社入選者

一五三點八四名

去る三日から十六日迄上野の府美術館で開催された旺玄社十回展の搬入總數は千三百二十一點(三百八十二名)、入選は百五十三點(八十四名)であつた

榮えの受賞者

新同人二名新社友六名

第十回旺玄社展の受賞者は左の通り

(旺玄社賞)阪井谷松太郎 (岡田賞)市村雄造、(目白賞)永戸範雄 (S氏賞)新井廣治、(同)大住閑子、(中央商會賞)杉浦勝人、(同)久保木スミオ
(月光莊賞)沼田一郎

尚又、同人社友に推薦された者は左の通りである

(新同人)保科米三、梅野順三
(新社友)大住閑子、沼田一郎 進藤清、原創三郎、三橋兄弟治、山口力雄

國畫會新同人

國畫會では繪畫部新同人として、大川武司、熊谷九壽兩氏を推薦した

三輪孝戰線寫生展

上野松坂屋で絕讚

軍報道部員として支那大陸に活躍し空陸の各戰線を縱橫に馳驅して二月歸還した三輪孝氏の戰線スケッチ展は文化奉公會後援の下に三月十日から十五日迄上野松坂屋六階で開催、油繪、スケッチ等の力作畫三十餘點を發表、絕讚を得た

洋畫家美術大會の軍部獻納作品搬入始まる

—來る二十三日から上野府美術館で—

洋畫家を擧げて藝能報國の實を致さんとする美術家團體聯盟主催の美術家大會は左の宣言文を發表し、來る二十三日より二十九日に至る午前九時から午後四時の間、連日東京府美術館內の同會受付で作品搬入に應ずることゝなつた、作品は一作につき十號以下で點數は自由、憂鬱苦澁の感を與へるもの及び戰爭畫を除く以外の題材によること簡素堅牢な額裝を付けること等の條件であり、出來作品はそのまゝ陸海軍當局に獻納し直ちにそれ自體が藝能報國の役目をなさうといふのである、宣言文左の如し

赫奕たる御稜威の下、陸海精銳の果敢なる武威によつて、大東亞聖戰の成果日と共に輝かしきとき、われ等生を後素の事に委ぬるもの、茲に相携へて各自その所作を皇軍に奉獻し、いさゝか感謝報恩の微衷を表せんとす。捧ぐるところは、當局適宜の處理を經て或は營舍に、或は艦船に、內外萬里に涉つてその所を得べく、以つて將兵諸氏の過絕激越なる勞苦と、天涯征旅の幽情とに對して、慰藉の若干たり得ると共に、また以て、聖戰完遂について、一層潑剌たる英氣涵養の源泉の一に資するを得ん。蓋し斯くの如きはわれ等銃後の畫人群が、この機にあたり將に執るべき最も榮譽ある責務たらずんばあらざるなり幸に全國同志一心赤誠の贊襄を得、左記の小規による協力によつて、企圖をして效果をより甚大ならしめん事を切に冀ふ。

その念願と意氣込みとは、右の文中に溢れてをり、此の催しは頗る期待される

豫報

明治美術研究所主催 明治初期洋畫回顧展

廿一日から資生堂、偲ぶ先覺の遺業

明治美術研究所の第二回明治初期洋畫回顧展が廿一日から廿四日迄銀座の資生堂で開催される同展は曩に第一回展を開催し我那洋畫壇に於ける明治先覺の遺業を偲ばしめ、各方面から好評を得たが其後再開を慫慂されつゝあつたので、今回其の第二回展を催す事になつたもの、前回に劣らぬ作品が多數展示される筈

璞友會二回展

繪畫、彫刻六十點內外

日本美術院の院友に依り結成され、其の旗擧げ展を昨春銀座の松坂屋で開催し、深い印象を與へた璞友會の第二回展が來る四月一日から五日迄同じ銀座の松坂屋七階で開催される、今回の出陳品は繪畫彫刻合せて七十點內外、大東亞戰下同人一同は彩管報國の意氣込み凄じく、相當力作が展示され期待されてゐる

春の青龍社展いよく開始

東京、大阪、名古屋で

第十回春の青龍社展が三月廿五日から廿九日迄日本橋の三越で華々しく開催される、尚同展は四月十四日から六日間大阪の三越、同廿八日から六日間名古屋の十一屋で開催する

日本水彩展の公募開始

◇…作品は一人四點以內に制限す

日本水彩廿九回展の作品公募が開始された、出品種目は例に依り水繪、素描版畫、パステル、グワツシュ、テンペラ等で作品は四點迄に制限された、尚優秀作品に對し「日本水彩賞」其他の賞が贈呈されるのは從來同樣である、搬入は、來る五月五日の日で會期は同九日から廿一日迄である

巴會第六回展

廿六日から菊屋

巴會の第六回展が廿六日から卅日迄銀座の菊屋ギヤラリーで開催される、同會は客員の飛田周山氏以外は皆故廣業門下の人ばかり十名の和やかな團體で恩師逝去後も他の門や塾に走らず孤壘を守り通して書道に精進しつゝある人々今回の出品は一人三點位宛の力作が展示される筈

支那歷代繪畫展

父子相傳して支那繪畫の鑑賞と蒐集に努めた寺崎滿治氏所藏幅の內、紙本絹本併せて七十點を撰んで、馬遠、夏珪の宋代、呂源、梅花道人の元の數作と明清を網羅したもので來る二十一二兩日、上野公園不忍辨天の龍池院で展觀するが主催斡旋は支那歷代繪畫鑑賞會小林彥次氏である

美術經濟

藝術窯の開拓に成功

美術資材に惱む時――石川確治氏が山形縣平清水の鄕里で

藝術資材の自由は益々制限されるのは當然であり、作家自體もそれ〴〵工夫用意をゆるがせには出來ぬ緊急時に直面して、一層の職域奉公の實を致さなければならないのである。例へば彫塑界では銅鐵の資材は眞つ先に興亞戰の必要品として禁制され木材はまづ安心としてゐたものゝ現在は、栂、欅、樫、楠等の木彫資材も使用出來なくなり來る五月からは統制會社が出來楠が特別配給を受け得るのを例外とし、他は全部從來のやうな入手は困難となることゝなつた彫塑界で自由を許されるものは大理石其他、頗る使用範圍の狹い石だけに局限されるのである

斯る時に當つて、石川確治氏が山形縣山形市外の平清水の雜用窯を開拓して藝術作品を作出しつゝある運動は重視表彰されねばならぬものである。平清水の陶窯は德川時代からの歷史をもつて居り、千歳山一帶を窯場として、滾々として流るゝ清冽な澤清水のよさに惠まれて全村の男女を擧げて現在十個所程の窯をめぐつて陶業を營んでゐるのである。昔から實用雜器を產出する外、千歳山の土はその良質をもつて知られ、各地の藝術的名窯にその土は搬出され使用されて居たのであつたが、平清水自體は依然として今日も實用雜器製造に沒頭して、現在丸善インキの大型陶瓶は同窯の專賣となつて居り、月に鐵道貨車三車を積出してゐるのである。インキ瓶は南洋輸送のやうな灼熱地方では破損され易い硝子類に增して、この陶瓶は絕對の效力があるとの事である。その他電氣用碍子や擂鉢なども同所の特產である。

石川確治氏は、平清水が鄕里のことであり、しかもこのいゝ土を單に資料として、各地の名窯に賣り出されてゐるのは、縣經濟の上からも考へねばならぬことであり、誠に惜しい次第だといふので、昭和十年頃から同地の窯元で、山形市翼贊會文化部長をもする齋藤氏を說き、製陶の間に藝術作陶を試みたが二三年は失敗したが工夫に工夫を重ね苦心の甲斐があつて、近年獨自の陶作を窯出するやうになつた。昭和十三年始めて其作を高島屋に發表して以來、毎年發表展觀をつゞけて猶孜々研究を怠らないのであるが、自ら同窯の特徵を發揮、これに應じての工夫研究を要することゝて其隱れたる苦心も一方でないのである。

石川確治氏談 鄕里千歳山の白土は例の三島と同じものなので、日本に斯うした良土があるのは正に國寶ものである。三島は例の彫込みへ象篏するのであるが、現在のやうなスピート時に、その舊手段では面白くないと考へ、釉をかけて手早く彫ることに成功したのはいろ〳〵工夫を積んだ結果の後でした。即ち三島の象篏を逆に行く手段なのです。何しろ千六百度といふ高熱の窯質なので、染付や描き繪などは不適當です。直ちに彫畫を手早くすることで、これには繪畫もやり彫刻をやつてゐる自分としては頗る都合のよい事であつた。その使用する彫刀や道具も、小刀の名人、千代鶴さんと相談工夫して獨自のものを鍛製して貰つて使用してゐます。

石川氏は秘傳の一端を斯う洩したのであるが、同じ山形出身である石山太柏氏も、最近平清水で氏が得意の茶器の初窯を試みたさうである。いづれにしても斯る藝術分野の開拓、企劃は頗る重視されるものである。

市川左團次遺愛品賣立目錄

（前號紹介つゞき）

六二　粉溜山水文台硯箱　七、二〇〇圓
六三　青磁反鉢　一、四四〇圓
六四　尹部砂金袋水指　六、三〇〇圓
六五　古伊萬里錦手鉢　一、八〇〇圓
六六　尹部耳付花入　一、五〇〇圓
六七　尹部筒花入（八寸）　四、〇八〇圓
六八　蘇山鐵齋下繪蟹花瓶　七三二圓
六九　洗朱六玉川蒔繪煮物椀二十八　一、三五六圓
七〇　倶利足付火鉢一對　六九六圓
七一　黑地山水蒔繪机　二、五九八圓
七二　黑地源氏香盆　四九二圓
七三　木地蘆手蒔繪車棚　七五六圓
七四　梨子地蒔繪廣蓋　六〇〇圓
七五　獅子目母刀（直胤）　一、八〇〇圓
七六　正倉院寫御劍　一、五〇〇圓
七七　萬曆緞通　一、八〇九圓
七八　一休墨蹟　四、七四〇圓
七九　文晁山水双幅　九九六圓
八一　華山漁夫　二、二二〇圓
八二　大雅舟遊（横）　一、〇八四圓
八三　竹洞梅花書屋　七六六圓
八七　光廣卿和歌　九五六圓
八八　納言鷄飼　五二六圓
八九　隱木則一行　七〇三圓
九〇　椿山梧桐小禽　一、四二〇圓
九一　寛齋李伯觀瀑　六七六圓
九四　丈山詩仙十二景詩卷　六一二圓
九五　左入加賀光悅寫茶碗　八三六圓
九六　備前手桶水指　七八〇圓
九七　のんこう水指　五九一圓
九八　玄々齋一重切花入　五五二圓
九九　庄兵衛砂張釣花入　四九五圓
一〇〇　和全御室筒水指　四五六圓
一〇一　黑地唐草蒔繪重硯箱　一、〇七七圓
一〇二　印材六十三顆　四、二二四個
一〇三　印籠二本　九四八圓
一〇四　同十九本　三、四六八圓

本入札は以上の百四點であるが、更に羅に六百八十點を加へた。その羅の中にも左團次遺愛のものがあつて、所謂羅でなくいゝ品の多數が見られた。前回は羅に禁令の三千圓を續出したのであつたが、今回も三千圓があり概して高値を呼んだ、主なるものは

貫之緣義切　二、〇〇〇圓
信春觀音　五〇〇圓
役者繪等扇子九十二本　六〇〇圓
山雪三十六歌仙　八〇〇圓
北村四海婦人像　四〇〇圓
貞信耕作屏風　八〇〇圓
良寛外張まぜ六枚屏風　三、〇〇〇圓
のんこう茶碗　八〇〇圓
伊賀水指　一、〇〇〇圓
和蘭陀四方水指　六五〇圓
乾隆印譜五秩　八〇〇圓
鎌倉彫大書棚　一、五〇〇圓
玉室一行　五〇〇圓
鳥居派暫　五〇〇圓
祐信乘合船　五〇〇圓
萬曆氈　五〇〇圓
榮え人物（蜀山賛）　八〇〇圓
時代負櫃　三、〇〇〇圓
鶯甫伊勢物語　五〇〇圓
雪村天神　五〇〇圓
淸長暫扇面　二八〇圓
春好おやま　二〇〇圓
榮え住吉（蜀山賛）　五〇〇圓
重長かけま茶屋　一八〇圓
西鶴松鶴　二一六圓
巣兆美人　一二〇圓
雷電手形（蜀山賛）　三五〇圓
馬琴向島扇面　一五〇圓
北馬遊女　二五〇圓

などであつた。新畫の如き値段の殆ど極つたものは出荷者五割も收入が差引かれる時に於て出品されないのが常識であるが偶然にもこの中に珍しく

放庵八仙（横物共箱）　六〇〇圓

が出でたのは一寸目についた、以上の

總額金廿一萬八千圓也

「旬刊」美術新報
昭和十七年三月十七日 印刷
昭和十七年三月二十日 發行
發行日 毎月三回（一日十日廿日）
購讀料 一册金五十錢（郵稅一錢）
一ケ月三册金壹円五十錢（送料共）
編輯發行兼印刷人 麴町區九段一ノ一四 資文堂 猪木卓爾
發賣所 東京市麴町區九段一ノ一四 日本美術新報社
電話九段二七一五
振替東京一六二五〇
配給元 日本出版配給株式會社
日本出版文化協會々員 一二二三五番
通信は一切發賣所へ
發行所 東京市本鄕區東片町八二 日本美術新報社

昭和十年一月十二日（第三種郵便物認可　第十九號）
昭和十七年三月廿日發行（每月三回十日目發行）

一ケ月三回（金壹圓五十錢）

定價金五拾錢　郵稅一錢

美術新報

旬刊

四月上旬號

昭和十年一月十二日（第三種郵便物認可第二十號）
昭和十七年四月一日發行（毎月三回十日發行）

聖母子　ホルバイン

20

獨逸の古典繪畫

老人像　アルブレヒト・デュラー（ルーヴル）

林檎の聖母　ルカス・クラナツハ(エルミータージュ)

ヘンリー八世像　ホルバイン（ウインザー宮）

聖女の死　シヨンガウエル（英國國民畫堂）

少女像　ホルバイン

幼子よ我と共に來れ　クラナッハ（ドレスデン畫堂）

ヘンリーギルトフオード卿像　ホルバイン（ウインザー宮殿）

廿六才の自畫像　デュラー（プラド美術館）

市長寄進の聖母　ホルバイン（細部）（ドレスデン畫堂）

少女像　ホルバイン

薩珊時代の美術工藝

本文大隅爲三氏稿參照

薩珊銀器（西曆四・五世紀）佛國ビブリオテーク・ナショナール藏

ビザンチーノ・ササン織　狩獵文錦（筆者藏）

―第十二回獨立美術展―

木蔭の一　吹春十二郎

島影（岡田賞）　菅野圭介

秋の尖山風景　桑原清

雪來る　宮芳平

湖　宮下廣吉

地平の黎明　遠藤源三

棒持つ男　油野誠一

赤いセーター　添田定夫

港にて　古田義一

清溪 白倉嘉入

仔羊 森守明

双鯉 菊池隆志

菖蒲 畠山錦成

國華 田中咄哉州

雪霽 矢澤弦月

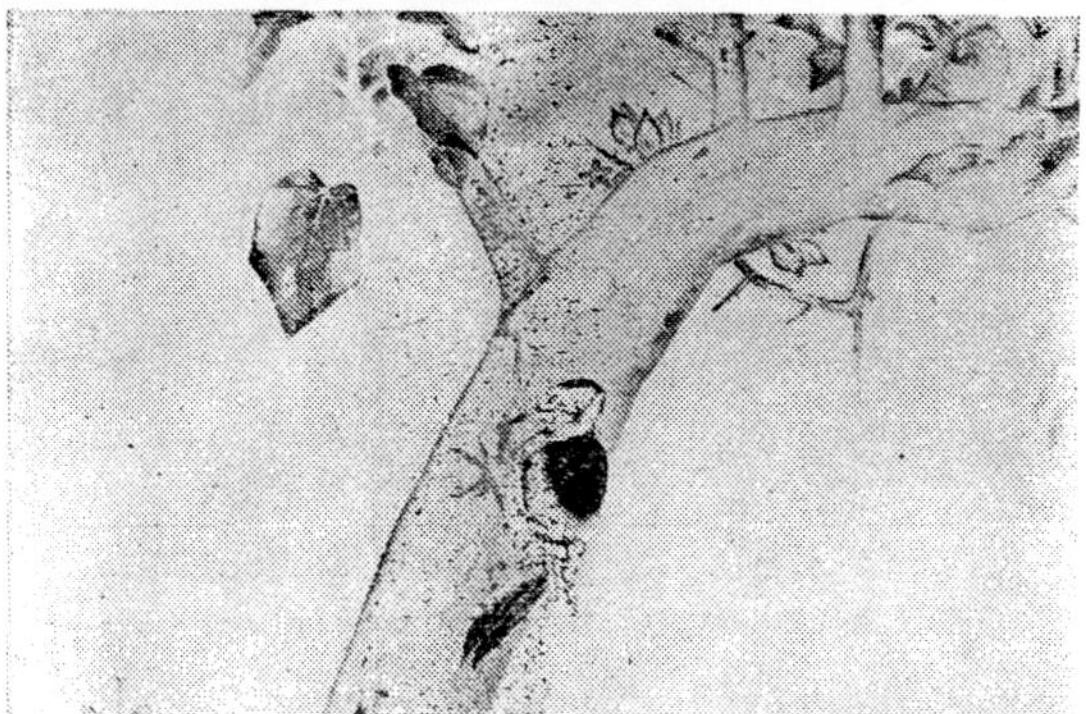

初夏 町田曲江

天香國色 五島耕畝

軍用機献納作品展

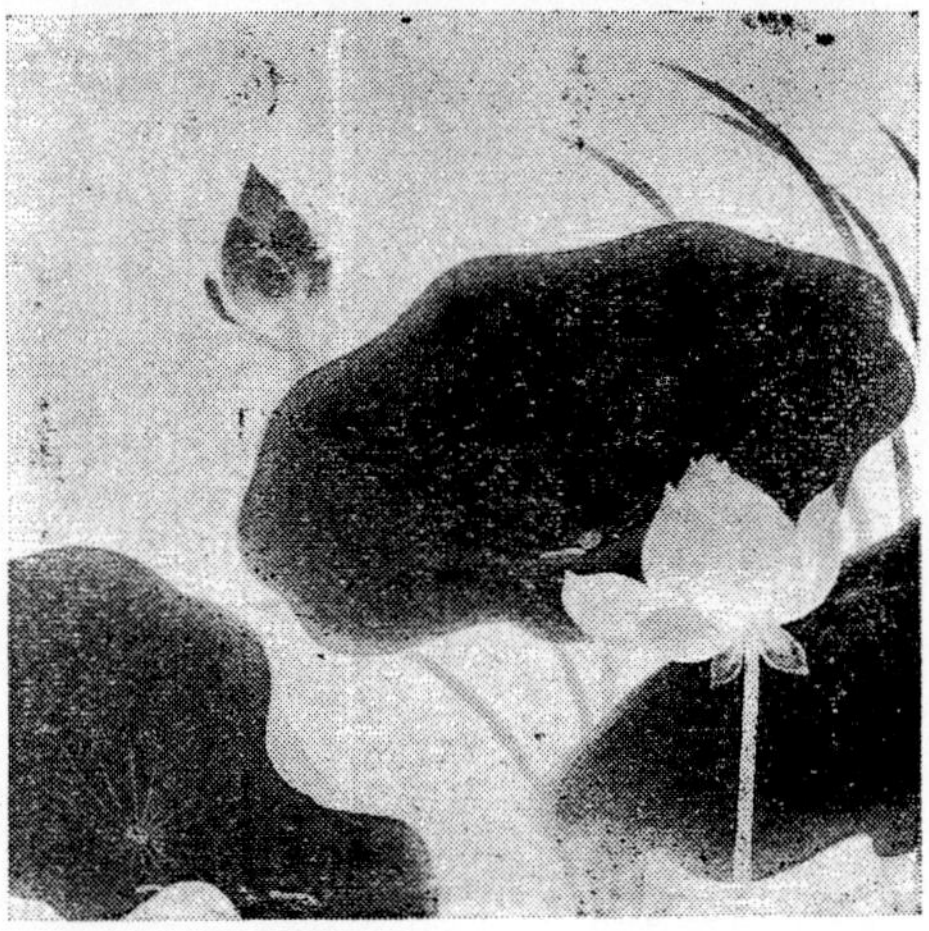

紅蓮　板倉　星光

塊人社展評

大藏　雄夫

塊人社は立體藝術の基底をなす『裸像』を通じて、現實の自然形態と彫刻との間に立ち、如何にして彫刻すべきかにつき、多年苦心經營して來たが、今年は嚴しい寒さと燃料不足、その他制作上いくたの困難を克服して、眞の彫刻と血みどろになつて闘つてゐる。

立體藝術は、裸體の根本研究によつて、その核心を摑み得、作風、傾向、樣式、すべてのものが此處から發生する。そしてこの事は國家的要求から考へても、國民文化の上に實に大切なことで、裸像を省みないときは國家の文化を後退し貧弱にする。

安藤照氏の『形態理』は、さすがに出色、態はすなはち內容を意味し、內容的な力作だが、少し脂肪分過剩。村田勝四郎氏の『半臥』は、こゝに來るのは當然の歸結だらうが、安藤イズムに引きずられて强味を缺く。

三澤寛氏の『二つの立方體の構成』は、幾何學的吟味を通過すると新しい純粋さを有ち、

小笠原貞弘氏の『高木先生像』は平凡、主觀的活動の能動性稀薄で生活感情の閃きがない。

松田尙之氏の『をとめ』は、因習に甘えたテキニックに安住し、荒居德亮氏の試作『鴨』は器用、寫實ともデコラテイブとも附かぬリベラルは好まない。

この他、河內山賢祐氏の『猫』堀江赳氏の『座せる女』小品を取上げる。

上杜會評

矢野　文夫

美校の同じクラスから、これだけの才人を輩出したことは一寸珍らしいと云へるであらう。小磯良平の出品のない事は寂しいが、猪熊弦一郎が二點の力作を示して氣を吐いてゐる。「カルメンに扮せる齋田愛子孃」は、おつゆのやうな淡調子であるが仕上げは素晴らしく强靱な張りがあり、色彩も淸麗で近來の佳作と云へる「裸婦」も瀟洒として構成にも凛とした所がある中西利雄の水彩三點「早春」「靑衣」「殘雪のある風景」平明な中に「詩」もあり確實な才能である山口長男の「鉢」は小品であるが、とぼけたやうでゐて、底に何かしつかりしたものを把持してゐる。「讃」も面白いが、更に具象性を深めた方向に新しい發展が見られさうである。

藤岡一は十點ばかりの力作を揃へ、素晴らしく張り切つてゐるが、獨立展の大作の方に苦心が窺へる。「風景」の一、二、三など粗放なやうで何か把んで居り同感出來る。强烈な原色的賦彩のものは、試みとしては面白く思はれるが、消化し切れぬ夾雜物がありすぎる。「炬燵」「椿」などがよく、古九谷の燒付を試みた三枚の陶板は趣きがある。

牛島憲三の四枚はメチエなど却々苦心して居り、特異な歪形に効果をあげてゐる。「水門」や「赤坂見附」「田草」みな同傾向であるが、形象の歪形に止まり抽象化への發展はなさそうである。島野重之の諸作は、官學的な堅實な自然描寫であり、やゝ倦怠ではあるが、「池の端」「ばら畑」「桃」などは生彩がある。「谷川岳麓」や「朝富士」など色彩

春宵　伊藤　小坡

巣籠　勝田　蕉琴

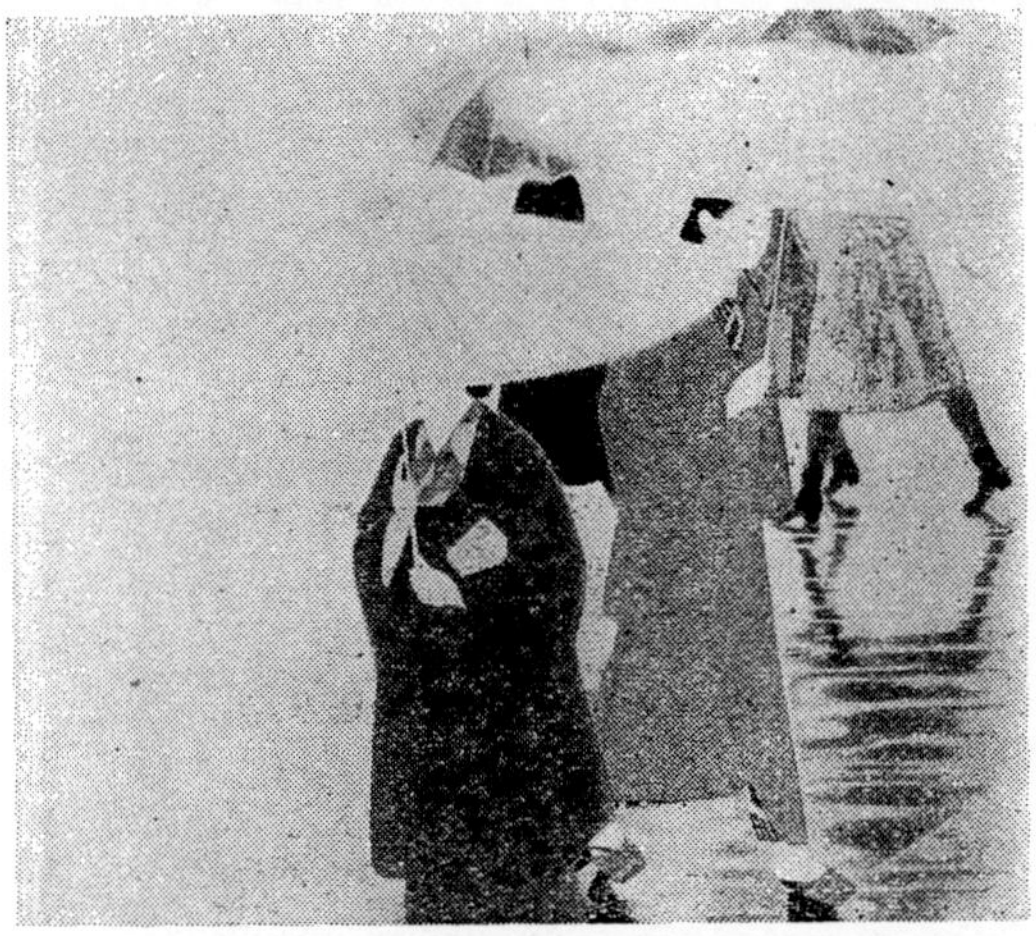

雨　勝田　哲

瑞雪　松本　姿水

第十一回塊人社展

的にすつきりしたものがない。荻野映彦の諸作は平明で嫌味がない。「松花江」など淡々とした佳作である。

染木煦の五點の石版は素朴な詩趣あり、なか／＼面白い。「ヤップ島の女」「雲崗石佛」「植物畫譜」など。

高橋弘二「上海風景」はスナップ風の輕い描寫だがやゝ描線が煩はしい。もつとスッキリして欲しい。森寅雄の四點の人物は、技巧のしつかりした人である。「黑衣」「ガボットの衣裳」などを擧げる。同じ傾向で、更にアカデミックな技法の持主に大館健三がある。靜物は感心しないが「金扇」「女の顏」など人物の方がよい。小堀四郎の五點中では「雪の朝」「早春」などの風景に素朴な詩があり、白井次郎の作品はやゝ鈍重であるが「晉野秋色」がよく、大月源二「殘雪の畑丘」は練達な佳作である。

高野三三男、「少女」「靜物」など甘美な賦彩で、流石にアクの抜けた技法ではあるが、餘りにフラジルである。水上信雄「青衣」深井修二「池」日高政榮「花」の他、唯一點の日本畫に菱田武夫の「猫」がある。

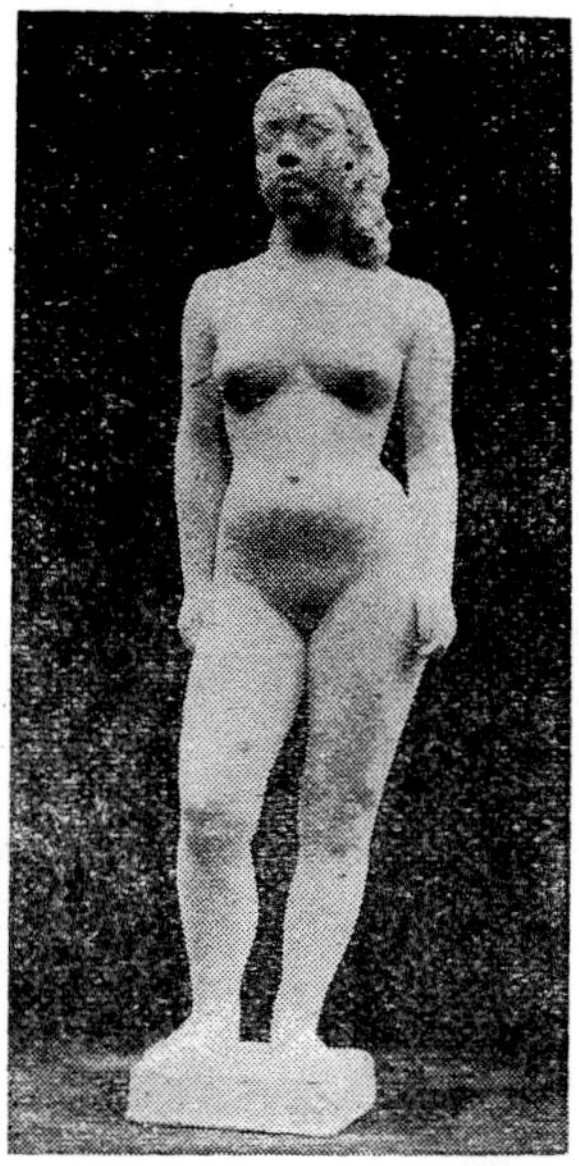

立女　三澤寛

形態理　安藤照

北村富三個展

色彩的に一種のアクの強さがあり、技術的にも洗練されてゐない。たゞ漫然と描くだけでは意味がない。「北滿市街」や「北滿の市場」なども取材は面白いのだが、まだコナシ切れず筆技たどたどしい。

集團昴第一回展

朝　谷岡文雄

三好俊一個展

花

第五回邉袖會展

春丘　奥田郁太郎

靜物　丸野豐司

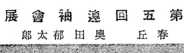

獨逸繪畫の本質と其の古典

森田亀之助

歐洲に於ける我が盟邦獨逸と伊太利亞はそれ〴〵北歐ゲルマン系民族と南歐ラテン系民族の代表的なものであるが、今日斯様に緊密に提携してゐる此等二國家に依て代表さるゝ兩系統の民族は、其禀質に於て、色々異つた特色――それは屢對蹠的に異つたものを持つてゐることは眞に興味深きことである。

テイヌの『藝術哲學』は昔から私の愛讀書であるが、そのなかに此等兩系民族の差異を面白く說明してある。それをそのまゝ引用するだけの餘白もなし、又此記事にはその必要もないから、時々部分的に借用する程度にして、大體私の所見と言葉とを以て、簡單な叙述を試みよう。それは獨逸繪畫を理解する前提として役立つからである。

聖母　クラナッハ（エルミタージュ美術館）

北歐ゲルマン系民族は、惡く言へば野暮で無器用で機轉がきかない。すべて受感表現の傳達路が梗塞されてゐるかの如く感が鈍い。眼から鼻へ拔ける感の良さを持ち洗練された趣味を持つラテン系民族とは田舍者と都會人との違ひがある。南佛や伊太利亞では女工でさへ「眼は口程にものを云ふ」のに、「伯林の人間の眼は死んでる」と云つた者があつた。

然し光の裏には蔭があり、蔭の表には光がある。洗練された敏感なラテン系民族の生活は絕えず變化あり始終愉快な刺戟が要求され、珍奇なもの、氣のきいたもの、美しい形、甘い言葉が必要である。乾燥無味な或ひは冷嚴な感覺には耐へ得られない。丁度「オレンジを喰ひつけてゐる人が人參や大根を斥ける」やうなもので、實は人參や大根の方が日常生活の大部を占むるものなるに拘らず、それを嫌ふのである。而かも輕微な刺戟にも銳敏であるから、一寸の不愉快にも興奮し、理性を失ひ、喧嘩沙汰となり易い。辛棒氣が無いのである。これ等の性質が發展すると、安逸怠惰となり、享樂主義となる。かゝるラテン系弱點は古代希臘、羅馬、十六世紀の伊太利亞、十七世紀の西班牙、十八世紀の佛蘭西にも見ることができるが、今次歐洲大戰に於ける佛蘭西の敗因も其著しき例證である。

翻つて、鈍重なるゲルマン系民族の優良な方面を觀ると、先づ彼等は刺戟から受ける感動が強くないから、常に冷靜であり反省的であり得るし、又、甘く快い感覺への執着も少いので、どんな物の相でも直視し、其外觀の魅力に誘惑されたり、醜惡さに辟易するやうなこともない。かく外部的に迷はさるゝことなく、內部的に感激したり興奮したりすることがないから、其知能、理性は純粹に完全に働き、物の眞を誤ることがない。のみならず怠屈で面白くない仕事にも甚だ辛棒强い。

かくて昔からゲルマン系民族は勤勉な勞務者である。

かゝる性格は、それに崇高なる精神活動を伴つた場合には、天才的とは言へぬが精嚴なる科學者、理性に立脚する敬虔な宗敎家、深刻な藝術家などを生み、要するに質實にして健全なる文化の貢献者たり得るものである。けれども又、それが低級な物慾と結合してゐると、標本的な俗物、偉大なる惡黨を出し、物質主義、利己主義の權化となる。

餘談であるが序に言ふと、現在大戰禍の原因は、ゲルマン系の英、米、續いて蘭の惡辣なる利己主義に在る。然し彼等が搾取の主となる迄の辛辣、智慮は、惡用かも知れぬが、嘆賞すべきゲルマン氣質の發露である。而して彼等の戰勢不利の原因は、搾取に依つて豐滿になつた其生活が本來の忍苦、勤勉のゲルマン的性質を鈍磨させたところに在ると、私は考へて居る。だが、樞軸側からあれ程打擊を受けながら英國は未だ弱音を吐かず、相當粘り强さを保つて居るあたり、矢張り北歐型の全部消耗して居らぬものと見える。

ゲルマン民族は又屢チュウトン民族とも稱されるが、前世界大戰頃から、之を民族でなく人種と見做し、之を喚ぶにノオヂック Norpic といふ傾向が現はれ、一部の學者は、現代に至る歐洲文明――それは同時に世界文明でもあるが――それを創り出したものはノオヂック種である、例へばラフアエル、レオナルド、チ、アノの如き藝術家、ガリレオの如き學者でも伊太利亞に注入されたノオヂック潮の感化から生れたものであり、ジオツト、ドナテロ、ボツチチエリはノオヂツク系の血を牽いて居り、コロンバスも同樣であるが、ナポレオンもコルシカ島生れではあるけれど、古いロムバルド貴族の後裔で矢張りノオヂツク系であるなどと餘り確かでない事實を强調したりした。この考は更に發展して、米合衆國では、「劣等」なる人種の移入を制限し優等なるノオヂツクの血液の純潔と優勢とを維持することが必要だといふ意見や運動迄現出したのである。このやうな學說？　はかの國の學者達すら多くは首肯しないものである程だから、更めて問題にする價値もないが、所謂ノオヂツク人種でなしに、ノオヂツク民族が從來、質實にして健全なる文化の貢献者たるに好適な素質の持ち主であつたことは認めることが出來る。

扨て、大分道草を喰つたが先づゲルマン系ラテン系兩民族の特色の差を一と通り說明した。

で、此等特色の差は當然それ〴〵民族の藝術にも反映してゐる。伊太利亞、佛蘭西の如きラテン系民族は整つた形、快き色彩、上品な感情、すべて美しく洗練されたものを追求するので、彼等にぴつたりするのは、美的形式を强調する裝飾的な繪畫、理想主義的な繪畫である。之に反して和蘭陀とか獨逸とかゲルマン系民族は形式美などには餘り敏感なく、物の用、物の眞、物の意義に多くの關心を持つもので彼等は本來概括的な意味では繪畫向きではないが、それが繪畫を持つとすれば、現實主義《リアリズム》の繪畫であり、主知的繪畫であり、深刻な表現主義の繪畫である。

一口にゲルマン民族と云つて來たが、そのうちの各民族は又、各其歷史や環境から互に異つた特徵を示してゐる。和蘭陀人、普蘭陀人は、既往の生活苦鬪が物質生活以上に出る餘裕を與へなかつたので自然彼等の娛樂は物質的贅澤であり、生活環境の美化であつた。で彼等は物質主義、現實主義であると同時に、物質の美的價値を尊重するだけの感覺を持つて居る。此點多くの畫家的素質がある譯であるから、それが十七世紀に絢爛な華を開き、南歐の大畫派と共に、現代歐洲繪畫を生み出す一方の基礎となつたのである。

英國人は單なる物質主義とは言へないが極端に實利實益本位であつて、謂はゞ繪畫の如き閑事業は他國人に委せて置けといつた調子で、藝術でも知的要素の多い、又、人生に暗示を與へる文學などが彼等の畑に適したものである。であるから繪畫迄文學的である。

ところで愈獨逸人の特徵であるが、獨逸人は同じゲルマン民族――否總べての民族中でも、其匹儔を見ない程の精神的方面の勞作者である。例へば、種々な學問に就て基礎的に必要不可缺ではあるが、甚だ億劫で誰れも手を出したがらぬやうな仕事が寧ろ彼等の得意とするところで、彼等は絕讃に値する忍耐と犧牲とを以て近代科學殿堂の建築に必要な總ての石材を丹念に切り割りつゝあるのである。

これは前述のゲルマン氣性の發露であるが、特に獨逸人の活動の主要領域が抽象的な精神的方面に在り、外觀よりも內在的な探求に在ることを示す。故に藝術でも、音樂などに其固有の特色が著しいのであるが、繪畫も無論此特質を反映して居る。

通俗的藝術觀からすれば、ラテン系民族は本質的に造形的であり、ゲルマン系は其反對である。事實に於ても、ゲルマン系民族の繪畫が佳き時代を出現させる前には多少ともラテン系繪畫の啓發を受けて居る。然しゲルマン系繪畫の良さは結局ゲルマン系特質を發揮して居るところに存するので、ラテン系繪畫の標準を其儘當て篏めることは誤りである。ゲルマン系繪畫はラテン系繪畫と對立する獨自の藝術として其價値を批判すべきである。

獨逸の繪畫も他の北歐諸國同樣基督教傳播と共に始まつた。極く古いものは繪飾寫本の形で遺つてゐる。壁畫も古くから描かれたのであるが古い遺物は寥々として無きに等しい。祭壇畫として移動し得る繪らしい繪が描かれたのは十三世紀以前からと想像されるけれども、此簡單な紹介記事で語る價値あることは十五世紀になつてから始まる。

十四世紀中既に相當な畫的活動を示し始めたケルン、プラハ、ニユーレンベルヒ市等の畫派は十五世紀になつて益活潑になり、就中ケルンの畫派は、斷然頭角を現して來た。こゝで我々は始めてマイスタア・ヴイルヘルムといふ畫家の名に接する此派の大成者は次に來るスユテフエン・ロヒナアであるが、其畫風は、ニイヌの言を借りれば、『肉體を描かずして神秘な敬虔な溫雅な魂を描いたものである』。併し之はテイヌの考へたやうに、獨逸人の精神的傾向の現れと見るよりは、十四世紀後半期に輸入された優婉な佛蘭西繪畫の感化とする方が適當である。何となれば、此柔婉な情趣的畫風はライン流域に著しく、東部へ赴く程稀薄になる。例へばプラハの畫風は全然ケルンのそれと反對で、無器用で兀々して居り、情趣的、信仰的のところが少い。謂はゞ素朴な現實主義である。而してニユーレンベルヒのものは丁度兩者の中間を行くのを以て知らるゝからである。

獨逸が始めて眞に獨逸畫家らしい大家を輩出させた謂はば獨逸繪畫の古典時代は十五世紀後半期から十六世紀前半期を含む期間で、その代表的畫家はアルブレヒト・ヂユーラア、ハンス・ホルバイン、ルウカス・クラナツハ、マシアス・グリーネヴアルド等である。

デューラア（一四七一—一五二八年）はニューレンベルヒ市に生れた人で、扱つた題材は宗教畫、肖像等、用ひた材料は油繪かテムペラ。又、版畫家としても名聲は喧傳されてゐる。素描も相當遺つてゐる。然し鮮畫《フレスコ》は一度も描いたことがない。現存せる作品は四十枚餘在るが、中でもミユンヘンにある『四福音者』『自畫像』伯林の『ジエローム・ホルツシユウエル』『ヤコブ・ムツフエル』等の肖像、維納の『三位一體』西班牙プラド美術館の『アダムとイヴ』等は有名なものである。

就中『四福音者』は彼れが白耳義旅行中、フアン・エイクの作に感動し、歸來一五二六年に製作した森嚴雄大な傑作である。版畫では、『默示錄』『基督受難始末』等の木版畫集、『騎士と死神』『メランコリア』等の蝕銅版など廣く知られて居る。

十五世紀後半に於て獨逸繪畫は普蘭陀（白耳義）の現實的寫實主義を採り入れ、從來の佛蘭西風優婉畫風に代る新傾向を現して來た。これは同じく外來感化とは言ひ條、血緣の近い民族からの影響であるからラテン系繪畫の影響とは自ら異なる。これは感化とか影響とかいふより寧ろ共鳴である。デューラアも北伊太利亞やネザランド（和蘭陀・白耳義）に遊び、伊太利亞ではマンテニヤやベリニの感化を受け、白耳義ではフアン・エイクに私淑したと言はれてゐるが、實際作品が證明する如く、伊太利亞の感は決して顯著でない。然し普蘭陀（白耳義）の感化は劃期的であつて、爾後少くとも人物畫の方面に一變化を來したのである。デューラアの時代は未だゲルマン的特色を失ふことなしに伊太利亞繪畫の優點を消化するには餘りに素朴で、餘りに頭が頑固過ぎて居た。良いところが判つてゐるにしても、餘りに生地が强すぎて、どうにもならなかつたであらう。

デューラアの作には伊太利亞復興期繪畫に見るやうな均整のとれた形態、寛宏な觀察、よく統制された構圖、貴族的な品位など殆んど無く、寧ろ其反對であるといつてもよい程である。其構圖は、時に『四福音者』の如く堂々と垢拔けのしたものもあるが、大抵は煩瑣で無統制な細部描寫で重苦しい。そのうちに現るゝ形でも色でも野暮臭く、人物でも伊太利亞のやうに美しく威儀あり氣品高いものは稀れで、多くは田舍臭く陰鬱で、肢體は硬く、衣皺は角張つてゐる。これ等は即ち、甘い感覺に醉はないで吃々と眞實を掘り出して行くゲルマン氣質の現れである。尙又、伊太利亞繪畫に餘り無いもの、有つても程度に於て優つてゐるものは不思議な空想、深刻な瞑想的、宗敎的感情、又その眞率さで、これ等の氣持ちは寫實的な作品に迄漂うて居るが、**これこそ、形より觀念に生きる獨逸的特色を象徵するものである。**

ルウカス・クラナツハ（一四七二—一五五三年）マシアス・グリーネヴアルド（一四八五—一五三〇年）はデューラアと同時代である。**グリーネヴアルドはミユヘンに在る有名な『聖エラスムスと聖モオリス祭壇畫』の作者であるが、其以外のことは玆に述べるには餘り不確實である。**クラナツハはサキソニイ選擧侯三代に仕へた御用繪師であると同時、その地方畫派の首領でもあつた。題材は希臘神話や浪漫的、牧歌的のものを主とし好んで裸體を描く。然し其構想が奇喬で、例へば希臘の女神でも、其面貌や其裸體は獨逸の田舍娘であるといつた風で、時には漫畫風の滑稽さを伴ふが、常に古風で鄙びて居るところに彼れの頑な個性と特色がある。此人には同名の忰があるが、父程に重視されて居ない。

ハンス・ホルバイン（一四九七—一五四三年）はデューラアと共に所謂復興期獨逸畫壇の雙璧であるがデューラアより一と時代遲れて出ただけに一層成熟した作家である。其父親も有名な畫家であつたから區別するために、若ホルバインと喚ぶことがある。デューラアは大體、宗敎畫家で又版畫家精神の小幅作家であつたが、ホルバインは周圍の實生活から畫材を見出す現實主義者であり、幾分伊太利亞精神を持つた畫稿及び大壁畫の製作者であつた。宗敎題材も勿論扱つたが其信仰的精神は淡白である。

彼れが最初に畫技を學んだのは多分、其父及びバルクマイアといふ畫家に就てゞあらうが、早熟の人で、若くして技大いに進み、外國のものも澤山見て居るので、其製作には種々の傾向が現れてゐる。構圖と素描には時に北伊太利亞畫家の影響を見、筆技に於ては普蘭陀畫家殊にマツシスに類する。併し決して、伊太利亞、普蘭陀の單なる模倣者では無い。確かに自信强き觀察者である。要するに獨逸繪畫もホルバインに至つて始めて外國のものゝ良いところを攝取消化し得る迄になつたとも言へる。

彼れは伊太利亞、ネザランドの他、長い間英國にも滯留、肖像畫家として英國宮廷で大成功を博し、遂に英國で其生涯を終つた。其間多くを觀、多くを消化したが、常に彼は獨逸人で、晚年迄殆んど其畫風を變へなかつた。

人物相貌の特徵を摑み、其性格を表現する技倆、其構圖の落ちつき、確かりした肉附け、明快なる輪廓、調和した色彩、至妙なる細部描寫等の總べては彼れを世界的畫人の高位に坐せしめる。著名な作一二を擧げれば、『市長ヤコブ・メイヤア一族と聖母』『ミラノ公妃クリスチーヌ・ドダヌマルク』等がある。後者は英國倫敦、**ナショナル・ガレリー（國民畫廊）の重要列品であるが、私は此繪を一見して以來、今でも忘れない。**

薩珊時代の美術工藝

大隅為三

一

波斯に於ける薩珊朝は宗教界と藝術界に大革新が行はれ正に波斯のルネサンスともいふべき時代であつて、往時のカムビーセスやキールスなどの偉大な文化を摩せんとする凡ゆる努力を重ねたのであつた。即ち西暦三世紀にはササンとその子アルタキゼルキセスが時の主權者であつた安息國王に抗して之を倒し、完全に中央亞細亞の支配權を獲得した。アルタキゼルキスは更に羅馬に向ひシリア及び小亞細亞より、その兵力の撤退を要求し、後繼者サポール一世の朝に於て遂にその目的を貫徹した。サポール二世の薩珊波斯は國勢愈隆盛に趣き、北はカツパドーキアよりカスピ海に及んで支那と國境を接し、西はイウフラテース即ちアラビア沙漠の東方を限界とし、東は領海、波斯灣を隔てて印度に隣してゐる。種々な事情で薩珊と東羅馬帝國即ちコンスタンチヌス大帝に建てられ、イウスチニアーヌス皇帝に至つて文物いよいよ調ひ決定的な文化形式をつくつたビザンチウムとの間に絶えず平和的にも係爭的にも接觸を保ち、文化の交流が常に行はれてゐたのであつた。かうした事實は種々の藝術的ドキュマンによつて明かに立證し得るところであるが、藝術的には波斯は裝飾的布置を羅馬に學び、ビザンチウムへは其意匠を提供しながら互に多少の改竄を施してゐる。

薩珊工藝には圖案化した動物と、「命の木」Homa は無限更生の象徵。初めは全く波斯型の花と實とをもつ一本の樹であり、實は熟して自づと地に落ち、更に新しい芽が萠え出でるといふ、絶えず更新する無限の生命を意味するものであつた。時と共に段々棕梠のやうな均整的圖案的構成となり原始時代の意味を失つて單に裝飾的意匠に過ぎざるものと化り終に頂華となつた。ホーマと共に薩珊意匠に見落してはならぬものにピーラ Pyra がある。これは希臘語の Pyr で、火の神の神壇を意味する拜火教徒の築いた寺院の形である。其頂上に僧は永久の火を點じて消ゆることなき火影に神意を伺ふといふ崇拜の對象たり文様の意匠である。薩珊波斯の影響は啻にビザンチウムのみではなく埃及方面にも及んだ。それは日毎のやうにイウフラテース邊りからアレキサンドリアに往き來する隊商の手に物々交換が行はれたので、コプト織に波斯の匂ひが相當濃厚なのもさてはと首肯ける次第である。これは單に文様の細部ばかりではなく、騎馬狩獵文の一つ、鞍上から後方を顧みながら弓をひく構圖など確かに波斯織からの影響だ。人物の服裝、馬具など類型のものだが動物に印度猫とか獅子がすくない。皺のない衣、人物の頭髪、髯その他様式化した部分に薩珊工藝を想起すべきであらう。尙ほ此時代の圖案的構想はイスラム波斯文様の立發點ともなつてゐる。

建築や彫刻の如き大美術に對して工藝といへば、先づ日用品であり湮滅し易い條件をもつものだけに完全なものは至つて鮮い。從つて薩珊王朝の工藝といつても僅かに殘存せる製品に就て些か其特徵を述べるに止めやう。しかし薩珊時代の豪華さは先づ壁掛とすべきであり、クテシフオンに名高い希臘趣味の刺繡は羅馬人が歎賞して措かなかつたとは古代人の書き遺してゐる話である。當時の宮殿裝飾乃至は工藝の概念を把捉すべくフイロストラツスの著したアポロニウス・チアネンジス傳のなかから、安息國王の宮殿の結構を抄譯して見やう。

……バビロン王宮の外側は銅板を以て蔽はれ、その輝きによつて遠方からでも御殿の位置がわかるほどであつた。婦人室、男子部屋、柱廊等は壁畫の代りに金銀の伸べ金を張り、金の地金の裝飾さへ用ひた。壁掛綴織の構圖は希臘人の傳說、例へばアンドロメーダ、アミモーネ、オルフエオス等のものが多く、バビロン人は特にオルフエオスを好む。それは彼の歌や樂の調べがバビロン人をひきつけたのではなく、彼の冠や衣裳に目を奪はれたからであらう。或は又ナクソス島をその艦隊の援助により攻略するタチスや、エレトリアを侵すアルタフエルネス、其處には倨傲そのもののやうなクセルクセス（アケメニード朝の一王）の自惚勝利、例へば雅典攻略や溫泉門の戰等がある。更に興趣多きはメディア戰爭の物語であらう。例へば渴した軍隊に飮み干され枯涸した河の繪とか、大橋を海に投げ込む圖とか、アトス山に風穴を穿ち運河をつくつた繪などである。或は廣間のドームを天空に象どり、土耳古石や靑サフアイアの日月星辰の形を鏤め、我は國王の黃金像を空間に釣つて恰も王が空中を飛べる姿と見せるなど絢爛眼を奪ふやうな仕掛けに滿ちてゐると。

二

巴里のカビネー・デ・メダイユに藏せるコスロエスの銀皿こそは薩珊工藝の粹ともいふべきものであるが、多分ケルマンシアーにあつた浮彫「狩せる國王」の複製であらう。しかし原作よりは一層生氣もあり運動も充分表はれてゐる。國王は前方に眼を据ゑて矢を射ようとしてゐる。埃及人と同樣、波斯人もかうした場合には弓を肩胛骨の高さまで差し上げ、右の手を頸の後方に引き、胸は稍前方に乘り出さしめて姿勢の力を示してゐる。構圖はまことによろしく優雅でさへある。裸馬に乘るコスロエスアマゾンの如く安らかな體勢である。浮彫の技術もしつかりしてをり、下繪も狂つてをらぬ。王の衣裳の細部は勿論、馬具や動物の毛並も各その持味を表はしてゐる。寔に金屬工藝の上乘なものだといへやう。も一枚の皿も同じくコスロエス王を見込の中央に表はした一寸風がはりの作で、恐らくは大理石か陶器をモザイクの寫しだと思ふ。先づ七寶の感じだ。金緣で區劃を作りその中へ紅白エナメルの華紋を相互に置いてそれが三段の帶となつてゐる。地は青色の菱。中央には薄い浮彫のコスロエスがグリップスの支へる王座の上に掛けてゐる。

以上二枚の名品は別として尙ほ多數のアムフオーラ、皿、水注ぎなどが殘つてゐるが、我が正倉院の御物、銀製水注ぎはその形と胴文天馬の意匠から薩珊出來となつてはゐるが、或は薩珊のそれよりも技術的に優れてゐるかも知れない。そして幾分オリジナルの粗野性を失ふと同時に漢人趣味の加はつたところは爭へぬ事實だと思ふ。注ぎ口、文樣の天馬、全體の形をペテログラードのポロウツオフ或はボブリンスキー伯蒐藏の瓶器と對照すれば自然其間の消息がわかる筈である。兩氏の瓶は、胴下部の曲線から脚に於て希臘風をしのばしてゐるが、胴文の匍匐せる獅子はまことによい調子で甘さが少しも見えぬ。恐らくはマチヤツタの浮彫などから感應を享けたものではあるまいか。次に金工藝の一つとしての通貨のことにわたるが、アケメニード王朝、ダリオス治下の鑄造貨幣は古拙時代の希臘型に近い。此等の貨幣を古記錄によるとホ・ダレイコスとシクロス・メデイコスといふ。目方は八グラム四〇と五グラム六〇で、後者銀の二十枚は金ダリコス一枚に相當する。王室の貨幣は又の名を「弓手」の貨幣と云ひ、弓を手にせる王の立像が刻されてゐる。或は王がアフラーマヅダの神前に跪いて禮拜するものもあつた。初期の貨幣は表面だけをうつたが後になつて裏をも打つた裏模樣は鑄造した地方の象徵を刻してゐる。薩珊時代に至ると希臘型を脫し、表は治者の像、裏は聖火の燃えるピーラに限られた。肖像はいづれも稍粗笨ではあるが剛勇ならびなき國王と自負してゐるその相貌を示すべく線ははなはだ寫實的だ。

三

薩珊に於ける織文と其素材たる絹は東西文化の接觸に重大なる關係をもつものだけに、學者が研究する價値を充分もつてゐる。絹はいふまでもなく、原產地が支那であり、西曆前は悉く支那の輸出に俟つたのであるが、歐洲に於て養蠶が初めて行はれるやうになつたのは六世紀である。吾人の知るところでは、西曆五百五十二年波斯の修道士がイウスチニアーヌス皇帝の命を奉じて支那に使し「桑の葉を餌とし白繭をつくる絹虫の卵」bombyx moni を求むべく、セリングに旅したといふ事蹟である。即ち修道士は竹の杖のなかに蠶卵を納め、密かにコンスタンチノーポリスに持ち歸り蠶を飼育したといふ。薩珊ではビザンチウムより約二百年ほど前から絹の染織法を支那より學んでゐたのであるが、圖案と織の技術には東羅馬人の方が優れてをり、先進國薩珊へは勿論、支那まで輸出し、遂に日本にまで影響を與へてゐる。

即ち聖武帝の幡や法隆寺の四天王狩獵文の構成、蜀紅錦の布置などを考へつゝ薩珊文化の東漸を思ふのである。恐らくは狩獵文のみに限つた譯ではなく、種々の模樣が入り込んでゐたに相違ない。ビザンチーノ・ササン傳統の絹織は四種の形式があり、その一は圓環文、その二は橫走文、その三は菱形文、その四は散點文であるが、圓環文の比較的多いのは、此文樣の構成が、或はビザンチウム人の立案になつたのであるかも知れぬ。即ち圓環文は羅馬時代の裂にも屢々出て來る文樣であり、ビザンチウム人にも親しい意匠であつたからだ。橫走文こそ純然たる薩珊系であり、波斯の恒久物の裝飾構成には常に出て來るところのものだ。圓環文組立の最初は上方の圓より下へ下へと重ねたものであつたが所謂狩獵文に至つては大環を上下左右、結ぶに小環を以てし地を塡充するに唐草を描いた。大圓環內部の文樣は常にホーマを中心として左右が同じ圖附けである。或は單位に人物、有翼のグリツプスを其他の動物を入れてゐるものも多い。伯林工藝美術館所藏の薩珊裂は大形圓環の中央にホーマ左右は均整的な構圖である。有翼の馬に騎る國王は片手に鷹を、片手に仔獅子を差上げ、馬の下、前野には豹、獅子、鹿などをあしらひ緣の環狀帶には各種の動物生態を或る形式に從つて描き、上下の結び環には相對的に鳥と獸を納めてゐる。本品の構圖には多分に羅馬風なものがある。前にも述べたが、それは圖案と織の技術に羅馬が優れてゐたためであらう。筆者所藏の斷片はビザンチーノ・ササン系に屬する錦でアレキサンドリア出土のものである。織の技術から見て西曆六世紀を下らぬ。圓環の直徑は偶然にも我が曲尺の丁度一尺。左右とも、弓に矢を番つてゐる騎士がをり、下部の前野には花瓣禽獸約束通りの構圖である。本品を薩珊後期の織とすれば、中央の樹は便化した植物であらねばならぬ。今複原圖（凸版參照）を描いて見ると、寧ろホーマの原始的形態である花と實の本となるので、ビザンチン系とするよりもビザンチーノなササンといつた方が正しい。圓環の絡ぎたる小環中の模樣は草花である。地は蘇芳色を呈してゐるが反對側の斷片には暗赤色の部分がある。多分時と風土の影響を受けて變色したものであらう。綠青色も要所要所に織り込まれてゐる。佛國リヨン美術館の藏品中稍意匠の類似せるものを見るが、それは文樣が蘇芳、地には代赭と綠がはつきり表はれてゐる。唯本品の撮影が經驗のない人の手になつたものか全部の色感と細部が飛び現物を彷彿せしめざるは甚だ遺憾とするところである。

京都畫壇

最近の新人達

神崎憲一

新人と舊人

との境界は、見る人によつて目盛りが違ふし、最近といふ時限への解釋にも各個への自由裁量が與へられてる。とすれば、此課題には多分に貴方任せの恩典がある筈ではあるが、同時に時空への限定如何では容易に手をつけかねる廣範圍に及ぶ。

新人は現代の繼承者であり、次時代の組織者であり、然も有爲を未然に豫察しようといふと、實は輕々に云々すべきでないとも感ぜられる。——といふ解釋から言へば十日間に十枚でといふ註文からして輕率至極でもあるが、また十日間十枚といふ註文の裡にはさう大袈裟に硬く解釋しないで、持合せの手廻りのもので片付けろといふ含意もある。

少し餘裕を持つて東西各展を通じての此課題への回答には興味を持つが、今は其餘裕も無し唯ほんの直感的座談の積りで、夫れも京都の更に一部局に對する寸感で責を塞ぐ事にさして貰ふ。

北澤映月、向井九萬それと寺島紫明の三君こそは、此題旨に最もぴつたりとあふ人だらう。その內でも特に向井君こそは新人中の新人として、恐らく昨年度に於て日本畫壇に彗星的進出を示した人と言へやう。京都高等工藝の出身だけに裝飾圖案を專攻した人だが、日本畫に主力を向け翠嶂塾青甲社に入り、最近の塾展に女の子の群を描いた作品があつたのに目を惹かれた記憶がある位だつた。それが一昨春の市展で社頭に詣づる二人の舞妓に推奬され、京都での新人と認められたかと思ふ間もなく、昨秋の文展で人も知る「男見生る」で鬼才を公認せられた譯だ。その後一二點見た小品の花鳥などからも、いかにも新人らしい鋭技色感を覺えさせるものがあり、差當り一足先輩の秋野不矩女史との對照に興味を呼ばせられるやうな作境だと言ひ度い。

文展での向井君と

好對照を成すのは院展での北澤映月女史の同人拔擢といふ異常な急進出だつた。然も映月女史の急進出は、向井君が其道の古强者として名を得て居る寺島紫明君と同列だつたやうに、新井勝利君といふ百戰練磨の巧者と伍して出現した點、頗る見物人の感興を呼ぶ好一對を成してる。女史は素上村松園女史の私塾を苗圃として育ち、その後松園女史が私塾を解散するに際し、麥僊塾の山南塾に移托されたが、偶々同塾には今尾津屋子女史のやうな好伴侶があり、麥僊歿後津屋子女史は東上したが、映月女史は京に留つてよく麥僊の畫風の上に新しい自己を築き、遂に遊龜女史唯一人よりなかつた巾幗同人の金的を射落したのだ。

寺島紫明君を新人中に加へて殊更らしく紹介したりする事は、讀者は素より本人だつてテレ臭いだらう。何度も言ふけど、往年の「うつら〳〵」と新內蘭蝶の名文句を畫題とした一作の如き、寧ろ超特選の傑作だつたのが無視されても氣を腐らせず、近一三年特にしんみりした作を見せてる心構へに打たれるものがあると言ひ度い。

以上は官公展の認定に新人の資格を求めた譯だが、資格への觀點を少し變更する。文展及び塾展などに依つて特異な存在の認識を漸次强調しつゝある人として、鄭末朝君を第一に推頌したい。文學畑には多少活躍してる人もあるが、日本畫では半島出身者中嶄然たる存在だと言ひたい。表現が地味で殊に素質的に何處か浪曼的な哀愁を帶びたものが主として內容とされてる爲めに、剛毅健豪の好尚にはぴつたりしない怖れはあるが、半島の血を生かし其地氣其民情を是れ程しつくりと摑み出し得てる點は充分推擧に値ひすると思ふ。最近作例文展「露店」。

磯田又一郎君が

應召即時除隊となつて以來の作品に何處となく緊張したものが現はされてるのを感じさせるのは、尠くも身にしみ〴〵非常時を痛感した心情を漏洩してゐるのだと共鳴する。文展「夕櫻」市展「殘篝」といふ大物の始末振りもソツが無く感じたが、最近の獻畫の小品などからも夫れを感得し得る。

澤宏靭君の「室戸岬」の岩の重なりの扱ひが漸次ものになつて移り行く歩みに引入れられるものがある。重厚な親しみを感じさせる作味の內には、才氣走つた理知的なものでない性情の反映も見え、何處か鈍重な素純な迫力がある。

麻田辨次君の作味に、殊に個展で見せた二三の作を思へば、稍や才筆を覺えさせもするが、塾展の「芥子」などに示されたものから推せば情熱に打込んで才氣を押へ付ける强さもある。部局的な筆技の面白さや構圖の警拔さなどの魅惑から逃れてその奧のものが堂々と露出される時に、觀る人は最も辨次作らしさを感じ、引きつけられるであらう氣がする。

中田晃陽君の持ち味にも强さがあり大きさがあつて頻りに期待させられて居るのだが、最近流石はと感じさせられる作品に接しないのはどうしたのかと懸念される。

奧村厚一君

の「雪」が危く文展で特選になりかけた噂を聞いたが、その後個展や彩尙會などを見ると洋風な緻密描寫的な態度が採り入れられ、或は岐路に立つてるのではあるまいかとさへ思はされるやうな、二樣の形式が並用されてる觀がある昨今ではある。然し何となく近く何等かの解決策を發見して見せて貰へる氣がして期待される。

河原悅人君の昨年の文展の「出雲の村」は、筆技が稍や巧緻に行き渡り過ぎて、却つて先年の「向日葵に牛」の

美術創作家協會 第六回展を前に

難波田龍起

昨年あたりから前衞繪畫の後退といふことが言はれてゐる。美術創作家協會は敢て前衞繪畫を標榜するものではないが、美術文化協會と共に畫壇に於ける最も進歩的なグループと見なされてゐる。美術文化の超現實主義の繪畫に對照して美術創作は抽象主義《イズム》の繪畫が擧げられるが、そうした主義《イズム》によつて我々の繪畫制作を限定することの誤謬は已に認識されてゐる筈で、我々は極めて自由な立場から各自の繪畫制作に精進して來たのである。同志的な魂の力强き結合こそ我々の藝術、日本の藝術を造り上げて行くものと信ずるのである。我々の協會も第六回展を迎へるに及んで益々その結合を固め、各自の制作をそれぞれの方向へ進展せしめてゐる。勿論我々は今日の日本の現實がいかなる事態にあるか、それは深く認識するところである。大東亞戰爭完遂の大目的は日本人の何人を問はず、その魂の奧底から吾人を搖り動かし、この大いなる世界歷史の轉換の機に際して、日本民族の傳統的精神があらゆる文化面に發揚されることが眞に望ましいのである。そして又日本民族の中から盛り上る創造的藝術精神によつて我々の繪畫制作がなされなければならないことを確信するのである。歐洲より移植された繪畫の精髓を我々の血肉と化して、そこに日本民族の傳統的精神を樹立する時、新時代の日本の藝術が創造されるのである。イズムの世紀末的氾濫は已に解消されてしまつた筈である。一つの

素純な力强さを失つた氣もしたが、餘裕のある日をかけて萬全を期したものが、必ずしも總ての場合効果を擧げるものでない事が感じられてくれば、素質のよさは益々光つてくるに相違ないと思ふ。

梶喜一君の特色のある裝飾的誇張力が示されたのは既に何年かの昔のやうな氣がするが、その後の經過は正直に言へば餘り伸展して居ないとも言へる。何が閉塞させて居るものなのか？或はあの特異な誇張そのものが外皮的なものであつたのに執着しすぎたといふやうな事は無かつたか。近作例文展「濱」市展「松木立」。

森戸國次君が

塾展に朝鮮土產の「僧舞」を持込んだ事は、出直さうとしてる氣魄は大に感じさせたが、今迄動物を扱ひ慣れた眼を急遽女性描寫に轉じさせた理由を充分にうなづかせてくれるに足りる程には熱粘り突込みが徹し得て居ない憾みがあつたと言ひ度い。先年の「黑豹」には獰猛さが出てゐた。「馬」には體臭を感じさせるものがあつた。が、「僧舞」の妓生からは肌擦りさへ出すこと迄まだ行き得てゐない。然し妓生を黑豹と同じ程度に執拗に觀察する熱を持ち得ない人では無い筈だ。

女性の特殊な色や匂ひやしなやかさを表出する人で、私は今、坂本音彥君と堤利彥君との二人の鋭さを强く印象されてゐる事を思ひ浮べる。二人とも現代の若い女の觀照に特異な尖鋭な凝視を續けて居るが、そして今京都の此時代の人達の例で或る種の地歩を踏みしめてるとも言へやうが、大物になると(例へば昨年の文展の坂本君の「谷間の秋興」の如き)何處か焦點が弱められてる憾みが伴ふ。

昨春の京都市展で捜し出した新人達……今村豐信君の「暮るゝ日」の對象のあらゆる部面にしみ〴〵とした愛着を感じて、描く事を樂しんでるといふ風な氣持の出てるのに牽引される。これは筆技の巧拙を越えた、も一つ奥の態度の問題だが、此態度を失はなかつたとすれば、換言すれば如何なる對象に對しても是れ丈けの愛を抱き得る樣な人生觀を持續し得るとすれば、行く手は廣く明るく拓けて行くに、相違ないと思はれる。

此作に較べると稍や技巧的なものによる効果が目につく氣がしないでもなかつたが、秦昌君の「森の中」、小野春男君の「樹林」、黑木亮君の「凪」といふ作品に、夫々技巧の爲めの技巧でない眞摯さを覺え引入れられるものがあつたと言ひ度い。

その他の在野展

と言つても山南會と柏舟會、夫れに白御會の事を思ひ浮べ、その內の誰彼がといふ譯でなしに、隨つて此場合聯か主題にそぐはぬ言ひ方になるが、國展と院展との精神的な傳承、といふか藝術的生命の流れといふか、さうしたものゝ若い新しい動きを感知させられるものがあるのに興趣を牽かれる。そこには、人間的に見れば麥僊・華岳・波光と溪仙といふ人達が聯想されてくる事も注意を惹く。さう言へば、是れは京都ではなくて大阪になるが、中村貞以氏の率ゆる□□社と木谷千種女史中心の八千草會にも新氣の萌えつゝあるものを感ずる事を附言しないでゐられない。

元來京都の畫家生活が塾と關聯なしに考へられない事實は、最近繪專研究科の活躍に依つても決して減少されてるとは言へない。が、老大竹杖會、早苗會、中老青甲社・菊池塾、その他晨鳥社・菁莪會と眺めてくると、流石東丘社と中村塾は開設年次も若いし隨つて集つてる人達にも若い人が多い。殊に堂本印象氏の指導精神に見られる表現に於ける自由主義と經營に於ける統制方法とが、いかに新人達の集りであるかとばかりに目立つた活躍を續けて居るのは注目されて居た。ところが最近になつて頻りに退會者が續出し、一方中村塾の主宰者多病なのと照應して、一抹の陰翳を投じてる觀がある。さうかと思ふと極めて最近には、既に研究會組織の解消聲明をした竹杖會が新に、第二竹杖會の名で研究會を復活した。昨年東京進出に新氣勢を示した繪專研究科の動きなどを思ひ合せ京都での畫人團體行動にも多少の新しい動きが見えるやうな氣もする それは軈て新人達の生れ出る下ごしらへとなる譯でもある。(三月十日)

◇

展覽會の暦

▽青襄社日本畫展　五日から八日迄銀座菊屋
▽霜林會洋畫展　五日から八日迄資生堂
▽双台社第二回展　七日から十五日迄上野公園府美術館
▽青丘會第七回展　七日から十一日迄高島屋
▽三春會第三回展　八日から十二日迄三越
▽春陽會廿回展　九日から廿二日迄上野府美術館
▽大森桃太郎個展　九日から十三日迄青樹社
▽稻垣勇次郎日本畫展　十日から十三日迄資生堂
▽八木恒個展　十日から十三日迄鳩居堂
▽生彩倶樂部詩展　十一日から十三日迄銀座紀伊國屋
▽茉莉會第三回展　十一日から十五日迄銀座菊屋
▽櫻井霞洞染色工藝展　十四日から十七日迄銀座松坂屋

ものに歸する統一の力强き明朗な思考が今や我々を全面的に支配してゐる。我々の繪畫藝術に於ても最早無秩序な主觀的な獨りよがりは絶對に許されない。我々は第六回展に際して嚴密に各自の制作を檢討し以て高き標準に到達するの足場を作りたく考へてゐる。大東亞の美術は全世界の美術に立ち向ふものでなければならない。あらゆる文化面に於て今日こそ日本人の實力が試される秋なのである。

□

美術創作家協會は美術家の職域奉公の時代的意義を深く痛感してこゝに厚生美術制作團をその有志によつて組織したのである。幸ひ產報厚生部の支援を得て、近く實踐の運びに至るのだが、この職場に於ける美術運動は恐らく我々美術家の精神を更に鍛錬し、その制作に力强さを加へ、眞にこの時代に於ける美術文化を民衆と共に形造つて行くに違ひないと信ずるのである。この運動は我々美術創作の有志に限らず畫壇の眞に目覺めた美術家達の協力によつて擴大されて行くものでなければならない。

第3回

美術文化展作品公募

會期　五月廿七日―六月四日
會場　上野公園・府美術館

出品種目『繪畫（油、水彩、日本畫）彫刻、寫眞、產業美術』
（一人五點以內・大さ制限なし）

事務所　美術文化協會
東京市本郷區動坂町三二七
會期中　東京府美術館內

第六回

美術創作協會展

會期　四月四日―十二日
會場　上野公園・日本美術協會

作品『油繪、日本畫、水彩、寫眞、立體、素描、版畫』

事務所　美術創作家協會
東京市世田谷區經堂町一五八難波田龍起方
（會期中　會場）

朱葉會第廿四回展

會期　四月一日―十一日
會場　上野・松坂屋（六階南側）

第七回

新作日本刀展

會期　四月二日―廿日
會場　上野公園・府美術館

主催　大日本刀匠協會
東京市赤坂區氷川町二八

第三回

茉莉會洋畫展

會期　四月十一日―十五日
會場　銀座・菊屋ギャラリー

日本畫家報國會主催

軍用機献納作品展

日本橋・三越にて

海幸　竹内栖鳳

祝捷日　川合玉堂

清香　中村丘陵

陽春　伊東深水

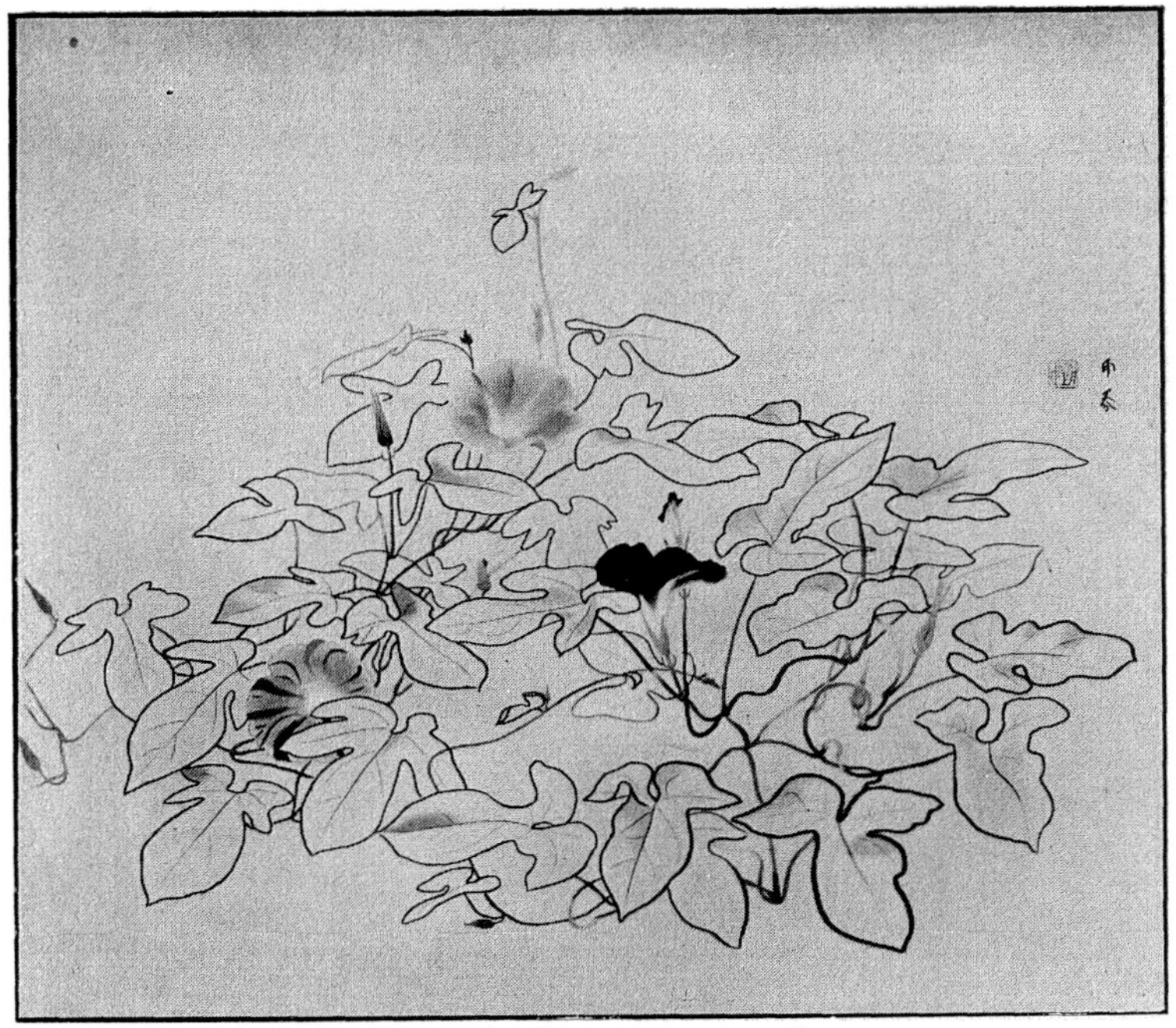

朝顔　堂本印象

花下吟詠　児玉希望

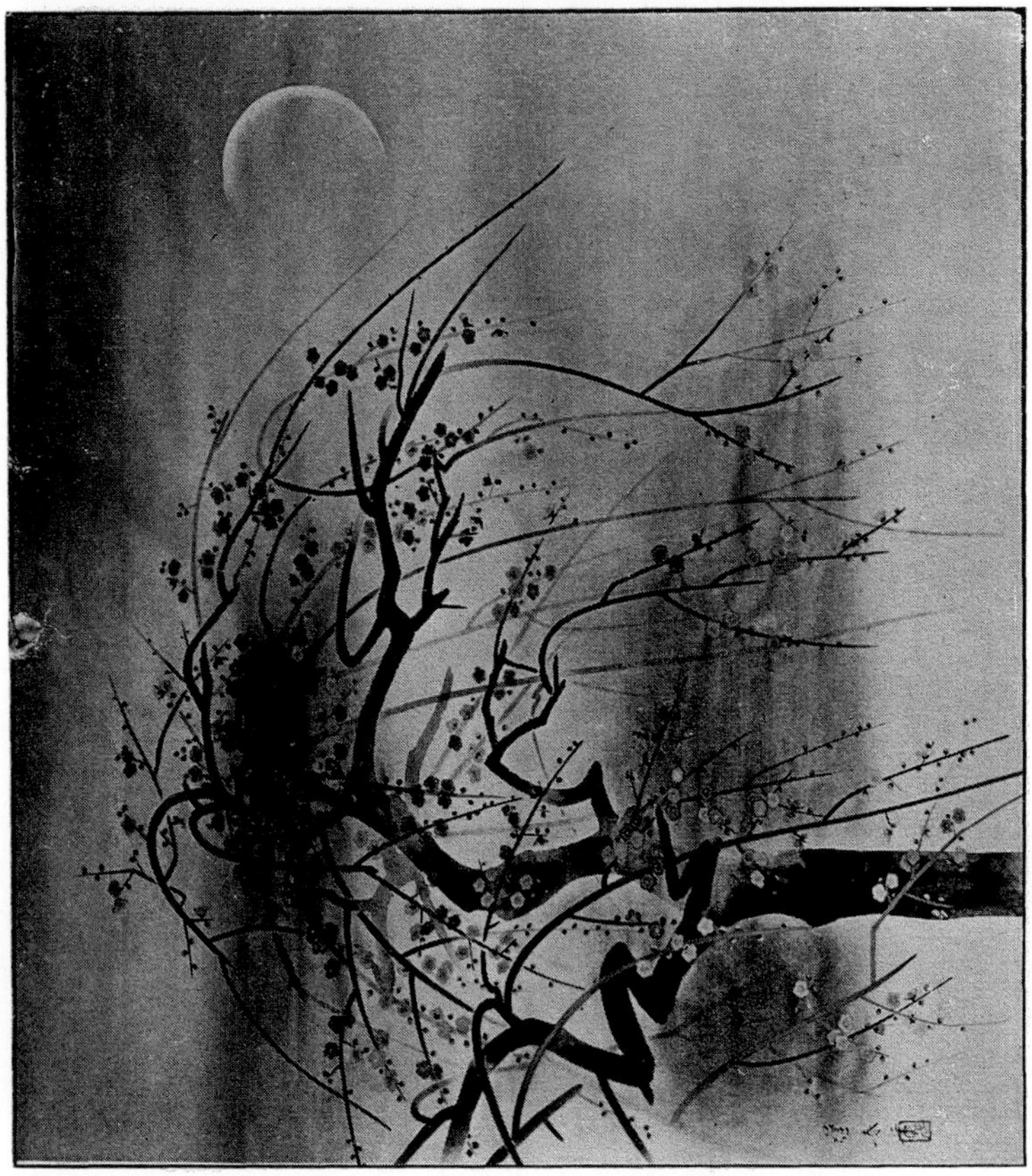

残寒　山口蓬春

白梅　福田平八郎

和鶏　金島桂華

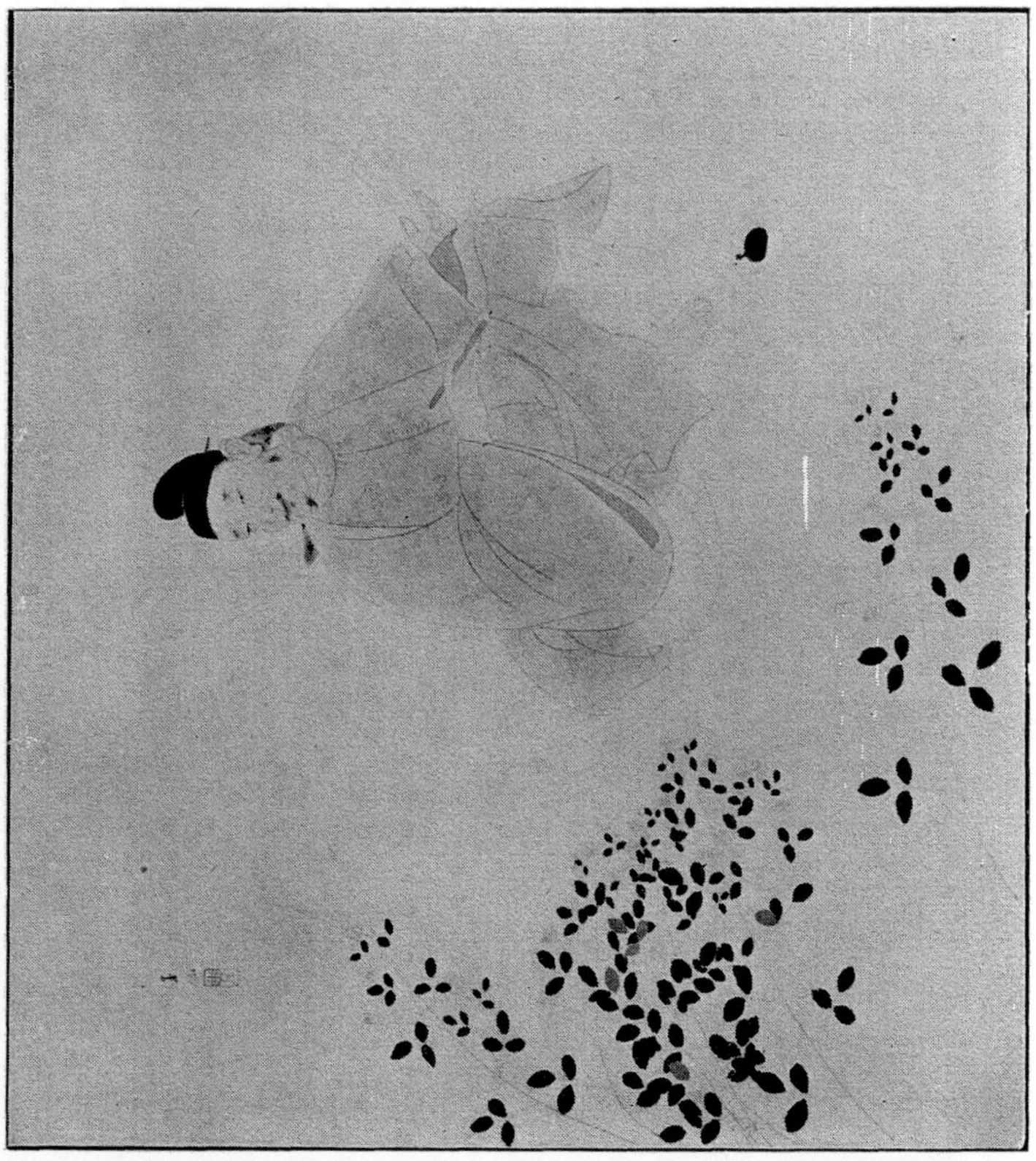

菅聖風道　島田墨仙

第十回東光會展

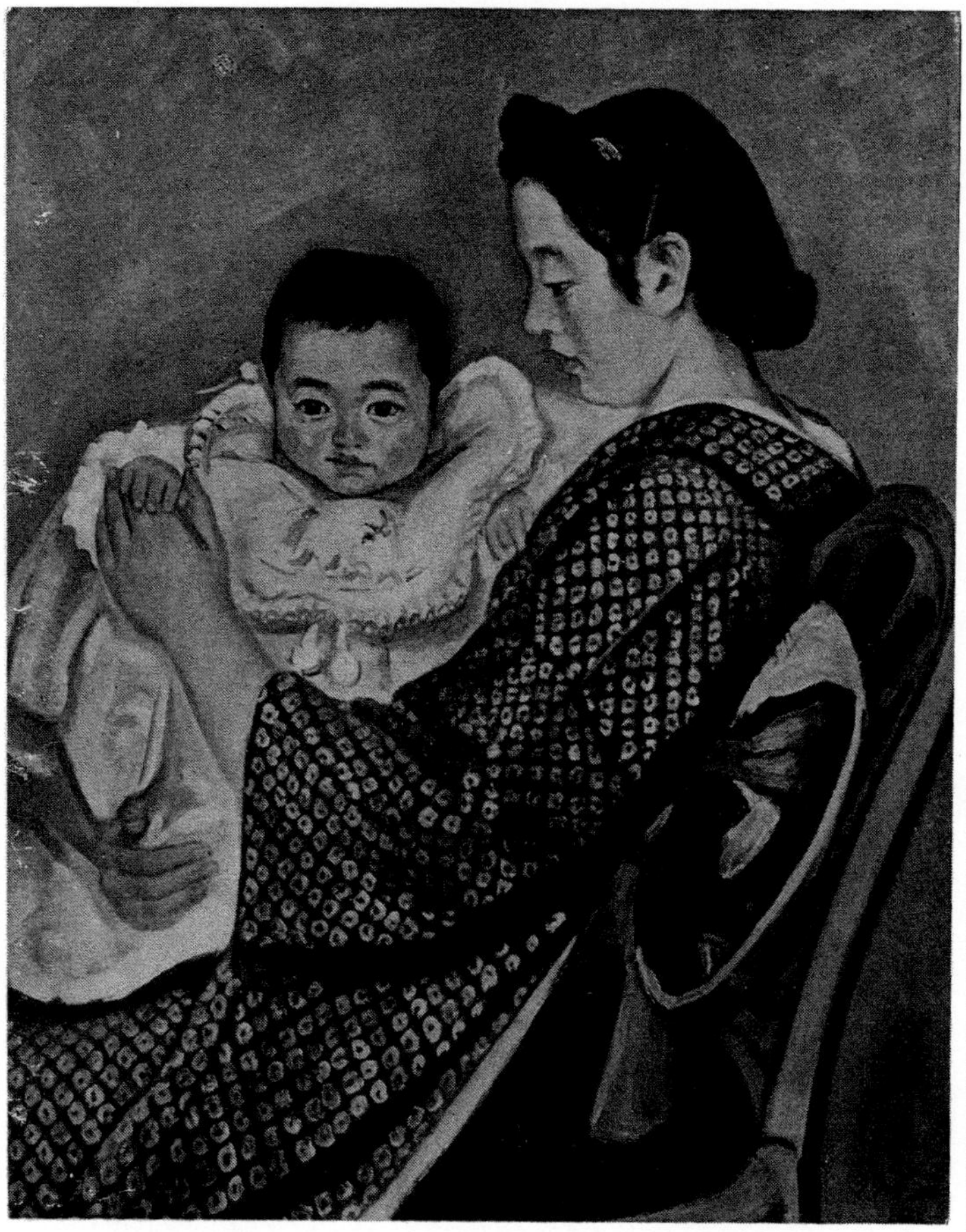

抱かれたる男兒　熊岡美彦

五月の池畔　胡桃澤源人

婦人坐像　塙忠

黄色い傘（東光賞）　桑原福保

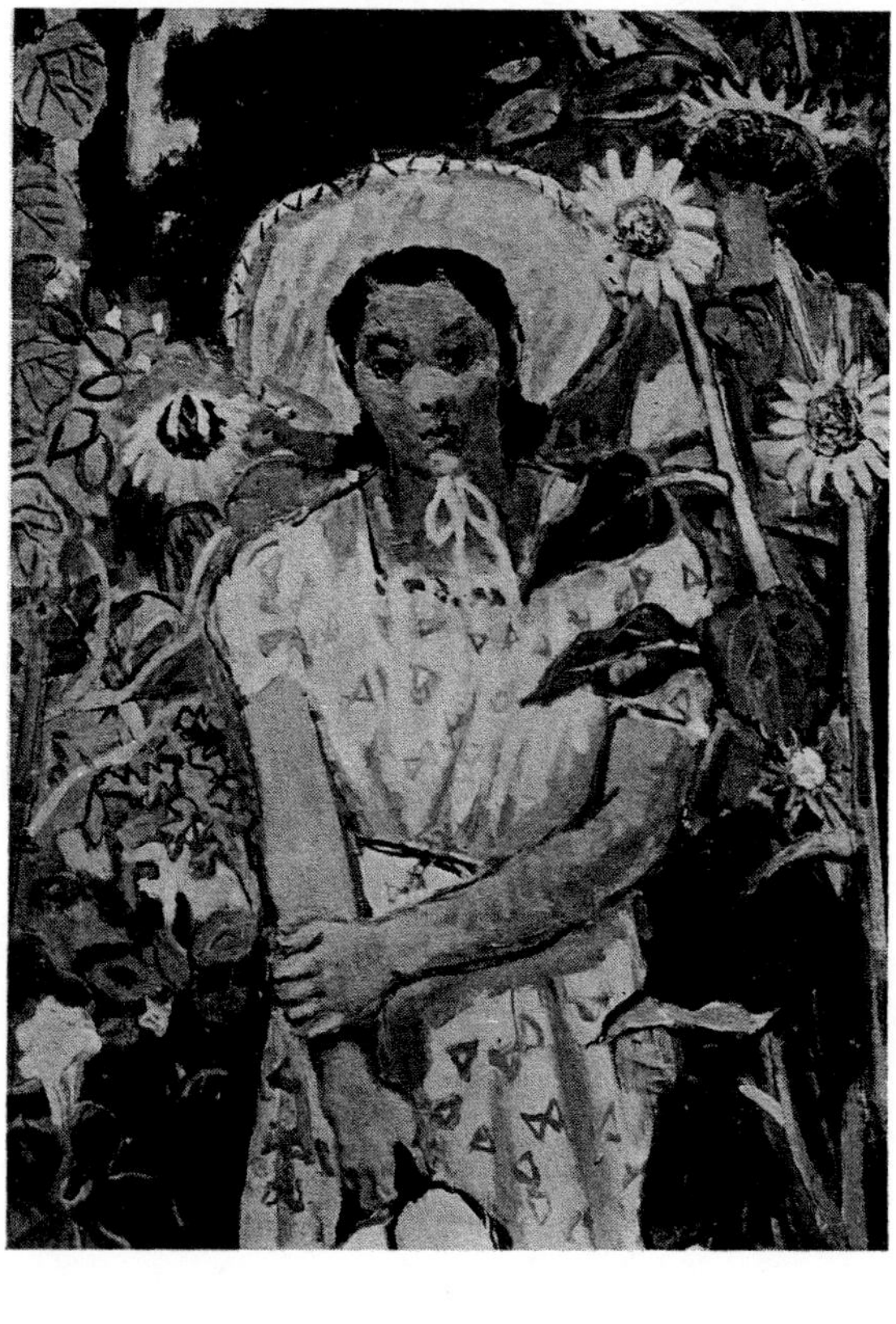

ひまわり（岡田賞）　熊岡正夫

初期の文化と 素朴な美術

北川民次

皇軍の赫々たる戰勝の報が刻々傳はつて參りまして、吾々の心は感謝の情に滿されてをります。正に東亞の黎明が參りました。かういふ華々しい時代に、安閑と畫など描いてゐては、すまない様な氣さへ起つてまゐります。

しかも吾々は一層熱心に彩管の精進を續けてゐるのであります。何故私共が一層熱心になるかと申しますと、それは只今述べました通り東亞の黎明が訪れるからであります。眞に新しき初期が近づきつゝあるからで御座います。初期と申しますと、必然的に何か新しく生れて來なければならぬと信じるからであります。

彼のルネツサンスの一大藝術時代に於きましても、決して、其れ迄あつた美術の諸傾向が、其の儘膨れ上つて出來たのでは御座いませんでした。其の初期の時代は、非常に獨創の熱が高まつてをりました。

チマブエ、ヂオツトからマサチオ、フラアンヂエリコに至る繪畫が、どんなに潑剌とした獨創に富んでゐたかは、論ずる迄も御座いません。

ビザンチンや古ローマの流れをくんだ末梢的な裝飾畫しか知らなかつた其の頃の美術の正統派から見れば彼等は何といふ破天荒な型破りの人々だつたでせう。

支那に於ても、ギリシヤに於ても、ローマに於ても印度に於きましても、其の文化時代の初期の作品は悉く、元氣ある獨創の點で共通で御座います。そして又彼等には、他に種々な通有性をも認める事が出來るのであります。即ち之等初期藝術と稱せられる所のものは必ず非常に素朴で堅實です。無駄や贅澤はちつとも無く、率直で凄い迫力を持つてゐる所に特徴があります。

斯ういふ力は決して既成の美術が如何に膨脹したからとて、現せるものではありません。元來既成の美術は、もはや餘りに人々の手で玩弄されつくして來てをります。餘りにいぢりまはされ、人の氣に入る様に手が加へられすぎてをります。云はゞ盛りをすぎたバラの花の様なもので、これからパツと開く氣魄が御座いません。

これは何も美術だけに限つたことではありません。あらゆる文物が其の初期に於ては健康で潑剌とした力に富んでをります。そして其の形は極めて素朴です。例へばキリスト教の如きも、キリストが現れた頃は、實に素朴な教でした。美しい法衣もまとつてはをりませんし豪壯な寺院もありません。又面例な判りにくい神學上の敎義も現れる餘地はありませんでした。だが其の素朴な教は千古不滅です。

ルネツサンスも愈々其の高期に入りまして、ボチチエリやレオナルドの時代になりますと、ヘレニズムは掘り返され、クラシシズムは高調され、文字通り、古代藝術の復活期が參ります。もはや初期の素朴さは影を消していやが上にも美しく、多少贅澤と不健全のたるみさへ窺はれる様になつて參ります。そして間もなく、チシアノやチントレツトーを最後として、衰頽の谷間へすべりこむ運命が待つてゐたのでした。

私は美術の眞の力は其の黎明期に窺はれると信じてをります。初期の美術にこそ、其の眞の美しさが假面なしに露れてゐるので御座います。

現代日本の美術は、相當高い水準に迄達してゐる事は否めません。そして、そこには又立派な傳統も持つてをります。だが私はそれが其の儘、こゝで述べてをります所の初期の美術に適はしいものとなり得ないと考へてをります。

初期の美術は、前申しました通り、この様に綺羅をかざつた、華かな媚態を呈した存在では御座いません。黎明初期の美術は素朴な美術があります。尤も此の素朴と云ふ言葉は大變不完全であるかも知れません。いろいろ誤解されさうな言葉です。だが私には只今他に簡便な用語が見付かりませんので斯う云ひならはしてをりますが其れは決して力弱い原始的な状態を指すのでも小兒的な未發達さを示すのでもございません。

今や大東亞の黎明は吾々の身邊に迫つてをります。皇軍將士の手によつて米英蘭の帝國主義の魔手から救はれた南方諸民族に東西本來の文化の恩惠を浴せしむる可く、吾が日本には新しき初期の文化が芽生えるのであります。（十七・三・四）

國起ちぬ

富安風生

寒林を鳴らす疾風《はやち》のむた起ちぬ
寒林のはやちたちまち醜撃たる
多海をうしはくいくさ年歩む
蜜柑むく緊張しかつ朗らかに
寒巖《かんがん》をとほす凍《いて》にもたへでやは

獨立展新人評

矢野文夫

獨立展を一巡して新人の作品から强く感じるのは、失はれた「前衛的目標」の代りに彼等は「昭和朦朧派」とでも云ふべき情緒的な摸糊とした一つの雰圍氣――それは勿論造型的な新しい硏究でもなし、文學的な抒情でもない――を偶像のやうに作り上げたことである。なぜなら「日本精神」は急場の附け燒刄ではものにならないからである。それは、彼等の自由主義的思惟の殘滓を、朦朧と韜晦し、「現實」を正視する冷嚴なリアリズムの精神から强ひて逃避しようとする所に發生する。それはとりとめのない感傷や幻想を朦朧とした表現のうちに捉へ、はかない自慰を求めるに過ぎない。こゝで一々その例を拾ひあげる煩を止めよう。「私」は今大東亞藝術の雄大な構想を事新しく示唆する前に、一つの嚴しい「現實直視の精神」を、またそこから發展する正しい造型的鍛錬と繪畫的な强靱な骨格を要求するに止めたい。

各作品に就て――綠川廣太郎「蕃社三題」は兎も角一つの造型性を自己の型に於て見出したことを注目したい。奧田仁「法觀寺塔」は須田氏の影響下にあるが、割にはつきり描けてゐる。小原雄二「多の竹田」もつと渾然としたものが出て來ないといけない。獨立賞の楠本俊治「黃葉」は形象の「擴大化」と燻したやうな色彩から魅力を作り出した。岩岡貞美「雪景」はやゝ南畫的な筆觸があり、直村のぶ子の二點は所謂朦朧派の標本である。飯田實雄「獨木舟」「野食」努力の作であるが、ナチユラリズムからの脫却が企圖した程に行つてゐない。

鳥居敏「荒地にて」は穩和なそれ丈に迫力が弱すぎる。大内のぶ子「笹山」「樹」日本畫風の油彩で、脆弱すぎる。佐川敏子の二點は一の骨格ありて佳作と云へる。宮芳平「雪來る」は色彩的に鈍く、小川マリ子「オモチヤ店」まだ錯雜としてゐるが面白味はある。鈴木昌枝「樹」手法的に淸潔だが、その割に空虛である。菊池又男「月明」「南の國」何か一つのものを發見しさうな一歩手前を彷徨してゐる。佐藤新造「用水槽のある風景」古川盛雄「街」など無難である。

森有材「佛像」小品であるが佳作、廣田勝夫「デユロフ夫妻と其一族」淸潔であり、近藤幸「窓邊靜物」關口誠「庭」高橋弘二「上海の裏町」など平穩獨立賞の中村善種「竹」「栗鼠」は日本的な素材であるがメチエが汚い。

山本正「自畫像」は色彩も特異であり個性の强い作品である。狹間二郎「東北の野」練達ではあるが、もつと整理する必要がある。坪内節太郎「春」「働く人」錯雜才能に溺れぬ必要あり、淺田欣三「農家」「村落」ある影響は見えるが素朴である。松島正人「夏のスンガリー」「多の寺院」野口氏の影響下にあるが。平明な佳作。島村三七雄の二作は色彩が同感出來ない。今井憲一「殘光」前衛派殘滓が古めかしい。芥川雅臣「風景」佐々木進吉「港」やゝ粗放である。文狹勝「ハワイ海戰」戲畫化した。中尾彰「北山風景」淸楚であるが、抽象化が徹底しない。

獨立賞の木村忠太「勤勞戰士」二點は堅實な技術と云へるが色彩的に餘りに寒冷である。左翼藝術から一步も前進してゐない。かうした愉悅のない暗鬱さは、一掃さるべきであらう。大垣泰治「山陰居組海岸」上田耕作「林檎樹」など無難な小品。獨立賞、鳰川誠一「殘雪」のおしどりは感覺的に古めかしいが「かもめ」は鷗の翅の白い光などに一つの造型的な硏究があり佳作として推す。末永胤生「酣秋」二點も獨立賞、平凡な力作であり、同じく獨立賞、長島常吉「御堂」「仁王と鳩」の二點は前者の明るさがよい。宇根元警の二點は執拗なねばりがある。小出三郎「農家」は油ぎつたメチエに同感出來ぬものがある。

高畑正明「みぞれ日」は荒々しい筆觸だが一種の情感があり佳作、佐藤英男の二點は甲狀腺に異狀のありさうな人物が無氣味である。池田金之助の大作「國土開闢」は油彩による歷史畫の困難を物語るだけである。赤堀佐兵の二點も努力の割に冴えない。富樫寅平「馬と宿」は取材も面白いし構成もよい。「少年」はやゝ類型に陷りさうである。淸水練德「外房風景」他一點セザニズムから脫却し切れない弱さがある。守本柾の「豚」染谷葵一「埼玉の古墳群」遠藤智「ひばり」など小品だが面白い。

日本畫のモチーヴ

木田路郎

最近日本畫家の軍機献納の日本畫展なるものを見て、大たい現代の日本畫なるものゝ圖題の範圍、即ち日本畫家の取扱ふモチーヴなるものが展望されたわけだが、これはいはゞ小品だから大作向の圖題といふものは勿論ない。しかし、こゝにある圖題も、文展や院展の圖題も畫家としての日本畫家が選ぶモヂーヴ、乃至はそのモチーヴに對する態度はおよそ一定してゐるといふことだけははつきりした。

概して云へば、現代の日本畫家は傳統的圖題としての花鳥畫とか、風景畫とか、人物畫とか、又は歷史畫とかいふものに對して、モチーヴに對する關心といふものが、みな一樣で、たゞ「ものを描く」といふだけの單純な態度しか見られないといふことである。勿論「ものを描く」ことは繪として重要なことなのであるが、その「描き方」が單に一つの傳習の方式に倣つてとか、或は多少その形式を變へてゐるかの程度で「いかにものを觀てゐるか」といふ「いかに」の內容が甚だ貧弱だといふことである。

日本畫は唯筆技の興味だけだと言ふ人もあるが、そんな單純な考へだからいけないのである。筆技といふものは凡て有機的で畫面全體にかゝはるものであり、それは即ち畫家の觀照的態度そのものを示すものだから「筆技だけ」といふことは本來許せないのである。それを個々別々のことゝ思ふから甚だ無特色な版で押したやうな作品が出來ることになる。

日本畫のモチーヴが凡そ範圍が決つてゐるとして、そのモチーヴへの態度、打ち込み方をもつと嚴密に考へてゆかぬと日本畫の進步は洋畫よりずつと遲れると考へるのである。

モチーヴといふものは何でもよいしかしモチーヴに對する態度は畫家の「心の深度」を示すものであることに深い留意を要する。「心の深度」がモチーヴにかゝはるのはモチーヴへの愛と共にモチーヴと作家が一體とまでなる精神的行爲を決定するものだからである。しかしさういつたからと言つて日本畫の或るものゝやうに「鯉の畫家」「虎の畫家」と言つた工匠的專門家が必ずしもかゝる精神行爲を示すものでないことも明瞭である。この邊大いに一考を要するところであらう。

★　★　★

軍機献納

日本畫家報國會展

三田伊平

一

いろは順に展列されたので其順を追ふて觀る。すべて百八十餘點の大顔揃ひ、これだけの大同團結は曾つてなかつたことで、これも大興亞時局に盡忠の熱誠の所産である、文展全無鑑査と青龍展の社人がいづれも紙なれば二尺五寸、絹なれば二尺四寸といふ横物の統制した形に揮毫したものである。今中素友氏が克明な筆緻で山鳩二羽と蘭を畫いた「山鳩」は會場第一番のところに陳列された、伊藤小坡氏の半身美人が燈籠に灯を入れる圖「春宵」は正に松園氏の次位を確保した作である。

池田遙邨氏「近江神宮」はこの展覽會には適はしい構思で、得意の筆致を以つて鳥瞰的に畫かれた神宮景觀で詩情ゆたかな中に崇嚴さを含み、伊藤深水氏「陽春」は現代女性の上半像に櫻花を配した清新の風俗畫に觀衆を魅了する。磯部草丘氏「三保の春曉」は特異描寫をもつ松原が海の色の成功によつて一層に映え、石渡風古氏「童心」は毬と紅梅を添えた童女像。池上秀畝氏の猛虎を畫いた「咆哮」は堂々の大作で畫面の小なるを忘れしめる。板倉星光氏「紅蓮」は黑青の葉と眞紅の華の色調に効果を満たし、生田花朝女氏が歸漁人物を點景にした風景「飛鳥の里」は情趣深甚である。磯田長秋氏が蒙古襲來繪詞を新しく畫いて懷古情調に觀者を立去らしめず、岩田正己氏が白描で獅子を刻む運慶を描いて其畫構の面白さに目を引くが白描中、二本の刀柄だけに赤、青の濃彩を施したのは心憎きばかりの効果である。石渡光瑤氏の「菊」のよき出來榮な作で「い」の部を終る。

大洋を狹し、畫面を狹しと翼を張る海鷗一羽を練達の筆にやる橋本關雪氏の「春潮」や、橋本靜水氏が鴨に牡丹雪を散らした「凍郊」、畠山錦成氏の鮮かな色調の「菖蒲」、服部有恒氏が少壯の北條時宗を畫いた「相模太郎」等は「は」の部の優秀作であるが、橋本明治氏の「春雪」に降り積む雪を突いてあらはれる松葉の描線に工夫の面白さが人目を引く。鷄を題材にしたものは數點の多きであつたが、西澤笛畝氏の「淨長」は曉に鳴く雄鷄一羽を畫構一ぱいに畫いて堂々たるもの。堀井香坡氏「大日如來像」の端嚴なる、西山翠峰氏の松に鳩の「斑鳩」は熟抜の尊さを示したものである。

堂本印象氏の「朝顔」は色を省略した線描で試みた葉と蔓の複雜な重なり合ひの中に、二三の花を濃彩で描いたのが重視され、會場でも殊にすぐれて目につく、鯉の作は多數であるが德岡神泉氏「緋鯉」は會場第一に觀者を迎へ、一尾が畫面の中央にたゞ居るのであるが魚の性感をよく執えて氣韻の高いもの、富取風堂氏「秋興」は紫黑の葡萄がいゝ出來で、これに隱るゝ木鼠も徒らでない。織田觀潮氏「錦秋」の紅葉に鳥の圖、荻生天泉氏の有職人物「紅梅殿」の詩境、太田聽雨氏の屋形船に座す「山陽母子」などそれ〴〵によき中に、大智勝觀氏「月夜」は水墨に山上の城を畫いて月夜の大觀に成功し、小野竹喬氏の「島」はその構成によきもので、大村廣陽氏「雄鷄」と奧村土牛氏「倭鷄」は剛柔の鷄の姿態をよく畫いた。

川合玉堂氏が片田舍の丘を驅ける乘合馬車風景を自在に寫し盡したる和やかな情景に添ふるに草葺の茶府に日章旗を掲げるを畫いた「祝捷日」はよき人格的作品である。川崎小虎氏が紅梅の枝に綠の白榮を配した「白榮」、川船水棹氏が「宇知川」に一番乘りを畫いた圖、川上拙以氏の左右の岩に特異性ある「くるまゐび」、勝田蕉琴氏が手堅き寫描の鶴の「巣籠」、川村曼舟氏の「黎明富嶽」、太田秋民氏「佛誕觀音」など夫々の得意作で、川端龍子氏は細首の花生に白薔薇の切枝を畫いてよく、勝田哲氏の「雨」の鶴は情趣溢れ、金島桂華氏「和鷄」は大いに鷄に物を言はせ、加藤榮三氏「鯉」は尾の端を動かしたるあたりに用意を見せる。

鏑木淸方氏「初東風」は現代婦人の七分身を大きく畫き、空にあがる幾つかの凧を見上げしところの形容で白梅さへも添えたが、金禁制の折から金を避けた色彩でよく織物の帶を畫き盡してゐるのは流石に敬服され、顔料不足などは問題でない名作である。堅山南風氏が「春瀬」に双魚の潑溂たる氣勢は頗る淸新、鴨下晁湖氏が白梅と紅椿と藍島とに絢爛な畫面を構成した「春の囀」で「か」の部までを終る。

二

横山大觀氏の「春風萬里乃濤」は、渺々たるかなたから、のたりのたりと打ち寄せる波濤に競ひならぶ磯松をあしらひ、春和景明の情懷を手輕く包みこんだ優婉な趣に老巧性を示現するものではあるが、氏のすぐれた持味を深めたものとは云ひがたいであらう。横尾深林子氏の「春日晴野」は紅く咲きみだれた躑躅に小鳥を配した色調、ずゐぶん美しいことにまちがひは無いのだけれど、風品の低い憾みを否むわけにはいくまい。吉岡堅二氏の「雉子」は、行きとゞいた賦彩にのみ面目をとゞめただけ。吉田登穀氏の「雪」は、盛りこんだ景物にガタピシの難を殘すものか。吉田秋光氏の「雪晴」は低調であるし、吉村忠夫氏の「八幡太郎」は總じて投げ遣りである。田中咄哉州氏の「國華」は、白菊にてあれ、赤菊にてあれ、丹念な效果を感得させるものゝ技術的に平板とされやう。田中青坪氏の「秋日」は花を咲かせた茄子と云ひ、慕ひ寄つた二匹の小鳥と云ひ、纖細ではあるが奧ゆきを持たない。田之口青晃氏の「尾長鴨」は、ゆら〳〵と伸びる春の水が取柄である。

めでたきは竹内栖鳳氏の「海の幸」、大鯛にせよ、小鯛にせよ運筆に無駄がなくて風格高く色調すばらしく、巧緻無類の出來榮えは流石である。竹原嘲風氏の「寒汀」は、飛び立たうとする鴨のいきほひを把へ得た功名をとゞめるだけ。常岡文龜氏の「花」は、着想と氣韻との新鮮さに、氏の將來を樂しませる。中村岳陵氏の「淸香」は、梅と鶯との取材を平凡視することなかれ、角度の截り方に妙があるし、淡々たる意想に奇があるし、たゞ上乘の作品とは推せないだけである。根上富治氏の「白椿」は、兎もあれ氣の毒である。中村貞以氏の「花」は、その花を見まもる若い娘の實感に、たゞしく觸れたものがある。中村大三郎氏の「春雨」は、傘をさした若い女の衣裳に整ひを缺き、春雨の風韻が薄くて弱いのを瑕としなければなるまい。永田春水氏の「靈鷹」は駄作に類する。宇田荻邨氏の「櫻」は、花にせよ、葉にせよ、華かすぎたのだが、木肌の澁い趣向に物を言はせて標本化するのを防ぎとめてゐる。

上村松園女史の「雪」は、上半身を斜めにした一人のたをやがさす雨傘に、ぱら〳〵と小雪ふりかゝる風情。その女人の髮かたち、簪、笄、さては衣裳や帶の、筆線にせよ、色調にせよ、練れ切つた鮮麗さを十二分に持ちふかめたあたり、妙、妙とうなづかせるのに異論はないのであるけれど、觀念的なある殼に蟄伏してゐる難を除ききれないものゝ一つでもあらうか。上村松篁氏の「双鳩」は、その鳩の形態、青笹の色調にふき切れないものがある。植中直齋氏の「重成夫人」は、總じてぎごちなく、出來の惡い團扇繪を聯想させる。楳崎朱雀氏の「猫」は白の大猫と仔猫の二匹を、ちよこなんと蹲らせたのに過ぎないし、物の眞實性から距離を遠くしてゐる。

野田九浦氏の「松葉谷の法難」は、玉石混淆のこの展觀のなかで目立つものゝ一つであらう。岩に腰かけた英傑僧の不敵なつらがまへに强い魅力があるばかりでなく、撮取した對象のはし〳〵にまで流麗にして巧者な匂ひが、氣品高く染め籠つてゐるさまは、たしかに見應へがある。その英傑僧の前に蹲つた白と黒との二匹の猿、それらの感情が訴へるものに作爲的な强要を縋らせたことは惜しい。野口謙次郎氏の「雪の妙高」は高雅の域に踏みこめないし、矢野鐵山氏の「波」は、波濤の重壓感をある程度盛りこんでゐるだけである。矢野橋村氏の「初夏」は、松林、小丘、竹叢、農人、深田など、賑かで明るい情趣をくみ取れるものであるけれど、深く迫るものはない。矢澤弦月氏の「雪霽」は、雪つもる松林、五重の塔、空に月がかゝり、意圖するものは清艶らしいけれど、でこ〳〵と塗りすぎて氣格は下品である。

安田靫彦氏の「益良男」は、古代の若い武士を把へたもの。冠、甲冑、箙、矢、沓、衣裳、すべて考證よろしくとゝのひ、筆色の纎麗さは賞美に値ひするであらう。たゞし、その纎麗さが、それだけに終始してゐるのと、面魂に武人らしい氣魄が出てゐても紅唇の妖しさがいやみを持つてゐるのと、この二點は一考を要すべきか。保間素堂氏の「富貴花」は紅い牡丹の花に蝶を舞はせた妙味のない愚作である。山川秀峰氏の「地唄舞壽」は、起つて舞ふ女の髮飾りに手練を竊はせるだけで、品位の薄いことは否めないであらう。

山口蓬春氏の「殘寒」は、梅の枝ぶりに目を惹かせるものゝその紅花がべた〳〵しすぎて氣品を失ひ、下弦の月も匂やかでない。山口華楊氏の「鴨」は、小汀の餘情よく、泳ぐ二羽の鴨の色調もよいのだけれど、趣向が淺い。山口玲瀾氏の「あたゝか」は、竹林、筍、小鳥と、とりどりに氣を變へさせるだけで、喰ひつかせるものがない。山本倉丘氏の「初夏」は、薊の花に黑い兎を配したもの。薊がよく描けてゐるといふだけでは困りものである。山本紅雲氏の「春苑」は、咲き誇る紅躑躅に白躑躅、そして舞ひさすらふ蝶、意想も、色彩も、調子もあくどくて俗に墮してゐる。山本丘人氏の「到春」は、家の屋根をちらと見せた裏庭に、紅く、白く、梅の花を咲かせた景情に新味があるけれど、渾然とした境地に足がとゞいてゐない。山崎豐氏の「彩翔」は、飛び立つ極樂鳥の色彩まぶしきばかり、風品下劣である。

前田青邨氏の「清正」は、構想にさすがは清雅なものがあり奥ゆきをすら持ちふくむもので清正のつらだましひを史傳の根諦に觸れさせたものであるけれど、未成の嫌ひを避け得まい。前田荻邨氏の「素月」は、竹林などの風物にあしらふ月、たゞしかしながら、輕はづみな運筆と見るほかはない。町田曲江氏の「初夏」は、桐の花がよく描けてゐるだけ。松本姿水氏の「瑞雪」は取るところがない。粂本一洋氏の「必中」は、中古の廷臣が二人立つて弓を射らうとする姿態を描いて用意周到の筆ではあるけれど、淺い興趣に終つてゐるのは遺憾である。不二木阿古氏の「朝霧」は、やはり中古の武士を拉し來つたもの。未熟から招いたいろ〳〵な闕矢がある。古屋正壽氏の「麓雪」は氣の毒である。

福田平八郎氏の「白梅」は、枝差しのばした白梅の咲き誇るさま、大膽な筆致は買へるものゝ、投げ出しすぎてはゐまいか。福田豐四郎氏の「黃蜀葵」は。手法の面白さをのみ取る。福田浩湖氏の「春日遲々」は、達筆が卑俗へ流れてゐる。福田翠光氏の「東天」は、天翔ける二羽の鷹、例に依つてこくめいすぎて標本の臭味たつぷり。福岡青嵐氏の「覊旅の人麿」は、山水の情味と云ひ、矢立を取り出した人麿の柄と云ひ、筆線も賦彩も暢達の妙をたしかに持つ。たゞし、流俗の氣味に災ひされてゐるのは惜しい。小泉勝爾氏の「南天小禽」、小早川秋聲氏の「大地豐」は、まだ取りどころがあるのだけれど、小早川清氏の「童子」は心外な劣作とするほかはない。

三

次に五島耕畝氏の「牡丹」は或る程度の新鮮さと力强さを見せてゐるが、花瓣の安易な單純化に不安がある。小山榮達氏作「木村長門出陣」は馬の表現の不確實さによつて人物との調和を缺き、如何にも通俗である。鄕倉千靭氏の「牡丹」は佳作、さきの五島氏の「牡丹」に較べて植物の機能的な把へ方に優れてゐるが、やゝ裝飾的輕さに走つたことは殘念である。小林古徑氏「橋」は牛と人物などの部分に技術上の矛盾があるため、色彩の點で稚拙さが眼立つ。

「花下吟詠」の兒玉希望氏技術の點で工藝的綿密さは完璧であるが、現代の生活感情とはあまりにかけ離れた感傷的な態度には同感出來ない。小室翠雲氏の「競芳」雜然として、平板なもの。穴山勝堂氏の「芙蓉峯はたるんだ樣な色彩が氣になる。もつと自然の觀察に素直であるべきだ。荒木十畝氏の「牡丹」は觀念的すぎて、生命感にとぼしい。酒井三良氏「山里の春」はあまりに文學的過ぎて、構圖が散漫である。「群禽の圖」の坂口一草氏は圖案的明快さを出でない。

次に榊原紫明氏の「雪中松に鷹」は意圖の說明だけに終始したゝめか、非常に不思議な雰圍氣をかもし出してゐる。菊地契月氏の「菊」は構圖上の難點はあるにせよ、畫面の隅々にまで行きとどいた量感がこの畫面の生命感となつてゐる、佳作。北野恒富氏の「鬪取」は不安な型のみ目だち、色彩の深さを望む。

「花菖蒲」の三輪晁勢氏は構圖上にも色彩法にも平凡。水田硯山氏「層崖懸瀑」は構圖の主要點をなしてゐる瀧の部分の描寫が不親切、「鷹」の東原方僊氏は技巧のみで內容的迫力に乏しく、島田墨仙氏の「書聖道風」は優れた素描力の裏付けが、單純な構圖にもかゝはらず緊張感をよく保つてゐる。

白倉嘉入氏の「清溪」は色彩の淡さがやゝ不滿なれど形態の忠實な觀察は密度のある畫面を構成した力作と云へやう。廣島晃甫氏の「國光瑞色」は他の作家に較べて工藝的な技巧こそ持たないが速度のある筆致は畫面に流動感を與へてゐる。望月春江氏の「無花果」は質的な變化は表現されてゐるが形態の點で純重森白甫氏の「双鳩」は構圖の上に大きな無理がある。森守明氏の「仔羊」調子は美しいが、形態の點で掘り下げるべきものがある杉山寧氏の「鮒」は觀念的すぎて硬く、全體の不徹底さを克服すべし。

これら以上の作品が獻納畫であるにせよ、一と通り現代の日本畫壇の代表的作家の作品に接することが出來たわけであるが、大部分の作品は造型藝術の本質からあまりに遠くかけ離れた存在であることを知つた我が國の國力が斯くも新しく大飛躍を遂げつゝある事實に反比例して現代の日本畫壇に流れてゐる精神は淺薄である、それは古典的な畫材を選ぶことや花鳥を描くことに問題があるのではなく、何時までも打ち破ぶられない觀念的な頑固な態度を云ふのである。現實の生活感情に卽した强力な造型性はレアリテを根本に置いて出發しない限り他に方法はないものと思はれるし單なる地方的藝術としてしか存在しない現狀を大いに憂ふるものである。

旬報

■日本畫家報國會結成式■

全國的大同團結、軍人會館で盛大に

全日本畫家の彩管報國といふ事は早くから絶叫せられ、或る者は献納畫に、ある塾では慰問畫に精魂を傾けてゐるが、その行動はまち／＼で、中には時局に便乘して賣名行爲に出てゐる者もあるほどで、軍部では之れを深く遺憾としてゐた、偶々昨多東京に於て一部有志の間に美術家奉公の一大團體を設ける議が起り、その計劃は愼重に進められ遂に全國的な大同團結を成就することになり、新春早々野田九浦、山口蓬春兩氏は西下の上、京都の諸作家と種々懇談した結果贊同を得、こゝに計劃成立を見る運びとなつた、就ては第一の事業として、軍用機獻納の擧に出で、各自一點宛の作品を揮毫して展覽會を催しこれが資金を得ようとする議起り、委員を定めて準備に着手した、しかして日本畫家報國會と云ふ名稱の下に計劃を進め、各自二尺五寸横物の力作を完成する事に決定、これが展觀の方法等に就て三越美術部と交渉した結果その協力を得、ある有志に依り、百九十名の作家を目標に二十萬圓の資金を得る事になり、展觀の裝飾等の費用は一切三越で引き受け全出品作品は某有志に依つて一手に購入され、その作品は特定の美術館若しくは有力なコレクションに寄贈する事とし、着々準備を進めたものである。作品は去る三月十日の締切日までに續々と到着し、會場萬端の手筈も整ひ、同月十九日日本畫家報國會の結成式が東京九段軍人會館に於て擧行されると共に日本橋の三越本店で劃期的の大日本畫展を開催するに至つた、しかして結成式は同日午前十時から開會、會する者八十名遙々京都側から參加した者は、石崎光瑤、金島桂華、小野竹喬、梥本一洋等の委員諸氏、其他三宅凰白、福田翠光、山口華楊、森守明、三輪晁勢以下十數氏、大阪側からは、矢野橋村、中村貞以等の諸氏、來賓は、陸海軍大臣代理・各報道部長、文相代理、情報局總裁代理、大政翼賛會副總裁代理、帝國藝術院長、國際文化協會常務理事其他文部省情報局等の關係者二十數氏、新聞美術雜誌關係の人々十數名參列、先づ山口蓬春氏司會の下に開會

東條陸相代理、谷萩陸軍報道部長の挨拶

島田海相代理、平出報道部長の挨拶

國民儀禮後野田九浦氏座長席に着き、野田座長から同會結成に至るまでの經過報告及び挨拶があり、次で石崎光瑤氏に依つて別項の宣言文、伊東深水氏に依つて別項の決議文が夫々披露され、來賓の祝辭に移り、東條陸軍大臣代理の谷萩陸軍報道部長は

銃後の畫家諸氏に依り今回の大事變勃發以來非常な盡力を受けてゐることを深謝する美術家の作品は繪端書として戰地の隅々にまで行き亙り尚各占領地の住民にも配布されて壁間に掲げられ、不知不識の間に日本文化に浸潤されつゝあるは欣快の極みである。嘗て自分が汪國民政府主席の應接間に通つた時山口蓬春氏其他日本畫家諸氏の作品が掲額され來訪の外國使臣等に依つて日本精神なり日本文化が認識されつゝあることを推斷して愉快に耐へなかつた

と述べ、島田海軍大臣代理の平出海軍報道部長は

戰爭は軍人に依つて遂行されるが、各占領地に於ける住民に對する思想的指導は之れを文化の面に俟たなければならぬ、この際かゝる强力な美術家の團體が結成されて國家に奉公するに至つたことは喜ばしい限りである

と述べ、次で橋田文部大臣代理情報局總裁代理、大政翼賛會副總裁代理、清水帝國藝術院々長國際文化振興會永井常務理事等から祝辭があり、少憩後午餐に入り、川合玉堂氏から一場の挨拶が行けれて散會、午後一時半から同所で日本畫資材統制會の發會式が擧行された。

三月十九日軍人會館の日本畫家報國會結成式會場に於ける野田會長の挨拶、上左端は清水帝國藝術院長、上右端は（左より）川合玉堂、川端龍子兩氏

……—宣言—……

肇國茲ニ三千年、今ヤ我邦ハ六合國家ノ總力ヲ擧ゲ八紘爲宇開都ノ大理想ヲ顯現スベキ千載一遇ノ時局ニ際會セリノ曩ニ畏クモ宣戰大詔煥發セラル、ヤ忠勇無比ナル我將兵ハ到ル處赫々タル戰果ヲ擧ゲ僅カニ三閱月カノ抗日據點ヲ潰滅シ大東亞建設ノ確乎不拔ノ地歩ヲ占ムルニ至レルハ誠ニ曠古ノ偉業ト謂フ可シ是レ御稜威ノ下將兵ノ忠烈ニ賴ル所感謝ノ意筆舌ノ盡シ能ハザルナリ惟フニ今次ノ戰タルヤ大詔ニ炳乎タル如ク夫ノ自己保全ノ爲ニハ他ヲ犧牲トシテ顧ミザル米英ノ搾取的野望ヲ破碎シ以テ萬邦協和各國ヲシテソノ所ヲ得シメントスル神業ニシテ之ニ參畫シ得ル吾人ノ一擧一動ハ世界ノ歷史ニ特筆大書セラルベキモノ皇國ニ生ヲ享ケシ光榮ト矜持トヲ深ク感ジテ已マザル所ナリ事業ノ雄渾ナルニ伴ヒソノ試煉タル苦難モ亦過重加大ニシテ責ニ任重クシテ道遠シト謂フベク一億一心滅私奉公以テコノ未曾有ノ時難ヲ克服セズンバ非ラズ我等畫人夙ニコノ國民的責務ヲ自覺シ傳統アル本邦繪畫ヲ通ジ醇乎タル高度日本文化建設ノ一翼トシテ光輝アル現狀ニ相應シキ日本畫ノ製作ニ精進シ挺身奉公ノ微衷ヲ效シ來レリ

茲ニ本日我等一同相會シ、文化報國ノ一翼タルベキ、日本畫家報國會ヲ結成スルニ當リ謹ンデ皇軍將士ノ武運長久ヲ祈リ戰歿將兵ノ英靈ヲ弔ヒ傷痍軍人ニ感謝ノ意ヲ捧ゲ此純一ナル心境ヲ以テ、所期ノ目的貫徹ニ邁進センコトヲ宣誓スル所也

昭和十七年三月十九日

日本畫家報國會

◇決議◇

今ヤ國家興隆ノ秋ニ際會シ吾人日本畫家タルモノ協心戮力以テ大東亞戰完遂ノ一翼トシテ誓ッテ彩管報國ノ微誠ヲ效シ、內ハ國民精神ト美術文化ノ振作ニ寄與シ、外ハ國威ノ宣揚ト皇國精神文化ノ光被ヲ期ス右決議ス

建畠大夢誄

これやこの櫻大樹

枯れて春淋し

北村西望

日本畫家軍用機献納展盛況

來る二十日から大阪三越で開催

新たに團結した日本畫家報國會主催の軍用機献納作品展は三月十九日から二十二日まで日本橋三越本店で開催、絹本は二尺四寸横、紙本は二尺五寸横で、東西を通じ派系を超越して、文展無鑑査百八十八氏が出品した未曾有の顔揃ひ

始め出品を承諾した人々の內八氏は不幸病氣の爲展觀に間に合せることは出來なかつたが、爾餘の人々は悉く出陳、遲筆を以て知られてゐた人々でも皆滅私奉公の氣持を揃へて製作出品したのは美事と云ふべく、會期中頗る盛觀を呈し、三越開催展の繪端書の賣行から云つても近來のレコードを優に突破する有樣であつた。尚同展は來る二十日から大阪三越で開催の筈である。

覆面の人は

三越……

三月十九日九段軍人會館に於ける日本畫家報國會の結成式擧行の次第は十七頁に記載した通りであるが、同日午後五時から同所で三越北田專務の名に於て盛大な晩餐會が開かれ、席上野田會長から、今回の日本畫家軍用機献納に關する覆面の人物は三越である事が發表され、續いて北田專務から謙讓に終始せる挨拶があり、更に野田會長から、献納金を翌三十日午前陸海兩省にそれぞれ持參してその手續きを執ることに決した旨報告があつた。

近來の美擧

近年デパート美術部が頓に活躍して日本畫興隆の一翼となり美術界に寄與してゐる折柄、前記日本畫家報國會結成に當り、三越にては金二十萬圓の巨資を投じ、美術家殊に日本畫家の彩管報國の念慮を熾んならしめ、旁々同店が國家への奉公の誠を致したことは、近來の美擧として美術界及び各方面から絕讚の辭を寄せられてゐる。

日本漆畫家聯盟愈々結成

近く第一回全國漆畫展開催、慰問献納品特陳

今回、待望の日本漆畫家聯盟が結成された――、元來、漆繪は二千年以前に發達したもので我國奈良朝時代には既に驚くべき技倆を示してゐたが、足利、德川時代には金銀蒔繪が發達したために、漆繪の技術は滅亡に近い狀態に陷つた。ところが、明治初年になると、柴田是眞が繪畫の傍ら美術的漆畫を試みたこれが東洋獨自の漆藝美術の端緒であり、大正時代に入つて漆畫の發展を圖るために日本漆畫院が創設され、各縣へ普及に努め、現今各地で漆畫家が擡頭しつゝある、殊に時局柄金銀蒔繪の制限が多くなつた今日、漆藝の革新と要求とは當然の事で、これを海外に發揚することの急務なるは說くまでもないので、こゝに大東亜共榮圏建設の線に沿ひ、數年來漆畫家及漆藝家團體として組織されてゐた日本漆畫院京都漆藝院の改組が斷行され、全國の漆畫家を一丸とする日本漆畫家聯盟が結成される事になつたものである、これは日本漆畫院の中島光阿彌氏が發起代表となるもので、會則の豫定は概略左の通りである。

一、本會員は漆畫報國の實を擧げ文化に關する研究をなすを以て目的とす

一、本會員は全國漆畫家（日本畫家・洋畫家・工藝家に於ても漆畫志望者を含む）を以て組織す

一、本會主催の下に近々第一回全國漆畫展覽會を開催、併せて陸海軍慰問献納品を特別陳列すること

一、漆畫は前例なき特種の資材を要するため配給其他機構の方策をなす

一、細則は追て發表す、但し近々總會を開き各地に役員及事務所を置き全國共通の便宜をなす

尚入會希望者は來る四月五日迄に京都市左京區銀閣寺電停東（戸島方）日本漆畫院事務所へ申し込むことになつてゐる。

猪飼俊一、濱田清治兩氏戰死

文展、大日美術院等に於て最新鋭の日本畫家として知られてゐた猪飼俊一、濱田清治兩氏は今次大東亜戰に出征馬來戰線に出動活躍中であつたが、このほど名譽の戰死を遂げたことが判明した、殊に猪飼氏は斥候兵數人と共に敵中に躍り入つて切りまくり敵兵數人を倒した上敵機關銃の爲め散華したものでその勇戰振りは驚嘆されてゐる兩氏とも東京美術學校を二年前卒業した人である。なほ猪飼氏は故猪飼嘯谷氏の令息である。

東光會第十回展

記念擧式盛大

東光會では三月二十二日午後一時から上野の府美術館會場で出品者一同及關係者參列の下に第十回展記念式を盛大に擧行、出品者全員の結束を固め同會將來の躍進に備へた、尚、式後授賞式を擧行した。

新會友と無鑑査推薦

―受賞者十四名

同會の、新會友、無鑑査推薦及び受賞者は左記のごとくである。

新會友推薦 廣本森雄、西川高次、石田勝重、大平敬次郎、大木茂、山本日子士良、水野一好、山形光壽、村田宏治、高橋雅子

無鑑査推薦 塙忠、大瀧平良樹、境保博、向井かづゑ、宮地一夫、橋詰英一郎

受賞者 （東光賞）桑原福保、（岡田賞）熊岡正夫、（M氏奬勵賞）南寛、東斌、松永敏太郎氏（Y氏奬勵賞）横山義雄、佐野猛、林綾子、河村俊子、（三

星賞）渡部文雄、守洞春、（船岡賞）柳田久、石見せん、（ホルペイン賞）寺内鉦三

大輪畫院展入選者

既報三月二十一日から二十五日迄上野櫻ヶ岡日本美術協會で第四回春季展を開催した大輪畫院の入選出品者は左の通り（〇印は新入選）

諸藤英世、〇伊藤粹昂、大竹保男、鈴木素秋、大河原盧堂〇石川主計〇西川有象、永塚栖園〇富澤順平、花輪圭甫、小谷日出、新田大耕〇五十嵐眞穗、田中武〇名和長明、〇都丸大樹、奈良華泉〇宮岸長司、西澤正臣〇原田太致、篠田忠康、村岸青波、西之坊水勢諸永青晁、廣井陵雲〇山川牛歩、梅本晁希、穗坂光希〇都路草鄕、佐々木順、立脇泰山森岡義城、楠奉白光、三輪高英小林彥三郎、佐藤遊里渡邊太子、〇田部井濤、大熊鼎子

葦の芽會展好評

第一回葦の芽會展は、帝國美術學校日本畫科有志が研究した作品を蒐め、服部有恒、奥村土牛、根上富治、小林巢居諸氏の賛助作品を併せ、三月十五日から十八日迄銀座菊屋ギャラリーで開催、生徒側の作品は

（初夏の島の山）岩本英雄、（山）猪木匡四郎、（鹽澤所見）長谷部權次郎、（雪後）李八燦（多）小山田道憲、（牡丹）川村周三郎、（アマリリス）田中邦四郎、（蘭）牧野清、（雪餘）藤田熊男、（南天）秋元清治、（雪映え）齋藤茂、（木瓜）佐藤廉、（城趾）清岡道男、（松林）清水永正、（庭）鈴木修悦

右の如く、新鋭の氣魄に滿ちたものばかりであつた。

豫報

絢爛、日本畫院第四回展

三日から十五日迄上野府美術館

文展系日本畫壇の中堅に依り組織されてゐる日本畫院の第四回展が愈々三日の神武天皇祭から十五日迄上野の府美術館に於て華々しく開催され全山の櫻花と妍を競ふ事となつた。

日吉山王資料展

十一日から京都博物館

恩賜京都博物館では來る四月十一日から二十六日迄日吉山王資料展を開催する、これは官幣大社日吉神社でけふ一日西本宮正遷座を執行又來る十四日例大祭を執行するので之れを契機とし山王信仰を窺ふべき諸資料を蒐集展觀するもの、出品物は左の通り

山王靈驗繪卷類、日吉山王曼荼羅類、日吉山王關係典籍文書類、其他約百點

美術創作家展

四月から上野で

美術創作家協會の第六回公募展が愈々櫻も開く四日から十二日迄上野の日本美術協會で開催される、油繪、日本畫、水彩、寫眞、立體、素描、版畫等會員會友を始め入選した美術の華が多數展示される。

第廿四回朱葉會洋畫展

陸海軍への献納畫も特別陳列す

女流洋畫研究團體として輝しき歴史を有し卅餘名の有力な會員を持つ朱葉會の第廿四回展が一日から十一日迄上野の松坂屋で開催される、今年は特に皇軍將兵の勞苦に感謝の誠を捧げるべく會員の作品數十點を陸海軍へ慰問の爲献納する事に決しそれ等の献納畫も會場内に別室を設けて陳列展示する筈。

双台社展搬入日

新役員三十五氏

前號號載の如く双台社第二回展は來る四月七日から十五日迄上野の府美術館で開催される、搬入は四月五日午前九時から午後四時迄、搬出は同十五日、尚同社役員（十七年度）及び新事務所は左の通り。

◇役員（五十音順）「會長」石井柏亭、「評議員」赤城泰舒、中川紀元、平塚運一、望月省三「常任委員」岡田行一、田坂乾、鍋谷傳一郎、山中仁太郎、「委員」荒谷直之介、上田徹雄、岡田行一、岡見弟三、大石俊彥、齋藤大、坂本正春、高橋卯八、高橋庸男、瀧川太朗、田坂乾、田中悌六、谷内俊夫、内藤秀因、鍋谷傳一郎、野口道方、納富進、早川國彥、荻原實、堀忠義、松田晃八、松田文雄、松村三多、三角嘉壽男、矢野雄三、山中仁太郎

◇事務所　荒川區日暮里町九丁目一〇三五石井柏亭方（電話駒込（82）〇四七三番）

◇工房分室　荒川區日暮里町九丁目一〇四〇（事務山本奎二）

「邦畫一如」展

一日から三越本店

洋畫の大家で日本畫にも堪能な左記十一氏に依つて昨春結成された「邦畫一如會」の第二回展が一日から五日迄三越本店で開催される、藤田嗣治氏は軍方面の仕事で多忙であるが特に出品し其他の人々も昨年以上の力作を出品すると言明してゐた。

津田青楓、鍋井克之、小杉放庵、中川紀元、石井柏亭、木村荘八、牧野虎雄、中川一政、石井鶴三、東郷青兒、藤田嗣治

春陽會記念展

九日から府美術館

春陽會第廿回展が來る九日から廿二日迄上野の府美術館で開催される、今年は二十周年展とあつて記念に「春陽會畫集」を發行し、更に同畫集に載錄した會員の作品に對し「畫集室」を特設陳列、尚會期中に森田恒友、萬鐵五郎、倉田白羊其他物故作家の慰靈祭を行ふ事となつた。

消息

建畠大夢氏

帝國藝術院會員東京美術學校教授建畠大夢（本名彌一郎）氏

は肺氣腫のため三月廿二日午後五時荒川區日暮里渡邊町九丁目の自宅で逝去した、享年六十三氏は和歌山縣出身明治四十四年東京美術學校卒業大正十年帝國美術院會員となり、昭和十年には藝術院會員となつて今日に至つた彫刻界の元老餘技として俳句に秀でてゐた、昨年一門の弟子を集めて直土會を組織し後進の指導に力を注いでゐた、告別式は廿五日午後一時から二時まで瀧野川區田端町與樂寺で執行

岡野榮氏

女子學習院教授岡野榮氏は廿一日午後五時三十分糖尿病のため赤坂區青山南町三ノ六三の自宅で死去した、氏は明治大正洋畫壇に活躍したが右教授となつた後は專ら教職に沒頭してゐた、氏の家は有名な青山墓地の茶店「岡野」である、享年六十三告別式は廿四日午後二時から三時まで赤坂區青山北町善光寺で佛式により執行

美術經濟

繪絹の配給を圓滑にする
日本畫製作資材統制協會
二月十日公認され同十九日組織確立

本年一月二十日發令による衣料纖維資材の統制が行はれたのに續いて日本畫製作の必需財である繪絹も切符制に準據することゝなり作畫上の至難な問題が勃發した、こゝに於て折柄、日本畫家の軍用機獻納報國會のため懸命の努力をつゞけてゐた野田九浦、山口蓬春、兒玉希望三氏は、この難問題を突破處理するの必要を痛感し報國會の準備と併行して、日本畫壇の全生命的の善處に着手報國會の委員も同時に擧げてこれに協力し、商工省、農林省等の當局と交渉を開始したのであつた。先づ業者の手に委ねず作家の問題であるから作家自體が爲すのが最も妥當だといふ點に根本を置き運動に邁進したのであつたが、これと前後して業者又は畫家團體から當局への活躍があつて報國會の交渉にもなか〱面倒があり、直ちに當局の諒解を得るといふ事に到らない事態であつたのを、不眠不休の努力によつて二月十日、遂に商業組合法に遵守する認可を得て、「日本畫製作資材統制協會」の成立が確認された、實にわが日本畫作家全體の上に置かれた帝國唯一の繪絹切符發行機關が出來上つたのである。

同十九日には軍人會館で「日本畫家報國會」の結成式が擧行されたが、これに引つゞき同じ會館で「日本畫製作資材統制協會」の發表がなされ、組織や方法其他についての協議が行はれた、同協會の會員は別項の日本畫家報國會の會員である帝國藝術院會員、文展全無鑑査と青龍社の川端龍子氏を始め社人五氏を併せた一百九十名を直ちに會員としたが、當日の出席者は約百三十名で、京都からは石崎光瑤、宇田荻邨、森守明、三輪晁勢、山口華楊、福田翠光、三宅鳳白、金島桂華、中村貞以などの二十氏と大阪の矢野橋村氏が出席した。

野田九浦氏先づ會長に推され理事として左の諸氏がそれ〲の役付の上、就任した。

査定委員 伊東 深水（東京）
監　事 石崎 光瑤（京都）
同 大智 勝觀（東京）
査定委員 小野 竹喬（京都）
査定委員同名古屋支部長 川崎小虎（名古屋）
常務理事 金島 桂華（京都）
査定委員 宇田 荻邨（京都）
査定委員同大阪支部主任 矢野 橋村（大阪）
常務理事 山口 蓬春（東京）
査定委員 罙本 一洋（京都）
常務理事 兒玉 希望（東京）

更に協會の所在を

牛込區矢來町五九
電話牛込七三二三番
振替東京一七三三七番

に設置、大山廣光氏が其主事となり、各支部を左に設置した。

（京都支部）
下京區七條御所之內本町一二
電話下七七六一番

（大阪支部）
西區南堀江通二丁目二八
電話櫻川七二〇一番

（名古屋支部）
中區末廣町三丁目一〇
電話二〇一一番

會の經濟

藝術院會員は年百圓、同協會會員は年十二圓、同協會利用者（次に說明あり）は年二圓を納入するのが經濟の基礎であるが協會費は一年二萬五千圓を要する豫算であるが右基礎收入では其半額を不足するので、理事に於て考究これを賄ひ補塡する筈である。

繪絹の配給

會員は前記の百九十名に限定されるので、會員外のものはこれが利用者として「繪絹消費臺帳」に登錄し、同協會から繪絹購入票（切符）を受取り材料商業組合から配給されるもので、これには左の五種の資格を要するのである。

（一）文展、院展、青龍社展入選者（二）展覽會を有する各美術團體所屬作家（三）本協會員の關係する學校並に畫塾に籍を有するもの（四）本協會員が畫家と認定したるもの（認定用紙は會員の手許にあり）（五）右に屬せざる者にして、直接本協會の查定機關に對して、自から畫家たるべき事を證明する查定上の參考資料（履歷書、作品等）を提出し認定されたるもの

購入票は一回三十點以內で何回でも請求出來る。購入票一點の標準は

▼一尺巾、一尺二寸巾、一尺三寸巾、一尺五寸巾（切賣五尺まででそれ以上は五尺を增す毎に一點づゝを增加す）

▲一尺八寸巾、二尺三寸巾、二尺五寸巾、三尺巾（切賣三尺までゞ以上三尺を增す毎に一點づゝ▲四尺巾、四尺五寸巾、五尺巾、六尺五寸巾、七尺巾（切賣一尺三寸二分までゞ、以上一尺三寸二分毎に一點づゝ

畫家の書

畫家が書を書く場合にこの繪絹は利用出來るが、書家はこの組織を利用する事は出來ない。

書損の場合

展覽會出品作品の如き大きなもの、場合、書き損じは成るべくその絹を持參し新に配給を受ける方がいゝ、猶普通の場合の書換を他に轉用する事は許されるが良心的でなければならない

——寫眞は十九日、軍人會館に於ける常務理事兒玉希望氏の經過報告演說——

「旬刊」美術新報
昭和十七年三月三十日印刷
昭和十七年四月一日發行
發行日 每月三回（一日十日廿日）
購讀料
一冊金五十錢（郵稅一錢）
一ケ月三冊金壹圓五十錢（送料共）
麴町區九段一ノ一四 資文堂
編輯發行兼印刷人 猪木卓爾
東京市麴町區九段一ノ一四
發行事務所 日本美術新報社
電話九段二七一五
振替東京一六二二五〇
日本出版文化協會會員 一一二一三五番
配給元 日本出版配給株式會社
通信は一切發行事務所へ
發行所 東京市本鄕區東片町八二 日本美術新報社

會期　四月七日―十一日

第七回青丘會展

日本橋

髙島屋

美術部

日本橋

三越

美術部

會期　四月八日―十二日

第三回三春會展

會期　四月一日―五日

大日本歌人會

獻納和歌展覽會

上野廣小路

松坂屋

美術部

昭和十年一月十二日（第三種郵便物認可第二十號）
昭和十七年四月一日發行（毎月三回十日目發行）

近刊

高崎正男著

明治初期洋畫

B五判四百頁・原色版單色版凸版百十數圖

定價　拾圓
送料　十八錢

高橋由一筆　江の島

我國の洋畫壇も明治以降七十有五年に達してゐる。それ以前に即ち德川時代にも洋風畫は秋田蘭畫あり長崎洋畫等があり行はれてゐたが、眞に洋畫として我國に根を下し初めたのは安政年間（四年）に來朝したチャールス・ワーグマン（天保六年―明治二三年）の畫塾によつてである。明治初期洋畫の黎明はかくして起り、文久年間、幕府に蕃所調所開かれ、畫局敎官たりし川上冬崖の家塾聽香讀畫館が明治三年に興り、畫局出身にしてワーグマン門の高橋由一先づ明治六年に天繪社を創立九年には歐洲より歸朝せる國澤新九郎の彰技堂塾が開かれ、それに先だつて五姓田芳柳の家塾も洋畫の普及に盡力した。十一年に伊太利人アントニオ・フォンタネーヂ（一八一八―一八八二）が工部省美術學校創設に當りその指導として來朝するに及んで我國洋畫壇の確立を見るに至つた。その、間歐洲に留學せる川村淸雄、加地爲也、百武兼行等の歸朝あり、明治美術會の下に作品が廣く社會に發表せられ盛大なる聲價を有するに至つた。以後フランスより歸朝せる黑田淸輝、久米桂一郎等の白馬會が興り太平洋畫會興り、後に文展となり二科、院展と分流、春陽會が起り今日の洋畫壇（獨立、新制作派、美術文化、美術創作、文展を母體とする光風會、春臺、白日會等）を形づくるに至り洋畫壇の進歩、發達は洵に驚くべきである。最近まで洋畫壇は、ピカソ、マチスを主なるものとする佛蘭西畫壇の影響下にありその一擧一動が最大の關心事であつた今日の畫壇が依然としてそれで足れりとすることは勿論有り得ないが、日本人の洋畫　日本人としての自覺に立つた洋畫が今日の作家及び畫壇の目標とならねばならぬ。それには我洋畫壇の草創期を回顧、先覺の遺業を―特に注意せねばならぬはこれら先覺が殆んど武士出身であつたとであり、武士としての敎養から洋畫を學び取つたのである――生活を通し畫業を通して知る可きであらう。日本人としての血の傳統を自覺することこそ明日の作家及畫壇にとつて最も重要なるテーマであると言へよう。

本書は叙上の觀點から、明治初期洋畫の全貌を、――社會的環境と洋畫壇、作家と作品とに就て――多くの資料を基礎とし平明にして興味ある文章により一讀當時の面目を彷彿として知ることが出來よう。尙卷末に作家の年譜を附す。洋畫家は勿論美術に關心を持つ人々の一讀せねばならぬ書である

長谷川利行畫集

あなたは貧しい孤獨の中に身を置いた。
二十年の間。
あなたはそこに生きそこに死なれた。
あなたにとつては美しい女人が愛の對象ではなかつた。
汚れた街の天使!!
しよつぱい着物をきた、笑ふのが泣くやうに見える街の女に。
あなたは限りない愛情を抱いた。
あなたにとつては所謂立派な人達が恐く見えた。
あなたは極度の畏怖を本能的に抱いた。
ブリキ屑の拾ひ屋、立ちん坊、日雇人夫、とむらひかつぎ、ヨタモン。
街のあなたの部屋はさういう近しい人々によつてうづめられた。
あなたはロシヤのあの偉大な「白痴」の作家のやうに街に墮って行つた。
あなたの額は苦惱に滿ち。
あなたの繪筆は特異のものとなつた。
人々は顏をそむけた。
あなたはあなた自身知らないやうな深い强い孤獨の鬼となつた。
あなたは死の直前大聲で泣いたといふ。
あなたの美しい魂はあなたの肉體から去つた。
いま私はあなたに向つて泣くだけである。

B五判百二十頁　原色版單色版
鮮麗極上印刷　函入豪華本
一千部限定版　定價　八圓
送料　十二錢

發兌　東京市京橋區木挽町二ノ四（竹田ビル）
振替東京一七六九一五番
明治美術研究所

（一ヶ月三回）
（金壹圓五十錢）

定價金五拾錢
郵稅一錢

四月中旬號

旬刊 美術新報

特輯 來迎圖研究

昭和十年一月十二日（第三種郵便物認可第二十一號）
昭和十七年四月廿日發行（毎月三回 十日目發行）

21

山越阿彌陀三尊來迎圖（國寶）京都　禪林寺藏

今日よりは阿彌陀ケ峰の
月かげを　千代の後まで
たのむばかりぞ（公任卿集）

聖衆來迎圖（下部山水の細部）大和繪の手法を見よ

聖衆來迎圖（部分）琵琶を彈する菩薩

聖衆來迎圖（部分） 勢至菩薩

⇧

聖衆來迎圖（高野山有志八幡講）

東洋佛畫中の驚異であり、世界古美術中の白眉と稱するも過言でない高野山の「聖衆來迎圖」は俗に二十五菩薩來迎圖とも稱せられてゐるが、パドバのジョットオの基督一代記の大壁畫に比するも些の遜色をみない一大宗教藝術である。しかもその日本的性格をもつ構想技法に至つては全く驚歎に價ひするものである。下店靜市氏論文を參照されたい。

極樂　船の道　男女のなか

枕草子　百五十段

一すぢに心がくれば迎ふなる
蓮の絲よおはり亂るな（千載集）

山越彌陀三尊來迎圖（部分）
京都　金戒光明寺藏

淨土・穢土圖（國寶）京都金戒光明寺藏

極樂ははるけきほどきゝしかど　つとめて至る所なりけり（拾遺集）
阿彌陀佛ととなふる聲をかぢにてや　苦しき海を漕ぎ離るらん（金葉集）

遠くて近きもの

極楽うたがはしくば
宇治のお寺をうやまへ（拾遺往生傳）

平等院　鳳凰堂

彌陀聖衆來迎圖

觀音菩薩の蓮臺は　我等衆生を乘せ給ふ
勢至菩薩の合掌は　定慧不二の表示なり
普賢菩薩の幡蓋は　恒順衆生と指掛る　（廿五菩薩和讃）

山越阿彌陀三尊來迎圖（國寶）京都金戒光明寺藏

このよには　山の端出づる月をのみ　待つ事にても　やみぬべき哉
（金葉集）

彌陀聖衆來迎圖 （國寶） 京都 智恩院藏

願はくば 花の下にて 春死なん そのきさらぎの 望月のころ(山家集)

光明菩薩像 京都 即成院藏

觀音菩薩像 京都 即成院藏　今日よりは 露の命も惜しからず
蓮の上の國とちぎれば

川端龍子と梅原龍三郎の作品

聖雪　川端龍子（春の青龍社第十回展出品）

北京風景　梅原龍三郎（第十七回國畫會展出品）

旬刊 美術新報 第二十一號 要目

美術の日本的性格

日本の美術に日本的性格があるといふことは當然なことであり、それ故にこそ日本獨得の美術の存在を認識しうるのであるが、しかしその日本的性格とはたゞ抽象的觀念的に把握せらるゝものでなく、具象的技法的に見出しうる性格を明瞭に認識しうるものでなくてはならない。その一例として佛畫に於ける彌陀來迎圖を擧げることが出來る。佛教藝術はすべて外部渡來の形式であるとは言へ、日本人の創造的意圖に於て逞しくも華やかな表現を示してゐるのは平安朝に始まりたる淨土繪畫であると言へよう。本誌が特に本號に於てこの研究の一端を發表する意も以上の闡明に他ならない。

春の青龍社第十回展

安居路　坂口一草

雪戰（部分）　加納三樂

風鳥　市野亨

竹　安西啓明

瑞鳳　時田直善

第十七回國畫會展

人形　下澤木鉢雲

セロ彈く男　中村鐵

喇嘛廟　藤田太郎

風景　山田正

富本憲吉個展

カーネーションとアヂヤンタ甄ン板

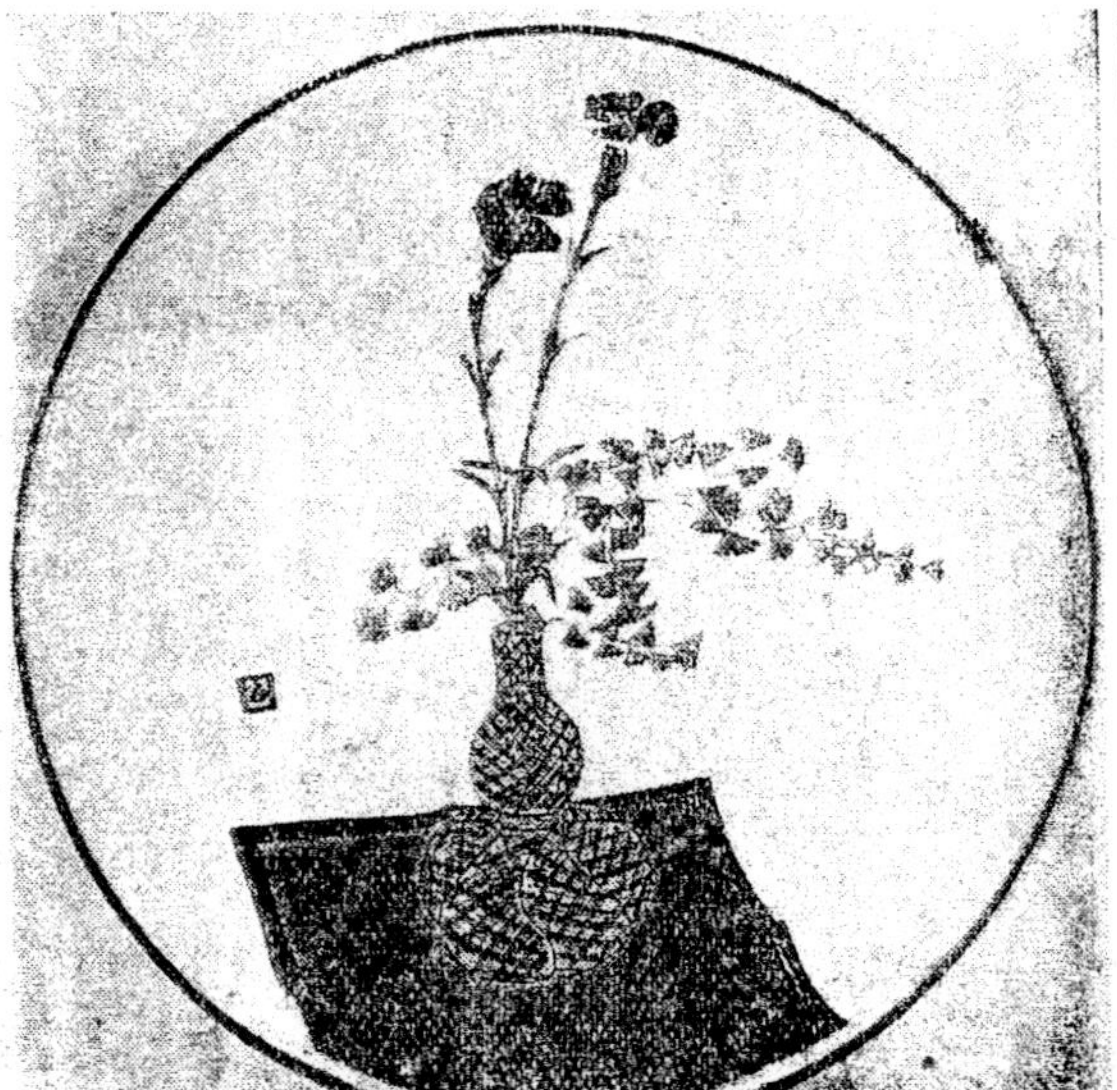

竹圃塾菁莪會展

豐田豐

水田竹圃塾第十三回菁莪會展を春三月京都市美術館での管見を持つたがその主體として感じたことは、コケ脅し的な在野展臭がなく館迄も品雅靜謐な日本人的な南畫國民性的南畫の純情さといふことであつた。さうしてそれの適宜な新時代的な理念化といふ點に菁莪會の獨自な存在價値は認められる。それだけに發展的、冒險的飛躍精神がないとも言へるが、それは又後日の檢討に俟たう。

さうして右の日本美的な角度から批評する時、陳列順に高須白雲は『菊花草蟲』、『花下讀書』の二點を以て前者では垣根の菊花に泌々とした秋の氣を懷しみ、後者では櫻花の下に讀書する新風俗を配し春情和稚たるを喜ぶ。練達の筆調清新にして細やかだ。新人南耕州は『惜春』以下五點それ〲四季の風物を、俳味的な新理念で細かく韻律化し、古蒼なうちにユーモラスな風味をも添へてゐたが、去年ほどに新銳味が潑剌と生きてゐない。湯川三舟の『寒山雲氣』は例によつて水墨一筋の倦むなき技法を以つて、筆潤いよ〲燻蒼の氣を帶び、畫題のとほりの寒寂の氣に深い。村上蘭田の『甦春』『水溫む』は少し達者になり過ぎて來た感じだが、この人獨自の新主觀的俳味描法は又更に新しいものを創出しやうとする意圖を持ち、殊に後者は新興美術院の茨木衫風などの行き方を正調に南畫化し、その間の興味に著しい。幸松春浦の『仙窟』は場中特に支那臭い方だが、その黑い燻みには細かい氣韻の節調が見られ、淸謐の氣も汲まれる。

塾主水田竹圃の『湖畔淸曉』は二曲一双の淡彩水墨で湖邊の靜寂を品雅細緻に備へ、餘韻も犇々と迫るやうに深い。それに描格も謹格であり、日本美の健康なる新南畫として蓋し典型的なものであら

竹圃畫塾菁莪會第十三回展

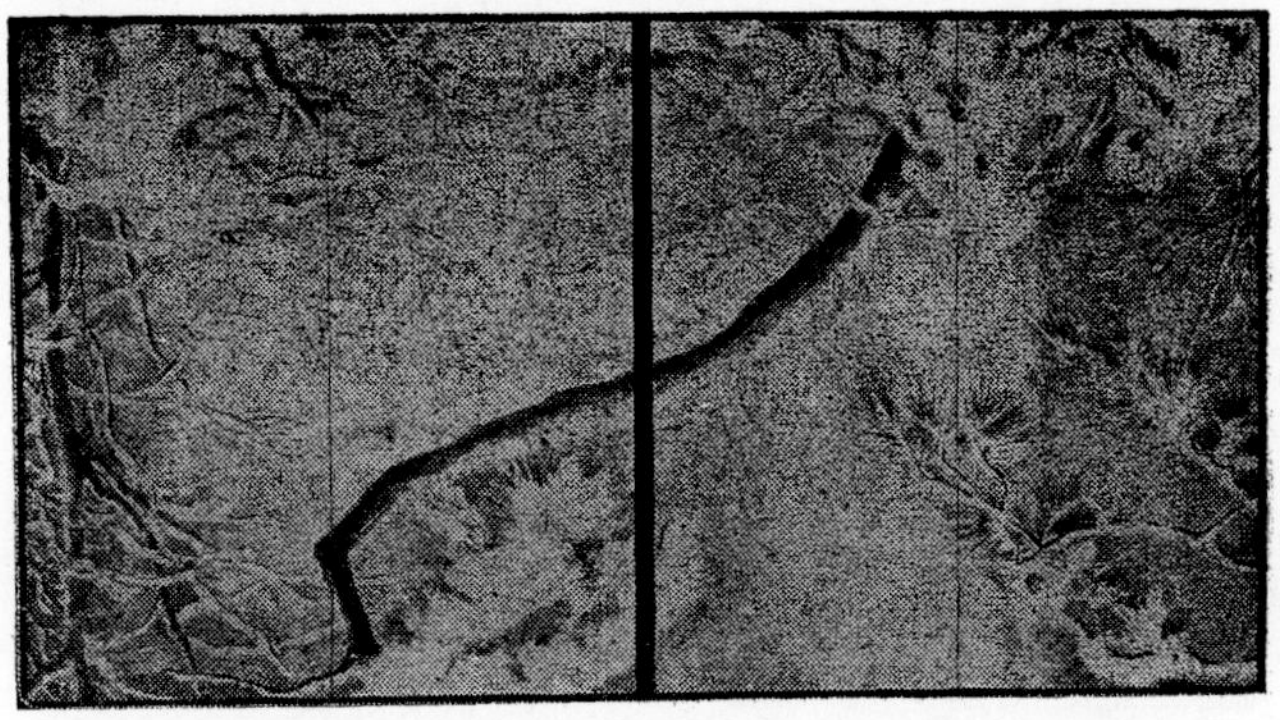

庭雪　水田硯山

湖畔清曉　水田竹圃

甦春　村上蘭田

山中湖　矢野香蘭

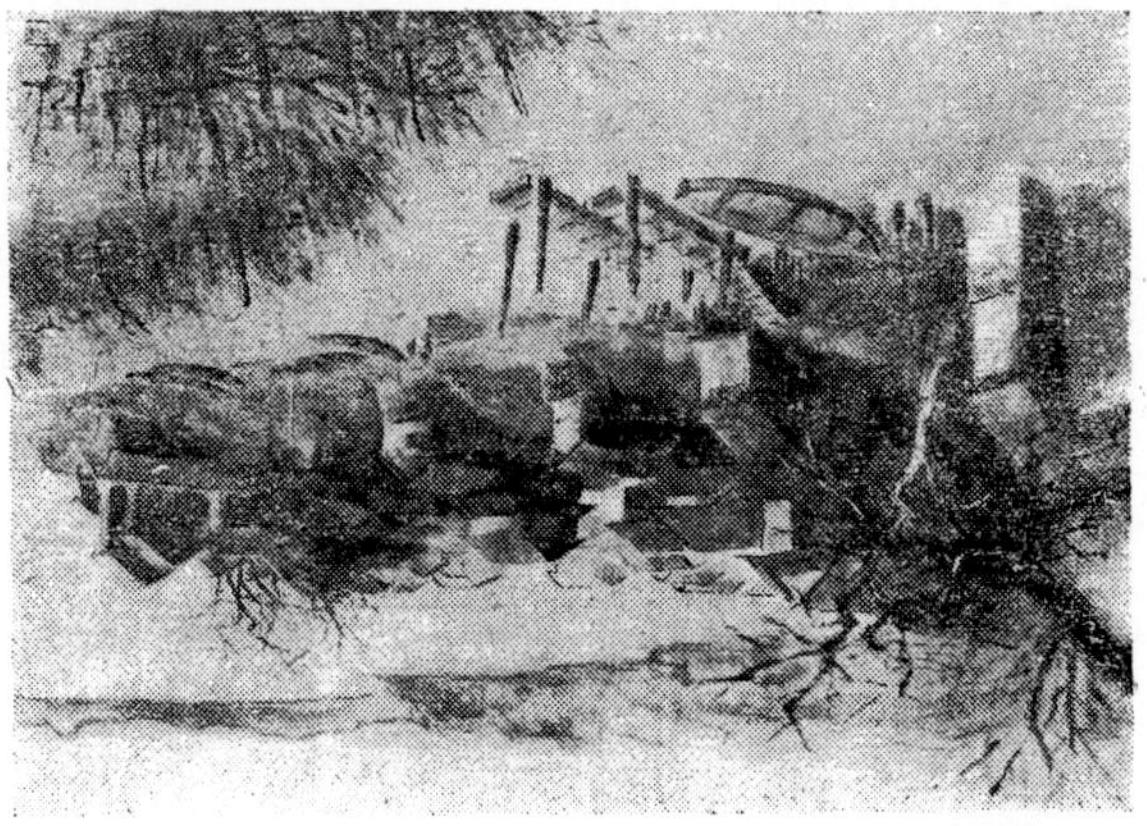

斜陽　鐵村藤晴

東海林廣第一回個展
ヨツトクラブ（スンガリ）

う。

谷筑水の『祝晨』と『祝兒』は新人の登場として場中拔群であり、素朴な太い味の中に新鋭の氣觀者を搏つものがある。矢野梅巖は『而河溪』と『北支五題』の聯作で健闘してゐる。いづれも大陸の戰時取材であるが、巧みに豐かな情感で新風俗化し、怪奇に陷らない程度に魅力的な特異性を感じさせる。立松玉泉、西田逸堂、衞藤晴村、栗田槐山、小林白陽等は大作で健闘してゐる方だが、皆それぞれ巧みに南畫的韻致を以つて大畫面を制禦はしてゐるものゝ、どうも南畫の大作といふものは迫力的に搏つものが尠い。その點になるとさすがに竹圃の『湖畔清曉』の貫錄が思ひ出される。唯立石玉泉の『寒湖』の明暗の濕潤餘情深きを稍々取るべきか。末藤米圃も大作二點よりも『綠蔭』以下四點の聯作小品に卓拔の畫技を顯揚し、奇法妙趣場中最も觀るべきである。

最後に副塾主水田硯山は最近新夫人に男兒出生の慶事あり、その記念作ともいふべき『庭雪』の二曲一双は松上積雪に臘梅の黃を配し、黑白に對する妖しき幽邃の氣に匂ひ、全體に寫實以上の何等かの象徵的な靈性をもたらさうとしてゐる。若干過渡期的なものゝないでもないが、父君に取つても新藝術の誕生であつたらう。

文景道人
水墨畫

尺蠖堂泥谷文景氏の第三回個展が高島屋に開かれた。出品約四十點、その總てが紙本であり大部分が水墨畫である。山水あり、花鳥あり畫材も相當に廣く筆力と景色に重點を置いて立派に見せてゐる曾ては姫島竹外に師事したことがあるとのことであるが、長く支那に遊んだためか、八大山人や林良や、鄭板橋あたりの作風に私淑した感じも見える。さうかと思ふと二天、伯等あたりの呼吸も飲込んで、自家藥籠中のものとしてゐる。陸軍省に献上したといふ水墨の『必勝陣』は吹雪の中に猛鷲の羽叩きを見せた作だが、氣魄に滿ちた快作白鷺を描いた『雪晨』の如きは正に八大山人のそれのやうである。雪柳の細線にも背がある。『聽泉』や『松籟』などに穩健の中に迫力を示してゐるし、畫品も整へてゐる。『梅屋』には淡彩を施したが、これは鐵齋の匂もする。『垂竿』は筆力一方で見せようとしたのであらうが、老樹の描寫筆致がやゝ粗笨に流れた『觀梅』や『獨釣』『早春』などには氏獨得の味がある近頃の塗抹藝術の多い中では一

第二回明治初期洋畫回顧展

海岸　渡邊幽香

右圖　川上操六　ギヨソネ

寸骨つぽい展覧會であつた。（紫雲）

富本憲吉個展

富本憲吉氏が力作ばかり十六點を揃へての個展が高島屋で開かれた。全く素晴しい努力である。轆轤を用ひず、型を使はず抉り彫の至難な仕事の上に、氏一流の美しい色彩を施したものである。殊に銀襴手更紗八角筥の如きは今のところ氏ならでは誰も手のつけやうもない仕事である。『赤更紗六角筥』に於てもさうである。更紗の文様を巧みに近代化し一方赤繪の色調を程よく取入れてこなしあげた色彩は目覺めるやうである。『蓼の八角筥』『アジアンタムとカーネーション』『八角筥』『撫子長角筥』などかうなると、氏の得意な草花の陶畫に於ける手腕が物を言うて、渾然たる一境地を作り出す。長筥には更紗文様のものもあるが、これとても惡くない。筥は何れも、蓋と周圍と内の三方面にそれぞれ巧みな模樣を配したわけであるが、その扱ひ方にも亦、氏の好みが巧みに、現はれてゐる。かうした力作のみ、然も十數點も揃へて、展觀されたことは近頃珍らしいものといつてよい。繪畫に於ては今更贅するまでもなく、草花にかけては取材の廣さと扱ひ方に特長のあるもので、繪畫專門の人々の作とはまた異つた味が出てゐる。（三月十八日—廿二日）（紫雲）

献納大壁畫展

陸海軍兩省が後援してゐるので街頭の春の人氣をかきあつめてゐる。繪では鶴田吾郎、布施信太郎、高井貞二、古鳥松之助、寺田竹男、笹岡了一、北蓮造、三上知治諸氏がそれぞれ氣魄と感慨とに燃えた力作ぶりを示し、清水多嘉示、中村直人兩氏の精魂をうちこんだ彫刻もある。五月卅日まで。（三越本店）

第十二回獨立展出品

北支蘇橋鎭　中原清降

第一回　岡田魚降森個展

青潮

第三回　尺蠖堂文景道人個展

觀梅

聖衆來迎圖に見たる日本的性格

下店靜市

一　高野山八幡講「聖衆來迎圖」について

これこそは偉大なばら色の夢、日本人がどんなにすぐれた民族だかと云ふことを雄辯に物語る作品です。

古い時代に於て、死といふことが、どんな風に考へられてゐたか。それは全くやりきれない感情につゝまれたものだ。白骨の文にもあるやうにそれは悲嘆そのものに外ならなかつた事は永劫に變りあるまい。弘法大師のやうな高僧聖者にしてすでにその法弟の死を悲嘆にかきくれてなすことを知らぬほどなのであつたから。だがこの作品はどうだらう。それは云はば死に對する考へ方、感じ方についての正しい敎を描きあらはしたものに外ならない。死はじめじめした暗い淋しい陰氣なものではなく、さんらんたる榮光に輝いたものだと云ふことを敎へる。明るい、晴れやかな、感激の世に身をゆだねることに外ならない。人生の最後の一瞬に訪れる滿足、法悅、歡喜——さういふものをあらはしてゐます。

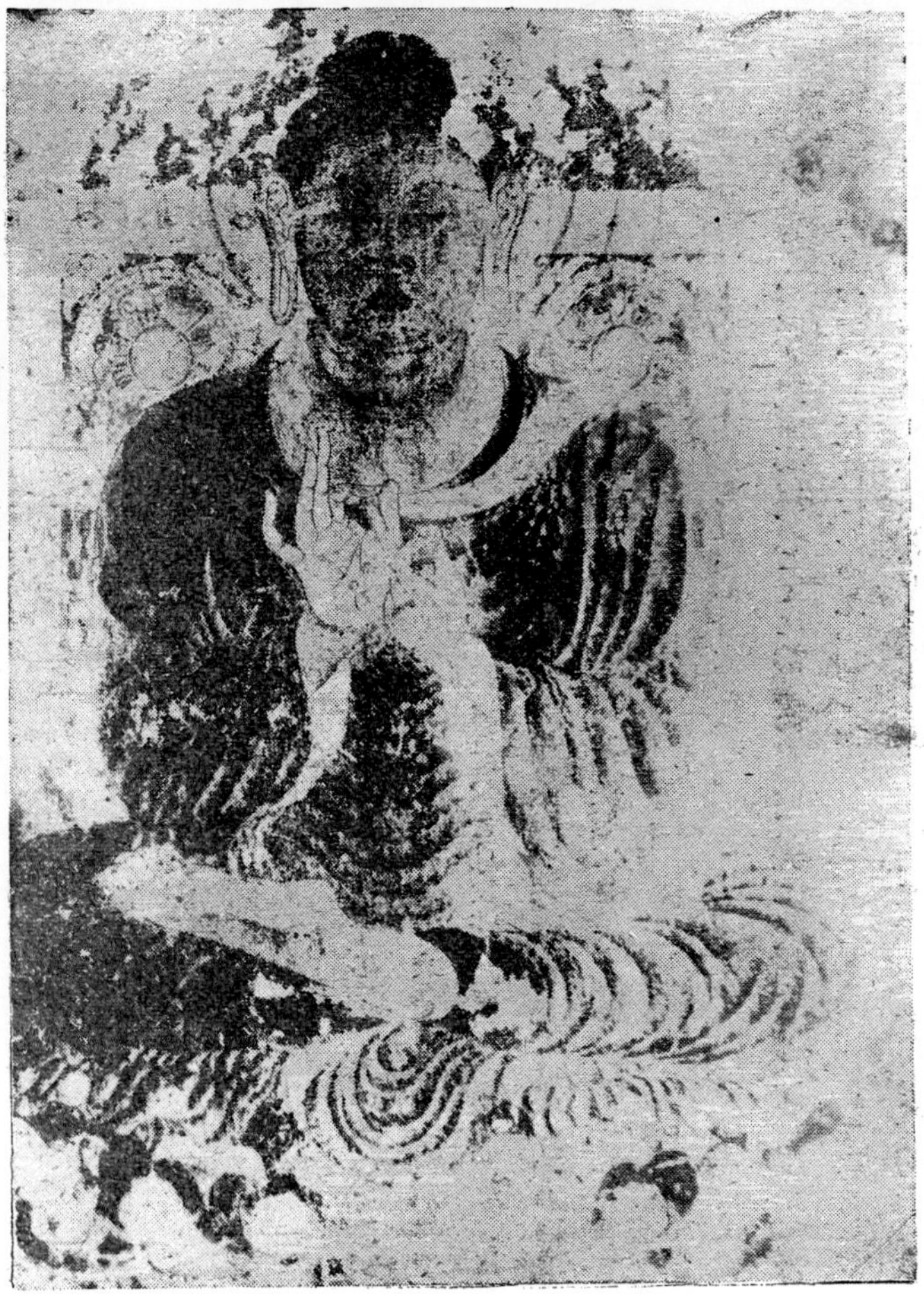

本隆寺金堂壁畫　阿彌陀佛（日本的性格の表示）

惠心僧都の唱へ出した極樂淨土の信仰は、非常な勢で此の藤原時代を風靡して行つたのは、だからむしろ當然だと云へませう。いふまでもなく此の作品は極樂淨土から阿彌陀如來をはじめ觀音、勢至その他の諸菩薩が、臨終の信者を迎へとりにきたる樣を描いてゐます。

信仰が殆んど地におちた今日の眼からみれば、これは空しい夢にしかすぎない、しかし救はれ難くなつた現代人の中からこれほど素晴しい藝術もまた生れ難くなつて來た——と云ふ事も一應考へてみる必要があります。然し實際問題として重要な點はこの作品がどう云ふ作家によつて描かれたものかと云ふ事です。讀者は主題が何であるかと云ふ事以上に作者が何人であるかに強い興味をもつかも知れません。がそれは全く不明だと云ふより外はないのです。傳說には惠心僧都の作と云ふ事になつてゐるがこれは必ずしも當になるものではないのだから。

二　雄渾な構想

私がこゝで特に注意したいとおもふ事は、この作品のもつてゐるいかにも雄渾な構想であります。

圖版をみても分るやうに、これは三幅對から成立つてゐる。畫面の構成はだが一つになつてゐる。

晴れ渡る大空に、極樂淨土をあとにして、阿彌陀如來とそれを圍繞する諸菩薩とは巨大な集團をなしてわれわれの國土に來迎する。それは普通高野の二十五菩薩と云ふ名で通つてゐる。けれども聖衆は必ずしも二十五ではない、もつと多い。數へてみると三十二の聖衆です。それらは雲上にあつて、阿彌陀佛を中心とし、打樂器、管樂器絃樂器等を奏してゐる。古い時代の大オーケストラ、雜然としてゐるやうで然もどこかに不可思議なまとまりがあつて、亂れてはゐない、あくまでも整然としてゐる。布置や表情や姿態に變化をつくしてゐて、自由な表現でありながら、全體に渾然たる統一がある。いろいろな相對立する要素を巧みに統一したところに此の畫の構成上の大きな手腕があります。

飛雲の隙間からは漫々たる大水が隱見してゐます。波は大和繪の樣式で、細線を使つて小さく平行線を重ねて現してゐますから、空中の高い感じがよく出てゐます。水はひくく下方にある事を、即ち雲と水とのへだたりがよく出てゐます。

今一つ向つて左の片隅に秋色こまやかな樹木のある斷崖がこれも遠い心で小さく描き出されてゐます。この僅少な秋景の添加は距離を現す空間の表現をよく助けて、暗示の働きを强めてゐます。

中央に頗る大きく描いた阿彌陀佛は、たしかに全體を統括する構成上の重心をなすものにちがひない。これは自由にではなく、がつちりと描く、まるで彫刻か何かのやうに、そして他の諸菩薩が變化にとんでゐるだけに、これは表し方が、やゝ硬すぎはしないか？……とおもはせるほどだ。この佛だけが際立つて硬く描く必要があらうか。そう云ふ非難も人によつてはするのです。だが決してさうではない。それよりもさうすることによつて生ずる效果を作者はよく考へて描き現してゐる作者の苦心にむしろ深い敬意を表さなければならないのではないか。

圖拔けて大きく、强く現す事は、こゝに構圖の重心を決定し、それは深い感銘を與へてゐるものであつて、それはむしろ思ひ切つた大膽な表現と云はなければなりません。恁うした仕方に作者の雄渾な、何ものにも捉はれない卓越した稟質と計劃があるいかにも人の意表に出た構成にわれわれの民族のすぐれた一面をたしかによく示してゐるのではないか。何故かと云へば、こゝに複雜な群像を取扱ひながら、それを簡明直截なものとして、端的に人に迫る力を得てゐるのは、此のやうな持異な構想の故に外ならないからです。ミケラロンヂュロの最後の審判に於てさへ、これほど群像を明快に處理し得てゐない事をおもへば此の作品のいかにも手際のいゝ、冴えた統括の仕方におどろかないわけにはいかないからです。

もちろん本尊を大きく描く事は印度アヂャンターの壁畫にも法隆寺壁畫でもやつてゐる事で少しも珍とすべきではありません。それに此の種の來迎畫は本來淨土曼茶羅《まんだら》から出て來たものでありますから、云はば其の大體の樣式上の基礎はそれにあると云はなければならないわけです。ところが此の畫には次のやうな注意がある。それは印度や支那の畫にみることの出來ぬ日本的な特色を出してゐる事です。

三　日本的構成

東亞に於ける日本文化の位置並にその特質については、いろいろな方面から考究せられたし、またせられつゝあることはこゝに改めて申すまでもありません。然し私の考へるところは、此の共榮圏内の如何なる民族もなし遂げ得なかつたものをわれわれの祖先が達成したと云ふ事であります。

いろいろの民族の文化は千數百來我が國に傳來してこゝに獨自の發達を遂げた。印度でも支那でも衰滅してしまつた文化の種々相がこゝにのみ殘し傳へられてゐるのみならず、その事自體がすでにめざましい發展の證左でなければなりません。

此の聖衆來迎はあだかもさうした點を具體的に示す一つの代表的作品に外ならないのです。それは造形的に二つの特色を出してゐる。

一つのものは俯瞰法による空間構成、他の一つは左右均整的構成を破つてゐる事です。第一のものは近世の西洋畫にみる透視法の遠近法と相對立するものであり、第二のものは不均整的にして巧妙な統一に成功したものであります。これらを總括的に云ひますならば、畫法上のあらゆる法則的なものをよく超越する事を得て、然もそれを亂してゐず、自由自在の妙味を出してゐると云へます。

先づ空間構成から具體的に申します。圖版にも見るやうに、群像は下方から漸次上方へ重り合つて描かれてゐます。此のやうな布置の仕方は俯瞰法によつてゐる事を示してゐる。必ずしも上の方のものは高く、下方のものが低い位置にゐる樣を描いたと云ふわけではない。それはずつと下にある水面の描寫に於てもみられるものであつて畫面の最上方――これは剝落してゐて分らないところもあるが――も水になつてゐるすなはちこれは畫者の視點がもつと高いところから、これらの群像や自然景のすべてを俯瞰して描き出した事を示してゐます。それから實際の觀賞者はこれを更に下方から仰ぎ見る事になつてゐる。透視法による場合は恁うではなく、畫者も觀者も同じ視點なのですが、日本畫の場合は畫者の視點だけが極めて高いところにあるのが甚しく異なつてゐるのであります。恁うした空間構成の結果、本尊を中心にして三十幾尊の諸菩薩が、ぐるりと畫面全體に、餘すところなく姿態、持物、表情等を仔細描き現す事が出來ます。透視法による場合はこれに對して前方の尊に遮られて、後方の諸尊は見る事が出來ません。出來ても僅かに一部分にすぎません。これでは莊嚴味を充分に表はす事が出來ません。觀者はのび上つて見ようとする要求を起します。俯瞰法ではさう云ふ要求がまつたくよくみたされてゐるのみならず、繪畫として本尊の前後左右の空間への布置が充實して構成上、群像處理を全からしめます。それのみならず、雲の隙間から水面への距離の感じも十二分に現れる效果があり、從つてまた畫面に複雜多樣な變化を與へます。

さて此のやうな空間構成にいちぢるしい効果をもつ俯瞰法は日本に於て徹底した發展を遂げたものであります。殊に此の作品に於てそれがいとも見事な成果をおさめてゐると云ふ事が出來るのであります。

次に佛畫や佛像等は概して左右均整的構成になるものが多いのであります。ところが此の作はさうではありません。むしろそれを破つて不均整にまとめてゐる。阿彌陀觀音勢至の三尊は大體布置を、畫面中央に三角形の左右均整的に構成してゐるかのやうに見えて實際はその典型を破つてゐるのであります。それは本尊が眞正面向きなのに對して兩脇侍が一方に片膝を立ててかすかに右にむき、他方は兩脇を折つて甚しく左をむいてゐる事によつても分りませう。

本尊の肅然たる結跏趺坐の姿に對して、その左下から右方へ、そしてぐるりと後方へ渦卷なりに廻轉するあひだに、その緊張が次第にとけてゆきます。がつしりと三尊形に重心を組み立てながら、その向きや姿態を變化させて徐々に左右の均勢をとき、やがて合奏者にうつしていよ〳〵自由な變化へと展開する。そして合奏の集團は左右二つに分れ、左はおそく、後方にあり、右方はそれよりも早く、然も佛の背後を迂廻し前方に達してゐます。從つてこれらも布局の上から云つて決して左右均整的ではなく、むしろそれを意識的に破つてゐると云ふ事が出來るであらうとおもひます。

此の種の不均整的構成もまた日本的なものであります。三尊形式と云ふやうな均整ある典型的形式はむしろ窮極的なものでありますが、それを打破つて純日本的な布置法に一新紀元を開くことに成功したのは今日からみてもおどろくべき事に相違ありません。私たちの民族の底知れぬ創造力に驚嘆せざるを得ないのであります。

四　日本的莊嚴

阿彌陀は截金(きりかね)をもつてその袈裟衣等を莊嚴にしてゐます。截金の技術は元來支那にその先例をみることの出來るものですが、我が藤原時代に至つて異常な發達を遂げたものであります。その見事な成果をこの作品に於てみることができます。

截金といふのは金や銀の箔を細かく切つて文樣に貼りつけたものを云ひますが、此の阿彌陀佛の着衣にも、卍字つなぎ、七寶つなぎ、立涌(たてわく)、菱などの文樣が隙間なく描きつめて金色さんぜんとしてゐます。全體の雄大な構想の妙と相俟つてさすがに細部もこれと呼應するかのやうに精緻巧妙な手法であります。

これに反して諸菩薩の裙はいづれも朱砂と云ふ繪具でくれなゐにいろどられてゐます。これがまためざめるやうに美しい色調です。ところどころに胡粉のくまどりを施してゐるのですが、これもまた純日本化されたものだと云ふことができませう。くまどりは多くの場合陽かげになつた暗い部分に施される。つまり陰影法でありますが、これは俗にひなたぐまと云つて、その反對です。暗い部分が明るい朱で塗つて、明るい部分に胡粉の片隈(かたぐま)をとつてゐる。大體から云つた彩色法によつてゐるために畫面がいかにも明るくて明快な階調だ。それのみならず肉身の輪廓線や、その皮膚にも朱色を用ゐてゐる。肉身は胡粉を塗つてゐますが、そのまるみを現すために朱をもつてかたぼかしを施してゐます。ですから畫面全體が云はゞ金色と白とばら色とから成り立つた基調色です。むろんその他に茶褐色や白群、白綠その他いろいろの色を用ゐてゐます。相當澁味の勝つた色を部分部分に使つて、晴れやかな色を一層引立てるやうな配色上の苦心もよく汲みとることができるのは云ふまでもありません。

印度や中央亞細亞の壁畫にはセピアを多く用ゐてゐますが、このいんきな色が我が國に於て朱色に變つてゐるのです。かくて明るさと深さを加へ、セピアの濁りを除き去つたのだと考へます。もつとも朱は當時支那からの輸入品であつたらしいのです。それは小右記と云ふ當時の日記に宋國の貨物として石紺青參拾兩、光明朱砂伍兩などといふ記述をみるからであります。當時宋の商人がしきりに交易にやつて來てゐたが、繪具なども香料などと共に貴重な貨物として記錄され、それら商人の將來するところであつた事が分ります。

おそらくこのやうな朱色の使用は支那に於て行はれてゐたものでありませうが、我が國に於ては、その彩色法を明快なものとしたと考へる事が出來ます。この作品にみる明快さと光彩陸離たる彩色はいかにも日本的で暗さを完全に驅逐したところに、支那畫にみる事の出來ぬ新しい感覺を出したのであります。

五　動勢の表現

赤い色は惡くすると下卑た鼻持のならぬ色になりますが、それをいかにも優雅なものたらしめてゐます。

それと共に更におどろくべき事は、動勢の表現に巧みなことです。動きを現す事はむろん古い支那畫にすぐれた先例をみるものであつたが、それが支那には跡を絶つて日本畫に於て見事な結實をみる、自然摸倣に努力が傾けられた結果は、その技巧が遂に動勢表現と云ふ如き繪畫の直觀性をいたく拘束するに至つたのであります。日本畫では此の種の拘束力が全く無力であつた。實に自由こそ日本畫のほこりであり、空間藝術を時間藝術にまで突込せしめたのであります。

同じ佛畫でも宗教畫ではあまり際立つた變化をみせなかつたと云へますが、此の種の顯教畫は實にのびのびと自由に特色を發揮したのであります。ゆたかな夢を自在な線に托して此の來迎畫と云ふ異常な光景を描いた。怒濤のやうに次々に諸菩薩は押しよせてくる。それは應接に遑のないほど多數の群であり、右からも左からも、息つくまも與へないほどの勢ひで殺到する。

これらのめざましい效果は線の律奏的取扱ひの力に還元されるであらう。その線は單純な性質であります。同じ時代に支那畫では線の複雜性をよろこんだ。日本畫では飽くまで單純なものを尊重した。これは何故なのでせう。

人は日本文化を單純と考へた事もあります。こゝにみられる線そのものの單純もさう云ふ風に早合點してはいけません。これは複雜なものを現すための單純性に外ならないからです。さうすれば線は極めて身輕になります。恰度徒歩の足輕のやうです。自由自在の働をさせるには打つてつけの姿をしてゐる。

日本畫は線で引立つたり、線そのもので見せる繪ではない。線はこの構想を自由自在に現はさなければならない。此の作品もさう云ふ特色をよく示してゐる。線そのものに變化をみせたりいろいろな筆意、肥瘦をつくつたりすると云ふ事はなく、すうすうと輕快に走ればよい。同じ速度、同じ太さで曲線や直線がひかれるといゝ。大和繪の線はかう云ふものです。岩だからと云つて、家だからと云つて、また女の腕だから、男の脚だからと云つて特別な運筆を必要としない。飽くまでも單純素朴であるところに、その機能を發揮します。それにあだかも漢字の複雜性とかな文字の單純性との對比にみる特徵と云つてもよいでせう。

この輕快單純な線が、これだけの動勢を現してゐるのです。群像の配置と、それを運ぶ密雲の線の働きに任せてゐる。

もちろん此の雲の樣式は本來支那に於て成立したものであつた。雲の上に神仙や佛菩薩が乘つて天空をかけると云ふのは支那流のものに相違ないのですが、それを更に徹底して有效に働かせてゐる。つぶさにみれば此の雲は唐代や天平時代にしきりに描かれてゐた、いやもつと古い漢代の浮彫などにもすでにみられるものからの轉化に外ならない事はよく分ります。この渦卷形の頭と、それに柄のやうな、或は尾を引いてゐる樣式はすべて水文をおもはせるやうな抑揚をもつた並行線から成り立つてゐます。

或は抑揚をもつてなめらかにゆれ、或はきりきりと渦卷く、それらを單純な曲線を重ねるだけで現してゐますが、雲そのものゝ悠々した樣式のために相當强い印象を與へると同時に、動と靜との、また速さとゆるやかさとの關係を有力に現します。それのみではなく量感をさへゆたかに表してゐるのです。

同じ高野にある美女龍王圖はやはり雲にのつてゐますが、これよりも古い樣式の雲を描いて、然もこれよりも弱い感じを與へるのですが、それだけに此の來迎圖の雲の卓越した畫力、日本化する事によつて發展せしめられ徹底した形迹をよく示すものと云へませう。前者は支那式に繁雜の故に却つて迫力を弱めてゐるのです。

六　斷崖

左下方の隅角には秋色あざやかな斷崖が描かれてゐます。こゝには松や、はぜやその他の雜木が描かれてゐる。

これらの景致はまつたく大和繪風なのです。それを誰も疑つてはゐないやうにおもふ。もちろん佛菩薩や、雲の下にひろがつた波文なども支那畫の習風を一變して大和繪化されてゐるのであるからさう考へてよろしいのは云ふまでもありません。

ところが此の作品の製作されたと考へられる時代には、唐繪と大和繪との併存する時代であつたのです。それから大和繪はその基礎樣式を唐繪のそれに仰いでゐる。こんな見易い道理をどう間違へたのか、多くの美術史家は、唐繪と大和繪とは題材だけの相違だ、唐繪は唐土の風物題材を取扱つたものだと解說してゐます。私は敢てこの考へに反對します。何となれば、唐繪とは美術史の樣式概念に外ならないからであります。決して題材だけのものではありません。

あだかもこの斷崖の樣式はさうした興味ある問題を解くための好個の對象となるものです。

その例證として、こゝに圖版として、この斷崖の裾のところに描かれた岩を揭出しました。多くの人はこれを顧慮せずに見過してゐます。早吞込みをせずに、これを熟視する必要があります。

支那には畫法上、岩に三面をみる――と云ふことをやかましく注意する。これは岩を立體に現せよと云ふ意味であつて、上表面、兩側面をしつかりと描く事を注意してゐるわけなのです。それらの三面は皴法（しゆんぽう）を用ふる事によつて可能となる。ではどんな種類の皴法が用ゐられてゐるのでせう。

讀者よ、仔細にそれを凝視しましたか。皴は岩そのもの〻凹凸を現すものであり、それは線と陰氣との合成された手法です。こゝに用ゐられたものは折帶皴と命名されるものです。すなはち帶を斜に折つたやうな線で成立つてゐるのを認めるでせう。

折帶皴（せつたいしゆん）はすでに唐代に成立してゐた。從つて此の岩は唐繪の様式をもつて描かれたと云ふ事が出來ます。ですから大和繪とおもはれたこの様式は、實際のところ唐繪の、まだ充分に大和繪として消化され切らない、なまのまゝの狀態にある事を示すものと云はなければならないのです。

これと同じ事が佛菩薩の様式にも多分にみられます。相當に消化されてはゐますが、それは同じ藤原時代の佛畫でも、これよりおくれた時期のそれは、もつと口や鼻が小さく、むしろつゝましやかに表されてゐます。だが此の繪ではまだ唐繪の風が多少とも殘つてゐるのです。それに斷崖だつて、角ばつて、直線的に描かれてゐる。これは大和繪であるよりもまだ唐繪の北畫の様式を示してゐるのです。むろん波の表現も極めて大和繪化されてゐますが、かうした波に唐宋の畫にもみる事が出來るのであります。そして岩などのとげとげしい角ばつたものは日本人はあまり好まなかつたのです。それは當時の貴族趣味とは相容れなかつたからです。彼等はその角ばつたものにまる味を與へて、優雅典麗なものとして、これを大和繪様式に渾成したのでした。

以上によつて唐繪と大和繪との様式上の差異、その概念としての對照が諒解せられた事とおもひます。繰返して申します、唐繪は題材だけのものではなく美術上の様式概念に外ならないと云ふ事を――

七　巨匠の心

此の聖衆來迎は正面から堂々と描いたものです。しかし他の多くの來迎畫は側面的に描いてゐる。

開き直つたやうに正面から描いてゆくと云ふ事は實技上なかなかむづかしい事なのです。さう云ふむづかしさを押し切つて、この廣大な畫面をいちめんに多數の聖衆をもつてうめつくしたと云ふ點に、此の作者のただならぬ氣魄が窺へるとおもひます。そして畫面は充實して、力强い迫力を全面に湛へてゐる。長方形の畫面に、隋圓形にまとめて殘餘の隙間には斷崖や水を描きつめてあますところがない。

他の來迎畫に於てはかう云ふわけにはゆきません。宇治鳳凰堂の壁畫や扉繪は來迎の諸尊よりも自然景が多くなつてゐる。また智恩院の早來迎と云はれるものも、大體それに準ずる構成なのです。さうしてこの作のみはそれらとは極めて特殊な存在をなしてゐます。それらに於ては自然景が相當構成上の重要要素となつてゐますが、この作のみは、たゞ來迎諸尊を飽くまで中心として餘白に僅少に描かれた自然が、却つて暗示的象徵的な效果を大きくしてゐるのは、此の畫の如何にも卓越した點であると云はなければなりません。

次に阿彌陀佛の下方の水面には、蘆荻や、おもだかや、水蓮のやうなものが描かれて、これが海ではなく、湖水である事を物語つてゐます。

この到着の狀況に現す事は、それらの僅少な自然景に物語らせてゐるばかりではなく、聖衆の構成の仕方にも現れてゐますし、また死者の載るべき蓮臺を、すでに差出してゐる事や、勢至菩薩が合掌して往生者に對して禮拜の姿勢を示してゐる事によつてもそれと悟る事が出來るとおもひます。脇立としてのこれらの二菩薩が極めて大きく描かれてゐる事、爾餘の聖衆が、次第に後に遠ざかるに從つて小さく描かれてゐる事、殊におくれてゐる佛の背後の諸尊が小さい事などによつて、遠近法的な送りのつけ方も考へられてゐます。描き現さんとする眞の內容がどんなに確かりと把握されてゐるか、單純に來迎の繪解と云つた扱ひ方ではないのであります。すべてに周到な用意があり、その心は畫の隅々までも事細かくゆきとどいてゐる。こゝには類稀なる巨匠の心があります。

八　附記

法量

左幅高六尺九寸八分廣三尺七寸
中幅高六尺九寸八分廣六尺九寸五分
右幅高六尺九寸八分廣三尺七寸

これはもと比叡山にあつて大切にされてゐたものでありますが、信長の時代以後に高野山に移されたもので、現在は高野の靈寶館に保存されてゐます。相當剝落損傷もありますが、大體に於て保存はよくて、主要な個所は殆んど完全に近く殘つてゐます。高野では年に一度これを靈寶館に陳列する事になつてゐます。時代の古いのにそのめざめるやうに美しい色調は强く人の心を捉へずには置きません。案外古びたり褪色したところもないのはこれが如何に大切に保存されたものであるかをよく物語つてゐます。

その筈です。天正十五年修補の時の銘文によりますと、七月十五日佛歡喜の日にあたり、勅使參向之を開くとあります。もつて天下無双の靈寶たる事が分りませう。

來迎藝術の特質と鑑賞

大串純夫

五色の絲　數年前の夏、京都の博物館で金戒光明寺の山越來迎圖屛風を見た。觀覧者のごく尠い隨分暑い日だつた。角帽をあみだに被つて額の汗を拭いてゐる僕のだらしない顏がガラスに映つて、彌陀の姿がよく拜めない。ケースに顏を近づけて「おや」と思つた。來迎印を結ぶ彌陀の手からふる〳〵しい一寸三、四分程の絲きれが下つてゐる。立派な佛畫に勿體ない惡戲をしたものだ。輕い憤りを感じながら、その圖の左右に陳列されてゐる地獄極樂圖に目を移さうとした。その時、ふと、建禮門院が佛の手にかけた五色の絲をひかへて往生されたと云ふ平家物語の話を思ひ出して、思はずガラスに顏をおしつけるやうに覗きこんだ。さうだ、これがあの五色の絲かも知れないぞ。昔の人は實際この絲を握つて阿彌陀さんを拜んだのかも知れない。鎌倉時代の念佛信者は、その臨終に、冷えて行く手にこの絲を握りしめたのかも知れない。阿彌陀如來と手を執りあつて、極樂へ往生するのを何よりの悅びとした昔の人々の心を思ふと、僕は何となく胸が迫つた。僕はこの古ぼけた絲きれに、現代の藝術と過去の宗教藝術との異つた性格の一面をはつきりと感じたような氣持がした。

その後間もなく、來迎の彌陀像に五色の絲を繫ぐのは、平安時代から鎌倉時代にかけてはごく普通の習慣だつたことを知り、又佛像の禮拜に絲を用ひる例は、既に奈良時代にもあつたと云ふ事實を知つた。東大寺要錄によると、東大寺の大佛開眼供養の時には、菩提遷那が筆に繩をつけて開眼し、集人が各々その繩を手にうけて大佛が國民の協力によつて完成した旨を示したさうだが、橋川氏は「來迎の絲その他」の中に繩が今でも正倉院に傳へられてゐると述べて居られる。靈異記にも觀音像の手に繩をつけて現世の福得を願つたと云ふ說話があるから、佛像を禮拜する場合に佛手に繩を結ぶのは、來迎藝術の流行する以前から、確かに一種の風習だつたらしい。

東大寺の大佛は聖武天皇の御願により鎭護國家のために鑄造された御佛で、國民が擧つて三國一（即ち世界一）の大佛像を作つて、國威を海外に宣揚しようとしたものである。その開眼供養の繩の使用法にもその意圖がよく表はれて居り、奈良時代の現世的な國家的な信仰生活が偲ばれる。それに對して、靈異記の說話に見える繩は、個人が現世の利益を願つて手にした繩で、この使用法は、平安初期の信仰生活が同じく現世的ではあるが、漸く個人的傾向を增した事を語つてゐる。ところが、下つて、この金戒光明寺の來迎圖の絲になると鎌倉時代の念佛信徒がたゞ一人で來世に生れる樂土を夢みながら縋つた五色の絲の名殘であつて、之には淨土教と云ふ宗教の個人的なしかも非現世的な性格が非常に明瞭に窺はれる。この絲には來迎藝術を生んだ藤原期以後の「厭離穢土・欣求淨土」の時代思潮が極めて面白く現はれてゐる。この絲を見ると、僕は何時も、「ひとすぢに心がくれば迎ふなる、蓮の絲よおはり亂るな」（千載集）と詠んだ寂然法師のひたむきな信仰心を想ひ、「救へかし蓮の絲に引結びよしかはさきのそこゐなりとも」（爲尹卿千首和歌）と云ふ爲尹卿の來世を求める聲を聽くのである。

地獄・極樂　金戒光明寺の來迎圖のケースには、それと一緒に「淨土・穢土」の屛風繪が陳列されてゐた。五色の絲に興をひかれた僕は、來迎圖の左右にならぶその屛風の複雜な圖樣を眺めようとして腰をかゞめた。左下方は地獄らしい。閻魔の前で裁かれる亡者や、その他、樣々の苦惱を受ける亡者が蠢いてゐる。右下方はこの世である。地獄と地續きの山野に狩をする男が居り、屋內には彌陀來迎を受ける僧侶が居る。又地獄の鬼に狙はれる坊主もゐる。地獄とこの世の境はたゞの山一つ、と思ひながら、上部を見ると、青海原の彼方に美しい島が浮んでゐる。寶樓の前の壇上に彌陀三尊が金色に耀いてゐるところを見ると、之は正しく極樂淨土である。僕はノートに「生死の海に距てられた淨土と穢土」と書き、更に「淨土教の世界觀」と書き加へて頷いた。あの時ノートに汗がおちたが、それがまだ昨日のことのやうに思はれる。

我國の來迎圖は惠心僧都が書き始めたと云はれてゐるし金戒光明寺の來迎圖にも惠心が作つたと云ふ題辭があつたので歸京してから早速彼の往生要集を讀んでみた。「夫レ往生極樂之教行ヘ濁世末代之目足也。道俗貴賤誰レカ不レ歸者アラン」と云ふ第一行をみて、いやに難かしいなと思ひながら頁を繰ると、人間の體の事を書いた部分が目にとまつた。人間には三百六十の骨があると云ふことから始めて、筋肉の事や內臟のことが述べてある。肺臟・肝臟・心臟・脾臟・腎臟・大腸・小腸まで記してある。九百年以上も昔の人がよくもこんなに詳しく知つてゐたものだと驚いて、今度は第一頁から丁寧に讀み返した。彼の說くところによれば、肉體は實に複雜な微妙なものだが、この肉體も生命が終ると同時に忽ち腐りくづれて行くと云ふ。人の世は無常なものだ。人生は果敢ないものだ。人間は生れる時から死ぬ時まで苦しみ續けるやうに出來てゐる。我々の周圍には五つの世界があるが、みな人間界にまさるとも劣らぬ苦しい世界で、我々はその六道世界に輪廻轉生せねばならぬ運命を負つてゐるのだ、と、六道の苦惱を呆れるほど詳しく書いてある。僕は少々うんざりして來たが、その次ぎに惠心は素晴しい淨土の樂しみを說くのである。淨土の樂しみをこまごまと記し、六道の苦しみを脫するには、遙か西方の淨土に生れるより外に道がないと云ふ。淨土に往生する爲には念佛をするのが最も容易な方法だ。念佛とは、常に佛を念ずることで、心に彌陀を想ひ、口に「南無阿彌陀佛」と唱へ、目に彌陀の姿を眺め、耳に彌陀の聲を聞き、手に彌陀を拜する事である。我々が晝も夜も彌陀の姿や極樂の光景を幻想しつゞけるとその臨終に彌陀如來が自ら淨土の聖衆と共に我々を迎へに來て呉れる。彌陀の姿を念じ、淨土の景を觀じ、來迎の相を幻想する習慣をつけておくと、臨終になつて身心の恍惚とした瞬間に、我々は日頃の幻想に包まれて極樂淨土へ往生するのだと云ふ。我々が藝術家となつて、心に淨土や彌陀や來迎の相を畫きつゞける事、それが即ち念佛だ。造形藝術や音樂等によつて淨土の景や彌陀來迎の情況を偲ぶのも、念佛を助ける至極適切な手段である。彌陀像を作れ、彌陀來迎の儀式をしよう、そして淨土に往生しよう。これが惠心の主張であつた。

榮華物語は道長の臨終を「御目には彌陀の相好を見奉らせ給ひ、耳には尊き念佛をきこしめし、御心には極樂を思しめしやりて、御手には彌陀如來の御手の絲をひかへさせ給ひて、北枕西むきにふさせ給へり」と記してゐる。これこそ當時の典型的な念佛なのである。道長の營んだ法成寺は「淨土はかくこそは」（榮華物語）と讃へられ、賴通の別業鳳凰堂は「極樂うたがはしくば宇治のお寺をうやまへ」（後拾遺往生傳）と唄はれたが、宇治川のほとりに翼を休めるあの鳳凰堂は、この屛風繪に書かれた淨土の寶樓と如何にも似てゐるやうに思はれる。道長や賴通は、現實世界に淨土を築いて、その理想的な環境裡に念佛し、現世の榮華を來世にまで夢みてゐたのではあるまいか。淸少納言の「遠くて近きもの、極樂、船の道、男女のなか」と云ふ飄逸な感想がその頃の念佛流行の社會情勢を語つてゐる。來迎の藝術は、個人的な非現世的な宗教から、幻想の念佛の手段として作り出された。

僕は金戒光明寺の屛風繪から「極樂ははるけきほどときゝしかど、つとめて至る所なりけり」（拾遺集）と云ふ歌や、「阿彌陀佛ととなふる聲をかぢにてや、苦しき海を漕ぎ離るらむ」（金葉集）と云ふ歌を、しきりと聯想するのである。

笑ふ菩薩　學生生活も漸く終らうとする冬、僕は從弟と祖母をなくした。報いられぬ看病と永遠の別離とは僕にあの五色の絲や極樂の書を思ひ出させた。有名な高野の來迎圖に非常な親しみを感じたのも、丁度その頃のことである。當時はまだ高野に登つたことがなかつたが、毎日のやうに圖錄をあけて、その堂々とした畫面から昔の心に思ひ耽つた。

金色に輝く彌陀如來が、五彩麗しい菩薩を隨へ、紫雲に乘つて來迎する雲の周圍は一面の波又波、左下隅はなだらかなこの世の山の秋景色、蘆が岸邊にそよいでゐる。上下七尺に近い大畫面に、欣求淨土の幻想が、彌陀を中心としてSの字形に渦卷いてゐる。彌陀は優しく下目づかひに我々を見下し、觀音は兩膝をそろへて坐りながら蓮臺をさしよせる。右端では琵琶を手にする菩薩が如何にも朗かに笑つてゐる。彌陀の伏目、觀音の坐り方、菩薩の笑ひ。僕は「死のよろこび」や「死の不安」が力を潜めた纖線描と華麗な厚手の彩色で、この大畫面に隨分うまく結晶されてゐると思つた。

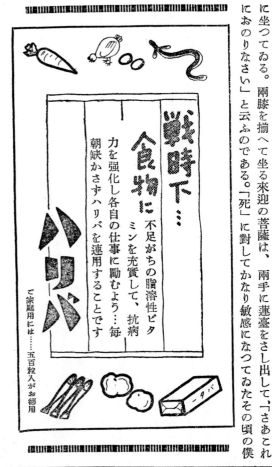

我國の佛畫や佛像には顏をあげて虛空を凝視する御佛もあるが、この圖の彌陀や禪林寺や金戒光明寺の圖の彌陀如來、又は鳳凰堂の本尊等は、じつと信徒を見下してゐる。來迎藝術の彌陀の伏目は、それを見上げる我々に如何にも優しく應へて呉れる。我が古美術の菩薩達は殆どすべて結跏坐か半跏坐か又は立像に表はされるのが普通だが、この圖の觀音は兩膝を揃へて坐つてゐる。三千院の觀音も、即成院の觀音も、そして興福院の來迎圖の觀音も、矢張りこれと同じく、まるで親しみやすい人間のやうに坐つてゐる。兩膝を揃へて坐る來迎の菩薩は、兩手に蓮臺をさし出して「さあこれにおのりなさい」と云ふのである。「死」に對してかなり敏感になつてゐたその頃の僕

は、高野の來迎圖の彌陀の伏目と觀音の坐る姿とに、昔の人々が來迎圖に注ぐ心を見た。

高野の大作で最も僕を索きつけたのは、彌陀や觀音よりも、右端に坐る菩薩である靜かに奏樂する聖衆の中で琵琶をひきながら唯一人、高らかに笑ふその顏は、往生の悅樂を象徵するかのやうである。飛鳥彫刻の神祕的な「古典的微笑《アーケイツクスマイル》」に較べて、何と明朗な笑ひだらう。即成院の來迎彫刻群像でも琵琶をひく菩薩は笑つてゐる。僕はこの笑ふ菩薩に、彌陀來迎の演劇までも行つて淨土往生を待ち焦れる、藤原鎌倉の心を偲び、親しい者を失ふ悲しみを慰めた。大學をおへて一年、三人兄妹の妹一人も死んで行つたが、僕は高野の菩薩と共に何時も妹の笑顏を想ふ。

紅葉と櫻　高野の大作でもう一つ好きなのは左下の紅葉する山の景色である。來迎圖は彌陀如來がこの世へ信者を迎へに來る所をあらはしたものである。從つて、來迎圖には佛畫としては珍しく自然景が畫かれる場合が多いが、我々はその自然景の殆ど總てに紅葉する山々を見るのである。人生の秋と彌陀來迎。「もみぢ葉を風にまかせて見るよりも、はかなきものは命なりけり」（古今集）來迎圖のもみぢ葉は、果敢ない生命を象徵してゐるやうに思はれてならない。高野の秋景色から「今日來ずば見てややまゝし山里の紅葉も人も常ならぬ世に」と云ふ新古今集の一首を聯想する。

今、來迎圖の風景には殆どすべて秋景色が畫かれてゐると云つた。然しこゝに一つの例外がある。知恩院の「早來迎」がそれである。その圖では彌陀と菩薩は白雲に乘つて右下隅の僧侶のところへ來迎する。峨々たる山腹をかすめて急轉直下する雲は、全山の櫻を白々と散らせてゐる。櫻が美しく散つてゐる。僕はこの圖の風景も好きである。この風景からは西行の「願はくは花の下にて春死なん、そのきさらぎの望月のころ」（山家集）と云ふ歌や、實朝の「はかなさをほかにも云はゞ櫻花、咲きては散りぬあはれいつまで」（金槐集）と云ふ歌が聽えるやうな氣持がする。來迎圖に見る紅葉と櫻、それは單なる風景でなく、人生の無常を象徵する自然である。一般に高野の大作は平安後期來迎圖の代表作とされ、知恩院の圖は鎌倉中期以後の來迎圖の代表作と云はれてゐるが、一方に紅葉する山が畫かれる、他方に櫻散る山々が表はされた事は靜かな往生を待つ公家的な心と、潔い死に憧れる武家的な心とを反映してゐるやうで面白い。

山の端の月　僕が來迎圖禮讚家になり始めた頃だつた。友人に五色の絲の感激を語らうと、金戒光明寺の「山越阿彌陀」の寫眞を見せた事がある。その時「これは何處の大佛だい」と聞かれて一寸驚いた。然し考へてみれば、あの畫を突然見せられゝばさう思ふのも無理はない。山に較べて彌陀三尊が餘りに大き過ぎるのだ。昔の人がいくら彌陀の來迎に憧れたにしても、理由もなくあんな構圖は畫けぬだらう。「何故かう云ふ畫面が出來たのかな」と直ぐに僕は疑問を持つた。金戒光明寺や禪林寺の山越來迎圖を眺めながら、この山は「越えぬれば又とこの世にかへり來ぬ、死出の山こそ悲しかりけれ」（山家集）と云ふ氣持で畫かれた山だらうと思つてみた。禪林寺の來迎圖の海を見て、「生き死にの二つの海をいとはしみ、潮干の山を偲びつるかも」（萬葉集）などと云はれた、あの海かなとも考へてみた。然し、山を死出の山、水を生死の海としたところで、この山と彌陀との不自然な大いさの關係は說明されない。

僕は其處で、博物館で始めてあの圖を見た時の「常よりも照りまさるかな山の端の、紅葉を分けて出づる月影」（拾遺集）と云ふ印象を思ひ出す。山の端の月と山越の阿彌陀―さうだ、惠心も往生要集の中で彌陀の顏を淸淨な滿月に譬へてゐた。そして八月十五夜は叡山で念佛の盛に行はれた夜である。滿月の夜に屢々不斷念佛が行はれたことは種々の往生傳にも見えてゐる。「此の世をばわが世とぞ思ふ望月のかけたることのなしと思へば」（小右記）と現實を謳歌した道長が、「今日よりは阿彌陀ケ峯の月かげを　千代の後までたのむばかりぞ」（公任卿集）と山の端の月に彌陀來迎を偲んでゐる。山の端の月をモティーフとする「山越阿彌陀」。僕は此處にも亦時代の心を見るのである。

奈良時代の人々は「世の中はむなしきものとあらむとぞ、この照る月はみちかけしける」（萬葉集）と月の盈虧によつて人生の無常を歎じてゐる。惠心が往生要集の第一行に叫んだ末法の世になると、闇夜を照す滿月は、末法の世を照す彌陀の光と仰がれた。鳳凰堂の建てられた永承七年を、扶桑略記は「今年初入ル二末法二」と記してゐる。「このよには山の端出づる月をのみ待つことにてもやみぬべき哉」（金葉集）。禪林寺の山越阿彌陀を僕は叡山の月と感じる。

愛する者の死をめぐつて、ひたすらな感傷に沈む僕の心を、來迎藝術は數年の間慰めて吳れた。平安・鎌倉の幻想は、嬉しく共鳴される幻想であつた。然し乍ら、餘りにも優しく餘りにも優美な來迎の藝術は、この頃、何故か虛ろに思はれる時がある。死の悲しみの外にも、尠からぬ苦惱や汚濁を經驗し、人生に對して悔痕と希望を持つ現在の僕は、高野の笑ふ彌陀を忘れかねつゝも、推古の佛の、あの峻嚴な神祕な姿にほのかな憧れを抱くのである。

ハワイ空爆

能村潔

夜のほどろ日はまだ現れずわだのはら波殘《なごり》かひろぎ母艦《ふね》定らず
大船の母艦離《か》れて念なさよ機神《しん》ひとつに今ぞ澄むらし
母艦を離れ洋《わだ》蔽ふ雲に入りたてば青き死思ふ外《と》のおもひなし
雲に入りたてば甚大《おどろ》しき風洞のとよむに似たり機はひた移る
わたつみの深雲《ふけぐも》わけて見放くるや底は磯《おき》波《となみ》の色に明けつゝ
灣《うな》づらに重油淀みて見のわびし戰の後を朝日照りいづ

日本畫家報國會主催

軍用機献納作品展

春雨　中村大三郎

松葉ヶ谷法難　野田九甫

鮒　杉山寧

緋鯉　徳岡神泉

双鳩　森白甫

近江神宮　池田遙邨

到春　山本丘人

黄蜀葵　福田豐四郎

第十七回國畫會展作品

埴輪　杉本健吉

宮浦　辻愛造

靜物　川西英

金魚　大森啓助

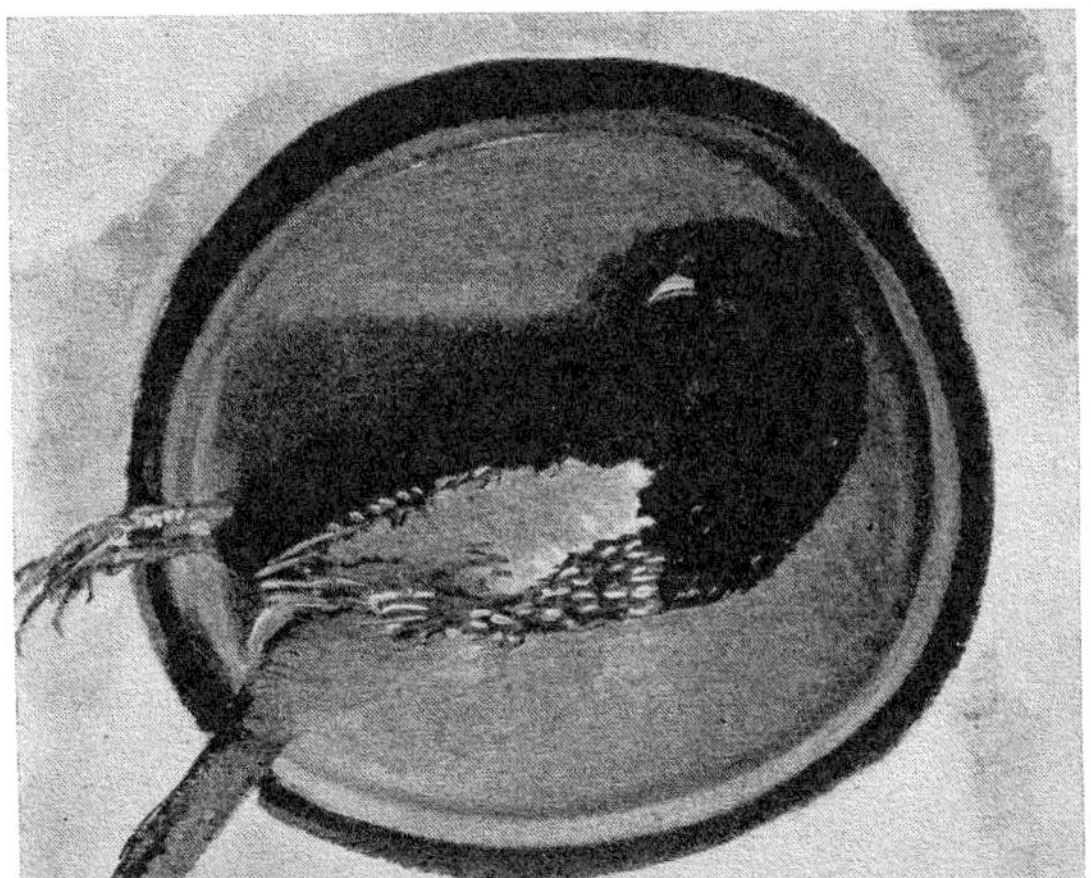

雉子と朱盆　大谷彝吉

臺灣の家　立石鐵臣

那智瀧　眞垣武勝

虛空藏菩薩像　益田義信

梅　久保守

S氏の像　村山巖

水原　馬越外太郎

コドモ　佐藤哲三

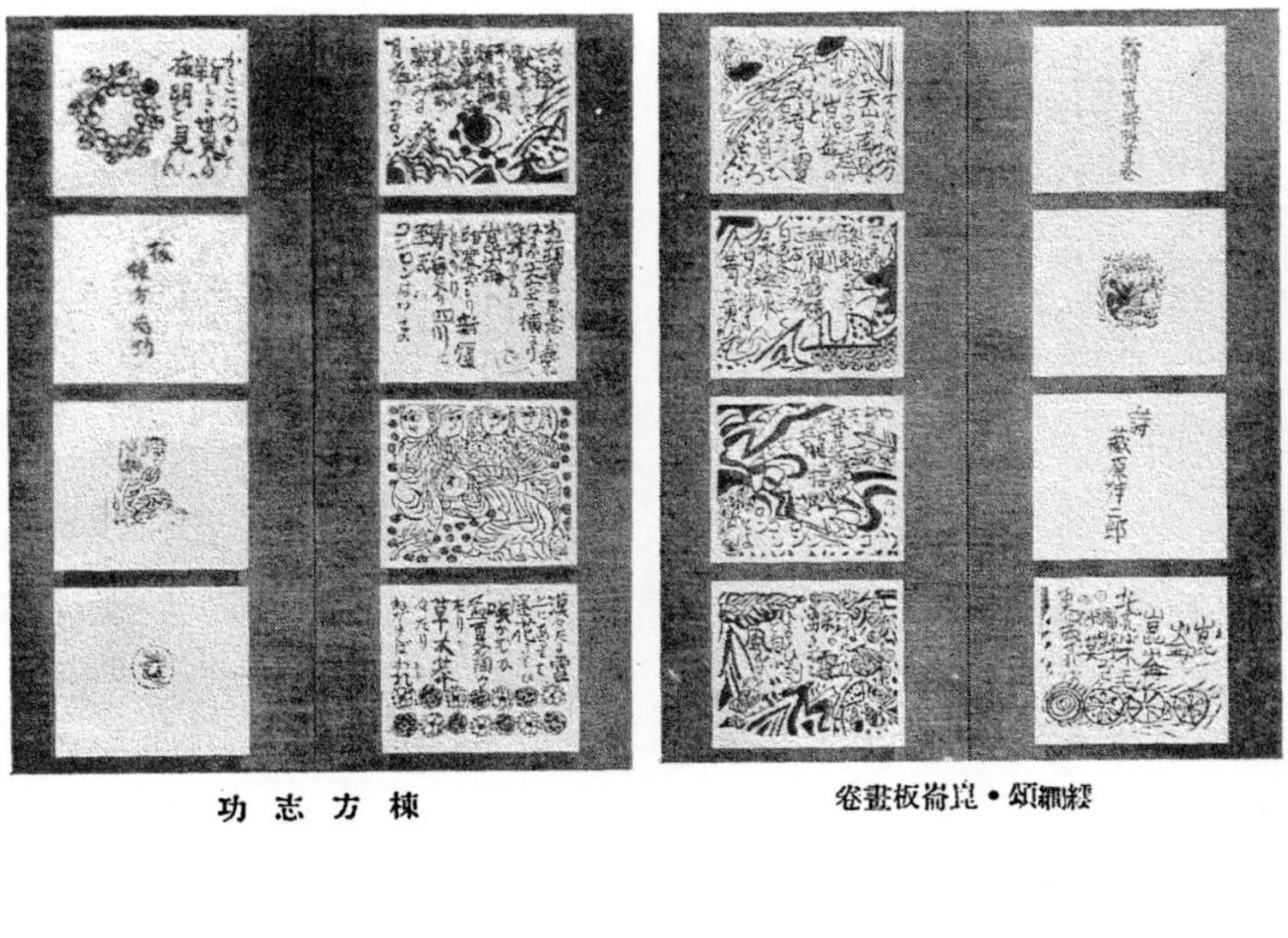

經繝頌・崑崙板畫卷　棟方志功

花曇　土田文雄

第十回東光會特別陳列

浴み　ルノアール

アンリ・ド・ロシフォール像　ロダン

國展の工藝

春秋文水指　北出塔次郎

色繪陶板用習作畫帖の內　富本憲吉

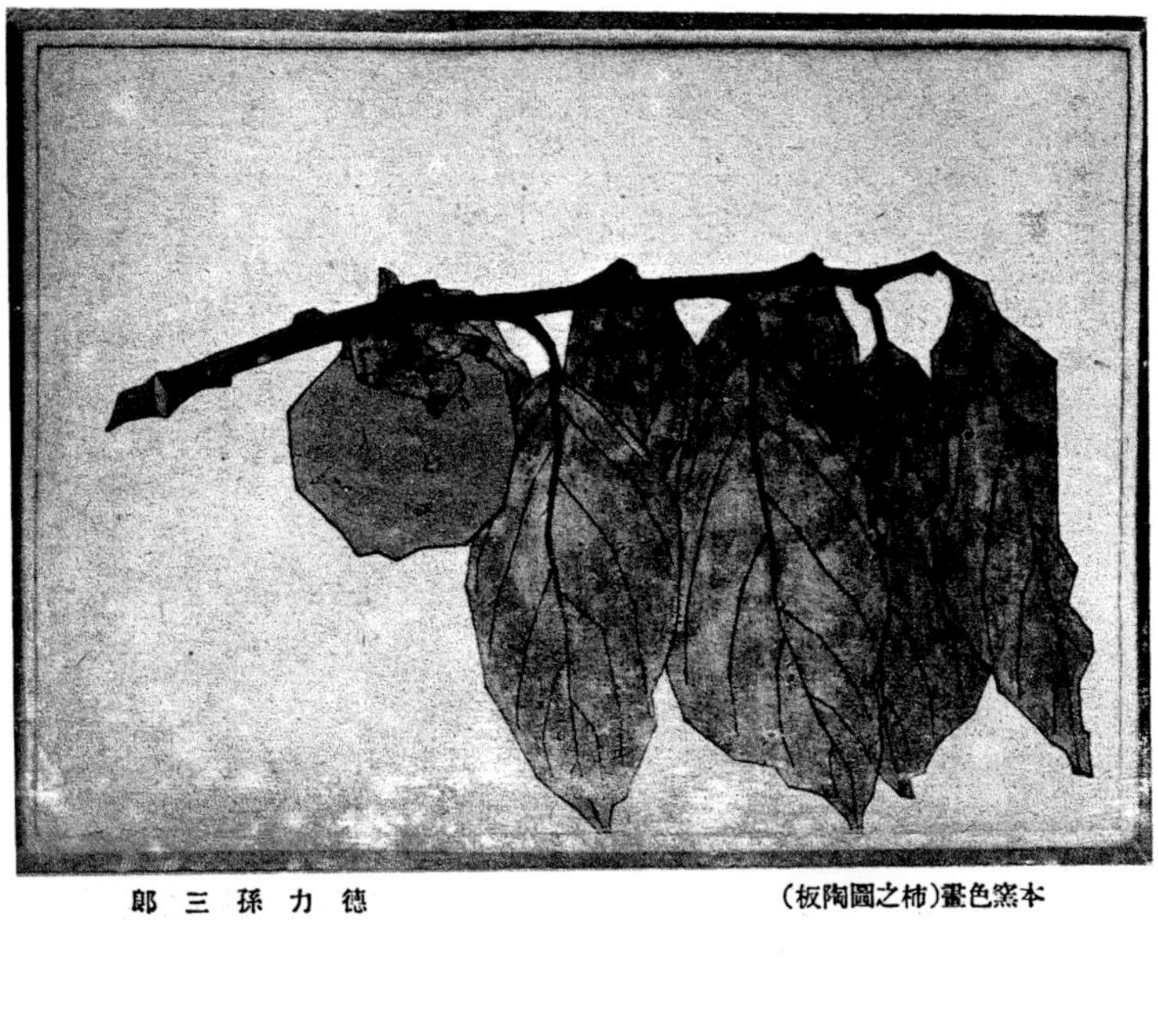

本窯色畫(柿之圖陶板)　德力孫三郎

貝の圖壺　福田力三郎

國畫會展隨感

今泉篤男

1

國展の繪を觀て廻つてゐると、ただ徒らに達者に描きなぐつたといふやうな作品は餘りないので、一枚々々に夫々の發想の面白さも感じられ、例へば心づくしの家庭料理でもてなしを受けてゐるといふ樣な親しみが持てるのである。かういふ親しみは、いろいろの理由にもよることだが、一つには繪の制作の發想の根底を純粹に保たうといふ心持が、夫々の畫家に強く持たれてゐるからだと私には感じられる。このことは、何といつても美術を愛好するものにとつて好感の持てることだ。さういふよそゆきでない親しい氣持は、わが國の大きな展覽會の中では恐らく國展が一番であらう。

然し、美術がわれわれの時代の築くべき一種の文化的晴着、所謂記念的《モニユメンタル》な業績でなければならぬと考へる立場からすれば、國展の傾向は殊ど對蹠的に近い方向である。さういふ點に、國展の繪が概して「趣味的」だと言はれたり、「素人主義《アマチユアリズム》」を助長するものだと難じられたりする理由があるのである。では、現代でどういふ作風が、われわれの時代の繪畫の正しい技術精神の上に構成された作畫態度かといふことになると、實際には一長一短でなかなかむづかしいのである。衒氣にみちた構成と徒らに大がかりで、空虛な描寫を、皮相な樣式的見解によつて直ちに佳しと出來ないことも自明である。

國展は一般に言つて、印象派の系統から日本化した一種の文人畫のやうな傾向になつてゐると見られぬこともない。これは一人、この會の中心である梅原龍三郎の作風を指して言つてゐる意味ではなく、全體の傾向の動きが、そんな風に私には感じられる。それならそれで、其處から將來に向つてどういふ發展性が考へられるかといふ點が私共にとつての關心である。いろいろ理窟つぽいことは措いて、一言で云へば、この會の本來の美質である發想の根底の純粹さを一層嚴しく反省して貰ひたいといふ註文である。さうなれば、徒らにスタイリストを助成するばかりが能ではない。もつと素直な畫家を伸々と育てることが大事だと思ふ。國展の雰圍氣の中でなら、それが出來さうに私などには思へるのである。

2

國展で私は每年、梅原龍三郎の繪と棟方志功の版畫を見ることを樂しみにしてゐる。今年も二人とも期待が裏切られず面白かつた。夫々自家主張の極めて強い藝術家だが、その作癖が格別鼻につかないのは、制作發想の根底が本能的で純粹で混濁してゐないからだ。梅原龍三郎の「北京」風景二點は、視線が一方は下から上に、一方は上から下に働いてゆく面白い構圖で、柔かみと潤ひが一層加はつてゐるのが感じられ、この畫家が世評に驕らず絕えず精進してゐることが知られるのである。「北京の姑娘」も顔や胴體の造型のずばりと決つた美しさが調子の高い畫面を釀してゐる。棟方志功の「纏綢頌崑崙拔畫卷」といふ版畫屛風は、去年あたりまでは直線的なところが木版の直截な力强さを示してゐたが、今年のは圓みがついて謂はゞ一種の濶達な艷が出て來た。

その他、地味な仕事ぶりだが杉本健吉の作品が、落ちついた勉强で面白かつた。畫面に神經が徹つてゐて、而も神經質にならず描いてゐる。小林邦報の風景も色價が雜な見方であるが、色彩に美しいところがあると思つて見た。松田正平の作品は夫々色調の美しいところがあつて、畫面もがさつではないが、造型のずばりと決るところがないのが物足りない。

宇治山哲平には繪の具の伸びた階調を、內堀勉には色彩の韻きを、久本弘一には色價についての顧慮をもつと望みたいと思つた。澤野岩太郎の二點は色も冷くなく畫面も緊密なところがあつて佳い。香月泰男の作品には清澄な品のある抒情がどこかに漂つてゐるが惜しむらくは近年、繪が段々こしらへものになつて來て、畫面が瘠せてゐる。

新しく同人になつた大川武司、熊谷九壽國松登の三人は、今年の會場では餘り振はなかつたやうだが、この三人など素直な仕事をすれば、もつといゝ結果の上る人等と思ふ。

庫田叕の作品では「無題」といふのが一番面白かつた。併しこの畫家の仕事は近年段々觀念的な姿勢が畫面の上に浮き上つてかういふ方向をおし進めていつても亦一つの世界が開けるとも思ふが、今年の仕事など餘り贊成出來ないのである。靑山義雄の「靜物」は色調美しいが「人物」の方は少し水つぽくなつてゐて、これも餘り贊成出來ない。

工藝の室に、富本憲吉の色繪陶板用の習作畫帳が陳んでゐたが、餅屋は餅屋故矢張燒物が觀たいと思ふ。國展の工藝部にはも少し往年の生氣を蘇らせたいものである。

街頭展評

岡田魚降森個展

邦畫家として特異な近代的神經を持つ作家の注目すべき第一回個展である。題材のエクセントリックで人を瞠目させる代りに、內容的に深さの足りぬ憾みが多かつたが、畫技の修練と深化によつて漸次危げのない畫境を示しつゝある。「春夜」「鳥渡る」など挿畫的で畫面平淺である。「夜光」の連作は作者の機智も充分に閃めき色彩的にも洗練されてゐる。「露」「カメレオン」は一見奇警な着眼であるが、畫技も圓熟し新鮮な近代的感覺に冴えた佳作である。「冬梨」などにみる花鳥畫の本格技に於ても危げのない技術を示したのは心强い。（白木屋）

第六回巴會展

寺崎廣業門同志の團結である巴會は練達圓熟の士を網羅し、別に淸新潑剌の新趣のあるわけではないが、堅實ないささかの危げのないものである。飛田周山「千丈噴雪」野田九浦「平和來」など技術の深まりと精神的な擴がりが渾然としてゐる。水上泰生「厨房小品」は精緻な寫實に徹し、澁い味のある佳作であり、矢澤弦月「山湖の春」平坦な詩趣あり、吉田秋光「芍藥」は老熟の技、伊藤龍涯「燃ゆる水」の練達などいづれも注目すべきものであらう。その他、角田磐谷、町田曲江、菊澤武江、岡部光成、鹽崎逸陵中土大至良、奈良裕功諸氏の力作を揃へてゐた。（銀座、菊屋畫廊）

汎美術小品展

第八回展を前の小品展の爲か餘り力作は見當らなかつた然し丸野豐の「萩」牧島省三の「牡丹」共に穩雅な好小品同じ牧島の「ハワイ海戰」は實感薄く津田昌宏の「赤土の山」は粗雜「裸婦」は無難與水璋の五點中「晚秋の淺間」は佳作其他寺村一生の「日比谷の秋」細井善三郎の「朝」小栗精一の「湖畔の小屋」などが注目された。（紀伊國屋ギヤラリー）

彫刻界の新人

大藏雄夫

野々村一男

時代に對する鋭い洞察力をもつて、激しく彫刻と切り結んでゐる。多くの作家は立體感とプラスチック以前に屬し、表現といふも、その表現の何であるかを知らず、たゞ單なる說明的描寫か、あるひは筋肉の符牒にとゞまり、何等造型的要求をもたないが、君は造型意識と苦惱の摩擦から生れる律動的な表現をもつて、露はな理念と、どぎつい神經を示し、そして今や其の意志的情熱は黑田、大須賀の二兄を凌ぎ、愉悅をもつて觀ぜられるのが常である。

彫刻においてよく技術がうまいとか達者だとか云はれてゐるが、それは彫刻それ自體の佳さとは違ふ。日本には職人でも立派なマチエールをもつ人がある。君はその事をよく會得してゐる。多少破綻のある作品でも生活感情の中にある飛躍的要素によつて、人を惹きつけるのである。

吉田芳夫

君の作品について、かう考へる。一本調子で、且つ思辨的である。プリミチーブで童話的の佳さがある。けれども表現技法に要領をもたず、甚だ洗練に乏しい。まるで泥足のまゝで室內でも、戸外でも、同じやうに步いてゐる。また液體に例ふれば生の水で、サイダーでも、シトロンでも無い。そして水の質は硬い。だから『百姓』などの作品は、素材と精神が土において助け合うて成功する。およそ唯美的なもの、絢爛なものは苦手で、從つてモチーブはおのづから限定される。そのモチーブが對象にピッタリ的中すると作品は奏樂し、さもない時は失語症に陷る。モチーブの選擇如何が實にその作品の生命を決する楔である。

それにしても、今日の泥づいた足を拭うて行かなければ、結局、向上進步はのぞまれないわけだ。それがまた、この若い麒麟兒にとつての惱みでもある。

柳澤義達

昨秋新制作派展での『裸女像』は、寫實的傾向の地味な作品でちよつと見た瞬間に狙ひ所の高さと、澁味の滴らすものあるを感じた。君は極めてデリケートな神經の持主で、內燃的である。

その制作に際して、約束と云ふやうなものから出發せず、もちろん、規格性をもたず、ひたむきに造型の嚴しさを追求してやまない。甘味なもの、洒落れたもの、輕爽なものをオミットして、あくまで直接對象にぶつかり、藤の太幹のやうに粘つて撓む強さをもつて、どこまでも押し進めて行くのである。元來寡作、一點でも可いから立派なものを作りたい念願で、この一點に理念、知性、感情、マチエールのすべてを盛り上げる。血みどろの眞劍勝負だ。

藝術的侵略者、次代を受持つて敢闘するものは、ロダンにいやまさる辛苦を辭さないであらう。

堀江赳

ヨーロッパの或る學者は『思索は人類最高の道德なり』と言つた。君は感覺的、現實的の表現に知性をもち、思索をめぐらす作家である。いつぞや『砂漠の夕日』をモチーブにした面白い作品を發表して、われ〳〵を欣ばしめたが、こゝ一兩年は豫期を裏切つて、造型意欲が稀薄となり、黎明前夜の光景に置かれてゐる。何としたことか。自然形態研究の態度において、自分で育て上げるもの、持てるものを淀みよどませ、塊人社調に漂泊してゐる所以である。同じグループの中に生活する以上、同化するのも奇とする必要のないことは分りきつた話で、ヨーロッパでは音樂が社會人の實生活に融けこんで、ムソリーニやヒトラーが、いづれもヴアイオリンを彈いたり、惑溺するほど音樂が好きであることを想像すると、君の漂泊もあながち野暮臭くないと云へばいへる。

然しながら、君本來の造型意識により忠實であるならば、燃燒するものを燃燒し、今日文化の健康性と必要的な彫刻の創造に邁進しなければならない。

高橋英吉

制作は『古典に根ざし現代に芽吹く』ことをモットーとし、その作品にエヂプトの狙ひがあり、豐かな感受性によつて、それを今日に生かすべく努力する。昨秋文展の『漁夫像』の如きは、愛妻と別居して滿一年、これに傾注し盡したと云ふ熱烈さ、作家は仕事が第一だと信じ今日までの謂はゆる新感覺は輸入もので、祖國の土から生れたフレッシュでなければならないことに目醒め、木彫界に稀れな優秀性として注目され、敬意を拂はれてゐる。既成作家の推挽よりも、むしろ嫉視を買ひ得るものが、眞の新人であり、悠々として伸びて行く。

辻晉堂

詩人ではないが、詩を愛し、詩想をもつ好漢。昨今いよ〳〵その技倆とエスプリーを磨きあげて、院展では中村直人、新海竹藏につぐ押しも押されもせぬ美しいスケールの存在である。まだ院友と聞くが、同人でよろしいと云つても溢美ではあるまい。

日本畫壇 最近

青衿

矢野

□

わが一億大和民族、南方共榮圏への一大跳躍期に際し、前古未曾有の破壞と建設の大工作は着々進捗、大東亞の空と海を覆つて凄じい疾風怒濤は咆哮する。「みたみわれ生けるしるしあり」眞に千載一遇の「偉大なる時代」にあつて、古くまた光輝ある傳統に輝く邦畫家の責務も亦重大である。もとより國家あつての文化であるが、また偉大なる文化なき國家は勃興しない。南方共榮圏の諸民族が文化的に低調を極めてゐることは、彼等が「白禍」の暴虐のまゝに何等なす所なく懶惰な日月を經過して來た重大な素因でなければならない。彼等も過去に於ては巨大なる文化を持つてゐた。今こそ彼等の「眠れる美」を覺醒せしむべき時であり、その任務は現代畫家の双肩にかゝつてゐる。「美」に眼ざめさせることは「生」に眼ざめさせることであるとも云へる。強く逞しき壯

るかもしれない。理解ある二人の司會によつて、確實に新しき舵は執られつゝある。われ〳〵は次回展に充分に期待することが出來るだらう。

さて**青衿會**中の一大主力である伊東深水の**朗峰畫塾**は有爲な新人の雲集することでは日本畫壇中屈指のものであるが、めぼしい新鋭を擧げると先づ**立石春美**がある。文帝展の常連で特選は惜しい所で逃してゐるが、その素質のよさは夙に識者の注目する所であつた。「朝」「孫」など新鮮な詩の充ちた佳作であり、大每東日展の佳作を獲た「土」も新しい意欲に充ちた野心的な大作であつた。併し大作となると彼の特異な持ち味である「詩」を逸する傾きがあることを注意せねばならぬ。

美人畫家として優れた天稟を持つ人に先づ深水氏の令息でまだ二十そこ〳〵の**伊東滿**を擧げねばならぬ。造型的に新鮮な感覺を持つてゐて今年入營の青年とは受けとれぬ程の練達した技術の持主であり、性來の音樂好きから樂器を配した人物をよく描く。去年の文展の「樂人」は蒼穹賞を受けた佳作であつた。**池田耀治**、**大矢道夫**、**村山三千男**なども現代婦女圖に練達した力倆を示す青衿會のベテランであるが、群像構成などにみる一つのマンネリズムを出來るだけ拒否しなければならぬ。個性のある生きた女を描くことが第一

その作品は精神のあふれから發して、一刀をもおろそかにせず、デテイルの末々にまで美しい神經が通つてゐて、その表現のうちに作家の人柄を滲み出すといつた風である。

平櫛さんの工房にも出入するらしく、『田中翁』の肖像を見たが、自分以外の雪月花の餘生を樂しむ説明が加へられてゐるせいか、一向感心しなかつた。矢張り自分の創意にかゝる『農村青年』に、一抹のサンシビリテイがあつて面白い。混り氣は避けた方がいゝ。

圓鍔勝二

最近賣り出した新人で、正統木彫家協會展の『ピエロ』は好評を得たが、古來の名作を見るに並々ならぬ日頃精進の結晶であることを痛感してゐる君は好評に甘えたり、逆上したりしない。

『ピエロ』は佳かつた。しかし『途上』その他の作品には少々申分がある。それには舊時代から持越しの癖があり、彫刻に不必要な線條の遊びがあり、細部の説明が立體感を殺いでゐる。斯樣な仕事は、かつて手藝の末裔も、石截職人も、盆栽いぢりも持つてゐる。ものと認識を新にして、傳習（傳統ではない）の型を破らなければ、所詮自慰的な思ひ出話の範圍を出てゐず、現代の生活を眞實に把握する藝術は生れない。

君は明朗でネチ〳〵粘り強い勤勉家、頑張り屋だから、省察すべきものを深省して、必ずや新精神へ突進するであらう。

水船六洲

立體藝術の根抵である『裸』を無視するときは、國家の美術文化を低下し、貧弱にすることは火を睹るよりも瞭かである。しかし何等のアイデアなしに、漫然たるモデレーの裸女像が問題になつてゐる今日、時潮に蔽ひかぶさる一部の彫刻家は、何を構想して制作すべきかについて、君の『江川太郎左衞門像』は、それに程よき解答を與へ、範を垂れてゐると云へやう。

この像は、造型藝術としての建設的意義をもち、そして彫刻に密接の繋りある強いデッサンが動く。デッサンはフオルムと結びつき、形はコンストラクシヨンと結びあうて、空間構成—立體表現の重要な基地をなす。デッサンを等閑に附する作家は、君の力作から抗議されてゐる。

分部順治

『若イ男』と『男立像』の秀作を示してから、こゝ二三年停頓狀態である。一度いゝものが出たら次から次と、打手の小槌を振るやうに樂々と毎年連續して良作が出來るわけのものでないことは、誰しも經驗することで、そこに嚴しい藝術苦が横たはる。

君は不斷に自然の懷ろに抱かれて、徐ろに美を探求してゐる。ブルデル、デスピオ、コルペーなどの借り玉で、彫刻をでつち上げる器用さをもたない。そして誰彼と云ふやうな目標をきめると、狹隘な袋小路に這入りこんでしまひ、動きのとれない危險があるから、自分がいゝと信じたものは、何でも參酌するが、たゞそれに狎れず、いつも自然に親しんで、その中に自分を培ひ、新しいフオームの發見、殘された未墾地を開拓したいと云つてゐる。

これやこの混迷期を切拔けて、次代に雄飛する作家のほゝゑましい心構へである。

藤野舜正

大作『銃後工場の護り』この方、その鋭鋒を露はし、世の新體制となるや、屢々市川のアトリヱから英雄バリの形姿を現して、彫刻界に活動してゐる。個人制作の銅像の非を鳴らして綜合彫刻を説き、各團體の解散を稱へて一元化を論じ、もり〳〵燃え上る情熱を爆發しつゝあるのは可い。もう客觀的態勢はそこに來て居り、そしてそれの賛同、反意、さま〴〵の道聽途説はあるが、こゝにそれを述べる遑がない。たゞ一夜にして奇蹟の成り立たないことの眞理を味得したのみ。

君のホ句に『澁柿の甘くなる日を樂しみて』と云ふのがあるこれには寓意があり、月並派であり、三餘の行樂の所產である。もとより君は文雅の人ではなく、意欲の逞しい颯々たる作家だから、ホ句の如きはどうでも介意ない。この意欲をして、あとにもさきにも唯一つの『銃後』より高度のもの、瞠目するやうな氣魄あり、雄健な創作の提出を待つ。

（本頁六段目より續く）

や**鈴木研治**　**森田秀一**、**鈴木康之**はじめ多士濟々である。新鋭ではないが、青衿會には著名な挿畫家、**岩田專太郎**、**刈谷鷺行**の二中堅がゐる。專太郎は「醉ざめ」「寒風」などに本格畫への眞摯な精進を示し、鷺行には回顧的な明治調の異國情趣を生かした「映像「夕月」などの佳作がある。**山川秀峰**門の逸材としては、中堅に**武藤嘉門**、**志村立美**、**陳進**の三人がある。武藤嘉門は文帝の常連として早く知られ、練達した技術の持主であるが、難を云へば餘りに器用に畫面を纒めすぎることである。陳進は臺灣の生れで最初は松林桂月、鏑木淸方兩氏の預り弟子であり後に秀峰氏に師事する事になつた才媛である。

新人として異色あるものに去年文展初入選の**五十嵐幹**あり、その出品作「旋盤工」は産業戰士の眞姿を描いた佳作であるが彼は當時藤倉工業の旋盤工として油と汗にまみれつゝその尊い體驗を彩管に生かしたのであつた。その他從軍三年の貴重な體驗を持つ**横田正**、今年青衿會で賞を獲た**野口登美郎**があるが、いづれも今後の撓まぬ努力が、自らを生かすわけである。

新人の會の巻

文夫

大な「美」は、今、大東亜に生れ出ようとしてゐる。「太陽」のやうに淨く明るく美しく——それは、またわが千年の邦畫の傳統でもあつた。かゝる重大な時期であればこそ本年の青衿會で、統帥・伊東深水は安易な所謂「美人畫」の形式を揚棄して、國策型の現代婦女圖に深き志を示し、同じく山川秀峰も南方への民族的憧憬を豊かに畫面に盛つて、古典的な彫琢された美を「高砂族」の風俗描寫に示した。この二人の若く優れた司會者のもとに青衿會の中堅**新進**の精進はどうであつたか。所謂「美人畫」の類型を打破しようとする熱意は昂つて居り、風俗畫的新境を開拓しようとする努力は充分窺へたが、效果的に見れば、この時代的な「疾風怒濤」のうちに自己の確實な方向を探り當て、新しい「美」を創造したと云へるやうな佳作はつひに發見することが出來なかつた。しかし、さうした急激な大轉回を期待することは無理であである。同傾向の異彩、**佐伯春虹**がこの多、悲戀の中に夭逝したことは同情に堪へない。

現代新風俗畫の建設を目ざして精進する新進氣鋭の連中に先づ**遠藤燦可**があり、今年青衿會の「大空先生」は取材の特異性もあるが、大空先生の人間性を描いて成功した作品であつた。彼は詩人的稟資の持ち主であるから、そのうち面白い本質的のものを見せるであらう。琉球の風物をよく描く**柴山光臺**の存在も注目される。新美術人展の琉球美人圖など絢爛の才を發揮した佳作であつたし、風景などにみる新鋭な造型性も棄て難い。有爲の新人である。

童心的な素朴な感性を持つ**渡邊幸雄**は、まだ若いが「雪と子供」「秋日」などの佳品を示して居り、支那事變に出征、台兒莊で傷いた**濱田健一**（台見）は、去年文展の「黄風」などで優れた戰爭畫の片鱗を示した。よき才能の持ち主であるから今後貴重な體驗を生かし戰爭畫に新機軸を出して欲しい。庶民的な家常茶飯的人物風景を描く**前原臺三郎**も、その好き自らの指標を生かして欲しい。また青衿會にあつて人物畫以外の畫境に精進する人々に、魚介を描き新鮮潑剌な感覺を示す**濱倉淸光**あり、樣式化された裝飾風の風景や魚介靜物に得意な**渡邊阿以湖**あり其他朝倉文夫氏の愛孃、**朝倉攝**

（本頁四段目へ續く）

春の青龍社展

金井紫雲

春の青龍新展を觀る。此の一派のモットーとする處の『畫事に對する熱意』それは全會場に溢れてゐる。私は主宰龍子氏の藝術が、その熱意に終始し、旺盛な戰鬪的意識に燃えてゐて、ともすれば靜かに鑑賞するといふ餘裕を與へてくれることの少いのを歎じた一人であるが、今となりて此の大東亞戰爭の眞唯中に開催されるものとすれば、それも意義はあらう。

扨て作品を一瞥する。龍子氏は『聖雪』と『極樂鳥』の二點で、思ふ存分に筆を揮つてゐる。だが『極樂鳥』の方は、構圖やゝ複雜に失し添へられた南國の蘭もやゝ寄せ集めのやうに見えた。これに比すると『聖雪』の方は、二重橋の雪景であるが、如何にも餘裕綽々として詩趣横溢、『聖雪』の命題も、さすがに龍子氏であると肯かれる。

坂口一草氏は『安居路』と『國香圖』の二點、前者に於ては大陸の落日の前に騎驢の少年を描いたスケール大きな作、その色感も面白く、場中での快作、『國香圖』の方は、つゝましやかに白菊を描いてゐるが、葉の描寫など巧みである。

加納三樂氏は『雪戰』に雪國風俗『飛征圖』に得意の花鳥で飛び立ち向ふ雉を描いた。荒つぽい筆致が漸次に整備され格に入つて來た。『雪戰』は殊に感じが出てゐて面白い。山崎豐氏の『彩躍』いつもほど振はず。「双鶯」の方がよい。

福岡青嵐氏の『機略』は、日本武尊が筑紫征討の歸るさ出雲路に入り、出雲建を征するに當つて、出雲建の劍と赤橋の刀とをすりかへて討つといふ『古事記』の物語を畫いてゐる。此の社唯一人の古典作家、その仕事に危險さは無いが、少しく氣力に乏しく殊に右圖の背景に德川時代になつて渡來した鐵線花を描いてゐるなどは作者の錯覺か。不思議である。

龜井藤兵衞氏の『稻荷山』は例に依つて版畫風の色彩だが構圖が面白く、鳥居の端のみ重ねて遙かに松林の中の赤い鳥居を隱見させたのは才氣横溢、今回での收獲であらう。鍛冶海雪氏の『月明』は雪の大曠原に夜を護る白犬、これを一樣に月は淸い光を以て照してゐる。場中唯此の一點に靜寂境を現出した。筆に些の衒氣もなく嫌味もない。

渡邊不二根氏の『春潮』は外房の漁村風景、漁家の屋根と小舟の組合せに面白味を見出した作。屋根を大きく見せてその斜線の上に小舟を列ねた交錯の面白さそれを春らしい潮の色で緊いでゐる。かうした構圖の取り方は敢へて珍らしいとは思へないが、才の働いた作品ではある。林榮太郎氏の『豐穰』は門[illegible]の稻の千垂穗である。全體をこれで埋めてやゝ裝飾風になつてゐるが、稻一莖の描寫を見ても、眞摯に毫も手を持つてゐない。その邊に心構への堅實さが認められる。

木村鹿之介氏の『佳日』と『照空』二點、『佳日』は船の正月である。さして珍らしい畫材とも思へぬが、感じのよい作。『照空』は夜の空を縱横に照らし得るサーチライトの光、成るほど、これも立派に繪になつてゐる。時田直善氏の「瑞風」は、關東尾長の群飛する狀を弧線に描いた、一種の才があり島の形も相當に工夫されてゐるが、平常の作ほど底力が無い。安西啓明氏は『竹』と『梅』の二點。どちらも畫面全部を埋め盡した處に主張があらう。海には中々突込んだ見方がしてあるが、寫生に忠といへばそれだけ、幹の色彩など見るべきであらう。上條靜光氏の『照壁』は青龍新型の作である。小禽一羽配した點あたりに閑日月を有つ。琴塚英一氏の「草上」は、無難な作。かうした程度のものに依田青霞氏の『少女行進』なりタイピストを描いた沼野匡志『婦人像』森省三氏の『朝』などがあり、『少女行進』は極めて穩健な筆致である。

利谷双樹氏の『白汀』は狙ひどころが面白くそれを砂子の利用で見せた處に才氣が潛み、殊に砂地に金砂子を巧みに用ひた手際を見る。高山晴雄氏の『秋眸』は、玉蜀黍を干した農家の小牛、此の背景が美しい。田園情景の中に新味のある一作。直江義治氏の『新參』は、橙黄色に色づいた梔子花の實に鶯を配した、花鳥畫としての珍らしい畫材。構成にも無理が無く大塚榮治氏の『雪床』は、先年の龍子氏の『殘雪灣』を聯想せしめるが、一枝殘つた八仙花のやつれ實に情趣が深い。入江臥水氏の『耕土』は、土を丹念に描いて、頗白二三羽を配した。丹念な仕事ではあるが、その效果は一寸疑はしい。

山本昌平氏の『田園早春』は故萬鐵五郎氏の作風などを聯想せしめられる。稚拙味の中に一種の情熱はある。

内地星子氏の『網』や、鈴木茂子氏の『カンガルー』市野享氏の『風鳥』それぐ\に苦心は見えてゐるが、際立つた處はなくて『カンガルー』が、手法に於て一寸才を見せてゐるのにとゞまる。（三月廿五日—廿九日、三越）

展覧會の暦

▽東陽會日本畫展　十一日から十四日まで三越本店
▽茉莉會第三回展　十一日から十五日まで銀座菊屋
▽櫻井霞洞工藝美術展　十四日から十七日まで銀座松坂屋
▽第三回卑陶會作陶展　十四日から十八日まで三越本店
▽山下大五郎洋畫展　十四日から十六日まで銀座資生堂
▽鈴木信太郎油繪展　十五日から十九日まで日本橋高島屋
▽石橋美三郎個展　十五日から十八日まで銀座鳩居堂
▽白石隆一個展　十五日から十九日まで銀座靑樹社
▽第一回瀧川太郎近作展　十七日から廿日まで銀座資生堂
▽筑前美術第九回展　十八日から廿二日まで銀座松坂屋
▽大東南宗院第一回展　十九日から五月三日まで上野公園府美術館
▽三宅克巳個展　廿日から廿四日まで銀座靑樹社
▽三果會展　廿一日から廿四日まで銀座鳩居堂
▽井上長三郎滞歐作品展　廿一日から廿四日迄日動畫廊
▽成會社第一回展　廿一日から廿三日まで銀座資生堂
▽風土會洋畫展　廿二日から廿六日まで銀銀紀伊國屋ギャラリー
▽燦木社日本畫展　廿二日から廿六日まで銀座菊屋ギャラリー
▽高間惣七洋畫展　廿四日から廿七日まで資生堂

旬報

□□美術家高原道場□□
近く着工今夏七月には竣成

今回美術家の有志間で戰時下の職域奉公を標傍する「美術家高原道場」創設の計畫が熟しよ〳〵具體案も出來あがり近く着工する事となつた、發起人は日本畫の福田豐四郎、吉岡堅二洋畫の石川滋彦、猪熊弦一郎、脇田和、彫刻の本鄕新、大嶽茂樹、井出則雄、建築の岡田哲郎、工藝の辻光典の諸氏らで、長野縣下高井郡平穩村志賀高原石ノ湯の兒玉常一郎氏が斡旋役として、土地の材料で同地に約卅名を收容し得る山小屋を建設するその趣旨は先づ身體を錬成し藝術技術の琢磨を圖り、氣宇を大にして新時代に敢闘するにある道場は來る七月に竣成する運びで道場開きには第一着手として夏季講習會を開催することになつてゐる。

新院展受賞
同時に新同人二氏

新興美術院第五周年展ではその優秀作品に左の如く授賞した
▲第三賞　志賀高原、小諸城趾、屋代風景（京谷博）　南邦（村山勳）　山村四題（倉持晋一）　防人（杉原徵黨）　昭和樂（林部圭宰）
▲平野賞　琴（岩田瀰光）
▲新同人（二名）　岡田魚降森並木瑞穗
▲新院友（十二名）　京谷博、林部圭宰、岩田瀰光、村山勳、加藤大建、杉原徵黨、細井二郎、鷲尾要、松永嶺伸、日比野赤鳥、染谷祐通、上野鴇夫

國展新同人
◇受賞者十一氏

國展第十七回で左の如く推薦と授賞を決定した
▲繪畫——新同人國松登——國畫奬勵賞　澤野岩太郎、久本弘一、松田正平——岡田賞國松登——F夫人賞　澤野岩太郎
▲版畫——新同人川上澄生
▲寫眞——新同人北角玄三、長濱慶三
▲工藝——新同人廣本長子、鈴木清——國畫奬勵賞　増田三男

帝美がパンフで
時局下に呼びかく

帝國美術學校では學校內の美術教育を廣く社會に紹介し同時に社會からも學校の美術教育に協力を要望するといつた見地から此の程「現代美術の課題」と題し鏑木清方、金原省吾其他諸教授の執筆に成る小册子を刊行し各大學の美術教室、各美術學校、各中等學校の圖畫教室等へ寄贈した尚今後は毎年一回各教授に題目を掲げて論文の執筆を乞ふ事となり今秋九月第二回目を發行するといふ。

旭川に新美術結成

旭川市の中堅作家武田範芳、太田三郎、大內三郎、養田初太郎、笠原康正の諸氏は靑年美術協會を結成、その記念展を同市丸勝デパート三階ホールで三月十九日から五日間開催した。

大東亞戰爭——
献納大壁畫展
三越で連日好人氣

陸海軍省後援の大東亞戰爭献納大壁畫展は三月八日から日本橋の三越中央ホールで開催され高井貞二、鶴田吾郞、中村直人（彫）、布施信太郎、古島松之助、寺田竹男、笹岡了一、北蓮造、三上知治、淸水多嘉示（彫）諸氏の作品を掲げ、連日人氣を呼んでゐる、會期は五月卅日迄。

新興岐阜院展
五月に岐阜丸物で

新興岐阜美術院展の第二回は五月二十日から二十四日まで同市丸物で開催と決し公募により一人三點以內出品（竪枠共十尺以內、幅四尺まで）で、特徴は鄕土風物作品を特に歡迎するが細目は岐阜市梅林小鹽邸內（電話二七六〇番）に問合すべく今回の審査員は左の如くである。
川崎小虎、水田竹圃、小鹽美洲、小島景吾、杉山祥司
授賞に市長賞、第一賞、第二賞商工會頭賞があり、〆切は五月十八日である。

豫報

正統木彫家展公募愈々開始
新鮮な感覺を持つ若き作家の力作期待

正統木彫家協會の第二回展に對する作品公募が發表された、同會では新しい世代に目醒めて尖鋭奕々たる感覺を持つ若き作家の力作出品を期待してゐる、會期は五月廿三日から同三十一日迄會場は上野公園東京府美術館で搬入は五月廿二日午前九時から午後五時迄

風土會二回展

風土會洋畫展が來る廿二日か

ら廿六日まで銀座の紀伊國屋ギャラリーで開催される、同會は昨年十一月新進の小川廣、北原榮一、白石達夫の三氏に依つて結成され其第一回展を銀座の紀伊國屋で開催し非常に好評であつたゞけに今回の第二回展は大に期待される尚同人の出陳は各八點内外の模樣である。

美術文化展

公募搬入は五月廿三日

第三回美術文化展の作品公募が開始され油繪、日本畫、水彩彫刻、寫眞、產業美術等であるが產業美術に對しては時局下特に同會の綜合美術運動に相應しい獨自な作品で實用との相關的關係に於て飛躍的且つ示唆に富んだ作品を希望し尙各作品の大さに制限はないが一人五點以内に限定してゐる會期は五月廿七日から六月四日迄で搬入は五月廿三日審査は主として福澤一郎氏があたる。

筑前美術展 獻納を決議

十八日から松坂屋で
第九回展に特別展觀

筑前美術協會の第九回展が來る十八日から廿二日迄、銀座の松坂屋で開催される、同會では大東亞戰下皇軍に感謝の誠を捧げるべく今回の展覽會を機會に陸海軍へ各會員の作品を獻納する事となり四十七名の同人中日本畫は表装の上二點宛、洋畫は額緣に入れ一點以上彫塑工藝は各一點宛と決議し、それ等の獻納作品は會場内の別室に陳列し最後日に獻納の手續きを取る豫定。

大東南宗院最初の公募展

大東南宗院の第一回公募展が愈々來る十九日から上野公園東京府美術館で華々しく開催されるが會期は五月三日までの十五日間で最初のことゝて大興亞畫壇に齎らされる大いなるものが期待される。

三果會油繪展

阿以田治修、佐竹德次郎、寺内萬治郎三氏の三果會油繪展が來る廿一日から廿四日まで銀座の鳩居堂で開催される、出陳作品は人物、風景各三點靜物四點で合計十點で力作揃ひである。

瀧川太郎個展

瀧川太郎氏の近作個展が來る十七日から廿日迄銀座の資生堂で開催される、氏は嘗て石井柏亭氏の門に學び其後渡佛し同地に於て斯道に精進する事十四五年戰亂の爲め一昨年歸朝し一水會、新美術家等に出品してゐたが個展は今回が初めだけに一層注目され作品は約十點で山の風景が多く靜物約一二點を加へる

翼賛選擧の誓

一、選擧も大東亞戰爭完遂の一業です　必勝完璧の固めに　皇民わたくし達は眞心もて參加します　誓つて世紀の新議會を現はさずに措きません

一、議會の眞髓は人にあります　今こそ議會も清新を要します　皇民わたくし達の代表は　眞に人の中の人たる　今日の人材を選びすゝめます　誓つて誤り惑ふことはありません

一、一票も自己の魂です　清く　尊く　怯みなく　郷土にあらぬますらをの意志にも問うて　皇民わたくし達の任を公明に果します　誓つて小義や情實にけがすことはありません

一　わが日本の總選擧です　畏くも民意にお質しあり給ふ弘き御下問です　皇民わたくし達は忠誠をこめ　大御心に副ひ奉ります　誓つて小やかな一票たりとおろそかにいたしません

神武天皇御聖像圖 橿原神宮に奉獻

神武天皇御聖像圖を橿原神宮に奉獻し、大東亞戰爭完遂と皇軍將士の武運長久を祈願する神武天皇御聖像畫奉獻奉贊會の御原本及び其御寫本四體が完成し去月三十日午前十時から九段軍人會館で拜觀會を開催した、同日は同會總裁一條實孝侯をはじめ平賀帝大總長、多田大將ら四十餘氏が拜觀申上げたが、筆者は札幌の肖像畫家内山永暉氏に囑し謹作せしめたものである、神武天皇祭の四月三日、總裁一條公が橿原神宮に奉獻し、祈願祭を執行奉仕した、なほこの御原本は精巧な原色寫眞四體に謹作し同八日大本營へ奉獻した。

汎美術第八回展準備成る

＝無審査公募の新例で＝

作家の良心と其の獨創を尊重する意味から應募作品に對する審査を行はぬといふ新例を開いた汎美術協會は第八回展に對する作品の公募を開始した、其種目は洋畫、日本畫、水彩、彫刻、版畫其他で出品は一人二點以上會期は五月十七日から廿五日までで搬入は五月十五、十六の兩日優秀作品に對しては理事會の協議を經て汎美術賞を贈呈する筈である。

創元會二回展

今秋九月上野で

創元會の第二回展は今秋九月五日から十五日迄上野公園櫻ヶ岡日本美術協會で開催することに決定、尙同會事務所は左記に變更された

世田谷區世田谷三ノ二四四五（須田方）

八木博六回展

八木博氏の第六回展が十日から十三日迄銀座の鳩居堂で開催される今回は信州の小諸から千曲川の沿線川中島等の風景を中心の作品約十六點の近作展示である。

銀座松坂屋で 畫廊新設

銀座の松坂屋では今回六階美術部の擴張を行ひ電車通りに面した側に畫廊を新設其擴張披露を兼ねた「名家日本畫展」を開催出品は咄哉州、岳陵、大三郎、翠雲、浩一路、寛方、觀波、不矩、三良、白甫の十氏いづれも小品ながら好評であつた。

皐陶會作陶展

皐陶會の作陶展が十四日から十八日まで日本橋の三越本店で開催、今回は第三回展であるが各同人は戰時下生活に即した花瓶、香爐、額皿其他百餘點の力作を出陳する筈である。

――消　息――

▲福田氏南方へ　土浦市福田義之助氏は南方文化を繪畫にいたすため三月下旬出發

▲**西村雅之氏**　正統彫刻家協會員木彫家西村雅之氏は、膽囊炎のため十六日午前二時死去した行年五十八、氏は高村光雲に師事して木彫を學び文展無鑑査である、告別式は十九日午後一時から中野區道玄町五の自宅で執行

▲松尾多靑氏　堂本畫塾東丘社在塾中の處今般健康上堂本氏の許可を得て退塾す

▲**丸山晩霞氏**　郷里長野縣小縣郡稱津の羽衣荘に中風で靜養中の氏は三月六日午前四時三十分逝去した、本多錦吉郎氏に師事外遊二回、太平洋畫會日本水彩畫會等の會員で高山植物、を好んで描き石楠花の花層などは殊に得意であつた、自宅は本郷區駒込神明町十四

▲**故八木岡春山氏二男逝去**　八木岡實氏は過般入營中の處この程病死

▲園部香峰氏　二月廿四日東京驛出發渡滿、約二週間同國各地巡歴の豫定

▲平子聖龍氏　昨年暮から中支及び北支の皇軍將士慰問の旅に上り徐州、開封兩地に滯在目今は濟南徑二路緯九路三四七に在り、近々歸京の豫定

美術經濟

表裝裂統制最初の犧牲

十七回に及ぶ同人展休止す

來る十六日から上野公園東京府美術館に開催を豫定されそれが準備に猛進してゐた表裝同人展は、資材入手遲延のため豫定期日までに其製作間に合はず已むなく今年の同展を中止することとなつた、表裝同人展は東都表裝界に於ける嘗つての新人であつて大正十五年に第一回展を府美術館で開催したが當時表裝界の情勢は頗る舊來の慣習徒らな傳統に偏してゐた間に斷然十人ばかりの醒めた人々が結束、起つて舊體の大勢力に對して表裝新興運動を興したのであつた、爾來年々府美術館で開催、公募に應ずるもの續々增强し實に全表裝界の進展に與つて力あつたのである、今日も東京府後援の表展に對して尙表裝界の分野を領し進んで來たのであつた、衣料纖維統制につぐ繪絹統制、更に表裝統制により斯る事態は續いて惹起されるであらうが、同人展の中止は斯界最初の犧牲である。

◇

◇

秋月庵藤田氏蒐集の

文晁遺墨展觀

三月廿八、九兩日芝の東京美術會館で文晁作品展觀が催された、所藏者は大森區新井宿二丁目の秋月庵藤田謹也氏で多年蒐集の百數十幀の內、八十一點と文一、華山、靄厓、杏所などの參考品を併せたものであつた、曩きに渡邊華山の遺墨展觀が東京美術倶樂部にあり昨年は文晁百年祭に相當するも其企劃がなかつたのを遺憾とし藤田氏が自ら蒐集のもののみを提げて故晝伯の靈に捧げたものである。

上野公園東京府美術館の南側の小丘のところに「文晁碑」があるがこれは昭和六年十一月、文晁の九十二年忌に百年祭に赴く志で東都美術骨董業界の人々の集會である七淸會によつて建碑されたもので伊藤平山堂、本山幽篁堂、山本淇翠堂等の發起で碑材は筑波花崗石で碑面には德川家達公が「文晁碑」と揮毫し、傍に銅板にその略歷を正木直彦氏が書いたものを刻んで安置した、この銅板は間もなく盜難に遭つたなどの騷ぎがあつた、建碑した七淸會は伊藤平藏長谷川貞人、大久保健二、大川峰三郞、木口金太郞、三谷勘四郞、田原信次郞、本山豐實、佐藤榮市、松永善三郞、佐藤茂、山本力、宇島貞吉の十三氏で是等の人々は文晁の書壇稀れに見るの巨匠であるのは世の知る處だが一面實に關東書畫商界の大恩人であるといふので上野の源空寺にある谷氏一族の墳墓が大震災で全滅したのを修理し、つゞいて右の建碑をしたが當時其忌辰である十二月十四日に文晁遺墨大展觀をした、今回の秋月庵展觀はこれにつゞくもので、出品を年代順に擧ぐると左の如くである。

▲老松半折(天明七年)▲梅花孤亭淡彩横物(寛政元年頃)▲風竹半折(寛政二年)▲白文公像市河寛齋贊絹本着色(寛政二年)▲陶潛栗山贊横物(寛政三年頃)▲江村晩靄水墨(寛政三、四年頃)▲梅花小點(寛政五年頃)▲江村春雨天籟贊絹本横物(寛政五、六年)▲花鳥絹本着色(寛政五、六年頃)▲羽人采芝圖(寛政五、六年頃)▲秋山烟靄絹本 (寛政六年)▲吉野山小點(寛政七、八年頃)▲人物山水花卉帖十幀(寛政八年)▲江村秋色絹本小品(寛政九年)▲秋山曉靄水墨(寛政九年頃)▲芦鷹淡彩(寛政十年頃)▲風竹横物(寛政十一年)▲松陰孤閣(寛政十、十一年頃)▲枯木寒鴉半折(寛政十一年)▲江上垂釣半折(寛政十一年)▲三淸圖天童贊(寛政十二年)▲寒山騎行絹本淡彩(享和元年)▲雲出岫(享和元年)▲柳陰漁舍半折(享和二年)▲風雨柳鷺圖(享和三年頃)▲五柳先生横物(享和三年頃)▲米點山水短半折(文化元年頃)▲百合中田粲堂贊半折(文化元年頃)▲八仙人絹本着色横物(文化二年頃)▲鐘馗絹本着色(文化三年)▲秋景山水栗山贊絹本(文化三年頃)▲雨中山水絹本(文化四、五年頃)▲富士山水大横物(文化五年)▲墨水夜月半月(文化八年)▲東方朔蜀山人贊半折(文化十年)▲蕉翁抱一贊半折(文化十一、二年頃)▲大和心絹本大横物(文化十一、二年頃)▲達磨(文化十三年)▲枯木ニ月半折(文化十三年)▲朱竹畫贊絹本(文化十三、四年頃)▲夜梅半折栗山聯附(同年頃)▲五壽圖(文化十四年)▲鐘馗蜀山人贊絹本同十三、四年頃)▲秋山遊獵圖絹本着彩(文化十三、四年)▲秋草ニ虫小幅(文化末)▲仲鷹横物(文化中)▲羊横物(文政元年頃)▲菊鵬齋贊絖本(文政初年)▲竹林館絹本(文政初年)▲秋花絹本着色小品(文政四年)▲蜻蛉(文政四、五年頃)▲春牛祥瑞(文政八年)▲鐵棒蜀山人贊(文政九年)▲雪月花三幅(文政十年頃)▲周魚横物(天保元年)▲舞子濱絹本着色(天保初年)▲題目狂句半折(天保初年)▲櫻ニ時鳥絹本(天保五年)▲富士嶽一齋贊綾本横物(天保六年)▲龍田神社半折(天保六年)▲柳ニ叭々鳥雲盤入(天保八年)▲櫻花畫贊(天保十年)▲芦月畫贊(天保中)▲昔噺シ半折(天保中)▲七草絹本着色(天保中)▲浪ニ燕紙本(天保中)▲千代能▲霧降瀧(天保中)▲大根畫贊横物(天保中)▲猫畫贊半折(天保中)▲手簡卷

「旬刊」美術新報

昭和十七年四月八日 印刷
昭和十七年四月十日 發行
發行日 每月三回(一日十日廿日)

購讀料
一册金五十錢(郵税一錢)
一ケ月三册金壹圓五十錢(送料共)

麴町區九段一ノ一四 資文堂
編輯發行兼印刷人 猪木卓爾
東京市麴町區九段一ノ一四
發行事務所 日本美術新報社
電話九段二七一五
振替東京一六二五〇

日本出版文化協會會員 一一二一三五番
配給元 日本出版配給株式會社

通信は一切發行事務所へ

發行所 東京市本郷區東片町二八 日本美術新報社

第五回

大日美術院展作品公募

東京展
會期　昭和十七年六月廿日—卅一日
會場　東京上野公園・東京府美術館

大阪展
會期　昭和十七年七月十一日—廿日
會場　大阪市天王寺公園・大阪市美術館

搬入　昭和十七年六月十四・十五兩日
（自午前九時至午後四時・東京府美術館へ）

審査員
結城素明、川崎小虎
青木大乘、常岡文亀

出品規定は四錢切手封入左記へ

大日美術院
東京　本郷區西片町一〇（結城素明方）電話小石川一五七三
大阪　天王寺區勝山通一ノ五四（青木大乘方）電話天王寺八一九

第一回

瀧川太朗近作展

會期　四月十七日—廿日
會場　銀座・資生堂ギャラリー

阿以田治修・佐竹徳次郎・寺内萬治郎

三果會油繪展

會期　四月廿一日—廿四日
會場　銀座・鳩居堂

小石川區小日向臺町一ノ四四（電話大塚五一三四）
中屋　湯川冠介

第二回

小川廣・北原榮一・白石達夫

風土會洋画展

會期　四月廿二日—廿六日
會場　銀座・紀伊國屋ギャラリー

昭和十年一月十二日（第三種郵便物認可第二十一號）
昭和十七年四月廿日發行（每月三回十日目發行）

（金壹圓五十錢 一ケ月三冊）

定價金五拾錢

（郵税一錢）

旬刊 美術新報

昭和十七年四月二十日發行
（每月三回十日目發行）

4月下旬號

旬刊 美術新報 第二十二號

彫刻の近代的意義

美術文化進展の跡を見るに孰れの國に於ても彫刻が古代に於て最も爛熟せる技巧的表現を得てゐる。繪畫も古代に於て、榮えた跡は今日殘在せる多少の遺品によつて窺はれるとは言へ、その業蹟を近代に比するなら雲泥の相違である。切言すれば彫刻のみは古代に於て最盛期を過したとも言へる。希臘羅馬はもとより東邦に於てもその事は證される。然らば近代彫刻の意義は那邊にあるか。古典の再生再檢討によつて現代の知覺と思惟を綜合する表現の上に示されねばならぬ。近代唯一の巨匠ロダン然り、マイヨール然りであるこゝに本誌がブウルデルが現代彫刻に於ける古典の意義を雄辯に表示した點を闡明したい爲めにほかならぬ。

三春會

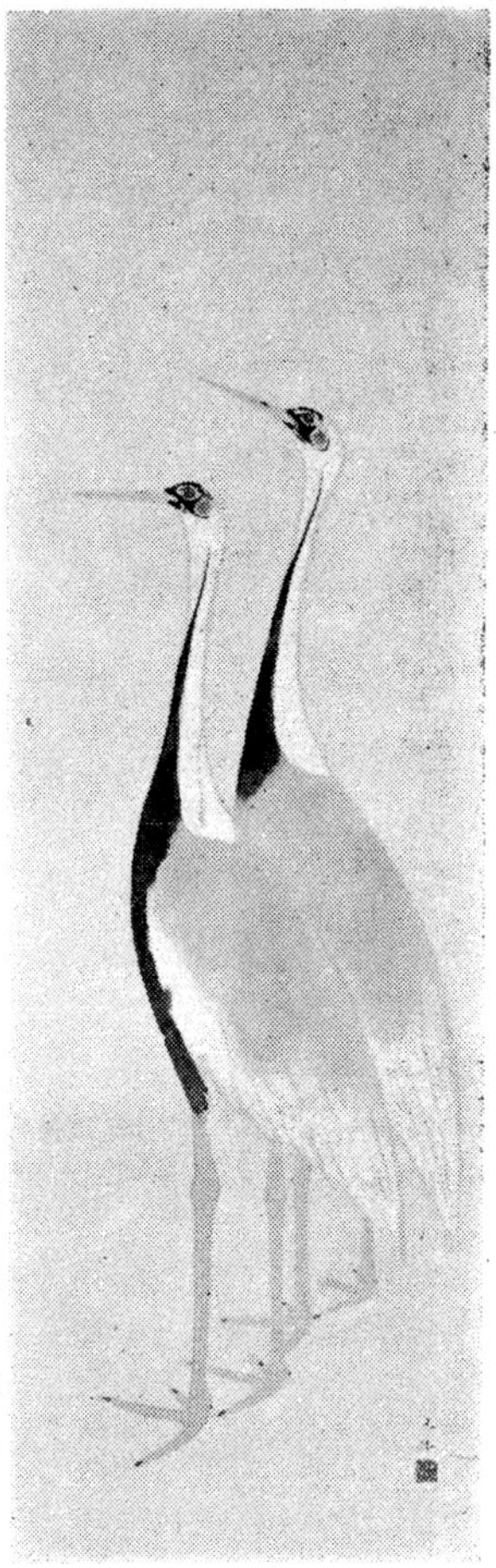

眞鶴　奥村土牛

山秋　郷倉千靱

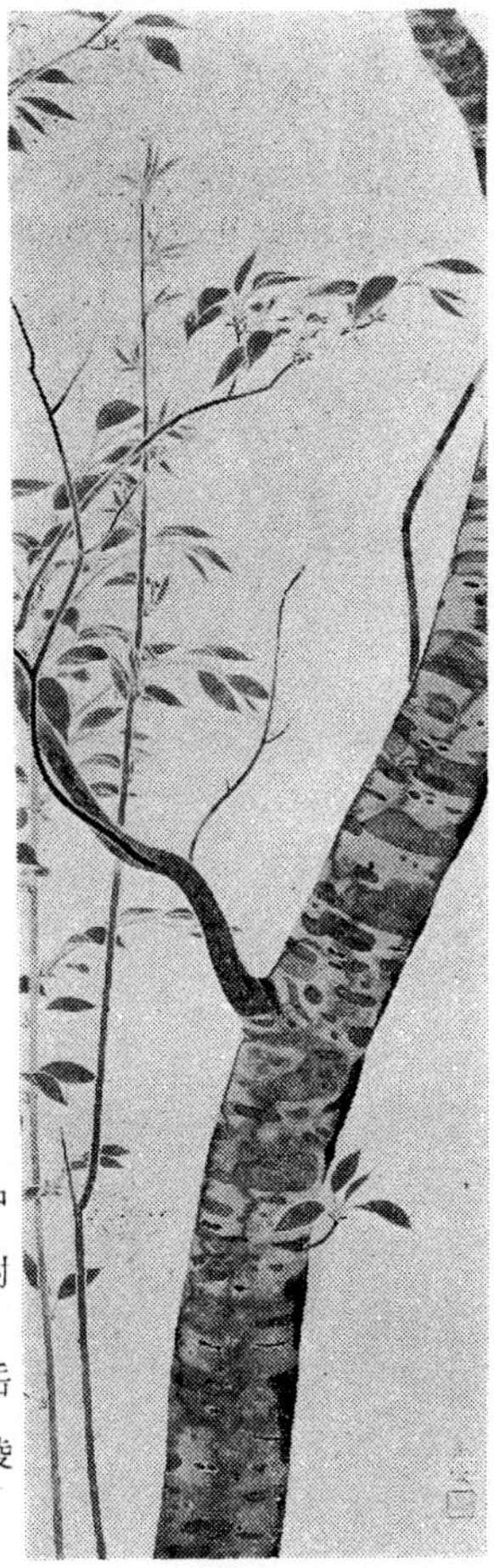

中村岳陵

雨飛　山口蓬春

青丘會

田園富士　山本丘人

山鳩　上村松篁

第四回大輪畫院展

五族協和　小林彦三郎

黎明　奈良華泉

見立（稚兒文珠）　佐々木順

青丘展

鑑賞畫的効果を覗ふことが主眼となつて、今日の日本畫の惰性的な定型が造られたとはつきり云へる。有閑階級の床の間を暗々裡に目標に置いたのでは、いつまでたつても造型的な新しい創造など生れるわけはない。工匠的な熟練はすでに充分である。

青丘會の新銳中、注目されるのは溝上遊龜の「春日」と福田豐四郎「雨季」の二點である。遊龜の「春日」は街頭で立話をする三人の人物の微妙な表情や動きが、個性的な陰影を持ちユーモラスな微笑を誘ふ、かうした心理的な動きを與へるやうな人物畫は今日甚だ稀れである。豐四郎の「雨季」は技術的には改めて云ふ程のものはないが、農繁期の田園に取材して詩的な餘情もあり、彼の最もよき特性を發揮した作である。

山本丘人「田園富士二題」平明な詩境ではあるが、更に新境を拓いたものとも思はれない。

其他土牛「雪」堅二「鹿」聽雨「靜」松篁「山鳩」などあれども、鑑賞畫的力作の域を脱せるものとも思はれず。（高島屋）

美術創作家協會展

例年ほどの生彩がないやうに見えたが、時局の急轉回に歩調を合はすだけの充分な準備が出來てゐなかつたこともその一因であらうし、洋畫壇の最前衛と見做されて、かゝる時局故に周圍から嚴しい注視を浴びてゐることに對しての消極的な自己防衛が、作家を多少萎縮させてゐたことも否定出來ないであらう併し取材的には、さうこだはる必要はないので、むしろ作家の心構へさへ確立してゐればぐん〳〵自己の技能を伸張し、個性のある美しい藝術を創造出來る筈であり、その點新鮮な感覺と造型性を獲得してゐるこの會の人々に期待する所は大きいのである。たゞ自由主義的殘滓の自己陶醉的歪形と夢魔に取り憑かれない用意が肝要である。

長谷川三郎は出品なし。今回の出品で興味を惹くのは半島出身二、三の作家が異常な成績を擧げてゐることで、殊に新會員に推擧された文學洙の成果は注目すべきであらう。感覺的にこれら半島の作家が全く他から隔絕した異常性を持つてゐることは、傳統的にみて當然のやうでゐて、また特筆すべきことでもある。文學洙の作品は眞鍮のやうな色調を基調として、執拗なねばりのある强靱な描線により情趣的な多少文學的な効果をみせてゐる。「牛と馬」は、茫漠とした混沌とした不可思議な世界を覗かせてくれる。「西廟」「赤い靜物」など佳作である。

李仲燮は、文學洙に比べると餘りに情緒に溺れ、また餘りに文學的な耽溺が濃すぎるが、神經は更に尖銳であり、瞑想的な神秘的な漠茫とした界世を持つてゐる。しかし、造型的にやゝ薄弱である。

さて會員の中では荒井龍男が多數の力作を見せ「原野」「氷室」など彫啄された半透明な畫面効果がが美しく、森芳雄の靜物「青い手提」は作者の知的な畫面處理が清爽であり「町にて」の現代風俗描寫も動きがあり興味ある佳作である。山口薫は「城趾の杉森」「驟雨」など深い朱黄を基調とした理智的な構成を見せて居り、小松義雄「雪六題」は自然觀照の素朴な美しさで優れ、矢橋六郎は「原木と貯水塔」が面白い。

村井正誠は「百靈廟」その他パピエ・コレ風の構成を頑强に固守し、難波田龍起の山嶽を主とせる作品は「相模の山」の一二の佳品を除いて、未だ圓熟の畫境とは云へない。植木茂の諸作も自己陶醉的な匂ひが强く、谷澤秀晃の諸作も黑の太い輪廓がルウォ風の逞しさを示すが頽廢感なしとしない。素朴な自然觀照では山田光春の「春」清水七太郎の「玩具」「獅子頭」などが注目される。其他、菊池稔「鹿」小谷博貞「牛・冬」劉永國「報道寫眞」古田義一「淺草

第六回巴會日本畫展

山湖の春　矢澤弦月

驟雨　岡部光成

蘇滿國境　角田磐谷

潮音松韻　水上泰生

小品」亞雁呆「河に沿つた町」大森朔揚「望巷」「月明」宋惠秀「物語」などそれぐ〵個性に生きた佳作として推す。

三春會展

三越、春の恒例「三春會」も尺五竪を九本揃へ、中堅陣精鋭の顏見世で、絢爛豪華と云ひたいところ、もともと所謂鑑賞畫であつてみれば、銘々描き馴れた題材を樂々と仕上げたと云ふ丈である。格別きまり文句で提灯を持つ程のこともないであらう。

造型的苦悶を全然持たない、否、持たないやうにみえる日本畫の樂天的相貌に就いて色々なことが考へられる。工藝的な精緻な技術に頼り過ぎ、技術的熟練が、作家の人格なり個性から全く游離して存在するため綺麗事だけで、内的迫力の乏しいことは、誰しもの指摘するところであるが、この一點だけでも眞劍になつて考へてゐる作家が幾人あることだらう。個々の作品に就て多少とも動きのある作品は、中村岳陵の「山櫻」が紫色の幹の研究に於て新鮮な感覺を持つてゐたのと、山口蓬春の「南飛」が取材的に時局的な覗ひを見せてゐたこと位のものであらう。

綺麗ごとでないと云ふ點では廣島晃甫の「春夢」が第一であるが、それ丈に野暮つたいもつさりした感じを免れないのが惜しいし、堅山南風の「五月雨」は倒影や水に苦心の痕がみえ、暗示的な雨の描寫であるが、効果十全とは云へないであらう。

郷倉千靱「山秋」は餘りに綺麗すぎるし、奥村土牛「眞鶴」も簡素な氣品は受けとれるが、新境を拓く程の熟意も見えず、伊東深水「春酣」山川秀峰「くろかみ」巧者圓熟、その點に就ては、今更云ふこともないが、あとは素朴簡素、氣品など自然と具はる「品位」を俟つ丈である。兒玉希望「秋溪」作者得意の畫境、淸冽な神經があり立派だが、もつと線の太い逞しさを希ふのは、無いものを欲しがる天邪鬼的希望であらうか。（三越）

三雲祥之助個展

「好みの衣服を着せたモデルを寫生したといふだけの人物畫の氾濫の裡に、三雲祥之助君の描く女人達は、われ〳〵と等しい道德とアヴアンチユールとを持と、われ〳〵と同じ今日の空氣を呼吸して屈托がない」

目錄の中で岡鹿之助氏の云つてゐるこの言葉は、現代畫壇の通弊をかなり痛烈に衝いてゐる生きて動くこの逞しい人間の生活や複雜な感情、多彩な風俗――現代社會の潑剌とした動脈に觸れずして、現代に呼吸する畫家の資格ありやとさへ云ひたいところである。殊に雄大な南方共榮圈の確立に萬人の眼のひと

春星會

風景　池田遙邨

白牡丹　山本倉丘

春光　麻田辨次

しく注がれる時、われ〱が展覽會で見參する人物畫と云へば硬化したやうに椅子などにかけてうつろな眼をしたモデルのみであつたと云へるだらう。

かうした動脈硬化症的な態度で依然としてサロン藝術に逃避する一群の畫家を尻目にして、ジヤバ島、バリ島に取材した三雲祥之助氏の近業は逞しく、世紀の重壓と新生の息吹きを烈しく感じさせ、最近最も注目すべき優れた個展であつた。

「バリー島の祭典」「踊り子キニン」「踊りの前」「三人の娘」はじめ原住民の女達を描いた作品からは「土の精」とも云ふべき一種神祕的な情感があり原始宗教の素朴な「崇嚴」さが我々を壓倒するのを覺える。色彩も深い澁さの中に閃めきを持つて美しい。その他「市場風景」「ジヤバの市場」「バナナ」など、動きのある市場の群像は、土俗的な興趣の他に、滲み出るやうな南方の鄕愁とも云ふべき詩的なサンチマンが、コクのある重厚な畫面を作つてゐた。（府美術館）

邦畫一如會展

鍋井克之の作品は落款の文字が如何にも拙く氣になること甚しい鐵齋そのまゝの「多福圖」など一寸どうかと思はれるが、「柿」「桃」の二點は生彩があつた。東鄕青兒も淸楚であるが、このピンク色の纎弱な畫風は、持ち味と云へばそれ迄だが時局的に云へば大いに問題となる所に相違ない中川紀元の濶達な描寫は、動きがあり面白く「晴着」「こども」など挿畫的な部分がなくもないが、個性があちはれて逞しい。藤田嗣治の白描風の「鮮魚」「海老」など、あつさりし過ぎて、むしろ畫箋に描いた「九十九里濱」の暗い版畫的効果に興味が持たれた。石井鶴三「秋山」寂しすぎる程素林であり、木村莊八「菖蒲」これは思ひ切つて絢爛豪華であり、面白い對照を示してゐる。中川一政の「萬葉小屛風」は椿と石の二圖それ〲深き詩趣ありて好もし。（三越）

海邊に立つ女　シヤヴアンヌ
（三井コレクション・第五回展）

安孫子眞人遺作展

昨年夭死した安孫子眞人氏は美術文化協會同人として眞摯な作風を囑目されてゐた人である今度の遺作展は全作品僅に二十點に充たないが、情熱を深く內に秘めた愛惜すべき小品がある一九三五年作の「街」はボオル・クレー風の線畫でバツクの眞紅が燃えるやうである。氏の賦彩をみると紅玉のやうな輝きのある深紅が一つの基調をなしてゐるのに氣づく。これは晩年の裸婦の背景などに於て殊に著しい。晩年は古典的なものへの憧憬が深まりメチエに就ての精緻な探究が試みられた。凝血したやうな色彩が美しく耽美的な抒情主義とも云へる作風をみせてゐた。「裸婦」の連作がその代表的なものであるが、「魚」「鳥」などのナチユル・モルトには更にリアルへの逞しい追求も見られ、今後の畫的展開と深まりが期待されるところで不幸逝去したのは痛惜される。（資生堂）

ミキエウイツチ記念碑—1929

ブウルデル

ヘラクレス

ミキエウイツチ記念碑（部分）　ポオランドの女

ミキエウイツチ記念碑　浮彫(部分)

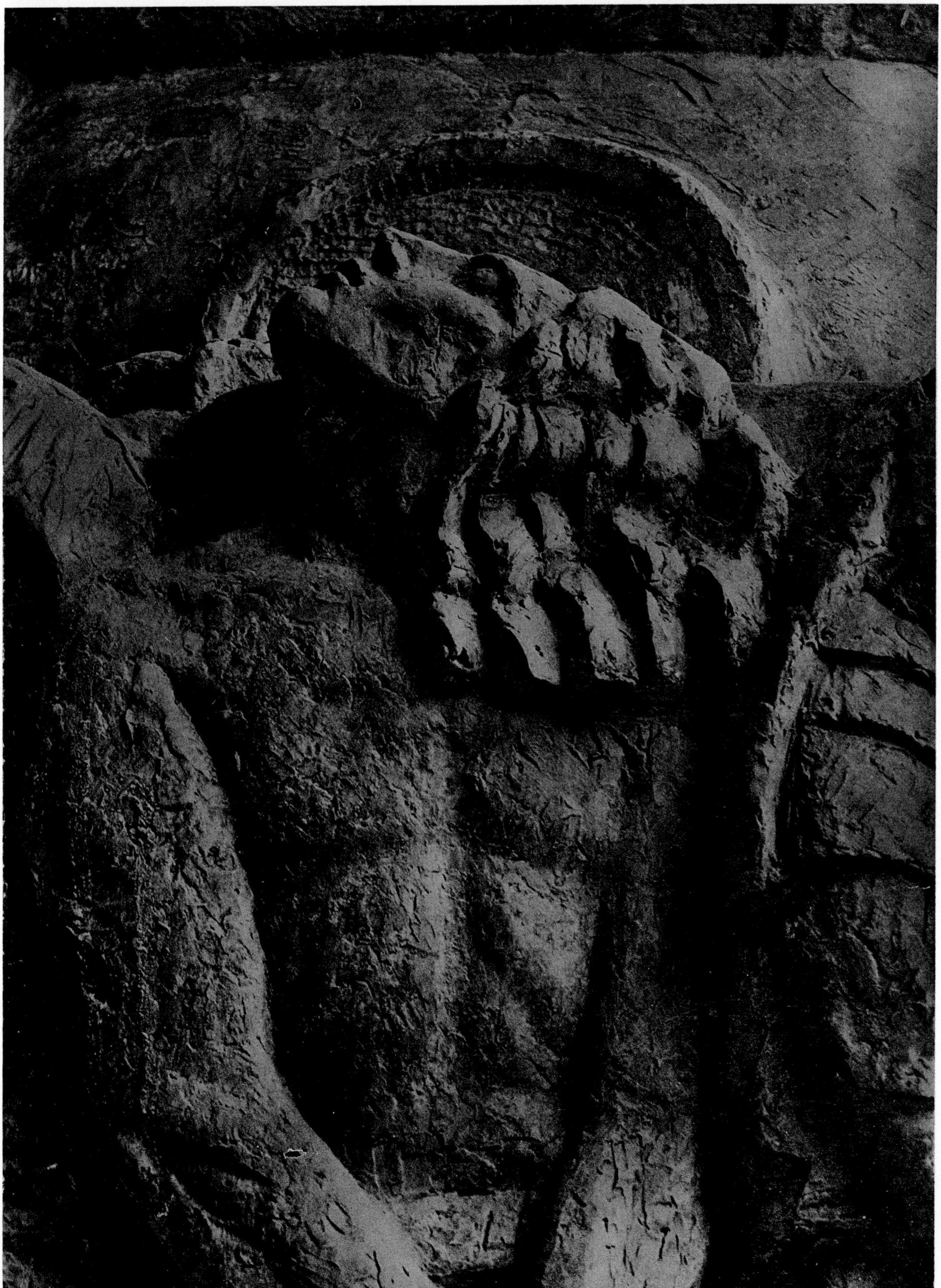

デツサン

ミキエウイツチ記念碑(部分)

ミキエウイツチ

死にかけてゐるサントウル

アポロの首　ブウルデル

第五回新興美術院展

潮　田中案山子

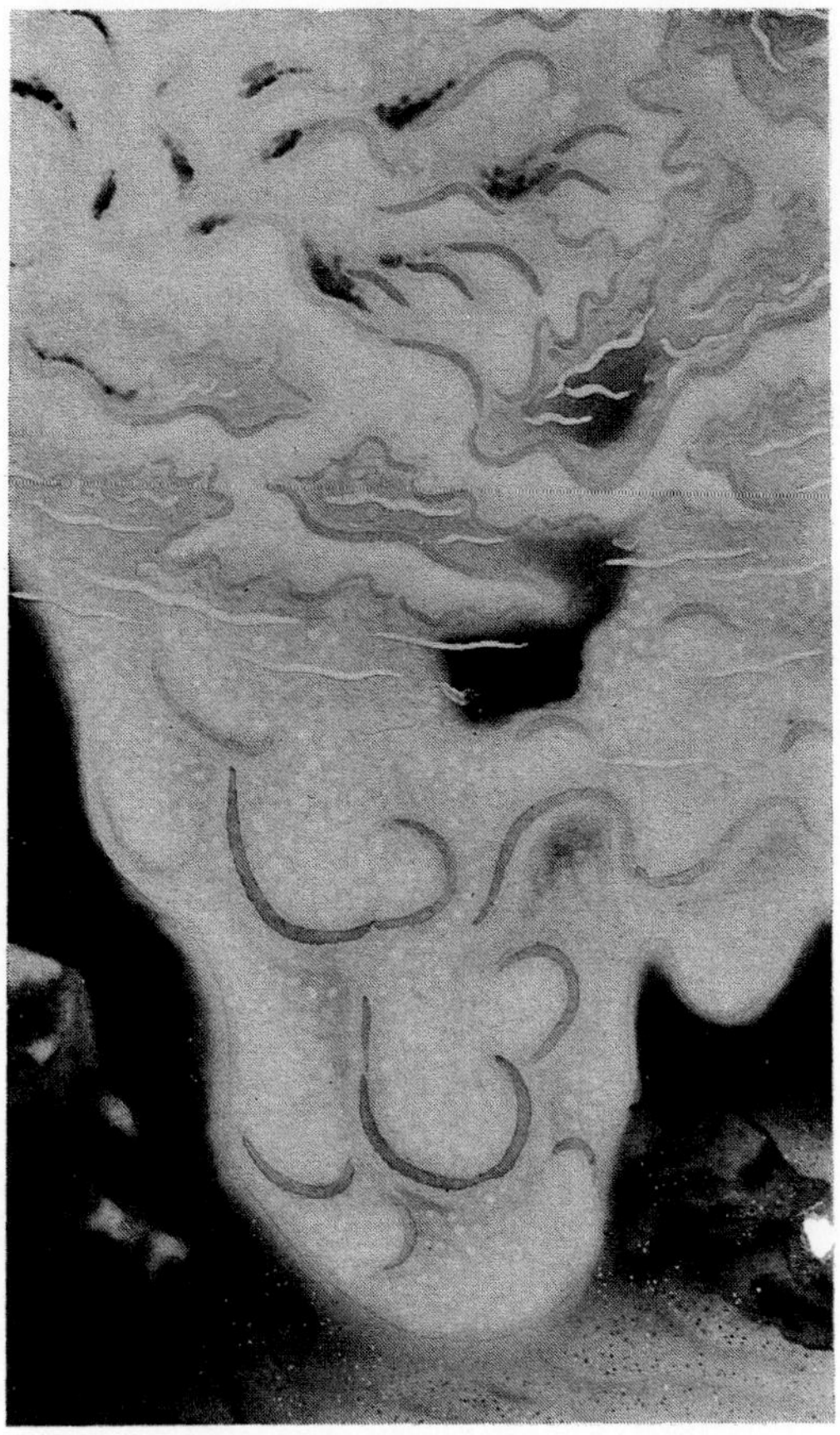
水（渓水底）　小林巣居

怒濤　吉田澄舟

街（支那二題の内）　鬼原素俊

朝暾　森山麦笑

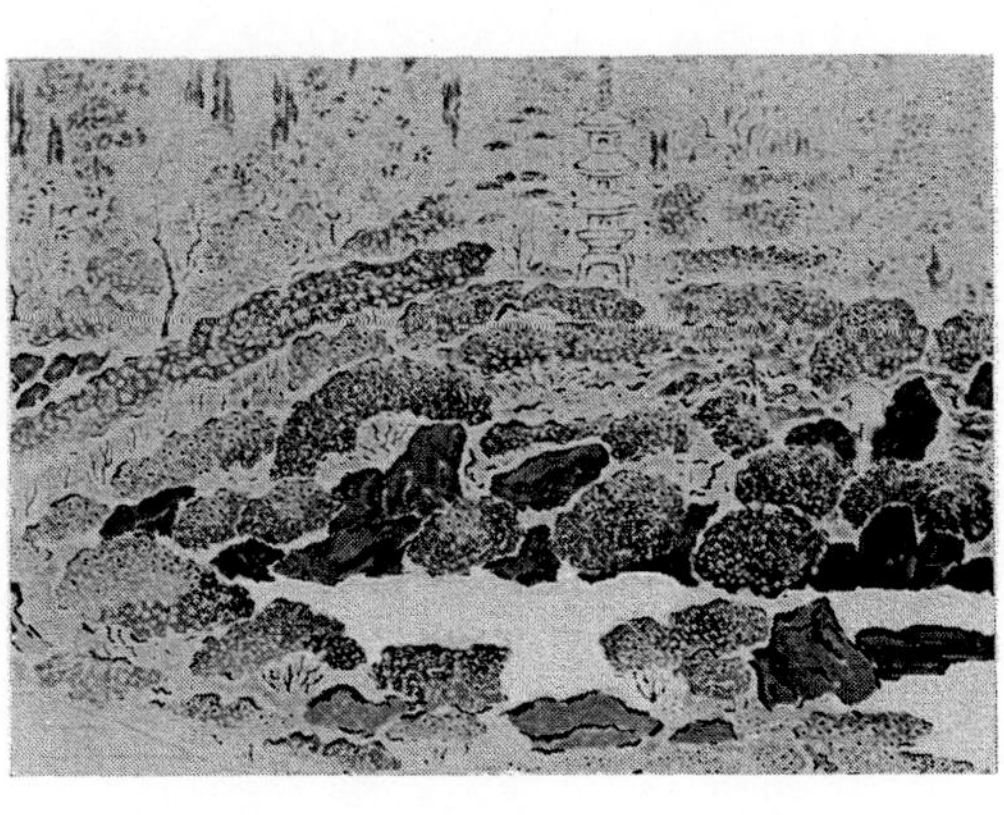
三千院（部分）　茨木杉風

秋の花　村井正誠

堆穂　久橋六郎

美術創作家協會第六回展

穂高　難波田龍起

氷室　荒井龍男

やぶ　山田光春

春陽會第十二回展

支那竈女　　水谷清

大同石佛　　伊藤慶之助

薄の庭　　加山四郎

野馬追ひ(殺陣)右　　高田力藏

隆福寺町(北京)　　上野春香

繋船　　川端彌之助

現代作家鑑賞

モウリス　サバン　牧歌

西歐畫壇の現代は混沌としてゐる。第二次世界大戰の進展は美術終息の感を與へてゐるが戰前の佛蘭西新畫壇も、も早や巨匠大の家時代去つて來るべき新鋭は現はれず、中堅層以下の新人も或は沒落し或は聲名を低下したに停る。かゝる混沌が清掃され新時代の美術が起る日こそ歐羅巴美術の新世紀であらうが、それはまだ豫測を許されぬ未來にある。

この混沌の渦中から二三の有力作家を考慮することも徒勞であるまいその一人としてモオリス・サバン（Maurike Savin）をこゝに紹介する彼は一八八四年グランス地方ローヌの生れ十七歳にして巴里に出て裝飾美術學校に入學した。その頃からセザンヌに傾倒し、やがて主體派の理論に共鳴しスゥラアの作品研究にも入つた。彼の畫面は構成の雄渾と筆觸の綜合的な大きさに於て秀れ、風景に人物に豐かな色のガンムが見られる。アンデパンダン、サロン・ドゥトンヌ等に出品就中『家族』（一九二四年アンデパンダン出品）『水浴の女』（一九二五年サロンドゥトンヌ出品）等は好評をえた。『牧歌』（一九二八年アンデパンダン）は『單純であつて親味ふかく、その線、その色、そのボリューム、光線陰影の諸法間全する處なき美妙な作で彼の思惟感情の全面を表現したものである』と批評家シヤルル・クンストレーは語つてゐる。（川路柳虹）

旬刊 美術新報 第二十二號（四月下旬號）

★……ブウルデル特輯……★

（巴里シャンゼリゼ座裝飾）

舞踏（ルリーフ）　アントワーヌ・ブウルデル

ブウルデルの言葉

大彫刻家は大音樂家のやうに何よりも數學家である。

昔は夫れを知つてゐた。お人好しのルイ・パイオール（あのパスカルの父の友人）は音樂を數學の一部をなすものとして學ばうと思つた。そこで音樂、彫刻、これは同じものだ。彫刻家は塊（マッス）體積（ボリューム）を以て創作すること、音樂家の音を以てするが如しである。

★

眞の彫刻家のゐる所には確實なデシナトウル（畫家）のゐることがたしかである。

★

無限（ランフイニ）とは彫刻のことである。

★

私はついぞケルシイの方言を學ばなかつたので、ずつと以前には、僅かに數語を知つてゐただけであつた。

ところが、玆に珍らしくも私の幼な友達が巴里に逢ひにきて、近頃この地方語で私に話しかけた。私もその人に何の苦もなく同じ言葉で返事した。この源泉は私といふものゝ最も深い所から喚びさまされてゐたのである。

これは明瞭に私のすることには何事にも現はれてゐる。人が私の彫刻によく認めてくれようとする、あの特別な獨創的な特徴は私が方言で彫刻してゐるところに由來してゐること疑ふべくもないのである。

私は決して自身を摸倣されはしない。私が相談にゆくのは誠の自然に向つてゞある。

私のアトリエでは決してモデルを使はない凡ての姿勢が一定すると制約され冷いものになるのは避けがたい。それは生の否定である

（成田重郎譯）

大彫刻家の隨想

成田重郎

一九一七年、第一次世界大戰のさなかに、忽然として、巴里近郊のムウドンの邸で他界した、ギュスト・ロダンは、その弟子であり、後繼者であるアントワーヌ・エミイノ・ブウルデエルが、眞に世界的な盛名を馳せるに至るを見なかつた。實際、ブウルデエルが、その決定的な勝利を得るに至つたのは、漸く第一次大戰直後に始まり、漸く、一九二三年以後であり一九二五年に至つて、その榮譽は極まつたのである。

ブウルデエルの歩いた道は、師匠ロダンのやうに、貧しい人民の子として生れた所から始まつたが、師匠の巴里生れであるに反して、弟子は南佛モントオバンの生れであり、田園の空氣のなかに、山野の香ひや、森林の囁きや、河川のさゞめきのなかに生ひ立つたのである。此の生れながらにして受けた環境の相違は、そのまゝ、此の兩大藝術家の全生涯の上に、持ち越されるのである。ブウルデエルに就いて、考へて見る上に、等閑に出來ないのが此の點である。多くの批評家の見解も、これに就いては、略ぼ一致してゐる。

畫家で美術批評家のアンドレ・ロオトは、一九二九年一一月、『新佛蘭西評論《ラ、ヌウヴエル・ルヴイユ、フランセエズ》』に公にしたノートのなかで、ブウルデエルに就いて、次のやうに述べてゐる。

『ブウルデエルは、かつての師匠ロダンと、比較されるのが好きであつたが、ロダンからは、表現的なヴオリユームの意味を受け繼いだ。そして、裝飾的な發明の點では、師匠を凌いだものゝ、深さと巧さとの點では、師匠に及ばなかつた。ブウルデエルに關する眞劍な研究は、比類稀なロダンの研究と並行させてやる以外には、やりやうもなからうと思はれる。ブウルデエルの野心、その技巧、その話題、は、かゝる對質を求めてゐる。………

『動物的生命の輪廓に附隨する體系化された曲線、これがロダンだ。思ひのまゝな樣式化に依つて、かゝる生命から遠ざかる體系化された態度、これがブウルデエルだ。これこそ、ブウルデエルが、裝飾に於て、勝さる所以である。

『シャンゼリゼ劇場に於けるブウルデエルの協力の齎らした感銘は、人の記憶に新たな所である。この作品こそ、佛蘭西に於ては、かつて無い程重要なものであり、しかも、同時に、建築家に對しても、また、彫刻家に對しても、明瞭な指針たるものである。

『多くの職匠の誠意を以つてしても、佛蘭西に裝飾的藝術の開花を見るには、少からぬ困難がある。ブウルデエルは、その偉大な矜持に依つて、現代のモニユマン風な創作に最も救ひを齎らす性質の影響を與へ得た人々の一人であつた。』

われわれは、玆で、ブウルデエルの生涯と藝術とに就いて、詳細に語る前に先づ此の大彫刻家をして、彫刻に就いて、實技に就いて、人生に就いて、語らせようと思ふ。

彫刻と眞理

タンペラマンなんてものはない。それ程、タンペラマンを大切だとするのは、間違つた考へである。そんなやりかたを以つてしては、何も學ぶ所がない。ね、さうぢやないか。

數學者でなくつちや、いけない。築き上げることだ。計算し、解剖し、決定しなくつちや、駄目だ。彫刻は遊戲ぢやない。それどころか、重大な事なのだ。正に、眞劍であつて、しかも、困難だ。彫刻は悦びを與へる。創造的歡喜だ。障害を突破した悦びであり、それは頂天に達する。しかし、その悦びに達するには、われわれの内部で考へを練りに練る所がなければならぬ。

優秀な彫刻家は、自己を深く掘りさげて、恰も、鍛冶屋が鐵を仕上げるやうに、おのれを働かすのである。

★

眞理は、よろめかない。跛足《ちんば》を引かない。眞理は強い。單純だ。明々白々だ。自明の事柄だ。けれども、われわれは、眞理に對して、代價を拂はなければならない。眞理のために苦しみ、おのれを省み、犧牲を拂ひ、おのれを聖めなければならない。

藝術家は、自己の魂を、自己の肉體を、全てを、自己の藝術のために、捧げなければならぬ。彼にとつては、自己の藝術以外に、生活なるものはない。彼の見地・彼の思想・彼の感情・は、藝術に服從する。藝術は、彼の愛であり、彼の家族であり、彼の夢のなかの夢である。彼の苦痛と歡喜との源泉である。

石を眺めよ。石は、素晴らしく良く保つてゐる。石には、人間のやうに、風邪《かぜ》も、頭痛も、氣管支炎もない。何といふ見事な、純粋な、けだかい物體だ！病氣・弱點・惡徳・惡感情、等々、人間のあらゆる悲慘な傷害を免れてゐる。

石は、その岩としての不屈の意識のなかで、誇らかに、落ちつき拂つて、土地から或は、海から、現れてゐる。或は又、石は、われわれのなかに嚴然として、永久不變的に生きてゐる。石の在る所、その本來の良質を保つ。石は、不確實でも、變り易くもなく、在る通りのものであり、在る通りにある。

天火に燒かれても、或は、大風と突風とが襲ひかゝつても、また、大洋の波が突き當つても、石は、石のまゝである。

然るに、物質の魂を保留し、それを倍加しなければならないのだ。そこに、連續があり、不連續がある。

自然のなかには、缺くべからざる眞理の源泉がある。といふのは、無限のなかに進展する自然的な生命を、表出する仕方といふものが、あるからだ。

しかしながら、何よりも大事なのは、明智である。明智と自由と……見たり、感じたり、創造したりする自由だ。換言すれば、眞の藝術家であるか、或は、ないか、の自由だ。

十七世紀の彫刻家ピュジエ

ジアン・モレアス（象徴派詩人）を摸倣することが、詩人である所以ではない。ある作品を摸寫することは、一つのことである。自然を寫生することは、別のことである。最初の方法は、猿の方法である。第二の方法は、眞面目な、人間的な仕事である。努力・探求・知識の鍵の發見である。

有名な十七世紀の佛蘭西の畫家・彫刻家、わがピュジエを見よ。彼は、佛蘭西を風靡したが、恐らく、全世界を風靡したのである。ルーベンスが、繪畫のなかで爲したことを、彼は、彫刻のなかで創造した。自然は、彼にとつても、また、源泉であつた。彼の作品は、自然を豊かなものにさへしたのである。彼の視覺の前では、自然を一層重々しく、遙かに緊密なものとしたのである。

要するにかう言へるであらう。――ピュジエは、その時代の様式――「バローク」なるもの――を創造した、と。

ピュジエが、若し、豊かで、寛大な自然の方に振り向く代りに、誰か藝術家の作品を摸倣した、といふのであつたならば、あんなにも偉大な彫刻家に、成つて居つたであらうか。摸倣することは、わけがない。非常に手つ取り早い。その方面には、心配に成るものはない。小猿が、それを證明する。

彫刻家は、やさしいものに、掛り切るやうでは、駄目である。彫刻家の解決しなければならぬものはむづかしいものであり、重大なものである。さうでないとすれば、彫刻家ではない。彫刻家以外は、何でも、お望み次第である。せいぜい、物眞似の巧みな小動物といふ所である。

美の意味について

思ひのまゝに生きてゐる人間と、都會の巨石のなかに、閉ぢ込められて、生きてゐる人間との間には、何といふ差異があることであらう！　彼等の肉體の形狀は、ひどく似ても似つかないものがある！

長く、大都會に住んでゐた人達の骨格そのものが、變化を受けてゐる。脊柱は曲り、鎖骨は擴がり、腰の骨は、骨盤のやうに、傾いてゐる。

美とは、絶對的秩序である。

哲學は、此の秩序を、建て直す助けをする均勢《エキリブル》である。

デッサンに就いて

自然の前にあつては、何にも知らず、何でも知りたがつてゐる子供のやうでなければいけない。子供の活々した、鋭い、正直な眼でもつて、眺めなければいけない。

若し、われわれが、樹木を、河川を、山嶽を、子供のやうに、觀照するならば、われわれは、その造形《グォルム》を、その色彩を、その本質を、明瞭に見るであらう。

デッサンは學ばれない。天稟と共に生れるやうでなければならぬ。そして、ゆつくりと、それを豊かなものにしなければならぬ。音樂家が、計算する聽覺と共に生れるやうに、デッサンのためには、見る視覺と共に生れなければいけない。すべては、直覺的感情を以つて、見られ、知覺されなければならぬ。

デッサンは、動きのない、きまり切つたものなどではなく、造形輪廓の震動への絶えざる躍進である。われわれ自身の視覺・構想・觀察だけが、われわれにデッサンすることを教へる。デッサンは、單に、それ自體に於てのみならず、實に、われわれ自身に於ても、また、内部的でなければならぬ。内部的デッサンこそ、眞のデッサンである。然るに、デッサンは、純粹に圖形《トラーセ》ではない。アングルは、造形《クオルム》に先立つて、色彩《クウルウル》をデッサンした。それから、時々は、兩方一緒にやつた。

ミレーとデッサン

繰り返して言ふが、われわれは、デッサンの教授はやらない。デッサンすることを學ぶのは、考へることを學ぶことである。わたくしは、藝術家の例、謙遜な、貧乏な勉强家のほんとの例を擧げよう。ミレーだ。この偉大なる獻身的な畫家は、その藝術家としての信念に於ては、地味であり、生計は不如意であり、財産は無かつたから、畫を安く賣つた。

それ故、ミレーは、或る夜、あの素晴らしい、フオンテンブロオの森のなかで、恐るべき雨と風とに見舞はれた。眞に最後の審判の時だつた。突風の荒れ狂ふまゝ、美しい森は、反響し、咆哮し、ばりばり鳴つた。その通路は壞れ、崩れ、荒れ果てた。雷鳴と雷光とのなかに、地と天とは、お互に打合ひをした。雲は龍卷を起した。

ミレーは、それで、かゝる自然の偉大な光景を窺ふことを、幸運に感じた。この事について、すばらしく美しく、價値あり、興味ある手紙のなかで、テオドル・ルウソオに、物語つてやつた。

――君は畫家だから、君だつたら、どんな畫を描いたらうね。

と、附け加へた。この無視された大藝術家が、どれだけ絶望してゐたかが見えるやうである。謙遜で、地味なものだから、自己の才能とルウソオの才能とを考量して見るやうな僅かな事さへもやりかねたのだ。

ミレーが偉大であつたのは、つまり、自然に對しては、いつも、無知な、單純な、しかも、熱心な子供のやうにしてゐたことだつた。彼は、すべてを學ばうと努力した。土の塊を、樹木を、そして、人生の途上では、人間自身を、學ばうと努力した。實に、彼は見ることを良く知つてゐた！　作品のなかには、それらの視覺を、取り入れることを良く知つてゐた！　彼は精勵したが、地味で、絶えず、自分自身から、自分の觀察から、自分の見解から、得る所があつた。

眞理は光る

女の胸像のことか。念入りに綜合をやらなければいけない。それを單純にしなければならない。しかし綜合は、極度に複雜でなければならない。

しかし、綜合が論理的に理解されると、深い眞理が現れる。眞理が光る。解剖し、決定するものが、强者である。

自分自身に對して、問題を提出することを知らなければならぬ。わしは、諸君自身の物の見方を、諸君に與へよう。何人にも、自己特有の眞理がある。恰も、各人の眼には、それぞれの色彩があるやうに。

はつきり、わしは、何處の國とは知らないが、諸君の御國のなかで、純粹な傑作の寺院を取り壞して、その跡に、何か新しい、空つぽな、ゼロのやうな、或は、惰性的でさへもある何かを、建てようといふのは、ほんとか。新しいものなら、何でも構はないといふわけで……。

それなら、何處でも、藝術上の形見を、尊敬はしないといふのか。憐れみはしないといふのか。わしは、そんなことゝは、どうしても、信じ切れないのだが……。

何故、わしが、すき好んで、こんな非難をするものか。殘念ながら、イタリア、ギリシア、フランスさへも、古いモニユマン、敬虔な信仰にふさわしい眞の藝術品が、消滅し去るのを見なかつたか。それといふのも、たゞそれらのものが、新生活の要求に、邪魔になるから、といふだけのことなのだ。

美術家と詩人と金儲け

それで、今度は、美術家と詩人とだけが、人間であると云つたら、諸君がびつくりするであらう。他の人達は、全部食人種だ。あの人達は戰爭を欲する。戰爭をするために働く。彼等の利己的貪慾は、一切のものを吸收して了ふ。ふやすこと、食ひ荒すこと、倒して了ふこと、これが、その、彼等に必要なものだ。まことの理由か、こじつけの理由で、隣人達を虐殺する。殺して、平げてしまふ。人間達は、『天地創造』の諸の獸達のうちの最後のものだ。自分達の利益のためとあれば、お互に食ひ合ふ。カインとアベル以來、何といふ兄弟殺し的な鬪爭だ！　金のためには、父をも母をも殺して了ふ。

金を儲ける。手つとり早く、即座に、澤山の金を儲ける。戀愛を地でゆくやうなものである。きれいな娘さんを見て、さつそく、その場で言ひ寄るやうなものだ……。

クリシユナムリをアメリカへ連れて行つたのは、ドラー熱ではない。金を儲けること、金を貰ふこと。それは、この人のことぢやない。彼の教訓は、いつも寄與といふことだ。寄與のうちの最も高貴で、最も淡々たるものなのだ。

（十七年三月廿日）

春陽會未だ醒めず

江川和彦

今年の春陽會展はこれまでに比べて中堅とか若手とかに中堅は中堅らしく、若手は若手らしく、進歩發展を示してゐるものが見られることは、吾々の一度注目してよいものがあると思ふ。

これはあながちそれらの進歩發展といひ得るものが悉く全面的な成功とか、賞讃とかに價するといふ意味ではない。むしろそこにいろいろな問題があり、その問題があるといふ意味では、この春陽會に見られるものには大いに、よい意味からも悪い意味からも檢討されるものが多いことを思ふ。

概して若い人たちのよくなつてゐるものは、多少でも基本的なものの裏づけが見られることなのであるが、春陽會の場合にはこの基本的なものの把握が、この展覽會一般に共通となつてゐる雰圍氣的なものを盛ることのために弱められてゐる傾があると思ふ。だから、たまたま基本的なものの整つた時には或る力をそこにかもし出してはゐるが、往々雰圍氣的なものを作ることのために、その基本的なものが整備されないか或は雰圍氣に負けてしまふと全く何事にもならない混亂的畫面に陷つてしまふ。

その點ではこの展覽會の全體の中から、力強い現在の重大時機に美術文化面を脊負つて立つ作家の態度として見るべきものといひ得るものが發見し難いところがあると思ふ。

今年の作品中で例へば宮田武彥の作は注目されるものであり、しつかりしたところが見られるのだが、マチエールから雰圍氣を作らうとしてゐるのがむしろ全面的な仕事に見える所に疑問があると思ふ。第一室で前述の宮田武彥と共に春陽會賞を貰つてゐる今竹七郎の作も、雰圍氣の作り方は異るとしても、同樣の疑問を投げてゐる。

本莊赳の黄調を土臺として花を描いてゐる「椿」「茨牡丹」「牡丹さくら」や「殘雪」等は、その技法は、大分洗練されて來てゐるし、摑んでゐるものは見られても、雰圍氣をこしらへてゐる點では、正道的なものとして「これでよいのだ」とは云へぬものがある。かういふ云ひ方をして來ればこの春陽會の大部分の作品は贊成し難いことになつてしまふわけだが、春陽會の建て前が果してかういふものを育てることを生命としてゐるのか、使命と自任してゐるのか、問題はそこまで到達する。

この問題を追求して行くと大分むづかしい議論になるので、此處には深入りすることを避けるが、若しかうした所に多少でもこの會の指導性があるとするならば、指導的地位にある人たちの猛省を促さざるを得ない。

この展覽會では一昨年から新たに會員に迎へられた岡廉之助やまた昨年から會員に加はつた上永井正などに何か方向を改めて見せて貰へることが望みたいと思へるものがある。ところが實際に於ては今年の作品から見れば岡廉之助の仕事も力が弱くなつて來てゐるし上永井正のものも積極的なところが見られぬ遺憾がある。

消極的とか積極的とかいへば、鳥海靑兒や水谷淸のものにはかなり積極的なものがあり、殊に鳥海の今年の作は、この人獨自の技法がますます洗練されて來てゐるばかりでなく、マチエールを使ひ分けての構成も、そのマチエールを生かしてゐるあたりは、認められてよいものがあると思ふ。而してこの人の行き方がかかる技法を押し通してゐることは理解出來ると思ふのだが、これを追隨する者はいたづらに雰圍氣を作る手として用ゐられることが危險なのである。鳥海自身が雰圍氣を作る作家と見られるとすれば、さうした見方をされるものを一掃すべきものがありはしないか。悪い意味に於ての春陽會的なものを作つてゐる代表的なものと見られることをこの人のためにおしむのである。むしろ雰圍氣的なものをこしらへて正道的なものから脫してゐるものは水谷の作により明らかに見られる。この作家は鳥海とは異つた意味で、春陽會的なものを脫して相當の仕事が出來るべき筈であると思ふのである。五點の作中縞椿と題する作は、手堅いところから正面切つての仕事で突込んでゐるのだが、その間に春陽會好みのクセがかなり濃厚に出てゐるところに折角のものを汚してゐる傾がある。眞裸になつて進めば、悪い意味での春陽會的なものを一掃して見せることの出來る力量のある作家たり得る筈と思ふ。

とにかく、現在の如き新しい文化の建設樹て直しの時に於て、舊來的な繪畫とか藝術とかを延長させることに努めるのは全く無意味であるのみならず、むしろ一掃されねばならない。この點を十分考へるならば、この春陽會の有する春陽會的なものはこの際かなぐり捨てられて、その基本の骨組だけでこれらの力たちの實力を養成、發揮の出來る展覽會となつてほしいことである。

また木村莊八の庭の一隅を描いてゐる數點の作もうまさ、器用さは認められても、何と小さな藝術であることか。吾々が要望するものは大きな構想であり深遠なロマンチシズムであることを思ふ時、かかる趣味は一顧もかしてゐる餘裕はないのである。春陽會にはあまりに多い手先の仕事、作りものの仕事が、現在に於て如何なる道を辿らねばならないかは多くのこの會の出品作家の猛省を促したいところである。

文化人としても當然蹶起しなければならないこの重大時機に當つて未だ舊來的なものから脫し切れない者のあることはこの春陽會に限つてはゐないが、然しかうした時に何をしなければならないかを思ひ、暗中摸索的ながらも舊來的なものから脫しようとする目覺めを感じてゐる者の少くなくなつて來てゐる時、一の團體が全體的に舊來的な空氣を未だかもしつづけてゐるといふことは放置しておいてはならない筈だ。（終）

ブウルデエルの作品とその生涯

金子九平次

私のブウルデエルについて記すものは譯書によるものではなく彼について五ケ年間學んだ實感であるから私獨自の感想と力がどこかにこもつてゐるものと思つて貰ひたい。

★

ブウルデエルはロダン以後に於ける大人物であつて今後數世期にわたつても彼の如き人物の再現は困難であると思ふ。それだけ彼の生涯には困苦と努力はなみ〳〵ならぬものがあつた。

一八六一年、南フランスのモントウバンに於いて「エミイル・アントワーヌ・ブウルデエル」は生れた。彼は貧しい家具師の息子として生れたが、母親は貴族の家から出たのであると云ふことであるからその血を引いて生れたのが彼の生涯と作品の上にある何物かゞ植ゑつけられてゐる。初めモントウバンの美術學校に彫刻とデッサンを學び後に給費生として巴里の國立美術學校に學ぶことになつたが形式の上に立つ當時の美術學校の教育にあきたらず中途にして退學した。その當時の美術彫刻の教授はフアルゲールであつたと思ふ。今日でも昔そのまゝの教育法である。筆者も卒業製作なるものを見たが實に驚いた。今日なほ巴里の中央でこんな彫刻を造つて居る學校もあるのかと思ふと不可思議でならなかつた。

當時彫刻界にロダンの名聲が次第に擧る頃であつたからブウルデエルはロダンの門に入ることゝなつた。やはりその頃であつたと思ふがマイヨールも同じロダンの門に入り後にデスピオもさうであつた。ロダンの名聲はその當時はそれ程でもなかつたがブウルデエル等の助手を得たのでロダンは易々として自己の製作に沒頭することが出來たのである。

ブウルデエル自身そう云つて居たが自分はロダンの弟子ではなく助手に這入つたのだと。然し彼はロダンによつて大いに初めは感激しその影響を受けたことが多くあつたが次第にブウルデエル自身は自己の進むべき方向は、ロダンを抜け出でたる彼獨自の道に驀らに進んでいつたのである。彼はギリシヤ彫刻を學んだ。否それ以上にエジプト、アツシリヤの古代彫刻に魅せられて居たからその向ふところは古典藝術にあつたのだ。

古典藝術に魅せられたと云つてもそれはたゞに型の上の藝術ではない。そんなものは巴里の美術學校で飽々として居たから、彼の向ふところは新しき古典であり、彼自身のみ成しとげ得る只一つの道であつたのだ。ロダンの跡を追ふことはしなかつた。それはロダンにのみ成しとげ得られる道であつて他の何者も追從する愚を彼はより知り拔いて居たからである。

彼は詩を作り、音樂を好んだ。ある日のこと作り終へた詩を私等を集めて彼は詩の朗讀を聽かせて呉れた。湧き出づる彼の詩想は朗々として聽者をして魅せしめて仕舞ふばかりである。詩を解する者は彼自身のみであつて私等はたゞ想像するのみでその深き意味を解するまでにはゆかなかつた。彼は音樂を解した。豐かなる天分を持つ彼には大きな空間の中に則ることの出來ない位に深い神秘的なる生命が流れて血がにぢみ或は逆る氣力があることをうかゞひ識ることが出來る。

一九〇六年、「ベートウベン」の製作を完成した。このベートウベンの像は數多い彫刻家によつて造られて居るが、何れも彼の作品に比して力の弱い無氣力な像になつて仕舞つて居るが、この作品は、ルクザンブルグ美術館に他の數點と共に藏されて居るが、私の所藏になるものはこれと同型の作品であるから今日も私の目前にあつてその偉大なる氣力と精神的な深き感銘に入ることが出來るのを私は幸として居る。

その後の作品に「弓を引くヘラクレス」がある。ギリシヤ神話の「ヘラクレス」であり、彼がギリシヤ神話の人物を如何に力強く表現したかがうかゞひ識れると思ふ。

ブウルデエルの作品は建築的構造と感覺を含む近代的意識を持つ表現であつてその構想の大きいことが彼の持つ偉大な製作であると云ふことが云へると思ふ。又彼は「ゴチック」藝術の美を愛し褒め稱へた。私の觀た「ゴチック」の寺院について云へば、巴里の「ノートルダム寺院」よりもランス、アミアン、ルアン等の寺院の方が美しく感じた。それは建築の構造の關係か又は周圍の環境のせいか、それとも時代によるものか、何れか私の識るところではないが、何れにしても「ゴチック藝術」の持つ味はすばらしく優れた魅力を持つて居る。

ブウルデエルはロダンの彫刻は粘土の上にのみ働く一摑みの仕事であつて自分にはものたりないと云つて居たことも私の記憶に殘されて居る。又セザンヌのことを斯く云つて居たことも覺えてゐる。セザンヌは繪畫に於る改革命兒である、彼が幾何學的な構成からなる抽出は彼によつてのみ成されたこれまでの如何なる畫家に於いても成しとげられなかつた仕事であつて現實の表形から創造された方法は偉大であると褒め稱へた。

ブウルデエルは現實を誇張したロダンの仕事に生命はあると云つても現實より以上にいでぬ創造力の乏しい藝術は彼の求めぬことは理解出來ると思ふ。彼の仕事は現實以上に大なる創造の現はれを新しき現實として强調し以つて細部の部分々々を省略し全體的精神の表出に努めた。「弓を引くヘラクレス」以後巴里のシャンゼリゼー劇場の厚肉彫刻と其の壁畫に於いて建築と彫刻のハモニーと效果をねらつた物であつたが近代様式なる劇場に最も新しき部門を切り拓いた彼の狙ひ所は流石に彼ならでは成しとげられなかつたと思ふ。

次に「死に瀕するサントール」がある。一九二五年にサロン・チユイレリに陳列せられた作品であるが、製作はそれ以前に完成されたのであつてその後我國には佛展に依りもたらされたことがあつた。斯の如き作品は我國の彫塑界には餘りにも緣遠く自然の摸寫以上に出ぬ貧困な彫刻家並に批評家には理解に苦しむところであつたらうと思ふ。それは餘りに遠く離れた詩であり文學である。現實のモデルは無い、餘りにかけ離れた所に求められた創造のサントールが居る。それは神秘な存在であり不可思議な形體をして居たからである。古典ギリシヤを學ばずして其の存在は無いではないか。

一九二二年、「アルサスの聖母」をサロン・ドトンヌに陳列せられた。私は彼の力作を見たこれが初めであつた。この作品は二十數尺に及ぶ石彫である。キリストの聖兒を抱き擧げた聖母マリヤであつたが、あの表現法の巧みなる構想の技工は非凡なる彼の力量はこの作品頃から大作に於いてめき〳〵と頭を擧げて來たやうに思へた。

アルサスの地、獨乙國と因緣淺からぬ地、今日では獨乙の占領地となつて居る所に今日もなほこの聖母の姿はスガ〳〵しく聳え立つ有樣は藝術にのみ咲きほこる花園の樂土であつて何んであらう。

一九二三年、サロン・ドトンヌに陳列した「アルベルト將軍の馬上姿」は第一次歐洲大戰開始の頃に南米アルゼンチン共和國から依囑を受けて約八ケ年の月日を經て完成された苦心の大作である。馬の顏ですら人間の高さ約五尺以上にのぼるものであるから像の大さは想像以上である。アルベルト將軍の像はブウルデエルの作品中これまで創造的作意を以つて空想化された表現法から觀た彼の藝術慾より全く離れた現實の人物を雄壯にして英雄的創作を充分に表現されてゐると思ふ。この記念像は一度サロン・ドトンヌに陳列せらるゝやブウルデエルのこれまでの作品と異り彼の名聲は確乎たる決定的な地位と技術の優秀なるをもつて彼の作品に懷疑的觀念をもつ一部の人達から一掃されるに至つた。

一九二六年、テアトル・マルセイユの劇場舞臺上に取付ける、「アポロジツトの昇現」薄肉大作は地中海より昇り上るアポロ女神の現出を劇的場面を彼獨特なる表現法によつてなされたものであつた。私はこの大作をサロンの會場で觀たが、その後マルセイユから南佛を旅行した時にこのオペラである晩觀賞をしたことがあつた。ブウルデエルにそのことを話したら自分はあの彫刻を劇場に取付けたのを未だ觀に出掛けては行かぬが何うであつたかと、私に問を求めた。

「ミキエネビツチ記念碑」は彼の最後を語つた記念すべき「ボンダルマ」のほとりに建設した。「ミキエネビツチ」はポーランドの愛國志士でありまた有名なる詩人であつた。ブウルデエルがこの詩人の像を造りはぢめたのは可成り前のことであつたが、この像を造り上る原因は深い意味をもつものであるならば、ブウルデエル自身でなければ識るよしもないが、彼が尊敬して居たところの人物であつたと云ふことだけは私等にも解るのであるが、彼が十數年前より試作を造り刀を振りかざした人物をいろ〳〵な方向に構想をねり、最後に完成されたのが彼の病死した晩年に於ける輝かしい榮光であつたことも私には忘れることが出來ない。

其他、一九一八年、モンソー・レ・ミイヌと戰士のモニユマンがあり、多數のモニユマンの製作に彼は一生を捧げつくしたといつても過言でないと思ふ。「アナトル・フランス」の胸像を造る際にアナトルとの對話があるが今私が寸暇を割いて書き記すには餘りにも禮を失することになる。

一九二九年の秋、彼が心臟病が患つて俄に生命を奪ひ取られた。それまで死の直前まで多くの大作の構想を秘めて、何時かは實現しようと思ひつゝも未發表の傑作をそのまゝ殘してゆかれたのである。彼もセザンヌと同樣に藝術院に祭り上げられなかつた一箇の自由な大藝術家ほど永遠に偉大なことはない。

（四月四日記す）

大東亞建設と桃山美術

飯塚米雨

◇

この標題は、聊か取つてつけの感があるが、實は大東亞建設と日本畫の重要性を說いて、それにつけてはこの際桃山美術の再檢討を要望するといふ趣意である。この意味で一讀を得たいのである。

先づ大東亞建設に就て言へば、特に新たに課せられた南方開發の事業は、今日の最も重大な問題であることは周知の通りであるが、そこに泰國と印度とを無視することは出來ない。

泰國は、民族の體內に流れる血潮に、日本人の血と共通するものがあるので、また佛教國たる關係で、日本に好感を持ち、曾て暹羅と言つた時代から、日本畫家に特別の好意を寄せてゐた。印度も亦その宗教に於て、その建國の精神に於て、日本人と全く共同性をもつてゐるので、これら宗教國の民族精神を美術人は十分承知して美術の發展を期すべきである。

南方諸島の住民にしても、大御稜威の光被するところ、先天的な東洋的魂を喚び起こす事は必定であつて、更に言へば支那にしても、ソ聯にしても、それらの諸國人は一つの強い信仰を持つてゐるのである。彼等達の信仰に共同の喜びを與へることが、大東亞建設の成功となり、彼等の信仰に反感を持たせることが、大東亞建設の妨げとなることを深く思ふべきであらう。

信仰なくして、信仰を持つ民族を指導啓發することは出來ない。私の乏しい經驗から見ても、彼等が吾等に求めるものは學問でなく、知識でなく、實に人間的な信仰であり、藝術であるので、この望みを叶へてやるのが、よき指導者であつて、信仰を無視して彼等を歸服善導しようとしても、木に緣つて魚を求める類にひとしい。

◇

大東亞建設は、軍事と共に文化工作を最も必要とされるので、こゝに繪畫の重要性に就て、識者の一考を煩はしたいのは、繪畫から受ける理解は、書物や說明などから受ける理解よりも、直接的であり、效果的であり、親愛的であり、また敎授的である。この繪畫の特性を巧みに應用することによつて、文化工作は著しい成績を擧げるであらう。このことは、早くから英國の識者なども圖畫敎育に於て指摘してゐるところであつて、英國の繪畫が暗中摸索的な美しさを排斥して、白日の下に物體を正確に攫むといふことを繪畫の基礎としたところに、英國繪畫の美しさが保たれてゐたやうに思はれるが、この堅實さが、彼等の冷酷な性質による政治となつて、終に今日の老大帝國の末路を見るに至つた。またフランスは、暗中摸索的な甘い美しさをもつて、人情的であつたが、そのために却つてその國の崩壞を來たしたとも言へるので、いづれにしても惜むべきである。そこへ行くと我國の繪畫は非常によい性質を持つてゐる。それは後に述べることにする。

さて南方開發、また大陸の開發に當つても同樣であるが、文化工作の一要素をなす繪畫は、飽くまで實際的であり、指導的であり、そして第一には信仰を持つてゐなければならない。率直に言ふが近來の日本の政治、宗教、敎育、美術は信仰を持つてゐなかつた。單なる表面的な構圖や、齒切れのよい理論や、場當りの筋書だけで、內容に信仰を持たないやうでは、信仰を持つ諸國の民族を悅服させるわけに行かないのである。

大陸にしても、南方の諸民族にしても、永年に渉る米英の壓迫を受けて、言ひ換へれば米英の敎育を受けてゐる。この點少しも日本の敎育を受けてゐない。これから日本の敎育を受けるのであるから、敎育者たる日本はこれらの被敎育者に對して、最も愼重を要すべき大切な時機に臨んでゐるのである。眼で見る繪畫は、敎育の第一線にあるものだから、大東亞建設に當つては、特にこの繪畫の重要性を認識すべきである。

◇

さて大東亞建設の空前の聖業に對して、更に私は桃山美術の再檢討を望むものである。桃山美術は時の統帥者たる一世の大英雄豐太閤の性格を如實に反映したものであつて、世界地圖に活眼を開いて、大御稜威の宣揚に志した豐太閤は、寔に空前の大政治家と稱すべきであつて、軍事と文化を兩翼として、軍事のために文化を一日も忽諸にしなかつた。寧ろ文化を積極的に獎勵した。このことは今日獨逸のヒトラー總統と同樣であつて、豐太閤の偉大性を雄辯に物語るものである。

桃山の繪畫は、豐太閤が偉才狩野永德を起用して、繪畫の實權を握らせ、豐太閤の欲するまゝのものを、永德の欲するまゝに製作させたものである。英雄、英雄を知るとは正にこの間の消息を言ふものであつて、桃山繪畫の構圖は、武士的精神をもつて、白日の下に大局的に、正確に、堂々と描き得た強い美しさであつて、それも英國流の冷かさでなく、日本武士道の溫さをもつてゐる。そしてフランス流の暗中摸索的な弱い美しさなどは毛頭ない。その末節に拘泥しないところに、技術的には多少の缺點はあるとしても、それは論ずるに足らないので、そのために却つて雄大美を增してゐる。こゝに桃山美術の卓越した手腕が認められるので、實に日本武士道の精神を發揮した士魂の畫であつて、剛健の士氣を鼓舞したこと、且つは豐太閤の世界制覇の氣宇の盛られてゐることは、國家的見地から見て、偉大な創作であり、非常な意義を有するもので、大東亞建設の雄渾、遠大な構想と相俟つて、現下の日本に最 相應しい藝術であると信じられる。

◇

桃山繪畫と言つても、美術史的に觀れば、桃山時代に突如として起つたものではない。この永德を生んだ狩野家は、祖先の狩野正信が、足利幕府に仕へたことに因緣づけられるのであつて、正信を足利將軍家に推選したのは、誰あらう畫聖雪舟であると認められる。狩野家と幕府の交渉は、雪舟によつて媒介されたものであつて、この緣故によつて永德は織田氏に仕へ、次いで豐太閤に仕へ、その子孫は德川氏に仕へて、狩野派は武士道繪畫の典型をなしたもので、狩野家と武家階級との關係は、雪舟によつて結ばれたものである。

このために、豐太閤は永德の大手腕を知つてゐたから、桃山繪畫を創作させたもので、これを遡つて言へば畫聖雪舟が自已を虛しうして、若い狩野正信を足利將軍家に推擧した

ことが、桃山繪畫大成の因をなしたもので、延いては狩野の武士道繪畫が永遠に日本繪畫史に建設されたことになつたのである。これは實に雪舟不滅の大精神の現れであると言はなければならぬ。

善因善果の佛理は、雪舟によつて武士道繪畫の興隆を見たのであるが、重ねて言ふが狩野派として、また日本畫としても、最も世界的意識をもつた、武士道精神を現した、雄大な構想と、そして無遠慮と大膽さとは、桃山繪畫に見る異彩である。

桃山繪畫は、雄大絢爛な色彩畫をもつて特長とするが、その基調をなすものは、矢張り墨であつて、墨が日本畫の生命であることを決して見逃さなかつた。元來東洋畫は墨を生命とするが、殊に鎌倉時代に武士道と日本禪との一致を見た結果として、この日本人の特性を繪畫に表現した代表的なものが、足利時代に勃興した墨畫であり、その代表的人物が畫聖雪舟であつて、この雪舟の引き立てによつて、狩野家が墨の生命を色彩畫に賦與した代表的なものが、桃山の繪畫である。

それ以來日本畫は墨を忘れなかつた。

◇

この墨の美學的效果は、質實剛健であり、一面には優美であり、高遠幽雅であり、そして犧牲的精神であつて、日本畫の美しい特質は實にこの墨にあつて、また墨によつて日本人の美しい特質を表現したものである。然るに現代繪畫は漸く墨を無視して、それを新代繪畫の進步と考へた。そして墨を日本畫から葬つた。この誤つた樣式は、一面から言へば進步の段階であつても、この墮落によつて日本畫が士魂を失つたことは最も大きな損失である。

日本は昔から黑色を勝ち色と呼んだ。黑色は總ての色に打ち勝つからであつて、この黑色の藝術的なものが墨である。日本は未だ曾て外敵に負けたことのない國であつて、今日は大東亞戰爭に米英の大國を擊破して、大東亞建設に邁進してゐるので、この世界の戰ひに打ち勝つ國の繪畫が、勝ち色の墨を生命とする事は寔に偶然でない。こゝに日本畫が國畫としての本領がある。宜しく日本畫は、歷史的に傳統的に、現在に於ても、また將來に於ても、過去のやうに墨を日本畫の生命として、國民の士魂、士氣を昂揚すべきであらう。これが日本畫の進むべき唯一の道である。

私が、桃山繪畫の再檢討を促すのも、眼を世界に放ち、墨による士魂をもつて、新しい力を日本畫に與へて、大東亞建設に即應する國策繪畫の發達を望むに他ならないのである。

ヒトラー總統は、從前から徹底的に日本を研究してゐると言はれるが、ヒ總統にして知るあらば、必ずや獨逸繪畫に墨の應用を命令するであらうと思はれる。

墨法を無視して、日本畫の健全な發達はない。否、存在はないのである。日本畫は墨法を重視せよそして日本人の士魂を發揮せよ。かくて雄健たれ、優美なれかくして大東亞建設的なれ、世界新秩序建設的なれ。

私は、かく叫ぶのである。

鐔の鑑賞に就て

長岡恒喜

軍刀の拵(外裝)は、伊勢神宮徵古館にある俵藤太の毛拔太刀を木としてつくられた。其鐔は其儘の形式を採用されたが、其缺點は滿洲事變と今回の日支事變で遺憾なく暴露された。此鐔の中には四方の透を除いて耳の陷落を防いだのもあるが、面の凸凹が實用上邪魔である事が判明した。近頃ボツ〳〵現れた改良軍刀では、鐔は在來の眞鍮地に金鍍金をやめて長圓形鐵無地磨き地に丸耳だけ金鍍金したものが現れた。是は實用には申分ないが、餘りに實用本位で美觀を缺いでゐる。要するに軍刀としては是れで事足るが、兩者共所謂數打の下手物で美術として後世の鑑賞價値を得られる氣遣ひは先づあるまい。

然るに在來の拵に於ける鐔小道具は、日本武士道の精神たる只强い一方ばかりでなく、文雅風流の精神が取入れられてゐる。即ち實用以外に個人の趣味性(餘裕)が取入れられてゐる。即ち刀には双紋の美あり、鐔小道具には彫卦、透、象嵌を施し實用と同時に立派な美術品になつゝゐる。然し泰平が續くと本來の使命が忘れられて裝飾本位になり、鎌倉、室町の中期以後江戶期のものには美術本位で實用無視のものも無いではない否大いにある尤も彫金の發達は此美術本位の傾向にあるから一概に排斥も出來ぬが、鐔小道具としての鑑賞には實用を忘れぬ一面、自然に美術となり居るものが所謂華實兩全の最優品と推賞せねばならぬ。

其實例は古刀匠、甲胄師作の或物、信家、明壽、山吉、法安、肥後林又七、平田喜三、西垣勘四郎、志水甚五、赤坂初三代、加賀の平象嵌等尊重さるゝ理由も此華實兩全にあるのである。

美術本位では儀式用の古太刀金具師の作品金家平安城据紋象嵌一派の高彫物、正阿彌の生透、奈良の三作を初め江戶時代の金工の高彫象嵌や生透の類は、美術としては珍重すべきものではあるが實用上は不適格の方である。

其實例は今回軍刀拵改良の理由の外に、彥根武士の櫻田門外敗戰の原因の一として考へられてゐる事實も數ふべきである。即ち彥根武士は宗典一派の高彫生透の美作を揃へて行列の美を誇つたそうである。雪降りの當日故柄袋を懸けて出懸た事が重大な敗戰の原因となつた。

近頃の鑑賞層は武道の精神を忘れて高彫美作の金工物が偏重され甚しきは金銀象眼さへあれば僞物でも劣作でも高價に捌けると云ふ

(二十七頁下段へ)

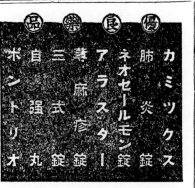

工藝界の新人達（1）

☆ ☆

大島隆一

あたへられた命題は、「工藝界の新人」――と、いふのである。十二、三年前、やはりかういつた題名のもとに、當時の新人について書いたことがある。

どういふ人たちを書いたか、いちいちおぼえてゐないが、そのころ「新人」といはれた作家が、いまでは中堅作家として、はなばなしい活躍を示してゐる。もちろん、中には停止したきり前進しない作家もゐるが、ほとんど順調なコースをつきすゝんできたことは事實である。

いま、こゝに書く人たちも、おそらく何年かのちには、中堅作家として、すばらしい活動を展開するものと考へる。さういつたこんごに期待をかけ得る新進作家について、かんたんな記述をこゝろみることにしよう。

「鑄金」の分野においては、渡邊顯子をだいいちに推したい。染織に閨秀作家の多いのは、なにも不思議はないが、鑄金における閨秀作家といふものは、長崎の龜女以來、はなはだめづらしいことである。

津田信夫門下として、嚴格な師匠の訓育のもとに、最近めきめきと腕をあげてきたことは、注目すべきであらう。昨年、文展における「麥の精鑄銅花瓶」は、それを雄辯に物語る優作であり、きはめていゝ素質をもつた新人である。

昨年「鑄銅花器」によつて、初入選・初特選をかち得た伊藤宜宏は、豐田勝秋門下の新進であり、そのたしかな技術を驅使して、こんご充分に精進するならば、伸びるべき作家である。

大阪における中島義夫も、有望な新人としてあげることができよう。中島の作品は、一見、地味であるが、その眞摯な努力は一作ごとに進展を示し、一歩一歩、つきすゝもうとする制作態度には好感がもてる。

なほ、戸谷純之助、北村一朗。この二人の作品は、あまりみてゐないが、いままでに示した一、二の作品によつて、なかなか素質のいゝ人たちだと考へる。

「彫金」においては、內藤四郎、宮坂房衞、增田三男をあげる。この作家は、現實の彫金界におけるもつとも囑望すべき新人であらう。

內藤四郎は、美校彫金科の出身であり、村越道守とゝもに、築地の工藝學校が出した二俊才のひとりである。こまかい神經が、作品のすみずみにゆきわたり、いゝ感覺をもつた作家である。彫金といふ仕事に、このくらゐぴつたりした作家はあるまい。

宮坂房衞もまた、その將來に大きな期待をもたせる新人である。海野清門下に多くの人たちがゐるが、これは、たしかにずばぬけてゐる。信州人らしいねばりをもつて、いつも作品と四つに組んで戰つてゐる態度は、たゞ、小手先たけで制作してゐる諸君とは、だいぶ距りがある。昨年の個展は、この作家の眞價をはつきり世に示したものといへよう。

埼玉における增田三男は、第三回の文展から、あざやかな進出をみせてきた。この「銀鐵からたち文箱」は、たしかにこの作家の出世作である。巧緻な技術をぞんぶんに驅使して、すきのない作品を制作する點、なかなかあなどりがたい新人である。

彫金の分野において、どこからいつても文句のないところは、この三人であらう。三者おのおの、その作風を異にするだけに、いつさう興味があるといへる。

「鍛金」。こゝでは、なんといつても寺田龍雄である。この分野においては、じつにこれといふ作家がゐない。大家・中堅・新人とならべても、いはゆる大家・中堅に人がゐないこんにち、寺田はいつのまにか鍛金界の至寶になつてしまつた。

これは、一面、幸せであるとゝもに、かれとしてはつらい立場でもある。しかしながら、このつねに緊張した氣持は、作品にますます精魂をうちこませることになり、磨きがかけられてきた。おそらく、將來の鍛金界を背負つてたつ人材であらう。

河内三郎は、昨年の暮、美校鍛金科を卒業したばかりの年少作家である。在學中から同輩をぬいて、すぐれた作品を發表してゐた。僕は、その卒業制作をみて、微笑を禁じ得なかつたひとりである。すぐ入營したので、たうぶんその作品に接することはできないが、ふたゝび制作に精進した場合は、有望な新人のひとりとして活躍することは疑ひない。

大阪においては芳武茂介と羽原秋芳がゐる。芳武は、昨年文展の「飛鳥置物」で、すつかり氣をよくしてゐるし、羽原もまた「鍛金瑞鳥置物」で、しつかりした手腕を示してゐた。兩々、ならびたつての進出こそ、こんごに多大の期待と、興味をもたしめる。

（以下次號）

新刊紹介

モロオ・ヴオチエー 大森啓助譯 繪畫

現在我が國の美術學校の修業過程に於いても油繪の技法や材料の實驗などの時間といふものは殆ど無く又大多數の油繪畫家達のマチエールに對してあまりの無神經さには驚く他ない。それには今日まで油繪技法に關する纏つた解說がなく、權威ある册子のなかつたことにも原因があつた樣に思はれる。……

本書は西洋繪畫のマチエールの歷史的な變遷より始まり、次に最も注目される油繪技法を科學的に解說された項がある。その間巨匠ドラクロアなどの諸大家が技法に關して記錄した名文句が挿入せられて興味を惹いてゐる。

原料の關係から粗惡の材料が汎濫してゐる今日「繪畫の疾患」を避けることは困難なことであるが、その難を除くことを工夫し、繪畫の完璧を期するためには本書を熟讀する他はない。

（定價四圓 東京市小石川區關口駒井町三 春鳥會發行）

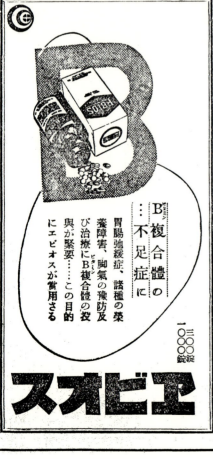

新院展評

新院展も五年を迎へてほんとうなら結果愈々固くと云ひたいところだが、幹部の統制が順調に行かず互に表面は平靜なやうだが内部は常に反目して事々に軋轢を繰返してゐるが、五年を經た今日内部的に大改組でも加へなければ恐らくは十年展は迎へられまいと思はれる。兎に角院展でも永年に亘つて同人までに漕ぎつけなかつた人々の云はば夫れが不滿の反院色濃厚な團體とて、實力ある中での數氏は自己を沒却して只管に内部の圓滿な運行をば計つてはゐるが兎角才能のないものほど無鐵砲で各方面の反感を煽つてゐるが過般の日本畫資材統制會に對する問題などよい適例と云へる。

陳列畫に戰爭畫の少いことは、何もこの展覽會ばかりでないが、注目すべき問題ではあらう。尤も實戰の經驗もなく、兵器に就ても精しい智識に乏しい作家に優れた近代戰の描寫は期待する方が無理かも知れないが、しかし云ひ度いことは、一つの頑固な職業的な陳腐な描寫的題材を打破して、動きのある「生活」の實相を描いて欲しいと思ふのである。この切實な「現實」の生きて躍動する人生のリアリテイを把握し、脈々と波打つてゐる「生」の大動脈に觸れた作品を希求するのである。低徊趣味的な幻想的な浪漫主義でなく、潑剌とした興亞の意氣に溢れた逞しく壯大な浪漫主義こそ現代の要求するものであることを強調したい。

戰爭畫に準ずる作品としては三好光志の「七洋を制す」平岩長四郎「火線」があり、なほ小林三季「山ゆかば海ゆかば」杉原澂薫「防人」村山勵「南邦」など尠くとも時局に積極的な關心を示した作品として、注目すべきであらう。三好の「七洋を制す」は野心的な佳作であるが、やゝ粗剛な點があり、小林三季の「海ゆかば山ゆかば」も意圖大いによろしいが、繪の具の塗りがもつと清潔であれば更に効果を擧げたであらう。

同人作では前記の小林三季を除くと、小林巢居、茨木衫風、田中案山子の三人が個性的な滋味のある仕事をしてゐる。巢居のものでは「火」「水」の二作は知性的な優れた仕事であり、「潮光國土」連作の潮波の質實な研究も、立派な成果をあげてゐる。衫風の「京洛林泉七景」は、作者の長い水墨的熟練が漸くものを云つて來たやうである。たゞ纖やかな點描風の線條が、一つの特徵をなしてゐながら、又それが畫面効果を弱くするやうな虞れも多分にあり、この一つの完成を自ら破碎して進む勇氣を作者に望みたい。「西芳寺」「孤蓬庵」など佳作である。

田中案山子「漁村十景」も充分作者の力倆を示した佳作であり素質的に鋭い才氣を随所に閃かしてゐる。森山麥笑の「朝暾」も力作であるが、やゝ類型に墮し、努力程の效果を擧げてゐない。吉田澄舟「怒濤」鬼原素俊「支那二題」も成果充分とは云へないであらう。むしろ新同人岡田魚降森の「猿酒」は、從來の奇鋒をやゝ收めて、しつくり畫面と取り組んだよい仕事をしてゐるし、並木瑞穗の「渡河」も成功してゐる。準同人福島秀行の「朝凪」「夕凪」は、放膽な機智に物を云はせやうとしてゐるが、深みはない。其他一般出品では京谷博「小諸城趾」其他二作は新味ある作風で注目すべきものであつた。

小林彦三郎個展

小林彦三郎氏は三月廿一日から大輪畫院の春季展を開いて續けざまに第二回個人展覽會を帝都の中央銀座三越に開いて其の畫技を天下に問ふた。すべて花鳥畫の小品であるが漸次畫面の整理も出來て見る可きものもあつたが、未だその迫力に缺げるものがあり色調にも一段の工夫が要望せられるが、その穩雅な雰圍氣は氏の人柄を現すものとして將來に期待がかけられる。

朱葉會廿四回展

女流洋畫の大集團は移動離散の變化は今昔の感に堪えぬものがあるもの今回廿四回の回數を重ねて盛んである。殊に約三十點の獻納畫を併せてゐるが獻納の方は、平素顔を見せぬ人々の作を併列したので今回は一層賑やかに見えた。大久保爲世子氏「チョ子」德川禮子氏の「花と人物」平岩夏子氏「姉と妹」は人物での優作、佐藤きくよ氏「早春」秋元松子氏「あざみ咲く高原」渡部百合子氏「蓼科」友田みね子氏「秋」は風景のうちでそれ〳〵に特徴ある作である。藤江志津氏「ラッパのある靜物」村井靜江氏「菫」德川寛子氏「ばら」を多くの靜物の中から取上げることが出來る。佐伯米子氏「横丁」遠山陽子氏「花」大久保百合子氏「長春花」藤川榮子氏「デッサン」は同會の重鼎をなすものである。(上野松阪屋)

石橋美三郎個展

柳河の風景が多く、またそこに力作と興味がかけられてゐる。あざやかな「汲水」(沖端)や鶴の名所の「阿久根風景」の大景の方などに注意されるが「阿蘇外輪山」のやうな鈍い色の積疊や「鹿」のもつたりしたあたりにその特徴らしいものを執へることが出來る。「鷹」は唯一の花鳥題材であつて一點だけなので、まだ特徴を造つてはゐないが案外いゝものに進展する片鱗を見せてゐた。(鳩居堂)

櫻井霞洞個展

文展工藝無鑑査のいゝ持味の作展でしかも最初の個展である氏の作は「清流會」などで同じ會場で屢々見せられてゐるが個展には統制がある親感が深い。蠟纈の「八重櫻」と漆畫の「茄子と猫」は共に二曲半双屛風であるが、會場を代表する力作だこの二つに充分氏の藝能に物を言はせてゐる。圖案風繪畫横物では「芽生」のやわらかさ、「花ざくろ」の構圖のまとめ方、「あやめ」の描出法「防風」の小手のきき方などにその特能を見せ、人物のしつかりさに「琉球所見」の二がある。漆では「鰈」「鯛」のやうな畫面の複雜なものほど面白く、たま〳〵漆の「さんま」と繪畫のさんまを同型に畫きわけて見せたのに榊樣の興が持てた。「唐もろこし」と「南瓜」風呂先屛風などになると垢ぬけせぬ憾みがある。實用品も澤山併列し、參考に氏の萬國博出品の織物を見せた。(銀座松坂屋)

(二十五頁から續く)

事である。甚だ嘆息すべき事だ。

繪畫に美術として推賞すべきものに彩色の密畫もあれば水畫の簡短畫もある如く鐔にも高彫色繪の美作と鐵一色の簡短な美作がある。繪畫は展觀に使命が終るからよろしいが鐔小道具に實用と云ふ大使命が裏付られてゐる事を留意せねばならぬ事は前陳の通である。

鐔を多數取扱ふてゐると安親や、信時や、赤坂、尾張透、佐渡物等には現代の所謂デホルマションが盛に行はれ立體派超現實派、抽象派等の作風が數百年前に先行されてゐるなどは我邦先人の美術思想がいかに深奧なるかを驚嘆させるばかりである今日の美術思想から見て此他に多々検討すべきものゝある事を茲に示唆して鑑賞家の興味を喚起したいと思ふ。

展覧會の暦

▽筑前美術展　十八日から廿二日まで銀座松坂屋
▽三果會洋畫展　廿一日から廿四日まで銀座鳩居堂
▽古丹波名品觀賞展　廿一日から廿六日まで上野松坂屋
▽風土會洋畫展　廿二日から廿六日まで銀座紀伊國屋
▽洋畫家六氏日本畫展　廿二日から廿六日まで日本橋高島屋
▽二科會春季油繪展　廿二日から廿六日まで日本橋高島屋
▽古代染色工藝寫眞展　廿二日から廿六日まで日本橋高島屋
▽燦木社日本畫展　廿二日から廿六日まで銀座菊屋ギャラリー
▽高間惣七洋畫展　廿四日から廿七日まで銀座資生堂
▽岩船修三滯佛作品展　廿五日から廿七日まで銀座日動畫廊
▽造型版畫展　廿五日から五月四日まで府美術館
▽太齊春雄個展　廿六日から卅日まで銀座青樹社
▽岩佐新主催日本畫展　廿六日から廿八日まで銀座鳩居堂
▽新古典美術七回展　廿七日から五月六日まで府美術館
▽福島省三日本畫展　廿八日から卅日まで銀座菊屋ギャラリー
▽律動油繪展　廿八日から卅日まで銀座紀伊國屋
▽水彩聯盟會員新裝水繪展　廿八日から五月三日迄日本橋高島屋
▽川崎小虎塾展　廿九日から五月三日まで銀座松坂屋

旬報

全國五十祭神に獻納
東京府美術館の借館團體の企劃

上野公園東京府美術館に例年展覧會を開催する借館團體である東叡會では大日本神祇會と聯繫の下に、全國に亘る五十祭神に美術作品を獻納し興亞文化の精神に則り敬神思想の宣揚に資せんことを決定、目下それ〴〵製作中であるが、同會所屬團體は三十四あつてそれが一團體二作品づゝを提出するもので既に作品揮毫のため中澤弘光氏は伊勢外宮に、木下孝則氏は春日神社に、太田三郎氏は熱田神宮に出發した。製作の大きさは日本畫（横物尺八巾）油繪、水彩畫（拾號）彫塑（拾號に倣ふ）で表裝の仕立、額緣等をなし五月上旬大日本神祇會主催の奉納作品展示會を上野廣小路松坂屋階上で開催する筈である。そのため淀橋區西大久保二ノ二五三の東叡會内に戰勝禱願奉納額委員會を組織、左の如く委員を置き　した。促進に努めてゐる。

石川寅治（太平洋畫會）、石川確治（國風彫塑會）、濱地清松（第一美術協會）、太田三郎（光風會）、吉田秋光（日本畫院）、中山巍（獨立美術協會）、小室翠雲（大東南宗會）、木下孝則（一水會）

還暦記念　石井柏亭百選展祝賀會
四月七日夜日比谷東洋軒で盛況

双台社第二回展の出品者懇親會に兼ね、石井柏亭氏還暦記念の「柏亭百選」展祝賀の會が四月七日午後五時半から日比谷三信ビル東洋軒で開かれた。主賓柏亭氏及び同夫人家族等のほか同氏と親交篤き人々、同氏が數十年に亘る畫壇生活を通じて直接指導を受け現在は他の會派に屬してゐる人々、慶祝出品せる畫家たち擧つて參集、柏亭氏より、

「今回の百選展には自分が五十歳の記念展の時に出品したもの以後の作品を各所藏者から借りて陳列した。社會と種々と關聯が出來て忙しいので、作畫に充分精進することが出來なかつたことを殘念に思ふ。今後は、層一層この道に努力してゆきたい」

との挨拶があり、門下關係の人々からは柏亭氏に對する回顧談や祝辭が述べられ頗る盛會であつた。

石井柏亭百選展祝賀會の光景（記事參照）起つて挨拶する柏亭氏

日本美術學校落成祝賀式

日本美術學校では、昨春以來武藏野沿線豊島園に近い高燥の地をトし、移轉改增築を斷行工事も着々進捗し、このほど漸く全部落成したので、四月十一日午後二時から落成祝賀式を擧行國歌齊唱、宮城遙拜、英靈に對する感謝、皇軍將士の武運長久祈念、田中校長挨拶、來賓祝辭、校友祝辭の順序で盛大裡に式を終へた。尙翌十二日には、同校講師及び生徒を以て組織する報國團祝賀會を午前十一時から開催、午後一時からは催物に移り、學生演劇、愛詩朗詠、音樂等に興じ、講師並に生徒の作品を校内に陳列した。

大日美術新同人
＝常岡文亀氏

大日美術院第五回展は、躍進日本の新美術として眞に價値あり且清新で迫力のある繪畫を以てその内容とし開催する事になつたが、同院では院僚常岡文龜氏を新に同人（審査員）に推薦

春陽會展入選
九三名一四四點

第二十回春陽會展は去る八日から上野の府美術館で開催されてゐる。今回の總搬入數は二千一百三十二點で昨年より百三十點多く、入選は九十三名百四十四點、内新入選は十七名入選は昨年よりも五十點少かつた。一般出品の傾向は、作家の態度が餘技的でなく、本格的に押してきてゐる。同會では記念畫集を出版し、これに收錄した作品を特別室に陳列し、連日の觀衆を悅ばせてゐる。入選者は左の通り（・印は新入選）

岩崎又二郎、三井永一、田邊謙輔・東晴司、山川淸、兒玉彥三、・田上康雄、小川綠、角南松生、江河廣、關四郎五郎、堀千枝子、福迫徹郎、長岡一敏、賀茂牛之輔、・芝淸福、田家秀雄、原田武男、・竹崎重三郎、河村芳枝、曾根徹、藤野龍、野村千春、松村禎夫、入江令一、山田義夫、加賀孝一郎、澁谷修、横尾丈夫、・富成忠夫、北富一郎、川島弁太郎宮田武彥、・永井保一、・中村巽井上重生、河野重軌、・倉石隆三原繁、吉川淸、中村萬平、上永井正、・三吉亮久、山田睦三郎、石井彌一郎、江崎元、日下昌三郎、小柳秀太郎、合田好道、森松治、山田眞吉、金敏龜、佐藤篤郎、青木達彌酒井昭子、三繩文雄、石田正典、豐泉惠三、・村山密、大久保圭子、秋口保波、稻熊賢一山林文子、旭泰宏、琴塚英一・上阪雅人、住友雄、矢田桂一深澤索一、松尾醇一郎、野崎新右衛門、宮田武彥、石黑平三郎、伊藤敏寧、・藤澤幸夫、山田昇次、・佐藤敬郎、・趣野雄二、吉田貫三郎、須藤千惠子・大平實、佐藤昌胤、大嶺政寬土屋實、・野見山曉治、木下克己、小野忠弘、宮脇晴、桑重淸、笠松春彥、笠松春彥、北野萬平、石川武彥、今竹七郎大久保一郎

創元會の新會員と會友推擧
第二回展は今秋九月

今回創元會春季總會に於て左記を新會員會友に推擧した。

（會員）飯島一次、中島憲之榎戸庄衞、圓城寺昇、野口良一呂、須田壽、樋口一郎（會友）淺井政勝、阿部清定岡田一馬、小野彥三郎、內田一郎、金田新次郎、川口雄男、倉橋英男、玉置弘三西村計雄、島崎政太郎、廣田重男、廣本季與丸、福岡繁樹、山野正

尚第二回展會期は今秋九月五日より十五日迄日本美術協會にて開催と決定した。

三越の版畫展

秋保氏と榊原氏

秋保鐵太郎氏の製作木版畫、榊原紫峰氏の花鳥十二ヶ月の木版畫展は四月一日から五日迄三越本店で開催、後者のものでは（一月）雪中椿に雀、（二月）白梅山鳩、（三月）八重櫻雀鷽、（四月）春草鷄、（五月）牡丹瑠璃鳥、（六月）紫陽花子雀（七月）水蜜桃三光鳥、（八月）蓮花白鷺、（九月）柘榴大和鶸、（十月）柿連雀、（十一月）柴栗山雀、（十二月）樅懸巣會期中盛況を示した。

日本畫院入選

八六名（八九點）

日本畫院第四回展は四月三日から十五日まで上野の東京府美術館で開催、連日盛況だつた。今回展の一般應募出品は三百二十九點、入選八十六名（八十九點）入選者は左の通りであつた。

富山華泉、岩間武平、大竹保之助、石田耕春、丹羽儀助、神田英僊、山崎民士、工藤八甲、平田清、磯聽風、遠藤鶴鴫、太田章、山口吉三郎、吉永叢生、宮岸長司、清水保二引野松江、原口青陽、須田青甫、箱山精一、長谷川義治、川田世紀、青木梢光、工藤紫煌、住川雅鴻、池邊安民、石川千良、小倉篁花、杜多清史碑田一穗、安田傘契、石崎明三谷一馬、是永仲一、大平華泉、藤井靖峰、木村千之、齋藤茂、齋藤美代二、伊藤嘉久井、猪巻清明、鈴木春枝、毛利武彥、加藤秋莊、尾瀨戶春光、小林澄心、端館九皐、大西鄕鳥、池田尙之、久保田春子、小澤春子、岡部篤、時田南鳳、宮部昌幸、吉澤英和、德永忠次、黑岩保美、渡邊學服部幸太郎、中村進一、岡部敏也、齋藤忠夫、三戶了一、遠山金彌、松崎貞讓、渡邊三重子、服部元武、青山百合子加藤春峰、橫尾拙兒、橋爪雅思、小野穎山、松宮光村、近藤乾年、安田陽江、村上邦廣白鳥映雪、植野潔、渡邊玉花關根雅雄、須原清旭、高橋助幹、大矢二郎、渡邊廉三、高浪勢以、兒島華鳳

尚本年度無鑑查出品者は左の廿五氏であつた。

伊藤文乙、田所量司、玉村吉典、久連石雨董、宮部沙久彌太田歲夫、根岸綾子、山本瑛幾、佐藤正衞、月岡榮吉、川合清、藤原芳春、湯田志砂緒松山廣幸、養父清直、望月定夫、坂下喜與作、淺野正俊、李顧菴、廣川操一、湯上呂久若杉翠江、關主税、宮澤鐵夫、稻垣虎之助

日本美術院の受賞者　前列右より　加藤春峰
太田歲男　玉村吉典　稻垣虎之助　後列右より
月岡榮吉　養父清直　小野穎山　猪巻清明　李顧菴

榮えの授賞式

同院では四月九日午後二時から府美術館會議室で同院第四回展授賞式を擧行した。受賞者は左の通りである。

（日本畫院賞）第一席　玉村吉典、第二席　望月定夫、第三席　太田歲夫、第四席　加藤春峰、第五席　小野穎山

（奬勵賞）第一席　稻垣虎之助、第二席　猪巻清明、第三席　養父清直、第四席　李顧菴、第五席　月岡榮吉

東京市職員美術展

東京市では職員團體たる同市勤勞報國會並に職員懇談會及び電氣局產業報國會の三者協同、翼賛文化建設の擧市一體の下、一翼たるを庶幾し、三月三十一日から四月十日迄同市水道局廳舍前元主税課廳舍で職員美術展を開催、日本畫十點（特選三點）、工藝二十二點（特選三點）、版畫九點（特選一點）、洋畫六十三點（特選四點）、他に寫眞百點、書七十三點を出陳好評を博した。

鈴木信太郎油繪展

鈴木信太郎氏の油繪展は四月十五日から十九日迄日本橋高島屋で開催、「奈良の秋」「伊豆の早春」「岬」など近作十八點を展示氏の特色を十二分に發揮した。

献納金展好評

瀧野川美術家協會

曩頃瀧野川區內在住の美術家が相寄り瀧野川美術家協會を結成したが、四月十二、三の兩日同區役所樓上で献納金展を開催繪畫では（日本畫）に於て「婦女圖」岩田專太郎、「牡丹」勝田蕉琴、「閑庭」小杉放庵、「水仙」常岡文龜等四十氏四十點

（油繪）に於て
「野尻湖」石川寅治、「南」布施信太郎等二十二氏、二十二點

（彫刻）に於て
「觀瀑」赤堀信平、「初夏の牧場」池田勇八、「北條時宗公」小倉右一郎、「觀音」北村西望「鷲」北村正信、「裸婦胴體」國方林三、「栗鼠」新海竹藏等十八氏、十八點

（工藝）に於て
「青磁柑子口花瓶」板谷波山「花瓶」香取秀眞、「蟬文花瓶」香取正彥、「微風」鹿兒島壽藏「鑄銅花入」北原三佳、「鎌倉彫なつめ」堆朱揚成氏等二十六氏、二十七點（すべて五十音順）を陳列し好評を得た。

神戸の池長美術館開館中

四、五兩月神戸市熊內の池長孟氏の池長美術館の祕藏品を一階から三階に亙つて陳列開館中である。日本人の手に製作された數多くの異國趣味美術品はその優秀なものは殆どと云ふ位に同館の有に歸してゐるのは一大驚異であり、わが國唯一の誇らしさを世界に耀揚するものである。（次號詳報）

繪專卒業制作回顧展

大禮記念京都美術館では京都市繪畫專門學校創立以降同校買上に係る日本畫卒業制作を陳列し四月三日より同十九日迄繪專卒業制作回顧展を開催した。出品は明治四十四年第一回卒業生（麥僊、竹喬、華岳、波光等）買上作品より昭和十六年第三十一回卒業生買上作品に至る各年度の代表作品一三七點、明治大正昭和に亙る同校出身者の代表的畫業を回顧しその主題の變遷技法の變化等歷史的に非常な興味をそゝるもので注目された。尚同館常設陳列洋畫部においては小磯良平氏の北支從軍スケッチ二十點を併せて陳列した。

美術創作家協會入選

…新規八氏…

美術創作家協會の第六回公募展は四日から十二日迄上野の日本美術協會で開催されたが、今回展の搬入總數は七三九點、入選四九點で、入選者は左の通りである。

（新入選者）北村修、小川孝子、淺野彌衞、金本溫知、咲花正晄、石壽星、宋惠秀、武田弘

（再入選者）田中正夫、石原裕滿、古田義一、大家吉也、鈴木長一郎、山內俊郎、荒木周一、日高勇、辻潤之助、登崎太三郎、森田富美子、新野新一郎、安藤洋、城所昌夫、荒井路野、坪井鶴吉、大森朔揚、小谷博貞、亞雁杲、和井田藤助、田邊恭、森口靜枝、和田喜一

高橋惟一個展

銀座畫廊で盛況

高橋惟一氏の個展は四月十日から十四日迄銀座ギヤラリーで開催、「花束」、「靜物」、「白菊」、「臺灣風景」など近作十五點を展示そ

の新鮮な技法は觀衆の讃嘆するところとなつた。

新燈春季展好評

新燈社春季美術展は四月一日から五日まで大阪高麗橋三越で開催、名譽同人、同人、幹部及び常連作家の力作品を出陳、多大の好評を得た。

高士幽篁個展好評

白閃社同人高士幽篁氏は、今回郷土陸軍病院慰問獻納畫を完成、四月十二日から十三日迄津市丸之内石水會館で展觀を開き好評を得た。

穹窿會鑑賞會好評

石原求龍堂主催の穹窿會第一回鑑賞會が四月五日から七日迄銀座資生堂で開催、物故作家黒木繁、岸田劉生諸氏の逸品を始め現代作家、梅原龍三郎、安井曾太郎、藤田嗣治、藤島武二、坂本繁二郎諸氏の傑作、いづれも現在は諸家の所藏品十數點が展觀され、却々好評であつた。

豫報

勤王閨秀畫家奥原晴湖遺作展

二十二日から卅日迄新宿伊勢丹

勤王閨秀畫家奥原晴湖の遺作展が東京日々新聞社後援で四月二十二日から三十日迄新宿伊勢丹七階(全部)で開催される。遺作品の會場到着は二十二日、出品は二百幅の豫定である。

この遺作展は昭和十四年日本美術協會で開催したのが第一回、今回が第二回目、その故土熊谷市の土地では、門人及びその藝術を慕ふ人々が集つて晴湖會を組織し、毎月遺作品の研究會並に鑑賞會を開き、昨年十月一日からは毎月展觀を催す熱心さである。尚、同社の肝煎りで、このほど、前記の展觀に先立ち遺作數十點を熊谷市圓照寺で內示、東京から美術關係の新聞雜誌記者等を招待、今回展の計劃に就て披露するところがあつた。

四月の博物館

東京帝室博物館 繪畫では國寶で、神護寺の釋迦、松尾寺の孔雀明王、一乘寺の高僧、來迎寺の十二天と十界圖、相國寺の羅漢八幅、などいつ見ても敬仰されるが、東京增上寺の法然上人繪傳も出陳、大德寺の牧溪龍虎や知恩院の蓮花双幅は宋元の代表作である。御物の繪殿御障子と聖德太子繪傳四幅は脱帽ものである。桃山室町時代の作では永德の琴棋書畫屛風があり、本誌の「琴棋書畫特輯」を思合せて興味が深い。蜂須賀侯の宇治橋屛風一双、元信と呂望の四皓屛風一双があるが、前者は同館所藏、後者は妙心寺の國寶である。江戸時代は浮世繪や版畫で觀賞を樂しませる。日本人的に最も發達した浮世繪の偉大さよ。藤懸博士が日本唯一の浮世繪雜誌を放棄したのに多大の疑問を投かけつゝ、帝室博物館が江戸名作を陳列してゐるを見る。同館の漆物はまた充分に嘆賞された。(御物)珖まい貼經臺を始め平安朝の禮盤、鎌倉の牡丹蒔繪經箱(國寶)や雷文鞍(重美)、室町の菊繪箱(重美)、下つて幽鑽蒔繪、白粉刷蒔繪や江戸に入つての印籠など目につく。

恩賜京都博物館 日吉山王資料特展で見易からざるものである。たゞしこれは二十六日迄で可惜閉館するが、「山王靈驗繪卷」とその斷簡のいろ〳〵に面白さがある。山王諸神像、本地佛曼荼羅圖繪、社寶など百點程。

猶同時展觀の大阪の池田庄太郎氏蒐藏の古鏡七十面は尊いものである。

奈良帝室博物館 青丹よし櫻季節の同館の國寶陳列は左の如し。

▼絹本著色佛眼佛母像(一幅)▼絹本著色足利義持像(一幅)▼絹本著色十六羅漢像(十六幅中八幅)▼絹本著色一遍上人繪卷(十二卷中六卷)▼紙本墨畫山水圖(傳高然暉二幅)▼絹本著色十六羅漢圖掛(十六幅中八幅)

新古典七回展

廿八日から府美術館

新古典美術第七回展が來る廿八日から五月六日まで、上野の府美術館で開催される。油繪、水彩、版畫、彫刻、工藝の一般陳列以外今年はブウルデエルの代表作「ベートーベン」などが特別陳列される。尚今回新に入選した作家の力作は決して尠少でない。

高間惣七個展

廿四日から銀座資生堂

高間惣七氏の洋畫展が來る廿四日から廿七日迄銀座資生堂で開催される。氏は昨年金澤市から伊豆國伊東に移轉した。溫室には溫泉を引き入れ南方の蘭花などを咲かせてゐる。住居は山の裾で樹木の多い場所であるから野鳥の種類が多く飼育するものと同樣に寫生が出來る由、今回の出品畫は昨年金澤市に於ける半歳の作品と、伊東に移轉してから飼育しつゝある支那の雉子の種類、南方諸島の花鳥、伊東の風景を扱つたものなどである。

二科會春季油繪展迫る！

會員、會友各一人一點・出陳百餘點

二科會春季展が來る廿二日から廿六日まで日本橋の高島屋で開催される。出品作品は會員、會友各一點(二十號以下)で約百點內外、小品ながら多數の力作が發表される筈で盛況が豫想される。

新装水繪展

廿八日から高島屋

水彩聯盟の「新装水繪展」が來る廿八日から五月三日まで日本橋の高島屋で開催される。同聯盟では豫ねて時代水彩の確立に活躍を續け內容にも新時代の精神を盛り着々其の實を擧げて來たが今回外裝の改良にも一段と研究を進め、新鮮な內容と斬新な外裝と相俟つて水繪に新生面を開く事となつた。出陳作品は廿四點、外裝は野上保美堂の製作である。

太齊春夫漆繪展

太齊春夫氏の漆繪展が來る廿六日から卅日迄銀座の青樹社で開催される。氏は數年來我が彩漆の研究に多大の犧牲を拂ひ漸く其の目的を完成するに至り今回の發表となつたもので、出陳作品は「南方の娘」「臺灣の蕃人」其他約二十點。

福島省三個展

良心的な作品展示

福島省三氏の日本畫展が來る廿八日から三十日まで銀座の菊屋ギャラリーで開催される。氏は故岸田劉生氏に學び、大正末期から十餘年間春陽會、國展等へ油繪を出品してゐたが、近年は日本畫に專心し、油彩によつて故師に學んだ宋元の寫實道を日本畫とした良心的な作品二十餘點を今回展示するものである。

試作會一回展

京都繪專出身五氏

試作會第一回日本畫展が來る廿一日から三日まで銀座の資生堂で開催される。同人は安孫子眞也、鬼頭篁、佐々木雅之、西山良以、松本竹根の五氏でいづれも京都繪專出身、院展に志す人々である。

石橋美三郎個展

石橋美三郎氏の油繪展が十五日から四日間銀座の鳩居堂で開催される。出陳作品は氏が昨年春から今年にかけ九州地方に寫生旅行三度に亘る收獲で「柳河風景」「鶴の居る風景」「阿蘇外輪山」其他廿點の展示だが第一回とあつて期待されてゐる。

川崎小虎氏門の新生社展

川崎小虎氏門には三十餘名の人々がゐるが、今回、新生社と命名してその第一回日本畫展を五月五日から九日迄銀座の松坂屋で開催する事となつた。各自一二點の力作を提出し川崎氏親しくこれが鑑査に當るが同氏門第一回發表といふことで多大の成果があるものと待望される。

美術經濟

日本精神と經濟

法隆寺の五重塔補修工事に依る

奈良の法隆寺の國寶諸建造物は近く補修工事に取かゝるが、就中その五重塔は殊に注視されるもので同塔の補修工事は、來る六月から起工され約五十ヶ月の豫定である。法隆寺の五重塔はわが國五重塔、三重塔等の塔婆中の第一位であり、飛鳥時代建造物中でも最優最美のもので、形の釣合ひの巧みさを保つて大いなる安定感を與へてゐる點が殊に特徴である。一階より四重までは方三間五重たけが方二間で、總高百十一尺七寸、これに三十一尺六寸の相輪を戴いてゐる。

元祿年間に大補修が行はれたことがあり、現在の外部的材料は大分新しくなつてゐるのであるが、今回は五重塔全部を解體して腐朽部分を修理の上、千三百年前創建の原型に復するといふ大計畫である。從つて古代建造藝術の秘密や偉大さがこの工事によつて明らかにされるであらうことに多大の興味を併せて文化貢献に資する事が多いであらう。今回の補給資材は明治年間に伐採保存されてある木曾御料林の檜材を用ゐらるるもので、これが工費は十六萬九千圓が算されてゐる。

飛鳥建築は支那模造であるが、決してそのまゝに支那的趣味や精神を模造したものでなくて、日本趣味日本精神に基礎されたところに殊に吾人が親感をもち離れられない祖先の心に生きられるところなので、全く日本のものなのである。聖德太子の御偉業による法隆寺藝術を仰ぐと、悉くそれに則つてゐるので、曩きに同じ太子の御遺業である大阪の四天王寺の改修補建が行はれたのにつゞいて今回の法隆寺五重塔に着手されたのであるが、われ等祖先の日本趣味精神は直ちに今、科學的にその秘密が明かにされると共に更に永久な將來へ崩壞の危險なしに完全に傳へ遺さうとするところのもので、この點に補修工事の意義が尊いのである。

猶、文部省では今四月の新年度當初に於て昭和十七年度の國寶建造物保存工事に對する國費補助を決定が、その總額は金三十五萬六千六百十九圓二十七錢で、その內法隆寺に關するものは次の如くである。

○奈良縣生駒郡法隆寺村

法隆寺

舍利殿、繪殿、傳法堂、宗源寺、四脚門、伽藍施設、壁畫保存、五重塔

金十四萬五千圓

これに法隆寺は所有者として金拾萬圓を負擔併せて二十四萬五千圓が豫算される譯である。

法隆寺の五重塔

模寫彩管始る

法隆寺の壁畫模寫は第三年目に及ぶが昨冬來各自の畫室に歸休中であつた各作家も三月末の荒井寛方氏を始め續々法隆寺に赴き模寫彩管奉仕に着手した。

日本橋でお馴染の展觀場
東美倶樂部遂に廢業す

日本橋區高島屋横丁の東美倶樂部は帝都中央唯一の日本畫新作展觀場として知られ、觀賞筋に深いお馴染をもつてゐたが時局柄遂に閉場することとなつた。同倶樂部は大正十二年の震災直後に建設された十有八年の歷史をもつもので、東京美術倶樂部（現芝の東京美術會館）が同震災で建築されなかつた二年間程は帝都の大小賣立は悉くこの東美倶樂部を會場として行はれ、爾來西陣の染織品發表及び日本畫新作展等毎月六七會を開催、斯界を賑はしてゐたものであつたが、時局柄に加ふるに經營者豊田益之助氏の病氣のため遂に閉場することとなつたのは誠に遺憾である。

松島畫舫展觀を最後に廢業

經營者　豐田氏談

時局も時局ですが私の病氣靜養の必要からで、舊臘芝の東京美術會館監査役も辭任し一際をやめたので今年一月以來、會場も貸すのをお斷りしてゐました。自分として惜しい氣もしますが……。松島畫舫展は昨年の十二月八日から開く豫定を興亞開戰の當日なので今日まで延期してゐた關係で、これだけは前の契約なので本月二十日から三日間開催、これが終れば廢業し、青山あたりへ移轉し靜養に入る豫定です。

「旬刊」美術新報
昭和十七年四月十七日印刷
昭和十七年四月二十日發行
發行日　毎月三回（一日十日廿日）
購讀料
一册金五十錢（郵稅一錢）
一ヶ月三册金壹圓五十錢（送料共）
麴町區九段一ノ一四　資文堂
編輯發行兼印刷人　猪木卓爾
東京市麴町區九段一ノ一四
發行事務所　日本美術新報社
電話九段二七一五
振替東京一六二五〇
日本出版文化協會會員　一一二三五番
配給元　日本出版配給株式會社
通信は一切發行事務所へ
發行所　東京市本鄕區東片町八二　日本美術新報社

普及版　梅原龍三郎近作畫集

A列3號　定價 拾五圓
（縱一尺三寸九分　横九寸八分）
原色版十五圖
送料 内地八〇錢　外地一圓

梅原龍三郎近作畫集は、梅原氏の最近作十五點を實物大、或ひは僅かに縮小して、原色版印刷の最高技術を縱橫に驅使し、半歲の日子を費して漸く製版を完成したもので、原畫を彷彿させるといふより原畫そのものに接する思ひあらしめる豪華艷麗な一大畫帖である。一般の觀賞に最上の畫集なるのみならず原畫の微細なマチエールまで完全に捕へたため、技術を習得する者にとつても好資料たるを失はない。新たに楊貴妃（昭和十六年作）近作薔薇圖（同上）の新版を起し普及版を刊行して江湖に送る。

武者小路實篤氏評……梅原龍三郎畫集は思ひ切つて美しい、立派な畫集である、梅原が自分で監督して出したのだと思ふが、原色版として最大の注意が拂はれ、梅原の畫の眞作にそのまゝ接しられるやうな氣がするものも少くない。原寸大のものは殊によくいつてゐる。その複製を梅原が壁にピンでとめておいたのを本物とまちがへた人があるほどの出來である。畫集として最上の出來と言へることはまちがひないと思ふ。あつめられた畫は自畫像の他は近作ばかりで、梅原の近作の個展をみるやうにたのしい……

豪華版　梅原龍三郎近作畫集

殘部若干　定價五拾圓　送料 内地二・五〇　外地四・五〇

この豪華版と普及版との相違を擧げれば
一、デッサン楊貴妃に代　に梅原氏年來愛用の**パレット**を原色版として收めた。一、表紙は陶板染付**裸婦豹**（原寸大）の原色版を別漉雁皮紙貼りの厚表紙に型押しした中に貼付した。一、別漉局紙に淡彩「**北京の空**」を縱一尺五寸、橫二尺四寸に製版して雄大な見返しとした。
一、畫集全體の大きさは縱一尺五寸二分、橫一尺二寸一分、厚一寸三分に及ぶ。一、用紙はいづれも別漉局紙を貼合せたものに型押しをして、特別アート紙に印刷した原色版を貼付した。一、雁皮紙に澁引加工し、手打絹紐を結んだ帙に收めた。

新刊

油繪具の研究

石原雅夫譯
二圓八〇錢　送料一四錢

恐るべき不純物に滿ちた昨今の繪具に對策を講じようとするたら、繪具の眞の性格を科學的に把握しなければならぬ。どの繪具とどの繪具を混ぜると百年も變色しないか、乃至は一年で龜裂するか、本書はブロックス外二氏がルネッサンス以降數百年に亙る歐洲諸畫家の體驗を巨細に紹介し、繪具に關するあらゆる問題を集大成した唯一の研究書である。

（目次の一部） 良き色惡き色　**調合の法則**　パレットより除くべき色　ブラン・ダルジャンと合せ得る色　合せ得ない色　排斥すべき色　安全な色　**不變色**　**龜裂**　名匠パレット集（アングル、ドラクロア、セザンヌ・マチス等）繪具の煉り方　ワニスの研究　油繪保存の研究
以下七十餘項目

内容案内書進呈

求龍堂出版部

東京市麹町區隼町九
振替東京七〇二〇八
電話（33）〇六五四

昭和十年一月十二日 第三種郵便物認可 第二十二號
昭和十七年四月二十日發行（每月三回十日目發行）

（金壹圓五十錢　一ケ月三册）
定價金五拾錢
（郵稅一錢）

旬刊 美術新報

五月上旬號

昭和十年一月十二日（第三種郵便物認可第二十三號）
昭和十七年五月一日發行（毎月三回十日發行）

23

第三十五回讀畫會展

會期 五月六日―十八日

會場 上野公園・府美術館

讀畫會事務所

東京市本郷區動坂町三二七（湯原方）

電話駒込（82）〇五三一番

第二回

直土會彫刻作品展公募

會期 五月十三日―廿一日

會場 上野公園・府美術館

出品受付 五月九日、十日

▽規則書四錢切手封入左記事務所へ

東京市瀧野川區田端三六二 建畠方

直土會事務所

電話駒込一四〇一番

『會期中會場』

明朗美術聯盟・後援出品

第四回 狩野晃行日本畫個展

會期 五月十三日―五月十七日

會場 日本橋・白木屋（五階画廊）

江 村 雪 晩　　大原孫三郎氏藏

本文　水澤澄夫稿參照

浦上玉堂集

出 靈 山 雨　　大原孫三郎氏藏

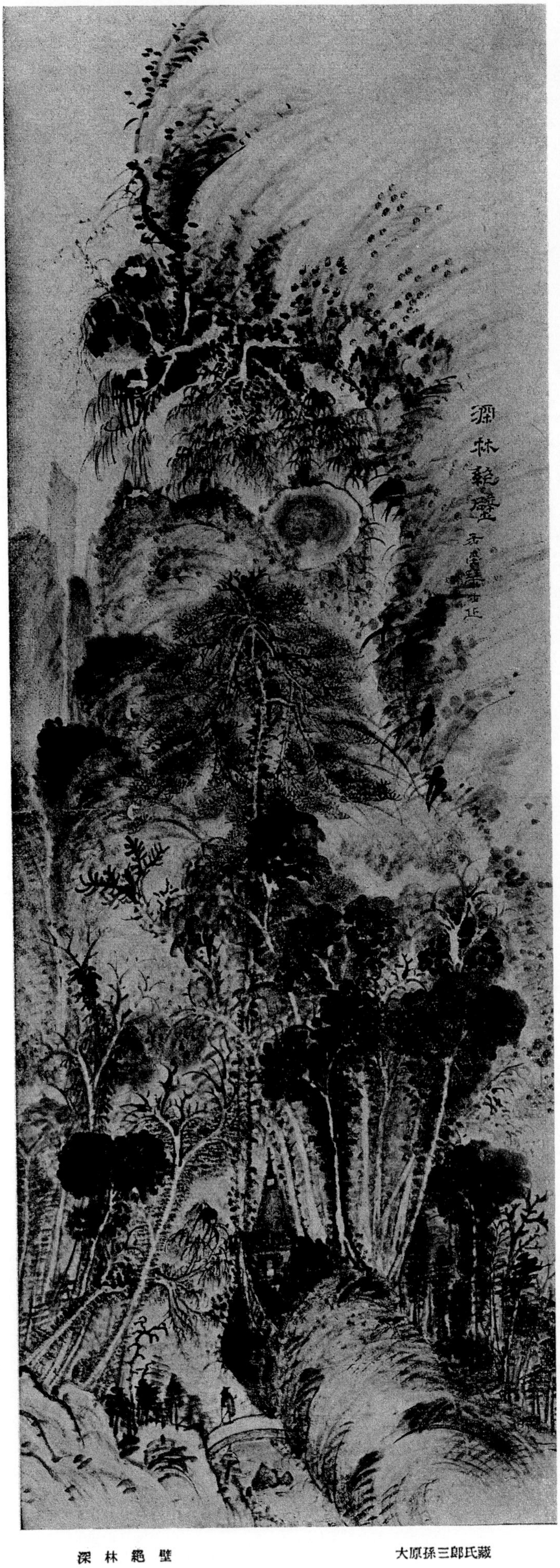

深林絶壁　　大原孫三郎氏藏

鎔山霜後　　大原孫三郎氏藏

高下數家
池上國三郎氏藏

夏山欲雨　　大原孫三郎氏藏

遁跡入隱

山口三郎氏藏

第四回日本畫院展

勤王僧月照　　野田九浦

晴れゆく山　　飛田周山

松樹像　　穴山勝堂

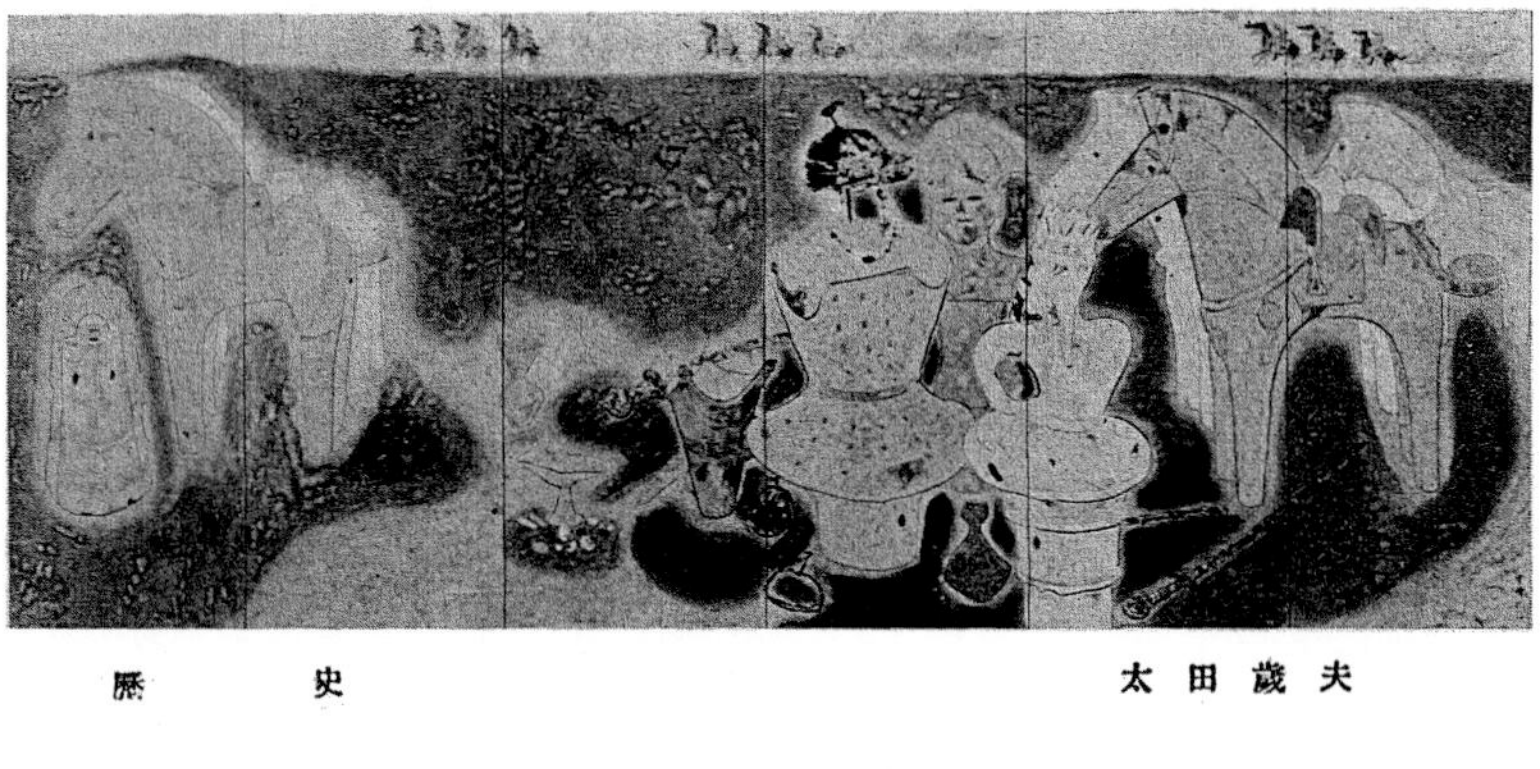

歴史　　太田歳夫

第四回日本畫院展

隆盛出陣　岩田正己

春寒　稲垣虎之助

玉蘭花　松本姿水

春雪　小泉勝爾

芍薬　吉田秋光

鶴　望月定夫

春陽會第二十回展

城　岡鹿之助

女の顔　原精一

庭前　倉田三郎

塔　二見利郎

白椿　今關啓司

浦上玉堂の藝術

日本の近世南畫は支那渡來の技法を日本化したと言ひうる。その日本化は一面、支那の本技を摸してなほ到りえぬ稚拙乃至粗笨を全然脱してゐるとも言ひかねる部面もあらう。南畫の本格技に至つては元明清初の巨擘に指を屈せざるを得ない偉大さは充分認める。しかし日本には日本の血と心とをもつ南畫が生じた。この系譜は大雅、蕪村を生み、崋山、竹田を生ぜしめたと共に半江、木米、靄崖らに技巧としての卓拔を見出しうる。その系譜の一列に連るものとして浦上玉堂並に春琴を擧げることが出來る。明治に入つてひとり富岡鐵齋が異色を放ち近來特にその技を賞揚さるゝ機運に際したが、これと等しく、否それ以上に買はるべきは浦上玉堂の藝術であらうと思ふ、その意は本誌の特輯に於てよく窺ひうると信ずる。

春陽會第二十回展

梅林　田川勘次

菊　大澤鉦一郎

椿　本莊赳

曾木風景　木下公男

誕生　南城一夫

市場の歸り　前田藤四郎

少女と馬　紫田忠夫

婦人像　中谷泰

梅林夜話　趙果章

秋林蟬鵲　洪怡

木蘭從軍圖　轟敏

山水　李智超

第一回大東南宗院展
支那・滿洲國出品者作品

水竹山居圖　陳年

荒江暮鴉　周肇祥

大東南宗院展

秋興　加藤松溪

涼宵　栗飯原大醒子

萬葉集　親母行旅の子を憶ふ歌　大亦觀風

双台社展

特別陳列の「柏亭百選」は流石に充實した見ごたへのあるものであつたが、この特陳がなければ恐らく退屈で救はれない展覧會であらう。柏亭氏に師事したことのある人々の藝展的な結社であるが、柏亭風の淡々としたリアリズムを摸して救ひのない煩鎖な自然主義に墮した作品を見てゐると、あの一見何でもないやうでゐて、深い滲み出るやうな詩感を持つ柏亭の藝術の偉大さを今更ながら痛感するのである。

同人出品は習作的な小品が大部分で問題とするに足るやうな佳品に乏しく、眼についたものを目録順に拾へば。

赤城泰舒「夏雲」荒木芳男「芝居スケッチ忠臣藏」菅野廉「富貴之圖」小泉癸巳男「雪山」新海覺雄「上繪師」十龜廣太郎「隅田公園」中川紀元「人物」野口道方「ダボス」早川國彦「水郷」松田康一「朝霧」松田文雄「婦人像」矢野雄藏「雪の溫泉町」ぐらゐのものであらう。むしろ双台社工房の作品や慶祝出品に興味があつたが、これとて景物的なもので、結局「柏亭百選」の堂々たる實績だけが問題になるのも致し方がないであらう。昭和六年作の「綠衣」に始り昭和十七年の「ぼけの花」に至る選ばれた百點は氏の全貌を窺ふことが出來、興味あるものであつた。所謂直寫主義によるリアリズム的描寫で主觀的な狂熱的な偏向を極力排擊し、平明淡々と日本の風土的特質を描破して遺憾がない。素朴な賦彩であるが決して感覺的に涸渇したものではなく、底から滲み出るやうな深い滋味のある色であり、强靱な素描力を主とした構成であるが、自然が自然のまゝにたゝへた詩趣をそのまゝ畫面に盛るに成功してゐる川合玉堂と並んで、日本の風景畫家を代表する存在であり、古典的な價値さへすでに具備してゐるのは立派である。「長良」「博多の海」「寄居」「吉川」「唐津」「稻田」「松浦潟朝靄圖」「博多」「須崎港」「三輪」「松花江」「墨水雪後」などいづれも淡々たる中に、滋味ふかき名作である。

朱葉會第二十回展

蓼科　渡部百合子

あざみ咲く高原　秋元松子

姉と妹　平岩夏子

東光會第十回展を觀て

田澤田軒

東光會は成立以來十周年になつて、その第十回展を三月十九日から三十日まで東京府美術館で開いた。

東光會も十年の間には可なりの變遷があつた。最初の會員の中で現在の會の中心を爲してゐるのは、齋藤與里、熊岡美彦、岡見富雄の三氏だけである。さて、十年を經た今

第二回璞友會

春光　丸 儀太郎

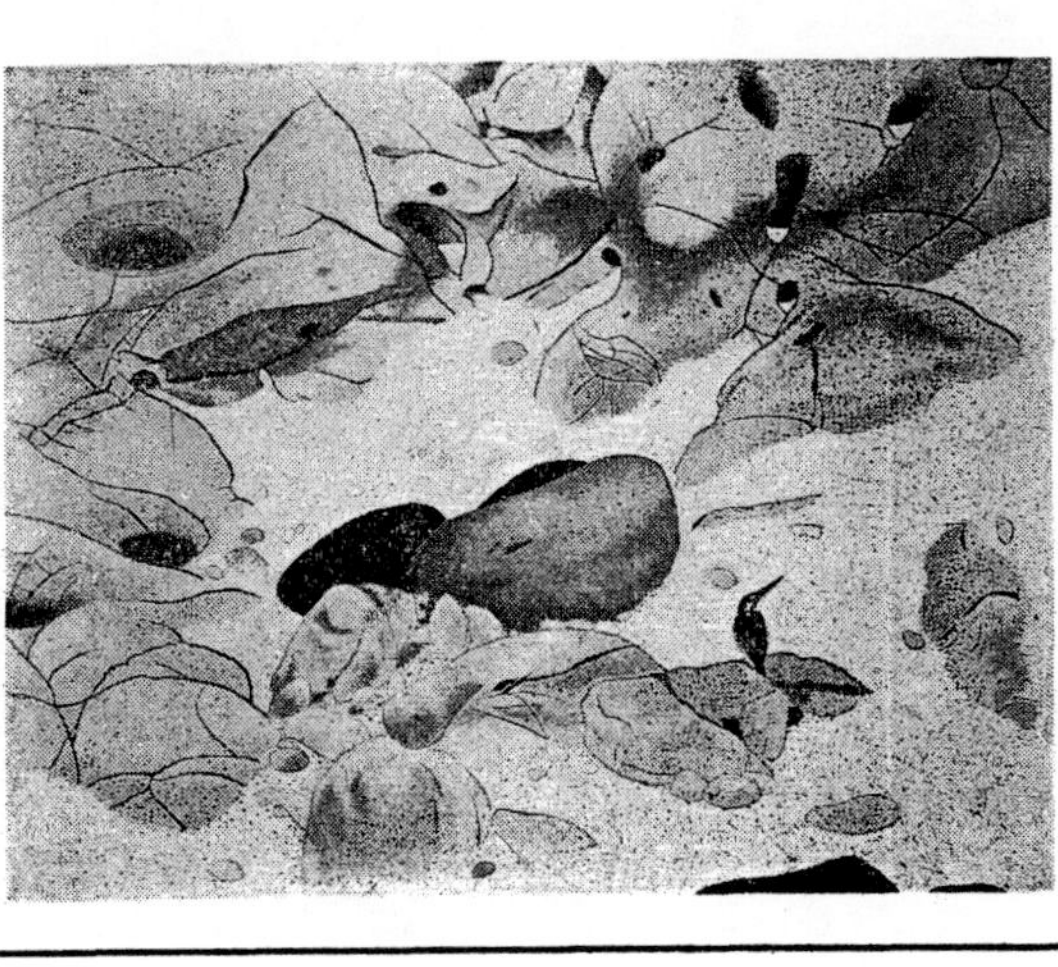
布石　横田 仙草

鈴木信太郎個展

奈良風景

新燈社展

芦ノ湖の新緑　山田皓齋

三田風景　青木大乘

日東光會仕事はどう進んだらうか。東光會は美術の大衆性を重視し、日本精神を基礎とした繪畫の制作に向つて、十年間歩んで來たのではあるが、その効果がどれだけ第十回展に現はれてゐたらうか。

記者の眼に映じた處のものには、さうした東光會の意圖に合した作品が多くなかつたことを遺憾に思ふ。美術の大衆性といふことは甘い意味ではあるまいしかし、どうかすると甘いのが大衆向きだとの勘違ひをしてゐるものがないとは斷言出來ない東光會の陳列の中にも勘違ひ作が可なりあつた。その一つ一つをあげることは差し控へるが會員の中にだつて、ある點で足踏みをしてゐるものが、ないでもない。その中で齋藤與里の「鹽原風景」や「早春山色」などは生命のある作品で與里のもつ色感なり筆觸なりが、年々前進をよき方向に續けつゝあることが認められた。熊岡美彦のオレンヂに朱をまぜたやうな色感が、多少除かれた作品のあつたことを、記者は嬉しく思つた。美彦として今度の「蕎麥の花咲く」のやうな仕事をすることによつて新らたなる面を開くのではあるまいか。（府美術館）

筑前美術第九回展

帝都初の空襲の日、記念すべき、筑前美術會展第九回は銀座の松坂屋七階で開催された。實に眞摯な日本畫、油彩、木彫の綜合展であり、南方九州に生を得た美術作家の集團によるところの、初空襲下の銀座に如何に思出多いことであるに違ひないいままでに於て同展が——昨年は大蹶起を成したが——今回ほど記念すべきはないであらう、しかも陸海軍に献納作品の數を併せたことも意義深かつた。日本畫の水上、今中二氏と洋畫の山崎、梶原二氏の作品は今回での瞠目を促した、假りに水上泰生氏を擧げて見ると、絹本大作「天草灘」は水天彷彿の實況を實寫したかに見ゆる眞景で、下部の眞實な寫生船舶は宋元あたりの唐畫を新しく思はせる描出である、上部の水天彷彿は、數歩離れる時にその感が胸を打つ、同圖は畫面は詳細な寫生のやうに見ゆるが、實は飽くなき印象の作であり、詩情のあふるるものを見る。甲蟲を描いた「つはもの共」「ジヤングルの中」の針鼠、櫻と寶劍の「九重に匂ふ」は此作家のもつ思想をまざ〳〵と見せた作であることを尊ぶのであつて、その藝術境にほゝ笑ましく思はれるのである。今中素友氏の「雪晨」のおしどりの群の大作その他數作を出品したことの眞面目さを見るがこれは誠意の表現を多とするだけで、實は「靜宵の燒ヶ岳」や「阿久根の春」の作の方がいゝのである　そしてこれ等の一層藝術的眞摯を深める努力に委せた方がよかつたのである。吉村忠夫氏の「朝霧」は題だけで毎度ながら出品されず（銀座・松坂屋）

★★★

茉莉會第二回展

②

①

寫眞　①湖畔の夏　額田明子　②アネモネ　日塔笑子

第九回筑前美術展

阿久根　今中素友

天草灘　水上泰生

浦上玉堂

古川北華

浦上玉堂のことに就いては私は二十七八年前既に「早稲文學」に「浦上玉堂と馴路雲泉」と言ふ題下に發表したことがある。この時分は未だ玉堂に就いて誰でも筆にしなかつた頃で、それから十數年近くたつて、それ〳〵玉堂が云々せられ騷がれ初めた。そして今日には或る所まで研究せられたやうである。けれど文献が少ないのでまだ多く盡してゐない憾みがある。

私は時々玉堂のことに就いて雜誌にかゝせられるのであるが、近頃作畫の方にのみ沒頭してゐるので文献をあさることに阻まれてゐる。そのうちに昔にかへり大に古美術の評論に向つて行きたいと思つてゐる。

玉堂の父は浦上兵右衛門宗純、母は水野氏で茂と言つた。父宗純は備前岡山城主池田侯の支封の家臣で玉堂が年漸く七歳の時、即ち寶歴元年二月享年六十歳に病歿したので玉堂は幼少の身でその跡目を繼いで池田侯に仕へた。母茂は天明六年五月享年八十一歳に玉堂の四十二歳の時に病歿した。

玉堂の藩主は池田政香で名君の譽があり、小烈公と言はれた程の人であつた。玉堂は政香に愛せられ重用せられて、水魚の交があつたが、政香は明和五年僅か二十五歳で歿して了つた。

「岡山縣人物誌」の記者は「玉堂は政香が死ぬと悲み厭世の念を起し、脱藩して歸らなかつた」と言つてゐる。然しこれは恐らく誤りであらう。なぜなら政香の死んだ明和五年は玉堂が二十四歳の時であつたから。

山陽が玉堂は寛政六年に仕を辭したと言つてゐるし、あの有名な播州の儒者滄州赤松鴻平（字は國鸞）本姓舟洩氏、赤穂侯の儒臣で享和元年八十一歳で歿す）が丙午の春（天明六年）に東備に遊んだ時玉堂が來訪して悅んで琴の話をし、また「玉堂琴」の歷史を語つたと言つてゐる。その時玉堂は三十一歳であつた。今一つは春木南湖の「西遊日簿」にも天明八年九月十二日に岡山の浦上兵右衛門の宅に宿したとある。その時は南湖が三十一歳で玉堂が四十四歳であつた。或る說には玉堂が脱藩する時、後を兵右衛門に讓つたと言はれてゐるが、これも全然誤つてゐる。なぜなら兵右衛門は父宗純と玉堂との字であるから。

その夜玉堂の娘が琴を彈じて南湖の旅情を慰め、翌十三日に備中屋安之助方で南湖と二人で席上揮毫を試み、良夜の宴を張つた。南湖は十四日に岡山を立つて、十五日にかんなべ驛に故鄉の司馬江漢に逢ひ、今津の藤屋源助方に江漢と同宿したと記してゐる。娘が琴を彈じたり、席上揮毫を試みて良夜の宴を張るところを見ると正しく兵右衛門なるものは玉堂その人たるは疑ふべくもない。その時春琴はまだ十歳で、秋琴は四歳で室のお安が三十八歳の時である。娘はその時何歳か解らないが十六七八歳位ではなかつたらうか。

扨てこゝで玉堂の脱藩の原因につき考察することゝなるが……。

果して玉堂が何の爲めに脱藩したのであらうか？それは自分を愛し、また殆んど同年輩であつた藩主政香侯が夭折したことも、彼の室市村氏が死んだことも、彼の胸に重い悲哀の幕を閉したに相違ないが、もつと深い原因は彼の娘が藩の若者と通じたが爲めであつたらしい。

「池田家履歷記」なるものに「浦上兵右衛門出奔」と題した項に（これは寛政六年甲寅の條にあるが）に玉堂出奔につき「池田信濃守殿家士浦上兵右衛門、同紀一郎、紀二郎父子三人同道して但州城崎の溫泉に浴しけるが、彼の地にて一分立がたき仔細出來ぬとて彼地より、直に出奔せしより、此兵右衛門性隱逸を好み常に書畫を玩び、琴を彈じ、詩を賦し、雅客を向へ、世俗のまじらひを謝し、唯好事にのみ耽りければ勤仕も心にまかせず、成行、終には仕へをやむべきと思定めし振舞、何となく形にも顯れ、人々いかゞと思居けるが、今度出奔せしにて思ひ合せし、城崎にて身の立ぬ事出來候といふは言をかまへたるにて實は家を出しよりかく成べき積りにてぞ有ける。兵右衛門、名は弼、字は君輔、號玉堂、其子二人も父と同意にて唯畫にのみ耽りて武技を勤めざりし」と。

また一說には

「岡山藩では新太郎少將の頃から萬一藩中で不義したものがあれば其父たるものは、それを斬つて以つて藩主に詫びねばならぬ事になつてゐた。處が玉堂の娘が藩の若者と相通じたと言ふ噂が藩中に擴つた。然し玉堂は自分の娘を殺すに忍びなかつたので家老に歎願して、娘の不行跡を詫びて、何んとか生命だけは助けて貰ひたいと甲出た。けれど家老は言下にこれを退けて、御法度を犯したからには勿論覺悟はあるべきである。みだりに私情を以つて許すことは相成らぬ。然しそれ程娘を殺すことがいやなら、永の御暇を戴いて藩を立ち去るより道はないと言放つた。玉堂の家のもの五人、即ち夫婦に小供三人が夜陰に乘じて、岡山を去つた」と言ふのである。

然し娘が藩の若者と通じた爲めと言ふことは多少疑があるとしても、玉堂の家のもの五人、即ち玉堂夫婦と小供が夜陰に乘じて岡山を出奔したと言ふことは誤りである。なぜなら玉堂の室お安は玉堂が致仕の二年前に既に死んでゐることが事實であるから……。お安と玉堂とは六歳違ひの四十二歳で寛政四年七月八日に死んでゐる。

問題の娘は言ふまでもなく南湖が玉堂を訪れた時、琴を彈じて南湖を慰めた娘で、春琴の姉で、お之《ユキ》（お柳《リウ》とも言ふ）であるが、これは岡山の成田鐵之進充美に嫁し、一子成田馬之介充讓があつた。勿論成田鐵之進は武士で恐らく岡山藩士であつたら う。若しお之が通じたとすれば無論この鐵之進に相違ないが若しそうだとしたらお之が幾歳の時であつたらう。若しお之が通じたとすれば無論この鐵之進に相違ないが若しそうとしたら、お之が幾歳の時であつたか不明で、春琴の姉だから十八九歳位でもあつたかと推せられる。お之がその鐵之進と通じて擧げた一子が馬之介である筈である。

玉堂が娘を斬らなければならぬ藩法とすれば成田家もその息鐵之進をも斬らなければならぬ運命である。さもなければ玉堂と同じく職を辭さなければならぬ。

若し成田家が岡山藩士に籍を置いたとしたらお之が通じたことは疑はしい。とにかくお之は玉堂が出奔した翌年寛政七年六月二十日に卒してゐる。

そして母の墓所に埋葬して呉れと遺言した爲めに成田家の墓所には葬らず浦上家の墓所に葬つてある。何れにしてもこのお之のことが氣になることだ。

私にはこのお之が結婚したのは玉堂が辭任した前幾何もないやうな氣がする。相通じて子を宿した爲めに、それが噂さとなり、鐵之進と結婚したのかも知れない。そして玉堂が辭仕出奔した翌年死んでゐる。疑を逞しくすれば或は父玉堂の出奔で、これを氣にやみ病氣になつて死んだか、或は父の出奔に遇つて申譯がない爲めに自殺でもしたのではないかともとればとられる。

それに遺言して母の傍に葬つて呉れと言つて成田家の墓所に葬られずに浦上家の墓所に葬られたなんぞは常識には一寸受けとれないことである。何んとしてもこのお之なるものは妙である。ことによらば或はお之が藩士と相通じたことは事實かも知れない。由來藝術家の血を受け殊に音樂に堪能と言ふのだから情熱家であつたであらうから……。

とにかく玉堂が出奔の原因は言ふまでもなく此等心上に投げられた悲哀から來たことは爭はれない。自分を愛した藩主は夭折し、妻は彼が出奔二年前に死んでゐる。それに娘の不埒が本當とすれば玉堂自身の悲哀は推するに難くはない。それに彼は武技を力めず、出仕も怠つてゐる位だから藩中の評判もよくなかつたに相違なかつた。さう言ふ種々のことが彼の心の上に暗い影を投げたであらう。

その上に彼は琴や詩文や南畫やをやつてゐたのだから必然老莊思想をも研究し、共鳴してゐたので更に隱逸的になり、遂に出奔するやうになつたに相違ない。

その時は玉堂が五十歳の時で春琴が十六歲、秋琴が十歳の時であつた。彼はこの幼少の二兒をつれ、「玉堂琴」を携へて當てもない放浪の客となつたのだ。

玉堂がこの「玉堂琴」を得たのは安永八年八月で江戸に得たのである。その時は玉堂が三十五歳の時で春琴が產れた年であつた。もうその頃は玉堂の琴に對する技は神に入つてゐた。彼は江戸で紀多藍溪（諱安元、東都の人幕府の醫官）から學んだらしい。三十五歳以前に彼が江戸にゐた時、延陵老侯に琴を敎へたことがあるから、づうつと以前に琴は優れてゐたに相違ない。

前述の南湖が岡山へ行つて彼を訪ふた時は既に「玉堂琴」を手に入れてゐたのだ。この玉堂琴は明の文學博士顧元昭が造つたもので淸の有季子福なるものが得たが、寛文年間にこれを長崎に携へ來て彭城某に贈つた。彭城はこれを長崎の譯人、劉銛賢に贈つた。銛賢はこれを長崎の鎭臺某に献じた。それから何人が持つたか不明であつた。

曾つて玉堂が江戸にゐた時、延陵老侯が彼について琴を學んだ。その時老侯が玉堂に「私は支那製の琴を得たいと思つてゐるがまだ得ることが出來ない」と言つた。玉堂が「支那製を得るは實に難いが私は曾つて散樂人北條某が家に小倉侯から古琴を賜つたことを聞いたことがありますが、それは支那製だとのことであります」と答へた。その時老侯が言ふには「北條は私が知つてゐるから」とてその琴を借りて觀られた。玉堂も一緒に觀た。

それから玉堂は西に歸つた。侯もまた死んで了はれた。それから幾年かたつた。玉堂がまた江戸に行つた時に溝口子綠が人に此の琴をもたらしめて「これは北條某の所藏である。先生は琴を好まれるから、これを先生に遣せば世に永く傳はるであらう」と言つて來たので玉堂の藏となつたのである。

山陽が「傾囊購獲」と記してゐるからさぞ狂する如く悦んで購つたに相違ない。この琴は七絃で「雲和」と言ふ字と、その下に玉堂淸韻と言ふ文字とか彫られてゐて皆古篆にかゝれ「雲和」の方は靑綠を澁めてあり、「玉堂淸韻」の方は朱で澁められてゐる。

この玉堂の琴の構造につき玉堂自らから記してゐる。

「七絃十三徽。螺鈿爲徽。本邦曲尺度之。長四尺三分。臨岳至龍齦。三尺七寸[illegible]。額潤六寸四分、自額至承露。三寸四分。承露潤五分。高二厘。紀限七筒。共潤六分五厘。岳高四分五厘。潤二分。瀏爲連珠樣長六寸四分。深四分。馬尾潤四寸八分。高八分。龍鬢直一寸五分。横潤二寸。冠線目龍口遠齦。横潤一寸二分。直潤四分。其口頭三分。其七分鳳翅當第七徽原九分。舌六刻新月形。深一分。軫池至龍池。一尺一寸。龍池至鳳沼一尺五寸五分。鳳沼至下齦。五寸九分。鳳沼潤七分。長三寸。鳳足圓徑六分高九分。貼格分半。下齦刻深一分五厘。潤一寸面材用桐。庇材沒々漆灰。不識何木。兵髮材皆紫檀。漆光畫退。斷紋或蛇腹。或爲牛毛或爲梅花」

と玉堂がその琴を愛したことは非常なものである。

皆川節齋(淇園)も

「玉堂主人酷好在琴。官事之暇携琴獨往山水奇絶之處。胸中如洗乃其從人家於市井、亦猶山水奇絶之處」

と言つてゐるし、山陽が「琴在琴士亦在也」と言ひ、「曾つて人が誤つて、琴を地に墮して一角を損ひ、累日痛哭した、これは、琴を命としたからだ」と言つてゐる程である。

彼は實に琴を生命としてゐたもので竹田が「琴を擔ふて昂然往來す」とも言つてゐる。彼もまた竹田に「子能來聽我琴否」と書をやつたことがある。彼の詩(彼は四十歲の時詩を始めた)にも琴を述べたものが多い。殊に秋琴を會津に止めて江戸に來り、太田南畝を訪ね、これから九州の西へ行くのだと言つて畫をかきその上に題した詩の如きは實に彼の淋しい藝術生活の滲み出た琴を述べた名詩である。また彼が常に「若天子有勅考正音律我有與焉必致其力」と言つてゐたと言ふ。

□

彼の著「玉堂先生琴譜」(寬政三年京都王樹堂)の出版に際して、序文は南豐の膝聚と赤松鴻と皆川淇園とが書き、跋は紀德民が書いてゐる。此の書を校したのは張元徽琴翁即ち長町竹石である。歌題がかゝれてその後に一つ〳〵符がかゝれてゐる。その順次は

靑柳(官昔)。櫻人。美乃山。紀伊州田中井(促節)。席田。梅枝。伊勢海。我駒。眞金吹。美作(促)。淺綠(促節)。老鼠(促節)

になつてゐる。

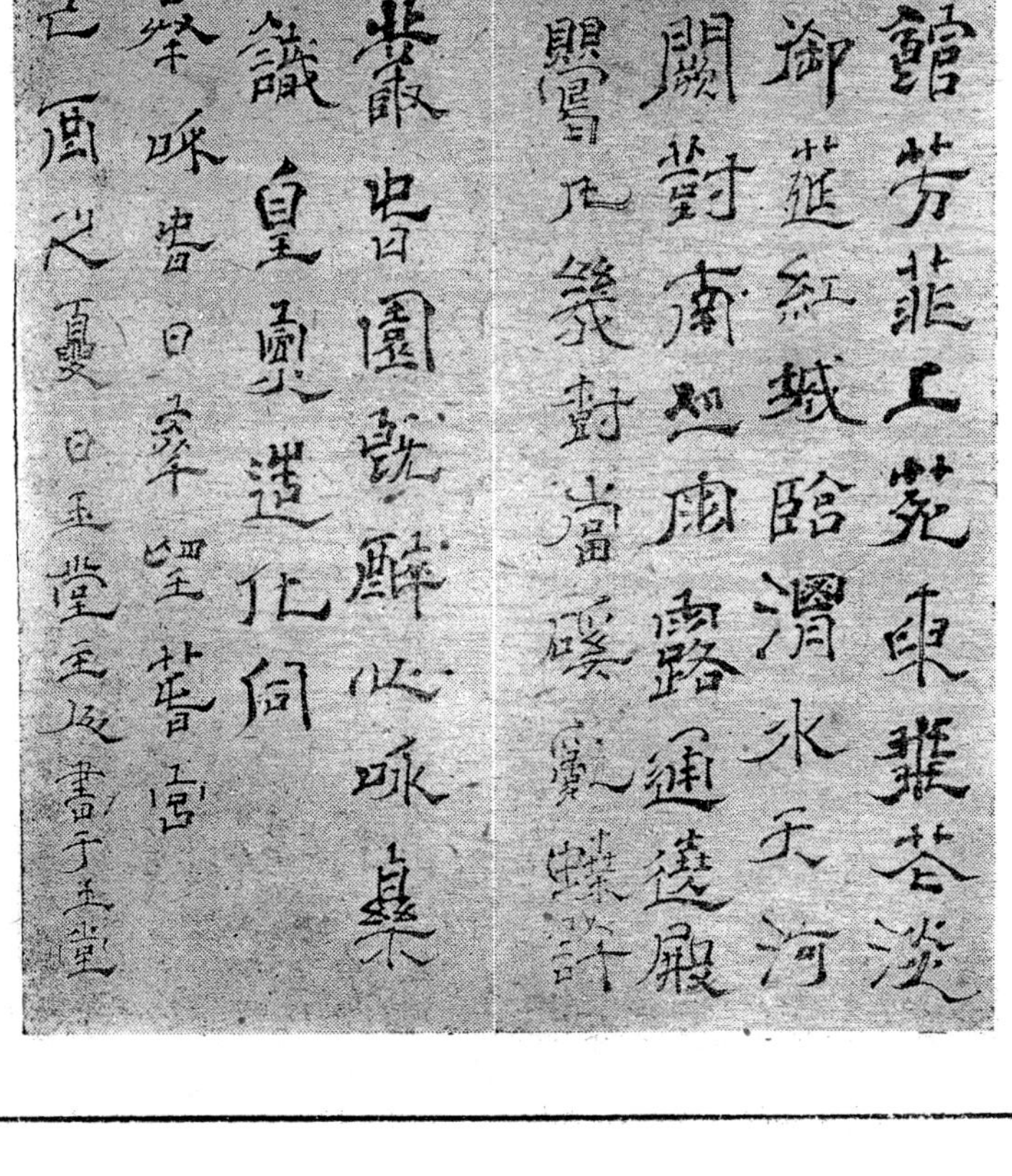

浦上玉堂書

歌には

「あをやぎを、かた糸によりてや、おけや、鶯のぬふといふかさはおけや、うめのはながさや」

「人はとがむととがめじな、人はいかるといからじな、いかりとよくとすてゝこそ、つねにこゝろはたのしめれ」と言ふのが載つてゐる。彼はまたその書物の中に「答問人則」なるものを記してゐる。

催馬樂歌のことや、樂のことを種々論じ、寛文年中に歸化僧心越禪師が水戸に留つて鼓琴を善くした。延賓は心越から彈法を傳へられた。百年も絶えてゐた彈法が、とにかく心越と延賓との功で再び振ふやうになつた。藍溪先生が琴を延賓から學んだが、余（玉堂）が東都に役した時、藍溪先生に見えて彈法を請ふた。けれど退いて竊かに考へるに、其歌曲は支那音で人が聞いても解することが出來ない。解することが出來なければ感じない。感じなければ人を教ふるに足らないといふので、その點の改革を企てた。或人が問ふには「今用ゐてゐる琴の音は甚だ微だが、我邦の古器は似てゐるがそうではない。源氏物語に源の君が須磨の浦に琴を彈じてゐた時、丁度五節で君の舟が海上を過ぎた。琴聲が波濤に和して舟中に至つたとある。これは今の如く琴の音が微かではなく高かつたが爲めである」と。琴堂がこれに答へて「大和法隆寺に藏する琴は千年以上のものであるがこれを余の友人の京都の鈴木子雲が摸造した。余もこれを觀たが、銘に開元十二年於九隴縣作とあつた。これを明制に比べると體は頗る小である。詩經には琴瑟靜好と言つてゐる。古代の箏琵琶は今のと比すれば小で、彈ずる者は義爪を用ゐなかつたが故に、その音が靜奸であつたが、後世は喋くなり、形も大に、音も高くなつた。源氏物語に琴聲舟に至るとあるは合奏したのであらう」と。また「古人は唯だ一曲を愛するものが衆かつた。若し高尙な志があらば一曲で足つてゐるのである。竹でも絲でもなく心である。淵明が「但識琴中趣、何勞絃上聲」と言つてゐる。これを法とすべきである」と說をなしてゐる。

橋本關雪氏の所藏幅に「贈琴記」なるものがある。それに但馬の鳳舍なるものが玉堂の平安の僑居に來て玉堂に彈琴を索めたので彼は數々彈じた。酒一杯を引いた傍に存〇（不明）と曰ふ漆琴がある。これは姉小路の黃門公が前藏で百年以上の器である。鳳舍がこれを求めて言ふには其琴趣は知らぬが、苟も琴を學ぶ者は一張を置くも可であると。余（玉堂）が曰ふ羲家有道器（伏羲が琴を創めた故事により）之を坐右に蓄へば邪壁自ら滅し、之を壁上に掛れば則ち來り自ら鳴る。或は花に鼓し「或は月に鼓し、或は清韻の雅集に鼓するも亦た可ならずや」と。遂に其事を小記し以つて琴一張を之に贈ると言ふ。文化十二年春花生貌也玉堂」と記してある。彼が琴に對する見識の一端を覗ふことが出來る。

序に淇園皆川愿の叙文を載せて置く。

玉堂主人酷好二在琴一、官事之暇携レ琴獨往二山水奇絶處一。而一調二官商一胸中如レ洗、乃其從三人家於二市井一亦猶二山水奇絶之處一云。蓋嘗患舊曲譜聲用下異邦之音上難レ入二人耳一。且惡其辭多二鄙淺一因以留レ心、求レ得レ合二雅音一。數年頃、適得二本邦催馬樂古箏譜一。遂依レ譜度二琴靜一者幾十曲。錄レ之成レ書。命曰二玉堂琴譜一。夫催馬樂歌辭古奧典正。固不レ減二雅頌一。而余蓋竊讀以推二求其旨一。實亦似レ有下正二性情一排二邪惡一之意上。苟能據二此譜一。以レ日習二其曲一。而以有三或自得二其間一。則雖下三代學樂功上亦何以異哉。主人姓紀、氏浦上、名弼、字君輔。備前人。與交好因二其請一作下之序上。寛政三年辛亥仲春皆川某書二于有斐齋中一

扨てこの「玉堂琴」は以前斯界に於て果して何所にあるかと、暗中摸索の態であつた。「玉堂琴」と稱するものが可なり多くあつたが皆僞物であつた。この本物は私が初めて世間に紹介したのであるが、この紹介によつて岡山その他の研究者から續々手簡を郵してこの私の紹介で初めて疑惑を解いたと言つて來た。それはもうづうつと昔である。

「玉堂琴」のあるのは私の親戚の越後岩船郡保内村字羽ヶ榎村の素封家國井伴之亟氏の家寶になつてゐるのである。この國井家は越後屈指の素封家の上に代々文學、書畫、茶，琴を好み、文人墨客を愛した家である。故に南畫を多く所藏する點に於て天下稀に見るものであらう。この國井家に「玉堂琴」があることは私が幼年の時から聞いてゐたのであるが、何時か見たいと思つてゐた。それに多くの所藏の南畫も見たいと思つてゐた。

先年歸國した時序に招かれるを好機に、國井家へ出かけて行つた。老主人が非常に悅んで自ら迎へて呉れられた。午前九時から午後の六時頃まで畫を觀たけれどなかなか見盡されるものではない。心身共に疲れ切つて了つてもう觀る勇氣もないので「玉堂琴」を出して貰ふことを請ふた。遂に待ちに待つた「玉堂琴」が私の前に運ばれた。私はぢつと見入つた。一種高雅な氣が漲り渡つた。無論玉堂が構造を說明してゐる通りである。そして山陽が「一角を損した」と言ふ損した一角を漆につけてある。桐の

二重箱の中に羽二重の袋がかけられてある。箱裏には秋琴が山水を畫き「嘉永癸丑年初冬寫爲必淸主人（伴之亟氏の祖）秋琴方外翁」とかいてある。袋には雲泉の高弟石川侃齋が山水畫、卷菱湖が書を認めてある。實に尊い名琴たるを失はない。これに添うて「覺書」が三通ある。

覺

一金四拾兩也

右は此度華琴御預り被下候に付代金慥に請取申候以上

嘉永四辛亥冬十月二十五日

會津浦上舍人㊞

羽ヶ榎

國井淸之助殿

讓渡し一札の覺

一華琴壹面

但有玉堂淸韻名

此代金五拾兩也

但前金金四拾兩は元代金

金拾兩は此度請取分

右は拙者儀手元不如意に付去る亥年差出の琴一面貴殿に相渡し金四拾兩借置候外當又此度貴殿に賴入爲增金拾兩只今請取貴殿に讓渡申候實正に御座候依て永々貴殿御手に御所持被下度候然る上は拙者方子々孫々に迄彼にて故障之義申間敷候爲後日讓渡證文一札如件

嘉永六癸丑年十月

會津浦上舍人㊞

羽ヶ榎

國井淸之助殿

これによつて國井家の所藏の琴が「玉堂琴」たることが解るであらう。

この國井淸之助と言ふ人は羽郁と號し、書畫を自ら作り、茶を好み、且つ琴を彈じた風流人で、特に琴は秋琴の弟子であつた。越後屈指の素封家であり、風流の人であるから國境の大山脈を越えて會津から秋琴が琴を敎に來てよく長く宿つて遊んで行つた。そして手元不如意の爲めに、初め質に入れて、それから讓つたのである。山陽は玉堂の碑文には春琴が此琴を持つてゐると言つてゐるが、或は春琴が死んでから秋琴の手に入つたか（春琴は弘化三年五月二日六十八歳で死んだ）、または春琴よりも琴については本職であり、且つ玉堂の琴系を繼いだ秋琴に讓られたのか、とにかく秋琴の手に入つたことは事實である。

序に秋琴の弟子阿部祐順の遺記した「彈琴法相傳記」なるものを紹介する。

心越――杉浦琴川（東都人諱延職幕府世臣）――小野田東川（諱延賓東都人杉浦家宰臣）――多紀藍溪（諱安元東都人幕府醫官）――浦上玉堂（岡山世臣）――吉田秋琴／袖蘭（名里子京師人畫人吉田笠山の妻）

秋琴の門弟

簗瀨（會津太夫）。丸山壽（同上）、山內穆齋、監田牛渚、村井冬久、武井柳亮、國井汎郁、西村二鏡（磐城）、常松菊畦（岩瀨）、佐藤玄仲、監田星平、阿部鳳琴、右十二名秋琴翁之所也此外不明也。

終りに玉堂詩を少し紹介して置く。

○

客少不除花滿庭。獨斟松洒醉還醒。昨來風景追時異。惟有前山悠地靑。

○

窓前修竹已陰森。屋後間雲亦淺深。竹暗雲深人靜處。燒香拂石坐彈琴。

○

梅花暗綻旭江春。獨酌獨吟懶谷眞。唯有龍山峰上月。夜深來照鼓琹人。

○

炊烟朝起峽農家。遮斷山村面々霞。却怪何人先我過。驢蹄新印野橋花。

○

衰老身宣甘數奇。那論擧世笑吾癡。春來聊有淸忙事。唯是花開花落時。

○

秋風蕭颯撼深林。唯與潤泉終日吟。若問生前閑活計。檐端雲片壁間琴。

○

春風淡々手風微。身適木綿新熟衣。蹈遍山山花發處。詩囊琴服惹香歸。

○

結廬幽谷密林間。竹月松風相對閒。却笑隱淪忙底事。朝々洗硏寫靑山。

（了）

玉堂覺書

水澤澄夫

一

玉堂の畫中にはよく一人の人物が描かれてゐる。これはかつて脇本樂之軒氏の指摘されたところであるが、私も夙くから氣づいてゐた。（こんな畫に）とか（こんなところに）とか思ふ場所にその人物はゐるのだ。のちには玉堂の畫を見るたびに、この人物をさがし出すのが樂しくさへなつた。これを樂之軒氏は、「山水を飽看する姿よりも、これから山水に入らうとする人物，或は山水を飽看して畫外に出ようとする人物」と言つてゐるが、山水とともに息づく玉堂自身の姿なのであらう。玉堂の作品には、流動し變轉する自然の細やかな陰翳を一瞬時で截つた如きものが多い。そして見事に成功してゐる。大雅や鐵齋も「時間」を描き得た畫人であつた。しかしこの場合「時間」は「時間」として把握されるよりもむしろ自然の時間的經過における變化を十分空間に飜譯して呈示してゐる。奥深い構圖をつくり、あるひは大きな畫面に看者の生理を期待するなど、その方法である。これにくらべて玉堂は「時間」を出來るだけ「時間」の形で捉へようとしてゐると言へやう。もちろん畫であるかぎり空間的であるのは宿命であるが、それをギリギリのところまで押しつめてゐる。だから玉堂には大作が少い。人物も亦、息づいてゐる人間である。變轉する自然の一片としての人物である。だから私はこれを「點景人物」とは言はない。

この人物は畫面をあつたかくしてゐる。玉堂はたぶん狷介な老人であつたであらう。早く妻に死別し、いとけない二人の息子をつれて、漂泊の旅に終始したこの作家は、みづからその草堂の壁に題したごとく、「玉堂琴士幼にして孤、九歳はじめて、小學を讀む。長ずるに及んで琴を學ぶ。他の才能なし。迂癖愚鈍、凡そ世の所謂博奕巴歈の藝、惜然智識なし。日に小室に坐し、一卷を手にし、倦めば即ち琴を彈じ、以て閑吟す。讀書を好んで詁訓を解せず、以て自ら樂みとなすのみ。琴家となるを恥づ。文を囑して傳ふるに足らず、意を達するのみ、文人となるを恥づ。字を作つて八法を識らず、意に適するのみ、書家となるを恥づ。畫を寫して六法を知らず、漫に筆するのみ、畫人となるを恥づ。云々」多少の自嘲と反語とはあるにしても、まさにこのやうな人物であつたと思ふ。遺作に見るやうな畫品をそなへた作家であるから孤高の精神を堅持してゐた人には相違ないが、同時にひどく淋しがりやではなかつたらうか。孤影杖を曳いて橋を渡り、獨坐竹窓に横顔を見せる畫中人物を見ると、私にはしきりにこの感がふかい。

二

「動き」を捉へた作家はまだまだたくさんゐる。南畫といふものが風趣を傳へることを念としてゐるところから言つてもことに然るべきことであるが、しかし「動」を捉へる仕方にはいろいろある。前に觸れた大雅鐵齋のつかみかたは他の作家にもよく見られるところで、たゞ大ていの作家ではこの二人の場合ほど成功してゐないといふだけである。けれども玉堂の方法はかなり特殊である。繪卷物といふ形式はわが國で獨特の發達をとげたものであるが、これは事柄の時間的繼起を右から左へと移行する畫面によつて空間に飜譯してゆく形態である。この方法をことにわが國の南畫家が早くから自分のものとしてゐるとしても、それは血液の智慧であらう。わが國の南畫が規模や氣格においてはともかくとして柔軟さの點ですぐれてゐるのは、かういふ歴史に根ざしてゐるゆゑだと思ふ。しかし玉堂は全く別である。玉堂には先縦がない。わが國においてないばかりでなく、支那にはほとんど見當らない。わづかに私の知り私の判斷するかぎりでは、われわれの祖先では伴大納言繪詞の作者と、支那では八大山人とくらゐのものである。伴大納言繪詞といふものは、繪卷として時空の關係が巧みに處理されてゐるばかりでなく、一畫面一畫面において「動」が相當つきつめたところでとらへられてゐる。八大山人のある作品はあやふく畫である境涯にふみとゞまつたといふ感じさへ看者にあたへる。玉堂にもその例がある。布施萬載氏の「夏山幽閣」や安田靫彦氏の「山中間政」など、さういふものであらう。しかもその場合、細かい紳經が畫面の隅々までゆきわたり、何一つ足りないものはないのである。

この「動」の捉へかたは、時と所とを問はず、互ひに血脈關係なしに起る、畫家の欲望のしからしむるところかも知れない。しかし成功した例は至つてとぼしい。ひところ西洋にもカンディンスキーのやうな作家が出てわが國でも關心を持つものが多かつた。カンディンスキーの場合は理論が先行しすぎて作品には客觀性が乏しかつた。

われわれの過去に玉堂があることをわれわれは誇つてもいゝであらう。

三

化政度は日本南畫の一頂點である。祇南海あたりによつて開かれた日本南畫道は、百川大雅を經て、この時代に至ると、玉堂米山人木米竹田などを輩出し、こゝに大成の氣構へを示してゐる。文化文政年代といへば、政治的にはともかく、文化的には江戸時代最後の開花期で、もつぱら風流韻事が尙ばれた時期である。この時代に漂泊の畫人玉堂が出たことは、元祿の芭蕉とくらべて興味深いものがある。兩方とも武家の出であり、漂泊の旅に上つた原因がどちらの場合もあまりはつきりしないのも面白い。人は芭蕉の生涯を往々風流と稱するが、同じことを玉堂にもあてはめるかも知れない。しかしこの二人の場合、風流とすればいのちがけの風流である。決して世の常の風雅遊歷ではない。

風流といふ概念はわれわれの歷史において、一つの極から他の極へと轉移した意味內容に支へられてゐるものである。すなはち平安末期から鎌倉期における「過差風流」（きらびやかなもの）から、江戸時代における「寒いあるひは寒がりたい風流」（しぶいもの）への轉移である。どちらの場合でもわれわれの祖先がかち得たものは民族的淸澄感であつた。畫の世界で例をとれば、「過差風流」においては大和繪があり、「寒い風流」においては日本南畫の大成がある。玉堂は寒い作家であつた。それも世の常の寒さではない。骨身の凍るほどの寒さに身を置いた作家である。だからこそ作品の中にかすかではあるがほんたうのあたたかさがたゞよつてゐるのではないか。

玉堂の作品の淸澄感は無類である。その意味で最も日本的な南畫といふことが出來る。潤筆における大原孫三郞氏の「山雨染衣」、渴筆における柴田善七氏の「東雲篩雪」、ことに後者は日本南畫道の大きな指標と言へるであらう。鐵齋について書いたり考へたりする時、私はいつもその日本人ばなれのした大きな骨格にけをされ感嘆するのであるが、同時にその日本の作家にはめづらしいにごりの反撥を覺え、玉堂といふ存在に强い引力を感じないわけにはゆかない。しかし澄み切つた世界に人は安住しにくいと見えて、しばらくたつとまた鐵齋の大きな抱擁力に魅力を覺えるのである。

四

玉堂は色彩畫家である。二三年前見た戸田猶藏氏の「山紅於染圖」の美くしさを、私は今なほ忘れることが出來ない。鐵齋の賦色は無類に鮮麗だ。それゆゑ之を評して私はかつて「聾鐵齋が目で聞かうとする音の表現」と言つたことがあるが、玉堂の色彩は比類ない細やかさだ。神經のこまかい點ではおそらく支那日本全南畫家中第一の作家であらう。これを私は玉堂の琴に結びつけないわけにはゆかない。玉堂の琴譜は後世の音樂家に言はせると音樂になつてゐないさうであるが、そして、自ら樂しむのみで他人に聞かせるものではないと自分でも言つてゐるが、それにしてもあれほど愛した琴である。獨特の理解はあつたに相違ない。その音樂的なるものへの理解が作畫における「時間」のつかみ方の祕密をみづからに敎へ、畫面の隅々にまでゆきわたる神經の細やかさを結果せしめたのではないであらうか。玉堂の賦色はおほむね淡々たるものである。そのくせところどころに點ずる朱の效果などはおそろしいほどだ。かつて誰かゞ、玉堂の畫面は前景が細かく秀れてゐるに反し遠景が粗くぼやけてゐるものが多く、また落欵が畫に近く手元に引きよせられてかゝれてゐるものをよく見うけるが、これは近眼であつた證據だ、といふやうなことを言つたが、あの細やかな神經のとゞいた畫面、あのきいてゐる色彩から推して一概に贊成はしがたい。ことに落欵の位置きかたなどは決して近眼の立證など出來るものではない。南畫における落疑の位置といふものは、單なる視覺上の問題などではあり得ぬ筈である。もちろん鐵齋のつんぼに對して玉堂のちかめといふのはお伽話としては中々面白く、なかなか常人が南畫に志すことは思ひ止つた方がよいといふ敎訓をふくんでゐるとすれば又格別である。

近代繪畫の再檢討

明日の繪畫への途

矢部友衛

今日、此の歷史的な國際的騷ぎの社會にあつて、畫壇も亦その荒波にもまれて永い年月を經て來た。

第一次の世界經濟恐慌及び世界戰爭と相前後して繪畫の上に生れた立體派未來派の運動は、それ以來既に三十數年になつてゐる。是等運動は最近のアブストラクトに至る迄、色々な名稱で次々に發生したが共通的に此混亂の時代相の反映であつた。卽ち畫家が此の社會生活から益々遊離して浮き上りつゝある苦しみの過程から出發してゐるのに他ならない。そこから畫家は絕對主義の枠に立籠り或は否定主義となり、或は虛無主義的になり又或は悲觀論者であり厭世主義者であり、繪畫的には事物の再現といふ繪畫本來の約束は踏躪られ、その結果、繪畫は、嘗ての歷史にない抽象的のものと化し、同時に陰慘で暗黑で時にはグロテスクでさへある樣になつた。從つて是等の作品は今や民衆の理解からは完全に遠ざかつて作品そのものも社會の遊離的存在物に化しつゝある。一方アカデミー其の他の存在も無氣力となつて玆に美術危機が久しく叫ばれる原因があるのである。

私は何とかして是等の運動と、そして現在の畫壇の環境から自分の發展の緒口を探し當てやうと努力した。だか結極印象派迄遡る事を餘儀なくされた。そしてそこで今や求めつゝある。

嘗てギリシヤ文化はメソポタミア、アッシリア、そしてルネッサンスはアラビアと、共にアジアとの交流によつてその偉大な成果が遂げられた。三度目の交流である印象派は今から七八十年前、フランスへの日本版畫の輸入が動機となつて重ねて偉大な昂揚が示された。此の事は決して偶然ではなく永い間に亘つて準備期があつたのである。先づ印象派の內容となつた哲學から見ると、十七八世紀に於けるフランス其の他の支那派遣の耶蘇會の人々から故國への報告が動機となつて、それ迄未知の世界であつた三千年來の傳統を持つた支那思想が急激な勢で歐洲に流れ込んだ。そして極東古來の自然法則を基礎とした『宇宙萬物の正しき調和的發展』といふ理性の哲學と、一方ギリシヤ以來の科學分析を基礎とした哲學が調和して其の當時の一般科學思想が歷史的に高調に向つてゐた事である。從つて其の當時の指導者の多くが大自然への調和へと努力しはじめてゐる。ジヤン、ジアックルツソーの有名な『自然に還れ』の提案、ボオルテールの『自然法』、ケネーの『自然の秩序』と、何れも立場は異なつたとしても其動機は一つであつた。從つて歐洲の社會生活にギリシア以來の市民社會文化の特質とキリスト敎による自然離反の影響からそれ迄忘れられてゐた大自然が急角度に融和の方面へと變換しはじめたのである。

一方繪畫の方では既にオランダ文化時代から支那貿易の發達につれて、風景畫、靜物畫が徐々に發生し始めてゐた。ルイ王朝のロココ文化も大がかりのもので當時の代表作家のワトーの宮廷生活の作品には、殆んど支那畫をそのまゝ、油繪にしたに近いものを見るに至つてゐるし、又支那風の庭園の流行は自然の背景を利用したヴェルサイユ宮殿の出來る動機ともなつた位で當時の支那文化の影響振りは今日から見ると驚異の樣にも思はれる。ダヴイツト・アングル・クルベエ・ドラクロア、そしてミレー其他のバルビゾン一派等はその哲學的思惟の轉換から封建遺制と鬪ひ乍ら益々その旗色を明確ならしめつゝあつた。特にクルベエのレアリズムの提唱は其の意味で意義深いものである。かうして、印象派時代は內容的にも形式的にも一應の整理のもとに準備されつゝあつたかの樣にさへ考へられるのである。

そこへ當時、日本の民衆繪畫として繁榮してゐた版畫の輸入が偶々なされたのである。

さてそこで、東洋のどの面が一番興味の中心になつたかといふと、西歐文化と最も對照的な面である感覺の問題であつた。從來東西美術の相異點は歐洲は物質的であり、東洋は精神的であると云はれてゐる。この事は前者は外部の形から內部へ、後者は內部の心から外部へ、從つて前者は物の描寫が主になるが後者は感覺が主になる、といふ事であらう。既に東洋美術の影響を受けたゴッホは、正確な構圖と正確な色彩とは却つて美的情操を與へるものに非ず、と云つてゐる。詩人ベエルレーンは、雄辯を捉へて首を捻れと云つてゐる。目指すところは共にその感覺に向つてゞある。尤も印象派そのものゝ名稱が既に感覺と共通語でもあつた。そして今や思想的には大自然へ、そして藝術的には感覺の强調への衝動から自然へ!、自然へ! 光りを浴びて彼等は畫室から野外へ出た。特に後期のセザンヌ・ゴッホ・ゴーガンは最もよき鬪ひ手であつた。彼等の絕大なる努力は報いられて燦然たる藝術が生れた。それは幾世紀をも要した第三期東西文化交流の華であり、偉大な果實でもあつた。

その結果は特に中世以來の歐洲の繪畫の一つの性格であつた、荊の途の苦惱の表情と、そして說得と威壓の感情と其の他の夾雜物である幻想がまるで夕立の後の空の樣に、すがすがしく淨められるに至つた。繪畫は今や全く民衆自體のものとなつて誰彼の區別なしに親しみ愛される存在となつた。その繪畫的成果を考へて見ると、何はともあれ主題が非常に擴大された。そして內容に於ても綜合的の擴がりを示し、事物の具體性を把握した。技術に於ては構圖、色、タッチ等總ての點がすつかり變化された。どの點から見ても繪畫史上の革命に成功したのである。特に內容の擴がりと、具體性把握の點では、或る意味でアテネ文化以前の躍動期をも彷彿させる物がある。

然しそれにも拘はらず一方に藝術化の面では、彼等自身も云つてゐる樣にアテネ・ルネッサンスの代表的存在と比較してそこには、到達し得なかつたものがあり、一方感覺の面からみても彼等は版畫の範圍を超えて極東の本格的繪畫の傳統へと肉迫してゐるにも拘はらず玆にも尙開きのあることを認めないわけには行かない。玆に印象派の達すべくして達し得なかつた未解決の問題が殘されて存在する。そして、それを今後どの樣に解決して行くかを決定するところに繪畫、正しい發展の途があり、同時に吾々の歷史的な任務を明確ならしむる鍵があるのではなからうか。立體派の出現後畫壇の主流は今尙傳統否定を持續してゐるが、繪畫發展の歷史的方向を考へる時、此問題は何時までも等閑にされるべきではないと思はれる。

印象派の再評價は必然的に東西文化の再評價をも要求し、特に、東洋美術の面に於ては單に印象派の成果をもたらす動機となつたところの版畫に止まらず本格的繪畫の全貌への追究を必要として來るのである。

三果會

黒いコート　寺内萬治郎

秋音　阿以田治修

第一回大東南宗院展

南京所見　直原放青

水鄉遲日　福田浩湖

池塘童心圖　水越松南

薫風　小室翠雲

雨收雲歸　水田竹圃

放馬　矢野知道人

第一回大東南宗院展

主潮　矢野鐵山

初夏　白倉嘉入

松徑細泉　水田硯山

濤　荻田東嶺

武藏野春秋の內（春）　河口樂土

鵯越　河野通勢

元元晶和　小川千甕

春寒　福與悦夫

第二回双台社展

若き女の肖像　　高橋康男

珊瑚の首飾　　岡田行一

麥踏　　鍋谷傳一郎

妙義連峰　　下澤木鉢郎

機關車の習作　　青木申四郎

勤務室　　近岡善次郎

第四回日本畫院展を觀る

豐田豐

第四回日本畫院は腑抜けの感じだ。

同人名を列ねながら依然出品しない者四名例年の闘士望月春江、吉村忠夫の不出品、岩田正巳、矢澤絃月の遲出品、偶々出品されてゐても、松本姿水、穴山勝堂以外は皆小品擴大程度で、これでは伊勢丹の營利展觀と幾何の相違ぞやと怒鳴りたくなる。

しかし僕は餘りに責むるに急なるは醱さう九浦以下四人小品擴大程度とは言ひながら、さすがに伊勢丹の金儲け畫とは質が違つてゐるし、何物かを試みんとする新興の意慾もあれば、藝術探求の苦惱の疲もある。そのうち九浦の『勤王僧月照』は畫面は稍々大きいが室內の座像として白梅を配したり、脇息を置いたりして、肖像畫風に風流に扱つてゐるのが氣に喰はない。勤王僧と名附けるからには、彼の勤王的情熱の生涯的發露である西鄕との入水の場面か長州萩に於ける勤王說法の場面を、九浦往年の傑作『日蓮辻說法』の如く扱ふべきではなかつたか。しかしその高傑僧らしい不敵な面構と腕組の恰好、筆線、淡彩、濃彩の緩急自在はさすがに老漢兵法を知れりといふべきか。周山の『晴れ行く山』はいつもの濃墨岱赭の山ながら、五彩の虹が懸つたところに、マンネリズム打破の新しい意慾が觀取れるが、どうも虹がとつてつけたやうだ。岩田正巳の『西鄕出陣』黑羽織の墨色その他全體流麗品雅に過ぎるが、內部的には剛健な意慾があり、白馬との對照も質實に效果を奏し、これで少し臟腑に血液が通つた感じだ。小虎の『日向葵の實』は傑作である。逆向けにした日向葵の實三個、靜物としての姿態も新しい角度の好さがあるし、寫實的探求も具さであつて、暗濕ではあるが陰影にも濃やかだ。秋光の『芍藥』も又佳作だ。芍藥の線條、賦彩の結合も新しい工夫の試みであつて、それが情趣ほの明るく陰影づけられ、空飛ぶ二羽の鳥の動態との構成も劃然として巧い。勝爾の『春雪』は南天の積雪と空模樣に物理的なる多少の研鑽があるが、これは鑑賞畫の埒外を多く出てゐない。

今年のハリキリ闘士姿水は、姿水の『玉蘭花』は昨年正月の個展の精進を、更に灰汁を抜き、感覺を磨いて品雅に探求し、充分な完成的效果を得てゐる。同じく闘士勝堂の『松樹像』はこれは又豪壯に桃山調に張り切つていつもの細念な行き方とは違ふが、それだけにガランドウな感じもする。しかし全體として眩惑的な魅力があり、それに黑白二調の鳥一羽が配劑的に效を奏してゐる。

新人も又腑抜けの感じだ。

授賞は矢鐔と多いが、公平に言つて太田藏夫の『歷史』の埴生群像が五年を通じても抜群の出來であり、秀才東山魁夷の『花』及『花實』の三部作が紅色の妖かしき美を放散し、月岡榮吉の『娘』及『文坊』が獨特の素朴明朗な造型賦彩に優れてゐる程度だ。その他廣田操一の『早馬』長谷川義治の『雉名鳴女』玉村吉典の『朝驅』の歷史畫意慾のものが、比較的能動美に優れてゐたのは、やはり時代の轉換期に當つて、最早平八郞、春江張りの色彩分拆でもなく、得意の灰白も今は慘めに持て餘してゐる。

結論、斯くて第四回日本畫院は腑抜けの感じだ。

螺鈿考

螺鈿は靑貝の總稱ではあるが字義からいふと螺が貝であり、鈿は「きりはめ」の義になる。奈良時代には「うづ」といふ訓をあてゝある。(日本書記)「雜ヘテ金銀爲之」としてあるから貝でやつたのではない。それを貝を以て換へたので木地にはめ込んだものが後世の螺鈿である。正倉院の御物中に拜する手筥樂器、机その他に多く散見する如く奈良朝の工藝品に於ては漆藝の發達と並行して盛んに用ひられたものであるが、平安朝に至つても宮廷の調度裝飾には缺くべからざるものであつたやうだ。源氏物語にも「卷ゑらでんのこまやかなる……」等の語を見る金色堂の裝飾にも使はれてゐたことは、「堂內構三壇悉螺鈿也」と記してある文獻によつてもうかゞはれる。この螺鈿技はもと唐より傳はつたものであるが、宋代の記述をみると我國から輸入され時人の嘆賞を買つてゐるところを見るとその技がすでに日本化し精巧のものとなつたことが窺はれる。宋方包が「泊宅編」には「螺塡器本出倭國。物象百態頗極工巧」とある。併し奈良時代のものは貝が可成り厚かつた。足利以後桃山のものになるとずつと薄くなつてゐる。桃山の螺鈿は明から渡來したものであるが、その薄手の技巧は更に我國工藝家によつて洗錬されたのである。

この螺貝はどこから得たであらうかといふと、これは今の南方諸海である。支那に於ても螺鈿の產地は江西省安徽省である。新安はその有名な產地である。而して泰、安南は漆藝の發達と共にこの螺鈿工藝の大な發展を遂げた地方で現在でも用ひられてゐるが、その薄手の巧妙な技は我邦のものに及ばない。山槐記には「螺鈿工右衞門源直」なる工人の名を記してゐるが、そんな昔から工人としても尊ばれてゐたのであらう。現在は各地の漆藝家木工家にて技をよくするものも多いが、富山の「杣田細工」の如きは民藝として發達したのである。(**しがらき生**)

新刊紹介

◇現代日本畫家論(木村重夫著)

これは日本畫家四十氏の評論集で、嘗つて「美術世界」誌上に三年間に亙つて揭載されたもので、同誌は著者刊行の月刊誌であつた以上、その眞摯にしてその努力と生命を賭けたものであらうことが首肯出來る。著者は「甚だ不十分をまぬがれぬ」と云ふてゐるのは謙遜で、著者の充分な面目はこれに盡して餘りある。特に熱讀さるべきは、作家の成長を歷史的現實と發展とで考察し、その仕事に與へられた藝術の時代性と限界を明らかにすべき基に於て評論された事である。印象、土牛、蓬春、平八郞、大觀、栖鳳、靫彥、關雪、龍子、神泉、岳陵、華岳、古徑、松園、玉堂、翠嶂、桂華、十畝、淸方、靑邨、南風、華楊、桂月、白甫、芋錢、咄哉州、放庵、五雲、素明、希望、深水、映丘、浩一路、靑楓、荻邨、千靫、勝觀、翠雲、契月、曼舟の順次をもつてこれだけの流行線上作家を描き論じてゐるのである。これだけの作家を取扱ふことは實に大變である。しかもいゝ加減でなく、眞摯で親切で的を外してゐない。一々にその描く處の評論をこゝに批評することは不可能の紙面と時間をもつのであるが、これだけの作家を執へ得たことは大手腕である。後學は讀んで學ぶべく、後進は以て自己の糧とすべく餘あるであらう。しかも此頃の暴騰書價の間にあつて三圓八十錢は廉である。四十作家として一學び十錢しか當らないのは更に至廉である。(分りよく云へば四六判四百三十頁三圓八十錢、東京市赤坂區靑山北町四丁目多摩書房發行)

工藝界の新人達 (2)

大島隆一

「漆藝」の分野には、なかなか有爲の新人が多い。まづ、辻光典をあげよう。かつて、經緯工藝美術會を結成し、みづから采配をふつて、はなばなしいスタートをきつた。白面の青年だが、しつかりした人物である。

昨年、東京工藝綜合展において、知事賞を獲得した『乾漆花器』は新鮮な感覺をもつた作品であり、この作家のいゝ資質をいかんなく發揮したものであつた。さいきん、辻工房を創設して、さらに、果敢な躍進を志してゐる。

高橋節郎もまた、矚望すべき新進である。辻とほとんど同時に、作品を發表し、同じやうに堅實な道をつきすゝんできた。文展における特選作――「漆木瓜の圖屛風」は、かれの出世作であり、作家としての地位を不動のものたらしめたといへよう。

昨年末、美校漆工科を卒業した篠井欽治は、在學中から鋭鋒をあらはし、經緯工藝展においてすぐれた作品を發表してきた。こんごを期待すべき新人中の新人である。こゝに興味のあるのは、辻・高橋・篠井とともに、山崎覺太郎の指導をうけたことで、これは、一應、注目すべきことである。

京都においては、奧村究果と高見九藏であらう。奧村は地味な作家だが、こつこつと制作に精進してゆく態度は、將來恐るべきであり、高見は、すでに關西きつての新進漆藝家として、自他ともにゆるすところである。

宮城における安倍侑二は、重厚な作風をもつて、さいきん、矢つぎ早に佳作を示してをり、香川の岡田章人も「菓果蒟醬小屛風」の一作を文展に展示して、はじめてその素質のよさを認められるにいたつた。なほ富山にゐる金田諒三、青森の大澤源も、立派な才分をもつた作家であるが、ひさしく力作を發表しないのは遺憾である。

「染織」では、諧和會所屬の渡邊春男、般若侑弘、長安右衞門をあげる。渡邊は芝浦出身として唯一の染色作家であり、かれのもつ逞しい圖案力は、昨年の「初秋屛風」(特選)において、充分に發揮されたといふべきであらう。般若は、澁い作風をもつて、きはめて地味な道程を歩いてゐるが、そのすぐれた技術と力量はなんぴとも認めるところであらう。長の奔放自在な圖案と明快な色調は、けだし異色あるものといふべく、これが縱横にくりひろげられるときをひそかに待望してやまない。

閨秀作家としては、金網和子と廣本長子がゐる。金網はすでに、文展その他において典雅な作品を展示し、廣本は、昨年から、ぐんぐん好調を持續し、つひに本年國畫會の同人に推擧された。作風は異なるが、ともに將來ある閨秀作家といへよう。

「陶藝」は、なんといつても京都に目をむけるよりほかにない。米澤蘇峯は、默々と制作に專念する作家である。表面に出ようとしないでひとり土を愛し、火をみつめて生きてゆく。しかしながらこゝにたくはへられた力は、一作ごとに發揚され、文展における「梅花文陶箱」のごとき、見事な作品となつて現はれた。この作家の內に藏する力こそ刮目すべきものがある。

福田力三郎は、國展において次々に好作を示し、いまやこゝでの重要な作家のひとりとなつた。內田邦夫・宮永友雄は、昨年の文展において、それぞれ「雲文陶花器」、「線上流線文華瓶」を發表し、一躍、有爲な青年作家として認められるにいたつたもので、こんごの躍進を期待すべきである。

「硝子」においては、佐藤潤四郎、小畑雅吉、降旗正男――この「各務クリスタル」の三羽烏であらう。素材と四つに組んでの研鑽は、着々いゝ成果をもたらし、新興硝子工藝のために、萬丈の氣を吐きつゝあることは、こゝに特記すべきである。これらの作家こそ、將來、日本の硝子工藝を背負つてたつべき人材であり、いつさうの敢闘を希求するものである。

「竹工」の分野においてあげるべき新人は、飯塚小玕齋、飯塚黨石である。小玕齋は美校在學中から竹に精魂をかたむけ、その細緻な技術と漆を巧みに使用する點は、他の追從をゆるさないものがある。黨石もまた飯塚一門であり、傳統的技術を新しく生かし、洒脱な作風をもつて歩、一歩、前進をつゞ

南方派遣畫家は語る

大東亞の戰蹟を巡歷して皇軍勇士の奮闘と新東亞の姿を畫業に止めようとする大本營派遣の畫家一行八名は、四月十日カテドラルの尖塔そびえるカンボヂヤの首都プノンペンを訪れた。何れも從軍服颯爽たるいでたちで、マニラ攻略、香港攻城、ブキテマ高地の激戰、クチン油田占領、パレンバンにおける落下傘部隊の活躍の跡などを彩管によつて現地報告せんとする人々である。一行が街に出ると班長格の藤田氏は昨秋安南王バオタイから賜はつた勳章の略章を胸間に下げてゐる故か、行く先々で安南兵が『捧げ銃』をする。スケッチをはじめる二、三の畫伯の周圍には見物人が黑山のやうに集まる始末であつた。各畫家は現地でめいめいの抱負を次のやうに語つてゐる。

多彩な抱負

藤田嗣治氏 日本はこれだけ大規模な戰爭を遂行中だが文化方面にも餘裕があることを內外に知らせなければならぬ。またこの大東亞戰爭が第一段階を終へた今日、必然的に經濟と文化兩方面の新なる建設が要望されて來てゐる。この要望にこたへるため吾々は派遣されてきたのです。

寺內萬治郎氏 作品が出來上つたら先づ陸海軍省に納め來る十二月大東亞戰爭一周年を記念するため陸海軍報道部主催で大東亞戰爭展覽會といつたやうなものに出品することとなると思ひます。これに出品後、朝鮮滿洲支那佛印南洋各地でも展覽する筈です。さらに時期と輸送關係を見計つてドイツやイタリーにも作品を持つて行つて獨伊と文化交驩をやる。將來はそこまでも進めたいといふ案もあります。

鶴田吾郎氏 各地に二ヶ月滯在、往復に一ヶ月都合三ヶ月位の行脚で、畫題となる戰線としてはハワイ、比島、香港、マレー、ビルマ、ボルネオ、セレベス、スマトラ、ジャバ等があり、今回派遣された十五名中のあとの六名とはサイゴンで落合つて編成し直し、また各分擔の戰線に散る筈です。記錄畫はながく後世に傳へる意氣込みで作業します。

南方の印象

宮本三郎氏 佛印は皆がいふやうにフランス的なものは感じませんでした。アデンとかコロンボだとかつまり植民地的印象を受けました。又さつき見た王城の美術品も形式的でどれだけ藝術として高いものか疑ひます。

藤田氏 しかしあの三百疊位ある銀の御堂や銀の床、エメラルドの佛像等金目にしても大したものだ。僕は朝鮮のある王城で虎の皮八千頭分の敷物を見せて貰つたこ

けてゐる。

「木工」——こゝは、いまゝで日本家具と洋家具といふ二つの異なる修業によつて、劃然と二分された形であつた。作家的素質を有するものは、いはゆる洋家具に多く、本吉春三郎、吉原良雄、吉本壽は、まづこの中にあつて、將來を囑望すべき新人といへよう。

輝く藝術院賞の美術人

小磯良平・高村光太郎二氏について

□

帝國藝術院では一昨年藝術院賞を設定したが會員外の卓越した作品について昨年度の各藝術界全般に渉つて詮衡の結果昨昭和十六年度の優秀作品發表者として

第一部（美術）「娘子關を征く」の作者　小磯良平

第二部（文學）「道程」の作者　高村光太郎

同「鶯」及「國初聖蹟歌」の作者　川田順

の三氏に贈られることゝなつた（賞金各壹千圓）

右の中、第一部の小磯氏は最近の洋畫壇最新鋭として矚目の人なるは知られてゐるが、文學の方の高村光太郎氏も、その表彰は「詩」にあつたとは言へ、美術評壇の先覺として美術界には最も功績ふかい人であり、且つ彫刻家として自ら技術者の一人たる純美術人であることに於て、この二氏の授賞は美術界の光榮として慶賀してもよいと思ふ。

小磯良平氏は神戸の人、昭和二年に東京美術學校洋畫科を出で、春台展に屬し、故岡田三郎助氏の薫陶にも與つたが以後渡佛し、滯巴數年よく古典繪畫の蘊奥をきはめ、徒らなるイズムの輕薄者流に倣はず孜々として勉學歸朝後は新人の友人らと共に新制作派協會を創立し毎回その異常な堂々たる作風を出陳して美術界を驚嘆せしめつゝあつた。昨秋よりは文展にも出陳した「齊唱」の一作はまだ吾人の記憶に新なところであらう。日支事變始まるに及び從軍畫家として戰線に出動彩管を現地で縱橫に奮ひ、その輝かしき成果は「南京中華門戰鬪」「兵馬」等の戰爭畫となつたが、それと關聯の三部作の一つとして大作「娘子關を征く」の二百號大の作品を昨年完成東朝主催の聖戰展に出陳した。それが榮譽の授賞となつたもので、健實な手法と逞しい描寫力は現畫壇の驚異とするところである。

第二部の高村光太郎氏は人も知る詩人であり、また本來の彫刻家で故光雲翁を父にもち幼少から鑿刀に親しんでゐた美術家、生粋の江戸ッ子で明治十六年の生れだから既に還暦をこえた年輩乍ら、その潑剌生命に充ちた詩想と等しく彫刻技に於ても洵に卓越した技能をもつて居る。東京美術學校彫刻科卒業後渡米、歐洲に渉り英佛各地に數年を費し明治四十二年歸朝した。早く短歌を與謝野鐵幹氏に學び新詩社同人として「明星」誌上に活躍したが歸朝後は詩と美術批評に新路を拓き、その素朴にして純眞な人生主義の詩風は詩壇に炬火をかゝげて今日に至つたもの、「道程」は第一詩集であるが、その後作風は益々力を加へ新しき國民詩としての風格をもつに至つた。それが今度授賞としての最大原因であると思はれる。

美術批評に於てはかつて「綠色の太陽」の一文によつてその卓拔な智性と鋭敏な批判に美術評壇を驚かし、以後文展評その他に於て美術界を啓蒙すること實に多大であつたと言へる。この點に於ても院賞授與はむしろ當然と言へるが、それが「詩」にあたへられたことは同氏が本來の詩人的性格を推奬された意とも解されよう。

とがあるが、あの銀の床は世界の一つの驚異だと思ひます。

清水登之氏　佛教などに緣の深い白像の實物を王城で見ることが出來たのは愉快でした。

中村研一氏　さつきトラックに滿載されてゐる兵隊さんを見て氣がついたのだが、われわれは飛行機で來たゝめ、內地と佛印との距離感があまりはつきりしないが、普通の兵隊さんたちは隨分とほくにやつて來たと感じたらう。出來れば一人一人の親御さんにせめてたよりだけ自分でとどけてあげたいなあと思ひましたね。

山口蓬春氏　私の第一印象は『フランス』でも『印度』でも『植民地』でもなく『日本』を感じさせてくれたのは自分でも意外でした。メコン河は利根川のやうだし水葵や蓮の花が咲いてゐる。鶺鴒が飛んでゐる。爽快な空氣があたりに流れてゐる—まるで潮來にでも來たやうな錯覺を感じましたね兵隊さんも案外故國を懷しがらないですむんぢやないかと思ひました。尤も日本的なものを見る度に日本を思ひ出すだらうとも言へますがね。

鶴田氏　僕は北中支を四、五回歩いたがこちらの方面ははじめてゞす。こゝにきてゐる兵隊さんは自然の環境のせいかおだやかにみえました。

田村孝之助氏　住民は溫厚純朴で人ずれしてゐないのに好感を持ちました。十分ばかりモデルになつてもらつたから少しお金をあげようと思つたら『私のやうな者を描いてくれた』といつて逆にお禮をいはれてしまひました。

清水氏　私などはまだ〳〵だが同行の皆さんは飛行機の中でもスケッチをかきまくる。ノートをとる仲間ぼめみたいが涙ぐましいものがあります。

小磯良平氏　文士諸氏はどうやつてゐるだらう。僕等は朝六時起床し時間勵行その他萬事軍隊式にやつてゐます。

展覧會の暦

▽長谷川路可フレスコ展　一日から三日迄日動畫廊
▽現代染織美術展　一日から九日迄日本橋高島屋
▽西歐作家素描複製展　一日から四日まで銀座菊屋畫廊
▽岡田華郷新作繪畫展　一日から九日迄日本橋高島屋
▽五月會展　三日から七日まで銀座青樹社
▽第四回研究會展　四日から七日まで銀座紀伊國屋畫廊
▽川崎小虎塾新生社日本畫第一回展　五日から九日まで銀座松坂屋七階
▽古丹波名品鑑賞會　五日から十日迄上野松坂屋
▽讀畫會第卅五回展　六日から十八日まで上野府美術館
▽長原垣油繪展　六日から九日まで銀座菊屋畫廊
▽群馬美術協會展　六日から十日まで銀座三越
▽精藝社日本畫展　七日から十日まで銀座資生堂畫廊
▽杉の芽會四回展　八日から十日まで銀座紀伊國屋畫廊
▽東邦畫研究會展　八日から十五日迄銀座交詢社
▽日本水彩第廿九回展　九日から廿一日まで上野、東京府美術館
▽一水會春季展　九日から十三日まで銀座青樹社
▽武者小路實篤村の人の會展　九日から十一日まで銀座鳩居堂
▽第一回表裝美術展　十日から十五日まで上野府美術館
▽歴程美術展　十一日から卅日まで東京府美術館
▽小絲源太郎洋畫展　十一日から十四日迄銀座資生堂

旬報

西澤童寶文化千古記念章設定

一昨年皇紀二千六百年を迎へたのを機に、西澤童寶文化研究所では、西澤笛畝氏の養父仙湖大人が世に遺した業績を永遠に記念する爲童寶文化其他それに關聯する研究に寄與した人々を選び、記念章を贈ることになり、西澤氏選定の結果、本春までに發表したものの中から、繪畫部では大久保靑更氏に第一回千古記念章を贈ることに決定した。

大久保靑更女史は、章寶美術院展で數度入賞し、人形玩具畫作家として令名あり、昨年度に於ける「童女と玩具店」の一作は讀畫會で奬勵賞第一席を獲得、本春團欒社出品の泰國玩具集は、時局下に於ける畫材としで意義あるばかりでなく、その表現法も極めて藝術味に富んだ作品であつた。

高澤圭一個展
菊屋畫廊で好評

高澤圭一氏の第三回戰爭畫展は四月十六日から十九日迄銀座菊屋ギヤラリーで開催、「夜明け」「前進壕」「髪の分隊長」など十五點を出陳、好評を博した。

故岡田三郎助記念像
東美校で除幕式擧行

帝國藝術院會員故岡田三郎助記念像は愈々完成したので去月二十九日上野公園東京美術學校で除幕式を擧式した。

晴湖遺作展延期

待望の奥原晴湖遺作展は四月二十四日から伊勢丹で開催する筈であつたが、最近の事態に鑑み、本秋まで之れを延期する事になつた。

水彩畫推奬記錄展又々好評
名古屋市丸善で

既報せる水彩畫推奬記錄展は去る二月東京で昨年度推奬作品の公開展を開催後、三月には京都市で公開、又、四月十四日から五日間名古屋市丸善で展觀、重ねて好評を博した。

豫報

工藝美術作家協會第一回展
六月初旬日本橋高島屋で開催

工藝美術作家協會では、いよいよ第一回展を六月初旬東京高島屋で開催する事になつた。同協會では、戰時下に於ける國民文化宣揚の爲全會員の熱誠なる協力を待望してゐる。同展開催の趣旨は、左記「檄」にその要を盡してをり、全日本の工藝美術作家が一心協力に成る作品行動は今回を以て嚆矢とし、同展の成果如何は、今後に於ける工藝美術の社會的重要性に影響するところ深甚であるばかりでなく、大東亜共榮圏に飛躍すべき工藝文化の將來を思ふ時、同協會の强化及び愼重なる作品行動に關し全日本作家の重責をいよいよ痛感する次第であるから、全會員の奮闘を切に翹望してゐる。尙、同展は文部省及び商工省の支援を受くることになり、特別展觀として、南方共榮圏内の優秀な工藝美術品を陳列して時局下絶好の參考資料たらしむべく準備に忙殺されてゐる。

檄

我等はいま肇國以來未曾有の國家情勢に直面してゐる。御稜威の下、皇軍の赫々たる武勳と億兆一心の銃後の結束とは、日に日に輝かしき歴史の一頁を創りつつある。（中略）此時我等が全日本の同志に檄して、工藝美術報國の一念に燃える精神を以て第一回の展覽會を開催し、高度國防國家新體制に即應し新しき世紀の文化建設に翼賛の實を擧げんとする事は特に意義の深甚なるを覺ゆる次第である。惟ふに工藝美術製作の素材及び資材は殆ど例外なく軍需資材ばかりである。一塊の銅一盞の漆と雖もみな悉く血を以て購はるべき資材である。それにも拘はらず、昭和十六年八月十二日商工省は次官通牒を以て規定の制約の下にその貴重なる資材の適用を許可した。これは（中略）、我が國體の輝かしき傳統に基く文化の一翼として工藝美術を哺育し、併せて將來の大東亜共榮圏に飛躍する文化工作の基礎を今日に於て確立せしめんとする國家大方策の片鱗に外ならないのである。（中略）工藝美術作家は各自の『個』を通して國策的理念の下に、その資材を最大限度に活かし、以て國家にその全技能を奉仕せねばならぬ。それが作家として國家に酬いる所以であり、それ以外の觀念を以て作品を作る事は許されざる罪であると同時に作家自身も亦恥とすべきである。（中略）國家新體制に於て最も危險なのは國民の日本觀の分裂に基く思想の混亂であると同樣に、わが工藝美術界に於て最も警戒すべきは、私の功利的立場或は偏狹なる獨善的自己滿足から釀成される統一形態の裡の私益性毒素である。勿論我等は工藝美術報國の熾烈なる精神に於て、かかる不純なる毒性の存在を燒盡せしめなければならぬ。また、自由主義時代より繼續せる單なる年中行事的無意味なる展覽會病を一掃し、かかる慣習より胚胎する漫々的態度を此の機に臨んで全く一擲し、自肅自戒以て純粹なる作品行動に於て工藝美術作家の赤誠を國家及び國民の前に披瀝しなければならぬ。（中略）全會員諸君、我等は千載一遇の機に際會せる工藝美術作家であるといふ自覺と責任との下に、今や銃を執る手で筆を執り手榴彈を握る手で槌を握るべきである。そして觀せる作品よりも、賣る作品よりも、國家に奉仕して自ら恥なしとする作品をまづ第一に作らうではないか。（下略）

第五回文展要項決定
今秋十月十六日から十一月廿日迄上野府美術館で開催

わが國美術の粹をあつめる第五回文展は大東亞戰爭下初の官展として今秋十月十六日から十一月廿日まで上野の府美術館で開催と決定、このほど文部省から その要項が發表された
▽種目＝第一部（日本畫）第二部（油繪、水彩畫、パステル畫、素描創作版畫等）第三部（彫塑）第四部（美術工藝）△出品＝無鑑査者、受鑑査者に分ち各部何れも一人一點▽作品の寸法＝第一部（縱十尺、横七尺以内、裝飾設備を含む）第二部（横五尺以内裝飾設備を含む）第三、四部（制限なし）▽搬入期日＝申込書及び作品の受理期間は十月一日から五日まで無鑑査は同十日迄なほ作品の寸法制限は例年に準じたもの文部省では美術家の自肅自重を要望してゐる

=出品規定=

同會主催の今展觀を全日本工藝美術展と稱し、會場は日本橋の高島屋、鑑賞日は五月卅一日會期は六月二日から同七日迄、出品は同會會員に限る、一人に付 點、組合せ品はその全部を以て一點とす、凡て無鑑査で、審査は商工省次官涌牒に依る藝術保存資格者に該當せざる者の出品に對して行ひ、優秀作に對しては賞及び賞金を以て表彰、受賞者に對してはその藝術保存資格の上昇に付特に斡旋することあり、出品受付は五圓廿七、廿八の兩日とし、この期間に高島屋八階同展會場に搬入のこと、地方出品は五月廿五日迄、となつてゐる。

福井縣工藝美術作家協會第三回展

二日から十一日迄福井

福井縣工藝美術作家協會（舊工人社）では來る五月二日から十一日迄福井市だるま屋百貨店で第三回展を開催する。一般公募展で、彫刻、美術工藝、圖案の三種、同會委員之れを審査し、入選者中優秀な作品には授賞する。委員は左の通りである。

塚本悅町、池田惠齊、野村元、大野雪哉、白崎天馨、河端清尙、出品は同協會會員及び一般同好の士の作品を公募するもので、出品は一人五點以內、出品者は同縣下在住の者、但し縣外在者でも特に出品希望者は同會の協賛を得て出品することが出來る。出品搬入は四月卅日だるま屋三階催場へ。會期中適當な時期に會員及び公募者の座談會を開催する。

待望の京都市第七回美術展

けふから廿日迄岡崎の大禮記念美術館

大東亞戰下赫々たる皇軍の戰果に呼應してその卓越せる日本文化の精華を中外に宣揚すべき京都市主催の第七回美術展覽會（市展）はいよいよ五月一日から二十日まで京都市岡崎公園大禮記念美術館を會場に每日午前九時から午後五時まで開催されることとなつた、出品搬入は四月二十四、五の兩日で委員には日本畫七十八名、洋畫二十六名、彫塑六名、美術工藝二十五名の合計百三十五名が決定されてゐる。

狩野晃行個展

同人の後援出品多數

明朗美術聯盟の盟主狩野晃行氏の個展が五月十三日から十七日迄日本橋の白木屋で開催される、作品は紙本半折の佛緣六題（釋伽、文珠、普賢、觀音、達磨、慧可）扇面三點（栗、柿、柘榴）花卉（牡丹、芍藥、櫻枝、梅枝）其他山水等十數點の力作が展示される外明朗美術聯盟同人の後援出品が多數あり盛會が豫想される。

長原坦一回展

長原坦氏の油繪展が六日から九日迄銀座の菊屋ギヤラリーで開催される、氏は舊帝展や文展に屢々入選し現に光風會員であるが個展は今回が初めてゞ作品は十號乃至十五號程度の近作廿點內外の展示である。

一水會春季展

一水會の春季展が五月九日から十三日迄銀座の靑樹社で開催

される、出陳作品は會員、會友各一點十號乃至廿號以下の小品だがいづれも最近の力作が展示される筈。

西本白鳥個展

シユウレリアリズム作家で最近其製作畫風を變へた西本白鳥氏の第三回個展が來る十七日から廿三日まで銀座ギヤラリーで開催される、今回發表の作品は信州蓼科高原より見たる山々を主題とした「早春」「桃咲く頃」「夜明」他十五六點である尙氏は昨年二月鮮、滿、支の皇軍を慰問、同四月歸京するや傷病將兵に繪畫の實地指導を試み同年十月更に南方方面の駐屯軍を慰問し同十二月歸京した新進作家である。

直土會第二回彫塑展公募

盟主大夢氏の急逝に同人等一層發奮

彫塑界の巨匠建畠大夢氏を盟主とせる直土會では大夢氏の急逝に今年の展覽會に就ては多少危まれてゐたが同會では故盟主の職域奉公に對する熱意を尊重すると共に斷然第二回展を開催と決し作品の公募を發表した會期五月十三日から同廿一日迄搬入は五月九、十の兩日事務所は從前通り瀧の川區田端三六二建畠方電話駒込一四〇一番である

端館九皐個展

日光山に取材した

昨年は櫻を主題とした作品三十點を發表して好評を博した端館九皐氏が今年は日光を中心に男體山麓奧日光、戰場ヶ原、湯本其他に取材した花鳥、風景等十六七點を來る十三日から十五日迄銀座の鳩居堂で展示する、

畫題はまだ未定だが火山灰の爲め咲いた儘化石した花や男體山に棲息してゐる白鼬、などまでも氏の彩管によつて巧みに表現される事であらう。

研究會四回展

純粹な日本畫を各自が自由な立場から視野を廣め凡ゆる藝術的要素の獲得研究に邁進しつゝある若い作家達の發表機關である研究會の第四回展が五月四日から七日まで銀座の紀伊國屋畫廊で開催される、出陳作品は山水、花鳥その他力作廿餘點の展示である。

精藝社日本畫展

精藝社の日本畫展が五月七日から十日まで銀座の資生堂畫廊で開催される、作品は橋本明治

加藤榮三、中村貞以、村田泥牛、上村松篁、山本丘人、眞野滿、新井勝利、杉山寧といつた中堅作家の近作が展示される筈である。

第一回表展

危機を脫して開催の

東京表裝組合展は、新組織による東京表具工業として今年は最初の展覽會なので、第一回表裝美術展覽會と改稱し開催の準備中のところ表裝裂れ地配給の難關に際し、開催如何は不安裡にあつたが、別記材料問題も一段階になつたので兎も角第一回展を開催することと決し、改めて左の日取りを發表した。

（開期）五月十日——十五日
（搬入）五月四日
（會場）東京府美術館

今回の第一回に際して、今春來、改組案が擡頭し、幹部間に協議を重ねた結果

第一回審査員と無鑑査

從來の同展無鑑査は全部權利を消却して白紙に戾ることとし、第一回の審査員は從前の出

「玉堂琴士畫譜」

聚樂社から最新刊

浦上玉堂の鑑賞を修正し其藝術的眞價の再認識を期して圖版六十七枚、木版色刷五枚を——作年順に蒐錄する畫譜で、島の子上紙竪一尺七寸、ヨコ一尺二寸の特別大型版、麻布表紙和綴帙入、別册略傳、畫論、年表、解説を附し二百五十部限定出版で並製既に賣切れで特製百二十圓である、發行所は本鄉根津須賀町七秋葉啓氏經營の聚樂社

品者の投票で選出決定するといふ方法で、その投票は四月二十八日に行はれた、その結果は本誌〆切に間に合はず。

授賞制度も文展に準ず

從來の美術授賞法は、博覽會及び日本美術協會等の法則である金、銀、銅賞の如く金屬材料にて製造した賞牌を授與し名譽を表彰したのであるが、近年は名稱のみ遺して實がなく、表展もその舊態に甘んじてゐたが爾今は文展の如く特選制に改めることとなつた。

第卅五回讀畫會展開かる

優秀作品に對する賞金本年より增額す

讀畫會の第卅五回展が來る六日から十八日まで府美術館で開催される、大東亞戰下の展覽會とあつて全會員は第一線の將兵に劣らぬ意氣込みで力作の出品に懸命であるが同會の首腦部に於ても今回展より優秀作品に對しては從來に倍する賞金即ち「讀畫會賞」二百圓「奬勵賞」一百圓「佳作」若干圓を贈呈する事に決し優秀作家に酬ゆる事とした。

表裝同人會

美術行脚

五月初旬まづ中尊寺へ

表裝同人會の研究所では昨年は法隆寺を中心に奈良美術の見學をしたが、今年はこの五月上旬を期し、中尊寺と毛越寺を中心に見學し、途中松島瑞巖寺及び東北大學訪問の筈である。

福陽十四回展

六月上旬銀座松坂屋

第十四回福陽美術會展は六月二日から同七日迄銀座松坂屋で開催される。出品は同會會員の日本畫に限定、出品受附は本鄕區蓬萊町六八高林寺で五月三十日之れを行ふ。出品畫の寸法は作者の任意だが、凡そ二曲一双(六曲半双)、又は右寸法以內のこと。入選作品中優秀なものに對し、審査の上授賞する。

日本水彩第廿九回展迫る

輝かしい歷史と多數の有力作家を會員とし日本水彩の昂揚に不斷の努力を續けつゝある日本水彩畫會の第廿九回展は愈々五月九日から廿一日迄上野の東京府美術館で華々しく開催される。

農山漁村風物展

亞艸社が銀座三越

亞艸社の農山漁村風物畫展が四月廿九日から五月三日迄銀座の三越で開催されてゐる、同社は豫ねて我が洋畫壇が其技法はもとより思想迄も歐米的傾向から拔け切れず我が皇國の精神を忘却して平然たるを遺憾とし、飽く迄日本民族精神を發露昂揚すべくこゝに日本的性格を最も良く表徵する所の農山漁村の生活を眞の日本の油彩畫として表現し誤れる歐米油彩畫家を反省せしめんとする意圖でこの展觀を開いたものである由。

宮本光雲個展

六月中旬京都丸物で

京都畫壇に特異の地步を占め堅實な足跡を示してゐる獨立花鳥畫家宮本光雲氏は近業の力作多數を蒐め六月中旬を期して京都驛前『丸物』に個展を開催すべく着々準備を進めてゐる、問題にされる作品も相當に出やうと各方面で期待してゐる。

基督教美術展

第八回を五月廿日から

來る五月廿日から卅一日迄東京基督教青年會で第八回基督教美術展が開催される。出品資格は美術家協會會員、基督教美術家基督者でなくても趣旨に贊成の者に限り、作品は、宗教的特徵あるもの、其他一般的なものも包含し、出品料は無料、賣上手數料は賣價の二割、搬入は五月十五日午前中。

◇◇現代美術協會第四回展◇◇

六月九日から十八日迄上野府美術館

現代美術協會では第四回展を六月九日から十八日迄上野公園府美術館で開催する。作品は第一部東洋畫、第二部西洋畫、作品受付は同月六、七兩日、審査員は左の通りである。

審査員(第一部) 奧村土牛、小野竹喬、金島桂華、堅山南風、田中咄哉州、中村岳陵、宇田荻邨、福田平八郞、森白甫、山口蓬春 (第二部) 金山平三、川島理一郞、安井曾太郞、曾宮一念、牧野虎雄

尙一人の出品點數は一部に付三點迄、出品畫の大きさは自由、出品畫中優秀なものには現代美術賞を贈呈する。

南方各地へ彩管行

陸軍から特派畫家

大東亞戰爭獻納記錄畫製作のため陸軍から南方各地に特派される十六畫家のうち

鶴田吾郞、淸水登之、寺內萬治郞、中山巍(以上洋畫)川端龍子、福田豐四郞、山口蓬春(以上日本畫)

の七氏は去月四日午後一時三十分東京驛發の「櫻」で國民服姿も凛々しく壯途についたが、一行はサイゴンを經て各目的地に向ひ前後二箇月に亘つてスケッチし、歸朝後記錄畫を制作、大東亞戰爭開戰一周年の本年十二月八日を期し一般に公開し、次いで共榮圈內の各地でも巡回展を開く計畫である。尙又、樞軸國間で「戰爭美術交換展」陸軍美術協會員小磯良平、田村孝之介兩畫家は四日神戸を出發、小磯氏はジャバ、田村氏はビルマ方面へ向つた

—消息—

▲原田直康氏(九寶會員) 今回歸京し、品川區西大崎一ノ二五に定住、勤務先讀賣新聞社

▲木和村創爾郎氏 去月十日迄高松市に滯在、歸途「富嶽三十六景」描寫の爲駿、遠、甲各州を歷巡、この程歸京。

▲吉岡堅二氏 四月五日小磯良平氏とジャバに從軍した。

▲石橋一徑氏 豐島區椎名町二ノ一五三八大久保方に移轉。

▲江川文展氏 三月から煌土社に入塾。

▲太田三郞氏 四月十七日、熱田神宮拜寫のため出發した、光風會からする神宮獻納作品のためで、氏が愛知縣人であるために、その神宮が選まれたのである。

▲光風會幹事 十年間に亘つて努力發展を促し來つた太田三郞氏は、この程辭退し、淸水義雄氏が太田氏の後任として光風會の幹事となつた。

▲鮫島利久氏 光風會の事務をやめた。

▲近藤市太郞氏 は家長を喪はれた。

▲水澤澄夫氏 四月上旬京都關西方面の研究旅行をした。

▲大串純夫氏 四月中旬奈良への旅、下旬更に關西へ。

▲田中萬宗氏 腦溢血症は平靜治療期に入つた、少しは散步位出來る。

▲石井柏亭氏 還曆に相當。

藤田嗣治氏の大作陸軍へ

荻洲中將から獻納

このたびの靖國神社臨時大祭にはノモンハン激戰の英靈も合祀されたので、ひとしほ感激の深い當時の最高指揮官荻洲立兵中將はかねて御下賜金を提供して藤田嗣治氏に委囑製作した、「ハルハ河畔皇軍奮鬪の圖」を軍に獻納すべく大祭を前に控えた十六日午前十時陸軍省を訪問、谷萩陸軍省報道部長を經て手續きを了した、同畫は十四年七月三日のハルハ河畔大草原における戰車と人間の凄絕な死鬪を藤田氏がその翌年はるばる同草原におとづれ精緻な構想を凝らして完成した苦心の超大作で、昨年六月には宮中において畏くも天覽ならびに台覽の光榮に浴しこえて七月以後の聖戰美術展には東京その他の全國主要都市で一般の展覽にも供したものである。

美術經濟

表装裂れ配給決定

四月下旬から纖維調整需給協議會の切符で出廻り始む

日本繪畫の衣料である表装裂れ地の配給の方法は頗る難局に逢面してゐたが、これが綜合機關である東京表具工業組合幹部の熱烈な努力によつて去月下旬にはその配給が實施するに至つた。

×

本年一月二十八日表装裂地が全面的販賣禁止となり二月十八日に到り現在材料商組合員のストック品に對しては業務用衣料購入票による購入機構が決定した、しかし之れは手持のストック品が買へるだけの方法であつて、これからの表装裂れ地が入手購買使用される方法には難關の少からぬものがあつた――それが決定し業界は從來のやうな自由は得られないのであるが、確乎たる時局統制下に、兎も角ほつと安堵をなし將來への業務進展と職域盡忠の方針がついたのである。

×

その決定した購入方法及び事情について書くと斯うである。表装裂れ地生産者の製造品は全部中央纖維品統制會社に入り、これを纖維需給調整協議會の適正な配分に依つて全般的に纖維統製會社に配給され、同會社から材料商業組合を經て、表具工業組合に屬する表装業者の手に渡る順序である、この場合、東京では纖維需給調整協議會東京支部の「業務用衣料品購入票」を受取りこれに買入者(受配者)と購入先(表装裂地商)を明記、品數・用途等記入の上提出配給手續きをせねばならぬ。

そして、この票の有效期間は翌月の末日まででその期間を過ぎると同票は無效となる、訂正記入したものも無效である、同票も讓渡すると無效であるばかりでなく、昭和十三年法律第五十五條の國家總動員法に律される事になる、同法律の規定は十年以下の懲役又は五萬圓以下の罰金である。

この配給は四五六の三ヶ月を第一期として、この間に受入れた表装裂れの內、使用しないものがある時は、第二期の配給からその殘分を差引かれる筈である、今回の表装裂れ地配給は實績によらぬことになつてゐるが、これは正確の實績を申出でないことが考慮されたもので購入者は、單にその希望數量を申出でるのであるが大體、現在の製品實狀に照合すと必要の三分の一位である模樣である。現在の表装裂れ地材料商は淺草の松屋をはじめ同店の新宿、京橋兩店と四谷の平田、京橋の富田、小傳馬町の川島・神田の關屋等を一流として東京には四十一軒があり、表具工業組合に屬する表装師は一千六百人に及ぶのであるが、昭和十七年商工省令第四號纖維製品配給消費統制に支配される同種組合は現在三百に餘り不急と認められるものも少くなく、必需品でない表装の方も不急部門に編入される運命であつた模樣なのを、當業幹部の努力交渉によつて、率先して認可される五十組合の內に認めらるることとなつたため、一時はどうかと思はれ悲觀的に陷つた表装界も前記の如く去月下旬には實施を許されるに到つたのは幸福であつた。

更に今回の許可の上で一層幸福は購入先が二軒を許されたことである。

表装業者が購入しようとする場合に前記四十一軒の表装裂れ地材料者の內一軒だけにしか取引が出來ぬのが原案であつたが、材料商とても各々製品の特徴があつて一軒で最高級から安價のものまでを取揃へては居ないのであるから、一軒限度では迚も業者は商賣をして行くことは不可能である、それが二軒に倍加されたことは非常な效果を齎すものであつた、斯くて日本繪畫の衣料である表装裂れ地配給問題も、やや好轉的結果を見たのである。これからはその運用のよろしきもの の勝利である、そして取引法は工業組合組織の範疇に座すのではあるが元來が表装は高級藝術なのであるから、どこまでもよき藝能の發達に赴かねばならぬのである。

東京表具工業組合事務所移轉

東京表装業者を網羅する團體である東京表具工業組合は今回日本橋區大傳馬町一丁目二番地(電話茅場町一九二一)へ移轉した。

牙軸代用に鯨

表装裂れ地配給は一段階に達したが、掛物の軸に用ゐる象牙は既に發賣製造共禁止されてゐるので、手持品のある業者だけが使用してゐるに過ぎないが、昨年春の象軸問題の起つた時、既に一本七八圓にも及ぶ闇値であつたが、現在は象牙に代るに鯨が用ゐられて居るものの、象牙の闇よりも一本に付一二圓の高價たるを免がれない現狀である、しかも鯨の牙は眞正の中實は一寸か一寸一二分の太さのものであるから、大幅には細きに過ぎ使用し難く且つ鯨牙は象牙より重さに於て優るので掛幅の安定感をよくするが、永存すると虫が付く怖れがあるのでこの永存法も考究されてゐるので、一層すぐれた代用品が研究されてゐる。

「旬刊」美術新報

昭和十七年四月廿九日印刷
昭和十七年五月一日發行
發行日 每月三回(一日十日廿日)

購讀料
一册金五十錢(郵税一錢)
一ヶ月三册金壹圓五十錢(送料共)

麹町區九段一ノ一四 資文堂
編輯發行兼印刷人 東京市麹町區九段一ノ一四 猪木卓爾
發行事務所 日本美術新報社 電話九段二七一五 振替東京一六二五〇
日本出版文化協會會員 一一二二三五番
配給元 日本出版配給株式會社

通信は一切發行事務所へ

發行所 東京市本郷區東片町八二 日本美術新報社

昭和廿年一月十二日（第三種郵便物認可第二十三號）
昭和十七年五月一日發行（毎月三回十日目發行）

定價金五拾錢（郵税一錢）

（金壹圓五十錢 一ケ月三册）

旬刊 美術新報

五月中旬號

昭和十年一月十二日 第三種郵便物認可 第二十四號
昭和十七年五月十日發行（毎月三回十日發行）

メキシコ現代繪畫

ゲレロ・ガルバン　　デッサン

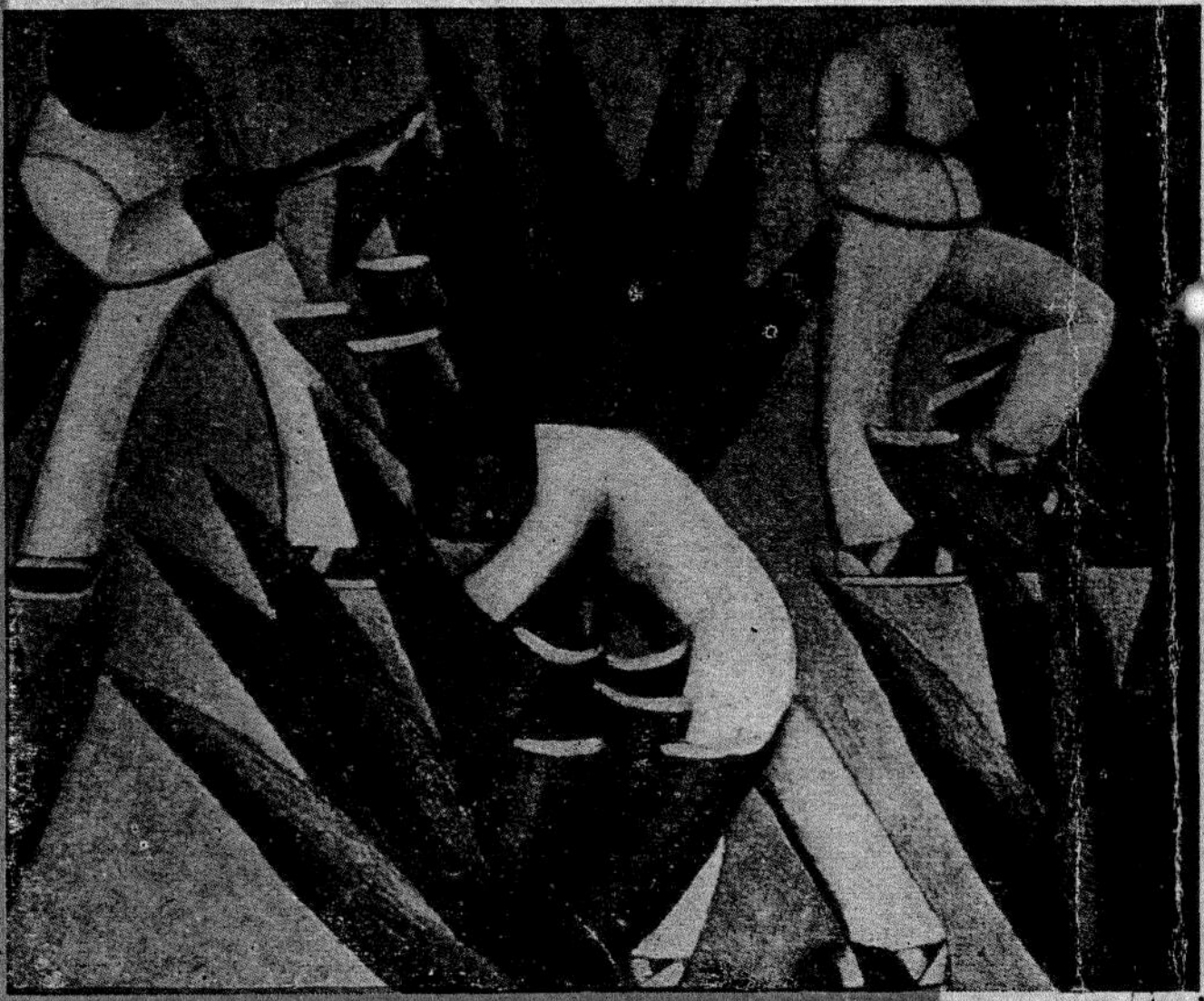

アグスチン・ラソ　　アバムの農園

マキシモ・パチエコ　　夜

24

旬刊 美術新報 第二十四號要目

美術界の一元化傾向

兎角何かと他から嘴を容れられがちであつた美術界も大東亞戰爭勃發を契機として種々なる積極的活動が始まつてきた。そのことは時代の客觀的動勢が然らしめたとは言へ作家自らが始めて自己の位置するものについての自覺を得たことによると言へよう。嚮には日本畫家報國會の結成があり、今また美術家聯盟の成立を見る。共に作家の戰時的態勢の結果であり、その藝術生活に直接影響する部面への職業的適應であるが、かゝる動きから必然に美術界の一元化が齎されんとする氣運を作り出しつゝあることは最も欣ぶべき傾向であると思ふ。

整備員の活動 濱松 清松

友軍機來 高橋賢一郎

第一美術第十回展

四月二十三日――五月七日 府美術館にて

四月十日の素描 河邊 梅村

風景 袴田恒男

初秋風景 鈴木 啓二

農婦 横山群

「亞草社」農山漁村風物畫展

椿の花を踏んで村の娘は山の小徑を歸つて行つた

加藤正男

好日勞耕　齋藤五百枝

田舎道　岡野弘

春季二科展

會員會友總出で賑やかな展觀であるが、鑑賞畫風の作品が多く力作と云ふべき程の作品はない。技術上の巧拙よりも多少とも個性の顯著なものだけが記憶に殘るわけである。目錄順に拾ふと、熊谷守一氏「榮花」は本質的な稚拙味が物を云ふ味のある作品、正宗得三郎氏の二作では「椿」が澁い滋味あり、濱田葆光氏「大和の春」平淡な棄てがたき詩趣、野間仁根氏「溪流」南畫的な趣味もみえ、細緻な筆觸によく神經の透つた佳作である。鈴木信太郎氏「伊豆の早春」澁い落ち着きを加へて來た。宮本三郎氏「雨後の箱根」燻したやうな紫が美しい。北川民次氏「尾張瀬戸風景」特異な描寫に異彩を放つ、強い線描によるエキゾチズム、伊藤久三郎氏「つゝじ」しやれた感覺、峰岸義氏「西湖新綠」稚拙に似た器用さである。藤川榮子氏「草花」淡々と描き拔いたところに味がある。桂ユキ子氏「八つ手と椿」は科學標本的な精密描寫から新鮮なものを探さうとする。雜賀文子氏「太陽」腐つた卵黄のやうな太陽。野村守夫氏「北京」新鮮だが器用すぎる。松本俊介氏「汐留近く一趣味的な晦澁であり、浪江勘次郎氏「南風」超現實風の構圖。（髙島屋）

デッサン複製展

五月一日より四日まで菊屋ギヤラリーに開かれた春鳥會主催の複製展はレオナルド・ダ・ヴインチを中心とするイタリー・ルネッサンス諸大家の素描、壁畫約百點に及ぶもので昨年同ギヤラリーで開かれたブリユウゲル展とともに盛大であつた。主なる陳列作品はダ・ヴインチ、ミケランヂエロ、ラファイエロ、ボッチエリー、チシヤン、チントレット等で、殊にミケランヂエロの「エレミヤ」は本物に接する樣な精巧なもので、多數の觀覽者は眞の藝術作品に觸れた興奮に包まれてゐた。（菊屋ギヤラリー）

三果會展

文展中堅陣の精鋭三氏、四點づつの力作で充實した展觀である。阿以田治修氏「秋音」は晩秋庭前風景、落ち着いた滋味ある描寫である。「室内」の裸婦はよく手馴れたもので氏一流の美しい雰圍氣がある。「靜物」と「葡萄」はバックの青い布の色など錆びたコクがある

佐竹德次郎氏「溪澗」は對象に食ひ込んだネバリのある描寫である淺瀬を流れる水などよく描けてゐるが、要するに情趣的な一つのものを欠除してゐる難を免れぬ。「紫峰」は富士を展望した大觀、紫青色で統一した色調のため落ち着きを見せ、二點の「靜物」は描き馴れた作品。

寺内萬治

第一回試作會展

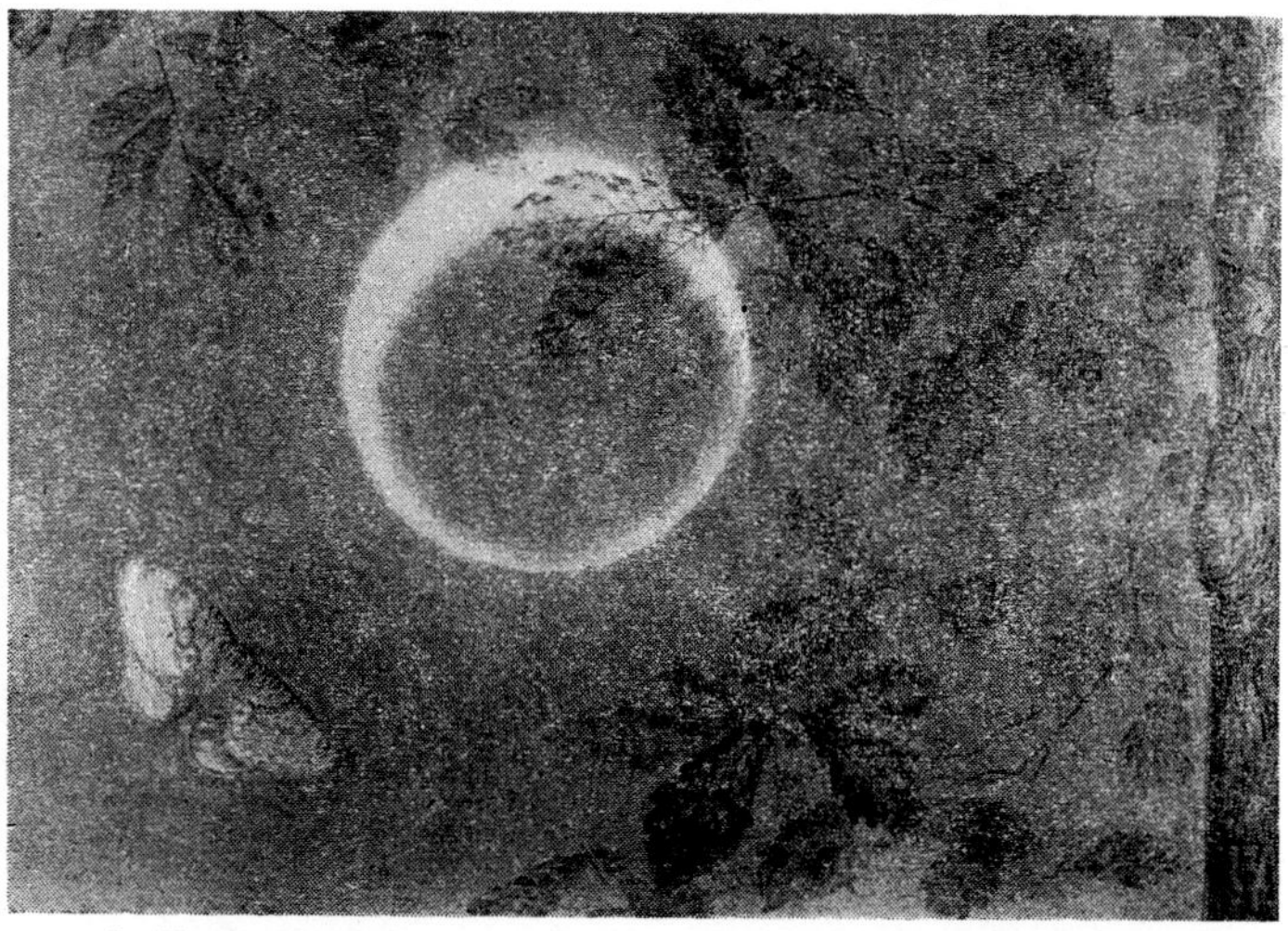

月蝕　安孫子眞也

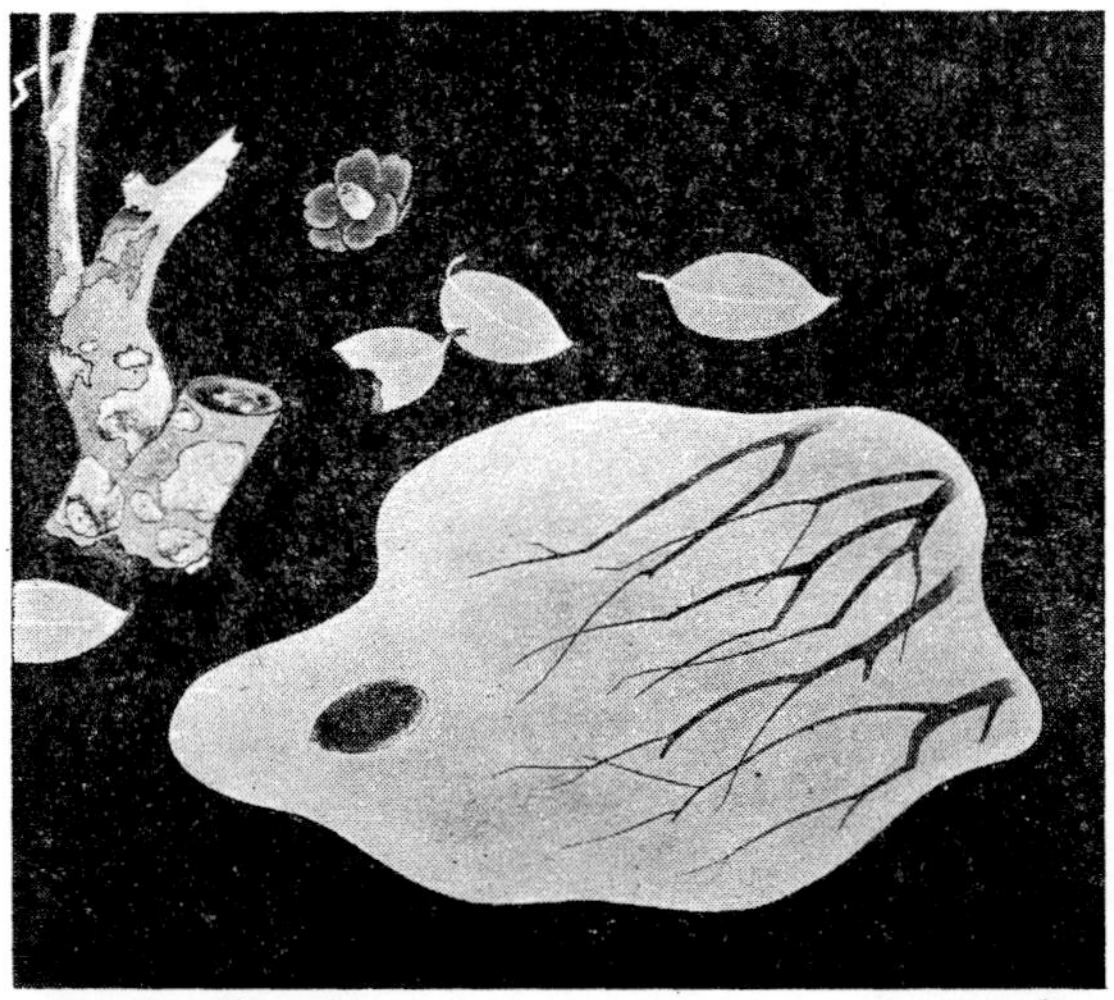

庭　西山良以

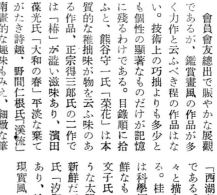

郎氏は、女を四點、質實な作風はよく對象の明確な質感を把握するが、藝術的感興に於て何か不足するものがあるやうである（鳩居堂）

皐月社第六回展

上林大詔氏の「矢叫び」け松岡映丘の同題の一部を抜き書きして千鳥まで飛ばせてゐる。全體を雪で塗りつぶしたのは狡滑だ、島田柏樹氏は「螢」などの輕いものに逃避してゐる、梅岡玉葩氏の「花菖蒲」は尋常、近藤乾年氏「いかる」「蟹子」はこの會場では努力を讃へることが出來る。問題視されるのは松本夜牛博士の二作である、「日向」の黒い猫は装飾風でありながらその動物の實體感が實によく表描されてゐる、この會の他のいづれの作家にも出來ない藝術である。それの延長に「桃」の桃の果の實體感のよさがある但し、猫のうしろのぼけの鉢や「桃」の枝葉は猫、桃の果のよきに較べて餘りにも淺薄で拙ない、博士の作はこの實體感に特徴と進展の大路があるやうに見える。（白木屋）

水彩聯盟新装水繪展

培ふ　小山良修

長安門（朝鮮水原）　荻野康兒

端座　荒谷直之介

福島省三個展

「紫陽花」の簇生花の一つ一つを細線で克明に描いたり「柿」のへたの皺縮に興味を感じてやはり細線描寫をしたり、「筍」の皮面の線條「荀」の皮面の線條さては「柘榴」の一つ〳〵の粒粒を美しく、丹念に描くその細描に適する取材は多く靜物であり、柘榴、筍、柿などの粒果である、「茄子」を描けばそのへたの皺と毛とに心を打込むといふ有様である、これが靜かに樂んでゐるところにいゝものを構成して特異な畫域に在るのである、「豆の花」の蔓や「菖蒲」の花や葉の線條などはよささうな題材であつて結果は、粒果に及ばない、即ち大景的のものは未だ及ばぬのであらう、風景の「細雨」を畫くと點景人物の船頭の簑などに克明さを集中するのであるから大きな風景もよろしくない。大作では「木瓜」「紫陽花」「罌粟」を擧げやう。粒果に丹念な點は岸田劉生の油彩を日本畫の細線描出で行つたもので春陽會初期のこの作家が獨自境をこゝに見極めやうとする處によさがある。（菊屋ギャラリー）

新装水繪展

水彩畫家の作品を野上保美堂氏がいろ〳〵に工夫して表装掛幅に仕立てた二十四點で、如何に床の間効果に即應出來るかといふ處が興味であり、またなかなか良効果を收めてゐるところは表装者の手腕で、同展の成功は一に表装者の手柄に歸着して餘りある。小山良修氏「培ふ」強重な色彩のものを薄い臺張りで扱つたり、荻野康兒氏の「長安門」の大きかな門の建物を支那パァの淺黃色表具で仕立てたのは繪も表装も殊にいゝ出來である。春日部たすく氏の紅梅を漆箔茶地丸紋裂で表具したのも調和がよい、荻野康兒氏「ダリヤ」と渡部菊二氏「撫子」は水彩の花物を掛幅とした好例として賞讃出來る、山中仁太郎氏の作は横物の風景でいづれも幅物約束に適してゐた。（高島屋）

風土會展

白石達夫氏と北原榮一氏の二人は殆んど同じ傾向で差別がつかぬ位である。白石の「岩」と北原の「木・岩・水」など殊に甚しい。對象を雜然と描きとばすだけで、造型的な整理の出來てゐないことが原因であらうし結局習作的な境地から出てゐないのである。小川廣氏が、やゝ個性的なものを持つてゐて、「學校風景」「雪景」などが纒つてゐる。「狩野川溪流」は一種の雰圍氣を窺つてゐるが描き足りない。（紀伊國屋畫廊）

試作會展

日本畫新人の銀座進出展、眞摯な研究的態度がみえる。中で安孫子眞也氏が一番力作をみせ多角的だが結局習作的な「芙蓉圖」が無難であり「月蝕」は、蛾を配した所など一種の情趣的マンネリズムである。描寫が淺く月蝕の神秘性は表現されてゐない。西山良以氏「靜物」その他態度が素朴で質實であり、その他松木鷹音氏の「孟宗」佐々木雅之氏「梨」鬼頭篁氏「椿」などがよい。（資生堂）

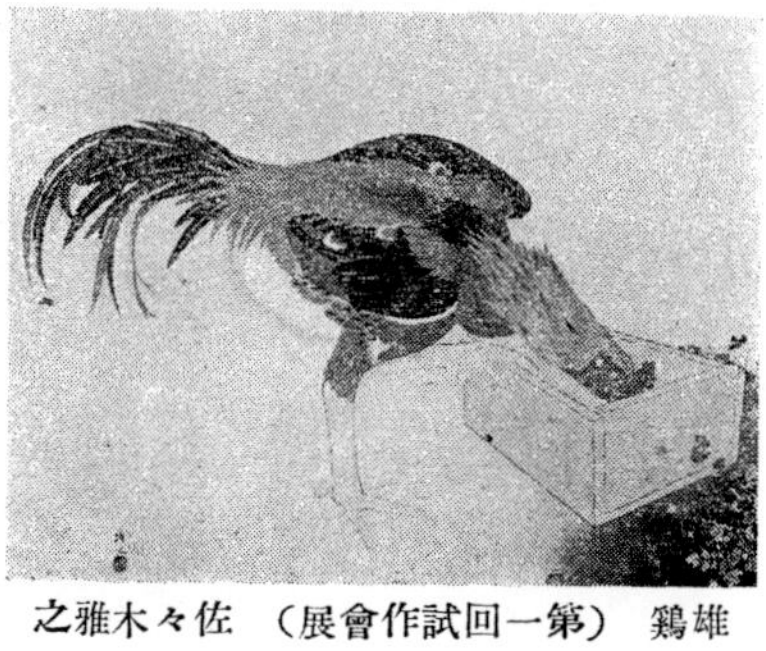
雄鷄（第一回試作會展）　佐々木雅之

石橋美三個展（鳩居堂）

牛の親子

井上長三郎個展

滯歐作品中、スエズとパリとローマに取材した作品を撰んで

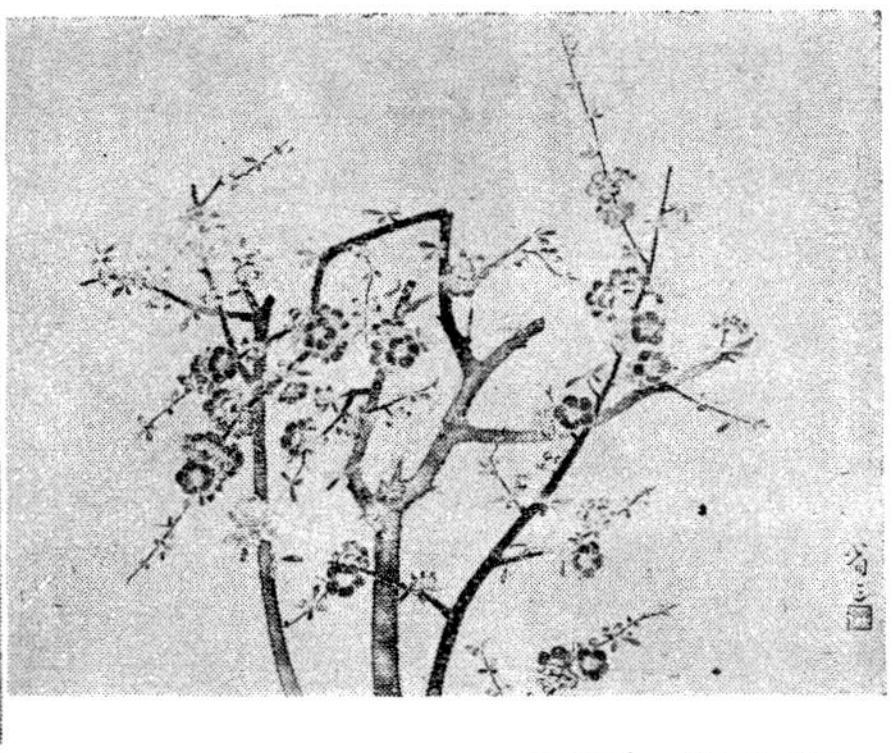

福島省三個展 （木瓜）

高澤圭一戰爭畫展 （砲兵陣地）

皐月社展 （日向） 松本夜牛

の展觀。燻んだ綠と岱赭などを主調として輕く刷いたやうなツウシユ、摸糊とした洒落れた感覺を窺つて或程度成功してゐる。錯雜したパリーやスエズの現實から、彼は彼一流の幻覺で、餘りに靜寂な廢墟のやうな、一つの「詩」を採りあげた。しかしその美しさが逃避的なペシミズムに通じる惧れは多分にあるもつと苛烈な現實直視の精神が現代に於ては特に要望されるのである。スエズ運河に取材した「朝」「沙漠の少年」パリに取材せる「花の街」「セーヌの靜物」「水盤」「黄昏の庭」「花の集ひ」などの佳作の他に大作「ホロローマン」がある。（日動畫廊）

岩佐一新個展

稚拙で眞摯な態度なら、繪が下手でも恕すべき點はあるが、この個展に見るやうないゝ加減な人を喰つた作畫態度は許せない。「菜根譚」に主題を取つてゐるが、菜根譚を眞に味讀した人間なら、こんな拙劣な繪を臆面もなく發表するやうな愚を敢てすまいと考へたわけである、番外の支那風景も概ね蕪雜で悶々しいばかりで藝術的な神經が全くない。（鳩居堂）

白鷗會展

洋畫家五氏の邦畫作品を蒐めた。辻永氏は南方共榮圏の草花を採り上げ水彩風に淡々と描き流してゐる。「ビルマの花」「ジヤバの花」「ボルネオの花」など。中澤弘光氏の二作では「和倉溫泉」の方が餘情があり、「淸水の舞臺」は描き過ぎて徒らに重苦しい。長谷川昇氏「椿」「葡萄」は無難。平岡權八郎氏の「鮎」「鰹」など邦畫のコツを心得たもので精彩がある。藤田嗣治氏の「夕暮」「雪」など畫仙紙の燻んだ筆痕などに興味を持ちすぎた嫌ひはあるが、個性的な詩趣ある佳作である。（高島屋）

三宅克己個展

明治期から現代まで一貫した質實な作畫態度が一向古くならず、むしろ新鮮な詩趣のあるのは不思議である。主として平野や水鄉や奈良の町などに取材したものが、氏の水彩的技法とうまくマッチするやうで、趣致深きものがある。「佐原の水鄉」「名張川」「富士川」「夏の水鄉」「笠置の町」その他十數點の出品である。（靑樹社）

高間惣七個展

「朝」「海邊の花園」など全體に白つぽい畫面の作品は從來からよく手がけた傾向のものであるが、線描が輕く走り過ぎて嫌味な所がある。今度の個展では二三の新しい試みを呈示してゐるが、やゝフォウブ的な「崖」など、まだ未成であり、空を僅かに窺かせ、黄褐色にベタに山を塗つた「秋」は、スツキリした好もしい出來榮である。朱や黄色を強く利かせた「錦鷄鳥」や「木の下の鳥」などの緞帳風の裝飾的傾向のものは、アクの強さが面白いが、充分な成果を示してゐない。結局、前記の「秋」や「群鳥」「黄鳥と蘭花」「蘭花と小禽」などの洋風花鳥畫が從來の煩さい筆癖が少なくなつてゐる點で成功した佳作と云へる。（資生堂）

鈴木信太郎個展

海岸風景其他、今迄の手練れた行き方によるものは、例へば「伊豆の早春」のボンナールを思はせる華麗な色彩、構圖など人を陶然とさせる甘美な詩境を持つてゐる。然し「崖と海」「春」等に示した一つの新しい試みはその積極的な作畫態度を肯定出來ても、未だ渾然とした味はみせてゐない。矢張、從來の行き方ではあるが「奈良風景（三笠山のみえる風景）」など、圓熟した佳作である。（高島屋）

太齋春夫漆繪展 （南方の娘）

櫻井霞洞個展 「琉球所見」

華岳、溪仙、麥僊遺作展

本格的な代表作を蒐めたわけではなく、小品や素描などが多いが、兎も角、今は亡き邦畫壇の三鬼才の片鱗を示すものとして興味があつた。華岳氏の蒼古たる神秘感を窺つた「山」や「觀音」など小品ではあるが深い滋味に富み注目されたが、中で赤蕪などを描いた「蔬菜圖」の新鮮な感覺は素晴らしいものであつた。溪仙氏の作品は割に大作を揃へお手のものゝ「嵐山」其他の風景畫の他「斬猫」に見る禪機ある氣魄を注目した。麥僊氏の溫雅な新鮮な畫風も今更ながら懷しまれる。（高島屋）

★

樹上小禽　　**錢舜擧**

宋院體の寫實畫系の花鳥圖に豐潤な生命をあたへて大成さした畫人として巨匠錢舜擧の名は元畫史に光耀燦然たるものがある。樹枝上の小禽は質實な描線と精嚴を色彫表現と相俟つて生ける姿のまゝに古色の中から聲を上げて今も歌つてゐる如くである。院體寫實の眞生命こそかゝる作品に於て最もよく學びうる處であらう。

―古名畫の新鑑賞―

メキシコの現代繪畫

惡辣なアメリカに唆かされて現在メキシコは吾らに敵性を示してゐる。しかしメキシコ人はかつて西班牙の支配をうけて多少とも歐羅巴の教養を學んだ。メキシコ現代美術は本來のメキシコ原住民の傳統を新に現代の西歐的教養によつて生かした。それは逆にアメリカ美術に影響をあたへたのである。彼らの古文明には東洋の血が交つてゐる。マヤのかゞやかしい古文化はすでにその跡を斷つたが、彼ら原住民の素朴な原始性に近代の教養を加へた現代繪畫はたしかに一つの特質をもつて居る（北川民次氏稿參照

木炭畫　オロスコ

少女の顏　ゲレロ・ガルバン

肖像　アグスチン・ラソ

労　務　　　　オロスコ

平　和　　　　オロスロ

婦　人　像　　　ロドリゲス・ロサノ

ベ　ン　チ　　　ロドリゲス・ロサノ

友　愛　　　アグスチン・ラソ

パンチョ・ゴイテイア

顔　ガブリエル・フェルナンデス

メキシコの現代繪畫

バリ島の女　ミゲエル・コベルビアス

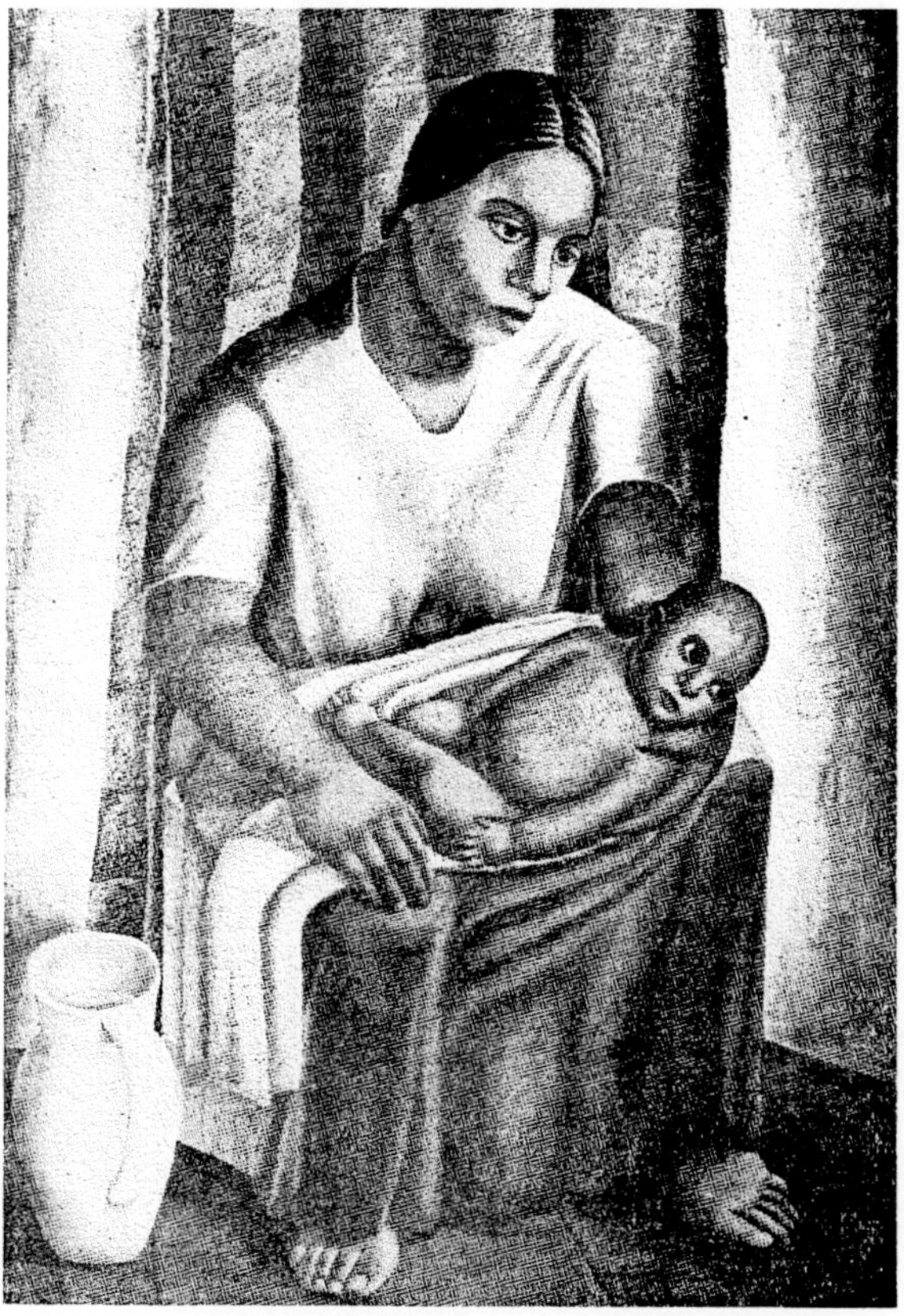

母性　フリオ・カステアノス

戰跡寫生の畫伯

石井柏亭氏と畫業回顧

帝國美術院會員石井柏亭氏は本年還暦にあたるのでその半生の畫業を回顧する意味に於て自己主宰の双台社展覽會場の數室を同氏の回顧作品陳列にあてた。最近の畫伯とその作品の二三を紹介する。

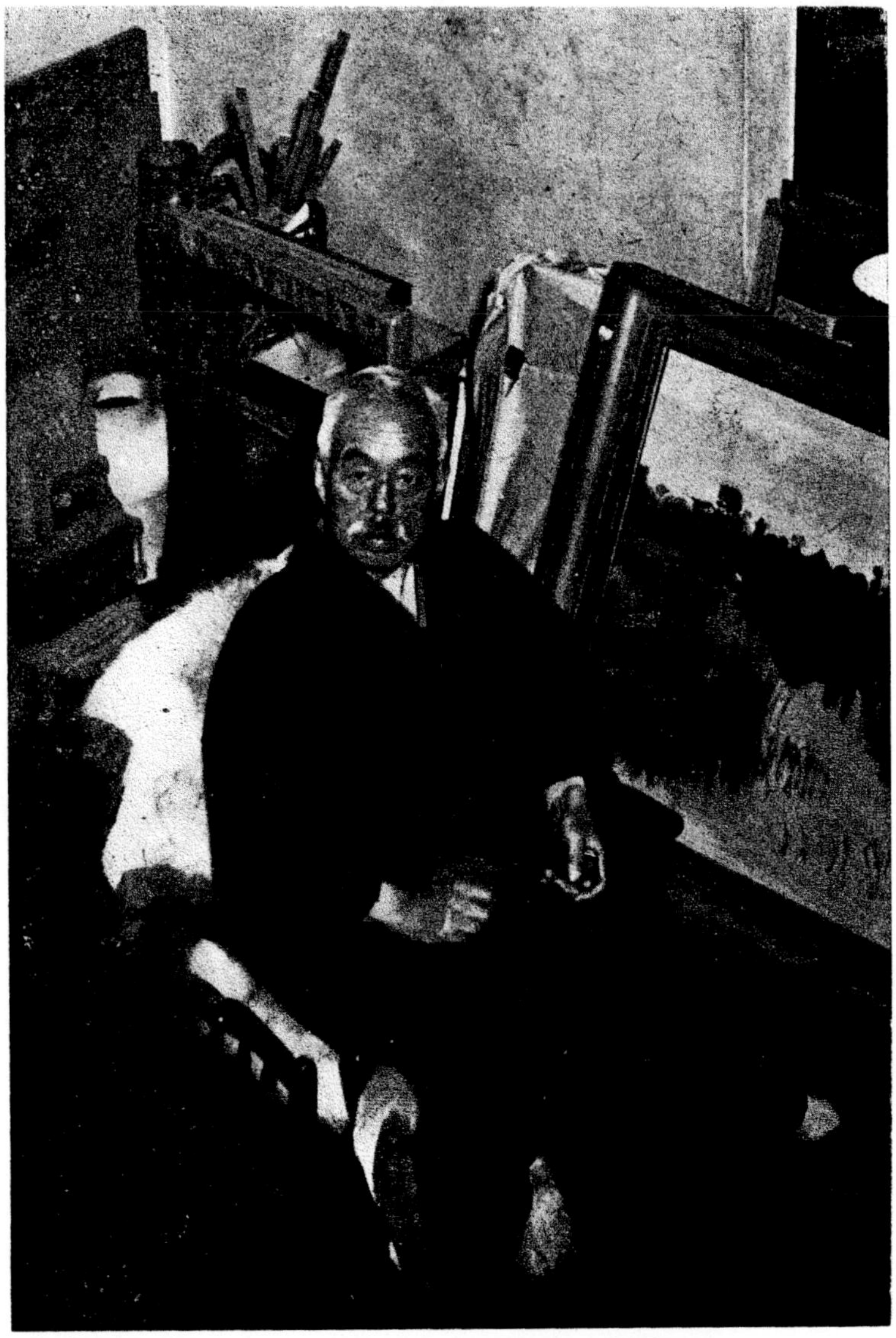

畫室に於ける石井柏亭氏

山水

母の肖像

最近の

支　那　風　景

曇　れ　る　日

薔　　薇　　　梅原龍三郎

あやめの女　　　岡田三郎助

寫隆會觀賞會では名所藏者の現代作品並に物故作家の作品を展觀したが岡田三郎助氏の「あやめの女」は今更に巨匠の筆技の目覺ましい筆の跡を偲ぶに足る力作であつたことを思ふ。現代作家では豐潤な梅原龍三郎氏の「薔薇」が色彩の美を誇つて居た。

南方民俗の作品

二彩草花文盌（安南製）

帝室博物館の表慶館ではこのほど南方文化展覽會を開催し注目を惹いた。階上、階下に陳列された數百點の列品は南方圏の民俗作品を蒐めたもので泰、安南、ボルネオ、スマトラ、ジャバその他に渉り目下皇軍席卷の地民藝品、武具、生活調度の一切を展覽したことは觀衆に裨益をあたへた。ジャバ更紗の美、古い佛頭、さては原始的な吹矢や槍の如き民俗文化を知るにふさはしいものも多かつた。

最近の動き

街頭に個展はよく氾濫する。だが注意しないとそこに玉石同架がある。十數年の苦闘の發表もあればかけ出し作家の功名をいそぐ發表もある。街頭觀畫子の眼はそこから一二の收獲をえた。吾語るより人語る。紹介者の言葉をひいておかう。

供　　　物　　　　　　三　雲　祥　之　助

三雲祥之助氏のジヤバ風物作品

生きてゆく欣びを深く體得するこの畫人の心はおのづからその生活の周邊へあたゝかく注がれる……たまたま蘭印に遊んだ三雲君は捕へたその地の日常生活様態の斷片をこゝに展示した。十年、二十年の前方に甲斐ある目標をおいた謙譲な前進態勢には、併し日本人の存在それ自身が私の繪のモチーヴだと言はせる處の不敵な面魂が宿つてゐる。　　　　—岡　鹿之助—

佛國ブルターニュ風景

岩船修三氏滯佛作品

岩船君の逞しい風貌は何かやるであらうと期待を私達にもたせる。個展を開くとの話をきゝ大に私はそれを當にしてゐた。長い間佛蘭西にありマチスやピカソに面接して居たとのことである。それがいろいろと作用してゐることであらう。同君は光風會々員であり文展の常連であります。

—中村　研一—

現代作家鑑賞

展望　ルイ・ラタピー

陽光かゞやかな地中海の海岸、瑠璃紺の濱邊と呼ばる美しき風光に浸つてその色彩に親しんでゐた作家としてルイ・ラタピー(Lonis Latapie)は現代サロン・チユイレリーの錚々たる會員であり、佛蘭西畫壇少壯の一人である。彼にはルノワルの豐麗な色彩とプツサンの古典的形體の教養も見られると同時に、エクスの巨匠と立體派以後新しい感覺が折衷される。フアンテージーの美をもち、溫雅であつて高踏の畫境と言へよう。裸體作品が多く女人を描くに獨特の技術をもつ「展望」は瑠璃の濱邊を見渡すサンマドリエの風光を背景にしてゐる。(K)

蘇州北寺塔（柏亭百選ノ内）

石井柏亭

美術評壇の振興を望む（時評）

近頃の新聞紙は紙幅制限の自然的現象として從來の學藝欄（今日多くは「文化欄」となつてゐるが）の短縮と同時に美術などに費す紙面が著しく僅少となつたことは止むを得ないが、即刻た報道機關たる役目をもつ新聞紙が藝術面に割く部處は今後當分――事變のつゞく限り――充分なる效果を望めなくなつた。偶々出る展覽會批評とか、時局に隨伴する美術評論とかはあつてもせいぜい一二段の割愛であつて到底意を盡すには足りない。從つて今日美術批判の適當な場所としては專門の美術雜誌を中心とするより方法がなくなつたとも言へる。勿論この他に美術評論を發表すべき學藝專門雜誌乃至綜合文化雜誌は存するにせよ、今日それらのヂヤーナリストの覗野はもつと當面必需の問題に限られ、美術の問題の如きは等閑にされがちなのである。

ところで、この歴史的大轉換の時代に於ける美術評論はたゞ徒らな題目についての論議を望んだところが始まらない。要は日本の美術の世界的發展に資するための自覺を基點としての批判であり論評でなければならない。單なる紹介的批評、研究にしても、その論議の必然な觀點がさういふ心意に置かれてゐることを特に需めるものである。

作品の批判に對しても、技巧のみの論議は作家に稗益は與へらるゝとは言へその技巧をあらしめる基底の心意に對する嚴正な批判が望ましいのである。近來美術批評に對しても種々說をなす人もあるが、たゞこの方面にも最も憂ふるところは概論的な時局便乘的論議に出立して、現代美術がいかにあるべきかの中心議題に無關心な所論を聞くことである。元來美術とか音樂とかいふ純粹藝術の批評はさう勝手に素人が出來るわけのものではない。出まかせの批難とか思ひ付きの考へとかは此の場合何ら世間をも益せず作家にも害毒をこそ與へはすれ、些の利益もあたへはしないのである。

よく新人を迎へ舊人を斥けよといふことも言はれる。だが一定の學藝上の教養を必要とし、かつ一定の經驗を土台にせねばなし能はぬ美術評論に於てはたゞ顏が新しいといふだけの新人では通らないのである。何らの年期を入れないナマ學問だけでも駄目なのである。ヂヤーナリストの通弊はたゞ名の新しき人をさへ迎へれば事足る如く考へるが、これは特に今日のやうな時代に於ては嚴に戒めなければならないと思ふ。吾らの需むる新人とは相當の年期を入れ教養と經驗に自信ある人の登場であつて、それ以外の新人はむしろ御免蒙りたいのである。要は人そのものゝ資格にあつて名の新舊にはない。舊人は思想も古いと簡單に片づければ何でもないが、他ならぬ藝術上の論議批評に對して未熟危險な名義上の新人は何ら學的にも技術的にも必要ないのである。

吾々美術操觚業者の最ものぞむところは美術評壇全體の正しき振興にある。それに協力すべきが吾らの使命である。輕薄を避け、眞摯熱情に富む學徒の全的協力によつて、今の沈滞せる論壇に生氣を與へ誤れるヂヤーナリズムを正道に導くべきである。

◇

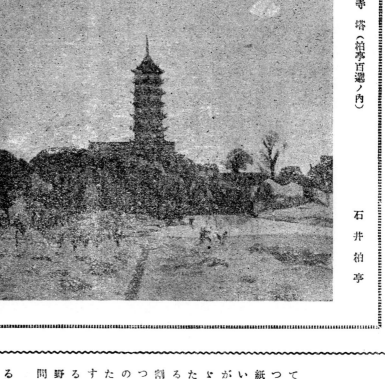

新東亞藝術の課題としての

支那畫の問題

佐藤 良

I

大東亞戰爭の餘慶は美術の世界にも色々の課題を提供して呉れた。その最も目覺ましい一つは、我々日本と隣る東亞諸民族が今迄に打ちたてた造型藝術の金字塔に、より親しくなつかしく觸れ得ることであらう。東洋の文明は支那黃河流域と印度パンジヤブ流域に最初の輝きを見せたがその造型藝術も支那の繪畫と印度の彫刻は現代にうかがひうる二大標識であると云ふことが出來る。此の標識から發して東亞も豐かな種々の藝術形態を持つた。印度の佛教藝術、婆羅門、耆那《ジナ》の諸藝術は北は蒙疆地域から南はジヤバ島に迄亙り、其他の諸宗教藝術を併せて豐かな東亞民族藝術を未だ相當に殘してゐる。之等に對する日本の鑑賞は、今迄は決して近親的ではなかつたと云ふことが出來る。それらは此のところイギリス・オランダ・フランスの所領であり、彼等西歐人の發掘修復の賜はあつたが、彼等にとつては結局東洋學の一對象であり、彼等の感覺上の類緣者として融けこむことは出來なかつた。日本にとつても既に西歐領である之等の地域に於ける研究、鑑賞の不自由は、何時しか西歐人と共に之等の藝術を異教的に見る傾向がなかつたとは云へない程である。そしてただ佛教關係の探索を求めるにすぎなかつた。

併し「アジアは一である」と云ふ我が美術界の先覺者の警世的一言は、更に包容的な現在の行動となつて生かされた。此の場所に孕まれた美術の課題も大廻轉を行はなければならないことは勿論である。西歐に於ても古代ギリシアの美に馴れたものはゴオチークの美を理解することは出來ない。ゴオチークの美は全く異つた根本意志から現れた別の尊い遺產であると云ふことが叫ばれたが、東亞の諸藝術も正しくこの立場に立ち直つて我々東亞民族の感覺によつて其の美の方式を更に明確に、更に力づよく顯揚すべきである。この事は東亞文化政策上現行宗教の對策と共に缺くべからざる一條目であると思はれる。

II

以上、大東亞戰の恩惠に因つて云ひ得ることは、又そのうちに含まれて既に數年前から行はれてゐる支那事變中に於いて、支那藝術に關しても云ひ得ることであつた。併し日本の古き繪畫の發展契機の最初から既に類緣を持ちつゞけ、今は世界中にその高き美を讃へられてゐる支那畫の如き問題を今更此れらと同じ關係に置くことは聊か形式に當て篏めすぎるやうにも解釋せられよう。日本は確かに天平の昔から支那畫樣式の最も鄭重な保存國であつた。最澄、空海は唐代佛畫の熱心な請求者であつた。足利義滿は宋代畫の最も精神的な作品を集めて天山、道有の鑑藏印を押して貴重品とした。明治以後になつては更に數多くの支那畫が買取られた。そして凡ては鑑賞に、研究に、又制作に非常に役立つて來てゐるのである。けれども、この凡ての努力も未だ支那畫蹟の滿足なる系統を作りうるものではない。勿論何處の國でも破壞、湮滅、尊きが故に却てねらはれる繪畫の運命を避けることは出來ないが、支那畫は之が最も甚だしく、いたましい許りの歷史を語つてゐる。現に支那畫が尊重され出してからも支那最古の名畫たる傳顧愷之筆「女史箴圖卷」は北淸事變に際して淸廷から失はれて何時かイギリスの所有となつてゐる。之につぐと思はれる唐初の閻立本筆「歷代帝王圖卷」はアメリカに買はれて行つた。之等の行方は各々の博物館で判きりしてゐるので未だいゝが、蔣介石政權からイギリスに於ける支那美術展に多く持ち出されたと思はれる支那畫は、第二次歐洲大戰の結果、遂に如何なる運命にあるかも判らないやうである。支那畫關係の極く最近の出來ごとでもこの樣な事情である。未だ美術政策の確立もない支那畫の今後の運命も計りがたいではないか。

かうした事を考へ合せれば、東亞藝術の燦然たる標識としての支那畫を出來るだけ調査して確實なる歷史として編纂しておくことは東亞文化の大局的宣揚からも、日本の藝術界の結局の寄與からも當然必要な急務であると思はれる。日本に現存する支那畫も實は未だ十分な調査錄は民間に聞えてゐないのである。日本古來の支那畫襲藏の恩惠を外しては、支那畫史は出來ぬが、それだけで支那畫系が滿足させるものではないことは、勿論であり、支那の所藏家を加へて、共々に支那畫史料探求にのり出すことは、日本の對支文化事業の意義ある業務である。日本の所藏家にもその傾向はあるが、支那に於ては、其の現代的不安からか、又は繪畫卷收上からか、多く作品を明るみに出したがらない氣持は強いと聞くが、我々の云つてゐる本意は東洋文化の華をせめて出來うる限り確實な方式とすることに在るのである。それは第一に支那自身の爲ではないか。日本は、それによつて東洋文化の世界的顯揚と日本藝術活動の參考目標とすれば足りると思はれる。

併し今は尙ほ重大なる事變處理戰の遂行中である。之を直に日本政府とか南京政府の文化政策として希求するのは早計であらうが、漸定的方法として、日本のものとか歐米散在のものは、日本の東方文化研究所がやり、支那に殘るものは北京の大學あたりで、各々研究「事務」として進めて貰ひたいと云ふことは取るに足らぬ理想事であらうか。

日本でも既に古くから支那畫研究は行はれ、それが集積された今日では個々の深い特別研究もあることは云ふ迄もないが、支那自身も實に豐かな畫論、畫史の書を持つてゐる。併し繪畫問題は何處迄も畫蹟そのものを第一に立てて進まねばならない。その畫蹟の調査事務は絕えず協同的に行はれるべきであつた筈である。殊に支那に於ては、繪は文の極致」と迄考へてゐたのである。之に對する研究事務は決して些やかな文化事業ではない筈である。

之の方途についての見解を尙ほのべさせて貰へるならば、先づ淸代の比較的作者の明らかな所から始めたらばどうであらうか。淸代初期は繪畫史上でも注目すべき輝きを持つたが、淸代に於ける支那自身の畫論、畫史の書は最も衰へて、畫蹟記述の文は全く淺い形式的のものしか殘さなかつた。この記文を性格化させる爲にも、それは必要なことと思はれる。之から明、元、宋と遡るに從つて畫蹟は少なくなることであらうが、日本の足利期に輸入した所謂宋元畫の、徽宗、牧溪、馬遠、夏圭等は彼等が樣式上の轉廻から我に手離したものであり、特に牧溪の如きは彼に於て理解することの出來なかつた事情を歷然と語り、我が藝術愛、隣邦愛によつて却て今燦然たる顯彰となつてゐるわけである。唐代以前は張玄遠の卓拔は「歷代名畫記」の記述を殘してゐるがその中心的作品は既に多くを求め得ず、我が天平の寶庫に、或は西域發掘品による推理がその大局をうかがはしむる外なからう。

これらの支那畫に對する研究家は支那事變、大東亞戰にもゆるぎなく深めてゐようが、その研究對象や方途は決して以前のやうではない筈である。文化研究に斷續はなからうが文化政策には一大飛躍が行はれるべきである。そして研究もその餘映によつて進むのである。今迄の支那畫觀は大東亞戰後の輝く東亞に於ける暢やかな觀點から見なほす事を待望するものである。

III

最近と云つても昭和十六年十月に東京高島屋で北京の畫家蔣兆和氏の個展が開かれた。それは一群の人物畫であつたが、その寫實力は極めて銳敏で、紙の性質に從つた墨調、淡彩の加へ方は巧緻をつくし、筆路も亦達者なものであり、一見驚くに足る技法の所有者であることは誰もが認めた事であらう。併しその時考へついたのだが此の迫眞的描寫力は我國の土田麥僊氏の朝鮮スケッチ中の人物畫にも有つた。そして麥僊はそれをそのまゝでなくて更に檢討した結果「平牀」なる發表作品として裕りある爽やかな畫面として用ひたのである。此處に現代日本の繪畫的幸運があるのではなからうか。他方には又筆墨縱橫とも云ふべき文人畫の餘映を發揮せる現代老畫家の作品をも度々見る。併しその摸寫世界は淸末の畫因からは一歩も出てゐないやうである。之等の管見から推して差支へなければ、支那現代作家は何よりもその偉大なりし古典研究にやぶさかであると思はれる。古典とは古きことだけではなくて、新しきものへの反省力である筈である。

現在知られてゐるだけでも支那の古典畫は、日本の古典畫と共に、類縁の畫統をもつ現代日本にも支那にも、汲めども盡きぬ尊き東洋文化の精華であることは今更我々が繰返す迄もなからう。

現在我々に知り得る支那畫發展の第一段階は漢代であり輝やかしき業績は六朝時代から明確に語られてゐると思ふものであるが、漢代のものとして發見せられた彫刻畫や漆繪が純支那的な鑑戒要素を持つ風俗畫であり、六朝代に於ては、雲崗、龍門の石窟寺彫刻に明らかな如く、佛敎藝術の流れを多く汲んでゐることを豫想せねばならない。魏の時には印度僧が洛陽に來た。西域僧の來支は多く、龜玆の鳩摩羅什は後秦の時來つて長安は佛敎の中心都市となつた。又法顯は後秦の命をうけて印度、セイロン、ジャバを經めぐつた。アジャンター壁畫に殘る印度畫樣式や當時西域畫の樣式を支配してゐたイラン系の繪畫感覺が之等來往によつて流入したことは、繪畫上の「六朝艷冶態」に、多く寄與したと思はれるが、それは今後の六朝畫の形貌發見に俟つ興味ある課題である。支那は偉れた藝術國であるが、佛敎東傳の跡が示す如く、彼自らだけで發展したのではなくてやはり東洋の文化交流がそれを助けてゐることを知らねばならない。漢代銅器意匠の中には北狄と云はれた匈奴のスキタイ樣式も入つてゐることは北方探見の成果が十分に物語つてゐる。

唐代は漢民族の最も輝やかしい旺盛力と包容力を示した時であつた。彼等は自分の文化の傳播を志したが又他の文化の包攝にもつとめた。政令を北西南にひろげると同時に、諸宗敎を認め、玄弉、義淨の入印による佛敎の興隆を企てた。此處に唐の偉大性があつた。凡そ支那では古きものは凡て無條件的に「高古」として崇敬する傾向が特に強いが、流石張玄遠は唐代繪畫について優れた寫實力をたゝへた。我々が見得た帝王圖卷や眞言祖師影の偉大なる寫實、ふくよかにして麗しき婦女の像はそれだけでも唐代畫の標識を語つてゐる。

支那畫の最も特性的な山水も花鳥も凡て唐代の發展を語られてゐるが、之等が最も特色を發揮したのは郭若虛「圖書見聞誌」の云ふ如く五代から宋代へ至つてからであらう。宋代は漢族の統一した國家としては最も狹い範圍にすぎなかつたが、その文治主義により兎に角相當長い間つゞき、唐代の擴げた課題から最も思辨的な精粹を採擇したものと見ることが出來る。彼等の山水描寫は山の「本質《エッセンス》」をつかむことに在つた。彼等の花鳥描寫は大自然の活物として現すことに在つた。これら支那畫に於ける幽深の情を、世界に發揚したものは、日本に於ける宋代畫の保存力のお蔭であつたと云ふことも出來る。

大元帝國下の初期趙孟頫らの唱へた復古主義繪畫業績は如何。元來四大山水家の新山水觀樹立は主權者の文化政策の無視に拘らぬ文人的自由制作態度を示すものであるが、又一面には餘り長からぬ屈服下の漢民族の制作的情熱が未だおとろへぬことを示すものであつたと云へよう。

樓閣山水圖（新國寶）**孫君澤筆**
岩崎男爵家所藏

孫君澤は元代の山水畫家で、わが室町畫壇に重んぜられた一人であるが、この双幅はその遺作として代表的のものである。（双幅）

明代の畫院復活政策は今我々に知られる限りの作品群では明らかに失敗であつたと思はれるがそこに浸む明格はやはり一性格である。けれども何と云つても沈周、董其昌の文人畫運動は明代の最も貴重な業績であつた。

清初に當つて、清室の供奉畫家も、清室に反抗せる畫家も共に文人畫―南畫様式を以て思ふ様に描きふるまつた様は、既に明代にきざし始めたと思はれる老衰文化國最後の偉觀であつた。この最後の色を失つたことについては、老衰現象、清朝の近代的缺失にあつたことは云ふ迄もないが、畫壇自身も亦、中華根性の一つの表れか南畫主義の排他的態度が自らの世界を進展せしめることが出來ず、文人趣味が主客顚倒して繪畫そのものの修練をおこたつた所に原因があると思ふものである。

以上の繪畫時代の瞥見は、支那畫も東洋内部に西方に廣き限界を持つ時に榮え、自負によつて自ら安住する時は遂に哀れむべき敗殘の姿となることをも無理なく語つてゐると思ふ。今榮譽ある大東亞の最高文化國となつた日本の畫壇の態度は如何。東洋獨自の繪畫方式は日本に見事に維持されてゐるが、この歴史を持つ支那に向つては如何なる態度で臨むべきか、他方、此の度の歐洲戰で美術國フランス敗れて、次の育成國も不明な時に當つて、日本の洋畫壇は如何に。ゴーガンはタヒチに於て近代フランス繪畫の一方途を贏ち得たが、日本軍によつて自由となり得た南洋から我が國の畫家達は如何なる色感を加へるであらうか。アンコール、ボロブドウルの驚くべき薄肉彫は我が彫刻界に何を與へてくれるであらうか。溢るゝものこそ凡てであると云ふ言葉がある。この現在日本の横溢力が含む取入れる力と與へる力の約束は美術界と雖もその一半を擔ふべきであらう。印度系の彫刻と支那系の繪畫は古き東洋の誇であつたが、又新らしき東洋藝術の課題である。

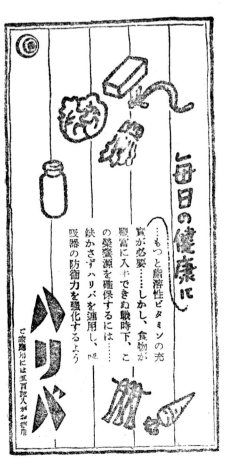

半生の畫業を顧みて

石井柏亭

□

半生の畫業を回顧せよといふことであるが、要望されたその題意の內容を盡すことは自分にはむづかしい。有體に云へばこれまでの自分は、公私共に多忙で、全力を畫業に集中することが出來なかつた。しかし、現在の自分は、學校關係の仕事を整理した。つまり、是れまで、帝大と文化學院とで、一週間に三日を費してゐたのであるが、その敎職も退いた。だから今後は、畫業に一層精進できると考へてゐる。たゞし、文部省に一週に一度行つて敎科書を編纂しなければならないし、美術界の世話役のやうな仕事があるし、双台社の仕事、日曜日に若い人を指導しなければならないし、これだけのものが殘つてゐるのであるが、前のことを考へれば、畫業に一段と精勵できるわけである。

自分は、風景を描くことが多い。これは旅行して取材するのである。このことは健康を保持し、促進させるために役立つた。現在の自分は、ごく丈夫である。しかし、この一年ぐらゐの間に、體重が約一貫半ぐらゐ減じた。その原因は、はつきりしてゐない。けれども、身體の調子が至極いゝから、心配してゐない。旅行してあるき廻るのに身輕くなつたので、むしろ喜んでゐる。その上に、若い頃から心臟が強いので、身體の工合は非常によい。だから、近く、宮城縣から秋田縣の方へ廻り、いろ／＼描かうと思つてゐる。

□

さて、今年は、自分の還曆に相當する。それで、過般、記念の百選展が開かれたわけである。この展觀に出した自分の繪は、昭和七年から今年に至るあひだ十年間の作品のうち百點であつた。たゞし、昭和六年の二科會に出品したもののうち數點が、その展觀に加へられたのは、それらがあまり近接してゐたといふ理由で、この前の生誕五十年記念展に省かれてゐたからである。それと同じい意味で、今度の展觀にも、昨秋の文展と一水會とに出したものは入れなかつた。

この十年間の自分の繪を集めて、自分は仔細に眺めた。しかし、繪の變化などといつたやうなことは、大體のところ起つてゐなかつた。自分のいろいろな子供に久しぶりで會つたやうな氣持がした。

自分は先づ、自分の作品を所藏してゐられる方々が、手數を厭はれることなく、進んで所藏品を貸與して下すつたことに、深く感謝してゐる。肥前の唐津の風景を描いた「松浦川朝靄圖」は、東洋畫的な趣を持つてゐるもので、これを見た時には懷しかつた。百點のものを通覽すると、自分が五十歲以前に描いたものと比較すれば、そこに非常な變化が見出される。

□

今度の展觀に出した作品について、思ひ出の註解を簡單に記せば、からである。——

日光の國立公園の繪を描いたのは、昭和六年の暮である。國立公園協會に賴まれて、中禪寺に赴き、約を果したものであつた。これは、同じ年の夏、伊香保や榛名で描いたものとあはせて七年の二科會に出した。

素描淡彩の「二科二十人像」は、昭和八年の、自分の主たる作品である。これは、忘れがたい記念作である。この年の春には三津の五松山莊で「與謝野夫妻像」を描き、これを與謝野寛氏に、還曆祝として寄贈した。

「雲仙」は九年の夏に描いた。これも國立公園協會に依囑されたものであつた。前に述べた「松浦川朝靄圖」を描いたのも、この年である。輕井澤に行つて、「尾崎咢堂像」を描き、福島に行つて、吾妻山を描いたのも、この年である。

博多に行つて「小宴圖」などを描き、熱海や銚子などで寫景をし、大阪で回顧的個展を開いたのは十年であつた。この年に記憶すべきことは、帝國美術院改組に際してその會員に選まれたこと、二科會を脫したので、その秋の二科會展にも出品しなくなつたこと、この二件である。

翌年の春には、潮來や、琵琶湖や、鶴原などに旅行して描き、その夏には上高地に行つて日本水彩畫會の講習會に臨み、木崎湖へ廻つて更に製作した。靜岡に行つて富嶽を描いたのは、この暮である。

十二年には、一水會を創立して高島屋で同人展を開いた。一水會第一回展には、「葛飾」や「村娘」などを出品した。

小豆島と高松附近で描いたり、日本水彩畫會二十五周年展のために「晩春行樂圖」を描いたりしたのは、十三年の春である。また、この年の八月には陸軍恤兵部に依囑されて北支や蒙疆に行き、「蒙疆平穩」などを描き、十月には、海軍に依囑されて上海に渡り、「出雲雄姿」や「油公司の戰」の下圖を作つた。

翌年の春には、琵琶湖で遊んだ。東京資生堂や大阪高島屋で、素描淡彩の直寫風景個展を催した。その夏には、聖戰展に、第一陸軍病院の傷病兵をモデルにした「雙脚懷江南」を出品した。その秋には、蘇滿國境に行き、「豆滿江」や「張鼓峯」を描いて、一水會に出品した。朝鮮のあちらこちらで素描淡彩の風景を直寫したのも、この年である。

その翌年の春から夏にかけて、山中湖や、中禪寺湖や、蘆の湖に行つて製作した。初秋には戸倉の浴舍に泊つてゐて、「農村初秋」を描き、これを秋の紀元二千六百年奉祝展に出品した。この年には大阪美交社で油繪展を開き、三昧堂で水彩展を催した。この秋には日滿文化協會に依囑されて滿洲に渡り、各地で美術講演をした。その時の小品作と「武藏野」とを一水會に出品した。

昨年の春の邦畫一如會には、日本畫的作品を數點出した。その八月には、滿洲國展の鑑審査を依囑されて新京に行き、遼西熱河に廻つて、「朝陽城外」や「如意湖」や「遼西古都」などを描き、「朝陽城外」は文展に出し、あとの二點は一水會展に出した。

□

前に述べた通り、これからの自分はこれまでと違つて、餘裕が出來た。つぎ／＼に製作の計劃が樹てられるであらうことを想ひ、內心愉悅を覺えてゐる。（談）

石井柏亭の人と畫業

石井さんへの雜感

木村莊八

ロ

僕に石井さんについて誌せとのことであるが、これは石井さんその人がアレならば自分のことを識つてゐるだらうと僕を名指されて、それからの本誌の指令だとのこと——僕は御自分についての書きものを「僕」に名指しされた石井さんに敬愛新たなるものを感じるものである。

僕は石井さんについて決して識らないとは云はない。僕は平素石井さんに身邊的に、或ひは私人風に、お近しいものではないから、石井さんには僕の識らない身邊風な或ひは私人風な面が數少からぬことだらう。僕はその方面では石井さんを識らないかも知れないものである。只その反對に非身邊風な或ひは非私人風な石井さんは、これは存外、僕なんかゞ、——平素石井さんと相對して立つ距離の「遠さ」がこれに丁度良い頃合ひもあつて——よく識つてゐると云へる畫壇のもの一人かもしれない。

その石井さんは例へばかういふ人であるが——僕、石井さんよりも年若いものが石井さんを識るよりも以上に、夙に石井さんといふ人は相手方の若いものゝ方を、豫めよりよく識つてゐる人だといふことである。年輩の方にはよくこゝがぼかされやすいもので、年代差とも云ふか、石井さん年代の方にも、それが僕なんかの年層のものにかけてさへ、何所となく遠々しい感じを與へる方がある。況やその人と僕なんかよりもより若い年層のものとの開きに至つては、遠いものだ。

それが石井さんといふ人は、又遙かに僕達よりも年若いクラスの新鋭に對しても、常に充分の知識を持ち、注意を怠ることをされない。——逆說すればこれは石井さんといふ人の「若さ」を意味することになるだらう。數ならぬ僕なんかに對しても、或ひは恐るなまじ僕が石井さんについて「識る」よりも以上に、石井さんの方では相手に對してとうに先刻何も彼もよく御承知であらうことを。石井さんはさういふ油斷ならない我々畫壇の——いつまでも豫後備に廻らない——オヤジの一人である。

僕の石井さんを「識る」ことは相當古く、作品で云へば、昔の文展の「獨乙の少女」「紀の海」「滯船」などを先づ鮮かに眼底に偲ぶことが出來る。殊に「紀の海」には少年時代の啓發を受けたものだつた。

それと石井さんが「新鮮」な印象に於て今猶眼底に偲ばれるのは、それが何の展覧會であつたかは忘れたけれども、日本畫で滯歐作をかゝれた時の、その中でも特に一枚の半折の、白い家をかゝれたアシジの風景水墨を忘れることが出來ない。

これは僕なんかの後至生に極めて當時新鮮な印象を與へた作品で、思ふに日本畫手法のものに依つて心に强いショックを感じた、最初のものかも知れぬ。

それは當時年少の僕に「日本畫」がわからなかつたから、と云はゞ云へ、石井さんのその日本畫手法のものが又恐らく今にして見れば極く單純な黑白のあやを以つて出來てゐるに止まる。手のこんだ仕事ではないにせよ、一擊の素描がよく新時代の心を把握するといふその藝境は、それは確かに死んだ日本畫ではなかつたこと、間違ひない。

僕は中頃臆面もなく歳々年々石井さんを美術季節の度びに批評したものだつた。石井さんのみならず汎ねく畫壇の諸家を臆面もなく批評して、その後も時にそれが話題に出ては時ならぬ冷汗などもかくことがあるけれども——或る時、石井さんを、此の作は例によつて飽く迄も石井にして柏亭なるものだと書いたことがあつた。

これは大出鱈目の、そして失禮極まる表現方法である。それにも拘らず、少くも筆者の身邊では、僕のこの出鱈目な表現方法は、好評だつた。皆人は云ふに、如何にも石井といふ人は繪ばかりでなく進退動作、凡てに渉つて常に石井にして柏亭なる人だ、と。そしてこれは引いて石井さんに對する揶揄や悪評とならうよりは善評の分子を多分に含むものだつた。

僕は石井さんの「古器」と題する作品を好むけれども、これは同時にそこに石井さんの風格をも好む、同意語となるので「古器」この主題こそは石井さんでないと誰も描かないし、第一、見付けないだらう。石井さんの平明でゐながらものゝ觀察の隅々に渉つて拔目の無い、殊にそれが非常な勤勉を伴つて、早く云へば、十中八九見逃され易い家居の台所の一隅に迄もまつすぐの視野が届く。「古器」はさう云ふ平凡なる非凡を僕に感じさせ、僕をその風格に對して感服させた中期の作品だつた。

近頃の石井さんは繪の裏とも云へさうなところに前よりも澄明を增して來た。云ひ代へればそのリアリズムが一頃のどうかすると平板を感じさせた境地よりも材料を竪に奥へ滲透したものに見える。繪の裏と云つたのはものゝ觀察の心のありやうのことである。これが澄んで、筆端ナテユラリズムを乘越す冴えがあるやうである。

思ふにこれは石井さんの長年の倦まざる修練と、變らざる觀察と、從つてそこに重積する會得と、過歩と、これが心を「澄明」のところに及ばしめ筆の自然とこれに隨伴した結果と思はれる。これも亦平凡な非凡の行績と云ふべきであつたが、石井さんはまつすぐな事をまつすぐに仕遂したに過ぎなかつたと云へる。然るにこれが云ひ得てその實行は到底至難な、極く平らな、それ故に狂ひといふことの許されない、僕のいはゆるこれが「石井」にして「柏亭」なるものだ。

僕は又平素石井さんの書かれるものに、その片々に對して誠意を汲むことが出來て、これ亦獲易からぬ風格と推服してゐる。どんな小册子のカタログなどに記された文章でも、石井さん署名の書きものには、ちやんと「石井柏亭」の責任がとれてゐる。僕の如き常にこれに學ばうと思ひながら、怠惰や志操薄弱の爲めに行績にムラを生じ易く、いけないと思つてゐる。

人の石井さんのやうにムラの無くなる修養は——結局これが石井先生の我々に與へる一番立派な教訓となるであらう。

石井柏亭讃

宇野浩二

文學の言葉でいふと、私は、昔から石井柏亭の繪の、愛讀者である。

私が、美術展覧會を見はじめたのは大正初年頃、二十一二歳の時分であるから、私たちのやうな文學書生は、もう自然主義は古るい、何か新らしいものを、と云ひ、畫學生たちも、高村光太郎が、文展の繪などはもう面白くない、もつと新らしいものでなければ、と云つて、組織された、ヒユウザンの第一回展覧會の目錄の初めの、詩の中で「すぎこしみちをすてて、まことにこよなきちからのみちをすてて、いまだしらざるつちをふみ、……」と叫んだやうに、何か新奇なものを求めてゐた。さうして、文學の方では、唯義主義、異國趣味、象徴主義、懐古派、その他いろいろな變つた作品が現れ、繪畫の方では、後期印象派、立體派、未來派、復古主義、その他さまざまの珍しい作品が現れた。さうして、私たちは、譯わからずに、さういふ新奇に見える作品に心を引かれた。それらは、善かれ悪しかれ、人の目を引いたからである。

さて、美術の作品でも、文學の作品でも、その頃の展覧會では、さういふ次第であつたから、石井柏亭の繪は、人の目を、引かないところもあつたが却つて、引くところもあつた。言ひ換へると、柏亭の繪の前を素通りする人も多かつたが、柏亭の繪の前に立ち止まる人も少なくなかつた。さうして、私は、新奇な繪には心を浮かされ、柏亭の繪には心を鎭められた。

ここで、わたくし事を述べると、大正七八年頃から書きはじめた私の小説は、大抵の批評家から、饒舌すぎると云はれた。ところが、柏亭の繪は、その大正初期から、今に至るまで、三十年餘になるが、饒舌の正反對である。私が、二十歳の文學書生の頃から、柏亭の繪に心を引かれるのは、この『正反對』の關係かも知れないが、また、考へると、そんな生《な》ま優《やさ》しいものではない。私は、柏亭の

余は日本の自然を尊重する。併しながら泰西の文物を輸入したる日本には赤煉瓦もあり電柱もある、また工場の煙突もある。余は決して之等のものを畫にすることを厭ふのではない。苟も美と感じた時は赤煉瓦も電柱も敢て畫くことを辭さぬであらう。たゞ之等のものを材としてみだりに泰西の作物に擬するを笑ふのみである。牧場に居る乳牛を畫くとも、日本の牧場を正直に寫したものなればよい。西洋めかすのはいらぬ事である。

少くとも余が見る日本の自然は月並派の代表者等の畫く如き淡い和かいものではない。而かもまた好奇者流の筆にするやうな怪訝なものでもない。特別の現象に於ける外は明晰にして刻畫に、又その色清澄にして黒味を含む。大體の性質は温雅である。之を大にしては余は日本の地方色を尊ぶ。小にしては一國一村の地方色を重んずる。尙これを小にしては一物一箇の特性を究めんとする。

といふ、毅然たる自信に、私は、頭を下げるのである。

この文章は、明治四十一年の作であるから、今から三十五年前、柏亭が二十四五歳の時分に書いたものである。つまり、これだけで見ても、柏亭は、「明晰にして刻畫に、又その色清澄にして黒味を含む、大體の性質は温雅である。」繪を三十五年、一途に、迷はずに、畫きつづけて來たのである。

これは、畫家の場合でも、文學者の場合でも、何でもないやうで、滅多にない事である。さうして、この一事でも、私は、柏亭の人と藝術に、頭を下げるのである。それから、「明晰にして刻畫に、又その色清澄にして黒味を含む、大體の性質は温雅である。」といふことは、柏亭の繪を現はすと共に、柏亭の人を現はしてゐる事は、柏亭が、人としても、藝術家としても、平凡なやうに見えて、平凡でない事を示してゐる。

それから、「評論、教育、實作、詩作といふやうな數箇の能力を同時に働かせる處の小生の生活」を肯定しながら繪畫の事になると、肖像畫は別として何十年の間ほとんど空と水を題材にしてゐるところ、「自然の美に感じてその止み難き再現を思ひ立つ時にはいつもそれが一個の繪畫となつた時の効果を可なり歴然と腦裡に浮べる」ところ、「その如何なる材料如何なる取扱ひ方に依つて爲さる可きかと云ふことが最初に定まつた以上少しも迷ふ處なく一直線に目的に達する」ところ、――かういふところは、私などは、小說の方で殆ど全く反對であるが、固よりさういふ事と關係なしに、口幅たい事を承知で云ふと、現今の數多の何が何やら迷つてゐる洋畫家たちが、大いに參考にするべきであらうか。閑話休題。

結局、私は、今も變らず、石井柏亭の繪の、愛讀者である。

美術家には稀な人

川路柳虹

今年石井さんは還暦になられたが、たしか十年前の五十歳になられた時であつたらう。そのお祝ひが上野の精養軒で盛大に催された。四五百人の會衆であつたらう。食卓の端がぼんやり霞んで見えた位であつた。集る人の種類も實に又多樣多種で、その交際面の廣さが、ちよつと普通の畫家といふものゝ範圍を越えてゐると思つた。

その席上、司會者の故與謝野鐵幹氏が起たれて挨拶された中にこんなことを言はれた。

『――德富蘇峯先生はかつて森鷗外先生を評して、もし鷗外博士に一つの缺點ありとすればそれは自ら缺點をもたぬといふことが一つの缺點である、と評されたが、今、石井君を評する場合にもこの評語をそのまゝ當てはめて差支へないと思ふ』

すると、そのあとで起つた有島生馬氏が『今與謝野さんは「缺點のない」といふことが石井君の「缺點」であるといはれたが、自分は石井君の缺點を一つ擧げることが出來る。しかしそんなことを言つてよいか惡いか知らぬが……それは石井君が吃ることだ』といつて滿座を爆笑させた和やかな風景を思ひ出す。

實際石井さんを「缺點のない人」として見ることはまことに當つてゐる。「缺點のないことが缺點だ」といふ眞理もあらうが、さういふ詭辯をあえて用ゐずとも實際吃ること位が缺點といつていゝほど全面的に人格上の落度をもたぬ人といふことが出來る。否その吃ることは缺點どころか、或る場合眞面目な石井さんのユーモラスな一面となつて、却つてその德となり幸ひになつてゐるのかもしれないのである。

石井さんは苦闘の人である。印刷局の石版工から敲き上げて今日の美術上、社會上の大地位を自ら作りあげてきた人、しかも何らの覇道を選まず眞直に正しさを持して今日迄奮闘されてきた人、飽くまで自主自立獨學して今日の地位を築かれた人なのであり、それは藝術それ自身について言つても、世界のどこにもない一つの柏亭藝術を築いてをられるのであつて、かういふ態度の人、型の人は美術家には全く稀なタイプだと思ふのである。

石井さんは平明を好み奇矯を避け異常を排する。それを世間一口に「常識的」と言つて終ふが、石井さんの場合もし「常識的」といふ語が使へるならそれは最も高い意味に於て「正しい品位ある教養」といふ風に解すべきである。「常識的」といふことを何か藝術家の敵性素質であるかの如く思惟する一般人にとつてそれはもつと反省されなくてはならぬことである。即ち石井さんは何ごとにもまれ一家の主張と態度をもたれる。いつも批判的であると同時に決して半パな妥協はされない。そこにむしろ強い性格があるので、温雅敦厚に見え乍ら自己を枉げない性格に毅然たるところを見るのである。たゞ石井さんの批判なり思惟なりが中正であり、平明であることがその藝術上のオポジットに對して一應の理解を常に示し乍ら矩を越えた贊意も賞讃もされないところに前いふ意味の常識性がある。それを好まぬ人は石井さんの藝術をも好まぬであらうが、さういふ批判的中正を持してをられるところに石井さんの批評家的性格が見える。作家の中で中正な批評の出來る人は石井さんを措いて他にさう多くは見出せない。石井さんの畫界への評語はたしかにわが洋畫發達史上にない啓蒙と示唆をあたへてきたと思ふ。

メキシコの現代美術

北川民次

多くの場合古代の歴史では、民族が殘して行つた藝術品を最もよい參考品として、其の文化の程度が忖度されます。ローマ、ギリシヤ、エヂプトは云ふに及ばず、餘り歴史的事實のはつきりしないクリートのクノッソス文化や、初期のバビロニヤの事や、殆んど想像に過ぎない樣なスメリヤ帝國の事迄が、みんな彼等の殘して行つた美術品を手づるとして研究され、評價されてゐるのです。此の樣に美術は、民族、國家の歴史に、大層大きな役割を演じてゐるにも拘らず、不思議な事に、古の國家が、其の國庫の幾分かを、美術文化助長の爲めに支出したといふ樣な話が、殆んど傳はつてをりません。尤も之れは、私の淺學の爲め、さういふ記錄を見逃してゐるのかも知れませんが、尠く共吾々が今日知つてゐる程重大な役割を歴史上に演じてゐる此の美術に對して、いづれは歴史的事實となつて殘る國家民族の行動が、三才の兒童にすら知られる程素晴しい援助を與へなかつたといふ事は事實であつて、今考へると全く不思議といふ他はありません。

だが美術は、ほんの小さな庇護さへ加へれば、實に驚く可き發達も、成し遂げ得るものの樣です。例へばあの微力なメヂチ家や、つまらない組合の援助が加へられると、ローマ市やフロレンシアの藝術はあの樣に富み榮えました。勿論、イタリアの文藝復興期を、そればかりに歸するのでは御座いませんが、よき時期によき肥料を施せば、あの樣なすばらしい歴史も殘し得るのです。思へば藝術は、溫床の植物ではなくて、健康な野生植物の如く、ほんの僅かな好條件にも、忽ち繁榮するものゝ樣です。只其れが、こゝに私が書いてゐる樣に簡單には行かないので困るのですが、これからお傳へしようとするメキシコの現代美術も、ごく僅少ではありますが時の政府の力で援助されたが爲めに、忽ち驚く可き發達を見せたのでありました。

それは、今から約二十數年も以前の事、例のディエゴ・リベラやクレメンテ・オロスコ等はまだ外國に留學してゐた時分の事ですが、時のインテリ文部大臣ホセ・ヴァスコンセロスの藝術擁護運動を中心として、其の前後數代の文部大臣がメキシコにも列强並の美術文藝を興さうと、さゝやかな努力を續けて來たのでありました。彼等は、小國なみに美術家を優遇しました。何處の國でも、また一人前にならない畫家は餓ゑてゐます。彼等はそれに食を與へました。住居を與へました。材料を與へました。そして、時には彼等の作品を非常に廉價ではありますが買上げて官廳の壁面にかけてやりました。ヴァスコンセロスは、時々之等貧困畫家達と會食して、其の意見を熱心に聽取しました。

其の頃メキシコには、富める畫家は一人もありませんでした。尤もアカデミイの先生達は相當收入もあつて、マエストロで威張つて暮してはゐましたが、彼等はもはや過去の遺物でした。未來に望みのかけられる人々は、悉く若い貧書生等です。之等は元氣だけは盛んでした。私があの野外美術學校を考案して、それが實現したのも、其の當時で、文部省の方では、少々荷厄介になつて來た之等貧書生を徒食させて置くよりもましだ位の考へで起したのかも知れません。

そこへセザンヌ、ピカソ、ドラソ、ブラック等に師事した事のあるリベラが歸つて來ました。アメリカ旅行中であつたオロスコも歸りました。アルフアロ・シケイロスも殆んど同時に歸國したのです。みんな、メキシコが美術家を優遇し初めた噂を聞いて舞ひ戻つたのでした。そして彼等は美術家組合を作つて殆んど同時にフレスコの壁畫を始めました。其の時リベラは、文部省等の內廊全部をフレスコで飾る契約を政府と結んだのです。參考の爲めにちよつと書き添へますが、リベラが此の時政府から受けた日給は三ペソ（略三圓）其他材料や助手の費用として一日五ペソ位宛受取つてゐたと云ふ話です。

リベラには私は、野外美術學校で三四回會つては居りましたが、正式に話をしたのは、彼が此のフレスコを描いてゐる梯子段の上でした。彼は、聞き及ぶ其の素行にも似合はず人なつつこい、溫厚な態度で、あいそよく話しました。時々口をついて出る諧謔も、快くひゞきました。この時彼は、自分の畫が、市民に豫想外評判の悪い事を苦にしてゐて、私をつれて、まだ描きあげて間もない畫壁の前に立たせたのです。それは墳山に働く人々を描いた美しいフレスコでしたけれども、その下部は釘や爪で引かいた生々しい痕が無殘にも、澤山ついてゐました。

「彼等はこれをモニゴーテ　デ　リベラと呼んでゐます（リベラのゲテ人形の意味）大學生共が主としてやるのです」

其れから數週間の後、私共在留外國人の一部で、リベラの畫を破壞するなといふポスタアを作つて、市中にはつて歩きました。それが爲めか、大學生も市民も餘り彼の畫を傷つけなくなつたのは事實でした。

オロスコは、當時、ラ・ベ・セと云ふ漫畫の小雜誌を刊行してゐましたが、これも、大學豫備校の內壁にフレスコを描き始め、こゝも相當被害はあつた樣でしたが、餘り一般人の入らない所だけに損傷も大した事はなく終りました。彼は、最もメキシコ的な畫家として、本國ではリベラ以上に買はれてをります。

彼等が歸國する以前に、もはやフレスコに手を染めてゐた奇怪な男に就ては餘り世間に紹介されてをりませんが、彼は通稱ドクトル・アトルと云つて、革命の將オブレゴンの氣に入り者であつた―、其後國立美術學校長にもなつた事のある、少しエクセントリツクな男であります。彼は亦、詩人であり、著述家であり、又大の山嶽家でもあります。彼が山へ登れば必ず山中の茸を取つて來て食料にしてゐると云ふ話は、其の眞僞は知れませんけれど、それ程奇行に富んだ男です。彼の描いたフレスコは、やはり大學豫備校內廓にありますが、併しこれは餘り大した作品ではありません。唯北齋あたりに影響されたらしい筆致が全面に現れてゐて構想も却々雄大でした。彼は亦、眞の親日家で、私は特に彼から非常に優遇されました。畫よりも人間アトルの方がはるかに興味ある存在です。

次にアルフアロ・シケイロス。

この男は例のトロツキー事件で有名であります。公使館付きといふ名義で、スペインに留學し、歸國してからは性來の落付きのない性格を發揮して、餘り突飛な事件を起すので、政府も手を燒いて彼を追廻すと、彼は南米北米を股にかけて暴れまわりました。一時、監禁といふ意味で、私の居たタスコ村に一年間幽閉された事がありますので、私には彼を一番よく觀察する機會が與へられました。要するに、政府は私を懲戒僧の役目に利用したのです。所が彼は、私如き代物の手には全くおへない男で、辯舌が達者で、ダイナミツクな性格で、なか〱ヂツとして居りません。一年經つか經たない内にまた飛出してしまひました。然し其の間彼は實によく制作しました。精力絕倫でした。今日殘つてゐる彼のタブローの主なる物は、タスコ幽閉中の作品です。

シケイロスの作品はこんなわけで、餘りメキシコでは澤山見られません。却つて北米や南米に、彼の大作があります。之等を見ると彼は突飛もない鬼才で、或はメキシコ現代の畫家中隨一の男かも知れませんが、何しろ喋つて許り歩いて繪筆を執らないので、困ります。

若しディエゴ・リベラをメキシコのイグナシオ・ヴエラスケスに喩へたら、クレメンテ・オロスコは神秘主義的なドミニコ・テオトコプリと云へませうし、彼はさしづめフランシコ・ゴヤと云つた顏ぶれであります。

以上の人々に續いて、メキシコには幾多の青年畫家が輩出しましたが、私は、ちよつと、誰から申上げていゝか迷はされます、と云ひますのは、そこには非常な隔りがあると同時に、各々其の特徵はあつても、優劣はつけ難いのです。だが其の前に、彼等の先驅者となつた一二の無名の畫家に就て申上げる必要があります。

それは、グワダルーペ・ポサダと、フランシスコ・ゴイチアの事です。

ポサダは、リベラ達よりも一時代前の人で主として、木版の三文版を作つて生活した人ですが、彼の技能はゴヤやカヨーに劣らぬとリベラも云つてゐる通り、實に驚く可き作品が殘つてをります。

ゴイチヤは、ソチミルコと云ふ田舍に引こんで先住民族と生活を共にしてゐました。私の會つた頃、餘り健康が勝れなかつた樣ですから、現在生きてゐるかどうか、餘りはつきりしませんが、まだ死んだと云ふ話も傳つてをりません。神秘主義の畫家ではありますが、そこにメキシコ先住民族的な素朴さと、非常にたくましい巨匠の如き技法とを交ぜた、不思議な畫を描いてをります。以前日本にも渡つて來た事のある考古學者、ドクトル・マヌエル・ガミオの紹介で漸く世に知られた人で、さうでなかつたら、永久土に埋れてゐても平氣な人だつたらうと思はれますが、彼も、ポサダと共に、現代メキシコ畫壇に重大な影響を與へた人であります。

扨愈々次にはメキシコの若手畫家であります。彼等の內にはまだ全く未熟な畫家があります。と申しますより寧ろ、彼等全體がまだ熟しきらない、未完成の藝術家達の寄合です。それだけに、吾々は、其の未來に希望がかけ得るのですが、ドン栗の丈比べのくせに一人々々が鼻高々と巨匠ぶつてゐるのは、餘り感じのいゝものではありません。

マキシモ・パチエコはリベラに探し出された先住民の子です。小學校や公衆市場に相當澤山の壁畫を物してをりますが、其の生まじめな素朴さと、先住民に對する熱愛とには、動かされるものがあります。

レオポルド・メンデスは一時すばらしい木版を作り、ポサダの後繼者として注目されましたが今日では壁畫やタブローにも相當よい物を作つてゐる様子で、未來が囑望されます。

其他ルーフヰノ・タマヨ、ゲレロ・ガルバン、アルフレド・サルセ等の若手畫家達が、たぶんリベラ、オロスコ、シケイロス等の後を繼いでメキシコ畫壇を手耳る人々となる事であらうと豫想されますが、又其外にもアントニオ・ルイス、カルロス・オロスコ、フリオ・カステアノス等の有能な人々がありまして、正に多士儕々であります。又、ヴアニティ・フエアの漫畫家で有名なミグエル・コバルビアスもメキシコの畫家であります。彼は、交際してみると、まるで兒童の様な、單純な愛すべき男で、決して彼の畫で知られてゐる様な皮肉で、冗漫なソフイステイケーションは見當りません。今回の大東亞戰爭で吾々にもよく知られたバリ島に住んだ事があつて、常にさうしたエキゾチツクな趣味にあこがれてゐます。そして又大した頭腦と、するどい神經とを持ち合はせた藝術家では決してありませんけれども、偶然彼の畫風が、甚だしくアメリカのヴアニテイフエア階級の趣味に投じたのと、アメリカ政策に、理由もなく身賣りして終つたので、彼は一躍有名になり、畫が美しく印刷されたお蔭で其の名が吾國にも知られる様になつたのでありませう。私はこゝで彼の吾國に對する厭がらせや皮肉も、決して彼の頭から出たものではなく、アメリカの政治家や、出版業者に强ひられて作つたものである事を云つて、彼の爲めに辯護しておき度いと存じます。

終りに私は、何故あの小國のメキシコに、身分不相應な美術が、斯く迄勃興したかといふ事を今一度考へてみたいのです。それは初頭に書きました一歴代の文部大臣の力瘤に依る所が非常に多かつたのですが、然らば何故其の様に力瘤を入れたかと申しますと、彼等の考へでは、メキシコは米國に操られる一個の弱小國に過ぎない。オリムピツクに出ても名を現す様な技は一つも出來ない。世界には、メキシコを知らない人間の方が澤山住んでゐる。一文明國として、これでは全くやり切れない。そこで彼等は辛うじて美術に希望を見出したのです。

彼等は實際、美術方面にかけては相當な遺産を持つてゐました。遠く、トルテカ、アステカ、ミステカの遺物、マヤ文化の遺物を作つたあの人種、其の血が今日も彼等の血管を流れてゐるのです。そこへスペインの侵入、デイビノ・モラレス、ヴエラスケス、ムリヨ、ゴヤを生んだスペイン人の熱い血です。斯うした人種が藝術的に優秀であり得ない筈はない。現に、メキシコの民藝品は、驚く程藝術的である。先住民族達は、其の日常生活で實用といふ事よりも、先づ美しいといふ事を重大條件として生活してゐる。彼等は常に美に憧れて生きてゐる民族なのだ。殊に其の亞熱帶的な環境は、實に豊かな畫材を提供してゐて、又彼等の生活も、原始民的なものから、近代文化生活に至る迄が其の目の前に展開されてゐる。こんな好條件は、現代の世界に、さう澤山あるものではありません。只彼等の經濟力ではたとへ立派な畫が出來ても其れを購買し鑑賞する者が充分ありません。それを政府が引受けて呉れたのですから畫家達は忽ち有頂天にならざるを得なかつたのです。これに加へて、暫くすると、アメリカの購買力がそろそろメキシコ美術に目をつけ始めました。

元來アメリカの美術は、以前にも此の雜誌に書いた事があります様に、無味乾燥で人間味に乏しい「非センシユアルな美術」とされてゐました。其れと反對にメキシコ美術は極端に生活氣分に溢れてゐます。殘酷な程人間味に富んでゐます。アメリカ美術が機械の歯車を見る様な無機物的な形であるとすれば、メキシコ美術は生々しい血の様に有機物的です。

長い間フランスを始め舊大陸に美術の原泉を求めてゐたアメリカは、メキシコを見つけると同時に、こゝだ、吾々に人間の血と熱とを注射して呉れる美術はメキシコにあるのだと許り、メキシコ美術を買集め始めました。日給三ペソで動いてゐたリベラも忽ち長者になります。オロスコも金を儲けました。シケイロスでさへ、遊んでゐても食ふには困らなくなりました。今迄一介の勞働者以上の何者でもなく、血のにじむ様な辛苦を重ねてゐた青年畫家も、一躍美しいネクタイをつけて、エナメルの靴を光らせる身分となつたのであります。

特に其の時衝動を受けたのは、眞の勞働者達でありました。今迄自分達と同僚であつた畫描き達が、今では、アメリカの金滿家の來訪を受ける身分になつてゐる。吾等の中から出た美術といふ意識が非常に强いのであります。先年藤田畫伯がメキシコで展覧會をされた時、汚い勞働者の群が會場に押しよせたので驚かれたさうですが、之等の勞働者こそ、美術は吾等の仲間から生れたものといふ考へから、あらゆる美術展覧會を見て置く責任感を持つた人達であつたので

以上で大體私のお傳へしたい事は、概略乍ら書き了へたと存じますが、さてメキシコの美術がこれから先、如何なつてゆくかといふ段になりますと、全く豫見に苦しみます。美術は勿論國家の興廢と運命を共にするものでありますから、若し今にしてメキシコ政界が賢明な策に出ないならば、折角、春の若芽の如く勢ひこんで頭を現したメキシコ美術も、この儘萎んで、また再び過去三百年の如き冬眠狀態に入らなければなりますまい。(終り)

"南方圏を思ふ
壁畫會第六回展

會期　五月廿一日—廿五日

會場　銀座・青樹社

同人　伊藤清永　安田豊
　　　鶴田吾郎　布施信太郎
　　　中村直人　島村三七雄
（いろは順）

第二回

正統木彫家協會展

會期　五月廿三日—卅一日

會場　上野公園・東京府美術館

事務所　正統木彫家協會

東京市世田谷區田園調布二ノ七二六　澤田晴廣方

電話　田園調布二九八一番

『會期中は會場內』

第二回

直土會彫塑展

會期　五月十三日—廿一日

會場　上野公園・東京府美術館

事務所　東京市瀧野川區田端三六二（建畠方）

電話駒込一四〇一番

『會期中は會場內』

松平齊光第二回油繪展

會期　五月十七日—十九日

會場　銀座・日動畫廊

第八回汎美術協會展

會期　五月十七日—廿五日

會場　上野公園・東京府美術館

事務所　東京市中野區昭和通一ノ廿五

汎美術協會

（會期中は會場內）

美術雜誌の使命

淺利篤

春の展覧會に於て感じた事であるが、鐵道の輸送制限にも拘はらず、例年に大差のない大展覧會が開かれ餘りにも美術館の內部と外部との相違に驚ろいたのである。東京在住者に限らず美術館を訪れた者は何故に正面階段に柵を設けてあるのか充分御承知の筈であり此の建物を一歩踏み出せばヒシ〳〵と迫る時局の波を感得せねばならない、にも拘はらず內部に於ては舊態依然たる作品が陳列せられ、之等の作者が配給の米を食つてゐるのだとは思はれぬ氣取りや、生活に根を下ろさぬ空虛さが看られるのである。

此處に時局の要請する美術新體制の問題が登場する理由があるのである。確かに日本畫たると洋畫たるとを問はず之等の作者なり團體が明確な時局認識を持つてゐるとは思はれないのである。そして事變に長期を經て大東亞戰下の今日に於てさへ此の樣な狀態であるならば、假に作品の大きさに制限を加へたり展覧會の公募に多少の變化が起つても（主として輸送の問題が結論されることであるが）それは外形的な變化に止どまり本質的な精神の在り方には些少の變化も認められぬのである。

では美術學校での誤まれる敎育や其後に受けた團體の黨派根性を叩き直す爲には如何なる方策がとらるべきであらうか。最も理想的積極的なものとしては國民學校敎員の再敎育と同樣な仕方に於て夫は行けるべきであらう。此の場合傳達敎育とか言ふて各學校の中心となる敎員が講習を受け各學校の敎員全般に傳達する方法が採用せられてゐるのであつて、其爲のテキストが用意せられてゐる。然し此の再敎育は文部省がお手のもの丶迅速且適切な方策として考へた方法であるから畫家の再敎育に之を飜案するのには一寸手が込んで來るのである。私は大體次の如き方法を消極的方策ながら考へるものである。

美術雜誌の作畫態度や技法にまで及ぼす影響力を利用して時局敎育を行ふべきだとするのである。事實正直な話が、口繪の原色版を壁に貼り之から技法上の問題を解決する繪描きが多數あるのであり、私も打開ければ其樣な時代を經た覺がある。況んや畫家の繪畫論技法論に與へる力の何と雜誌に負ふ所大であることか。

出版物が持つ之等の力に着目して情報局は書籍及雜誌の全面的革新審査を日本出版文化協會に行はしめることに威つた。つまり總ゆる社會部面の發表機關たる放送・出版・集會は之で思想戰・文化戰に動員せられたのである。

美術雜誌の再出發が內務省に依て讀者層の重複を避くる目的から「日本畫」「洋畫」「專門」「大衆」「週刊」「旬刊」「季刊」に分けられたのは周知の如くである。

之等の美術雜誌の中で大衆を對象とするものは從來無かつた讀者を獲得せねばならず前途に困難なものが豫想せられるのであるが、一面戰時下特に必要な生活美化、勤勞美化の問題を負荷されてゐるものであり、此の育成には各方面の協力があつて然るべきである。

美術雜誌の「專門」と「大衆」とは前者が生活への關心と時局への協力を美術人に要請するに對し後者は一般人の關心を美術に集めんとする目標が要請せられる。つまり相反する作用が要求せられてゐるわけである。

一方古美術關係の美術雜誌が數種あり、全美術雜誌の數は二十誌程である。今日之等の美術雜誌が一貫した原理の下に展望せられて眞に必要なる意味に於て存在するかと言へば、其處には現代美術・古美術と二群に分けて立案せられたものであるだけに多少必然性に缺けた點が看られるのであり、特に册數のみ多い爲に各誌共用紙不足に惱んでゐるの觀があるのである。

大東亞戰下に於て赫々たる戰果に伴ひ占領地に向けられる紙の量は莫大であり我々の想像を遙かに越える。紙の事のみ考へるならば餘り占領地の增大するのは嬉しいことながら迷惑であらう。然し今後益々占領地の增大する事は否めない。美術雜誌の用紙が窮屈になるか、乃至は雜誌を多樣に印刷することの不利を考慮して重點主義的に良い內容のものに用紙配給を厚くするやうな場合には選ばれたる雜誌のみが絕對的多數の發行部數を得るだらう。然し此處で發行部數の增大は必ずしも從來の營利主義下に於て考へられたものとは一致しない。現埘向のものには出版社の軍への寄贈等が當然考慮せらるべきだからである。勿論定價の切下げ等も考へられるのである。此の樣な方向に計算通りに行くものであるとすれば、美術雜誌の重點的用紙配給こそ最も理想的なものだと思はれる。事實印刷所やインキの問題から技術や色の惡いものが時折見受けられ、之が日本の美術雜誌を代表すると思はれては文化程度に大きな疑問を持たれはしまいかと危惧されるのである。

以上は思ひ付きに過ぎないのであるが、美術雜誌は夫が古美術を取扱ふものであつても今日の要請を充分內包しつ丶古美術を見るものでなければならず、まして現代美術を取扱ふものにあつては極めて愼重な編輯が爲されねばならない。之は勿論讀者の要求と反する樣な面も出て來る筈であるが、之を强行する所に其の雜誌の權威も生ずるのであり斯かる指導性を獲得してこそ時代的な意義も亦生ずるわけである。美術雜誌こそは美術家再敎育の道場として、美術批評の奮はぬ今日、指導の急所を掴んだ存在なのであるから、原色版の選定其他、豐かな文化性の上に編輯が進められねばならぬのである。

赤塚自得遺作品展

渡邊素舟

黒地竹林蒔繪手筥　赤塚自得作

赤塚氏の門弟によつて組織されてゐる稻花會では、このたび恩師の七周忌を芝教會で行つたが、戰時下らしい簡素な法要の中にも情味厚く暫し故人を偲び得た一ときに惠まれたことは歡ばしい限りであつた。特に法要を濟してから遺作に接し得たことは一しほの思ひであつた。元來地味で、ひたぶる道にいそしんで藝術院會員にまで到り盡した先生としては、まことに惜しまれて逝つた一人である。

遺作は明治から大正、昭和への作品であつたことはまことに想ひ出も深く親しいものであつた。分けても明治時代の棕梠の屛風に樂燒の鳥を嵌飾したものなどは破立を思はせるものがあつて興味も多く、外に柾桐しほぢなどの材料を選んで蒔繪や漆繪などを畫いてゐるが、まことに瀟洒であつて氣品も高く、今日のやうな時代には寧ろ示唆するところ多い木地蒔繪の類だといへやう。寫生帳や軸ものに畫かれた下繪などが想ひ出を語るものであるのも懷しい。作品では大正十三年の黑地に竹林の蒔繪をした文臺は、對角線に添つて竹林を畫いたものであるが、コンポヂションといひ、寫實の風趣といひ、眞に豐かな雰圍氣を釀したものとして絕讃に價するものと思ふが、とまれこの頃のものは一段と若かつたせいでもあらうか圖案に生彩の充ちたものが見える。小硯箱の松の圖案も美しく、菓子鉢の唐花文も麗しく床しい。

だが昭和になつて帝展が初まつてからのものには貫祿も加はつて來たせいでもあらうか、漸く重厚なものになり風格を增すものになつて獅王の硯箱や牡丹文などを好んだものゝやうでもあるが、また波文に鶴のやうな纎麗の硯箱を見せたりして藝能の極を盡してゐるのである。

このたびはからずもかうした作品の多面的なるものに接して、親しくも深く故人の性格の若かりし日からの動きあるものにまで遡つて鑑賞し得たことは、感慨一しほのものがあると共に追慕の情を新たにしたものでもある。曾つて私は大正五年に岩村透男爵の御紹介によつて赤塚平左衛門と書かれた大きい御名刺に見入りつゝ先生にお逢ひして以來二十年、常によくお訪ねもしたがよく先生も家に來られたし、晩年はともするとお疲れのお體を驛までお送りしたりして電車に乘られてからが案じられた時もあつたが、とまれ蒔繪は日本的性格のものであり、氣品が大切だとは常によく話してゐられたことでもあつたが、やはり先生の作品には氣品の高いものがあるし、晩年には重厚で澁いものが加はつて來たのは性格的にも必然のことであつたであらう。無論氏の日本的性格は土佐や四條を通じて齎らされたものでもあらうが、廣く大和繪に對する深い敎養に基づくものでもあつたであらう。

私はいま平安朝以後――昭和の今日に到る蒔繪史を繙いて見て、氏の作品の位置がどの程度のものであるかを判然りと識ることが出來さうに思へて興味が深い。私は常にこの國がよき傳統の技術に文化を生かすであらうことを識つてゐる。從つて技術にひたぶる人は幸多き將來を殘すであらうことを信じてゐる。種々の世事にも禍されないで命ある技術に專念することの出來た先生の御性格を尊いと思ひ永く良き作品を殘された先生を讃へたい。

☆　★　☆　★

南方文化とラッフルス

我國の南方占領と共にその文化施設もすつかり手に入つたわけだが、中でも昭南島の植物園ジヤバ、バイテンゾルグの植物園の如き世界的大物をはじめとして香港のラッフルスが創立した圖書館やバタビヤの美術館など英，蘭の開拓者たちが早く文化施設を大規模に企てたことは驚くべきものがある。

ラッフルスといふ名は東洋に於ては忘却できない名前である。和蘭勢力が英勢力に驅逐され出したのは既に十八世紀末からであるが、印度商社が其勢力の確乎たる地盤と化したのは十九世紀に入つてからである。ラッフルスは支那にも安南にも、マレーにもジヤバにも、その精細な踏査をやつてその報告が英政府の施政方針を確立さしたとも言へる。一八一七年精細なジヤバ史を倫敦で出してゐる。ラッフルスの蒐めた香港の圖書館の藏書は二十數萬册でそこには支那古代からの文獻と歐米東洋關係の文獻がすつかりあり、シンガポールで始めて發行された英字紙の如きは一世紀間に亘つて一枚の落帖もなく保存されてゐるとの事である。

旬報

美術文化に廣大な遺勳
岡田三郎助聖像
上野公園の建設式典記

故帝國藝術院會員美術學校敎授岡田三郎助氏の記念像は豫て建設中の處此程出來上つたので上野公園東京美術學校玄關先左側の庭前に安置去月二十九日午前十時同校庭で、まづ國民儀禮を行つた上盛大なる除幕式が擧行された。

像 は去る十五年九月二十三日、故人一周年祭の折建設の議成り實行委員長に澤田東京美術學校長を擧げ江湖にその基金募集を開始した、折柄支那事變の最中で引つゞいて大興亜戰に際し頗る多難の時期に遭遇したのに拘らず、故人生前の廣大な德望によつて流石に豫想以上の好成績を收め、寄附者六百七十三名總額七千八百四十八圓十五錢を得預金利子八十五圓十五錢を併せたのであつた。

像 は共同制作の意圖で作らうといふので、其原型責任者を田邊至氏とし、朝倉文夫氏の專門的監修を受け原型は昨年十一月完成したものゝ、恰も金屬統制で銅使用困難の結果、百方策を講じた結果、暫く代用金屬で鑄造したもので、斯く非常な困難を突破しつゝ茲に建設除幕の盛儀に到達したのであるから、記念以上頗る感慨の深いものであつた。

像 は自然石面に嵌入された方形の鑄造面に、和服姿で卷煙草を燻らした故人平常の悠々たる胸像で、やゝ上方を向ける眼鏡の內のあの慈恩に滿ちた眼ざし、薄く流れる顎の線、ゆくりなくその溫容を示したもので、故人が文化美術の偉大な功績者であると共に亦稀れなる高い人格者であることを、永久に保存するものである。永久と云つても代用品鑄造であるため萬一を慮つて別に乾漆二面をつくり、一を東京美術學校會議室に、一を岡田家に寄贈して保存に補ひ又改鑄費及び維持費を同校に委託して萬全を期すなどの用意を充分にしたなど實に實行委員其他諸氏の努力は非常なものであつたのは涙ぐましいばかりである。

◇上野公園東京美術學校庭に建設された故岡田三郎助氏記念像除幕式の光景、「上」は自然石の面に嵌入の故人の面影、「下」は參列者で右から三宅正太郎、橋田文相代理、清水藝術院長代理(本田學藝課長)、澤田美術學校長、後列右から朝倉文夫、北村西望兩氏、左は婦人席。

除 幕式に引つゞき同校講堂で森田龜之助氏司會の下に辻永氏から事業報告があつたが前記の如き難關突破の遂行に參列者の瞼を熱くさせ、次いで太田三郎氏から澤田美術學校長に對して記念像贈呈の禮があり南薫造氏の發起人挨拶終つて、來賓の祝辭に入つたが先づ三宅正太郎氏(元大審院部長)は故人が意志の人であることを讃へ如何にも佐賀人の葉隱れ感であるが、それ等を超越してそこに合致する大人格であること、今回の溫容のゆつたりした處は實に故人の全體で、端然したらば却つてその全貌を傳へなかつたであらうと說破し、故人の藝術即生活の尊さが廣大な感化を與へたものであると結び

橋 田文相(代)は四十餘年其美術文化教育に盡したことは遂に文化勳章の名譽を負ふたことを、淸水藝術院長(本田學藝課長代)は二年有半のこゝに建設のよき日になりたる祝意を言を盡して說き、次いで門弟を代表して笹鹿彪氏、終りに親戚中野留五郎氏の謝辭があつて閉會した。

當日參列者百六十七名、美術界に限らず廣く各方面の名士の顔を見、故黒田清輝子のテル子未亡人を始め多數の婦人參列者で賑つた。

日本美協展盛況
入選作二一二點 入賞者は一一名

上野公園櫻ヶ岡日本美術協會第百十六回美術(書、篆刻)展は去る三日から同會列品館で開かれてゐる、連日盛況で關係者を悦ばせてゐる。尚、今回展の出品總數は、書四五二點、篆刻八二點、合計五三四點、內入選二一二點、外に無鑑査六五點、合計二七七點で、審査の結果入賞した者は左の通りである。

銀賞、(篆刻)千賀椿山

銅賞、(書)田中耕聲、鈴木一陽、殿村藍田、崇本祖城、高瀨香汀、山本凌雲、(假名)高瀨金作、鴨居道(篆刻)竹之內春齊、山崎芳石。

褒狀、(書)柿沼素雲、外十二名、(假名)今田晴雪外四名、(篆刻)二葉樹香、外七名

尚參考品には總裁高松宮御貸下

[illegible]報

今年は公募中止
白閃社五回展

白閃社の第五回展が來る十七日から廿四日迄上野の府美術館で開催今年は公募展でなく十名の同人がいづれも緊張して六曲或は二曲一双の屏風其他の力作約三十點を出品。

野村守夫個展

二科會友の野村守夫氏の第一回個展が來る廿二日から廿四日迄銀座資生堂で開催される、作品は昨年華北交通會社の招聘で渡滿した際の收獲であり北京を中心に取材した胡同、景山其他の風景約十四五點である。

百九十一番居落款で 方久斗氏個展

美術新協玉村方久斗氏が來る廿六日から卅一日迄上野の松坂屋で個展を開く、曩頃誕生した日本畫資材統制協會の態度に感ずる所ありて新に「百九十一番居」といふ落款を使用する事にした意味深き披露記念展である。

鈴木雪哉個展

壽山鈴木雪哉氏の第九回作畫展が來る十九日から廿一日迄銀座鳩居堂で開催　皇后陛下の台覽を賜つた巖頭觀音圖及山家過雨等の佳作があり今年六十八歳禪道を成就し特に「老師」の稱

品を始め帝室博物館其他諸名家　秘藏の古書を展覧してゐる。

日本女子美術院第二回展
六月十六日から廿六日迄府美術館

日本女子美術院では第二回展を本年六月十六日から廿六日迄上野公園府美術館で開く、出品種類は繪畫第一部（毛筆畫＝日本畫）、同第二部（油繪・水彩畫＝洋畫）、出品點數と寸法とは、一人二點以內、作品第一部（横七尺竪九尺以內）、同第二部（百號以內）、出品手數料は一般公募に依るもの一點に付三圓、同院會員は徴收せず。出品の希望者は、六月十三、十四兩日府美術館內同院展事務所受付に搬入のこと一般公募作品に對しては鑑審査を行ひ陳列したるもののうち優秀作に奬勵賞を授與する事になつてゐる。審査員は左記諸氏、因みに同院主幹は垣見泰山氏である。

（第一部）松林桂月、伊東深水、大智勝觀、川崎小虎、堅山南風、吉村忠夫、中村岳陵山口蓬春、野田九浦、（第二部）石井柏亭、石川寅治、大久保作次郎、太田三郎、川島理一郎、中川紀元、兒島善三郎、齋藤與里、木下孝則

尙鑑査日は來る十五日である。

京都工藝作家挺身
グライダー製作に專念精進
有限會社『翼研究所假事務所』設置

長い因襲と傳統とから一歩も出なかつた京都における工藝作家が敢然としてその殼から脱け出でその優秀な技術を國家が要請する生産部門に捧げることゝなつた―― 京都市左京區岡崎圓勝寺町工藝作家田畑武兵衞氏並に同市東山區山科竹鼻堂ノ前町同塲本樂氏ら木工部門の有志が中心となり刻下躍進途上にあるグライダー製作に目覺しい進出を試みようとするのがそれで、京都市工業試驗所須原工藝部長らの肝煎りで田畑氏の自邸に有限會社『翼研究所假事務所』を設け、目下練習機の試作にあはせて各部分品の製作に鋭意挺身してゐる。大東亞戰下舊來の打算的觀念を一擲し熾烈な職域奉公の念から國家の要請する方面にその巧緻を誇る優秀な技術を植ゑつけて行かうとの雄々しき企ては各方面に多大な反響を喚び絶對的支持激勵の裡に途中で折角の雄圖が挫折するが如きことなきやう極力警戒されてゐる。

◇

展覧會の暦

▽歷程美術展　十一日から卅日迄東京府美術館
▽現代大家新作色紙小品展　十二日から十五日迄上野松坂屋
▽金鱗會茶道具工藝品展　十二日から十六日まで三越本店
▽現代陶藝美術展　十二日から十六日迄日本橋高島屋
▽煌土社獻納畫展　十二日から十四日まで銀座菊屋畫廊
▽南薰造新作水彩畫展　十二日から十六日迄日本橋高島屋
▽日光山に取材せる端館九皐個人展　十三日から十五日まで銀座鳩居堂
▽狩野晃行個展　十三日から十七日迄日本橋白木屋
▽直土會彫塑二回展　十三日から廿一日迄東京府美術館
▽石川欣一郎水彩展　十三日から十五日迄日動畫廊
▽青樹社日本畫展　十五日から十九日迄青樹社
▽橘田庫次洋畫展　十五日から十八日迄資生堂畫廊
▽白閃社第五回展　十六日から廿五日迄　東京府美術館
▽文化學院卒業生洋畫展　十六日から十九日迄銀座菊屋畫廊
▽山形駒太郎染色工藝展　十六日から廿日迄上野松坂屋
▽西本白鳥第一回個展　十七日から廿三日迄銀座ギャラリー
▽松平齊光第二回油繪展　十七日から十九日迄日動畫廊
▽汎美術協會第八回展　十七日から廿五日迄東京府美術館
▽讀畫會展　十八日迄府美術館
▽壽山鈴木雪哉個展　十九日から廿一日迄鳩居堂
▽現代名家新作紙本畫展　五月廿日から廿四日迄高島屋

正統木彫家協會第二回展
＝西村雅之遺作特陳＝

正統木彫家協會の第二回展が五月廿三日から卅一日迄上野の東京府美術館で開催、過般逝去した西村雅之氏の遺作二十點を特陳して故人が能藝術に特技をもつてゐた跡を偲び他の木彫人物の典雅な作に追懐しようといふ、澤田晴廣氏の木華咲耶姫の傳說による女性群像作「燎爛」「吉祥天」の手堅い佛像彫刻、及び三木宗策氏の「比禮布流山」等は注目作たるに餘りあるべく應召新人の作などを併せいつもの會員の力作八十點を出品。

繪更紗と墨畫展

京都府乙訓郡新神足村の繪更紗畫林では、日本的性格を主とする繪更紗の前途につき一層の責務を感ずる旁々、今年の秋で畫林滿廿周年を迎へることになるので、その序幕として、五月三、四、五の三日間同畫林で繪更紗展及び元井三門里墨畫展を開催好評を博した。

碇南嶺個展好評

赤松雲嶺門下の舊日本南畫院院友、碇南嶺氏の個展が四月二十八日より五月三日まで大阪松坂屋六階美術部で開催、その作風は穩雅な情趣をたゝへ好評を博した。出品中の主なる作品は▲雨後▲百合▲阿蘇▲鯉▲爽秋▲細雨▲面河溪▲紅蜀葵▲八仙花等

直土會彫塑展
建畠大夢氏遺品も出品

直土會第二回彫塑展が來る十三日から九日間上野府美術館で開催される、建畠大夢氏の逝去にも何の動揺も見ず會員、會友一同故盟主の意志を繼承して公募展に邁進する。

號を持ち毎月大原般若道場で金風禪會を催すなど畫禪一致の至境に達し居り今回の作品は道釋及山水約廿點禪趣横溢の展觀である。

松平齊光個展

昨年滯歐作品を發表して好評を博した氏が、來る十七日から十九日迄銀座日動畫廊で第二回個展を開催する、少女（三十號）麥の丘（二十號）黄色い花（十五號）其他約廿七點を出品する。

阿部六陽個展

阿部六陽氏の山水畫展が來る十九日から廿四日迄日本橋三越で開催される、氏は多年川合玉堂氏に師事してゐたが今回作品の初發表をする、出陳は十四五點で玉堂氏の賛助二點といふ豪華出品がある。

新制作派春季展

新制作派の春季展が五月廿日から廿四日迄日動畫廊で開催される、作品は繪畫、彫刻の會員二十四氏の力作。

汎美術第八回展

出品者に二點以上の出品を求め作家の獨創を尊重するためその內一點は必ず會場に陳列するといふ會規で汎美術協會の第八回展が上野の美術館で開催される、來る十七日から廿五日までゞある。

日本南宋畫會展

日本南宋畫會々員約二十名は

改組第一回表装展の審査員は悉く若手

選擧投票に觀る斯界の動嚮

興亞國策による統制直後の表装界は、その表装裂れ問題も配給制度が許可となつたのと同時に豫ねてから懸案凝議中であつた東京表装業者の大團結である表装美術展の改組更新を斷行―前號報―、その最大難關である今年度第一回展覽會の審査員選擧を五月一日午後二時から淺草區藏前の貸席植木屋を選擧場として投票を開始した。

この選擧は、前月二十八日開催として前號豫報したが、同業者の慣例による一日の休み日に繰下げ一日としたので、當事者も時局下のこととて一日の無駄もないやうとなか／＼考慮を怠らない用意であつた。その選擧法は種々議論があつた結果幾度か原案を修正して玆に根本が定められたのである。即ち

選擧權は今年度の出品者に附與

する事とし東京表具工業組合の役員、幹部、理事、平會員を併せた會員總數千六百五十餘名に對して、往復ハガキで今年の第一回表展に出品するや否やを問合せた結果百十六名の出品申込みを得たので、折返し是等の出品者に投票權を與へ選擧投票は必ず自身出席投票することゝした。

選擧立候補資格は從前の無監査

であつて併も今年は必ず出品するものを以てした、無鑑査は三十五名であるが相談役顧問（高築誠之助、同香取重吉）と理事長（寺内新太郎）の三氏は立候補しない規定なので、これを除いて資格者は二十三名である。

斯くて愈々當日となつたが、百十六名の選擧權を附與されたものゝ中、棄權者は實に四割に及んだのは最初の事とて形勢觀望の點もあらうが誠に總意を缺く遺憾のことであつた。衆議院選擧ならば早速始末書を取られる處だ。

審査員數は七名を將來への原則

としたが、これは從來が、審査員十一名であつた結果、毎年の傾向は變化進展に乏しく、常習に馴れる傾きを生じたことは平素からの問題視される處であつたのに鑑み今回七名とした。從つて投票は七名以内連記で、八名以上を記したものは無効とされ、午後四時、投票を終り、高築、香取、寺内三氏及び理事等立會開票の結果は

最高は五十七點を得て中村豐氏

で以下票數左の如くである。

當選――定員七名

▲五七　中村　豐
▲五三　根岸福太郎
▲四〇　安藤初太郎
▲三九　小川久雄（主任）
▲三〇　清水　善次
▲二五　山田政之助
▲二四　小杉鎭太郎

（次點）二二　野上菊松
一九新井清吉　一八上山光吉
一七德久慶吉　同點天野清次

前日は衆議院議員選擧投票日であり、この發表の頃、恰も夕刊紙はその當選者名を發表したので彼我いろ／＼の感想に賑ひ頗る記念的光景を點出した。

榮冠の七氏（評略）

惜しや野上菊松氏

當選者はいづれも技術に信頼を重くさるゝ若手で、記者はある出品者から「高築富次さんは入りませんでしたか」といふやうな質問を受けたが、氏に限らず多くの優秀な元老も衆意には入らなかつた。兎角時代の浪は速い。さて、新審査員の顔ぶれを見ると、最高點の中村豐氏（牛込）は牛込での表装界の元老で四代につゞく名門新井清吉氏の店から出て優秀な技術を持つ鶴心堂で從來舊表展の審査員として好評の人である。根岸福太郎氏（蠣殼町）は松浦侯の藩中から表装界に傳來する名門、先代根岸鐵太郎の長男で四代目である。先代の薫育の外鶴心堂で苦心勉強した優技者で昨年の初審査員につぐ第二回を贏ち得たのも偶然でない。小川久雄氏（小石川）は溫厚で手堅い何と云つても今回中の長老で嘗て十年間に亘る審査員ぶりも評判よく組合の會計などやつて重きを成した、始め義兄の深川の金子作右衛門氏方で勉强し、商號は終紀堂といふ、清水善次氏（麹町）は牛込で有名だつた故川上恒好に腕を磨いて出藍の譽れあり、三四回の審査員を經て現在斯界に重きを成す成錦堂である、山田政之助氏（京橋）は春光堂で知られてゐる初審査員であるが人格技能共今日あるのが遅かつた位で、長年の苦心が新制度によつて惠まれ、新人として今回登場を見たのは目出度い次第である、ついでに云へば京都出身で春芳堂の親戚柄といふ位置を捨てゝ大正十二年大震災の年上京爾來東京人として活躍してゐるあたり其風格を偲ぶことが出來やう、最後の小杉鎭太郎氏（淺草）は屢々審査員として經驗ずみの才腕家で山谷の濱地の店から出た人、吾妻表具といふ處に其自信を窺はれる、今回二點の差で次點になつた野上菊松氏は山田氏と共に長年の苦勞に堪へ今日に至つた人で既に無鑑査となり今回の初審査員に僅かの處で洩れたが、たとへ次點であつたにしても氏が山田氏と並んで審査壇上の新人として擧げられたことは頗るその手腕を斯界に重く認められたものと謂ふべきである。

新古典美術協會 會員會友推薦

新古典美術協會の第七回展で左記六氏が推薦された。
（會員推薦）森川鋏「洋畫」、松田保三「洋、版畫」
（會友推薦）峯村ユキヱ「洋畫」、中治武夫「洋畫」、永井柳生「洋畫」、松田雄策「洋畫」

五月十二日京都市役所前美術館で近作展を開催し同好者の批判を求むるため準備を進めてゐる。

國彩會同人展

京都における畫の研究團體『國彩』會では須田國太郎氏指導のもとに高尾菊太郎氏が主宰者となり今秋十月十六日から十八日までの三日間同市岡崎公園美術館で同人展を開く。

京都市教員工夫展

京都市内各國民學校の圖畫教師は京都市教育部の肝煎りで今秋十月中旬岡崎公園大禮記念美術館を會場に『京都市教員工夫展』を開催すべく既にこれが準備に着手、早くも各方面からの支持激勵に迎へられ成果に期待を寄せられてゐる。

福岡で十三日から 新構造社展

新構造社では來る十三日から十七日迄福岡市玉屋百貨店で小品展を開催する、出品作は三十號から六號までを範圍とする。既に作品も七十點到着の狀態で現地操觚界其他一般から多大の期待を寄せられてゐる。

「旬刊」美術新報
昭和十七年五月八日印刷
昭和十七年五月十日發行
毎月三回（一日十日廿日）發行
購讀料
一册金五十錢（郵税一錢）
一ヶ月三册金壹圓五十錢（送料共）
編輯發行兼印刷人　東京市麹町區九段一ノ一四　猪木卓爾
印刷所　麹町區九段一ノ一四　資文堂
發行事務所　日本美術新報社　電話九段二七一五　振替東京一六二五〇
日本出版文化協會會員　一一二三五番
配給元　日本出版配給株式會社

通信は一切發行事務所へ

發行所　東京市本郷區東片町八二　日本美術新報社

會期 五月廿日——四日
現代名家新作紙本畫展
會期 六月二日——七日
全日本工藝美術展

髙島屋 美術部

日本橋
三越 美術部

會期 五月十九日——廿四日
阿部六陽山水畫展

會期 五月廿一日——廿四日
生澤朗スケッチ展
會期 五月十六日——廿日
山形駒太郎染色工藝品展

松坂屋 美術部

洋畫常設美術館
新作發表會場

日動畫廊

店主・長谷川 仁

東京・銀座西五ノ一
數寄橋際・電・銀座
(57)四四一八

岩繪具・江戸胡粉
水繪具・自製販賣

池田繪雅堂

獨逸製礦物質顔料種々
東京市下谷區谷中坂町四二

精巧名器書畫箱

山中千代夫

（軸箱は標準寸法の優良既製品有り）

東京市小石川區富坂二ノ十二
電話（小石川）三五四三

日本畫材料一式

岸本靜風堂

東京市四谷區新宿三ノ廿一
（文化ニュース裏）
電話四谷(35)七七五〇番
振替東京一七三二五三番
京都店 京都三條河原町

新作日本畫

小林一哉

本郷區湯島天神町一ノ二七
電話下谷(83)五四〇七番

昭和十年一月十二日　第三種郵便物認可　第二十四號
昭和十七年五月十日發行（毎月三回十日發行）

クレパス

スペシャル・クレパス
太巻長寸木函入五十色

クレパスは日本人によつて發明され日本全國に擴まつた愉快な繪の具です。
クレパスの鮮麗な色と光澤と柔軟性は獨　なマチイエールを効果します。

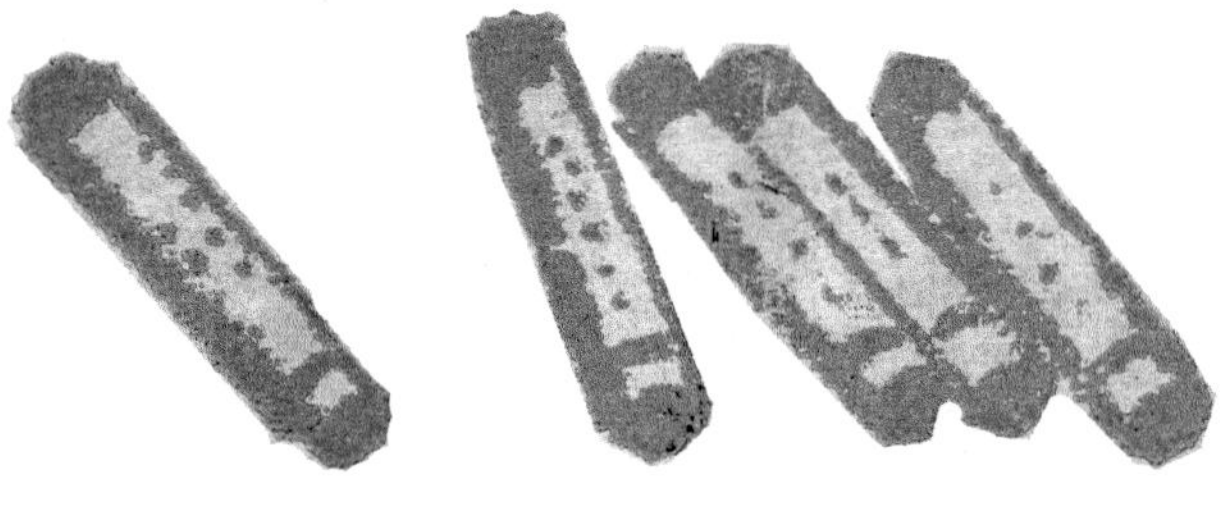

株式會社　櫻商會
東京・大阪

定價金五拾錢（郵税一錢）
（金壹圓五十錢　一ケ月三册）

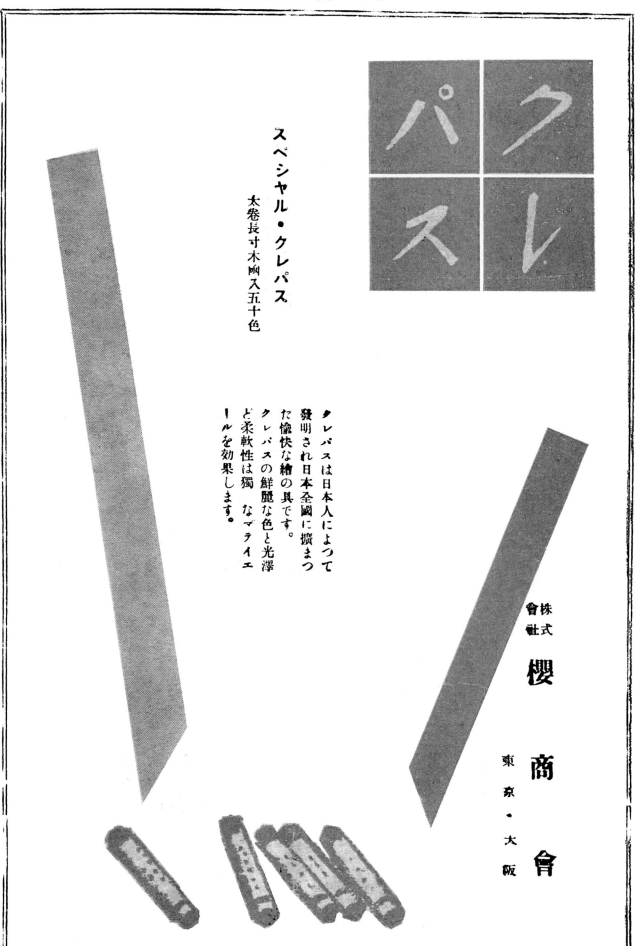

復刻版　旬刊美術新報《じゅんかんびじゅつしんぽう》
第1回配本（第1巻〜第3巻・別冊1）

2017年5月1日　第1刷発行
揃定価（本体75、000円＋税）

発行者　細田哲史
発行所　不二出版
東京都文京区向丘1-2-12
TEL 03（3812）4433
印刷所　富士リプロ
製本所　青木製本
乱丁・落丁はお取り替えいたします。

第2巻　ISBN978-4-8350-8023-9
第1回配本（全4冊 分売不可 セットISBN978-4-8350-8021-5）